경력경쟁 필기시험 대비

소방공무원

소방학개론 | 응급처치학개론

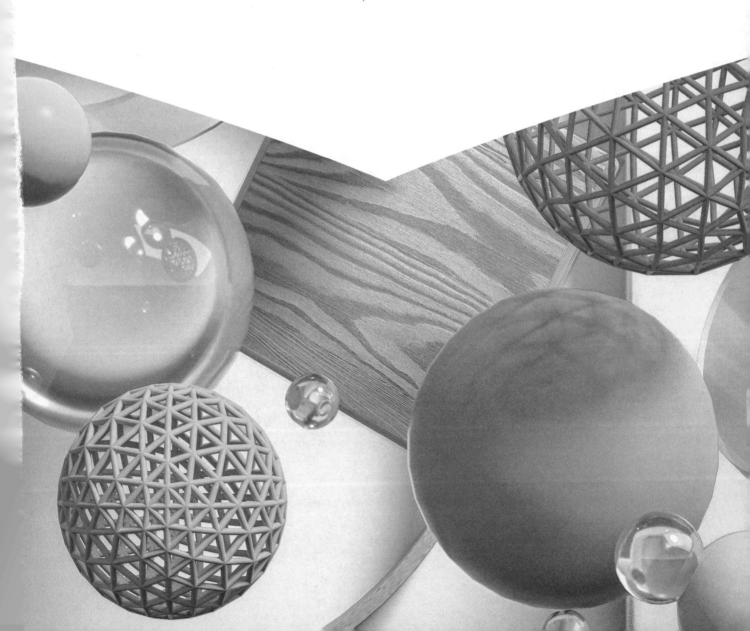

소방공무원

소방학개론/응급처치학개론

초판 인쇄 　　　　　 2023년 01월 25일
초판 발행 　　　　　 2023년 01월 27일

편 저 자 | 공무원시험연구소
발 행 처 | (주)서원각
등록번호 | 1999-1A-107호
주　　소 | 경기도 고양시 일산서구 덕산로 88-45(가좌동)
교재주문 | 031-923-2051
팩　　스 | 031-923-3815
교재문의 | 카카오톡 플러스친구 [서원각]
홈페이지 | www.goseowon.co.kr

PREFACE

소방공무원은 화재를 예방·진압하고 재난·재해 등의 위급한 상황에서의 구급·구조 활동 등을 통해 국민의 생명과 신체 및 재산을 보호함으로써 공공의 안녕과 질서 유지, 복리증진에 이바지함을 목적으로 한다. 그중에서도 소방공무원 구급대원은 구급 현장에서 다수 사상자에 대한 응급처치 및 병원이송, 구급의료지도 등을 수행하며 소방활동도 담당하고 있다.

소방공무원 구급대원이 되기 위해서는 소방공무원 경력경쟁 구급 분야에 지원하여야 하며 응급구조학과, 간호학과, 의학과나 그 밖에 유사한 학과를 졸업한 사람만이 응시가 가능하다.

구급 분야의 필기시험 과목은 2023년 소방공무원 채용시험 개편에 따라 영어, 한국사, 소방학개론, 응급처치학개론으로 구성되어 있으며, 영어와 한국사 과목은 검정제가 도입이 되었다. 이에 따라 전공과목은 출제분야에 유의하여 학습전략을 세워야 한다.

본서는 소방학개론과 응급처치학개론의 내용을 체계적으로 구분하고, 가장 핵심되는 이론을 충분히 정리하였고 기출문제 분석과 함께 출제가 예상되는 핵심문제 풀이를 실어 단기간에 최대의 학습효과를 거둘 수 있도록 만전을 기하였다.

본서가 수험생 여러분을 합격의 길로 안내하기를 희망한다.

STRUCTURE

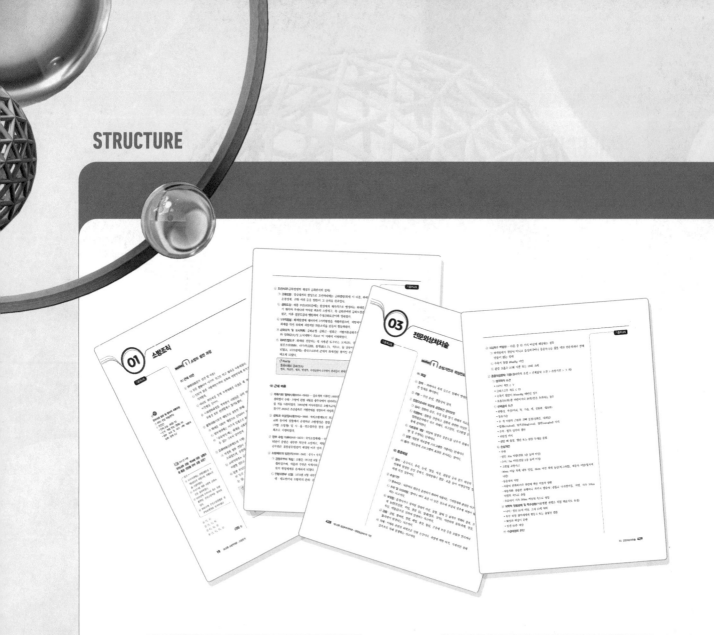

핵심이론정리

소방공무원 구급분야 경력경쟁 채용시험 2과목에 대해 체계적으로 편장을 구분한 후 해당 단원에서 필수적으로 알아야 할 내용을 정리하여 수록했습니다. 출제가 예상되는 핵심적인 내용만을 학습함으로써 단기간에 학습 효율을 높일 수 있습니다.

이론팁

과년도 기출문제를 분석하여 반드시 알아야 할 내용을 한 눈에 파악할 수 있도록 Tip으로 정리하였습니다. 문제 출제의 포인트가 될 수 있는 사항이므로 반드시 암기하는 것이 좋습니다.

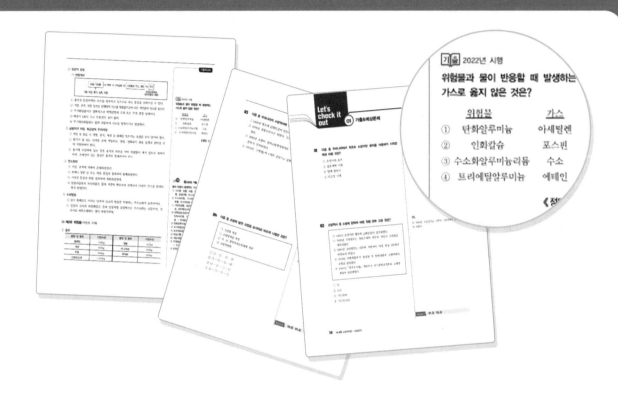

기출문제분석

실제로 시험에 출제된 문제를 수록하여 기출 경향 파악에 도움이 되도록 구성하였습니다. 이론 학습이 바로 기출문제 풀이로 이어져 학습의 효율을 높일 수 있습니다.

출제예상문제

출제가 예상되는 문제만을 엄선하여 수록하였습니다. 다양한 난도와 유형의 문제들로 연습하여 확실하게 대비할 수 있습니다.

CONTETNS

제2과목 **응급처치학개론**

PART

I

소방학
개론

01 소방조직

section 1 소방의 발전 과정

(1) 근대 이전

① 원시시대(불의 발견 및 이용)
ㄱ 불을 활용하여 야수의 접근을 막고 화덕을 사용하였다.
ㄴ 인류가 불을 사용하면서부터 문화와 생활양식에 획기적·긍정적·발전적 변화를 가져왔다.
ㄷ 대규모 화산폭발 등의 자연재해가 닥쳤을 때 재난을 극복하기보다는 서주시를 이전했을 것이다.
ㄹ 사회변화과정을 거치면서 사람들은 불의 위험성에 대한 지식은 늘어났으나, 그 위험성 또한 완전통제가 불가능했다.

② 삼국시대(사회적 재앙으로 출현한 화재)
ㄱ 화재를 사회적 재앙으로 인식하여 국가적 관심사로 보았다.
ㄴ 삼국시대에는 거주지 밀집으로 화재가 사회적 재앙으로 등장하게 되었다.
ㄷ 「삼국사기」에는 화재를 사회적인 재앙으로 인식하고 방화의식이 생겨났음을 알 수 있는 기록이 남아있다.

③ 고려시대(금화제도의 시행)
ㄱ 개성의 경우 건물이 밀집해 있어 1021년에는 화재로 인해 수백 채의 건물이 전소되었으며, 몽골의 침입으로 궁전과 창고에 대화재가 발생하였다.
ㄴ 고려시대에는 금화관서의 역할을 군사조직에서 담당한 것으로 보이며, 실화자를 처벌한 것으로 보인다.
ㄷ 문종 20년(1066년)에는 운흥창고 화재를 계기로 모든 창고에 금화관리자를 특별히 두고 어사대가 때때로 점검하도록 하였으며 일직이궐(자리를 비우거나 빠지는 일) 하였을 경우 먼저 가둔 후 보고하였다.

> **Plus tip**
> **금화제도의 주요내용**
> ㄱ 각 관아와 진(鎭)은 당직자 또는 그 장을 금화 책임자로 지정하여 금화관리자 배치
> ㄴ 주택구조 등은 초가지붕을 기와지붕으로 개선토록 권장
> ㄷ 창고시설은 화재를 대비하여 지하창고로 설치
> ㄹ 길을 따라 가옥을 짓도록 하여 연소 확대방지
> ㅁ 화약제조 및 사용량이 늘어남에 따라 화통도감직제를 신설하여 특별관리

TIP

고려시대 실화 및 방화자 처벌규정
ㄱ 관리 : 현인 박탈(면직)
ㄴ 민간인
• 전야 소실 : 태(笞) 50
• 인가·재물 연소 : 장(杖) 80
• 관부·요지 및 사가·사택 재물에 방화 : 징역 3년

기출 2021년 시행

우리나라 소방 역사에 대한 설명으로 옳은 것만을 모두 고른 것은?

보기
ㄱ 고려시대에는 소방(消防)을 소재(消災)라 하였으며, 화통도감을 신설하였다.
ㄴ 조선시대 세종 8년에 금화도감을 설치하였다.
ㄷ 1915년에 우리나라 최초 소방본부인 경성소방서를 설치하였다.
ㄹ 1945년에 중앙소방위원회 및 중앙소방청을 설치하였다.

① ㄱ, ㄴ
② ㄱ, ㄴ, ㄷ
③ ㄴ, ㄷ, ㄹ
④ ㄱ, ㄴ, ㄷ, ㄹ

정답 ①

④ 조선시대(금화법령의 재정과 금화관서의 설치)

  ㉠ 금화법령 : 경국대전의 완성으로 조선시대에는 금화법령(화재 시 타종, 화재감시, 순찰경계, 구화 시설 등을 정함)이 그 골격을 갖추었다.

  ㉡ 금화도감 : 세종 8년(1426년)에는 한성에서 계속적으로 발생하는 화재를 진압하기 위하여 우리나라 역사상 최초의 소방기구, 즉 금화관서인 금화도감을 설치하였고, 이후 성문도감과 병합하여 수성금화도감이라 칭하였다.

  ㉢ 5가작통법 : 화재발생에 대비하여 5가작통법을 시행하였으며, 지방에서는 도둑과 화재를 막기 위하여 자발적인 의용조직을 만들어 활동하였다.

  ㉣ 금화조직 및 도시계획 : 금화규정·금화군·멸화군·지방의용금화조직 등의 제도와 방화(防火)성 도시계획이 최초로 이 시대에 시행되었다.

  ㉤ 화재진압도구 : 화재를 진압하는 데 사용된 도구로는 도끼(斧), 불 덮개(熱麻絹), 쇠갈고리(鐵鉤), 사다리(長梯), 불채(滅火子), 저수조, 물 양동이 등이 주로 사용되었고, 1723년에는 중국으로부터 근대적 화재진압 장비인 수총기(水銃器)가 들어오게 되었다.

> **Plus tip**
>
> 조선시대의 금화(禁火)
> 병조, 의금부, 형조, 한성부, 수성금화사 5부에서 관리들이 화재를 단속하는 일이다.

(2) 근대 이후

① 개화기와 일제시대(1894~1945) … 갑오개혁 이후인 1895년 4월 29일 경무청 직제를 개정하면서 수화·소방에 관한 사항을 총무국에서 관리하도록 하였는데 '소방'이라는 용어를 처음 사용하였다. 1909년에 어사칙령으로 소방조규칙을 재정·시행하였으며, 일제강점기인 1925년 조선총독부 지방관제를 개정하여 개성과 지방에 소방서를 설치하였다.

② 광복과 미군정시대(1945~1948 : 자치소방제도의 최초 시행) … 제2차 세계대전의 종료와 동시에 경찰에서 운영하던 소방행정은 중앙소방위원회(소방청), 도소방위원회(지방 소방청) 및 시·읍·면소방부를 창설·운영함으로써 독립된 자치소방제도를 최초로 시행하였다.

③ 정부 수립 이후(1948~1970 : 국가소방체제) … 1958년 3월 11일 소방법이 제정·시행되면서 중앙은 내무부 치안국 소방과로, 지방은 경찰국 소방과로 예속되었다. 소방공무원은 경찰공무원법이 제정된 이후 법의 적용을 받아 경찰의 신분을 지녔다.

④ 소방제도의 발전기(1970~1992 : 국가 + 자치소방체제)

  ㉠ 경찰로부터 독립 : 소방은 1972년 8월 정부조직법이 개정됨으로써 경찰로부터 독립하였으며, 서울과 부산은 자치사무, 기타 시·도는 국가사무로 다루어지는 이원적 행정체계를 유지하게 되었다.

  ㉡ 민방위본부 신설 : 1975년 8월 내무부 민방위본부(소방국)가 신설 운영되면서 법령·제도면이나 소방력의 관리·운영면에서 획기적인 발전을 가져오게 되었다.

기출PLUS

 TIP

금화도감에서 시행한 진압대책
㉠ 신패발급
㉡ 진압대원
㉢ 화재전파

기출 2018년 시행

우리나라 소방의 발전과정에 대한 설명 중 옳지 않은 것은?

① 최초의 소방관서는 금화도감이다.
② 일제강점기에 최초의 소방서가 설치되었다.
③ 갑오개혁 이후 '소방'이라는 용어를 처음 사용하였다.
④ 대한민국 정부수립과 동시에 소방본부가 설치되었다.

❮정답 ④❯

기출 2020년 시행

우리나라 소방 역사에 대한 설명으로 옳지 않은 것은?

① 조선 시대인 1426년(세종 8년) 금화도감이 설치되었다.
② 일제강점기인 1925년 최초의 소방서가 설치되었다.
③ 미군정 시대인 1946년 중앙소방위원회가 설치되었다.
④ 대한민국 정부 수립 이후인 1948년 소방법이 제정·공포되었다.

❮정답 ④❯

기출PLUS

ⓒ 소방공무원법 제정 : 1978년 3월 국가공무원법과 지방공무원법을 근간으로 소방공무원법을 제정·운용함으로써 업무의 특성에 맞는 소방공무원의 신분을 보장받게 되었다.

ⓔ 소방학교 직제 : 1978년 7월에는 소방학교 직제가 제정 공포되고 1980년에 그 건물이 완공되어 소방인의 숙원사업인 소방전문교육이 체계적으로 실시되기에 이르렀다.

⑤ 성숙기(1992~현재 : 시·도 광역자치 소방체제)

ⓐ 1992년, 국가소방과 자치소방으로 이원화하여 광역 소방행정 실시, 시·도 소방본부 설치

ⓑ 1994년, 방재국 신설

ⓒ 1995년, 소방국에 구조구급과를 설치

ⓓ 2004년, 소방방재청 신설

ⓔ 2007년, 서울에서 세계소방청장회의를 개최

ⓕ 2014년, 국민안전처 내 중앙소방본부

ⓖ 2017년, 행정안전부 산하 외청인 소방청으로 독립

ⓗ 2020년, 소방공무원 국가직 전환

⑥ 소방업무의 변천

ⓐ 1950년 : 법률이 아닌 내무부령으로 소방조사규정를 제정하면서 소방업무가 시작되었다.

ⓑ 1958년 : 우리나라 최초의 체계적이고 독립적인 소방법이 탄생하게 되었다.

ⓒ 1968년 : 풍수해대책법이 제정되면서 풍수해, 설해의 예방이 가능해졌다. (1996년, 자연재해대책법으로 변경)

ⓓ 1988년 : 119특별구조대 설치운영계획의 수립으로 구급대가 편성·운영되었다.

ⓔ 1999년 : 소방법 개정으로 화재를 예방, 경계하거나 진압하고 화재·재난·재해, 그 밖의 위급한 상황에서의 구조·구급활동이 가능해졌다.

ⓕ 2003년 : 소방법이 분화(소방기본법, 화재예방, 소방시설 설치·유지 및 안전관리에 관한 법률, 소방시설공사업법, 위험물안전관리법)되었다.

ⓖ 2022년 : 소방법이 분화(소방기본법, 소방의 화재조사에 관한 법률, 소방시설 설치 및 관리에 관한 법률, 화재의 예방 및 안전관리에 관한 법률, 소방시설공사업법, 위험물안전관리법)되었다.

🏠 **Plus tip**

소방수행기관의 변천과정
ⓐ 금화도감 – 병조(조선시대)
ⓑ 수성금화도감 – 공조(조선시대)
ⓒ 갑오경장 이후부터 일제시대 – 경무청 또는 경무총감
ⓓ 광복과 미군정시대 – 지방자치단체
ⓔ 대한민국 정부수립 이후 – 내무부장관(현 행정안전부장관)
ⓕ 소방제도의 발전기(1970~1992) – 시·군(국가 + 자치 소방체제)
ⓖ 소방제도의 성숙기(1993 이후) – 시·도지사(광역시 소방체제)

기출 2019년 시행

해방 이후의 소방조직 변천과정을 과거부터 현재까지 옳게 나열한 것은?

• 보기 •
ⓐ 중앙에는 중앙소방위원회를 두고, 지방에는 도소방위원회를 두어 독립된 자치소방제도를 시행하였다.
ⓑ 소방행정이 경찰행정 사무에 포함되어 시·군까지 일괄직으로 관리하는 국가소방체제로 전환되었다.
ⓒ 서울과 부산은 소방본부를 설치하였고, 다른 지역은 국가소방체제로 국가소방과 자치소방의 이원화시기였다.
ⓔ 소방사무가 시·도 사무로 전환되어 전국 시·도에 소방본부가 설치되었다.

① ㉠→㉡→㉢→㉣
② ㉠→㉡→㉣→㉢
③ ㉡→㉠→㉢→㉣
④ ㉡→㉠→㉣→㉢

〈정답 ①

checkpoint

소방의 역사 포인트 체크

✔ 최초로 금화법령이 제정되고 금화도감이 설치된 시기 : 조선시대(세종 8년, 1426년)

✔ 최초의 소방관서(세종 8년, 1426년) : 금화도감(최초의 독자적인 소방관서에 해당) : 금화도감(세종 8년, 1426년, 병조) → 수성금화도감(1426년, 공조) → 금화군(세종 13년, 1431년) → 멸화군(세조 13년, 1467년)

✔ 금화군 : 최초의 소방관·소방수

✔ 1894년 소방업무는 내무부 지방국에서 관장

✔ 최초로 "소방"이란 용어 사용 : 갑오경장 이후(1895년)

✔ 일제시대 상비소방수제도 : 경찰조직 내 소방조직 관장은 중앙은 소방사무를 경무총감부(1910년) 보안과 소방계에서 담당

✔ 최초의 소방서 : 경성(현 종로)소방서 설치(1925년)

✔ 소방을 분리 역사상 독립된 자치소방제도 최초 시행 : 미군정 시대(1945~1948년)

✔ 미군정 시대(1945년~1948년) : 자치소방체제 : 중앙 – 중앙소방위원회설치(1946년), 중앙소방청(집행기관) 설치(1947년) : 지방 – 서울시(소방부 설치), 도(소방위원회, 지방소방청 설치), 시·읍·면(소방부설치)

✔ 대한민국 정부수립 후(1948년) : 국가소방체제 : 소방업무는 국가소방으로 하여 경찰조직의 내무부 치안국 소방과로 예속

✔ 소방법 제정 : 1958년

✔ 소방시설공동세 신설(1961년) : 목적세(소방재원확보)

✔ 국가 기초의 이원적 소방체제로 전환(1970년)

✔ 전국 최초로 소방본부 설치(1972년) : 서울소방본부, 부산소방본부

✔ 국가와 자치의 이원적 소방체제(1972년)

✔ 지방소방공무원법 제정(1973년) : 국가공무원은 경찰공무원으로 지방공무원은 소방공무원으로 임용권자에 따라 신분 이원화

✔ 내무부 민방위본부 창설(1975년, 소방국 설치)

✔ 중앙소방학교 설치(1978년) : 소방공무원 교육훈련체계 일원화

✔ 소방공무원법 제정(1978년) : 소방공무원 신분 단일화

✔ 소방공무원 복제규정 제정 공포(1983년)

✔ 119구급대 설치 : 구급업무를 소방의 기본업무로 법제화(소방법 개정, 1983년)

✔ 119특별구조대 편성·운영 : 88서울올림픽계기 – 119특별구조대운영계획 수립(1987년 9월)

✔ 구조업무를 소방의 기본업무로 법제화 : 소방법개정(1989년)

✔ 광역소방체제로 전환(1992년) : 모든 시·도에 소방본부 설치

✔ 재난관리법 제정(1995년)·중앙119구조대 설치(1995년) : 삼풍백화점붕괴사건 계기

✔ 소방법이 소방관계 4대 기본법으로 분법(2003년) : 소방본기법, 소방시설공사업법, 화재예방 소방시설 설치·유지 및 안전관리에 관한 법률, 위험물안전관리법

✔ 재난 및 안전관리기본법 제정(2004년), 소방방재청 개청(2004년) : 대구지하철 화재사건 계기

✔ 소방방재청 폐지(2014년), 국민안전처 설치(국무총리소속, 소방조직은 중앙소방본부로 개편) : 세월호침몰사건 계기

✔ 소방청으로 독립(2017년) : 국민안전처를 행정안전부가 흡수하고 기존의 소방방재청을 소방청으로 출범하고 행정안전부 산하 외청으로 독립되었다.

✔ 소방공무원 국가직 전환(2020년) : 소방공무원의 신분을 국가직으로 단일화 : 국가 주도형의 광역시소방체제 ※ 2020년 이후에도 광역자치소방체제이다.

기출 2012년 시행

소방역사의 변천과정 순서로 옳은 것은?

┌─ 보기 ─┐
ⓐ 소방법 제정
ⓑ 소방위원회
ⓒ 시·도 광역자치소방체계 개편
ⓓ 소방방재청 개청
└────────┘

① ⓓ → ⓒ → ⓐ → ⓑ
② ⓑ → ⓐ → ⓒ → ⓓ
③ ⓓ → ⓒ → ⓑ → ⓐ
④ ⓑ → ⓓ → ⓒ → ⓐ

〈정답 ②

기출 2020년 시행

우리나라 소방행정에 관한 설명으로 옳은 것은?

① 미군정 시대에는 소방행정을 경찰에서 분리하여 자치소방행정체제를 도입하였다.

② 1972년 전국 시·도에 소방본부를 설치·운영하고 광역소방행정체제로 전환하였다.

③ 소방공무원은 공무원 분류상 경력직 공무원 중 특수경력직 공무원에 해당한다.

④ 소방공무원의 징계 중 경징계에는 정직, 감봉, 견책이 있다.

〈정답 ①

section 2 소방행정체제의 기능 및 책임

(1) 소방의 의의

① 소방의 개념

ㄱ 실질적·형식적 의미의 소방

• 실질적 의미의 소방 : 화재의 예방, 경계 및 진압을 위한 일체의 활동과정을 말한다.

• 형식적 의미의 소방 : 소방행정 목적을 달성하기 위하여 구성되는 조직, 즉 소방기관을 의미한다.

ㄴ 소방의 목적

• 인위적 또는 자연적 형상에 의해 발생하는 화재의 예방·경계 및 진압을 한다.

• 사회 공공의 안녕 질서를 유지한다.

• 적극적으로 사회의 복리 증진에 기여한다.

> ☆ Plus tip
> 시대별 소방업무의 범위
> ㄱ 1950년대 이전 : 화재의 진압과 경계활동과 같은 소극적인 소방활동에 전념
> ㄴ 1950년대 후반~1960년대 초반 : 화재와 풍수해, 설해의 예방·경계와 진압 및 방어로서 예방활동의 중점
> ㄷ 1960년대 후반~1980년대 초반 : "풍수해와 설해의 방어" 삭제, 화재의 예방·경계·진압에 의한 소방활동에만 전념
> ㄹ 1983년 초반~현재 : 기존의 소방업무에 구조·구급업무를 포함한 시기

② 소방의 의무

ㄱ 기본적 임무 : 기본적인 포괄적 개념이다.

• 기본적으로 소방의 목적을 지키기 위한 것이다.

• 질서기능에 속하며 보안기능을 담당한다.

• 국민의 생명과 재산을 보호한다.

• 사회의 공공 안녕 유지로 안전한 국민생활을 보호한다.

ㄴ 파생적인 임무 : 세부적인 구조 활동이다.

• 소방의 기본적인 임무 이외에 또 다른 임무를 말한다.

• 봉사기능에 속하며 권력이 없는 직접 서비스기능을 말한다.

• 구조대 및 구급대의 운영이 해당된다.

③ 소방행정 수단(소방관계법규에 근거)

ㄱ 계몽·지도

ㄴ 봉사활동

ㄷ 명령과 강제

④ 소방업무

ㄱ 화재예방 : 소방관련법규에 의하여 소방기관은 화재의 예방에 노력한다.

소방기본법의 목적(「소방기본법」 제1조)
소방기본법은 ① 화재를 예방·경계하거니 진압하고 ② 화재, 재난·재해, 그 밖의 위급한 상황에서의 구조·구급 활동 등을 통하여 ③ 국민의 생명·신체 및 재산을 보호함으로써 ④ 공공의 안녕 및 질서 유지와 복리증진에 이바지함을 목적으로 한다.

기출 2013년 시행

다음 중 「소방기본법」의 목적으로 적절하지 않은 것은?

① 화재위험물의 평가
② 공공의 안녕 및 질서 유지
③ 위급한 상황에서의 구조·구급 활동
④ 국민의 생명·신체 및 재산의 보호

< 정답 ①

소방의 3요소
소방인력, 소방장비, 소방수리

ⓛ 소화활동 : 소방본부장, 소방서장 또는 소방대장은 화재 현장에 소방활동구역을 설정하고 출입금지 조치와 시민들의 작업종사를 명할 수 있으며 인명구조, 연소방지를 위하여 필요한 강제처분, 피난명령 · 급수유지의 긴급조치 등을 할 수 있다.

ⓒ 구급 · 구조 활동 : 소방본부장 또는 소방서장은 화재와 그 밖의 위급한 상황에서 구급대와 구조대를 편성하고 운영하며 필요한 경우 관할구역 의료기관, 경찰서에 협조요청을 한다.

ⓔ 화재조사 활동 : 소방본부장 또는 소방서장은 화재의 원인과 피해상황에 대해서 조사한다. 조사된 자료는 화재예방계획 수립과 구급, 구조 대책에 활용하고 방화에 대한 범죄수사 등에 대해서는 경찰공무원과 협조한다.

(2) 소방조직

① 중앙소방행정조직과 지방소방행정조직으로 나누어진다.

　㉠ 중앙소방행정조직
　　• 소방청
　　• 중앙소방학교
　　• 중앙119구조본부
　　• 국립소방연구원

　㉡ 지방소방행정조직
　　• 서울특별시 소방행정조직
　　• 광역시 · 특별자치시 소방행정조직
　　• 도 · 특별자치도 소방행정조직
　　• 지방소방학교
　　• 서울종합방재센터 및 소방서

② **소방청의 하부조직**〈「소방청과 그 소속기관 직제」 제6조〉

　㉠ 소방청에 운영지원과 · 119대응국 · 화재예방국 및 장비기술국을 둔다.

　㉡ 청장 밑에 대변인 및 119종합상황실장 각 1명을 두고, 차장 밑에 기획조정관 및 감사담당관 각 1명을 둔다.

③ **중앙소방학교의 직무**〈「소방청과 그 소속기관 직제」 제14조〉

　㉠ 소방공무원, 소방간부후보생, 의무소방원 및 소방관서에서 근무하는 사회복무요원의 교육훈련에 관한 사항

　㉡ 학생, 의용소방대원, 민간자원봉사자 등에 대한 소방안전체험교육 등 대국민 안전교육훈련에 관한 사항

④ **중앙119구조본부의 직무**〈「소방청과 그 소속기관 직제」 제17조〉

　㉠ 각종 대형 · 특수재난사고의 구조 · 현장지휘 및 지원

　㉡ 재난유형별 구조기술의 연구 · 보급 및 구조대원의 교육훈련(「재난 및 안전관리 기본법」에 따른 긴급구조기관과 긴급구조지원기관 및 외국의 긴급구조기관으로부터 요청을 받은 인명구조훈련을 포함한다.)

ⓒ 특별시장·광역시장·특별자치시장·도지사 및 특별자치도지사의 요청 시 중앙 119 구조본부장이 필요하다고 판단하는 재난사고의 구조 및 지원

ⓔ 위성중계차량 운영에 관한 사항

ⓜ 그 밖에 중앙긴급구조통제단장이 필요하다고 판단하는 재난 사고의 구조 및 지원

(3) 소방행정작용 ✪ 2012, 2014, 2017, 2020 기출

① 소방조직의 기본원리

ⓖ 분업의 원리 : 한 사람이나 한 부서가 한 가지의 주된 업무를 맞는다는 원리

ⓛ 명령계 통일의 원리 : 한 사람의 상급자에게 명령을 받고, 보고하는 원리

ⓒ 계층제의 원리 : 상하의 계층제를 형성하는 원리

ⓔ 계선의 원리 : 개인의 의견이 참여되지만 결정을 내리는 것은 소속기관의 기관장이 하는 원리

ⓜ 업무조정의 원리 : 조직을 통합하고 행동을 통일시키는 원리

② 소방행정 작용의 특성

ⓖ 우월성(지배·복종의 법률 관계)

　　예 화재의 예방조치, 강제 처분

ⓛ 획일 및 원칙성

ⓒ 기술성

ⓔ 강제성

③ 소방행정행위의 개념과 종류 … 소방행정행위의 개념은 협의의 개념으로 행정처분과 동일한 의미이다. 소방행정행위에는 법률 행위적 행정행위와 준법률 행위적 행정행위가 있다.

ⓖ 법률 행위적 행정행위

• 명령적 행정행위(대부분 차지)

－소방하명 : 소방이라는 목적을 달성하기 위하여 행정주체(=행정청, 행정기관)가 행정객체에게 행한다.

작위하명	특정행위를 적극적으로 해야 할 의무를 명 **예** 타고 남은 불 또는 화기의 우려가 있는 재의 처리, 함부로 버려두거나 그냥 둔 위험물, 그 밖에 탈 수 있는 물건을 옮기거나 치우게 하는 등의 조치
부작위하명	특정행위를 금지하도록 하는 의무를 명 **예** 불장난, 모닥불, 흡연, 화기 취급, 그 밖에 화재예방에 위험하다고 인정되는 행위를 금지 또는 제한
급부하명	소방목적으로 금전, 물품, 노력 등을 제공할 의무를 명 **예** 소방활동 종사명령
수인하명	행정청의 권한행사에 대하여 저항하지 아니할 의무를 명 **예** 소방자동차의 우선통행 및 소방공무원의 출입 검사의 실시

기출 2020년 시행
소방조직의 원리에 해당하지 않는 것은?

① 조정의 원리
② 계층제의 원리
③ 명령 분산의 원리
④ 통솔 범위의 원리

〈정답 ③

기출 2017. 10. 19. 시행
특정 사안에 대한 결정에 있어 의사 결정과정에서는 개인의 의견이 참여하지만, 결정을 내리는 것은 개인이 아닌 소속기관의 기관장이 한다는 원리는 무엇인가?

① 계선의 원리
② 업무조정의 원리
③ 계층제의 원리
④ 명령통일의 원리

〈정답 ①

‒소방허가(=소방 부작위 의무를 소멸) : 금지사항을 해제하여 합법적인 행위를 할 수 있도록 하는 행정처분

> **💰 Plus tip**
>
> **소방허가**
> ㉠ 소방대인허가 : 특정인의 자격 등이 고려되어 허가되는 행정행위
> ㉡ 소방대물허가 : 대상물의 객관적인 사항이 감안되어 허가되는 행정행위
> ㉢ 소방혼합허가 : 소방대인허가와 대물허가를 합한 행정행위

‒소방면제 : 소방작위, 소방급부, 소방수인의 의무를 특별한 경우에 소멸시키는 행정행위
• 형성적 행정행위 : 특허, 인가, 대리
ⓛ 준법률적 행위적 행정행위
• 확인 : 소방관련 자격 합격자 결정, 방화관리자 자격 인정 등이 해당된다.
• 공증 : 방화관리자 자격수첩 교부, 허가 및 자격증의 교부(소방시설의 완비 증명, 화재증명원 발급 등이 해당된다.)
• 통지 : 소방검사 전에 소방검사계획 통지 등이 해당된다.
• 수리 : 각종 허가신청과 신고의 수리 등이 해당된다.
④ 소방강제
㉠ 소방강제집행
• 대집행 : 일정한 행위를 해야 할 의무(작위의 의무)의 불이행을 행정주체(행정기관)가 행정객체(의무자)에게 스스로 또는 제3자에게 의무를 행하게 하고 그에 대한 비용은 행정객체가 징수하는 것
• 집행벌 : 일정한 행위를 하지 않아야 할 의무(부작위의 의무)의 불이행 시 그 이행을 간접적으로 강제하기 위하여 처하는 벌
• 직접강제 : 행정객체의 신체 또는 재산상에 힘을 가하여 행정상 필요한 상태로 만드는 행정행위
• 강제징수 : 금전납부의무의 불이행 시, 행정주체가 강제적으로 이행한 것과 같은 상태를 실현하는 것
㉡ 소방즉시강제(행정상 긴급을 요할 경우)
• 대물강제 : 토지 강제 처분, 화재확산 방지를 위해 요할 경우
• 대인강제 : 대피 명령, 소화 명령
• 대가택강제 : 소방 검사
⑤ 소방행정수단
㉠ 계몽, 지도
㉡ 봉사활동
• 상대적 봉사 : 직접적인 혜택을 받는 사람들을 중심으로 하는 봉사활동을 말한다.
• 포괄적 봉사 : 소방의 혜택을 받는 사람이 사회의 불특정 다수인이 되는 활동을 말한다.

기출 2012년 시행

다음 중 법률적 행정행위가 아닌 것은?

① 통지
② 하명
③ 면제
④ 허가

〈정답 ①

강제징수의 절차
통지(독촉)→압류→매각 절차→청산

기출 2014년 시행

소방본부장 및 소방서장이 화기가 있는 위험물을 발견하거나 치우게 하려 하였으나 그 소속이 명확하지 않아 소방공무원에게 치우거나 옮기도록 하는 것은 무슨 행위인가?

① 행정대집행
② 행정상 즉시강제
③ 행정지도
④ 행정상 간접강제

〈정답 ②

© 명령과 강제

소방법상 명령의 조건	• 실행기간 및 지켜야 할 의무 내용을 구체적으로 기록하여야 한다. • 주체는 시·도지사, 소방본부장 또는 소방서장이 된다. • 서면에 의하여 명령을 하는 것이 원칙이다. • 특정한 소방대상자에 한해서 명령을 하여야 한다.
소방법상 명령 및 강제수단의 예	• 화재예방 조치명령 • 소방대상물의 개수명령 • 소방검사를 위한 보고 및 자료제출 명령 • 위험물 제조소 등의 감독명령 • 무허가 위험물 시설의 조치명령 • 위험물 제조소 등의 예방규정 변경 명령 • 소방시설 및 방염에 관한 명령 • 화재예방강화지구의 대한 명령 • 소방활동 종사 명령 • 피난명령 • 화재조사를 위한 보고 및 자료제출 명령
소방행정벌	• 행정형벌 : 징역, 금고, 벌금 • 행정질서벌 : 과태료

⑥ 소방행정권의 한계

㉠ 소방 소극 목적의 원칙 : 우리 사회의 안녕질서 유지에 방해가 되는 위험요소가 있는 경우에 이를 제거한다는 소극적인 목적의 원칙

㉡ 소방공공의 원칙 : 직접적인 영향을 주지 않는 사생활에는 관여하지 않는다는 원칙
  • 사생활의 불가침 원칙
  • 사주거의 불가침 원칙
  • 민사법률의 불간섭 원칙
  • 소방책임의 원칙
  • 개인의 행동에 대한 책임 원칙
  • 물건상태에 대한 책임 원칙

㉢ 소방비례의 원칙 : 모든 사람에게 균형있게 적용되어야 한다는 원칙

(4) 소방행정관리

① 소방기관과 소방장비

㉠ 소방기관

「소방장비관리법」과 「소방공무원임용령」에서 정의하고 있는 소방기관을 구분해서 기억!

  • 「소방장비관리법」에서 정의하는 소방기관 : 중앙소방학교·중앙119구조본부·소방본부·소방서·지방소방학교·119안전센터·119구조대·119구급대·119구조구급센터·항공구조구급대·소방정대·119지역대 및 소방체험관 등 소방업무를 수행하는 기관을 말한다.
  • 「소방공무원임용령」에서 정의하는 소방기관 : 소방청·특별시·광역시·특별자치시·도·특별자치도와 중앙소방학교·중앙119구조본부·국립소방연구원·지방소방학교·서울종합방재센터 및 소방서를 말한다.

ⓛ 주요 소방기관의 설치기준〈「지방소방기관 설치에 관한 규정」별표 2〉

• 소방서의 설치기준

－시·군·구 단위로 설치하되, 소방업무의 효율적인 수행을 위하여 특히 필요한 경우에는 인근 시·군·구를 포함한 지역을 단위로 설치할 수 있다.

－소방서의 관할구역에 설치된 119안전센터의 수가 5개를 초과하는 경우에는 소방서를 추가로 설치할 수 있다.

－석유화학단지·공업단지·주택단지 또는 문화관광단지의 개발 등으로 대형 화재의 위험이 있거나 소방 수요가 급증하여 특별한 소방대책이 필요한 경우에는 해당 지역마다 소방서를 설치할 수 있다.

• 119출장소의 설치기준

－소방서가 설치되지 않은 시·군·구 지역에 119출장소를 설치할 수 있다.

－소방서를 설치할 수 있는 지역이거나 가목에 따라 이미 119출장소가 설치된 지역임에도 불구하고 석유화학단지·공업단지·주택단지 또는 문화관광단지의 개발 등으로 대형 화재의 위험이 있거나 소방 수요가 급증하여 특별한 소방대책이 필요한 지역에는 119출장소를 추가로 설치할 수 있다.

• 119안전센터의 설치기준

－특별시 : 인구 5만명 이상 또는 면적 2㎢ 이상

－광역시, 인구 50만명 이상의 시 : 인구 3만명 이상 또는 면적 5㎢ 이상

－인구 10만명 이상 50만명 미만의 시·군 : 인구 2만명 이상 또는 면적 10㎢ 이상

－인구 5만명 이상 10만명 미만의 시·군 : 인구 1만 5천명 이상 또는 면적 15㎢ 이상

－인구 5만명 미만의 지역 : 인구 1만명 이상 또는 면적 20㎢ 이상

－석유화학단지·공업단지·주택단지 또는 문화관광단지의 개발 등으로 대형 화재의 위험이 있거나 소방 수요가 급증하여 특별한 소방대책이 필요한 경우에는 해당 지역마다 119안전센터를 설치할 수 있다.

• 소방정대의 설치기준

－항만을 관할하는 소방서에 소방정대를 설치할 수 있다.

－항만의 이동 인구 및 물류가 급격히 증가하여 대형 화재의 위험이 있거나 특별한 소방대책이 필요한 경우에는 해당 지역에 소방정대를 설치할 수 있다.

• 119지역대의 설치기준

－119안전센터가 설치되지 아니한 읍·면 지역으로 관할면적이 30㎢ 이상이거나 인구 3천명 이상 되는 지역에 설치할 수 있다.

－농공단지·주택단지·문화관광단지 등 개발 지역으로써 인접 소방서 또는 119안전센터와 10㎞ 이상 떨어진 지역에 설치할 수 있다.

－도서·산악지역 등 119안전센터에 소속된 소방공무원이 신속하게 출동하기 곤란한 지역에 설치할 수 있다.

☆ Plus tip

119출장소·119안전센터 등〈「지방소방기관 설치에 관한 규정」제8조〉
소방서장의 소관 사무를 분장하게 하기 위하여 해당 시·도의 규칙으로 정하는 바에 따라 소방서장 소속으로 119출장소·119안전센터·119구조대·119구급대·119구조구급센터·소방정대(消防艇隊) 및 119지역대를 둘 수 있다.

TIP

비고

ⓒ 표에도 불구하고 인구 100만명 이상의 시(市)에 설치된 소방서의 장의 직급은 소방준감으로 할 수 있다.

다만, 해당 시에 2개 이상의 소방서가 설치된 경우에는 그 중 1개의 소방서에 한정하여 그 장의 직급을 소방준감으로 할 수 있다.

ⓒ 지방소방학교장·소방서장·119특수대응단장 등의 직급〈「지방소방기관 설치에 관한 규정」 별표 1〉

구분		직급
지방소방학교장	특별시, 경기도	소방준감
	광역시, 그 밖의 도	소방정
지방소방학교의 부장·과장·팀장·연구실장		소방정 또는 소방령
소방서장		소방정
소방서의 과장·단장·담당관		소방령
119출장소장		소방령
119안전센터장·119구조대장·119구급대장·119구조구급센터장·소방정대장		소방경 또는 소방위
119지역대장		소방위
119특수대응단장		소방정
119특수대응단의 과장·팀장		소방령
직할구조대장·테러대응구조대장·119항공대장·특수구조대장		소방령
소방체험관장		소방정
소방체험관의 과장·팀장		소방령

ⓓ 소방장비: 소방업무를 효과적으로 수행하기 위하여 필요한 기동장비·화재진압장비·구조장비·구급장비·보호장비·정보통신장비·측정장비 및 보조장비를 말한다〈「소방장비관리법」 제2조 제1호〉.

• 소장장비의 분류〈「소방장비관리법 시행령」 별표 1〉

– 기동장비: 자체에 동력원이 부착되어 자력으로 이동하거나 견인되어 이동할 수 있는 장비

구분	품목
소방자동차	소방펌프차, 소방물탱크차, 소방화학차, 소방고가차, 무인방수차, 구조차 등
행정지원차	행정 및 교육지원차 등
소방선박	소방정, 구조정, 지휘정 등
소방항공기	고정익항공기, 회전익항공기 등

– 화재진압장비: 화재진압활동에 사용되는 장비

구분	품목
소화용수장비	소방호스류, 결합금속구, 소방관창류 등
간이소화장비	소화기, 휴대용 소화장비 등
소화보조장비	소방용 사다리, 소화 보조기구, 소방용 펌프 등
배연장비	이동식 송·배풍기 등
소화약제	분말 소화약제, 액체형 소화약제, 기체형 소화약제 등
원격장비	소방용 원격장비 등

─구조장비 : 구조활동에 사용되는 장비

구분	품목
일반구조장비	개방장비, 조명기구, 총포류 등
산악구조장비	등하강 및 확보장비, 산악용 안전벨트, 고리 등
수난구조장비	급류 구조장비 세트, 잠수장비 등
화생방 및 대테러 구조장비	경계구역 설정라인, 제독·소독장비, 누출물 수거장비 등
절단 구조장비	절단기, 톱, 드릴 등
중량물 작업장비	중량물 유압장비, 휴대용 윈치(winch: 밧줄이나 쇠사슬로 무거운 물건을 들어 올리거나 내리는 장비를 말한다), 다목적 구조 삼각대 등
탐색 구조장비	적외선 야간 투시경, 매몰자 탐지기, 영상송수신장비 세트 등
파괴장비	도끼, 방화문 파괴기, 해머 드릴 등

─구급장비 : 구급활동에 사용되는 장비

구분	품목
환자평가장비	신체검진기구 등
응급처치장비	기도확보유지기구, 호흡유지기구, 심장박동회복기구 등
환자이송장비	환자운반기구 등
구급의약품	의약품, 소독제 등
감염방지장비	감염방지기구, 장비소독기구 등
활동보조장비	기록장비, 대원보호장비, 일반보조장비 등
재난대응장비	환자분류표 등
교육실습장비	구급대원 교육실습장비 등

─정보통신장비 : 소방업무 수행을 위한 의사전달 및 정보교환·분석에 필요한 장비

구분	품목
기반보호장비	항온항습장비, 전원공급장비 등
정보처리장비	네트워크장비, 전산장비, 주변 입출력장치 등
위성통신장비	위성장비류 등
무선통신장비	무선국, 이동 통신단말기 등
유선통신장비	통신제어장비, 전화장비, 영상음향장비, 주변장치 등

─측정장비 : 소방업무 수행에 수반되는 각종 조사 및 측정에 사용되는 장비

구분	품목
소방시설 점검장비	공통시설 점검장비, 소화기구 점검장비, 소화설비 점검장비 등
화재조사 및 감식장비	발굴용 장비, 기록용 장비, 감식감정장비 등
공통측정장비	전기측정장비, 화학물질 탐지·측정장비, 공기성분 분석기 등
화생방 등 측정장비	방사능 측정장비, 화학생물학 측정장비 등

- 보호장비 : 소방현장에서 소방대원의 신체를 보호하는 장비

구분	품목
호흡장비	공기호흡기, 공기공급기, 마스크류 등
보호장구	방화복, 안전모, 보호장갑, 안전화, 방화두건 등
안전장구	인명구조 경보기, 대원 위치추적장치, 대원 탈출장비 등

- 보조장비 : 소방업무 수행을 위하여 간접 또는 부수적으로 필요한 장비

구분	품목
기록보존장비	촬영 및 녹음장비, 운행기록장비, 디지털이미지 프린터 등
영상장비	영상장비 등
정비기구	일반정비기구, 세탁건조장비 등
현장지휘소 운영장비	지휘 텐트, 발전기, 출입통제선 등
그 밖의 보조장비	차량이동기, 안전매트 등

※ 비고 : 위 표에서 분류된 소방장비의 분류 기준·절차 및 소방장비의 세부적인 품목 등에 관한 사항은 소방청장이 정한다.

• 소방장비의 보유기준〈「소방장비관리법 시행규칙」 별표 2〉

- 기동장비 : 기동장비는 「소방력 기준에 관한 규칙」의 배치기준에 따라 보유한다.

※ 소방자동차에 적재하는 소방장비는 소방자동차별 최대적재량(「자동차 및 자동차 부품의 성능과 기준에 관한 규칙」에 따른 최대적재량을 말한다)을 초과하지 않는 범위에서 지역별 상황에 적합하게 적재해야 한다.

- 화재진압장비 : 화재진압장비는 소방서·119안전센터 및 119지역대 등에 배치하는 소방자동차의 수, 지역별 화재, 재난·재해 등 발생 상황 및 화재진압장비의 특성 등을 고려하여 소방청장이 정하는 기준에 따라 보유한다.

- 측정장비 : 측정장비 중 화재조사 및 감식장비는 「소방기본법 시행규칙」 별표 6에 따른 장비 및 시설 기준에 따라 보유한다.

- 보호장비 : 보호장비는 소방대원 개인을 기준으로 소방청장이 정하는 기준에 따라 보유한다. 다만, 보호장비의 특성에 따라 소방관서 또는 출동대 기준으로 보유기준을 정할 수 있다.

- 그 밖의 소방장비 : 그 밖에 구조장비, 구급장비, 정보통신장비, 측정장비 및 보조장비 등의 보유기준은 각 소방장비의 특성을 고려하여 소방청장이 정한다.

> ☆ Plus tip
>
> **소방장비 운용의 범위**〈「소방장비관리법」 제29조 제2항〉
> ㉠ 화재안전조사
> ㉡ 소방활동
> ㉢ 소방지원활동
> ㉣ 생활안전활동
> ㉤ 소방 교육·훈련
> ㉥ 그 밖에 대통령령으로 정하는 경우

• 소방기관에 두는 소방자동차 등의 배기기준〈「소방력 기준에 관한 규칙」별표 1〉
－소방서에 두는 소방자동차 배치기준

종류	배치기준
소방 사다리차	• 관할구역에 층수가 11층 이상인 아파트가 20동 이상 있거나 11층 이상 건축물이 20개소 이상 있는 경우에는 고가사다리차를 1대 이상 배치한다. • 관할구역에 층수가 5층 이상인 아파트가 50동 이상 있거나 백화점, 복합영상관 등 대형 화재의 우려가 있는 5층 이상 건물이 있는 경우에는 굴절사다리차를 1대 이상 배치한다. • 고가사다리차 또는 굴절사다리차가 배치되어 있는 119안전센터와의 거리가 20㎞ 이내인 경우에는 배치하지 않을 수 있다.
화학차 (내폭화학 차 또는 고성능 화학차)	• 「위험물 안전관리법 시행령」별표 1에 따른 제4류 위험물 지정수량의 40배 이상을 저장·취급하는 제조소·옥내저장소·옥외탱크저장소·옥외저장소·암반탱크저장소 및 일반취급소의 수 및 규모에 따라 아래에서 정한 화학차 대수의 합계에 해당하는 대수를 설치한다. －제조소등이 50개소 이상 500개소 미만인 경우는 1대를 배치하고, 500개소 이상 1천 개소 미만인 경우는 2대를 배치하며, 1천 개소 이상인 경우는 다음 계산식에 따라 산출(소수점 이하 첫째자리에서 올림)된 수만큼 추가 배치할 수 있다. 화학차 대수 = (제조소등의 수−1,000)÷1,000 －제조소등에서 저장·취급하는 위험물의 규모가 위험물 지정수량의 6만 배 이상 240만 배 미만인 경우는 1대를 배치하고, 240만 배 이상 480만 배 미만인 경우는 2대를 배치하며, 480만 배 이상인 경우에는 1대를 추가 배치할 수 있다. • 화학구조대가 별도로 설치되어 있는 경우에는 119안전센터에 배치되는 차량을 화학구조대에 배치할 수 있다.
지휘차 및 순찰차	각각 1대 이상 배치한다.
그 밖의 차량	소방활동을 원활하게 추진하기 위하여 소방서장이 필요하다고 판단하는 경우 배연차, 조명차, 화재조사차, 중장비, 견인차, 진단차, 행정업무용 차량, 오토바이 등을 추가로 배치할 수 있다.

TIP

화학차 대수
= (제조소등의 수 − 1,000) ÷ 1,000

－119안전센터에 두는 소방자동차 배치기준

종류	배치기준
펌프차	• 2대를 기본으로 배치하고, 관할 인구 10만 명과 소방대상물 1천개소를 기준으로 하여 관할 인구 5만 명 또는 소방대상물 500개소 증가 시 마다 1대를 추가로 배치할 수 있다. • 인접한 119안전센터와의 거리가 10㎞ 이내인 경우에는 1대를 적게 배치할 수 있다. • 119안전센터에 화학차가 배치되어 있는 경우, 화학차를 펌프차로 간주하여 화학차가 배치된 수만큼 줄여서 배치할 수 있다. • 지역별 소방 수요 및 소방도로 등의 환경을 고려하여 중·대형을 소형으로, 소형을 중·대형으로 대체하여 배치 운영할 수 있다.
물탱크차	• 119안전센터마다 1대를 배치한다. 다만, 관할 지역별로 공설 소화전이 충분히 설치된 경우에는 소화전의 설치상황을 고려하여 특별시, 광역시 및 인구 50만 이상의 시(대도시)는 2~5개의 119안전센터, 인구 10만 이상 50만 미만의 시·군 지역(중도시)은 2~3개의 119안전센터마다 공동으로 1대를 배치할 수 있다. • 인구 5만 이상 10만 미만의 시·군·읍 지역(소도시) 및 5만 미만의 읍·면 지역 및 농공단지·문화관광단지의 개발 등으로 특별한 소방대책이 필요하다고 인정되는 지역(소도읍)에 설치된 119안전센터에는 각각 1대를 기본으로 배치하되, 관할구역에 공설 소화전 30개 이상 있는 경우 2개의 119안전센터를 공동으로 하여 1대를 배치할 수 있다.

—119구조대에 두는 소방자동차 등의 배치기준

<table>
<tr><th colspan="2">구분</th><th>배치기준</th></tr>
<tr><td rowspan="3">일반
구조대</td><td>구조차 및
장비운반차</td><td>구조차 1대를 기본으로 배치하고, 구조활동을 원활하게 추진하기 위하여 필요한 경우 지역 실정에 맞게 장비운반차 1대를 배치할 수 있다.</td></tr>
<tr><td>소방사다리차</td><td>1대를 배치하되, 구조차와의 거리가 20km 이내에 있는 119안전센터에 배치되어 있는 경우에는 배치하지 않을 수 있다.</td></tr>
<tr><td>구조정 및
수상오토바이</td><td>수상구조대가 일시 운영되거나 별도의 수난구조대를 운영하는 경우에 1대씩 배치한다.</td></tr>
<tr><td colspan="2">특별시·광역시·도 및
특별자치도 소방본부
직할구조대</td><td>구조차 1대, 구급차 1대, 장비운반차 1대, 지휘차 1대를 기본으로 배치하고, 지역 실정 및 소방 수요 특성에 따라 화학분석제독차 등 그 밖의 장비를 추가 배치할 수 있다.</td></tr>
<tr><td colspan="2">소방서에 두는
특수구조대</td><td>구조대별로 다음에 따른 기본 장비를 우선 배치하고, 구조활동을 원활하게 추진하기 위하여 필요한 경우 지역 실정에 맞게 장비를 추가로 배치할 수 있다.

<table><tr><th>구분</th><th>기본 장비 및 추가 장비</th></tr><tr><td>화학
구조대</td><td>-기본 : 화학분석제독차 1대 이상
-추가 : 장비운반차, 화학차, 구급차 등 그 밖의 소방차량</td></tr><tr><td>수난
구조대</td><td>-기본 : 구조정 1대 및 수상오토바이 1대 이상
-추가 : 구급차 등 그 밖의 소방차량</td></tr><tr><td>고속국도
구조대</td><td>-기본 : 구조차 1대 이상
-추가 : 구급차, 펌프차 등 소방차량</td></tr><tr><td>산악
구조대</td><td>-기본 : 산악구조장비운반차 1대 이상
-추가 : 구급차 및 구조버스 등 그 밖의 소방차량</td></tr><tr><td>지하철
구조대</td><td>-기본 : 개인당 공기호흡기, 화학보호복
-추가 : 특수 소방장비</td></tr></table></td></tr>
</table>

—119구급대에 두는 소방자동차 등의 배치기준

<table>
<tr><th>종류</th><th>배치기준</th></tr>
<tr><td>「응급의료에
관한 법률
시행규칙」에
따른 구급차</td><td>• 소방서에 소속된 119안전센터의 수(數)에 1대를 추가한 수의 구급차를 기본으로 배치한다.
• 119안전센터 관할에서 관할 인구 3만 명을 기준으로 하여 관할 인구 5만 명 또는 구급활동 건수가 연간 500건 이상 증가할 때마다 구급차 1대를 추가로 배치할 수 있다.</td></tr>
<tr><td>구급오토바이</td><td>구급활동을 원활하게 추진하기 위하여 필요한 경우 구급대별로 1대 이상의 구급오토바이를 배치할 수 있다.</td></tr>
</table>

—119항공대에 두는 항공기 및 소방자동차의 배치기준

<table>
<tr><th>종류</th><th>배치기준</th></tr>
<tr><td>119항공대
항공기</td><td>시·도에 119항공대를 설치하는 경우, 항공기 1대를 기본으로 배치하고, 고층건물의 수나 산림면적 등에 따른 소방 수요 및 지역 특성을 고려하여 소방활동에 특히 필요하다고 인정하는 경우에는 1대 이상을 추가 배치할 수 있다.</td></tr>
<tr><td>유조차</td><td>1대를 배치하되, 군부대 등에서 상시 주유를 할 수 있는 경우에는 배치하지 않을 수 있다.</td></tr>
</table>

–소방정대에 두는 소방정 등의 배치기준

종류	배치기준
소방정 및 소형 보트	소방정 및 소형 보트는 1대를 기본으로 배치한다.
수상오토바이	소방활동 및 소방 수요를 고려하여 수상오토바이를 배치할 수 있다.

–119지역대에 두는 소방자동차 배치기준

종류	배치기준
펌프차	• 1대를 기본으로 배치하고, 관할 면적이 50㎢ 이상이고 관할 인구가 5천 명 이상일 경우에는 펌프차 1대를 추가 배치할 수 있다. • 지역별 소방 수요 및 소방도로 등의 환경을 고려하여 중·대형을 소형으로, 소형을 중·대형으로 대체하여 배치 운영할 수 있다.
물탱크차	공설 소화전이 부족하여 소방용수를 원활히 공급할 수 없거나 소방활동을 위하여 특히 필요한 경우 물탱크차 1대를 배치할 수 있다.
「응급의료에 관한 법률 시행규칙」에 따른 구급차	구급활동 건수가 연간 200건 이상이거나 관할 면적이 50제곱킬로미터 이상이고 관할 인구가 5천명 이상일 경우 구급차 1대를 배치한다. 다만, 섬·산악지역 등 소방 수요 및 지역 특성 등을 고려하여 특히 필요하다고 인정하는 경우 1대를 추가로 배치할 수 있다.

• 보조장비의 배치 : 소방본부 또는 소방기관에는 소방업무를 보다 효율적으로 수행하기 위하여 필요한 경우 배연차, 조명차, 화재조사차, 중장비, 견인차, 진단차, 행정업무용 차량 등 보조장비를 배치할 수 있다.
• 통신시설 등 : 소방기관에는 화재, 재난·재해, 그 밖에 구조·구급 등에 필요한 상황의 신고접수와 소방업무 수행에 필요한 전산시설 및 통신시설을 설치하여야 한다.

ⓐ 소방서 근무요원의 배치기준 〈「소방력 기준에 관한 규칙」 별표 2〉
• 소방서 등급 산정 기준

구분	등급 산정 기준
1급서	• 특별시·광역시·도청 소재지를 관할하는 소방서 • 관할인구가 50만 명 이상인 소방서 • 관할구역의 특정소방대상물이 2만 개소 이상인 소방서 • 관할구역의 건물위험지수가 300 이상인 소방서 • 소방청장이 정하는 국제공항 및 국제항만을 관할하는 소방서
2급서	• 2 이상의 시·군·구를 관할하고 인구가 25만 명 이상 50만 명 미만인 소방서 • 1급서에 해당하지 않는 관할인구가 50만 명 미만인 시의 소방서 • 관할구역의 특정소방대상물이 1만 개소 이상 2만 개소 미만인 소방서 • 관할구역의 건물위험지수가 200 이상 300 미만인 소방서
3급서	• 관할인구가 25만 명 미만인 소방서 • 관할구역의 특정소방대상물이 1만 개소 미만인 소방서 • 관할구역의 건물위험지수가 200 미만인 소방서

• 소방서 등급별 근무요원의 배치기준

구분		1급서	2급서	3급서
총계		81	69	52
지휘감독요원	서장	1	1	1
	과장(단장), 담당관	5	5	3
	팀장(담당)	17	17	14
행정요원	행정지원요원	11	10	8
	대응요원	8	8	5
	예방요원	9	7	5
현장활동요원	현장예방요원	12	9	7
	현장대응요원	15	9	6
	상황요원	3	3	3

ⓑ 소방기관별 근무요원의 배치기준 〈「소방력 기준에 관한 규칙」별표 3〉

• 소방서 소속 특수차량 인력 배치기준

구분	1급서	2급서	3급서
배치인력	30명 또는 24명	24명 또는 21명	15명
비고	국가산업단지 30명 일반지역 24명	국가산업단지 24명 일반지역 21명	

• 119안전센터의 인력 배치기준

구분	1급 센터	2급 센터	3급 센터
배치인력	24명	21명	18명

• 119구조대(일반구조대)의 인력 배치기준

구분	1급 구조	2급 구조	3급 구조
배치인력	27명	24명	21명

- 119구조대(특수구조대)의 인력 배치기준

구분	1그룹	2그룹	3그룹	4그룹
	(서울, 경기)	(부산, 대구, 인천, 강원, 충남, 전남, 경북, 경남)	(광주, 대전, 울산, 충북, 전북)	(세종, 제주, 창원)
산악구조대	18	15	12	9
수난구조대	18	15	12	9
화학구조대	18	15	12	9

- 119구조대(직할구조대)의 인력 배치기준

구분	1그룹	2그룹	3그룹	4그룹
	(서울, 경기)	(부산, 대구, 인천, 강원, 충남, 전남, 경북, 경남)	(광주, 대전, 울산, 충북, 전북)	(세종, 제주, 창원)
운영지원팀(일근)	6		5	
직할구조대(교대)	39	33	27	21

- 119구급대의 인력 배치기준

구분	1급 구급	2급 구급	3급 구급
배치인력	18명	15명 또는 9명	9명

- 119항공대의 인력 배치기준

구분(분야별)	조종사		정비사	구조구급
	기장	부기장		
인력현황(교대근무)	3	3	4	7

- 소방정대의 인력 배치기준

계	소방정			소형 보트		수상오토바이	
	항해사	기관사	진압 · 구조 · 구급대원 [선수(船首)와 선미(船尾)에 배치]	운전	구조	운전	구조
30	6	6	12	3		3	

- 119지역대의 인력 배치기준

구분	1급 지역	2급 지역	3급 지역
배치인력	15명	12명	9명

• 119종합상황실의 인력 배치기준

구분		교대근무(1팀 기준)				일근근무		
		상황 접수	상황 관제	상황 보고	구급 상담	상황 분석	정보 통신	구급 상황
1그룹	서울	40	6	4	7	10	8	5
	경기	40				10	8	5
2그룹	부산	17	5	3	5	5	7	2
	대구	11				5	7	2
	인천	12				5	7	2
3그룹	강원	9	4	2	4	4	6	2
	경기북부	9				4	6	2
	충북	10				4	6	2
	충남	13				4	6	2
	전북	11				4	6	2
	전남	10				4	6	2
	경북	14				4	6	2
	경남	13				4	6	2
4그룹	광주	7	3	1	3	3	5	2
	대전	9				3	5	2
	울산	5				3	5	2
5그룹	세종	2	2	1	2	2	4	2
	제주	4				2	4	2
	창원	5				2	4	2

• 소방체험관의 인력 배치기준

구분	대형	중형	소형
체험관 연면적	5천㎡ 이상	1천㎡ 이상 5천㎡ 미만	1천㎡ 미만
인력(명)	35	20	12

② 소방공무원법

㉠ 용어정의〈「소방공무원임용령」 제2조〉

• 임용 : 신규채용 · 승진 · 전보 · 파견 · 강임 · 휴직 · 직위해제 · 정직 · 복직 · 면직 · 해임 및 파면을 말한다.

• 소방기관 : 소방청, 특별시 · 광역시 · 특별자치시 · 도 · 특별자치도(시 · 도)와 중앙소방학교 · 중앙119구조본부 · 국립소방연구원 · 지방소방학교 · 서울종합방재센터 · 소방서 · 119특수대응단 및 소방체험관을 말한다.

전보 · 강임 · 복직의 차이

㉠ 전보 : 소방공무원의 같은 계급 및 자격 내에서의 근무기관이나 부서를 달리하는 임용

㉡ 강임 : 동종의 직무 내에서 하위의 직위에 임명

㉢ 복직 : 휴직 · 직위해제 또는 정직 중에 있는 소방공무원을 직위에 복귀

ⓛ 공무원의 구분

• 경력직 공무원

- 일반직 공무원 : 기술·연구 또는 행정 일반에 대한 업무를 담당하는 공무원

- 특정직 공무원 : 법관·검사·외무공무원·경찰공무원·소방공무원·교육공무원, 군인, 군무원, 헌법재판소 헌법연구관, 국가정보원의 직원, 경호공무원과 특수 분야의 업무를 담당하는 공무원

• 특수경력직 공무원 : 경력직 외의 공무원

ⓒ 소방공무원 계급 구분 : 소방총감, 소방정감, 소방감, 소방준감, 소방정, 소방령, 소방경, 소방위, 소방장, 소방교, 소방사 (11계급)

ⓔ 임용

• 임용권자 〈「소방공무원법」 제6조(임용권자)〉

- 소방령 이상의 소방공무원은 소방청장의 제청으로 국무총리를 거쳐 대통령이 임용한다. 다만, 소방총감은 대통령이 임명하고, 소방령 이상 소방준감 이하의 소방공무원에 대한 전보, 휴직, 직위해제, 강등, 정직 및 복직은 소방청장이 한다.

- 소방경 이하의 소방공무원은 소방청장이 임용한다.

- 대통령은 임용권의 일부를 소방청장 또는 시·도지사에게 위임할 수 있다.

- 소방청장은 임용권의 일부를 시·도지사 및 소방청 소속기관의 장에게 위임할 수 있다.

- 시·도지사는 위임받은 임용권의 일부를 그 소속기관의 장에게 다시 위임할 수 있다.

> Plus tip
임용권의 위임〈「소방공무원임용령」 제3조〉
㉠ 대통령
• 소방청장에게 위임 : 소방청과 그 소속기관의 소방정 및 소방령에 대한 임용권과 소방정인 지방소방학교장에 대한 임용권
• 시·도지사에게 위임 : 시·도 소속 소방령 이상의 소방공무원(소방본부장 및 지방소방학교장 제외)의 임용권
㉡ 소방청장
• 중앙소방학교장에게 위임 : 중앙소방학교 소속 소방공무원 중 소방령에 대한 전보·휴직·직위해제·정직 및 복직에 관한 권한과 소방경이하의 소방공무원에 대한 임용권
• 중앙119구조본부장에게 위임 : 중앙119구조본부 소속 소방공무원 중 소방령에 대한 전보·휴직·직위해제·정직 및 복직에 관한 권한과 소방경 이하의 소방공무원에 대한 임용권
• 시·도지사에게 위임
- 시·도 소속 소방령 이상 소방준감 이하의 소방공무원(소방본부장 및 지방소방학교장은 제외)에 대한 전보, 휴직, 직위해제, 강등, 정직 및 복직에 관한 권한
- 소방정인 지방소방학교장에 대한 휴직, 직위해제, 정직 및 복직에 관한 권한
- 시·도 소속 소방경 이하의 소방공무원에 대한 임용권
㉢ 중앙119구조본부장 → 119특수구조대장에게 위임 : 119특수구조대 소속 소방경 이하의 소방공무원에 대한 해당 119특수구조대 안에서의 전보권
㉣ 시·도지사 : 시·도지사는 그 관할구역안의 지방소방학교·서울종합방재센터·소방서·119특수대응단·소방체험관 소속 소방경 이하(서울소방학교·경기소방학교 및 서울종합방재센터의 경우에는 소방령 이하)의 소방공무원에 대한 해당 기관 안에서의 전보권과 소방위 이하의 소방공무원에 대한 휴직·직위해제·정직 및 복직에 관한 권한을 지방소방학교장·서울종합방재센터장·소방서장·119특수대응단장 또는 소방체험관장에게 위임

기출 2014년 시행

다음 중 소방조직에 관한 설명으로 바르지 않은 것은?

① 소방공무원은 특수경력직 공무원 중 특정직 공무원이다.

② 소방공무원 중 소방령 이상 소방감 이하의 직급은 계급정년과 연령정년이 있다.

③ 소방공무원의 직급은 11단계이다.

④ 소방은 현재 광역자치체계로 운영되고 있다.

< 정답 ①

기출PLUS

- 소방공무원의 채용시험에 응시할 수 있는 자의 연령 〈「소방공무원임용령」 별표 2〉

계급별	공개경쟁채용시험	경력경쟁채용시험 등
소방령 이상	25세 이상 40세 이하	20세 이상 45세 이하
소방경, 소방위		23세 이상 40세 이하
소방장, 소방교		20세 이상 40세 이하
소방사	18세 이상 40세 이하	20세 이상 40세 이하

TIP

최저근무연수
- 소방정 : 4년
- 소방령 : 3년
- 소방경 : 3년
- 소방위 : 2년
- 소방장 : 2년
- 소방교 : 1년
- 소방사 : 1년

- 임용결격사유 〈「국가공무원법」 제33조〉
- 피성년후견인
- 파산선고를 받고 복권되지 아니한 자
- 금고 이상의 실형을 선고받고 그 집행이 종료되거나 집행을 받지 아니하기로 확정 된 후 5년이 지나지 아니한 자
- 금고 이상의 형을 선고받고 그 집행유예 기간이 끝난 날부터 2년이 지나지 아니한 자
- 금고 이상의 형이 선고유예를 받은 경우에 그 선고유예 기간 중에 있는 자
- 법원의 판결 또는 다른 법률에 따라 자격이 상실되거나 정지된 자
- 징계로 파면처분을 받은 때부터 5년이 지나지 아니한 자
- 징계로 해임처분을 받은 때부터 3년이 지나지 아니한 자
- 임용의 유예 대상
- 학업의 계속
- 6월 이상의 장기요양을 요하는 질병이 있는 경우
- 「병역법」에 따른 병역의무복무를 위하여 징집 도는 소집되는 경우
- 임신하거나 출산한 경우
- 그 밖에 임용 또는 임용제청의 유예가 부득이하다고 인정되는 경우

기출 2016년 시행

다음 중 근속승진의 요소로 바르지 않은 것은?

① 소방사로 4년 이상 재직하고 있는 자

② 소방교로 5년 이상 재직하고 있는 자

③ 소방장으로 6년 이상 재직하고 있는 자

④ 소방위로 8년 이상 재직하고 있는 자

〈정답 ③

ⓜ 근속승진 : 해당 계급에서 다음의 기간 동안 재직한 사람은 소방교, 소방장, 소방 위, 소방경으로 근속승진임용을 할 수 있다.
- 소방사를 소방교로 근속승진임용하려는 경우 : 해당 계급에서 4년 이상 근속자
- 소방교를 소방장으로 근속승진임용하려는 경우 : 해당 계급에서 5년 이상 근속자
- 소방장을 소방위로 근속승진임용하려는 경우 : 해당 계급에서 6년 6개월 이상 근속자
- 소방위를 소방경으로 근속승진임용하려는 경우 : 해당 계급에서 8년 이상 근속자

> **☆ Plus tip**
>
> **임용 및 징계**
> ㉠ **임용의 종류** : 신규채용, 승진, 전보, 파견, 강임, 휴직, 직위해제, 정직, 강등, 복직, 면직, 해임 및 파면
> ㉡ **징계의 종류**(「국가공무원법」 제79조, 「지방공무원법」 제70조) : 징계는 파면, 해임, 강등, 정직, 감봉, 견책의 6종이 있다. 공무원신분의 배제 여부에 따라 배제징계(파면, 해임)와 교정징계(강등, 정직, 감봉, 견책)로 구분하고, 징계양정의 경중에 따라 중징계(파면, 해임, 강등, 정직)와 경징계(감봉, 견책)로 구분한다.
> ㉢ **소방공무원의 징계사유**
> - 소방공무원법 및 국가, 지방공무원법에 의한 명령에 위반한 때
> - 직무상의 의무(다른 법령에서 공무원의 신분으로 인하여 부과된 의무를 포함)에 위반하거나 직무를 태만히 한 때
> - 직무 내외를 불문하고 그 체면 또는 위신을 손상하는 행위를 한 때

ⓐ 시보임용

- 소방장 이하(비간부) : 6개월
- 소방위 이상(간부) : 1년

> **✿ Plus tip**
>
> **시보임용**〈「소방공무원법」 제10조〉
> ㉠ 소방공무원을 신규채용할 때에는 소방장 이하는 6개월간 시보로 임용하고, 소방위 이상은 1년간 시보로 임용하며, 그 기간이 만료된 다음 날에 정규 소방공무원으로 임용한다.
> ㉡ 휴직기간, 직위해제기간 및 징계에 의한 정직처분 또는 감봉처분을 받은 기간은 시보임용 기간에 포함하지 아니한다.
> ㉢ 소방공무원으로 임용되기 전에 그 임용과 관련하여 소방공무원 교육훈련기관에서 교육훈련을 받은 기간은 시보임용 기간에 포함한다.
> ㉣ 시보임용 기간 중에 있는 소방공무원이 근무성적 또는 교육훈련성적이 불량할 때에는 「국가공무원법」에 따른 의사에 반하는 신분 조치 또는 직권 면직 규정에도 불구하고 면직시키거나 면직을 제청할 수 있다.
>
> **시보임용의 면제 및 기간단축**〈「소방공무원임용령」 제23조〉
> ㉠ 시보임용예정자가 받은 교육훈련기간은 이를 시보로 임용되어 근무한 것으로 보아 시보임용 기간을 단축할 수 있다.
> ㉡ 다음에 해당하는 경우에는 시보임용을 면제한다.
> - 소방공무원으로서 소방공무원승진임용규정에서 정하는 상위계급에의 승진에 필요한 자격요건을 갖춘 자가 승진예정계급에 해당하는 계급의 공개경쟁채용시험에 합격하여 임용되는 경우
> - 정규의 소방공무원이었던 자가 퇴직당시의 계급 또는 그 하위의 계급으로 임용되는 경우

③ 보직관리 일반원칙

㉠ 초임소방공무원의 보직제한

- 소방간부후보생을 소방위로 임용할 때에는 최하급 소방기관에 보직하여야 한다.
- 신규채용에 의하여 소방사로 임용된 자는 최하급 소방기관에 보직하여야 한다.
  ※ 최하급 소방기관 … 소방청, 중앙소방학교, 중앙119구조대, 특별시·광역시·도의 소방본부·지방소방학교 및 서울종합방재센터를 제외한 소방기관

㉡ 신분보장

- 직권면직 사유〈「국가공무원법」 제70조 제1항〉
- 직제와 정원의 개폐 또는 예산의 감소 등에 따라 폐직(廢職) 또는 과원(過員)이 되었을 때
- 휴직 기간이 끝나거나 휴직 사유가 소멸된 후에도 직무에 복귀하지 아니하거나 직무를 감당할 수 없을 때
- 직위해제 후 대기 명령을 받은 자가 그 기간에 능력 또는 근무성적의 향상을 기대하기 어렵다고 인정된 때
- 전직시험에서 세 번 이상 불합격한 자로서 직무수행 능력이 부족하다고 인정된 때
- 병역판정검사·입영 또는 소집의 명령을 받고 정당한 사유 없이 이를 기피하거나 군복무를 위하여 휴직 중에 있는 자가 군복무 중 군무(軍務)를 이탈하였을 때
- 해당 직급·직위에서 직무를 수행하는데 필요한 자격증의 효력이 없어지거나 면허가 취소되어 담당 직무를 수행할 수 없게 된 때

-고위공무원단에 속하는 공무원이 적격심사 결과 부적격 결정을 받은 때

• 휴직

-휴직의 사유 및 기간〈「국가공무원법」 제71조, 제72조〉

구분	사유 및 기간
직권휴직	• 신체·정신상의 장애로 장기 요양이 필요할 때 : 1년 이내로 하되, 부득이한 경우 1년의 범위에서 연장. 다만, 공무상 질병 또는 부상의 경우 3년 이내 • 「병역법」에 따른 병역 복무를 마치기 위하여 징집 또는 소집된 때 : 복무 기간이 끝날 때 • 천재지변이나 전시·사변, 그 밖의 사유로 생사 또는 소재가 불명확하게 된 때 : 3개월 이내 • 그 밖에 법률의 규정에 따른 의무를 수행하기 위하여 직무를 이탈하게 된 때 : 복무 기간이 끝날 때 • 「공무원의 노동조합 설립 및 운영 등에 관한 법률」에 따라 노동조합 전임자로 종사하게 된 때 : 전임 기간
청원휴직	• 국제기구, 외국 기관, 국내외의 대학·연구기관, 다른 국가기관 또는 대통령령으로 정하는 민간기업, 그 밖의 기관에 임시로 채용될 때 : 채용 기간 • 국외 유학을 하게 된 때 : 3년 이내로 하되, 부득이한 경우에는 2년의 범위에서 연장 • 중앙인사관장기관의 장이 지정하는 연구기관이나 교육기관 등에서 연수하게 된 때 : 2년 이내 • 만 8세 이하 또는 초등학교 2학년 이하의 자녀를 양육하기 위하여 필요하거나 여성공무원이 임신 또는 출산하게 된 때 : 자녀 1명에 대하여 3년 이내 • 조부모, 부모(배우자의 부모를 포함), 배우자, 자녀 또는 손자녀를 부양하거나 돌보기 위하여 필요한 경우. 다만, 조부모나 손자녀의 돌봄을 위하여 휴직할 수 있는 경우는 본인 외에 돌볼 사람이 없는 등 대통령령등으로 정하는 요건을 갖춘 경우 • 외국에서 근무·유학 또는 연수하게 되는 배우자를 동반하게 된 때 : 3년 이내로 하되, 부득이한 경우에는 2년의 범위에서 연장 • 대통령령 등으로 정하는 기간 동안 재직한 공무원이 직무 관련 연구과제 수행 또는 자기개발을 위하여 학습·연구 등을 하게 된 때 : 1년 이내

> ☆ Plus tip
>
> **휴직의 효력**〈「국가공무원법」 제73조〉
> ㉠ 휴직 중인 공무원은 신분은 보유하나 직무에 종사하지 못한다.
> ㉡ 휴직 기간 중 그 사유가 없어지면 30일 이내에 임용권자 또는 임용제청권자에게 신고하여야 하며, 임용권자는 지체 없이 복직을 명하여야 한다.
> ㉢ 휴직 기간이 끝난 공무원이 30일 이내에 복귀 신고를 하면 당연히 복직된다.

• 직위해제 사유〈「국가공무원법」 제73조의3〉

-직무수행 능력이 부족하거나 근무성적이 극히 나쁜 자

-파면·해임·강등 또는 정직에 해당하는 징계 의결이 요구 중인 자

-형사 사건으로 기소된 자(약식명령이 청구된 자는 제외한다)

-고위공무원단에 속하는 일반직공무원으로서 적격심사를 요구받은 자

-금품비위, 성범죄 등 대통령령으로 정하는 비위행위로 인하여 감사원 및 검찰·경찰 등 수사기관에서 조사나 수사 중인 자로서 비위의 정도가 중대하고 이로 인하여 정상적인 업무수행을 기대하기 현저히 어려운 자

ⓒ 당연퇴직 사유 〈「국가공무원법」 제69조〉

• 피성년후견인

• 파산선고를 받고 복권되지 아니한 자

• 금고 이상의 실형을 선고받고 그 집행이 종료되거나 집행을 받지 아니하기로 확정 된 후 5년이 지나지 아니한 자

• 금고 이상의 형을 선고받고 그 집행유예 기간이 끝난 날부터 2년이 지나지 아니한 자

• 금고 이상의 형의 선고유예를 받은 경우에 그 선고유예 기간 중에 있는 자

• 법원의 판결 또는 다른 법률에 따라 자격이 상실되거나 정지된 자

• 공무원으로 재직기간 중 직무와 관련하여 「형법」 제355조 및 제356조에 규정된 죄 를 범한 자로서 300만 원 이상의 벌금형을 선고받고 그 형이 확정된 후 2년이 지 나지 아니한 자

• 「성폭력범죄의 처벌 등에 관한 특례법」 제2조에 규정된 죄를 범한 사람으로서 100 만 원 이상의 벌금형을 선고받고 그 형이 확정된 후 3년이 지나지 아니한 사람

• 미성년자에 대한 성폭력범죄 또는 아동 · 청소년대상 성범죄를 저질러 파면 · 해임되 거나 형 또는 치료감호를 선고받아 그 형 또는 치료감호가 확정된 사람(집행유예를 선고받은 후 그 집행유예기간이 경과한 사람을 포함한다)

• 징계로 파면처분을 받은 때부터 5년이 지나지 아니한 자

• 징계로 해임처분을 받은 때부터 3년이 지나지 아니한 자

• 임기제공무원의 근무기간이 만료된 경우

ⓔ 승진임용의 제한 〈「소방공무원 승진임용 규정」 제6조〉

• 징계처분 요구 또는 징계의결 요구, 징계처분, 직위해제, 휴직 또는 시보임용 기간 중에 있는 경우

• 징계처분의 집행이 끝난 날부터 다음의 기간이 지나지 않은 경우. 단 금품 및 향응 수수, 횡령 · 배임, 음주운전(음주측정에 응하지 않은 경우를 포함), 성폭력, 성희롱 및 성매매에 따른 징계처분의 경우에는 각각 6개월을 더한 기간이 지나지 않은 경우

－강등 · 정직 : 18개월

－감봉 : 12개월

－견책 : 6개월

ⓜ 소방공무원의 정년 구분 〈「소방공무원법」 제25조〉

연령정년	60세
계급정년 (당연퇴직까지의 정년)	• 소방감 : 4년 • 소방준감 : 6년 • 소방정 : 11년 • 소방령 : 14년

ⓗ 공무원의 일반적 의무

• 성실 의무

• 복종의 의무 : 위반 시 5년 이하의 징역 또는 금고

• 비밀엄수의 의무

• 청렴의 의무

TIP

소방총감(소방청장)과 소방본부장은 계 급정년이 없다.

- 품위 유지의 의무
- 제복착용의 의무
- 친절 · 공정의 의무

Ⓐ 공무원의 금지사항

- 허위보고 등의 금지 : 위반 시 5년 이하의 징역 또는 금고
- 직장이탈 금지 : 소방업무 중 소방공무원이 지휘관 승낙 없이 근무지를 이탈하여 위반 시는 5년 이하의 징역 또는 금고
- 지휘권 남용의 금지 : 위반 시 5년 이하의 징역 또는 금고
- 영리업무의 겸직금지
- 정치운동의 금지 : 3년 이하 징역과 3년 이하의 자격정지

> 🔖 Plus tip
> 「소방공무원법」에서 직접 강제하는 의무 및 금지사항
> ㉠ 거짓 보고 등의 금지
> ㉡ 지휘권 남용 등의 금지
> ㉢ 복제
> ㉣ 복무규정

Ⓞ 근무규정

- 외근근무 : 화재, 재난 및 그 밖의 위급한 상황에서 효과적 대응을 위하여 야간, 토요일 및 공휴일에 관계없이 상시근무체제를 유지하는 교대제 근무와 소방업무의 특유한 형태의 근무
  - 현장상황 근무 : 출동대비, 화재진압, 구급업무, 구조업무 등
  - 일반적 근무 : 민원행정, 장비관리, 전산통신, 경계근무, 소방교육 · 훈련, 예방순찰, 소방용수시설 및 지리 조사, 소방활동 자료조사, 소방홍보 및 지도, 소방정보수집 등
  - 특수한 근무 : 소방검사, 화재조사, 소방사법경찰, 상황관리, 교육지도 등
- 당직근무 : 휴일, 국가공무원 복무규정에서 정하는 근무시간 외의 화재, 도난, 그 밖에 사고의 경계와 문서처리 및 업무연락을 위한 근무
- 비상근무 : 화재, 재난 · 재해 등이 발생하거나 발생할 우려가 있는 경우 또는 다수의 소방수요가 발생하여 소방력을 동원하여 소방활동을 강화할 필요가 있는 비상상황을 위한 근무
  - 발령권자 〈「소방공무원 당직 및 비상업무규칙」 제14조〉

소방청장	전국 또는 2개 이상 특별시 · 광역시 · 도 · 특별자치도 관할지역 및 2개 이상 시 · 도의 소방력이 요구되는 상황
소방본부장	해당 시 · 도 전역 또는 2개 이상의 소방서 관할지역 및 2개 이상 소방서의 소방력이 요구되는 상황
소방서장	단일 소방서 관할지역
중앙119구조본부장	대규모 재난사고 등으로 중앙119구조본부의 소방력이 요구되는 상황

―비상근무의 종류별 상황 및 사태〈「소방공무원 당직 및 비상업무규칙」 별표 1〉

구분		상황 및 사태
화재비상	1단계	• 화재로 인한 재산 및 인명피해 확대가 예상되는 경우 • 화재로 소방수요가 증가하여 발령 당시 근무자를 제외한 가용소방력의 30% 이내 또는 필수요원을 동원할 필요가 있는 경우
	2단계	• 화재로 인한 재산 및 인명피해가 급격히 증가되는 경우 • 사회적 이목의 집중이 예상되는 화재로 발령 당시 근무자를 제외한 가용소방력의 50% 이내를 동원할 필요가 있는 경우
	3단계	• 화재로 인한 대규모의 재산 및 인명피해가 발생한 경우 • 사회적 이목이 집중되는 화재로 발령 당시 근무자를 제외한 가용소방력의 100%를 동원할 필요가 있는 경우
구조·구급비상	1단계	• 소요·테러·인적재난 등으로 소방질서의 혼란이 예상되는 경우 • 국제행사·기념일 등을 전후하여 소방수요 증가가 예상되어 발령 당시 근무자를 제외한 가용소방력의 30% 이내 또는 필수요원을 동원할 필요가 있는 경우
	2단계	• 대규모 소요·테러·인적재난 등으로 소방질서가 혼란하게 된 경우 • 국제행사·기념일 등을 전후하여 소방수요가 증가하여 발령 당시 근무자를 제외한 가용소방력의 50% 이내를 동원할 필요가 있는 경우
	3단계	• 대규모 소요·테러·인적재난 등으로 소방질서가 극도로 혼란하게 된 경우 • 국제행사·기념일 등을 전후하여 소방수요의 급증으로 발령 당시 근무자를 제외한 가용소방력의 100%를 동원할 필요가 있는 경우
그 밖의 재난비상	1단계	풍수해 등 주의보 또는 일부지역 경보 발령 및 그 밖의 재난으로 예방·대응 활동이 예상되어 발령 당시 근무자를 제외한 필수요원을 동원할 필요가 있는 경우
	2단계	풍수해 등 경보 발령 및 그 밖의 재난으로 예방·대응 활동의 징후가 현저하여 발령 당시 근무자를 제외한 가용소방력의 30% 이내를 동원할 필요가 있는 경우
	3단계	대규모 풍수해 및 그 밖의 재난 등으로 인한 예방·대응 활동이 급격히 증가하여 발령 당시 근무자를 제외한 가용소방력의 50% 이상을 동원할 필요가 있는 경우

(5) 소방장비 등에 대한 국고보조〈「소방기본법」 제9조〉

① 국가는 소방장비의 구입 등 시·도의 소방업무에 필요한 경비의 일부를 보조한다.

② 보조 대상사업의 범위와 기준보조율은 대통령령으로 정한다〈「소방기본법 시행령」 제2조〉.

㉠ 국고보조 대상사업의 범위
- 소방활동장비와 설비의 구입 및 설치
  - 소방자동차
  - 소방헬리콥터 및 소방정

–소방전용통신설비 및 전산설비

–그 밖에 방화복 등 소방활동에 필요한 소방장비

• 소방관서용 청사의 건축(「건축법」 제2조 제1항 제8호) : 건축물을 신축·증축·개축·재축(再築)하거나 건축물을 이전하는 것을 말한다.

ⓛ 소방활동장비 및 설비의 종류와 규격은 행정안전부령으로 정한다.

ⓒ 국고보조 대상사업의 기준보조율은 보조금 관리에 관한 법률 시행령에서 정하는 바에 따른다.

(6) 민간소방조직 ✪ 2018 기출

① 의용소방대

ⓖ 개념 : 소방본부장, 소방서장은 소방업무를 보조하게 하기 위하여 그 지역이 주민 중 희망자를 대상으로 구성하며, 시·도나 읍·면에 두고 근무는 비상근으로 하는 민간조직이다.

ⓛ 의용소방대의 설치 등〈「의용소방대 설치 및 운영에 관한 법률」 제2조〉

• 특별시장·광역시장·특별자치시장·도지사·특별자치도지사(이하 "시·도지사"라 함) 또는 소방서장은 재난현장에서 화재진압, 구조·구급 등의 활동과 화재예방활동에 관한 업무(이하 "소방업무"라 함)를 보조하기 위하여 의용소방대를 설치할 수 있다.

• 의용소방대는 특별시·광역시·특별자치시·도·특별자치도(이하 "시·도"라 한다), 시·읍 또는 면에 둔다.

• 시·도지사 또는 소방서장은 필요한 경우 관할 구역을 따로 정하여 그 지역에 의용소방대를 설치할 수 있다.

• 시·도지사 또는 소방서장은 필요한 경우 의용소방대를 화재진압 등을 전담하는 의용소방대(이하 "전담의용소방대"라 한다)로 운영할 수 있다. 이 경우 관할 구역의 특성과 관할 면적 또는 출동거리 등을 고려하여야 한다.

기출 2018년 시행

민간 소방조직의 설치에 관한 설명으로 옳지 않은 것은?

① 주유취급소에는 위험물안전관리자를 선임해야 한다.
② 소방안전관리대상물에는 소방안전관리자를 선임해야 한다.
③ 소방업무를 체계적으로 보조하기 위해 의용소방대를 설치한다.
④ 제4류 위험물을 저장·취급하는 제조소에는 반드시 자체소방대를 설치해야 한다.

‹정답 ④

> ☆ Plus tip
> **의용소방대원의 임명**〈「의용소방대 설치 및 운영에 관한 법률」 제3조〉
> 시·도지사 또는 소방서장은 그 지역에 거주 또는 상주하는 주민 가운데 희망하는 사람으로서 다음의 어느 하나에 해당하는 사람을 의용소방대원으로 임명한다.
> ⓖ 관할 구역 내에서 안정된 사업장에 근무하는 사람
> ⓛ 신체가 건강하고 협동정신이 강한 사람
> ⓒ 희생정신과 봉사정신이 투철하다고 인정되는 사람
> ⓔ 소방기술 관련 자격·학력 또는 경력이 있는 사람
> ⓜ 의사·간호사 또는 응급구조사 자격을 가진 사람
> ⓗ 기타 의용소방대의 활동에 필요한 기술과 재능을 보유한 사람
>
> **의용소방대의 임무**〈「의용소방대 설치 및 운영에 관한 법률」 제7조〉
> ⓖ 화재의 경계와 진압업무의 보조
> ⓛ 구조·구급 업무의 보조
> ⓒ 화재 등 재난 발생 시 대피 및 구호업무의 보조
> ⓔ 화재예방업무의 보조
> ⓜ 그 밖에 행정안전부령으로 정하는 사항

ⓒ 의용소방대의 날 제정과 운영〈「의용소방대 설치 및 운영에 관한 법률」제2조의2〉
- 의용소방대의 숭고한 봉사와 희생정신을 알리고 그 업적을 기리기 위하여 매년 3월 19일을 의용소방대의 날로 정하여 기념행사를 한다.
- 의용소방대의 날 기념행사에 관하여 필요한 사항은 소방청장 또는 시·도지사가 따로 정하여 시행할 수 있다.

② **자체소방대** … 제4류 위험물(휘발유 등 인화성액체)을 저장·취급하는 제조소 등으로서 지정수량의 3,000배 이상의 위험물을 저장 취급하는 제조소 또는 일반 취급소에 화재 시 소방대원이 도착하기 전 화재를 진압하는 민간 소방대를 말한다.

③ **자위소방대** … 자위소방대란 소방대상물에 상시근무 또는 거주하는 자로서 소방대상물의 화재 등을 방어하며 소방대원이 도착하기 전 피난유도, 초기소화 등을 행하는 소방안전관리자, 위험물안전관리자 등을 말한다.

④ **소방안전관리자** : 일정규모 이상의 소방대상물 관계인은 자격을 갖춘 사람을 당해 소방대상물의 소방안전관리자로 선임하고 소방안전관리업무를 효과적으로 수행할 수 있도록 하였다.

⑤ **소방안전관리보조자** : 소방안전관리자를 선임해야 하는 건물 중 연면적이 넓거나 세대수가 많거나 화재가 발생하였을 때 위험한 중요시설에는 소방안전관리자의 업무를 보조할 수 있는 보조인력을 추가로 선임하도록 규정하고 있다.

⑥ **위험물안전관리자** : 제조소등의 관계인은 위험물의 안전관리에 관한 직무를 수행하기 위하여 제조소등마다 대통령령이 정하는 위험물의 취급에 관한 자격이 있는 자를 위험물안전관리자로 선임하여야 한다.

⑦ **한국소방안전원** : 소방기술과 안전관리에 관한 조사연구 및 교육과 행정 기관이 위탁하는 사업 등을 수행하고 있다.

⑧ **한국소방산업기술원** : 소방용 기계 기구 등에 대한 검정업무를 수행하고 있다.

자체소방대
다량의 위험물을 저장·취급하는 제조소등으로서 제4류 위험물을 취급하는 제조소 또는 일반취급소등이 있는 동일한 사업소에서 지정수량의 3천배 이상의 위험물을 저장 또는 취급하는 경우 당해 사업소의 관계인은 대통령령이 정하는 바에 따라 당해 사업소에 자체소방대를 설치하여야 한다.

01 다음 중 우리나라에서 최초로 소방이란 용어를 사용하기 시작한 때로 바른 것은?

① 조선시대 초기
② 갑오개혁 시대
③ 일제 강점기
④ 미군정 시대

01.

② 갑오개혁 이후 '소방'이라는 용어를 처음 사용하였다.

02 소방역사 중 소방에 관하여 바른 것을 모두 고른 것은?

㉠ 1426년 조선시대 병조에 금화도감이 설치되었다.
㉡ 1948년 소방업무는 경찰조직의 내무부 치안국 소방과로 예속되었다.
㉢ 1894년 소방업무는 내무부 지방국이 아닌 한성 5부에서 관장토록 하였다.
㉣ 1975년 민방위본부가 창설된 후 민방위본부 소방국에서 소방을 관장했다.
㉤ 2004년 「정부조직법」 개편으로 국가중앙조직으로 소방방재청이 설립되었다.

① ㉠
② ㉡㉢
③ ㉠㉡㉣㉤
④ ㉠㉡㉢㉣㉤

02.

㉢ 1894년 소방업무는 내무부 지방국에서 관장토록 하였다.

Answer 01.② 02.③

03 다음 중 우리나라의 소방역사에 대한 설명으로 옳은 것은?

① 1426년 병조에 금화도감이 만들어지면서 멸화군으로 개편하였다.
② 1945년 경찰소속으로 되면서 「소방공무원법」의 영향을 받게 되었다.
③ 1992년 소방이 광역소방행정체계로 전환되면서 처음으로 소방본부가 설치되었다.
④ 2003년 「소방법」이 4개의 법령으로 분화되었다.

04 다음 중 소방의 발전 과정을 순서대로 바르게 나열한 것은?

```
㉠ 소방법 제정
㉡ 소방방재청 개설
㉢ 시·도 광역자치소방체제 개편
㉣ 소방위원회
```

① ㉠ - ㉡ - ㉢ - ㉣
② ㉠ - ㉢ - ㉡ - ㉣
③ ㉣ - ㉢ - ㉠ - ㉡
④ ㉣ - ㉠ - ㉢ - ㉡

03.

① 1426년 금화법령의 제정과 금화도감이 설치되었다.
② 1945년 경찰조직에서 소방을 분리·독립하여 자치소방체제가 되었다.
③ 1972년 국가와 자치의 이원적 소방행정체계로 전환되면서 처음으로 소방본부가 설치되었다.

04.

㉠ 소방법 제정 : 1958년
㉡ 소방방재청 개설 : 2004년
㉢ 시·도 광역자치소방체제 개편 : 1992년
㉣ 소방위원회 : 1946년

Answer 03.④ 04.④

05 다음 소방공무원에 대한 설명으로 바르지 않은 것은?

① 국가공무원이나 지방공무원을 그 계급에 상응하는 소방공무원으로 임용하는 경우 경력채용시험을 거치지 않고 임용할 수 있다.

② 소방공무원 중 소방령 이상 소방준감 이하의 소방공무원 대한 전보, 휴직, 직위해제, 강등, 정직 및 복직은 대통령이 한다.

③ 행정소송에 있어 시·도 소방본부 소속 소방공무원의 경우에는 해당 시·도지사를 피고로 한다.

④ 소방공무원으로 임용되기 전에 받은 교육훈련 기간은 시보임용 기간에 산입한다.

05.

「소방공무원법」 제6조(임용권자)

㉠ 소방령 이상의 소방공무원은 소방청장의 제청으로 국무총리를 거쳐 대통령이 임용한다. 다만, 소방총감은 대통령이 임명하고, 소방령 이상 소방준감 이하의 소방공무원에 대한 전보, 휴직, 직위해제, 강등, 정직 및 복직은 소방청장이 한다.

㉡ 소방경 이하의 소방공무원은 소방청장이 임용한다.

㉢ 대통령은 임용권의 일부를 대통령령으로 정하는 바에 따라 소방청장 또는 시·도지사에게 위임할 수 있다.

※ **임용권의 위임** 〈「소방공무원임용령」 제3조 제1항, 제2항, 제3항〉

㉠ 대통령은 소방청과 그 소속기관의 소방정 및 소방령에 대한 임용권과 소방정인 지방소방학교장에 대한 임용권을 소방청장에게 위임하고, 시·도 소속 소방령 이상의 소방공무원(소방본부장 및 지방소방학교장은 제외한다)에 대한 임용권을 특별시장·광역시장·특별자치시장·도지사·특별자치도지사에게 위임한다.

㉡ 소방청장은 중앙소방학교 소속 소방공무원 중 소방령에 대한 전보·휴직·직위해제·정직 및 복직에 관한 권한과 소방경이하의 소방공무원에 대한 임용권을 중앙소방학교장에게 위임한다.

㉢ 소방청장은 중앙119구조본부 소속 소방공무원 중 소방령에 대한 전보·휴직·직위해제·정직 및 복직에 관한 권한과 소방경 이하의 소방공무원에 대한 임용권을 중앙119구조본부장에게 위임한다.

06 다음 중 우리나라 소방행정에 관한 설명으로 바르지 않은 것은?

① 소방서장은 특별시장, 특별자치시장, 도지사, 특별자치도지사의 지휘를 받는다.

② 우리나라 소방은 행정안전부 외청인 소방청 소속으로 소방업무를 담당하며 중앙소방본부장을 중심으로 관장하고 있다.

③ 우리나라 소방행정은 광역시 중심으로 시·도 자치행정의 소방체제로 운영되고 있다.

④ 소방공무원의 계급은 11계급이며, 시·도 소방본부장의 직급은 소방감이다.

06.

④ 광역시·도의 소방본부장의 직급(계급)은 소방정감이다.

Answer 05.② 06.④

07 다음 중 소방공무원 임용령에 관한 설명으로 바른 것은?

① 소방공무원 중 소방경 이하의 임용은 대통령이 한다.

② 소방사 공개채용시험에 응시할 수 있는 자의 연령은 20세 이상 40세 이하로 한다.

③ 시험을 실시하고자 할 때에는 시험에 관한 제반 사항을 40일 전까지 공고해야 한다.

④ 신규채용 시 채용예정인원이 정해져 있음에도 불구하고 동점자 발생 시에는 모두 합격자로 결정한다.

08 다음 중 소방공무원의 승진시험 제도에 관한 설명으로 바르지 않은 것은?

① 승진 임용은 심사승진, 시험승진, 특별승진으로 분류한다.

② 소방사의 승진소요 최저근무 연수는 2년이다.

③ 휴직자는 승진임용을 할 수 없다.

④ 징계처분·직위해제·시보임용기간 중에 있는 사람은 승진임용을 할 수 없다.

07.

④ 공개경쟁채용시험·경력경쟁채용시험 등 및 소방간부후보생 선발시험의 합격자를 결정할 때 선발예정인원을 초과하여 동점자가 있는 경우에는 그 선발예정인원에 불구하고 모두 합격자로 한다. 이 경우 동점자의 결정은 총득점을 기준으로 하되, 소수점 이하 둘째 자리까지 계산한다(소방공무원 임용령 제47조(동점자의 합격결정)).

① 소방공무원 중 소방경 이하의 임용은 소방청장이 한다.

② 소방사의 경우 18세 이상 40세 이하로 한다.

③ 시험을 실시하고자 할 때에는 시험에 관한 제반 사항을 20일 전까지 공고해야 한다.

08.

소방공무원 승진임용 규정 제5조(승진소요최저근무연수) … 소방공무원이 승진하려면 다음의 구분에 따른 기간 이상 해당 계급에 재직하여야 한다.

㉠ 소방정 : 4년
㉡ 소방령 : 3년
㉢ 소방경 : 3년
㉣ 소방위 : 2년
㉤ 소방장 : 2년
㉥ 소방교 : 1년
㉦ 소방사 : 1년

Answer 07.④ 08.②

09 다음 중 소방공무원 용어의 뜻으로 적절하지 않은 것은?

① 직위해제 : 휴직 · 직위해제 또는 정직 중에서 소방공무원을 직위에 복귀시키는 것을 말한다.

② 임용 : 신규채용 · 승진 · 전보 · 파견 · 강임 · 휴직 · 직위해제 · 정직 · 강등 · 복직 · 면직 · 해임 · 파면을 말한다.

③ 강임 : 동종의 직무 내에서 하위의 직위에 임명되는 것을 말한다.

④ 전보 : 소방공무원의 동일 직위 및 자격 내에서 근무기관이나 부서를 달리하는 임용을 말한다.

09.

① 직위해제란 공무원에게 그의 직위를 계속 유지시킬 수 없다고 인정되는 사유가 있는 경우에 이미 부여된 직위를 소멸시키는 것을 말한다. 일명 '대기명령(待機命令)'이라고 부른다.

※ 용어정의(「소방공무원법」 제2조)
  ㉠ 임용 : 신규채용 · 승진 · 전보 · 파견 · 강임 · 휴직 · 직위해제 · 정직 · 강등 · 복직 · 면직 · 해임 및 파면을 말한다.
  ㉡ 전보 : 소방공무원의 동일 직위 및 자격 내에서의 근무기관이나 부서를 달리하는 임용을 말한다.
  ㉢ 강임 : 동종의 직무 내에서 하위의 직위에 임명하는 것을 말한다.
  ㉣ 복직 : 휴직 · 직위해제 또는 정직(강등에 따른 정직을 포함한다) 중에 있는 소방공무원을 직위에 복귀시키는 것을 말한다.

※ 소방공무원임용령 제2조(정의)
  ㉠ 임용 : 신규채용 · 승진 · 전보 · 파견 · 강임 · 휴직 · 직위해제 · 정직 · 강등 · 복직 · 면직 · 해임 및 파면을 말한다.
  ㉡ 복직 : 휴직 · 직위해제 또는 정직(강등에 따른 정직을 포함한다) 중에 있는 소방공무원을 직위에 복귀시키는 것을 말한다.
  ㉢ 소방기관 : 소방청, 특별시 · 광역시 · 특별자치시 · 도 · 특별자치도, 중앙소방학교 · 중앙119구조본부 · 국립소방연구원 · 지방소방학교 · 서울종합방재센터 · 소방서 · 119특수대응단 및 소방체험관을 말한다.
  ㉣ 필수보직기간 : 소방공무원이 다른 직위로 전보되기 전까지 현 직위에서 근무하여야 하는 최소기간을 말한다.

10 다음 중 「소방공무원법임용령」에서 정의하는 소방기관이 아닌 곳은?

① 소방청

② 중앙119구조대

③ 서울특별시

④ 소방본부

10.

④ 소방본부, 119안전센터, 119지역대, 구조대 등은 「소방공무원임용령」 제2조에서 정의하는 소방기관에 해당하지 않는다.

※ 소방기관 : 소방청, 특별시 · 광역시 · 특별자치시 · 도 · 특별자치도, 중앙소방학교, 중앙119구조본부, 국립소방연구원, 지방소방학교, 서울종합방재센터, 소방서, 119특수대응단, 소방체험관을 말한다.

Answer 09.① 10.④

11 다음은 「소방공무원법」에 관한 내용이다. 다음 중 바른 것은?

① 「소방공무원법」의 목적은 소방공무원을 임용하고 교육훈련, 복지, 신분보장의 기본을 규정하고 있다.

② 소방공무원의 계급은 소방사부터 소방총감까지 11단계로 되어 있다.

③ 시·도의 소속 모든 소방공무원의 임용권자는 시·도지사이다.

④ 소방공무원의 인사의 중요사항에 관하여 소방서에 소방공무원 인사위원회를 둘 수 있다.

11.

② 소방공무원의 계급은 소방사부터 소방총감까지 11단계이다.

① 「소방공무원법」은 소방공무원의 책임 및 직무의 중요성과 신분 및 근무조건의 특수성에 비추어 그 임용, 교육훈련, 복무, 신분보장 등에 관하여 「국가공무원법」에 대한 특례를 규정하는 것을 목적으로 한다〈「소방공무원법」 제1조〉.

③ 소방청장은 임용권 위임 규정에 따라 다음의 권한을 시·도지사에게 위임한다〈「소방공무원 임용령」 제3조 제5항〉.

　㉠ 시·도 소속 소방령 이상 소방준감 이하의 소방공무원(소방본부장 및 지방소방학교장은 제외한다)에 대한 전보, 휴직, 직위해제, 강등, 정직 및 복직에 관한 권한

　㉡ 소방정인 지방소방학교장에 대한 휴직, 직위해제, 정직 및 복직에 관한 권한

　㉢ 시·도 소속 소방경 이하의 소방공무원에 대한 임용권

④ 소방공무원의 인사(人事)에 관한 중요사항에 대하여 소방청장의 자문에 응하게 하기 위하여 소방청에 소방공무원인사위원회를 둔다〈「소방공무원법」 제4조〉.

12 소방공무원이 불법행위를 했을 때 징계 중 경징계에 해당하는 것은?

① 정직

② 해임

③ 강등

④ 감봉

12.

징계의 종류〈「국가공무원법」 제79조, 「지방공무원법」 제70조〉 … 징계의 종류에는 파면, 해임, 강등, 정직, 감봉, 견책의 6종이 있다. 공무원 신분의 배제 여부에 따라 배제징계(파면, 해임)와 교정징계(강등, 정직, 감봉, 견책)로 구분하고, 징계양정의 경중에 따라 중징계(파면, 해임, 강등, 정직)와 경징계(감봉, 견책)로 구분한다.

Answer　11.②　12.④

13 다음 중 기동소방장비에 해당하지 않는 것은?

① 화재조사차
② 소방정
③ 회전익항공기
④ 화재진압 로봇

13.

기동장비(「소방장비관리법 시행령」 별표 1) … 자체에 동력원이 부착되어 자력으로 이동하거나 견인되어 이동할 수 있는 장비

구분	품목
소방자동차	소방펌프차, 소방물탱크차, 소방화학차, 소방고가차, 무인방수차, 구조차 등
행정지원차	행정 및 교육지원차 등
소방선박	소방정, 구조정, 지휘정 등
소방항공기	고정익항공기, 회전익항공기 등

14 다음 중 119안전센터의 설치 기준으로 바르지 않은 것은?

① 시·군·구(지방자치단체인 구) 단위로 설치하되, 소방업무의 효율적인 수행을 위하여 특히 필요한 경우에는 인근 시·군·구를 제외한 지역을 단위로 설치할 수 있다.
② 인구 5만명 미만의 지역에는 인구 1만명 이상 또는 면적 20㎢ 이상의 지역에 설치할 수 있다.
③ 119안전센터는 인구 5만 명 이상 또는 면적 2㎢ 이상의 특별시에 설치할 수 있다.
④ 석유화학단지·공업단지·주택단지 또는 문화관광단지의 개발 등으로 대형 화재의 위험이 있거나 소방 수요가 급증하여 특별한 소방대책이 필요한 경우에는 해당 지역마다 119안전센터를 설치할 수 있다.

14.

①은 소방서의 설치기준으로 시·군·구(지방자치단체인 구) 단위로 설치하되, 소방업무의 효율적인 수행을 위하여 특히 필요한 경우에는 인근 시·군·구를 포함한 지역을 단위로 설치할 수 있다(「지방소방기관 설치에 관한 규정」 별표 2).

Answer   13.④ 14.①

15 다음 중 위험물제조소 허가를 받아야 하는 법률적 행위로 바른 것은?

① 대물적 허가
② 대인적 허가
③ 혼합적 허가
④ 부작위 허가

16 다음 중 소방서장이 소방공무원에게 위험물을 치우게 하는 행정행위와 성격이 같은 행정의 실효성 확보수단은?

① 간접적 강제
② 직접 강제
③ 행정상 즉시강제
④ 인가 및 대리

17 소방조직은 국가소방조직과 지방소방조직으로 구분한다. 다음 중 지방소방조직으로 바르지 않은 것은?

① 특별시 소방본부
② 중앙119구조본부
③ 소방서
④ 서울소방학교

15.

허가는 허가를 유보한 상대적 금지가 있음을 전제로 한다. 즉, 영업의 면허, 건축허가 등이 그 예이다. 다만 허가는 학문상의 용어로서 실정법상으로는 면허·인허·인가·승인·등록·지정 등의 용어가 쓰인다.

ⓐ 대물적 허가는 물건의 내용·상태 등 객관적 요소를 대상으로 하는 허가(건축허가 등)

ⓑ 대인적 허가는 주로 사람의 능력·지식 등 주관적 요소를 대상으로 하는 허가(의사면허·운전면허 등)

ⓒ 혼합적 허가는 인적 요소와 물적 요소가 결합된 상태를 대상으로 하는 허가(가스 사업허가)

※ 부작위는 마땅히 해야 할 것으로 기대되는 일정한 행위를 하지 않는 것(부작위 처분, 부작위 하명 등의 용어로 쓰인다)

16.

소방서장이 관계인 또는 소방공무원에게 위험물을 직접 치우게 하는 행위는 행정의 실효성 확보 수단 중 직접 강제에 해당하며, 화재 현장에서 소방대장 등이 급박한 상황의 명령의 경우라면 행정상 즉시 강제에 해당한다.

ⓐ 직접강제 : 행정객체의 신체 또는 재산상에 힘을 가하여 행정상 필요한 상태로 만드는 행정행위

ⓑ 집행벌 : 일정한 행위를 하지 않아야 할 의무(부작위의 의무)의 불이행 시 그 이행을 간접적으로 강제하기 위하여 처하는 벌

17.

소방기관이라 함은 소방청, 특별시·광역시·특별자치시·도·특별자치도, 중앙소방학교·중앙119구조본부·국립소방연구원·지방소방학교·서울종합방재센터·소방서·119특수대응단 및 소방체험관을 말한다〈소방공무원임용령 제2조 제3호〉.

ⓐ 국가소방조직 : 소방청, 중앙소방학교·국립소방연구원·중앙119구조본부

ⓑ 지방소방조직 : 특별시·광역시·특별자치시·도·특별자치도, 지방소방학교·서울종합방재센터 및 소방서, 119특수대응단 및 소방체험관

Answer 15.① 16.③ 17.②

18 국가소방공무원의 계급순서로 바른 것은?

① 소방총감 > 소방준감 > 소방정감 > 소방정 > 소방감
② 소방총감 > 소방감 > 소방정 > 소방준감 > 소방정감
③ 소방총감 > 소방준감 > 소방정감 > 소방정 > 소방감
④ 소방총감 > 소방정감 > 소방감 > 소방준감 > 소방정

19 다음의 소방장비 중 국고보조 대상으로 보기 어려운 것은?

① 소방자동차
② 소방전용통신시설
③ 소방용수설비
④ 방화복 등 소방활동에 필요한 장비

20 다음 중 우리나라의 소방대에 해당하지 않는 것은?

① 국제구조대
② 자치소방대
③ 자위소방대
④ 자체소방대

18.

소방공무원의 계급
㉠ 소방총감(消防總監) : 차관급(중앙소방본부장)
㉡ 소방정감(消防正監) : 1급 상당
㉢ 소방감(消防監) : 2급 상당
㉣ 소방준감(消防准監) : 3급 상당
㉤ 소방정(消防正) : 4급 상당
㉥ 소방령(消防領) : 5급 상당
㉦ 소방경(消防警) : 6급 상당(3년 이상)
㉧ 소방위(消防尉) : 6급 상당
㉨ 소방장(消防長) : 7급 상당
㉩ 소방교(消防校) : 8급 상당
㉪ 소방사(消防士) : 9급 상당

19.

③ 소방용수설비는 국고보조 대상이 아니다.
※ **국고보조 대상사업의 범위와 기준보조율(「소방기본법 시행령」 제2조 제1항)** … 국고보조 대상사업의 범위는 다음과 같다.
　㉠ 다음 각 목의 소방활동장비와 설비의 구입 및 설치
　　• 소방자동차
　　• 소방헬리콥터 및 소방정
　　• 소방전용통신설비 및 전산설비
　　• 그 밖에 방화복 등 소방활동에 필요한 소방장비
　㉡ 소방관서용 청사의 건축

20.

우리나라의 경우 자치소방대는 없는 조직이다. 국가 중앙 소방조직과 광역시도 소방조직(지방소방본부, 지방소방서) 그리고 민간 소방조직(의용소방대, 자체소방대, 지위소방대)으로 나누어진다.

Answer　18.④　19.③　20.②

21 다음 중 소방행정의 특수성에서 업무의 특성이 아닌 것은?

① 현장성
② 계층성
③ 독립성
④ 신속성

22 간접적 소방행정기관의 설명 중 틀린 것은?

① 한국소방산업기술원은 소방산업의 진흥·발전을 효율적으로 지원하기 위하여 설립하며 기술원은 법인으로 하되 민법의 재단법인에 관한 규정을 준용한다.
② 한국소방안전원은 법인으로 하며, 협회에 관하여 일반적으로 민법 가운데 재단법인 규정을 준용한다.
③ 대한소방공제회는 직무수행 중 사망하거나 상이를 입은 사람에 대한 지원사업을 하며 소방기본법에 명시되어 있다.
④ 소방공무원에 대한 효율적인 공제제도를 확립·운영하고, 직무수행 중 사망하거나 상이를 입은 사람에 대한 지원사업을 함으로써 이들의 생활안정과 복지 증진에 이바지함을 목적으로 하여 대한소방공제회를 설립한다.

21.

소방행정의 특수성에서 업무의 특수성에는 현장성, 대기성, 신속성, 정확성, 전문성, 일체성(계층성, 통일성), 가외성, 위험성, 결과성 등이 있다.

22.

③ 「소방기본법」에 명시된 협회는 한국소방안전원이다. 대한소방공제회의 업무는 맞으나 소방기본법에 명시되어 있지는 않다.

02 소방기능

기출PLUS

section 1 화재의 예방 · 경계 · 진압 · 조사활동

(1) 화재의 예방 · 경계

① 용어의 정의〈「화재의 예방 및 안전관리에 관한 법률」 제2조〉

　㉠ 예방 : 화재의 위험으로부터 사람의 생명 · 신체 및 재산을 보호하기 위하여 화재 발생을 사전에 제거하거나 방지하기 위한 모든 활동이다.

　㉡ 안전관리 : 화재로 인한 피해를 최소화하기 위한 예방, 대비, 대응 등의 활동이다.

　㉢ 화재안전조사 : 소방청장, 소방본부장 또는 소방서장(이하 "소방관서장"이라 한다)이 소방대상물, 관계지역 또는 관계인에 대하여 소방시설 등이 소방 관계 법령에 적합하게 설치 · 관리되고 있는지, 소방대상물에 화재의 발생 위험이 있는지 등을 확인하기 위하여 실시하는 현장조사 · 문서열람 · 보고요구 등을 하는 활동을 말한다.

　㉣ 화재예방강화지구 : 특별시장 · 광역시장 · 특별자치시장 · 도지사 또는 특별자치도지사가 화재발생 우려가 크거나 화재가 발생할 경우 피해가 클 것으로 예상되는 지역에 대하여 화재의 예방 및 안전관리를 강화하기 위해 지정 · 관리하는 지역을 말한다.

　㉤ 화재예방안전진단 : 화재가 발생할 경우 사회 · 경제적으로 피해 규모가 클 것으로 예상되는 소방대상물에 대하여 화재위험요인을 조사하고 그 위험성을 평가하여 개선대책을 수립하는 것을 말한다.

② 화재의 예방조치 등〈「화재의 예방 및 안전관리에 관한 법률」 제17조〉

　㉠ 누구든지 화재예방강화지구 및 이에 준하는 대통령령으로 정하는 장소에서는 다음의 어느 하나에 해당하는 행위를 하여서는 아니 된다. 다만, 행정안전부령으로 정하는 바에 따라 안전조치를 한 경우에는 그러하지 아니한다.

　　• 모닥불, 흡연 등 화기의 취급
　　• 풍등 등 소형열기구 날리기
　　• 용접 · 용단 등 불꽃을 발생시키는 행위
　　• 그 밖에 대통령령으로 정하는 화재 발생 위험이 있는 행위

　㉡ 소방관서장은 화재 발생 위험이 크거나 소화 활동에 지장을 줄 수 있다고 인정되는 행위나 물건에 대하여 행위 당사자나 그 물건의 소유자, 관리자 또는 점유자에게 다음의 명령을 할 수 있다. 다만, 목재, 플라스틱 등 가연성이 큰 물건 및 소방차량의 통행이나 소화 활동에 지장을 줄 수 있는 물건의 소유자, 관리자 또는 점유자를 알 수 없는 경우 소속 공무원으로 하여금 그 물건을 옮기거나 보관하는 등 필요한 조치를 하게 할 수 있다.

- ⑤의 어느 하나에 해당하는 행위의 금지 또는 제한
- 목재, 플라스틱 등 가연성이 큰 물건의 제거, 이격, 적재 금지 등
- 소방차량의 통행이나 소화 활동에 지장을 줄 수 있는 물건의 이동

 ⓒ ⓛ의 단서에 따라 옮긴 물건 등에 대한 보관기간 및 보관기간 경과 후 처리 등에 필요한 사항은 대통령령으로 정한다.

 ⓔ 보일러, 난로, 건조설비, 가스·전기시설, 그 밖에 화재 발생 우려가 있는 대통령령으로 정하는 설비 또는 기구 등의 위치·구조 및 관리와 화재 예방을 위하여 불을 사용할 때 지켜야 하는 사항은 대통령령으로 정한다.

 ⓜ 화재가 발생하는 경우 불길이 빠르게 번지는 고무류·플라스틱류·석탄 및 목탄 등 대통령령으로 정하는 특수가연물(特殊可燃物)의 저장 및 취급 기준은 대통령령으로 정한다.

③ 화재예방강화지구의 지정 등〈「화재의 예방 및 안전관리에 관한 법률」 제18조〉

 ⊙ 시·도지사는 다음의 어느 하나에 해당하는 지역을 화재예방강화지구로 지정하여 관리할 수 있다.
- 시장지역
- 공장·창고가 밀집한 지역
- 목조건물이 밀집한 지역
- 노후·불량건축물이 밀집한 지역
- 위험물의 저장 및 처리 시설이 밀집한 지역
- 석유화학제품을 생산하는 공장이 있는 지역
- 산업단지
- 소방시설·소방용수시설 또는 소방출동로가 없는 지역
- 그 밖에 소방관서장이 화재예방강화지구로 지정할 필요가 있다고 인정하는 지역

 ⓛ 시·도지사가 화재예방강화지구로 지정할 필요가 있는 지역을 화재예방강화지구로 지정하지 아니하는 경우 소방청장은 해당 시·도지사에게 해당 지역의 화재예방강화지구 지정을 요청할 수 있다.

 ⓒ 소방관서장은 대통령령으로 정하는 바에 따라 제1항에 따른 화재예방강화지구 안의 소방대상물의 위치·구조 및 설비 등에 대하여 화재안전조사를 하여야 한다.

 ⓔ 소방관서장은 화재안전조사를 한 결과 화재의 예방강화를 위하여 필요하다고 인정할 때에는 관계인에게 소화기구, 소방용수시설 또는 그 밖에 소방에 필요한 설비(이하 "소방설비등"이라 한다)의 설치(보수, 보강을 포함한다. 이하 같다)를 명할 수 있다.

 ⓜ 소방관서장은 화재예방강화지구 안의 관계인에 대하여 대통령령으로 정하는 바에 따라 소방에 필요한 훈련 및 교육을 실시할 수 있다.

 ⓗ 시·도지사는 대통령령으로 정하는 바에 따라 제1항에 따른 화재예방강화지구의 지정 현황, 제3항에 따른 화재안전조사의 결과, 제4항에 따른 소방설비등의 설치 명령 현황, 제5항에 따른 소방훈련 및 교육 현황 등이 포함된 화재예방강화지구에서의 화재예방에 필요한 자료를 매년 작성·관리하여야 한다.

④ 화재로 오인할 만한 우려가 있는 불을 피우거나 연막 소독 시 통지사항〈「소방기본법」 제19조 제2항〉 … 다음의 어느 하나에 해당하는 지역 또는 장소에서 화재로 오인할 만한 우려가 있는 불을 피우거나 연막(煙幕) 소독을 하려는 자는 시·도의 조례로 정하는 바에 따라 관할 소방본부장 또는 소방서장에게 신고하여야 한다.

ㄱ 시장지역

ㄴ 공장·창고가 밀집한 지역

ㄷ 목조건물이 밀집한 지역

ㄹ 위험물의 저장 및 처리시설이 밀집한 지역

ㅁ 석유화학제품을 생산하는 공장이 있는 지역

ㅂ 그 밖에 시·도의 조례로 정하는 지역 또는 장소

⑤ **소방지원활동**〈「소방기본법」 제16조의2〉 … 소방청장·소방본부장 또는 소방서장은 공공의 안녕질서 유지 또는 복리증진을 위하여 필요한 경우 소방활동 외에 다음의 소방지원활동을 하게 할 수 있다.

ㄱ 산불에 대한 예방·진압 등 지원활동

ㄴ 자연재해에 따른 급수·배수 및 제설 등 지원활동

ㄷ 집회·공연 등 각종 행사 시 사고에 대비한 근접대기 등 지원활동

ㄹ 화재, 재난·재해로 인한 피해복구 지원활동

ㅁ 그 밖에 행정안전부령으로 정하는 활동〈「소방기본법」 시행규칙 제8조의4〉
  • 군·경찰 등 유관기관에서 실시하는 훈련지원 활동
  • 소방시설 오작동 신고에 따른 조치활동
  • 방송제작 또는 촬영 관련 지원활동

⑥ **생활안전활동**〈「소방기본법」 제16조의3〉 … 소방청장·소방본부장 또는 소방서장은 신고가 접수된 생활안전 및 위험제거 활동(화재, 재난·재해, 그 밖의 위급한 상황에 해당하는 것은 제외한다)에 대응하기 위하여 소방대를 출동시켜 다음의 생활안전활동을 하게 하여야 한다.

ㄱ 붕괴, 낙하 등이 우려되는 고드름, 나무, 위험 구조물 등의 제거활동

ㄴ 위해동물, 벌 등의 포획 및 퇴치 활동

ㄷ 끼임, 고립 등에 따른 위험제거 및 구출 활동

ㄹ 단전사고 시 비상전원 또는 조명의 공급

ㅁ 그 밖에 방치하면 급박해질 우려가 있는 위험을 예방하기 위한 활동

⑦ **화재안전조사**〈「화재의 예방 및 안전관리에 관한 법률」 제7조〉

ㄱ 소방관서장은 다음 어느 하나에 해당하는 경우 화재안전조사를 실시할 수 있다. 다만, 개인의 주거(실제 주거용도로 사용되는 경우에 한정한다)에 대한 화재안전조사는 관계인의 승낙이 있거나 화재발생의 우려가 뚜렷하여 긴급한 필요가 있는 때에 한정한다.
  • 「소방시설 설치 및 관리에 관한 법률」에 따른 자체점검이 불성실하거나 불완전하다고 인정되는 경우

- 화재예방강화지구 등 법령에서 화재안전조사를 하도록 규정되어 있는 경우
- 화재예방안전진단이 불성실하거나 불완전하다고 인정되는 경우
- 국가적 행사 등 주요 행사가 개최되는 장소 및 그 주변의 관계 지역에 대하여 소방안전관리 실태를 조사할 필요가 있는 경우
- 화재가 자주 발생하였거나 발생할 우려가 뚜렷한 곳에 대한 조사가 필요한 경우
- 재난예측정보, 기상예보 등을 분석한 결과 소방대상물에 화재의 발생 위험이 크다고 판단되는 경우
- 규정한 경우 외에 화재, 그 밖의 긴급한 상황이 발생할 경우 인명 또는 재산 피해의 우려가 현저하다고 판단되는 경우

ⓛ 화재안전조사의 항목은 대통령령으로 정한다. 이 경우 화재안전조사의 항목에는 화재의 예방조치 상황, 소방시설 등의 관리 상황 및 소방대상물의 화재 등의 발생 위험과 관련된 사항이 포함되어야 한다.

ⓒ 소방관서장은 화재안전조사를 실시하는 경우 다른 목적을 위하여 조사권을 남용하여서는 아니 된다.

⑧ **화재안전조사 결과에 따른 조치명령**〈「화재의 예방 및 안전관리에 관한 법률」 제14조〉

ⓐ 소방관서장은 화재안전조사 결과에 따른 소방대상물의 위치·구조·설비 또는 관리의 상황이 화재예방을 위하여 보완될 필요가 있거나 화재가 발생하면 인명 또는 재산의 피해가 클 것으로 예상되는 때에는 행정안전부령으로 정하는 바에 따라 관계인에게 그 소방대상물의 개수(改修)·이전·제거, 사용의 금지 또는 제한, 사용폐쇄, 공사의 정지 또는 중지, 그 밖에 필요한 조치를 명할 수 있다.

ⓛ 소방관서장은 화재안전조사 결과 소방대상물이 법령을 위반하여 건축 또는 설비되었거나 소방시설, 피난시설·방화구획, 방화시설 등이 법령에 적합하게 설치 또는 관리되고 있지 아니한 경우에는 관계인에게 ⓐ에 따른 조치를 명하거나 관계 행정기관의 장에게 필요한 조치를 하여 줄 것을 요청할 수 있다.

(2) 화재의 진압

① **소방활동**〈「소방기본법」 제16조〉

ⓐ 소방청장, 소방본부장 또는 소방서장은 화재, 재난·재해, 그 밖의 위급한 상황이 발생하였을 때에는 소방대를 현장에 신속하게 출동시켜 화재진압과 인명구조·구급 등 소방에 필요한 활동을 하게 하여야 한다.

ⓛ 누구든지 정당한 사유 없이 ⓐ에 따라 출동한 소방대의 소방활동을 방해하여서는 아니 된다.

② **소방자동차의 우선 통행**〈「소방기본법」 제21조〉 … 모든 차와 사람은 소방자동차(지휘를 위한 자동차 및 구조·구급차를 포함)가 화재진압 및 구조·구급활동을 위하여 출동을 할 때에는 이를 방해하여서는 아니 된다.

③ **소방대의 긴급통행**〈「소방기본법」 제22조〉 … 소방대는 화재, 재난·재해, 그 밖의 위급한 상황이 발생한 현장에 신속하게 출동하기 위하여 긴급할 때에는 일반적인 통행에 쓰이지 아니하는 도로·빈터 또는 물 위로 통행할 수 있다.

④ **소방활동구역의 설정**〈「소방기본법」 제23조〉 … 소방대장은 화재, 재난·재해, 그 밖의 위급한 상황이 발생한 현장에 소방활동구역을 정하여 소방활동에 필요한 사람으로서 대통령령이 정하는 사람 외에는 그 구역에 출입하는 것을 제한할 수 있다.

> 🏠 Plus tip
> **소방활동구역의 출입 가능자**
> ㉠ 소방활동구역 안에 있는 소방대상물의 소유자·관리자 또는 점유자
> ㉡ 전기·가스·수도·통신·교통의 업무에 종사하는 사람으로서 원활한 소방활동을 위하여 필요한 사람
> ㉢ 의사·간호사 그 밖의 구조·구급업무에 종사하는 사람
> ㉣ 취재인력 등 보도업무에 종사하는 사람
> ㉤ 수사업무에 종사하는 사람
> ㉥ 그 밖에 소방대장이 소방활동을 위하여 출입을 허가한 사람

⑤ **소방활동 종사 명령**〈「소방기본법」 제24조〉 … 소방본부장·소방서장 또는 소방대장은 화재, 재난·재해, 그 밖의 위급한 상황이 발생한 현장에서 소방활동을 위하여 필요할 때에는 그 관할구역에 사는 사람 또는 그 현장에 있는 사람으로 하여금 사람을 구출하는 일 또는 불을 끄거나 불이 번지지 아니하도록 하는 일을 하게 할 수 있다.

⑥ **강제처분 등**〈「소방기본법」 제25조〉
　㉠ 소방본부장, 소방서장 또는 소방대장은 사람을 구출하거나 불이 번지는 것을 막기 위하여 필요할 때에는 화재가 발생하거나 불이 번질 우려가 있는 소방대상물 및 토지를 일시적으로 사용하거나 그 사용의 제한 또는 소방활동에 필요한 처분을 할 수 있다.
　㉡ 소방본부장, 소방서장 또는 소방대장은 사람을 구출하거나 불이 번지는 것을 막기 위하여 긴급하다고 인정할 때에는 소방대상물 또는 토지 외의 소방대상물과 토지에 대하여 처분을 할 수 있다.
　㉢ 소방본부장, 소방서장 또는 소방대장은 소방활동을 위하여 긴급하게 출동할 때에는 소방자동차의 통행과 소방활동에 방해가 되는 주차 또는 정차된 차량 및 물건 등을 제거하거나 이동시킬 수 있다.
　㉣ 소방본부장, 소방서장 또는 소방대장은 소방활동에 방해가 되는 주차 또는 정차된 차량의 제거나 이동을 위하여 관할 지방자치단체 등 관련 기관에 견인차량과 인력 등에 대한 지원을 요청할 수 있고, 요청을 받은 관련 기관의 장은 정당한 사유가 없으면 이에 협조하여야 한다.
　㉤ 시·도지사는 견인차량과 인력 등을 지원한 자에게 시·도의 조례로 정하는 바에 따라 비용을 지급할 수 있다.

⑦ **피난 명령**〈「소방기본법」 제26조〉 … 소방본부장·소방서장 또는 소방대장은 화재, 재난·재해, 그 밖의 위급한 상황이 발생하여 사람의 생명을 위험하게 할 것으로 인정할 때에는 일정한 구역을 지정하여 그 구역에 있는 사람에게 그 구역 밖으로 피난할 것을 명할 수 있다.

⑧ **위험시설 등에 대한 긴급조치**〈「소방기본법」 제27조〉

   ㉠ 소방본부장, 소방서장 또는 소방대장은 화재 진압 등 소방활동을 위하여 필요할 때에는 소방용수 외에 댐·저수지 또는 수영장 등의 물을 사용하거나 수도(水道)의 개폐장치 등을 조작할 수 있다.

   ㉡ 소방본부장, 소방서장 또는 소방대장은 화재 발생을 막거나 폭발 등으로 화재가 확대되는 것을 막기 위하여 가스·전기 또는 유류 등의 시설에 대하여 위험물질의 공급을 차단하는 등 필요한 조치를 할 수 있다.

⑨ **방해행위의 제지 등**〈「소방기본법」 제27조의2〉 … 소방대원은 소방활동에 따른 소방활동 또는 생활안전활동을 방해하는 행위를 하는 사람에게 필요한 경고를 하고, 그 행위로 인하여 사람의 생명·신체에 위해를 끼치거나 재산에 중대한 손해를 끼칠 우려가 있는 긴급한 경우에는 그 행위를 제지할 수 있다.

⑩ **소방용수시설의 사용금지 등**〈「소방기본법」 제28조〉 … 누구든지 다음에 해당하는 행위를 하여서는 아니 된다.

   ㉠ 정당한 사유 없이 소방용수시설 또는 비상소화장치를 사용하는 행위

   ㉡ 정당한 사유 없이 손상·파괴, 철거 또는 그 밖의 방법으로 소방용수시설 또는 비상소화장치의 효용을 해치는 행위

   ㉢ 소방용수시설 또는 비상소화장치의 정당한 사용을 방해하는 행위

⑪ **화재진압전술**

   ㉠ 공격진압전술 : 소방력이 불길의 세력보다 클 때 화재발생지점에 소방력을 집중한다.

   ㉡ 수비진압전술 : 소방력이 불길보다 약하면 불길확산 방지, 불길이 소방력보다 약하면 공격진압전술을 취한다.

   ㉢ 포위전술 : 노즐을 화재발생지점에 포위 배치하여 진압한다.

   ㉣ 블록전술 : 확대가능한 면을 대응 방어로 포위하여 인접 건물로 확대되는 것을 방지한다.

   ㉤ 중점전술 : 통제 불가능할 정도의 재해 발생 시 사회·경제적으로 중요대상물을 방어한다. 대폭발 등으로부터 인명을 보호하기 위해 피난로, 피난예정지 확보 등을 한다.

   ㉥ 집중전술 : 부대가 집중하여 일시에 진화하는 작전으로 예컨대 위험물 옥외저장탱크 화재 등에 사용된다.

⑫ **방수(사)활동**

   ㉠ 직상주수 : 대량의 물로 화점을 직접 공격하여 냉각효과를 유도하는 방식

    • 장점 : 원거리로 화점을 직접 타격할 수 있다.

    • 단점 : 대량의 물이 필요하고 호스의 반동이 크다.

   ㉡ 분무주수 : 물을 작은 물방울이나 안개 형태로 분사하는 방식

    • 장점

    －소량의 물로서 소화를 함으로서 물로 인한 피해를 줄일 수 있다.

    －무상(안개 모양, 즉 미립자의 형태로 방사하는 것)으로 분사하므로 가연성 액체의 화재나 수용성 위험물의 화재에도 적응성 있다.

−전기 절연성이 있어 전기화재에도 적응성 있다.

−화재의 확산방지, 열기의 차단효과 등으로 사용할 수 있다. 따라서 직상주수보다 냉각효과가 크다.

• 단점

−물방울의 입자가 작고 가벼움으로 열기류나 바람 등의 영향을 받아 비산한다.

−실내·외 등에서 사용이 효과적이나 외부적 요인에 영향을 많이 받기 때문에 밀폐된 공간에서 사용이 가장 효과적이다.

−무상으로 분사하므로 화세에 파괴력이나 침투력은 약하다.

−설비를 작동시키기 위한 가압송수 장치 등의 높은 압력이 필요하다. 높은 압력이 필요한 분사 방식과 무상의 형태 때문에 살수 유효 범위가 짧다.

⑬ **소방대원에게 실시하여야 하는 교육 및 훈련의 종류** … 소방대원에게는 화재 진압 및 인명 구조 등의 교육 및 훈련을 2년에 1회, 2주 이상의 기간으로 실시하여야 한다.

> ⭐ Plus tip
>
> **교육·훈련의 종류 및 교육·훈련을 받아야 할 대상자**
>
> | 종류 | 교육·훈련의 대상자 |
> |---|---|
> | 화재진압훈련 | 화재진압 업무 소방공무원, 의무소방원, 의용소방대원 |
> | 인명구조훈련 | 구조 업무 소방공무원, 의무소방원, 의용소방대원 |
> | 응급처치훈련 | 구급 업무 소방공무원, 의무소방원, 의용소방대원 |
> | 인명대피훈련 | 모든 소방공무원, 의무소방원, 의용소방대원 |
> | 현장지휘훈련 | 지방소방정, 지방소방령, 지방소방경, 지방소방위 |

기출 2018년 시행

화재예방, 소방활동 또는 소방훈련을 위하여 사용되는 소방신호에 해당하는 것은?

① 대응신호
② 경계신호
③ 복구신호
④ 대비신호

‹ 정답 ②

⑭ **소방신호의 종류 및 방법**〈「소방기본법 시행규칙」 제10조〉 ⭐ 2018 기출

㉠ 경계신호 : 화재예방상 필요하다고 인정되거나 화재위험경보 시 발령

㉡ 발화신호 : 화재가 발생한 때 발령

㉢ 해제신호 : 소화활동이 필요없다고 인정되는 때 발령

㉣ 훈련신호 : 훈련상 필요하다고 인정되는 때 발령

> ⭐ Plus tip
>
> **소방신호의 방법**〈「소방기본법 시행규칙」 별표 4〉
>
> | 구분 | 타종신호 | 싸이렌신호 |
> |---|---|---|
> | 경계신호 | 1타와 연2타를 반복 | 5초 간격을 두고 30초씩 3회 |
> | 발화신호 | 난타 | 5초 간격을 두고 5초씩 3회 |
> | 해제신호 | 상당한 간격을 두고 1타씩 반복 | 1분간 1회 |
> | 훈련신호 | 연3타 반복 | 10초 간격 1분씩 3회 |
>
> [비고]
> 1. 소방신호의 방법은 그 전부 또는 일부를 함께 사용할 수 있다.
> 2. 게시판을 철거하거나 통풍대 또는 기를 내리는 것으로 소방활동이 해제되었음을 알린다.
> 3. 소방대의 비상소집을 하는 경우에는 훈련신호를 사용할 수 있다.

(3) 화재조사

① 화재조사의 종류 및 조사의 범위〈「소방기본법 시행규칙」 별표 5〉

㉠ 화재원인조사

종류	조사범위
발화원인 조사	화재가 발생한 과정, 화재가 발생한 지점 및 불이 붙기 시작한 물질
발견 · 통보 및 초기 소화상황 조사	화재의 발견 · 통보 및 초기소화 등 일련의 과정
연소상황 조사	화재의 연소경로 및 확대원인 등의 상황
피난상황 조사	피난경로, 피난상의 장애요인 등의 상황
소방시설 등 조사	소방시설의 사용 또는 작동 등의 상황

㉡ 화재피해조사

종류	조사범위
인명피해조사	• 소방활동 중 발생한 사망자 및 부상자 • 그 밖에 화재로 인한 사망자 및 부상자
재산피해조사	• 열에 의한 탄화, 용융, 파손 등의 피해 • 소화활동 중 사용된 물로 인한 피해 • 그 밖에 연기, 물품반출, 화재로 인한 폭발 등에 의한 피해

② 화재조사 전담부서〈「소방의 화재조사에 관한 법률」 제6조〉

㉠ 설치 및 운영 : 소방관서장은 전문성에 기반하는 화재조사를 위하여 화재조사전담부서(이하 "전담부서"라 한다)를 설치 · 운영하여야 한다.

㉡ 전담부서의 업무
• 화재조사의 실시 및 조사결과 분석 · 관리
• 화재조사 관련 기술개발과 화재조사관의 역량증진
• 화재조사에 필요한 시설 · 장비의 관리 · 운영
• 그 밖의 화재조사에 관하여 필요한 업무

㉢ 소방관서장은 화재조사관으로 하여금 화재조사 업무를 수행하게 하여야 한다.

㉣ 화재조사관은 소방청장이 실시하는 화재조사에 관한 시험에 합격한 소방공무원 등 화재조사에 관한 전문적인 자격을 가진 소방공무원으로 한다.

㉤ 화재조사전담부서에는 기준에 의한 장비 및 시설을 갖추어야 한다.

화재조사관(「소방기본법 시행규칙 제 12조」〉

㉠ 화재조사전담부서의 장은 소속 소방공무원 가운데 다음 중 하나에 해당하는 자로서 소방청장이 실시하는 화재조사에 관한 시험에 합격한 자로 하여금 화재조사를 실시하도록 하여야 한다.
• 소방교육기관(중앙 · 지방소방학교 및 시 · 도에서 설치 · 운영하는 소방교육대)에서 8주 이상 화재조사에 관한 전문교육을 이수한 자
• 국립과학수사연구원 또는 외국의 화재조사관련 기관에서 8주 이상 화재조사에 관한 전문교육을 이수한 자

㉡ 화재조사에 관한 시험에 합격한 자가 없는 경우에는 소방공무원 중 건축 · 위험물 · 전기 · 안전관리(가스 · 소방 · 소방설비 · 전기안전 · 화재감식평가 종목에 한한다) 분야 산업기사 이상의 자격을 취득한 자 또는 소방공무원으로서 화재조사분야에서 1년 이상 근무한 자로 하여금 화재조사를 실시하도록 할 수 있다.

㉢ 소방청장 · 소방본부장 또는 소방서장은 화재조사전담부서에서 근무하는 자의 업무능력 향상을 위하여 국내 · 외의 소방 또는 안전에 관련된 전문기관에 위탁교육을 실시할 수 있다.

③ 화재조사전담부서에서 갖추어야 할 장비 및 시설〈「소방기본법 시행규칙」 별표 6〉

㉠ 소방본부(거점소방서 포함)

구분	기자재명 및 시설규모
발굴용구 (1종세트)	공구류(니퍼, 펜치, 와이어커터, 드라이버세트, 스패너세트, 망치 등), 톱(나무, 쇠), 전동 드릴, 전동 그라인더(절삭·연마기), 다용도 칼, U형 자석, 뜰채, 붓, 빗자루, 양동이, 삽, 긁개, 휴대용 진공청소기
기록용기기 (16종)	디지털카메라(DSLR)세트, 비디오카메라세트, 소형 디지털방수카메라, 촬영용 고무매트, TV, 디지털녹음기, 거리측정기, 초시계, 디지털온도·습도계, 디지털풍향풍속기록계, 정밀저울, 줄자, 버니어캘리퍼스(아들자가 달려 두께나 지름을 재는 기구), 웨어러블캠, 외장용 하드, 3D 스캐너
감식·감정용 기기(16종)	절연저항계(절연저항측정기), 회로계(멀티미터), 클램프미터, 정전기측정장치, 누설전류계, 김진기, 복합가스측정기, 가스(유증)검지기, 확대경, 실체현미경, 적외선열상카메라, 접지저항계, 휴내용디지털현미경, 탄화심도계, 슈미트해머, 내시경카메라
조명기기 (4종)	발전기, 이동용조명기, 휴대용랜턴, 헤드랜턴
안전장비 (8종)	보호용작업복, 보호용장갑, 안전화, 안전모, 마스크(방진마스크, 방독마스크), 보안경, 안전고리, 공기호흡기세트
증거수집 장비(6종)	증거물 수집기구세트(핀셋류, 가위류 등), 증거물 보관세트(상자, 봉투, 밀폐용기, 유증수집용 캔 등), 증거물 표지(번호, 화살·○표, 스티커), 증거물 태그, 접자, 라텍스장갑
화재조사차량 (2종)	화재조사용 전용차량, 화재조사 첨단 분석차량(비파괴 검사기, 실체현미경 등 탑재)
보조장비 (7종)	노트북컴퓨터, 소화기, 전선 릴, 이동용 에어 컴프레서, 접이식사다리, 화재조사 전용 의복, 화재조사용 가방
추가 권장 장비 (20종)	가스크로마토그래피, 고속카메라세트, 화재모의실험체계(화재시뮬레이션시스템), X선 촬영기, 금속현미경, 시편(試片)절단기, 시편성형기, 시편연마기, 접점저항계, 직류전압전류계, 교류전압전류계, 오실로스코프(변화가 심한 전기 현상의 파형을 눈으로 관찰하는 장치), 주사전자현미경, 인화점측정기, 발화점측정기, 미량융점측정기, 온도기록계, 폭발압력측정기세트, 전압조정기(직류, 교류), 적외선 분광광도계
화재조사분석실	화재조사분석실의 구성장비를 유효하게 보존·사용할 수 있고, 환기 및 수도·배관시설이 있는 30㎡ 이상의 실(室)
화재조사분석실 구성장비(10종)	증거물보관함, 시료보관함, 실험작업대, 핸드 바이스(hand vise : 가공물 고정을 위한 소형 기구), 개수대, 초음파세척기, 실험용 기구류(비커, 피펫, 유리병 등), 드라이어, 항온항습기, 자동 데시케이터(물질 건조, 흡습성 시료 보존을 위한 유리 건조기)

ⓛ 소방서

구분	기자재명
발굴용구(1종세트)	공구류(니퍼, 펜치, 와이어커터, 드라이버세트, 스패너세트, 망치, 등), 톱(나무, 쇠), 전동 드릴, 전동 그라인더, 다용도 칼, U형 자석, 뜰채, 붓, 빗자루, 양동이, 삽, 긁개, 휴대용 진공청소기
기록용기기(15종)	디지털카메라(DSLR)세트, 비디오카메라세트, 소형 디지털방수카메라, 촬영용 고무매트, TV, 디지털녹음기, 거리측정기, 초시계, 디지털온도·습도계, 디지털풍향풍속기록계, 정밀저울, 줄자, 버니어캘리퍼스, 웨어러블캠, 외장용 하드
감식용기기(10종)	절연저항계, 회로계(멀티미터), 클램프미터, 누설전류계, 검전기, 복합가스측정기, 가스(유증)검지기, 확대경, 실체현미경, 탄화심도계
조명기기(4종)	발전기, 이동용조명기, 휴대용랜턴, 헤드랜턴
안전장비(8종)	보호용작업복, 보호용장갑, 안전화, 안전모, 마스크(방진마스크, 방독마스크), 보안경, 안전고리, 공기호흡기세트
증거수집 장비(6종)	증거물 수집기구세트(핀셋류, 가위류 등), 증거물 보관세트(상자, 봉투, 밀폐용기, 유증수집용 캔 등), 증거물 표지(번호, 화살·ㅇ표, 스티커), 증거물 태그, 접자, 라텍스장갑
화재조사차량(1종)	화재조사용 전용차량
보조장비(7종)	노트북컴퓨터, 소화기, 전선 릴, 이동용 에어 컴프레서, 접이식사다리, 화재조사 전용 의복, 화재조사용 가방
추가 권장 장비(2종)	휴대용디지털현미경, 정전기측정장치
화재조사분석실	화재조사분석실의 구성장비를 유효하게 보존·사용할 수 있고, 환기 및 수도·배관시설이 있는 20㎡ 이상의 실(室)
화재조사분석실 구성장비(10종)	증거물보관함, 시료보관함, 실험작업대, 바이스, 개수대, 초음파세척기, 실험용 기구류(비커, 피펫, 유리병 등), 드라이어, 항온항습기, 자동 데시케이터

🐾 **Plus tip**
- ㉠ **거점소방서** : 화재발생 빈도와 화재조사의 중요성을 고려하여 시·도 소방본부장이 권역별로 별도로 지정한 소방서
- ㉡ **촬영용 고무매트** : 증거물 등을 올려놓고 사진을 촬영하기 위한 격자 표시형 고무매트
- ㉢ **화재조사차량** : 탑승공간과 장비 적재공간이 구분되어 주요 장비의 적재·활용이 가능하고 차량 내부에 기초 조사사무용 테이블을 설치할 수 있는 차량
- ㉣ **화재조사 전용 의복** : 화재진압대원, 구조대원 및 구급대원의 의복과 구별이 가능하고 화재조사 활동에 적합한 기능을 가진 것
- ㉤ **화재조사용 가방** : 일상적인 외부 충격에 가방 내부의 장비 및 물품이 손상되지 않을 정도의 강도를 갖춘 재질로 제작되고 휴대가 간편한 가방
- ㉥ **추가 권장 장비** : 화재조사 및 감식·감정 등에 유용하게 활용되는 것으로써 보유가 권장되는 장비
- ㉦ **화재조사분석실의 면적** : 청사 공간의 효율적 활용을 위하여 불가피한 경우에만 기준 면적의 절반 이상의 면적으로 조정할 수 있다.

section 2 소방시설의 설치유지 및 안전관리

(1) 건축허가등의 동의 등〈「소방시설 설치 및 관리에 관한 법률」 제7조〉

① 건축물 등의 신축·증축·개축·재축(再築)·이전·용도변경 또는 대수선(大修繕)의 허가·협의 및 사용승인(건축허가등)의 권한이 있는 행정기관은 건축허가 등을 할 때 미리 그 건축물 등의 시공지(施工地) 또는 소재지를 관할하는 소방본부장이나 소방서장의 동의를 받아야 한다.

② 건축물 등의 증축·개축·재축·용도변경 또는 대수선의 신고를 수리(受理)할 권한이 있는 행정기관은 그 신고를 수리하면 그 건축물 등의 시공지 또는 소재지를 관할하는 소방본부장이나 소방서장에게 지체 없이 그 사실을 알려야 한다.

③ 제1항에 따른 건축허가 등의 권한이 있는 행정기관과 ②에 따른 신고를 수리할 권한이 있는 행정기관은 ①에 따라 건축허가 등의 동의를 받거나 ②에 따른 신고를 수리한 사실을 알릴 때 관할 소방본부장이나 소방서장에게 건축허가 등을 하거나 신고를 수리할 때 건축허가등을 받으려는 자 또는 신고를 한 자가 제출한 설계도서 중 건축물의 내부구조를 알 수 있는 설계도면을 제출하여야 한다. 다만, 국가안보상 중요하거나 국가기밀에 속하는 건축물을 건축하는 경우로서 관계 법령에 따라 행정기관이 설계도면을 확보할 수 없는 경우에는 그러하지 아니하다.

④ 소방본부장 또는 소방서장은 제1항에 따른 동의를 요구받은 경우 해당 건축물 등이 다음의 사항을 따르고 있는지를 검토하여 행정안전부령으로 정하는 기간 내에 해당 행정기관에 동의 여부를 알려야 한다.

  ㉠ 「소방시설 설치 및 관리에 관한 법률」 또는 「소방시설 설치 및 관리에 관한 법률」에 따른 명령

  ㉡ 소방자동차 전용구역의 설치

⑤ 소방본부장 또는 소방서장은 ④에 따른 건축허가 등의 동의 여부를 알릴 경우에는 원활한 소방활동 및 건축물 등의 화재안전성능을 확보하기 위하여 필요한 다음 각호의 사항에 대한 검토 자료 또는 의견서를 첨부할 수 있다.

  ㉠ 피난시설, 방화구획(防火區劃)

  ㉡ 소방관 진입창

  ㉢ 방화벽, 마감재료 등(이하 "방화시설"이라 한다)

  ㉣ 그 밖에 소방자동차의 접근이 가능한 통로의 설치 등 대통령령으로 정하는 사항

⑥ 사용승인에 대한 동의를 할 때에는 소방시설공사의 완공검사증명서를 발급하는 것으로 동의를 갈음할 수 있다. 이 경우 제1항에 따른 건축허가등의 권한이 있는 행정기관은 소방시설공사의 완공검사증명서를 확인하여야 한다.

⑦ 건축허가 등을 할 때 소방본부장이나 소방서장의 동의를 받아야 하는 건축물 등의 범위는 대통령령으로 정한다.

⑧ 다른 법령에 따른 인가·허가 또는 신고 등(건축허가등과 ②에 따른 신고는 제외하며, 이하 이 항에서 "인허가등"이라 한다)의 시설기준에 소방시설 등의 설치·관리 등에 관한 사항이 포함되어 있는 경우 해당 인허가등의 권한이 있는 행정기관은 인허가등을 할 때 미리 그 시설의 소재지를 관할하는 소방본부장이나 소방서장에게 그 시설이 이 법 또는 이 법에 따른 명령을 따르고 있는지를 확인하여 줄 것을 요청할 수 있다. 이 경우 요청을 받은 소방본부장 또는 소방서장은 행정안전부령으로 정하는 기간 내에 확인 결과를 알려야 한다.

(2) 주택에 설치하는 소방시설〈「소방시설 설치 및 관리에 관한 법률」 제10조〉

① 다음의 주택의 소유자는 소화기 등 대통령령으로 정하는 소방시설(이하 "주택용소방시설"이라 한다)을 설치하여야 한다.
- ㉠ 단독주택
- ㉡ 공동주택(아파트 및 기숙사는 제외한다)

② 국가 및 지방자치단체는 주택용소방시설의 설치 및 국민의 자율적인 안전관리를 촉진하기 위하여 필요한 시책을 마련하여야 한다.

③ 주택용소방시설의 설치기준 및 자율적인 안전관리 등에 관한 사항은 특별시·광역시·특별자치시·도 또는 특별자치도(이하 "시·도"라 한다)의 조례로 정한다.

(3) 특정소방대상물의 방염 등〈「소방시설 설치 및 관리에 관한 법률」 제20조〉

① 대통령령으로 정하는 특정소방대상물에 실내장식 등의 목적으로 설치 또는 부착하는 물품으로서 대통령령으로 정하는 물품(이하 "방염대상물품"이라 한다)은 방염성능기준 이상의 것으로 설치하여야 한다.

② 소방본부장 또는 소방서장은 방염대상물품이 제1항에 따른 방염성능기준에 미치지 못하거나 방염성능검사를 받지 아니한 것이면 특정소방대상물의 관계인에게 방염대상물품을 제거하도록 하거나 방염성능검사를 받도록 하는 등 필요한 조치를 명할 수 있다.

(4) 방염성능의 검사〈「소방시설 설치 및 관리에 관한 법률」 제21조〉

① 특정소방대상물에 사용하는 방염대상물품은 소방청장이 실시하는 방염성능검사를 받은 것이어야 한다. 다만, 대통령령으로 정하는 방염대상물품의 경우에는 시·도지사가 실시하는 방염성능검사를 받은 것이어야 한다.

② 방염처리업의 등록을 한 자는 제1항에 따른 방염성능검사를 할 때에 거짓 시료(試料)를 제출하여서는 아니 된다.

③ 방염성능검사의 방법과 검사 결과에 따른 합격 표시 등에 필요한 사항은 행정안전부령으로 정한다.

방염성능기준
㉠ 버너의 불꽃을 제거한 때부터 불꽃을 올리며 연소하는 상태가 그칠 때까지 시간은 20초 이내일 것
㉡ 버너의 불꽃을 제거한 때부터 불꽃을 올리지 아니하고 연소하는 상태가 그칠 때까지 시간은 30초 이내일 것
㉢ 탄화한 면적은 50제곱센티미터 이내, 탄화한 길이는 20센티미터 이내일 것
㉣ 불꽃에 의하여 완전히 녹을 때까지 불꽃의 접촉 횟수는 3회 이상일 것
㉤ 소방청장이 정하여 고시한 방법으로 발연량을 측정하는 경우 최대연기밀도는 400 이하일 것

section **3** 위험물 안전관리

(1) 위험물

① 위험물의 정의 … 「위험물안전관리법」에서 규정하는 인화성 또는 발화성 등의 물품을 말하며, 제1류 ~ 제6류 위험으로 나누고 공통적인 물리·화학적인 특성 등으로 화재 위험성이 있는 것을 위험물이라 한다〈「위험물안전관리법」 제2조〉.

② 위험물의 지정 … 저장, 취급, 운반 과정에서의 안전을 위해 「위험물안전관리법」에서 위험물에 대하여 제1류 ~ 제6류까지 각각의 유별로 품명의 수량을 지정하였다.

  ㉠ 품명의 지정 기준
  - 화학적 성질 : 화학적 주성, 반응성, 폭발성, 농도에 따른 위험싱의 변화 등
  - 물리적 성질 : 인화전, 연소점, 발회점, 연소 범위, 취급 형태 등

  ㉡ 지정수량
  - 「위험물안전관리법 시행령」에 의하여 위험성을 고려하여 위험물의 종류별로 정하는 수량이며 제조소 등의 설치허가 등에 적용되는 최저의 기준이 되는 수량이다.
  - 고체일 경우 kg, 액체일 경우 l 로 표시한다(단, 제6류 위험물의 경우 액체이지만 kg으로 표시).

(2) 위험물 안전관리

① 위험물의 저장 및 취급의 제한〈「위험물안전관리법」 제5조〉

  ㉠ 지정수량 이상의 위험물을 저장소가 아닌 장소에서 저장하거나 제조소 등이 아닌 장소에서 취급하여서는 아니 된다.

  ㉡ ㉠에도 불구하고 다음의 어느 하나에 해당하는 경우에는 제조소 등이 아닌 장소에서 지정수량 이상의 위험물을 취급할 수 있다. 이 경우 임시로 저장 또는 취급하는 장소에서의 저장 또는 취급의 기준과 임시로 저장 또는 취급하는 장소의 위치·구조 및 설비의 기준은 시·도의 조례로 정한다.
  - 시·도의 조례가 정하는 바에 따라 관할소방서장의 승인을 받아 지정수량 이상의 위험물을 90일 이내의 기간 동안 임시로 저장 또는 취급하는 경우
  - 군부대가 지정수량 이상의 위험물을 군사목적으로 임시로 저장 또는 취급하는 경우

  ㉢ 제조소 등에서의 위험물의 저장 또는 취급에 관하여는 다음의 중요기준 및 세부기준에 따라야 한다.
  - 중요기준 : 화재 등 위해의 예방과 응급조치에 있어서 큰 영향을 미치거나 그 기준을 위반하는 경우 직접적으로 화재를 일으킬 가능성이 큰 기준으로서 행정안전부령이 정하는 기준
  - 세부기준 : 화재 등 위해의 예방과 응급조치에 있어서 중요기준보다 상대적으로 적은 영향을 미치거나 그 기준을 위반하는 경우 간접적으로 화재를 일으킬 수 있는 기준 및 위험물의 안전관리에 필요한 표시와 서류·기구 등의 비치에 관한 기준으로서 행정안전부령이 정하는 기준

ⓔ 제조소 등의 위치 · 구조 및 설비의 기술기준은 행정안전부령으로 정한다.

ⓜ 둘 이상의 위험물을 같은 장소에서 저장 또는 취급하는 경우에 있어서 당해 장소에서 저장 또는 취급하는 각 위험물의 수량을 그 위험물의 지정수량으로 각각 나누어 얻은 수의 합계가 1 이상인 경우 당해 위험물은 지정수량 이상의 위험물로 본다.

② **위험물시설의 유지 · 관리**〈「위험물안전관리법」제14조〉

ⓐ 제조소 등의 관계인은 당해 제조소 등의 위치 · 구조 및 설비가 제조소 등의 위치 · 구조 및 설비의 기술기준에 적합하도록 유지 · 관리하여야 한다.

ⓑ 시 · 도지사, 소방본부장 또는 소방서장은 유지 · 관리의 상황이 제조소 등의 위치 · 구조 및 설비의 기술기준에 부적합하다고 인정하는 때에는 그 기술기준에 적합하도록 제조소 등의 위치 · 구조 및 설비의 수리 · 개조 또는 이전을 명할 수 있다.

③ **정기점검 및 정기검사**〈「위험물안전관리법」제18조〉

ⓐ 대통령령이 정하는 제조소 등의 관계인은 그 제조소 등에 대하여 행정안전부령이 정하는 바에 따라 제조소 등의 위치 · 구조 및 설비의 기술기준에 적합한지의 여부를 정기적으로 점검하고 점검결과를 기록하여 보존하여야 한다.

ⓑ 정기점검을 한 제조소등의 관계인은 점검을 한 날부터 30일 이내에 점검결과를 시 · 도지사에게 제출하여야 한다.

ⓒ 정기점검의 대상이 되는 제조소 등의 관계인 가운데 대통령령이 정하는 제조소 등의 관계인은 행정안전부령이 정하는 바에 따라 소방본부장 또는 소방서장으로부터 당해 제조소 등이 제조소 등의 위치 · 구조 및 설비의 기술기준에 적합하게 유지되고 있는지의 여부에 대하여 정기적으로 검사를 받아야 한다.

④ **위험물 출입 · 검사**〈「위험물안전관리법」제22조 제1항〉

ⓐ 소방청장, 시 · 도지사, 소방본부장 또는 소방서장은 위험물의 저장 또는 취급에 따른 화재의 예방 또는 진압대책을 위하여 필요한 때에는 위험물을 저장 또는 취급하고 있다고 인정되는 장소의 관계인에 대하여 필요한 보고 또는 자료제출을 명할 수 있다.

ⓑ 소방청장, 시 · 도지사, 소방본부장 또는 소방서장은 관계공무원으로 하여금 당해 장소에 출입하여 그 장소의 위치 · 구조 · 설비 및 위험물의 저장 · 취급상황에 대하여 검사하게 하거나 관계인에게 질문하게 하고 시험에 필요한 최소한의 위험물 또는 위험물로 의심되는 물품을 수거하게 할 수 있다.

ⓒ 개인의 주거는 관계인의 승낙을 얻은 경우 또는 화재발생의 우려가 커서 긴급한 필요가 있는 경우가 아니면 출입할 수 없다.

(3) 위험물 시설의 종류〈「위험물안전관리법」제2조〉

① 제조소 … 위험물을 제조할 목적으로 지정수량 이상의 위험물을 취급하기 위하여 「위험물안전관리법」에 따라 허가를 받은 장소이다.

② 저장소 … 지정수량 이상의 위험물을 저장하기 위하여 대통령령이 정하는 장소로서 「위험물안전관리법」규정에 따라 허가를 받은 장소이다.

③ 취급소 … 지정수량 이상의 위험물을 제조 외의 목적으로 취급하기 위한 대통령령이 정하는 장소로서, 「위험물안전관리법」규정에 따라 허가를 받은 장소이다.

---

section **4** 구조 · 구급 행정관리

(1) 구조의 개념〈「119구조 · 구급에 관한 법률」제2조〉

① 구조 : 화재, 재난 · 재해 및 테러, 그 밖의 위급한 상황(이하 "위급상황"이라 한다)에서 외부의 도움을 필요로 하는 사람(이하 "요구조자"라 한다)의 생명, 신체 및 재산을 보호하기 위하여 수행하는 모든 활동을 말한다.

② 119구조대 : 탐색 및 구조활동에 필요한 장비를 갖추고 소방공무원으로 편성된 단위 조직을 말한다.

(2) 구조대

① 구조대의 편성과 운영

　㉠ 소방청장 · 소방본부장 또는 소방서장은 위급상황에서 요구조자의 생명 등을 신속하고 안전하게 구조하는 업무를 수행하기 위하여 대통령령으로 정하는 바에 따라 119구조대를 편성하여 운영하여야 한다〈「119구조 · 구급에 관한 법률」제8조 제1항〉.

　㉡ 소방청장은 국외에서 대형재난 등이 발생한 경우 재외국민의 보호 또는 재난발생국의 국민에 대한 인도주의적 구조 활동을 위하여 국제구조대를 편성하여 운영할 수 있다〈「119구조 · 구급에 관한 법률」제9조 제1항〉.

② 구조대 기준

　㉠ 구조대원의 자격기준〈「119구조 · 구급에 관한 법률 시행령」제6조〉
　• 소방청장이 실시하는 인명구조사 교육을 받았거나 인명구조사 시험에 합격한 사람
　• 국가 · 지방자치단체 및 「공공기관의 운영에 관한 법률」에 따른 공공기관의 구조 관련 분야에서 근무한 경력이 2년 이상인 사람
　• 「응급의료에 관한 법률」에 따른 응급구조사 자격을 가진 사람으로서 소방청장이 실시하는 구조업무에 관한 교육을 받은 사람

기출 2011년 시행

다음 중 「119구조 · 구급에 관한 법률 시행령」에 따른 구조대원의 자격기준이 아닌 것은?

① 소방청장이 실시하는 인명구조사 교육을 받은 사람

② 소방청장이 실시하는 인명구조사 시험에 합격한 사람

③ 국가 · 지방자치단체 및 공공기관의 구조 관련 분야에서 근무한 경력이 1년 이상인 사람

④ 응급구조사 자격을 가진 사람으로서 소방청장이 실시하는 구조업무에 관한 교육을 받은 사람

〈 정답 ③

ⓛ 119구조대의 편성 · 운영〈「119구조 · 구급에 관한 법률 시행령」 제5조〉

구분	내용
일반구조대	시 · 도의 규칙으로 정하는 바에 따라 소방서마다 1개 대(隊) 이상 설치하되, 소방서가 없는 시 · 군 · 구의 경우에는 해당 시 · 군 · 구 지역의 중심지에 있는 119안전센터에 설치할 수 있다.
특수구조대	소방대상물, 지역 특성, 재난 발생 유형 및 빈도 등을 고려하여 시 · 도의 규칙으로 정하는 바에 따라 다음의 구분에 따른 지역을 관할하는 소방서에 다음의 구분에 따라 설치한다. –화학구조대 : 화학공장이 밀집한 지역 –수난구조대 : 내수면어업법에 따른 내수면지역 –산악구조대 : 자연공원법에 따른 자연공원 등 산악지역 –고속국도구조대 : 고속국도법에 따른 고속국도(직할구조대에 설치할 수 있음) –지하철구조대 : 도시철도법에 따른 도시철도의 역사(驛舍) 및 역무시설
직할구조대	대형 · 특수 재난사고의 구조, 현장 지휘 및 지원 등을 위하여 소방청 또는 시 · 도 소방본부에 설치하되, 시 · 도 소방본부에 설치하는 경우에는 시 · 도의 규칙으로 정하는 바에 따른다.
테러대응구조대	테러 및 특수재난에 전문적으로 대응하기 위하여 소방청과 시 · 도 소방본부에 각각 설치하며, 시 · 도 소방본부에 설치하는 경우에는 시 · 도의 규칙으로 정하는 바에 따른다.

③ 119구조대에 두는 소방자동차 등의 배치기준

ⓗ 일반구조대

• 구조차 및 장비운반차 : 구조차 1대를 기본으로 배치하고, 구조활동을 원활하게 추진하기 위하여 필요한 경우 지역 실정에 맞게 장비운반차 1대를 배치할 수 있다.

• 소방사다리차 : 1대를 배치하되, 구조대와의 거리가 20km 이내에 있는 119안전센터에 배치되어 있는 경우에는 배치하지 않을 수 있다.

• 구조정(救助艇) 및 수상오토바이 : 수상구조대가 일시 운영되거나 별도의 수난구조대를 운영하는 경우에 1대씩 배치한다.

ⓛ 특별시 · 광역시 · 도 및 특별자치도 소방본부 직할구조대 : 구조차 1대, 구급차 1대, 장비운반차 1대, 지휘차 1대를 기본으로 배치하고, 지역 실정 및 소방 수요 특성에 따라 화학분석제독차 등 그 밖의 장비를 추가 배치할 수 있다.

ⓒ 소방서에 두는 특수구조대 : 구조대별로 다음 표에 따른 기본 장비를 우선 배치하고, 구조활동을 원활하게 추진하기 위하여 필요한 경우 지역 실정에 맞게 장비를 추가로 배치할 수 있다.

기출PLUS

기출 2013년 시행

다음 중 특수구조대가 아닌 것은?

① 화학구조대
② 산악구조대
③ 지하철구조대
④ 테러구조대

〈정답 ④

구 분	기본 장비	추가 장비
화학구조대	화학분석제독차 1대 이상	장비운반차, 화학차, 구급차 등 그 밖의 소방차량
수난구조대	구조정 1대 및 수상오토바이 1대 이상	구급차 등 그 밖의 소방차량
고속국도구조대	구조차 1대 이상	구급차, 펌프차 등 소방차량
산악구조대	산악구조장비운반차 1대 이상	구급차 및 구조버스 등 그 밖의 소방차량
지하철구조대	개인당 공기호흡기, 화학보호복	특수 소방장비

(3) 구급대

① 구급의 정의〈「119구조·구급에 관한 법률」제2조〉

   ㉠ 구급 : 응급환자에 대하여 행하는 상담, 응급처치 및 이송 등의 활동을 말한다.

   ㉡ 119구급대 : 구급활동에 필요한 장비를 갖추고 소방공무원으로 편성된 단위조직을 말한다.

② 119구급대의 편성과 운영〈「119구조·구급에 관한 법률 시행령」제10조〉

   ㉠ 일반구급대 : 시·도의 규칙으로 정하는 바에 따라 소방서마다 1개 대 이상 설치하되, 소방서가 설치되지 아니한 시·군·구의 경우에는 해당 시·군·구 지역의 중심지에 소재한 119안전센터에 설치할 수 있다.

   ㉡ 고속국도구급대 : 교통사고 발생 빈도 등을 고려하여 소방청, 시·도 소방본부 또는 고속국도를 관할하는 소방서에 설치하되, 시·도 소방본부 또는 소방서에 설치하는 경우에는 시·도의 규칙으로 정하는 바에 따른다.

② 구급대원의 자격기준〈「119구조·구급에 관한 법률 시행령」제11조〉 ✪ 2013 기출

   ㉠ 「의료법」에 따른 의료인

   ㉡ 1급 응급구조사 자격을 취득한 사람

   ㉢ 2급 응급구조사 자격을 취득한 사람

   ㉣ 소방청장이 실시하는 구급업무에 관한 교육을 받은 사람(구급차 운전과 구급에 관한 보조업무만 할 수 있다)

③ 119구급대에 두는 소방자동차 등의 배치기준〈「소방력 기준에 관한 규칙」별표1〉

   ㉠ 구급차 : 소방서에 소속된 119안전센터의 수(數)에 1대를 추가한 수의 구급차를 기본으로 배치한다. 119안전센터 관할에서 관할 인구 3만 명을 기준으로 하여 관할 인구 5만 명 또는 구급활동 건수가 연간 500건 이상 증가할 때마다 구급차 1대를 추가로 배치할 수 있다.

   ㉡ 구급오토바이 : 구급활동을 원활하게 추진하기 위하여 필요한 경우 구급대별로 1대 이상의 구급오토바이를 배치할 수 있다.

기출 2013년 시행

119구급대가 의료행위를 하기 위해 갖춰야 할 자격기준이 바르지 않은 것은?

① 적십자사 총재가 실시하는 구급업무의 교육을 받은 자

② 응급의료에 관한 법률에 따라 1급 응급구조사 자격을 취득한 자

③ 응급의료에 관한 법률에 따라 2급 응급구조사 자격을 취득한 자

④ 의료법에 따른 의료인

〈정답 ①

section 5 구조 · 구급활동

(1) 구조 및 구급활동

① 구조 · 구급활동〈「119구조 · 구급에 관한 법률」 제13조〉

   ㉠ 소방청장 등은 위급상황이 발생한 때에는 구조 · 구급대를 현장에 신속하게 출동시켜 인명구조 및 응급처치 및 구급차 등의 이송, 그 밖에 필요한 활동을 하게 하여야 한다.

   ㉡ 누구든지 구조 · 구급활동을 방해하여서는 아니 된다.

   ㉢ 소방청장 등은 대통령령으로 정하는 위급하지 아니한 경우에는 구조 · 구급대를 출동시키지 아니할 수 있다.

② 유관기관과의 협력〈「119구조 · 구급에 관한 법률」 제14조〉

   ㉠ 소방청장 등은 구조 · 구급활동을 함에 있어서 필요한 경우에는 시 · 도지사 또는 시장 · 군수 · 구청장에게 협력을 요청할 수 있다.

   ㉡ 시 · 도지사 또는 시장 · 군수 · 구청장은 특별한 사유가 없으면 ㉠의 요청에 따라야 한다.

③ 구조된 사람과 물건의 인도 · 인계〈「119구조 · 구급에 관한 법률」 제16조〉

   ㉠ 소방청장 등은 구조활동으로 구조된 사람(이하 "구조된 사람"이라 한다) 또는 신원이 확인된 사망자를 그 보호자 또는 유족에게 지체 없이 인도하여야 한다.

   ㉡ 소방청장 등은 구조 · 구급활동과 관련하여 회수된 물건(이하 "구조된 물건"이라 한다)의 소유자가 있는 경우에는 소유자에게 그 물건을 인계하여야 한다.

   ㉢ 소방청장 등은 다음의 어느 하나에 해당하는 때에는 구조된 사람, 사망자 또는 구조된 물건을 특별자치도지사 · 시장 · 군수 · 구청장(「재난 및 안전관리 기본법」에 따른 재난안전대책본부가 구성된 경우 해당 재난안전대책본부장을 말한다. 이하 같다)에게 인도하거나 인계하여야 한다.

    • 구조된 사람이나 사망자의 신원이 확인되지 아니한 때

    • 구조된 사람이나 사망자를 인도받을 보호자 또는 유족이 없는 때

    • 구조된 물건의 소유자를 알 수 없는 때

④ 구조 · 구급활동을 위한 지원요청〈119구조 · 구급에 관한 법률 제20조〉

   ㉠ 소방청장 등은 구조 · 구급활동을 함에 있어서 인력과 장비가 부족한 경우에는 대통령령으로 정하는 바에 따라 관할구역 안의 의료기관, 구급차 등의 운용자 및 구조 · 구급과 관련된 기관 또는 단체(이하 이 조에서 "의료기관 등"이라 한다)에 대하여 구조 · 구급에 필요한 인력 및 장비의 지원을 요청할 수 있다. 이 경우 요청을 받은 의료기관 등은 정당한 사유가 없으면 이에 따라야 한다.

   ㉡ 지원요청에 따라 구조 · 구급활동에 참여하는 사람은 소방청장 등의 조치에 따라야 한다.

기출 2013년 시행

다음 중 사람을 구조하거나 구급활동을 하는 행정행위는?

① 규범적 행정행위
② 일반적 행정행위
③ 비권력적 사실행위
④ 질서 행정행위

〈정답 ③

ⓒ 지원활동에 참여한 구급차 등의 운용자는 소방청장 등이 지정하는 의료기관으로 응급환자를 이송하여야 한다.

ⓔ 소방청장 등은 행정안전부령으로 정하는 바에 따라 지원요청대상 의료기관 등의 현황을 관리하여야 한다.

ⓜ 소방청장 등은 구조·구급활동에 참여한 의료기관 등에 대하여는 그 비용을 보상할 수 있다.

> 🏠 Plus tip
> 구조·구급활동을 위한 지원요청〈「119구조·구급에 관한 법률 시행령」제24조〉
> 구조·구급에 필요한 인력과 장비의 지원을 요청할 때에는 팩스·전화 등의 신속한 방법으로 하여야 한다. 이외에 의료기관에 대한 지원 요청에 필요한 사항은 보건복지부장관과 협의하여 소방청장이 정하고, 구조·구급과 관련된 기관 또는 단체에 대한 지원 요청에 관하여 필요한 사항은 관할 구역의 구조·구급과 관련된 기관 또는 단체의 장과 협의하여 소방본부장 또는 소방서장이 정한다.

⑤ **구조출동 거절사유**〈「119구조·구급에 관한 법률 시행령」제20조 제1항〉 ⭐ **2014 기출**

ⓐ 단순 문 개방의 요청을 받은 경우

ⓑ 시설물에 대한 단순 안전조치 및 장애물 단순 제거의 요청을 받은 경우

ⓒ 동물의 단순 처리·포획·구조 요청을 받은 경우

ⓓ 그 밖에 주민생활 불편해소 차원의 단순 민원 등 구조활동의 필요성이 없다고 인정되는 경우

⑥ **구급출동 거절사유**〈「119구조·구급에 관한 법률 시행령」제20조 제2항〉

ⓐ 단순 치통환자

ⓑ 단순 감기환자(섭씨 38도 이상의 고열 또는 호흡곤란이 있는 경우는 제외)

ⓒ 혈압 등 생체징후가 안정된 타박상 환자

ⓓ 술에 취한 사람(강한 자극에도 의식이 회복되지 아니하거나 외상이 있는 경우는 제외)

ⓔ 만성질환자로서 검진 또는 입원 목적의 이송 요청자

ⓕ 단순 열상(裂傷) 또는 찰과상(擦過傷)으로 지속적인 출혈이 없는 외상환자

ⓖ 병원 간 이송 또는 자택으로의 이송 요청자(의사가 동승한 응급환자의 병원 간 이송은 제외)

ⓗ 구조·구급대원은 요구조자 또는 응급환자가 구조·구급대원에게 폭력을 행사하는 등 구조·구급활동을 방해하는 경우에는 구조·구급활동을 거절할 수 있다.

(2) 구조활동의 구분과 중요사항

① **구조방법에 따른 분류** … 로프구조, 구출, 수상 및 빙상구조, 도시수색구조, 위험물 구조가 있다.

② **사고의 유형에 따른 분류** … 교통사고, 기계사고, 건물사고, 추락사고, 산악사고, 수난사고, 가스사고가 있다.

③ 수색·구조 활동은 신속, 안전하게 요구조자를 위험지역에서 탈출시켜야 한다.

④ 재난현장에는 구조자와 요구조자 모두 위험하므로 신속함과 안전에 주의해야 한다.

⑤ 구조대원은 위험한 상황에서도 신속하고 안전한 구조를 위해 지식, 능력, 기술이 필요하다.

⑥ 구조

    ㉠ 원칙과 대응 : 구조의 현장에서의 안전확보와 명령통일은 구조활동의 원칙이며 구조대원의 능력과 신속한 대응을 필요로 한다.

    ㉡ 구조활동의 우선순위(구명이 최우선) : 신체구출, 고통경감, 피해최소화 순이다.

    ㉢ 인명구조순서 : 피난유도 → 인명검색 → 구출 → 응급처치 → 이송 순이다.

    ㉣ 초기대응단계 : 상황파악, 접근, 상황안정화, 후송 절차에 따라야 한다.

⑦ 구급환자의 중증도 분류

    ㉠ 환자 분류 기준

환자분류	상황	색상	내용
긴급환자	긴급상황 (토끼 심볼)	적색	• 생명을 위협할 만한 심정지, 쇼크, 기도폐쇄, 대량의 출혈, 저산소증이 나타나거나 임박한 경우 • 즉각적인 처치를 행하면 환자는 안정화될 가능성과 소생 가능성이 있을 때
응급환자	응급상황 (거북이 심볼)	황색	• 손상이 전신적인 증상이나 효과를 유발하지만, 아직까지 쇼크 또는 저산소증 상태가 아닌 경우 • 전신적 반응이 발생하더라도 적절한 조치를 행할 경우 즉각적인 위험 없이 45~60분 정도 견딜 수 있는 상태
비응급환자	비응급상황	녹색	• 전신적인 위험 없이 손상이 국한된 경우 • 최소한의 조치로도 수 시간 이상 아무 문제가 없는 상태
지연환자	사망 (십자가표시)	흑색	• 대량 재난 시에 임상적 및 생물학적 사망이 명확히 구분되지 않는 상태 • 자발 순환이나 호흡이 없는 모든 무반응의 상태

    ㉡ 환자 이송순위 : 긴급환자 → 응급환자 → 비응급환자 → 지연환자

(3) 분야별 구조활동

① 건물붕괴사고

    ㉠ 전기, 수도, 가스시설 등의 파손을 수반하므로 요구조자와 구조대원에게 큰 위험을 줄 수 있고 건물의 2차 붕괴 시 1차 붕괴보다 더 큰 피해를 초래하므로 각별히 주의해야 한다.

기출PLUS

기출 2011년 시행

수분, 수시간 내에 처치하지 않으면 생명이 위험한 환자는?

① 긴급환자
② 응급환자
③ 비응급환자
④ 지연환자

〈 정답 ①

    ⓛ 건물붕괴 구조활동

    • 비상대피시설 등 어느 정도 안전한 곳에 있는 요구조자 위치를 파악하기 위한 정찰 활동을 수행한다.

    • 빈 공간에 있을지 모를 요구조자를 위해 부르고 듣는 방법을 사용한다.

    ⓒ 구조활동 순서

    • 진입 장애물 제거 : 인적장비와 물적장비의 현장도착을 위해 장애물 제거가 필요하다.

    • 2차 위험물 제거 : 건물과 산악도로의 경우처럼 추가붕괴로 인한 요구조자의 구조 어려움을 막기 위한 작업이다.

    • 요구조자 구조 : 건물붕괴로 인한 요구조자까지의 위치도달을 위한 통로 확보 작업 이다.

    • 요구조자 구조 응급조치 : 요구조자를 현장에서 이송하기 전에 사전 응급조치를 해 야 한다.

② 차량사고

    ㉠ 교통사고는 화재나 충돌 등 2차 사고가 발생할 수 있다.

    ⓛ 교통통제를 실시하여 구급차량의 도착을 돕고 2차사고 발생을 방지한다.

    ⓒ 유압스프레더, 유압램, 유압절단기 등으로 차량에서 사람을 구출하고 이동식 윈 치 등을 이용하여 차량 견인을 한다.

    ⓔ 차량을 절단, 해체할 때 불꽃이 발생할 수 있는 장비(가스절단기 등)를 사용할 경 우 차량에서 새어 나오는 연료가 착화될 위험이 있으므로 사용하지 않도록 한다.

③ 수난사고 … 시간이 경과하여 구조대가 현장에 도착할 때는 요구조자가 이미 사망한 경우가 많으며 제방·다리 등에서 추락하여 물에 빠진 경우 선박 좌초, 차량의 추 락, 수영 미숙에 의한 익사사고 등이 있다.

④ 항공기사고

    ㉠ 인명구조, 응급의료, 진화작업이 함께 수행되어야 요구조자를 효과적으로 구조 할 수 있다.

    ⓛ 항공기 추락현장으로 진입 시 누출된 연료에 의해 만들어진 가연성 증기를 피하 기 위해 바람을 등지고 접근하여 구조작업을 한다.

    ⓒ 항공기사고는 화재의 위험성이 매우 크며 추락 후 발생한 화재는 확대가 빠르게 진행되어 주변의 건축물을 비롯하여 사람들에게 큰 위험을 초래한다.

    ⓔ 연료가 누출된 경우 언제라도 화재가 발생할 수 있으므로 미리 대량의 포를 방 사하고 항공기에 접근한다.

    ⓜ 비행기의 측면으로 강제진입을 시도할 경우 동체의 하부에 전선, 연료, 유류, 산 소 등의 파이프라인이 설치되어 있어 위험하므로 각별히 주의해야 한다.

⑤ 산악사고

    ㉠ 암벽 등반·등산 중 실족사고, 산속에서 질병이 발생한 경우 등이 있다.

    ⓛ 산악사고는 요구조자의 위치를 파악하는 작업이 필요하고 산속으로 접근하는데 시간이 많이 소요되므로 헬기를 이용한 구조작업이 주로 이용된다.

⑥ 가스사고

　ⓐ LNG, LPG, 유독가스 등 누출된 가스에 의한 사고이다.

　ⓑ 구조작업은 우선 누출된 가스의 종류·누출범위를 파악하고 구조대원의 보호조치를 취한 뒤, 구조작전을 수행하며 폭발 및 화재 등에 주의한다.

　ⓒ 불꽃에 의한 폭발사고에 주의해야 하므로 조명기구, 장비의 선택에 신중해야 하며 유독가스의 경우 보호장비를 준비한다.

⑦ 추락사고 … 일반적인 건물 추락사고는 건물의 형태와 현장주변의 각종 장비들 그리고 화재위험물의 제거가 필수적이다. 산악추락사고의 경우 요구조자의 위치, 접근성, 부상정도를 파악하여 도보에 의한 구조와 헬기에 의한 구조인지를 파악하여야 한다.

　ⓐ 구조대원 현장진입 이전에 안전장비 착용유무의 확인과 현장특성상의 필요장비를 파악하여야 한다.

　ⓑ 현장지휘자는 구조현장의 2차적인 위험도를 확인 후 구조대원의 진입을 명해야 한다.

　ⓒ 건물추락사고는 요구조자의 추락으로 인한 2차 추락물의 확인 과정이 필요하다.

　ⓓ 요구조자의 구조활동은 로프를 이용하여 현장의 바스켓 또는 헬기의 바스켓을 이용하여 구조한다.

(4) 헬기구조

① 헬기구조의 특징

　ⓐ 지상에서 접근이 곤란한 장소의 인명구조에 폭넓게 활용된다.

　ⓑ 높은 기동성으로 구조대원 및 각종 장비, 의약품 등을 빠르게 수송할 수 있다.

　ⓒ 기상상태가 나쁠 경우 운행이 어렵고 추락 등의 헬기사고가 발생하면 피해가 치명적이다.

　ⓓ 헬기에 케이블과 기중장치가 부착되어 있어 공중에서 인명구조를 할 수 있다.

　ⓔ 공중수색 작업은 장시간 계속해서 주의집중이 필요하므로 숙련된 구조대원이 요구된다.

② 헬기를 이용한 환자수송

　ⓐ 헬기를 이용한 수송 시에 부상자는 다소의 요동 때문에 상태가 악화될 수 있다.

　ⓑ 환자의 상태에 따른 수송방법

　　• 흉부통증환자 : 환자상태가 기압변화에 민감하기 때문에 헬기수송을 피하고 되도록 육상수송 방법을 택한다.

　　• 순환기 계통의 출혈환자, 빈혈환자 : 고도가 높아지면 위험할 수 있으므로 되도록 지표 근처까지 헬기를 운용한다.

다음 중 응급처치법으로 바르지 않은 것은?

① 의식이 없는 대상자는 복와위나 측위가 좋지만 이 체위가 불가능 하다면 똑바로 눕혀 머리만 한쪽으로 돌려놓는다.

② 쇼크는 산소를 충분히 공급하지 못하므로 환자의 경구를 통하여 물이나 음료 등을 많이 섭취하게 한다.

③ 출혈이 계속적으로 있다면 생명을 잃기 쉽기 때문에 상처부위에 먼지나 세균의 침입을 막기 위해 소독된 거즈나 붕대를 이용하여 드레싱을 하고 즉시 지혈을 하도록 한다.

④ 턱을 위로 올려 기도가 직선이 되어 개방된 상태를 유지하며 질식을 막기 위해 기도 내의 이물을 제거하여 호흡을 자유롭게 한다. 호흡장애 시 즉시 인공호흡을 시행 한다.

‹정답 ②

2급 응급구조사의 업무범위에 해당하지 않는 것은?

① 산소의 투여
② 기본 심폐소생술
③ 구강 내 이물질 제거
④ 인공호흡기를 이용한 호흡 유지

‹정답 ④

(5) 응급의학

① 응급환자〈「응급의료에 관한 법률」제2조 제1호〉… 질병, 분만, 각종 사고 및 재해로 인한 부상이나 그 밖의 위급한 상태로 인하여 즉시 필요한 응급처치를 받지 아니하면 생명을 보존할 수 없거나 심신에 중대한 위해(危害)가 발생할 가능성이 있는 환자 또는 이에 준하는 사람으로서 보건복지부령으로 정하는 사람을 말한다.

② 응급처치〈「응급의료에 관한 법률」제2조 제3호〉… 응급의료행위의 하나로서 응급환자의 기도를 확보하고 심장박동의 회복, 그 밖에 생명의 위험이나 증상의 현저한 악화를 방지하기 위하여 긴급히 필요로 하는 처치를 말한다. ★ **2013 기출**

> **Plus tip**
>
> ※ 응급처치의 일반적인 원칙
> ㉠ 긴급한 상황이라도 구조자 자신이 안전에 주의를 기울인다.
> ㉡ 쇼크를 예방하는 처치를 한다.
> ※ 응급처치활동의 일반적인 순서
> ㉠ 구급대원 자신 및 요구조자의 안전을 우선적으로 확보한다.
> ㉡ 요구조자의 생명 및 안전을 위협하는 요소를 제거한다.
> ㉢ 기본 인명구조술(기도확보, 호흡유지, 순환유지)을 시행한다.
> ㉣ 응급처치가 끝나면 의료기관으로 이송한다.

③ 응급구조사〈「응급의료에 관한 법률」제41조〉… 응급환자가 발생한 현장에서 응급환자에 대하여 상담·구조 및 이송 업무를 수행하며, 「의료법」의 무면허 의료행위 금지 규정에도 불구하고 보건복지부령으로 정하는 범위에서 현장에 있거나 이송 중이거나 의료기관 안에 있을 때에는 응급처치의 업무에 종사할 수 있다.

> **Plus tip**
>
> 응급구조사의 업무범위〈「응급의료에 관한 법률 시행규칙」별표 14〉 ★ **2016 기출**
> ㉠ 1급 응급구조사의 업무범위
> • 심폐소생술의 시행을 위한 기도유지(기도기(airway)의 삽입, 기도삽관(intubation), 후두마스크 삽관 등을 포함한다)
> • 정맥로의 확보
> • 인공호흡기를 이용한 호흡의 유지
> • 약물투여 : 저혈당성 혼수시 포도당의 주입, 흉통시 니트로글리세린의 혀아래(설하) 투여, 쇼크시 일정량의 수액투여, 천식발작시 기관지확장제 흡입
> • 2급 응급구조사의 업무
> ㉡ 2급 응급구조사의 업무범위
> • 구강내 이물질의 제거
> • 기도기(airway)를 이용한 기도유지
> • 기본 심폐소생술
> • 산소투여
> • 부목·척추고정기·공기 등을 이용한 사지 및 척추 등의 고정
> • 외부출혈의 지혈 및 창상의 응급처치
> • 심박·체온 및 혈압 등의 측정
> • 쇼크방지용 하의 등을 이용한 혈압의 유지
> • 자동심장충격기를 이용한 규칙적 심박동의 유도
> • 흉통시 니트로글리세린의 혀아래(설하) 투여 및 천식발작시 기관지확장제 흡입 (환자가 해당약물을 휴대하고 있는 경우에 한함)

④ 구급차 등에 갖추어야 하는 의료장비·구급의약품 및 통신장비의 기준〈「응급의료에 관한 법률 시행규칙」 별표 16〉

㉠ 특수구급차

구분	장비 분류	장비
환자 평가용 의료장비	신체 검진	가) 환자감시장치(환자의 심전도, 혈중산소포화도, 혈압, 맥박, 호흡 등의 측정이 가능하고 모니터로 그 상태를 볼 수 있는 장치) 나) 혈당측정기 다) 체온계 라) 청진기 마) 휴대용 혈압계 바) 휴대용 산소포화농도 측정기
응급처치용 의료장비	기도 확보 유지	가) 후두경 등 기도삽관장치(기도삽관튜브 등 포함) 나) 기도확보장치(구인두기도기, 비인두기도기 등)
	호흡 유지	가) 의료용 분무기(기관제 확장제 투여용) 나) 휴대용 간이인공호흡기(자동식) 다) 성인용·소아용 산소 마스크(안면용·비재호흡·백밸브) 라) 의료용 산소발생기 및 산소공급장치 마) 전동식 의료용 흡인기(흡인튜브 등 포함)
	심장 박동 회복	자동심장충격기(Automated External Defibrillator)
	순환 유지	정맥주사세트
	외상 처치	가) 부목(철부목, 공기 또는 진공부목 등) 및 기타 고정장치(경추·척추보호대 등) 나) 외상처치에 필요한 기본 장비(압박붕대, 일반거즈, 반창고, 지혈대, 라텍스장갑, 비닐장갑, 가위 등)
구급의약품	의약품	가) 비닐 팩에 포장된 수액제제(생리식염수, 5%포도당용액, 하트만용액 등) 나) 에피네프린(심폐소생술 사용용도로 한정한다) 다) 아미오다론(심폐소생술 사용용도로 한정한다) 라) 주사용 비마약성진통제 마) 주사용 항히스타민제 바) 니트로글리세린(설하용) 사) 흡입용 기관지 확장제
	소독제	가) 생리식염수(상처세척용) 나) 알콜(에탄올) 또는 과산화수소수 다) 포비돈액
통신장비		다음의 어느 하나의 장비를 갖추어야 한다. 다만, 119구조대 및 119구급대의 구급차에 대해서는 소방관계 법령에서 따로 정할 수 있다. 가) 응급의료정보통신망 나) 기간통신서비스의 이용에 필요한 무선단말기기

ㄴ 일반구급차

구분	장비 분류	장비
환자평가용 의료장비	신체 검진	가) 체온계(쉽게 깨질 수 있는 유리 등의 재질로 되지 않은 것) 나) 청진기 다) 휴대용 혈압계 라) 휴대용 산소포화농도 측정기
응급처치용 의료장비	기도 확보 유지	기도확보장치(구인두기도기, 비인두기도기 등)
	호흡 유지	가) 성인용·소아용 산소 마스크(안면용·비재호흡· 백밸브) 나) 의료용 산소발생기 및 산소공급장치 다) 전동식 의료용 흡인기(흡인튜브 등 포함)
	순환 유지	정맥주사세트
	외상 처치	외상처치에 필요한 기본 장비(압박붕대, 일반거즈, 반창고, 지혈대, 라텍스장갑, 비닐장갑, 가위 등)
구급의약품	의약품	가) 비닐 팩에 포장된 수액제제(생리식염수, 5%포도 당용액, 하트만용액 등) 나) 에피네프린(심폐소생술 사용용도로 한정한다) 다) 아미오다론(심폐소생술 사용용도로 한정한다)
	소독제	가) 생리식염수(상처세척용) 나) 알콜(에탄올) 또는 과산화수소수 다) 포비돈액

ㄷ 선박 및 항공기에 갖추어야 하는 의료장비·구급의약품 및 통신장비의 기준은
보건복지부장관이 따로 정하여 고시한다.

section 6 재난대응 시 소방조직 및 기능의 역할

(1) 재난대응 시 긴급구조

① 재난대응 활동 … 소방조직의 재난대응 활동은 「재난 및 안전관리 기본법」에 규정되
어 있는 소방관련기관 및 소방공무원의 긴급구조 활동이다.

② 긴급구조의 정의〈「재난 및 안전관리 기본법」 제3조〉 … 재난이 발생할 우려가 현저
하거나 재난이 발생하였을 때에 국민의 생명·신체 및 재산을 보호하기 위하여 긴
급구조기관과 긴급구조지원기관이 하는 인명구조, 응급처치, 그 밖에 필요한 모든
긴급한 조치를 말한다.

③ 긴급구조〈「재난 및 안전관리 기본법」 제51조〉
ㄱ 지역통제단장은 재난이 발생하면 소속 긴급구조요원을 재난현장에 신속히 출동
시켜 필요한 긴급구조활동을 하게 하여야 한다.

 ⓛ 지역통제단장은 긴급구조를 위하여 필요하면 긴급구조지원기관의 장에게 소속 긴급구조지원요원을 현장에 출동시키거나 긴급구조에 필요한 장비·물자를 제공하는 등 긴급구조활동을 지원할 것을 요청할 수 있다. 이 경우 요청을 받은 기관의 장은 특별한 사유가 없으면 즉시 요청에 따라야 한다.

 ⓒ ⓛ에 따른 요청에 따라 긴급구조활동에 참여한 민간 긴급구조지원기관에 대하여는 대통령령으로 정하는 바에 따라 그 경비의 전부 또는 일부를 지원할 수 있다.

 ⓔ 긴급구조활동을 하기 위하여 회전익항공기(이하 이 항에서 "헬기"라 한다)를 운항할 필요가 있으면 긴급구조기관의 장이 헬기의 운항과 관련되는 사항을 헬기운항통제기관에 통보하고 헬기를 운항할 수 있다. 이 경우 관계 법령에 따라 해당 헬기의 운항이 승인된 것으로 본다.

(2) 긴급구조 현장지휘⟨「재난 및 안전관리 기본법」 제52조 제1항⟩

① 재난현장에서는 시·군·구 긴급구조통제단장이 긴급구조활동을 지휘한다.

② 치안활동과 관련된 사항은 관할 경찰관서의 장과 협의하여야 한다.

(3) 긴급구조활동에 대한 평가⟨「재난 및 안전관리 기본법」 제53조⟩

① 중앙통제단장과 지역통제단장은 재난상황이 끝난 후 대통령령으로 정하는 바에 따라 긴급구조지원기관의 활동에 대하여 종합평가를 하여야 한다.

② ①에 따른 종합평가결과는 시·군·구긴급구조통제단장은 시·도긴급구조통제단장 및 시장·군수·구청장에게, 시·도긴급구조통제단장은 소방청장에게 보고하거나 통보하여야 한다.

(4) 긴급구조대응계획의 수립⟨「재난 및 안전관리 기본법」 제54조⟩

긴급구조기관의 장은 재난이 발생하는 경우 긴급구조기관과 긴급구조지원기관이 신속하고 효율적으로 긴급구조를 수행할 수 있도록 대통령령으로 정하는 바에 따라 재난의 규모와 유형에 따른 긴급구조대응계획을 수립·시행하여야 한다.

01 「소방기본법」상 규정하는 소방지원활동과 생활안전활동을 옳게 연결한 것은?

> 가. 산불에 대한 예방·진압 등 지원활동
> 나. 자연재해에 따른 급수·배수 및 제설 등 지원활동
> 다. 집회·공연 등 각종 행사 시 사고에 대비한 근접대기 등 지원활동
> 라. 화재, 재난·재해로 인한 피해복구 지원활동
> 마. 붕괴, 낙하 등이 우려되는 고드름, 나무, 위험 구조물 등의 제거활동
> 바. 위해동물, 벌 등의 포획 및 퇴치 활동
> 사. 끼임, 고립 등에 따른 위험제거 및 구출 활동
> 아. 단전사고 시 비상전원 또는 조명의 공급

	소방지원활동	생활안전활동
①	가, 나, 다, 라	마, 바, 사, 아
②	가, 라, 마, 사	나, 다, 바, 아
③	마, 바, 사, 아	가, 나, 다, 라
④	나, 다, 바, 아	가, 라, 마, 사

02 소방력의 3요소가 아닌 것은?

① 소방인력
② 장비
③ 소방설비
④ 물

01.

소방지원활동 및 생활안전활동
㉠ 소방지원활동(「소방기본법」 제16조의2)
• 산불에 대한 예방·진압 등 지원활동
• 자연재해에 따른 급수·배수 및 제설 등 지원활동
• 집회·공연 등 각종 행사 시 사고에 대비한 근접대기 등 지원활동
• 화재, 재난·재해로 인한 피해복구 지원활동
• 그 밖에 행정안전부령으로 정하는 활동
–군·경찰 등 유관기관에서 실시하는 훈련지원활동
–소방시설 오작동 신고에 따른 조치활동
–방송제작 또는 촬영 관련 지원활동
㉡ 생활안전활동(「소방기본법」 제16조의3)
• 붕괴, 낙하 등이 우려되는 고드름, 나무, 위험구조물 등의 제거활동
• 위해동물, 벌 등의 포획 및 퇴치 활동
• 끼임, 고립 등에 따른 위험제거 및 구출 활동
• 단전사고 시 비상전원 또는 조명의 공급
• 그 밖에 방치하면 급박해질 우려가 있는 위험을 예방하기 위한 활동
• 시·군·구긴급구조통제단의 단장 : 소방서장

02.

소방력의 3요소 및 소방의 4요소
㉠ 소방력의 3요소 : 소방인력, 소방장비, 소방용수
㉡ 소방의 4요소 : 인력(소방인력), 장비(소방장비), 수리(물 또는 소방용수), 소방통신

Answer 01.① 02.③

03 다음 중 응급처치에 대한 일반원칙이 아닌 것은?

① 환자의 쇼크를 예방한다.
② 피가 나는 상처 부위의 지혈을 처리한다.
③ 신속하고 침착하게 그리고 질서 있게 대처한다.
④ 어떠한 경우라도 본인보다 환자보호를 우선한다.

03.

④ 어떠한 경우라도 구조자는 환자를 무리하게 구조하지 않는다. 또한 자신의 안전을 최우선으로 해야 한다.

04 다음 중 화재예방 조치에 관한 설명으로 바르지 않은 것은?

① 소방본부장 또는 소방서장은 불장난, 모닥불, 흡연, 화기(火氣) 취급, 그 밖에 화재예방상 위험하다고 인정되는 행위의 금지 또는 제한할 수 있다.
② 소방본부장이나 소방서장은 그냥 둔 위험물의 소유자·관리자 또는 점유자의 주소와 성명을 알 수 없을 때에는 소속 공무원으로 하여금 그 위험물 또는 물건을 옮기거나 치우게 할 수 있다.
③ 소방본부장 또는 소방서장은 소유자가 없는 위험물을 14일 동안 보관한 후 종료일로부터 7일 이내에 매각 혹은 폐기할 수 있다.
④ 소방청장·소방본부장 또는 소방서장은 공공의 안녕질서 유지 또는 복리증진을 위하여 필요한 경우 소방활동 외에 소방지원 활동을 하게 할 수 있다.

04.

소방본부장이나 소방서장은 위험물 또는 물건을 보관하는 경우에는 그 날부터 14일 동안 소방본부 또는 소방서의 게시판에 그 사실을 공고하여야 한다. 보관기간은 소방본부 또는 소방서의 게시판에 공고하는 기간의 종료일 다음 날부터 7일로 한다. 보관기간이 종료되는 때에는 보관하고 있는 위험물 또는 물건을 매각해야 한다. 다만, 보관하고 있는 위험물 또는 물건이 부패·파손 또는 이와 유사한 사유로 정해진 용도에 계속 사용할 수 없는 경우에는 폐기할 수 있다.

05 다음 중 화재예방활동이 아닌 것은?

① 화재예방강화지구 지정
② 소방활동 종사 명령
③ 불에 탈 수 있는 위험물의 이동
④ 화기취급의 제한

05.

소방활동 종사 명령은 화재, 재난·재해 그 밖의 위급한 상황이 발생한 현장에서의 활동이다(「소방 기본법」 제24조).

Answer　03.④　04.③　05.②

06 다음 중 소방지원활동에 관한 설명으로 틀린 것은?

① 방송제작, 촬영관련 지원활동
② 119에 접수된 위험제거 활동
③ 산불에 대한 예방 · 진압 등 지원활동
④ 자연재해에 따른 급수, 제설 등 지원활동

07 소방지원활동으로 옳지 않은 것은?

① 방송제작 관련 지원활동
② 자연재해에 따른 인명구조 활동
③ 소방시설 오작동 신고에 따른 조치활동
④ 산불에 대한 예방 · 진압 등 지원활동

08 「소방기본법」에서 소방활동 종사 명령을 할 수 있는 사람에 해당하지 않는 사람은?

① 소방본부장
② 소방대장
③ 소방서장
④ 소방청장

06.

② 119에 접수된 생활안전 및 위험제거 활동은 생활안전활동에 해당된다.
※ 생활안전활동〈「소방기본법」 제16조의3〉
   ㉠ 붕괴, 낙하 등이 우려되는 고드름, 나무, 위험 구조물 등의 제거활동
   ㉡ 위해동물, 벌 등의 포획 및 퇴치 활동
   ㉢ 끼임, 고립 등에 따른 위험제거 및 구출 활동
   ㉣ 단전사고 시 비상전원 또는 조명의 공급
   ㉤ 그 밖에 방치하면 급박해질 우려가 있는 위험을 예방하기 위한 활동

07.

② 자연재해에 따른 인명구조활동은 소방활동이다.
※ 소방지원활동〈「소방기본법」 제16조의2〉
   ㉠ 산불에 대한 예방 · 진압 등 지원활동
   ㉡ 자연재해에 따른 급수 · 배수 및 제설 등 지원활동
   ㉢ 집회 · 공연 등 각종 행사 시 사고에 대비한 근접대기 등 지원활동
   ㉣ 화재, 재난 · 재해로 인한 피해복구 지원활동
   ㉤ 그 밖에 행정안전부령으로 정하는 활동〈「소방기본법 시행규칙」 8조의4〉
   • 군 · 경찰 등 유관기관에서 실시하는 훈련지원 활동
   • 소방시설 오작동 신고에 따른 조치활동
   • 방송제작 또는 촬영 관련 지원활동

08.

소방본부장, 소방서장 또는 소방대장은 화재, 재난 · 재해, 그 밖의 위급한 상황이 발생한 현장에서 소방활동을 위하여 필요할 때에는 그 관할구역에 사는 사람 또는 그 현장에 있는 사람으로 하여금 사람을 구출하는 일 또는 불을 끄거나 불이 번지지 아니하도록 하는 일을 하게 할 수 있다. 이 경우 소방본부장, 소방서장 또는 소방대장은 소방활동에 필요한 보호장구를 지급하는 등 안전을 위한 조치를 하여야 한다〈「소방기본법」 제24조〉.

Answer   06.② 07.② 08.④

09 화재로 오인할 만한 우려가 있는 불을 피우거나 연막 소독 시 소방 서장에게 신고하여야하는 지역으로 바르지 않은 것은?

① 시장지역
② 공장 · 창고가 밀집한 지역
③ 위험물의 저장 및 처리 시설이 밀집한 지역
④ 소방시설 · 소방용수시설 또는 소방출동로가 없는 지역

09.

④ 소방시설 · 소방용수시설 또는 소방출동로가 없는 지역은 화재예방강화지구이다.

※ **화재로 오인할 만한 우려가 있는 불을 피우거나 연막 소독 시 통지사항**(「소방기본법」 제19조 제2항) … 다음의 어느 하나에 해당하는 지역 또는 장소에서 화재로 오인할 만한 우려가 있는 불을 피우거나 연막(煙幕) 소독을 하려는 자는 시 · 도의 조례로 정하는 바에 따라 관할 소방본부장 또는 소방서장에게 신고하여야 한다.

㉠ 시장지역
㉡ 공장 · 창고가 밀집한 지역
㉢ 목조건물이 밀집한 지역
㉣ 위험물의 저장 및 처리시설이 밀집한 지역
㉤ 석유화학제품을 생산하는 공장이 있는 지역
㉥ 그 밖에 시 · 도의 조례로 정하는 지역 또는 장소

10 소방활동구역을 설정하여 화재 시 출입할 수 없는 자는?

① 전기 · 가스 · 경찰 · 교통업무 종사자
② 소방대장이 소방활동을 위하여 출입을 허가한 자
③ 소방활동구역 안의 소유자, 관리자, 점유자
④ 의사, 간호사, 구조, 구급, 수사, 보도업무 종사자

10.

경찰의 경우 수사업무에 필요한 경우이며, 전기 · 가스 · 수도 · 통신 · 교통의 업무에 종사하는 자는 원활한 소방활동을 위하여 필요 경우이다.

※ **소방활동구역의 출입자**(「소방기본법 시행령」 제8조)
㉠ 소방활동구역 안에 있는 소방대상물의 소유자 · 관리자 또는 점유자
㉡ 전기 · 가스 · 수도 · 통신 · 교통의 업무에 종사하는 사람으로서 원활한 소방활동을 위하여 필요한 사람
㉢ 의사 · 간호사 그 밖의 구조 · 구급업무에 종사하는 사람
㉣ 취재인력 등 보도업무에 종사하는 사람
㉤ 수사업무에 종사하는 사람
㉥ 그 밖에 소방대장이 소방활동을 위하여 출입을 허가한 사람

Answer 09.④ 10.①

11 화재, 재난·재해, 그 밖의 위급한 상황이 발생한 현장에 소방활동 구역을 정하여 소방활동에 필요한 사람을 정하고, 그 지정된 사람 외에는 그 구역에 출입하는 것을 제한 하는것을 소방활동구역 설정이라 한다. 다음 중 소방활동구역 설정의 권한을 가진 자는?

① 소방서장
② 소방대장
③ 소방본부장
④ 소방청장

12 다음 중 소방신호의 종류가 아닌 것은?

① 경방신호
② 훈련신호
③ 발화신호
④ 해제신호

13 「소방기본법」에서 정하는 소방 교육·훈련 중 그 대상자가 가장 다른 훈련은?

① 인명대피훈련
② 응급처치훈련
③ 화재진압훈련
④ 현장지휘훈련

11.

소방대장은 화재, 재난·재해, 그 밖의 위급한 상황이 발생한 현장에 소방활동구역을 정하여 소방활동에 필요한 사람으로서 대통령령이 정하는 사람 외에는 그 구역에 출입하는 것을 제한할 수 있다〈「소방기본법」 제23조〉.

12.

소방신호는 경계신호, 훈련신호, 발화신호, 해제신호가 있다. 경방신호는 소방신호에 해당되지 않는다.
※ **소방신호의 종류 및 방법**〈「소방기본법 시행규칙」 제10조〉
　ⓐ 경계신호 : 화재예방상 필요하다고 인정되거나 화재위험경보 시 발령
　ⓑ 발화신호 : 화재가 발생한 때 발령
　ⓒ 해제신호 : 소화활동이 필요없다고 인정되는 때 발령
　ⓓ 훈련신호 : 훈련상 필요하다고 인정되는 때 발령

13.

소방대원에게 실시할 교육·훈련의 종류는 화재진압훈련, 인명구조훈련, 응급처치훈련, 인명대피훈련, 현장지휘훈련이 있다〈「소방기본법 시행규칙」 제9조〉.
※ **교육·훈련의 종류 및 교육·훈련을 받아야 할 대상자**〈「소방기본법 시행규칙」 별표 3의2〉

종류	교육·훈련의 대상자
화재진압훈련	화재진압 업무 소방공무원, 의무소방원, 의용소방대원
인명구조훈련	구조업무 소방공무원, 의무소방원, 의용소방대원
응급처치훈련	구급업무 소방공무원, 의무소방원, 의용소방대원
인명대피훈련	모든 소방공무원, 의무소방원, 의용소방대원
현장지휘훈련	지방소방정, 지방소방령, 지방소방경, 지방소방위

14 인접건물의 화재확대 방지 차원에서 블록의 4방면 중, 바람이 불어나가는 쪽이나 비화되는 쪽의 경우 화재확대가 가능한 면을 동시에 방어하는 전술을 무엇이라고 하는가?

① 블록전술

② 포위전술

③ 중점전술

④ 집중전술

15 다음 중 소방신호의 종류 및 방법에 대한 설명으로 옳지 않은 것은?

① 경계신호 : 1타와 연2타를 반복

② 발화신호 : 난타

③ 해제신호 : 상당한 간격을 두고 1타씩 반복

④ 훈련신호 : 연3타 반복(단, 소방대의 비상소집을 할 경우에는 훈련신호를 사용할 수 없다.)

14.

소방전술

㉠ 포위전술 : 노즐을 화재발생지점에 포위 배치하여 진압한다.

㉡ 블록전술 : 확대가능한 면을 대응 방어로 포위하여 인접 건물로 확대되는 것을 방지한다.

㉢ 중점전술 : 통제 불가능할 정도의 재해 발생 시 사회·경제적으로 중요대상물을 방어한다. 대폭발 등으로부터 인명을 보호하기 위해 피난로, 피난예정지 확보 등을 한다.

㉣ 집중전술 : 부대가 집중하여 일시에 진화하는 작전으로 예컨대 위험물 옥외저장탱크 화재 등에 사용된다.

15.

소방신호의 종류 및 방법(「소방기본법 시행규칙」 제10조)

㉠ 경계신호 : 화재예방상 필요하다고 인정되거나 화재위험경보 시 발령

㉡ 발화신호 : 화재가 발생한 때 발령

㉢ 해제신호 : 소화활동이 필요 없다고 인정되는 때 발령

㉣ 훈련신호 : 훈련상 필요하다고 인정되는 때 발령

※ **소방신호의 방법**(「소방기본법 시행규칙」 별표 4)

구분	타종신호	싸이렌신호
경계신호	1타와 연2타를 반복	5초 간격을 두고 30초씩 3회
발화신호	난타	5초 간격을 두고 5초씩 3회
해제신호	상당한 간격을 두고 1타씩 반복	1분간 1회
훈련신호	연3타 반복	10초 간격 1분씩 3회

16 다음 중 화재 진압 시 수비전술을 펼쳐야 하는 상황으로 바른 것은?

① 소방력이 불길의 세력보다 클 때 화재발생지점에 소방력을 집중하는 전술

② 소방력이 불길보다 약하여 불길확산 방지 등의 전술

③ 부대가 집중하여 일시에 진화하는 작전 전술

④ 노즐을 화재발생지점에 포위 배치하여 진압하는 전술

16.

① 소방력이 불길의 세력보다 클 때 화재발생지점에 소방력을 집중하는 전술 – 공격전술

③ 부대가 집중하여 일시에 진화하는 작전 전술 – 집중 전술

④ 노즐을 화재발생지점에 포위 배치하여 진압하는 전술 – 포위전술

17 소방전술에서 물을 뿌리는 주수방법 중 바르지 않은 것은?

① 직사주수는 유리창 틀 같은 곳의 이물질을 제거할 수 있다.

② 분무주수는 직상주수보다 냉각효과가 작다.

③ 직사주수는 분무주수에 비하여 소화시간이 짧다.

④ 분무주수는 유류화재 초기 시 질식효과가 있다.

17.

② 분무주수는 직상주수보다 냉각효과가 크다.

18 다음 중 「위험물안전관리법」에서 제시된 '제조소 등'에 해당하지 않는 것은?

① 제조소

② 보관소

③ 저장소

④ 취급소

18.

제조소 등이라 함은 제조소·저장소 및 취급소를 말한다(「위험물안전관리법」 제2조).

Answer　16.②　17.②　18.②

19 다음 보기의 밑줄 친 부분에 들어갈 용어로 바른 것은?

> _____란 화재, 재난·재해 및 테러, 그 밖의 위급한 상황에서 외부의 도움을 필요로 하는 사람의 생명, 신체 및 재산을 보호하기 위하여 수행하는 모든 활동을 말한다.

① 구급
② 구조
③ 재난관리
④ 응급처치

20 다음 중 구조대·구급대에 대한 설명으로 옳지 않은 것은?

① 국제구조대는 특수구조대로 인명 탐색 및 구조, 응급의료, 안전평가, 시설관리, 공보연락 등의 임무를 수행할 수 있도록 구성된다.

② 일반구급대는 시·도의 규칙으로 정하는 바에 따라 소방서마다 1개 대 이상 설치하되, 소방서가 설치되지 아니한 시·군·구 지역의 중심지에 소재한 119안전센터에 설치할 수 있다.

③ 교통사고 발생 빈도 등을 고려하여 소방청, 시·도 소방본부 또는 고속국도를 관할하는 소방서에 고속국도구급대를 설치한다.

④ 대형·특수 재난사고의 구조, 현장 지휘 및 테러현장 등의 지원 등을 위하여 소방청 또는 시·도 소방본부에 직할구조대를 설치한다.

21 다음 중 구조 활동의 우선순위가 바르게 배열된 것은?

> ㉠ 요구조자의 구명에 필요한 조치를 한다.
> ㉡ 위험현장에서 격리하여 재산을 보전한다.
> ㉢ 요구자의 상태 악화 방지에 필요한 조치를 한다.
> ㉣ 안전구역으로 구출활동을 침착하게 개시한다.

① ㉠ - ㉢ - ㉣ - ㉡
② ㉠ - ㉡ - ㉢ - ㉣
③ ㉢ - ㉠ - ㉣ - ㉡
④ ㉠ - ㉣ - ㉢ - ㉡

19.

구조란 화재, 재난·재해 및 테러, 그 밖의 위급한 상황(위급상황)에서 외부의 도움을 필요로 하는 사람(요구조자)의 생명, 신체 및 재산을 보호하기 위하여 수행하는 모든 활동을 말한다(「119구조·구급에 관한 법률」제2조).

20.

① 119구조·구급에 관한 법률 시행령 제5조 제2항에 따라 특수구조대에는 화학구조대, 산악구조대, 고속국도구조대, 지하철구조대가 있다.

21.

구조활동의 우선순위 ··· 구명 → 신체 구출 → 고통경감 → 재산보호

Answer 19.② 20.① 21.④

22 다음 중 구조대 설치기준에 대한 설명으로 틀린 것은?

① 소방청장·소방본부장 또는 소방서장은 위급상황에서 요구조자의 생명 등을 신속하고 안전하게 구조하는 업무를 수행하기 위하여 대통령령으로 정하는 바에 따라 119구조대를 편성하여 운영하여야 한다.

② 소방청장·소방본부장 또는 소방서장은 여름철 물놀이 장소에서의 안전을 확보하기 위하여 필요한 경우 민간 자원봉사자로 구성된 구조대를 지원할 수 있다.

③ 119구조대가 갖추어야 할 장비는 규정한 사항 외에 구조대가 갖추어야 하는 장비에 필요한 사항은 소방청장이 정한다.

④ 소방청장은 행정안전부장관과 협의를 거쳐 국세구조대를 재난발생국에 파견할 수 있다.

22.

④ 119구조·구급에 관한 법률 제9조 제2항에 따라 소방청장은 외교부장관과 협의를 거쳐 국제구조대를 재난발생국에 파견할 수 있다.

23 다음 중 소방장비에 관한 설명으로 옳지 않은 것은?

① 기동장비 : 자체에 동력원이 부착되어 자력으로 이동하거나 견인되어 이동할 수 있는 장비

② 화재진압장비 : 화재진압활동에 직접 사용되는 필수장비

③ 구조장비 : 소방업무 수행을 위한 의사전달 및 정보교환·분석에 필요한 장비

④ 측정장비 : 소방업무 수행에 수반되는 각종 조사 및 측정을 위하여 사용되는 장비

23.

소방장비의 분류⟨「소방장비관리법 시행령」별표 1⟩

ⓐ 기동장비 : 자체에 동력원이 부착되어 자력으로 이동하거나 견인되어 이동할 수 있는 장비

ⓑ 화재진압장비 : 화재진압활동에 직접 사용되는 필수장비

ⓒ 구조장비 : 구조활동에 사용되는 장비

ⓓ 구급장비 : 구급활동에 사용되는 장비

ⓔ 정보통신장비 : 소방업무 수행을 위한 의사전달 및 정보교환·분석에 필요한 장비

ⓕ 측정장비 : 소방업무 수행에 수반되는 각종 조사 및 측정을 위하여 사용되는 장비

ⓖ 보호장비 : 소방현장에서 소방대원의 신체를 보호하는 장비

ⓗ 보조장비 : 소방업무 수행을 위하여 간접 또는 부수적으로 필요한 장비

Answer 22.④ 23.③

24 자체소방대를 설치하여야 하는 사업소에 해당하는 곳은?

① 보일러, 버너 그 밖에 이와 유사한 장치로 위험물을 소비하는 일반취급소

② 제4류 위험물을 취급하는 일반취급소

③ 용기에 위험물을 옮겨 담는 일반취급소

④ 유압장치, 윤활유순환장치 그 밖에 이와 유사한 장치로 위험물을 취급하는 일반취급소

25 「위험물안전관리법」에 따라 출입 · 검사 등에 대한 설명으로 옳지 않은 것은?

① 중앙119구조본부장 및 그 소속 기관의 장 등은 위험물의 저장 또는 취급에 따른 화재의 예방 또는 진압대책을 위하여 필요한 때에는 위험물을 저장 또는 취급하고 있다고 인정되는 장소의 관계인에 대하여 필요한 보고 또는 자료제출을 명할 수 있다.

② 출입 · 검사 등은 그 장소의 공개시간이나 근무시간내 또는 해가 뜬 후부터 해가 지기 전까지의 시간내에 행하여야 한다.

③ 출입 · 검사 등을 하는 관계공무원은 그 권한을 표시하는 증표를 지니고 관계인에게 이를 내보여야 한다.

④ 위험물의 저장 또는 취급하는 곳이 개인의 주거공간이라면 관계인의 승낙을 얻었거나 또는 화재발생의 우려가 커서 긴급한 필요가 있는 경우이더라도 출입할 수 없다.

PART

I

소방학
개론

재난 및 재난관리의 개념

기출PLUS

section 1 재난관리의 의의 및 재해

(1) 재난의 개념

우리나라의 경우 「재난 및 안전관리 기본법」 제3조(정의)에서 재난을 국민의 생명·신체·재산과 국가에 피해를 주거나 줄 수 있는 것으로 정의하고 있고, 자연재난·사회적재난·해외재난으로 구분하고 있으며, 「자연재해대책법」 제2조(정의)에서는 재난으로 인하여 발생하는 피해를 재해로 정의하고 있다.

(2) 재난의 유형

① 자연재난 … 태풍, 홍수, 호우, 강풍, 풍랑, 해일, 대설, 한파, 낙뢰, 가뭄, 폭염, 지진, 황사, 조류대발생, 조수, 화산활동, 소행성·유성체 등 자연우주물체의 추락·충돌, 그 밖에 이에 준하는 자연현상으로 인해 발생하는 재해를 말한다.

> 🏠 Plus tip
> 「자연재해대책법」에서는 자연재난으로 인하여 발생하는 재해를 "자연재해"로, 태풍·홍수·호우·강풍·풍랑·해일·조수·대설, 그 밖에 이에 준하는 자연현상으로 인하여 발생하는 재해를 "풍수해"로 정의한다.

TIP

기존 재난분류에서는 인적재난·사회적 재난·자연적 재난·해외재난으로 분류하였으나, 현재는 인적재난이 사회적 재난에 포함되었다.

② 사회재난 … 화재·붕괴·폭발·교통사고(항공사고 및 해상사고를 포함한다)·화생방사고·환경오염사고 등으로 인하여 발생하는 대통령령으로 정하는 규모 이상의 피해와 국가핵심기반의 마비, 「감염병의 예방 및 관리에 관한 법률」에 따른 감염병 또는 「가축전염병예방법」에 따른 가축전염병의 확산, 「미세먼지 저감 및 관리에 관한 특별법」에 따른 미세먼지 등으로 인한 피해를 말한다.

> 🏠 Plus tip
> 재난의 범위(대통령령으로 정하는 규모 이상의 피해)〈「재난 및 안전관리 기본법 시행령」 제2조〉
> ㉠ 국가 또는 지방자치단체 차원의 대처가 필요한 인명 또는 재산의 피해
> ㉡ 그 밖에 ㉠의 피해에 준하는 것으로서 소방청장이 재난관리를 위하여 필요하다고 인정하는 피해

③ 해외재난 … 대한민국의 영역 밖에서 대한민국 국민의 생명·신체 및 재산에 피해를 주거나 줄 수 있는 재난으로서 정부차원에서 대처할 필요가 있는 재난을 말한다.

(3) 학자에 의한 분류

① 아네스(Anesth)의 재난분류

대분류	세 분류	재난 종류
자연재난	기후성 재난	• 태풍
	지진성 재난	• 지진 • 화산폭발 • 해일
인위재난	사고성 재난	• 생물학적 사고(바이러스·박테리아·독혈증 등 • 화학적 사고(유독물질 등) • 화재사고 • 교통사고(차량·항공·선박·철도) • 산업사고(건축물 붕괴) • 폭발사고(가스 갱도 화학 폭발물) • 방사능 재해
	계획적 재난	• 테러 • 폭동 • 전쟁

② 존스(Jones)의 재난분류 ✪ 2019 기출

재난					
자연재난				준자연재난	인위재난
지구물리학적 재해			생물학적 재해	• 스모그현상	• 공해
지질학적 재난	지형학적 재난	기상(후)학적 재난	• 세균질병 • 유독식물 • 유독동물	• 온난화현상 • 사막화현상 • 염수화현상 • 눈사태 • 산성화 • 홍수 • 토양침식 등	• 광화학연무 • 폭동 • 교통사고 • 폭발사고 • 태업 • 전쟁 등
• 지진 • 화산 • 쓰나미 등	• 산사태 • 염수토양 등	• 안개 • 눈 • 해일 • 번개 • 토네이도 • 폭풍 • 태풍 • 가뭄 • 이상기온 등			

③ 하인리히 법칙(Heinrich's Law) – 도미노이론(연쇄반응이론)

… 하인리히(Herbert William Heinrich, 1881~1962)는 재해가 발생하는 과정이 도미노(domino)의 연쇄적 붕괴과정과 비슷하다고 보고 이를 재해발생 모델로 정립했다. 즉, 재해는 일련의 시간축 상의 여러 사건들의 연속적 작용으로 나타나는 것이다. 이러한 연속적 작용 중 가정환경과 사회환경의 결합은 재해발생의 최초 원인이다. 이는 "1 : 29 : 300 법칙"이라고도 한다. ✪ 2012 기출

ㄱ 제1단계 유전적 요인 및 사회적 환경
  • 무모·완고·탐욕 등 바람직하지 못한 성격은 유전적일 가능성이 높다고 평가된다.
  • 부적절한 환경은 성격 이상을 불러오고, 교육방해는 인적 결함의 원인이 된다.

기출PLUS

기출 2019년 시행

존스(Jones)의 재해분류 중 기상학적 재해가 아닌 것은?

① 번개
② 폭풍
③ 쓰나미
④ 토네이도

❮정답 ③

기출 2012년 시행

하인리히의 도미노 이론 중 2단계, 1단계의 원인 내용 순서를 바르게 배열한 것은?

① 개인적 결함 – 유전적요인 및 사회적 환경
② 유전적요인 및 사회적 환경 – 개인적 결함
③ 개인적 결함 – 불안전한 행동 및 불안전 상태
④ 불안전한 행동 및 불안전 상태 – 개인적 결함

❮정답 ①

기출**PLUS**

ⓛ 제2단계 개인적 결함
- 무모함·신경질적·흥분 등 선천적·후천적인 인격 결함은 불안전한 행동을 유발한다.
- 기계적·물리적인 위험성의 존재에 따른 인적 결함도 포함한다.

ⓒ 제3단계 불안전한 행동 및 불안전 상태
- 안전장치 기능을 제거하거나 위험한 기계설비에 접근하는 불안전한 행동이 발생한다.
- 부적당한 방호상태, 불충분한 조명 등 불안전 상태는 직접적 사고의 원인이 된다.

ⓔ 제4단계 사고 : 제3단계가 진행되어 작업능률 저하, 직접·간접적인 인명피해와 재산손실을 가져온다.

ⓜ 제5단계 상해 : 직접적인 사고로 인한 재해로 사고발생의 최종결과 인적·물적 손실을 가져온다.

④ **프랭크 버드**(Frank E. Bird.)**의 법칙**(Bird's Domino Law) **– 도미노이론**(연쇄성이론)
… 식섭원인은 사고 발생 시 어느 정도 그 원인을 쉽게 알 수 있는 것으로, 하인리히의 불안전 상태나 불안전 행동 등이 이에 해당된다. 버드의 이론에서는 사고의 발생원인 중 불안전한 상태나 불안전한 행동을 사고의 직접원인으로 보지만, 이러한 원인이 나타나게 한 기본 원인에 보다 초점을 두고 있다. 이는 "1 : 10 : 30 : 600의 법칙"이라고도 한다.

ⓞ 제1단계 제어의 부족 : 연쇄성 재해에서 가장 중요한 것은 안전관리자가 미리 확립된 상태에서 전문 안전관리의 원리를 충분히 이해하고 이를 이행하는 것이다.

ⓛ 제2단계 기본원인 : 재해나 사고 발생 시 기본적인 배후 원인이 되는 것
- 개인적 요인 : 지식 및 기능의 부족, 부적당한 동기부여, 육체적·정신적 문제 등이다.
- 작업상의 요인 : 기계설비의 경함, 부적당한 기기의 사용방법, 부적절한 작업기준 및 작업체계 등

ⓒ 제3단계 직접원인 : 불안전한 행동 또는 불안전한 성태로서 하인리히를 비롯하여 프랭크 버드의 연쇄이론에서도 가장 중요한 대책사항으로 취급되었다.

ⓔ 제4단계 사고 : 사고란 육체적 손상·손해·재해로 인한 손실의 결과로서 바람직하지 못한 상태나 사상을 의미하며, 사고와의 접촉단계에 해당한다.

ⓜ 제5단계 상해(손실) : 작업장에서 발생하는 신경적·정신적·육체적인 영향인 외상적 상해와 질병 등을 의미한다.

(1) 재난관리의 개념

재난의 속성은 불확실성과 위험을 내포하고 있으므로 이러한 재난의 속성을 관리하는 것이다. 우리나라는 「재난 및 안전관리 기본법」에서 재난관리란 재난의 예방·대비·대응 및 복구를 위하여 하는 모든 활동으로 정의하고 있다.

> 헌법상의 규정〈「헌법」 제34조 제6항〉
> ㉠ 국가는 재해를 예방하고 그 위험으로부터 국민을 보호하기 위하여 노력하여야 한다고 규정하고 있다.
> ㉡ 헌법에서 국가의 존재이유는 국민의 생명과 재산으로 보호하는 것으로 책무를 규정하고 있다.

(2) 재난관리 단계 ✪ 2020 기출

우리나라는 「재난 및 안전관리 기본법」에서 재난관리 단계를 예방·대비·대응·복구 단계의 4단계로 구분하고 있다.

① 예방단계 … 재난이 실제로 발생하기 전에 재난촉진 요인을 미리 제거하거나, 재난 요인이 가급적 발생하지 않도록 억제 또는 완화시키는 과정으로 재난완화활동이라고도 한다.

> 🧢 Plus tip
> **예방단계의 주요 활동**
> ㉠ 재난영향의 예측 및 평가 및 위험지도 마련
> ㉡ 재난취약시설에 대한 주기적인 검사와 규제
> ㉢ 위험시설이나 취약시설 보수·보강
> ㉣ 재난의 감소를 위한 강제규정 마련
> ㉤ 기상정보수집·분석 및 경보시스템 마련
> ㉥ 수해상습지역 설정 및 수해방지시설 공사
> ㉦ 안전기준 설정 및 비상활동 계획 수립

② 대비단계 … 사전에 재난상황에서 수행하여야 할 제반 사항을 계획·준비·교육·훈련을 함으로써 재난능력을 제고시키고, 재난발생 시 즉각적으로 대응할 수 있도록 태세를 강화시키기 위해 개인·집단·조직·국가에 의해서 취해지는 모든 활동과정을 말하며, 준비단계라고도 한다. ✪ 2018, 2022 기출

기출PLUS

기출 2020년 시행

「**재난 및 안전관리 기본법**」상 재난관리에 관한 내용으로 옳은 것은?

① 예방 – 재난 발생을 사전에 방지하기 위하여 매년 재난대비훈련 계획을 수립하고, 관계 기관과 합동으로 재난대비훈련을 실시한다.

② 대비 – 재난을 효율적으로 관리하기 위하여 재난유형에 따라 위기관리 매뉴얼을 작성·운용한다.

③ 대응 – 재난 피해지역을 재해 이전 상태로 회복시키기 위하여 피해상황을 조사하고, 자체 복구계획을 수립·시행한다.

④ 복구 – 재난의 수습활동을 효율적으로 하기 위하여 재난관리자원의 비축·관리 및 긴급통신수단을 마련한다.

〈정답 ②〉

기출 2018년 시행

재난관리의 단계별 주요 활동 중 '긴급통신수단 구축'이 해당되는 단계로 옳은 것은?

① 대응 단계
② 대비 단계
③ 예방 단계
④ 복구 단계

〈정답 ②〉

기출 2022년 시행

「재난 및 안전관리 기본법」상 재난관리의 대비단계 관리 사항을 있는 대로 모두 고른 것은?

┌ 보기 ┐
㉠ 국가재난관리기준의 제정·운용
㉡ 재난 예보·경보체계 구축·운영
㉢ 재난안전분야 종사자 교육
㉣ 재난안전통신망의 구축·운영

① ㉠, ㉡
② ㉠, ㉣
③ ㉠, ㉡, ㉣
④ ㉡, ㉢, ㉣

‹정답 ②

기출 2021년 시행

「재난 및 안전관리 기본법」상 재난관리 단계별 조치 사항의 연결이 옳지 않은 것은?

① 예방단계 – 재난방지시설의 관리
② 대비단계 – 재난현장 긴급통신수단의 마련
③ 대응단계 – 특별재난지역의 선포
④ 복구단계 – 피해조사 및 복구계획 수립·시행

‹정답 ③

☆ Plus tip
대비단계의 주요 활동
㉠ 대응조직 관리 및 재난관리 우선순위체계 수립
㉡ 재난대응시스템의 가동연습 및 대응요원의 교육훈련
㉢ 경보시스템 및 비상방송시스템 구축·관리
㉣ 긴급대응계획의 수립 및 연습
㉤ 자원관리체계구축, 자원의 수송 및 통제계획 수립
㉥ 표준 운영절차 확립
㉦ 응급복구를 위한 자재비축 및 장비의 가동준비

③ 대응단계… 실제 재난발생 시 국가의 모든 자원과 역량을 효과적으로 활용하고 신속하게 대처함으로써 인적·물적 피해를 최소화하고 2차 재난발생 가능성을 감소시키려는 일련의 활동을 포함하는 단계이다.

☆ Plus tip
대응단계의 주요활동
㉠ 비상방송 및 경보시스템 가동
㉡ 긴급대응계획 가동 및 대응자원 동원
㉢ 시민들에게 비상대비 방어 긴급지시
㉣ 긴급 대피 및 은신
㉤ 피해주민 수용·구호 및 응급의료 지원활동 전개
㉥ 탐색·구조

④ 복구단계 ✪ 2021 기출
㉠ 실제 재난이 발생한 후부터 피해지역이 재난발생 이전으로 원상회복되는 장기적인 과정일 뿐만 아니라 초기 회복기간으로부터 피해지역이 정상상태로 돌아올 때까지 지속적인 지원을 제공하는 단계이다.
㉡ 발생된 재난에 의한 피해를 재난 이전의 상태로 회복시키고, 제도개선 및 운영체계 보완 등을 통해 재발방지와 재난관리 능력을 보완하는 사후관리 활동을 포함하는 단계다.

☆ Plus tip
복구단계의 주요활동
㉠ 피해평가 및 대부·보조금 지급·이재민 구호
㉡ 피해주민 대응활동요원에 대한 재난심리상담(외상 후 스트레스증후군 관리)
㉢ 피해자 보상 및 배상관리
㉣ 재난 발생 및 문제점 조사
㉤ 복구 개선안 및 재발방지대책 마련
㉥ 임시통신망 구축 및 전염병 통제를 위한 방제활동

(3) 재난관리 특징

재난관리는 행정체제의 환경은 일반적 행정환경과는 달리 불확실성과 상호작용성 그리고 복잡성이라는 대표적 3대 특성이 있다.

① 불확실성
   - ㉠ 재난발생의 불확실성은 실제 재난발생 시 일정한 유형의 피해가 일어난다는 사실은 알고 있지만, 재난으로 인한 피해발생 확률, 시기 및 규모가 사전에 알려지지 않은 상태를 의미한다.
   - ㉡ 재난에 대한 행정관리체제는 재난대응에 필요한 범위와 시기, 대응력의 규모를 재난발생 전에 알 수 없는 불확실한 재난발생의 환경을 관리하여야 한다는 데 있다.
   - ㉢ 재난의 불확실성으로 인해 재난관리는 시장에 의해 통제가 어렵고, 규제나 직접적인 활동을 위해서 반드시 정부의 개입이 필요하기 때문에 공공재적 성격을 지닌다.

② 상호작용성
   - ㉠ 실제 재난발생의 경우 재난 자체와 피해주민 및 피해지역의 주요 기반시설이 상호 영향을 끼치면서 여러 가지 다양한 사건으로 전개될 수 있음을 말하는 것이다.
   - ㉡ 폭우나 태풍이 발생한 경우 피해지역의 전기, 가스, 교량 등 핵심기반시설이 어느 정도 파괴되는가에 의해 실질적인 피해범위와 강도가 달라질 수 있다.

③ 복잡성 … 재난관리 특성 중 불확실성과 상호작용의 산물로 이들 두 요인이 복합적으로 작용함으로써 다수의 행정체제가 실제 처리하여야 할 업무를 재난발생 전에 전부 파악하는 것은 거의 불가능하다는 것이다. 재난은 불확실성과 복잡성으로 인해 경계성 및 가외성의 원리가 무엇보다 우선되어야 한다.

(4) 재난관리 방식

① 분산관리 ✪ 2022 기출
   - ㉠ 재난의 발생 유형에 따라 소관부처별로 업무를 분산시킨다.
   - ㉡ 재난의 종류에 따라 대응방식의 차이와 대응계획 및 책임기관도 각각 다르게 배정된다.
   - ㉢ 재난에 대비한 통합적 국가정책이 어렵기 때문에 전체적 관리능력이 저하된다.
   - ㉣ 관련부처의 수가 많고 책임이 분산된다.
   - ㉤ 재난 시 유사기관 간의 중복적 대응이 있을 수 있다.
   - ㉥ 지휘체계가 다양하다.

기출PLUS

 TIP

가외성

외관상 당장은 불필요하거나 낭비적인 것으로 보이며, 정상적인 것보다 초과분을 가지고 있음을 의미한다. 그러나 장래 불확실성에 노출될 때 적응의 실패를 방지할 수 있다.

기출 2022년 시행

재난관리 방식 중 분산관리에 대한 일반적인 설명으로 옳지 않은 것은?

① 재난의 종류에 따라 대응방식의 차이와 대응계획 및 책임기관이 각각 다르게 배정된다.
② 재난 시 유관기관 간의 중복적 대응이 있을 수 있다.
③ 재난의 발생 유형에 따라 소관부처별로 업무가 나뉜다.
④ 재난 시 유사한 자원동원 체계와 자원유형이 필요하다.

❮정답 ④

② 통합관리

㉠ 분산관리방식의 문제점이 제기되자 통합관리방식이 제시되었다.

㉡ 재난·재해의 유형과 관계없이 일상적으로 비상대응기관을 통합적으로 관리한다.

㉢ 유사한 자원동원 체계와 자원유형을 필요로 한다.

㉣ 관련부처의 수가 적고 지휘체계가 단일화 되었다.

㉤ 모든 재난은 피해 정도, 대응방식 및 자원이 유사하다는 점이 이론적 근거가 되며 통합책임기관은 지방자치단체의 재난·재해대응활동에 단일화된 지원을 제공하고 모든 재난·재해에 계획, 대응활동의 유사성을 고려하여 재난·재해에 기획, 대응활동의 유사성을 고려하여 재난·재해 대비 준비 및 대응자원의 활용을 최적화 한다.

㉥ 콰란텔리(Quarantelli)는 유형별 분산관리방식이 통합관리방식으로 전환되어야 하는 근거로 재난개념의 변화, 재난대응의 유사성, 계획내용의 유사성, 대응자원의 공통성을 제시하고 있다.

section 3 재해 예방

(1) 재해 예방의 4원칙

① 예방가능의 원칙 … 천재지변은 막을 수 없지만 인위적인 재난은 예방이 가능하다는 원칙

② 손실우연의 원칙 … 사고의 결과로 생긴 재해손실은 사고 당시 조건에 따라 우연적으로 발생한다는 원칙

③ 원인 연계의 원칙 … 사고발생에는 반드시 원인이 있고 대부분 복합적으로 연계된다는 원칙

④ 대책선정의 원칙 … 사고원인이나 불완전요소가 발견되면 반드시 대책을 선정하여야 한다는 원칙

(2) 사고 예방대책의 원리 5단계

① 안전 조직 … 조직체계의 확립

② 사실의 발견 … 현황파악

③ 분석평가 … 원인규명

④ 시정방법의 선정 … 대책선정

⑤ 시정정책의 적용 … 목표달성

(3) 위험예지 훈련

위험예지 훈련이란 미리 훈련을 예습하는 것으로 특정한 상황을 설정하고 작업 중 발생할 수 있는 위험요인을 발견, 파악하고 그 대책을 강구함으로써 사전에 위험요인을 제거할 수 있도록 하는 훈련이다.

① 위험사실의 파악 … 현상파악

② 위험요인의 조사 … 본질추구

③ 대책강구 … 대책수립

④ 행동계획 결정 … 목표달성

재난 및 안전관리 기본법

section 1 │ 화재의 예방·경계·진압·조사활동

(1) 목적〈법 제1조〉

이 법은 각종 재난으로부터 국토를 보존하고 국민의 생명·신체 및 재산을 보호하기 위하여 국가와 지방자치단체의 재난 및 안전관리체제를 확립하고, 재난의 예방·대비·대응·복구와 안전문화활동, 그 밖에 재난 및 안전관리에 필요한 사항을 규정함을 목적으로 한다.

(2) 기본이념〈법 제2조〉

이 법은 재난을 예방하고 재난이 발생한 경우 그 피해를 최소화하는 것이 국가와 지방자치단체의 기본적 의무임을 확인하고, 모든 국민과 국가·지방자치단체가 국민의 생명 및 신체의 안전과 재산보호에 관련된 행위를 할 때에는 안전을 우선적으로 고려함으로써 국민이 재난으로부터 안전한 사회에서 생활할 수 있도록 함을 기본이념으로 한다.

(3) 용어의 정의〈법 제3조〉

① "재난"이란 국민의 생명·신체·재산과 국가에 피해를 주거나 줄 수 있는 것으로서 다음의 것을 말한다. ✿ 2020 기출
  ㉠ 자연재난 : 태풍, 홍수, 호우(豪雨), 강풍, 풍랑, 해일(海溢), 대설, 한파, 낙뢰, 가뭄, 폭염, 지진, 황사(黃砂), 조류(藻類) 대발생, 조수(潮水), 화산활동, 소행성·유성체 등 자연우주물체의 추락·충돌, 그 밖에 이에 준하는 자연현상으로 인하여 발생하는 재해
  ㉡ 사회재난 : 화재·붕괴·폭발·교통사고(항공사고 및 해상사고를 포함한다)·화생방사고·환경오염사고 등으로 인하여 발생하는 대통령령으로 정하는 규모 이상의 피해와 국가핵심기반의 마비, 「감염병의 예방 및 관리에 관한 법률」에 따른 감염병 또는 「가축전염병예방법」에 따른 가축전염병의 확산, 「미세먼지 저감 및 관리에 관한 특별법」에 따른 미세먼지 등으로 인한 피해

② "해외재난"이란 대한민국의 영역 밖에서 대한민국 국민의 생명·신체 및 재산에 피해를 주거나 줄 수 있는 재난으로서 정부차원에서 대처할 필요가 있는 재난을 말한다.

③ "재난관리"란 재난의 예방·대비·대응 및 복구를 위하여 하는 모든 활동을 말한다.

④ "안전관리"란 재난이나 그 밖의 각종 사고로부터 사람의 생명·신체 및 재산의 안전을 확보하기 위하여 하는 모든 활동을 말한다.

⑤ "안전기준"이란 각종 시설 및 물질 등의 제작, 유지관리 과정에서 안전을 확보할 수 있도록 적용하여야 할 기술적 기준을 체계화한 것을 말하며, 안전기준의 분야, 범위 등에 관하여는 대통령령〈시행령 2조의2〉으로 정한다.

  ㉠ 건축 시설 분야 : 다중이용업소, 문화재 시설, 유해물질 제작·공급시설 등 관련 구조나 설비의 유지·관리 및 소방 관련 안전기준

  ㉡ 생활 및 여가 분야 : 생활이나 여가활동에서 사용하는 기구, 놀이시설 및 각종 외부활동과 관련된 안전기준

  ㉢ 환경 및 에너지 분야 : 대기환경·토양환경·수질환경·인체에 위험을 유발하는 유해성 물질과 시설, 발전시설 운영과 관련된 안전기준

  ㉣ 교통 및 교통시설 분야 : 육상교통·해상교통·항공교통 등과 관련된 시설 및 안전 부대시설, 시설의 이용자 및 운영자 등과 관련된 안전기준

  ㉤ 산업 및 공사장 분야 : 각종 공사장 및 산업현장에서의 주변 시설물과 그 시설의 사용자 또는 관리자 등의 안전부주의 등과 관련된 안전기준(공장시설을 포함한다)

  ㉥ 정보통신 분야(사이버 안전 분야는 제외한다) : 정보통신매체 및 관련 시설과 정보보호에 관련된 안전기준

  ㉦ 보건·식품 분야 : 의료·감염, 보건복지, 축산·수산·식품 위생 관련 시설 및 물질 관련 안전기준

  ㉧ 그 밖의 분야 : ㉠부터 ㉦까지에서 정한 사항 외에 안전기준심의회에서 안전관리를 위하여 필요하다고 정한 사항과 관련된 안전기준

⑥ "재난관리책임기관"이란 재난관리업무를 하는 다음의 기관을 말한다.

  ㉠ 중앙행정기관 및 지방자치단체(「제주특별자치도 설치 및 국제자유도시 조성을 위한 특별법」에 따른 행정시를 포함한다)

  ㉡ 지방행정기관·공공기관·공공단체(공공기관 및 공공단체의 지부 등 지방조직을 포함) 및 재난관리의 대상이 되는 중요시설의 관리기관 등으로서 대통령령으로 정하는 기관

⑦ "재난관리주관기관"이란 재난이나 그 밖의 각종 사고에 대하여 그 유형별로 예방·대비·대응 및 복구 등의 업무를 주관하여 수행하도록 대통령령으로 정하는 관계 중앙행정기관을 말한다.

  ㉠ 교육부 : 학교 및 학교시설에서 발생한 사고

  ㉡ 과학기술정보통신부
  • 우주전파 재난
  • 정보통신 사고

기출PLUS

기출 2020년 시행

「재난 및 안전관리 기본법」상 우리나라 재난관리체계에 관한 설명으로 옳지 않은 것은?

① 재난 및 안전관리에 관한 중요 정책을 심의하기 위하여 국무총리 소속으로 중앙안전관리위원회를 둔다.

② 대통령령으로 정하는 대규모 재난의 대응·복구를 총괄하기 위하여 행정안전부에 중앙재난안전대책본부를 둔다.

③ 소방서는 인명구조, 응급처치 등 긴급 조치를 담당하는 긴급구조지원기관에 해당한다.

④ 시·군·구 재난안전대책본부장은 시장·군수·구청장이며, 시·군·구 긴급구조통제단장은 소방서장이다.

《 정답 ③

• 위성항법장치(GPS) 전파혼신
• 자연우주물체의 추락·충돌

ⓒ 외교부 : 해외에서 발생한 재난

ⓓ 법무부 : 법무시설에서 발생한 사고

ⓔ 국방부 : 국방시설에서 발생한 사고

ⓕ 행정안전부
• 정부중요시설 사고
• 공동구(共同溝) 재난(국토교통부가 관장하는 공동구는 제외)
• 내륙에서 발생한 유도선 등의 수난 사고
• 풍수해(조수는 제외)·지진·화산·낙뢰·가뭄·한파·폭염으로 인한 재난 및 사고로서 다른 재난관리주관기관에 속하지 아니하는 재난 및 사고

ⓖ 문화체육관광부 : 경기장 및 공연장에서 발생한 사고

ⓗ 농림축산식품부
• 가축 질병
• 저수지 사고

ⓘ 산업통상자원부
• 가스 수급 및 누출 사고
• 원유수급 사고
• 원자력안전 사고(파업에 따른 가동중단으로 한정)
• 전력 사고
• 전력생산용 댐의 사고

ⓙ 보건복지부 : 보건의료 사고

ⓚ 보건복지부 질병관리청 : 감염병 재난

ⓛ 환경부
• 수질분야 대규모 환경오염 사고
• 식용수 사고
• 유해화학물질 유출 사고
• 조류(藻類) 대발생(녹조에 한정)
• 황사
• 환경부가 관장하는 댐의 사고
• 미세먼지

ⓜ 고용노동부 : 사업장에서 발생한 대규모 인적 사고

ⓝ 국토교통부
• 국토교통부가 관장하는 공동구 재난
• 고속철도 사고
• 도로터널 사고
• 육상화물운송 사고
• 도시철도 사고

- 항공기 사고
- 항공운송 마비 및 항행안전시설 장애
- 다중밀집건축물 붕괴 대형사고로서 다른 재난관리주관기관에 속하지 아니하는 재난 및 사고

㉮ 해양수산부
- 조류 대발생(적조에 한정)
- 조수(潮水)
- 해양 분야 환경오염 사고
- 해양 선박 사고

㉯ 금융위원회 : 금융 전산 및 시설 사고

㉰ 원자력안전위원회
- 원자력안전 사고(파업에 따른 가동중단은 제외)
- 인접국가 방사능 누출 사고

㉱ 소방청
- 화재 · 위험물 사고
- 다중 밀집시설 대형화재

㉲ 문화재청 : 문화재 시설 사고

㉳ 산림청
- 산불
- 산사태

㉴ 해양경찰청 : 해양에서 발생한 유도선 등의 수난 사고

㉵ 재난관리주관기관이 지정되지 않았거나 분명하지 않은 경우에는 행정안전부장관이 「정부조직법」에 따른 관장 사무와 피해 시설의 기능 또는 재난 및 사고 유형 등을 고려하여 재난관리주관기관을 정한다.

㉶ 감염병 재난 발생 시 중앙사고수습본부는 위기관리 표준매뉴얼에 따라 설치 · 운영한다.

⑧ "긴급구조"란 재난이 발생할 우려가 현저하거나 재난이 발생하였을 때에 국민의 생명 · 신체 및 재산을 보호하기 위하여 긴급구조기관과 긴급구조지원기관이 하는 인명구조, 응급처치, 그 밖에 필요한 모든 긴급한 조치를 말한다.

⑨ "긴급구조기관"이란 소방청 · 소방본부 및 소방서를 말한다. 다만, 해양에서 발생한 재난의 경우에는 해양경찰청 · 지방해양경찰청 및 해양경찰서를 말한다.

⑩ "긴급구조지원기관"이란 긴급구조에 필요한 인력 · 시설 및 장비, 운영체계 등 긴급구조능력을 보유한 기관이나 단체로서 대통령령으로 정하는 기관과 단체를 말한다.

　㉠ 대통령령으로 정하는 긴급구조지원기관
- 교육부, 과학기술정보통신부, 국방부, 산업통상자원부, 보건복지부, 환경부, 국토교통부, 해양수산부, 방송통신위원회, 경찰청, 기상청 및 산림청
- 국방부장관이 탐색구조부대로 지정하는 군부대와 그 밖에 긴급구조지원을 위하여 국방부장관이 지정하는 군부대

기출PLUS

기출 2013년 시행

재난이 발생하여 현장을 통제해야 할 경우 긴급구조기관으로 바르지 않은 것은?

① 소방청
② 해양경찰청
③ 경찰청
④ 소방서

〈 정답 ③

- •「대한적십자사 조직법」에 따른 대한적십자사
- •「의료법」에 따른 종합병원
- •「응급의료에 관한 법률」에 따른 응급의료기관, 같은 법에 따른 응급의료정보센터 및 구급차 등의 운용자
- •「재해구호법」에 따른 전국재해구호협회
- • 긴급구조기관과 긴급구조활동에 관한 응원협정을 체결한 기관 및 단체
- • 그 밖에 긴급구조에 필요한 인력과 장비를 갖춘 기관 및 단체로서 행정안전부령으로 정하는 기관 및 단체

  ㉡ 행정안전부령으로 정하는 긴급구조지원기관
- • 유역환경청 또는 지방환경청
- • 지방국토관리청
- • 지방항공청
- •「지역보건법」에 따른 보건소
- •「지방공기업법」에 따른 지하철공사 및 도시철도공사
- •「한국가스공사법」에 따른 한국가스공사
- •「고압가스 안전관리법」에 따른 한국가스안전공사
- •「한국농어촌공사 및 농지관리기금법」에 따른 한국농어촌공사
- •「전기사업법」에 따른 한국전기안전공사
- •「한국전력공사법」에 따른 한국전력공사
- •「대한석탄공사법」에 따른 대한석탄공사
- •「한국광물자원공사법」에 따른 한국광물자원공사
- •「한국수자원공사법」에 따른 한국수자원공사
- •「한국도로공사법」에 따른 한국도로공사
- •「한국공항공사법」에 따른 한국공항공사
- •「항만공사법」에 따른 항만공사
- •「한국원자력안전기술원법」에 따른 한국원자력안전기술원 및 「방사선 및 방사성동위원소 이용진흥법」에 따른 한국원자력의학원
- •「자연공원법」에 따른 국립공원관리공단
- •「전기통신사업법」에 따른 기간통신사업자로서 소방청장이 정하여 고시하는 기간통신사업자

⑪ "국가재난관리기준"이란 모든 유형의 재난에 공통적으로 활용할 수 있도록 재난관리의 전 과정을 통일적으로 단순화·체계화한 것으로서 행정안전부장관이 고시한 것을 말한다.

⑫ "안전문화활동"이란 안전교육, 안전훈련, 홍보 등을 통하여 안전에 관한 가치와 인식을 높이고 안전을 생활화하도록 하는 등 재난이나 그 밖의 각종 사고로부터 안전한 사회를 만들어가기 위한 활동을 말한다.

⑬ "안전취약계층"이란 어린이, 노인, 장애인 등 재난에 취약한 사람을 말한다.

⑭ "재난관리정보"란 재난관리를 위하여 필요한 재난상황정보, 동원가능 자원정보, 시설물정보, 지리정보를 말한다.

⑮ "재난안전의무보험"이란 재난이나 그 밖의 각종 사고로 사람의 생명·신체 또는 재산에 피해가 발생한 경우 그 피해를 보상하기 위한 보험 또는 공제(共濟)로서 이 법 또는 다른 법률에 따라 일정한 자에 대하여 가입을 강제하는 보험 또는 공제를 말한다.

⑯ "재난안전통신망"이란 재난관리책임기관·긴급구조기관 및 긴급구조지원기관이 재난 관리업무에 이용하거나 재난현장에서의 통합지휘에 활용하기 위하여 구축·운영하는 무선통신망을 말한다.

⑰ "국가핵심기반"이란 에너지, 정보통신, 교통수송, 보건의료 등 국가경제, 국민의 안전·건강 및 정부의 핵심기능에 중대한 영향을 미칠 수 있는 시설, 정보기술시스템 및 자산 등을 말한다.

(4) 중앙안전관리위원회 및 안전정책조정위원회〈법 제9조, 제10조〉 ✪ 2019 기출

① 재난 및 안전관리에 관한 다음의 사항을 심의하기 위하여 국무총리 소속으로 중앙안전관리위원회(중앙위원회)를 둔다.
  ㉠ 재난 및 안전관리에 관한 중요 정책에 관한 사항
  ㉡ 제22조(국가안전관리기본계획의 수립 등)에 따른 국가안전관리기본계획에 관한 사항
  ㉢ 제10조의2(재난 및 안전관리 사업예산의 사전협의 등)에 따른 재난 및 안전관리 사업 관련 중기사업계획서, 투자우선순위 의견 및 예산요구서에 관한 사항
  ㉣ 중앙행정기관의 장이 수립·시행하는 계획, 점검·검사, 교육·훈련, 평가 등 재난 및 안전관리업무의 조정에 관한 사항
  ㉤ 안전기준관리에 관한 사항
  ㉥ 제36조(재난사태 선포)에 따른 재난사태의 선포에 관한 사항
  ㉦ 제60조(특별재난지역의 선포)에 따른 특별재난지역의 선포에 관한 사항
  ㉧ 재난이나 그 밖의 각종 사고가 발생하거나 발생할 우려가 있는 경우 이를 수습하기 위한 관계 기관 간 협력에 관한 중요 사항
  ㉨ 재난안전의무보험의 관리·운용 등에 관한 사항
  ㉩ 중앙행정기관의 장이 시행하는 대통령령으로 정하는 재난 및 사고의 예방사업 추진에 관한 사항
  ㉪ 「재난안전산업 진흥법」에 따른 기본계획에 관한 사항
  ㉫ 그 밖에 위원장이 회의에 부치는 사항

② 중앙위원회의 위원장은 국무총리가 되고, 위원은 대통령령으로 정하는 중앙행정기관 또는 관계 기관·단체의 장이 된다.

③ 중앙위원회에 상정될 안건을 사전에 검토하고 다음의 사무를 수행하기 위하여 중앙위원회에 안전정책조정위원회(조정위원회)를 둔다.
  ㉠ 제9조 제1항 제3호(중앙행정기관의 장이 수립·시행하는 계획, 점검·검사, 교육·훈련, 평가 등 재난 및 안전관리업무의 조정에 관한 사항), 제3호의2(안전기준관리에 관한 사항), 제6호의2(재난안전의무보험의 관리·운용 등에 관한 사항) 및 제7호(중앙행정기관의 장이 시행하는 대통령령으로 정하는 재난 및 사고의 예방사업 추진에 관한 사항)의 사항에 대한 사전 조정

기출PLUS

기출 2019년 시행

「재난 및 안전관리 기본법」상 중앙안전관리위원회와 안전정책조정위원회에 대한 설명으로 옳지 않은 것은?

① 중앙안전관리위원회는 국무총리 소속으로 국무총리가 위원장이다.

② 중앙안전관리위원회는 재난사태의 선포에 관한 사항을 심의하고, 안전정책조정위원회는 특별재난지역의 선포에 관한 사항을 심의한다.

③ 안전정책조정위원회는 중앙위원회에 상정될 안건을 사전에 검토한다.

④ 안전정책조정위원회 위원장은 행정안전부장관이 된다.

〈정답 ②〉

기출PLUS

ⓛ 제23조(집행계획)에 따른 집행계획의 심의

ⓒ 제26조(국가기반시설의 지정 등)에 따른 국가기반시설의 지정에 관한 사항의 심의

ⓔ 제71조의2(재난 및 안전관리기술개발 종합계획의 수립 등)에 따른 재난 및 안전관리기술 종합계획의 심의

ⓜ 그 밖에 중앙위원회가 위임한 사항

④ 조정위원회의 위원장은 행정안전부장관이 되고, 위원은 대통령령으로 정하는 중앙행정기관의 차관 또는 차관급 공무원과 재난 및 안전관리에 관한 지식과 경험이 풍부한 사람 중에서 위원장이 임명하거나 위촉하는 사람이 된다.

(5) 재난분야 위기관리 매뉴얼〈법 제34조의5〉 ✪ 2018, 2022 기출

① 재난관리책임기관의 장은 재난을 효율적으로 관리하기 위하여 재난유형에 따라 다음 각 호의 위기관리 매뉴얼을 작성·운용하여야 한다. 이 경우 재난대응활동계획과 위기관리 매뉴얼이 서로 연계되도록 하여야 한다.

ⓛ 위기관리 표준매뉴얼 : 국가적 차원에서 관리가 필요한 재난에 대하여 재난관리 체계와 관계 기관의 임무와 역할을 규정한 문서로 위기대응 실무매뉴얼의 작성기준이 되며, 재난관리주관기관의 장이 작성한다. 다만, 다수의 재난관리주관기관이 관련되는 재난에 대해서는 관계 재난관리주관기관의 장과 협의하여 행정안전부장관이 위기관리 표준매뉴얼을 작성할 수 있다.

ⓒ 위기대응 실무매뉴얼 : 위기관리 표준매뉴얼에서 규정하는 기능과 역할에 따라 실제 재난대응에 필요한 조치사항 및 절차를 규정한 문서로 재난관리주관기관의 장과 관계 기관의 장이 작성한다. 이 경우 재난관리주관기관의 장은 위기대응 실무매뉴얼과 제1호에 따른 위기관리 표준매뉴얼을 통합하여 작성할 수 있다.

ⓔ 현장조치 행동매뉴얼 : 재난현장에서 임무를 직접 수행하는 기관의 행동조치 절차를 구체적으로 수록한 문서로 위기대응 실무매뉴얼을 작성한 기관의 장이 지정한 기관의 장이 작성하되, 시장·군수·구청장은 재난유형별 현장조치 행동매뉴얼을 통합하여 작성할 수 있다. 다만, 현장조치 행동매뉴얼 작성 기관의 장이 다른 법령에 따라 작성한 계획·매뉴얼 등에 재난유형별 현장조치 행동매뉴얼에 포함될 사항이 모두 포함되어 있는 경우 해당 재난유형에 대해서는 현장조치 행동매뉴얼이 작성된 것으로 본다.

② 행정안전부장관은 재난유형별 위기관리 매뉴얼의 작성 및 운용기준을 정하여 재난관리책임기관의 장에게 통보할 수 있다.

③ 재난관리주관기관의 장이 작성한 위기관리 표준매뉴얼은 행정안전부장관의 승인을 받아 이를 확정하고, 위기대응 실무매뉴얼과 연계하여 운용하여야 한다.

④ 재난관리주관기관의 장은 위기관리 표준매뉴얼 및 위기대응 실무매뉴얼을 정기적으로 점검하여야 한다.

기출 2022년 시행

「재난 및 안전관리 기본법」상 재난현장에서 임무를 직접 수행하는 기관의 행동조치 절차를 구체적으로 수록한 문서는?

① 재난대응 활동계획
② 현장조치 행동매뉴얼
③ 위기대응 실무매뉴얼
④ 위기관리 표준매뉴얼

❮정답 ②

기출 2016년 상반기 시행

다음 중 국가적 차원에서 관리가 필요한 재난에 대하여 재난관리 체계와 관계 기관의 임무와 역할을 규정한 재난관리주관기관의 장이 작성하는 문서는?

① 위기관리 표준메뉴얼
② 위기관리 대응메뉴얼
③ 현장조치 행동메뉴얼
④ 재난대응 실무메뉴얼

❮정답 ①

⑤ 행정안전부장관은 재난관리업무를 효율적으로 하기 위하여 대통령령으로 정하는 바에 따라 위기관리에 필요한 매뉴얼 표준안을 연구·개발하여 보급할 수 있다. 이 경우 다음 각 호의 사항을 고려하여야 한다.

  ㉠ 재난유형에 따른 국민행동요령의 표준화

  ㉡ 재난유형에 따른 예방·대비·대응·복구 단계별 조치사항에 관한 연구 및 표준화

  ㉢ 재난현장에서의 대응과 상호협력 절차에 관한 연구 및 표준화

  ㉣ 안전취약계층의 특성을 반영한 연구·개발

  ㉤ 그 밖에 위기관리에 관한 매뉴얼의 개선·보완에 필요한 사항

(6) 기능별 재난대응 활동계획의 작성·활용〈법 제34조의4〉

① 재난관리책임기관의 장은 재난관리가 효율적으로 이루어질 수 있도록 대통령령으로 정하는 바에 따라 기능별 재난대응 활동계획(이하 "재난대응 활동계획"이라 한다)을 작성하여 활용하여야 한다.

② 재난대응 활동계획 포함 기능〈법 제43조의5〉

  ㉠ 재난상황관리 기능

  ㉡ 긴급 생활안정 지원 기능

  ㉢ 긴급 통신 지원 기능

  ㉣ 시설피해의 응급복구 기능

  ㉤ 에너지 공급 피해시설 복구 기능

  ㉥ 재난관리자원 지원 기능

  ㉦ 교통대책 기능

  ㉧ 의료 및 방역서비스 지원 기능

  ㉨ 재난현장 환경 정비 기능

  ㉩ 자원봉사 지원 및 관리 기능

  ㉪ 사회질서 유지 기능

  ㉫ 재난지역 수색, 구조·구급지원 기능

  ㉬ 재난 수습 홍보 기능

(7) 재난사태 선포〈법 제36조〉 ✪ 2021 기출

① 행정안전부장관은 대통령령으로 정하는 재난이 발생하거나 발생할 우려가 있는 경우 사람의 생명·신체 및 재산에 미치는 중대한 영향이나 피해를 줄이기 위하여 긴급한 조치가 필요하다고 인정하면 중앙위원회의 심의를 거쳐 재난사태를 선포할 수 있다. 다만, 행정안전부장관은 재난상황이 긴급하여 중앙위원회의 심의를 거칠 시간적 여유가 없다고 인정하는 경우에는 중앙위원회의 심의를 거치지 아니하고 재난사태를 선포할 수 있다.

기출PLUS

② 행정안전부장관은 재난사태를 선포한 경우에는 지체 없이 중앙위원회의 승인을 받아야 하고, 승인을 받지 못하면 선포된 재난사태를 즉시 해제하여야 한다.

> **☞ Plus tip**
> 재난지역의 선포는 행정안전부장관이 중앙위원회 심의를 거쳐 선포할 수 있다.

③ 행정안전부장관 및 지방자치단체의 장은 재난사태가 선포된 지역에 대하여 다음의 조치를 할 수 있다.

　㉠ 재난경보의 발령, 인력·장비 및 물자의 동원, 위험구역 설정, 대피명령, 응급지원 등이 법에 따른 응급조치

　㉡ 해당 지역에 소재하는 행정기관 소속 공무원의 비상소집

　㉢ 해당 지역에 대한 여행 등 이동 자제 권고

　㉣ 「유아교육법」, 「초·중등교육법」 및 「고등교육법」에 따른 휴업명령 및 휴원·휴교 처분의 요청

　㉤ 그 밖에 재난예방에 필요한 조치

기출 2018년 시행

다음은 「재난 및 안전관리기본법」상 특별재난지역의 선포와 관련된 내용이다. ( ) 안에 들어갈 내용으로 옳은 것은?

┌─ 보기 ─
(㉠)은 대통령령으로 정하는 규모의 재난이 발생하여 국가의 안녕 및 사회질서의 유지에 중대한 영향을 미치거나 피해를 효과적으로 수습하기 위하여 특별한 조치가 필요하다고 인정하거나 지역대책본부장의 요청이 타당하다고 인정하는 경우에는 (㉡)중앙위원회의 심의를 거쳐 해당 지역을 특별재난지역으로 선포할 것을 대통령에게 건의할 수 있다.

① ㉠ 중앙대책본부장
　㉡ 안전조정위원회
② ㉠ 중앙안전관리위원회
　㉡ 중앙사고수습본부
③ ㉠ 중앙안전관리위원회
　㉡ 중앙재난안전대책본부장
④ ㉠ 중앙대책본부장
　㉡ 중앙위원회

《정답 ④

(8) 특별재난지역의 선포 〈법 제60조〉　✪ 2018 기출

① 중앙대책본부장은 대통령령으로 정하는 규모의 재난이 발생하여 국가의 안녕 및 사회질서의 유지에 중대한 영향을 미치거나 피해를 효과적으로 수습하기 위하여 특별한 조치가 필요하다고 인정하거나 지역대책본부장의 요청이 타당하다고 인정하는 경우에는 중앙위원회의 심의를 거쳐 해당 지역을 특별재난지역으로 선포할 것을 대통령에게 건의할 수 있다.

② 특별재난지역의 선포를 건의 받은 대통령은 해당 지역을 특별재난지역으로 선포할 수 있다.

③ 지역대책본부장은 관할지역에서 발생한 재난으로 인하여 사유가 발생한 경우에는 중앙대책본부장에게 특별재난지역의 선포 건의를 요청할 수 있다.

> **☞ Plus tip**
> 특별재난사태 선포는 중앙대책본부장의 건의를 중앙심의위원회 심의를 거쳐 대통령이 선포한다.

④ **특별재난의 범위 및 선포** 〈시행령 제69조〉

　㉠ 자연재난으로서 「자연재난 구호 및 복구 비용 부담기준 등에 관한 규정」에 따른 국고 지원 대상 피해 기준금액의 2.5배를 초과하는 피해가 발생한 재난

　㉡ 자연재난으로서 「자연재난 구호 및 복구 비용 부담기준 등에 관한 규정」에 따른 국고 지원 대상에 해당하는 시·군·구의 관할 읍·면·동에 같은 항 각 호에 따른 국고 지원 대상 피해 기준금액의 4분의 1을 초과하는 피해가 발생한 재난

　㉢ 사회재난의 재난 중 재난이 발생한 해당 지방자치단체의 행정능력이나 재정능력으로는 재난의 수습이 곤란하여 국가적 차원의 지원이 필요하다고 인정되는 재난

　㉣ 그 밖에 재난 발생으로 인한 생활기반 상실 등 극심한 피해의 효과적인 수습 및 복구를 위하여 국가적 차원의 특별한 조치가 필요하다고 인정되는 재난

(9) 중앙재난안전대책본부 등〈법 제14조〉

대규모 재난의 대응·복구(수습) 등에 관한 사항을 총괄·조정하고 필요한 조치를 하기 위하여 행정안전부에 중앙재난안전대책본부(중앙대책본부)를 둔다.

(10) 지역재난안전대책본부〈법 제16조〉

해당 관할 구역에서 재난의 수습 등에 관한 사항을 총괄·조정하고 필요한 조치를 하기 위하여 시·도지사는 시·도재난안전대책본부(이하 "시·도대책본부"라 한다)를 두고, 시장·군수·구청장은 시·군·구재난안전대책본부(이하 "시·군·구대책본부"라 한다)를 둔다.

(11) 재난안전상황실 설치·운영 및 보고 단계〈법 제18조, 법 제20조〉

① 재난안전상황실 설치·운영자 … 행정안전부장관, 시·도지사, 시장·군수·구청장
② 시장·군수·구청장, 소방서장, 해양경찰서장, 재난관리책임기관의 장 또는 국가핵심기반을 관리하는 기관·단체의 장은 그 관할구역, 소관 업무 또는 시설에서 재난이 발생하거나 발생할 우려가 있으면 대통령령으로 정하는 바에 따라 재난상황에 대해서는 즉시, 응급조치 및 수습현황에 대해서는 지체 없이 각각 행정안전부장관, 관계 재난관리주관기관의 장 및 시·도지사에게 보고하거나 통보하여야 한다. 이 경우 관계 재난관리주관기관의 장 및 시·도지사는 보고받은 사항을 확인·종합하여 행정안전부장관에게 통보하여야 한다.

> ☆ Plus tip
>
> **재난상황의 보고사항**〈「시행령」제24조〉
> ㉠ 재난 발생의 일시·장소와 재난의 원인
> ㉡ 재난으로 인한 피해내용
> ㉢ 응급조치 사항
> ㉣ 대응 및 복구활동 사항
> ㉤ 향후 조치계획
> ㉥ 그 밖에 해당 재난을 수습할 책임이 있는 중앙행정기관의 장이 정하는 사항

(12) 응급조치〈법 제37조〉

① 시·도긴급구조통제단 및 시·군·구긴급구조통제단의 단장(지역통제단장)과 시장·군수·구청장은 재난이 발생할 우려가 있거나 재난이 발생하였을 때에는 즉시 관계 법령이나 재난대응활동계획 및 위기관리 매뉴얼에서 정하는 바에 따라 수방(水防)·진화·구조 및 구난(救難), 그 밖에 재난 발생을 예방하거나 피해를 줄이기 위하여 필요한 다음의 응급조치를 하여야 한다.

TIP
중앙재난안전안전대책본부 등
= 중앙대책본부 등 = 중앙본부 등

기출PLUS

기출 2016년 시행

「재난 및 안전관리 기본법」에 관한 설명으로 틀린 것은?

① 긴급구조통제단 단장은 소방서장이다.
② 행정안전부장관, 시·도지사, 시장·군수·구청장은 상시 재난안전상황실을 운영한다.
③ 중앙통제단장 및 지역통제단장은 현장책임자로서 현장지휘소를 설치·운영할 수 있다.
④ 국가나 지방자치단체는 특별재난지역을 선포된 곳에 응급대책 및 재난구호와 복구에 필요한 행정·재정·금융·의료상의 특별지원이 가능하다.

《 정답 ①

기출 2019년 시행

「재난 및 안전관리 기본법」상 긴급구조에 대한 설명으로 옳지 않은 것은?

① 중앙긴급구조통제단의 단장은 행정안전부장관이 된다.
② 시·도 긴급구조통제단의 단장은 소방본부장이 된다.
③ 시·군·구 긴급구조통제단의 단장은 소방서장이 된다.
④ 재난현장에서는 시·군·구 긴급구조통제단장이 긴급구조활동을 지휘한다.

《 정답 ①

㉠ 경보의 발령 또는 전달이나 피난의 권고 또는 지시
㉡ 재난 예방을 위한 안전조치
㉢ 진화·수방·지진방재, 그 밖의 응급조치와 구호
㉣ 피해시설의 응급복구 및 방역과 방범, 그 밖의 질서 유지
㉤ 긴급수송 및 구조 수단의 확보
㉥ 급수 수단의 확보, 긴급피난처 및 구호품의 확보
㉦ 현장지휘통신체계의 확보
㉧ 그 밖에 재난 발생을 예방하거나 줄이기 위하여 필요한 사항으로서 대통령령으로 정하는 사항

② 시·군·구의 관할 구역에 소재하는 재난관리책임기관의 장은 시장·군수·구청장이나 지역통제단장이 요청하면 관계 법령이나 시·군·구안전관리계획에서 정하는 바에 따라 시장·군수·구청장이나 지역통제단장의 지휘 또는 조정하에 그 소관 업무에 관계되는 응급조치를 실시하거나 시장·군수·구청장이나 지역통제단장이 실시하는 응급조치에 협력하여야 한다.

⒀ 위기경보의 발령 등〈법 제38조〉

재난관리주관기관의 장은 대통령령으로 정하는 재난에 대한 징후를 식별하거나 재난발생이 예상되는 경우에는 그 위험 수준, 발생 가능성 등을 판단하여 그에 부합되는 조치를 할 수 있도록 위기경보를 발령할 수 있다.

⒁ 위험구역의 설정〈법 제41조〉

시장·군수·구청장과 지역통제단장(대통령령으로 정하는 권한을 행사하는 경우에만 해당)은 재난이 발생하거나 발생할 우려가 있는 경우에 사람의 생명 또는 신체에 대한 위해 방지나 질서의 유지를 위하여 필요하면 위험구역을 설정하고, 응급조치에 종사하지 아니하는 사람에게 다음의 조치를 명할 수 있다.

① 위험구역에 출입하는 행위나 그 밖의 행위의 금지 또는 제한
② 위험구역에서의 퇴거 또는 대피

⒂ 중앙긴급구조통제단〈법 제49조〉 ✪ 2019 기출

① 긴급구조에 관한 사항의 총괄·조정, 긴급구조기관 및 긴급구조지원기관이 하는 긴급구조활동의 역할 분담과 지휘·통제를 위하여 소방청에 중앙긴급구조통제단(이하 "중앙통제단"이라 한다)을 둔다.
② 중앙통제단의 단장은 소방청장이 된다.
③ 중앙통제단에는 총괄지휘부·대응계획부·자원지원부·긴급복구부 및 현장지휘대를 둔다.

⑯ **지역긴급구조통제단**〈법 제50조〉

① 지역별 긴급구조에 관한 사항의 총괄·조정, 해당 지역에 소재하는 긴급구조기관 및 긴급구조지원기관 간의 역할분담과 재난현장에서의 지휘·통제를 위하여 시·도의 소방본부에 시·도긴급구조통제단을 두고, 시·군·구의 소방서에 시·군·구긴급구조통제단을 둔다.

② 시·도긴급구조통제단과 시·군·긴급구조통제단(이하 "지역통제단"이라 한다)에는 각각 단장 1명을 두되, 시·도긴급구조통제단의 단장은 소방본부장이 되고 시·군·구긴급구조통제단의 단장은 소방서장이 된다.

⑰ **긴급구조 현장지휘**〈법 제52조〉   ✪ 2021 기출

① 재난현장에서는 시·군·구긴급구조통제단장이 긴급구조활동을 지휘한다. 다만, 치안활동과 관련된 사항은 관할 경찰관서의 장과 협의하여야 한다.

② 현장지휘는 다음의 사항에 관하여 한다.
  ㉠ 재난현장에서 인명의 탐색·구조
  ㉡ 긴급구조기관 및 긴급구조지원기관의 인력·장비의 배치와 운용
  ㉢ 추가 재난의 방지를 위한 응급조치
  ㉣ 긴급구조지원기관 및 자원봉사자 등에 대한 임무의 부여
  ㉤ 사상자의 응급처치 및 의료기관으로의 이송
  ㉥ 긴급구조에 필요한 물자의 관리
  ㉦ 현장접근 통제, 현장 주변의 교통정리, 그 밖에 긴급구조활동을 효율적으로 하기 위하여 필요한 사항

③ 시·도긴급구조통제단장은 필요하다고 인정하면 직접 현장지휘를 할 수 있다.

④ 중앙통제단장은 대통령령으로 정하는 대규모 재난이 발생하거나 그 밖에 필요하다고 인정하면 직접 현장지휘를 할 수 있다.

⑤ 재난현장에서 긴급구조활동을 하는 긴급구조요원과 긴급구조지원기관의 인력·장비·물자에 대한 운용은 현장지휘를 하는 긴급구조통제단장(이하 "각급통제단장")의 지휘·통제에 따라야 한다.

⑥ 지역대책본부장은 각급통제단장이 수행하는 긴급구조활동에 적극 협력하여야 한다.

⑦ 시·군·구긴급구조통제단장은 통합지원본부의 장에게 긴급구조에 필요한 인력이나 물자 등의 지원을 요청할 수 있다. 이 경우 요청받은 기관의 장은 최대한 협조하여야 한다.

⑧ 재난현장의 구조활동 등 초동 조치상황에 대한 언론 발표 등은 각급통제단장이 지명하는 자가 한다.

⑨ 각급통제단장은 재난현장의 긴급구조 등 현장지휘를 효과적으로 하기 위하여 재난현장에 현장지휘소를 설치·운영할 수 있다. 이 경우 긴급구조활동에 참여하는 긴

기출PLUS

기출 2021년 시행

「재난 및 안전관리 기본법」상 재난현장에서 시·군·구긴급구조통제단장의 긴급구조 현장지휘 사항을 모두 고른 것은?

┌─ 보기 ─
│ ㉠ 재난현장에서 인명의 탐색·구조
│ ㉡ 추가 재난의 방지를 위한 응급조치
│ ㉢ 사상자의 응급처치 및 의료기관으로의 이송
│ ㉣ 긴급구조에 필요한 물자의 관리

① ㉠, ㉡
② ㉠, ㉡, ㉢
③ ㉡, ㉢, ㉣
④ ㉠, ㉡, ㉢, ㉣

≪정답 ④≫

중앙통제단의 기능
㉠ 국가 긴급구조대책의 총괄·조정
㉡ 긴급구조활동의 지휘·통제
㉢ 긴급구조지원기관간의 역할분담 등 긴급구조를 위한 현장활동계획의 수립
㉣ 긴급구조대응계획의 집행
㉤ 그 밖에 중앙통제단의 장이 필요하다고 인정하는 사항

급구조지원기관의 현장지휘자는 현장지휘소에 대통령령으로 정하는 바에 따라 연락 관을 파견하여야 한다.

⑩ 각급통제단장은 긴급구조 활동을 종료하려는 때에는 재난현장에 참여한 지역사고수 습본부장, 통합지원본부의 장 등과 협의를 거쳐 결정하여야 한다. 이 경우 각급통 제단장은 긴급구조 활동 종료 사실을 지역대책본부장 및 긴급구조지원기관의 장에 게 통보하여야 한다.

⑪ 해양에서 발생한 재난의 긴급구조활동에 관하여는 ①부터 ⑩까지의 규정을 준용한 다. 이 경우 시·군·구긴급구조통제단장, 시·도긴급구조통제단장, 중앙긴급구조 통제단장은 「수상에서의 수색·구조 등에 관한 법률」에 따른 지역구조본부의 장, 광역구조본부의 장, 중앙구조본부의 장으로 각각 본다.

⑱ 긴급구조대응계획의 수립 〈시행령 제63조〉

긴급구조기관의 장이 수립하는 긴급구조대응계획은 기본계획, 기능별 긴급구조대응계 획, 재난유형별 긴급구조대응계획으로 구분하되, 구분된 계획에 포함되어야 하는 사항 은 다음과 같다.

① 기본계획

    ㉠ 긴급구조대응계획의 목적 및 적용범위

    ㉡ 긴급구조대응계획의 기본방침과 절차

    ㉢ 긴급구조대응계획의 운영책임에 관한 사항

② 기능별 긴급구조대응계획

기출 2013년 시행

재난현장에서 긴급대피, 상황 전파, 비상연락 등을 담당하는 기능별 긴급구조 대응계획으로 옳은 것은?

① 피해상황분석
② 대중정보
③ 지휘통제
④ 비상경고

❮정답 ④

    ㉠ 지휘통제 : 긴급구조체제 및 중앙통제단과 지역통제단의 운영체계 등에 관한 사항

    ㉡ 비상경고 : 긴급대피, 상황 전파, 비상연락 등에 관한 사항

    ㉢ 대중정보 : 주민보호를 위한 비상방송시스템 가동 등 긴급 공공정보 제공에 관한 사항 및 재난상황 등에 관한 정보 통제에 관한 사항

    ㉣ 피해상황분석 : 재난현장상황 및 피해정보의 수집·분석·보고에 관한 사항

    ㉤ 구조·진압 : 인명 수색 및 구조, 화재진압 등에 관한 사항

    ㉥ 응급의료 : 대량 사상자 발생 시 응급의료서비스 제공에 관한 사항

    ㉦ 긴급오염통제 : 오염 노출 통제, 긴급 감염병 방제 등 재난현장 공중보건에 관한 사항

    ㉧ 현장통제 : 재난현장 접근 통제 및 치안 유지 등에 관한 사항

    ㉨ 긴급복구 : 긴급구조활동을 원활하게 하기 위한 긴급구조차량 접근 도로 복구 등 에 관한 사항

    ㉩ 긴급구호 : 긴급구조요원 및 긴급대피 수용주민에 대한 위기 상담, 임시 의식주 제공 등에 관한 사항

    ㉪ 재난통신 : 긴급구조기관 및 긴급구조지원기관 간 정보통신체계 운영 등에 관한 사항

③ 재난유형별 긴급구조대응계획

　　㉠ 재난 발생 단계별 주요 긴급구조 대응활동 사항

　　㉡ 주요 재난유형별 대응 매뉴얼에 관한 사항

　　㉢ 비상경고 방송메시지 작성 등에 관한 사항

⒆ **긴급구조지휘대의 구성 및 기능**〈「긴급구조대응활동 및 현장지휘에 관한 규칙」 제16조〉

① 긴급구조지휘대는 규정에 따라 구성·운영하되, 소방본부 및 소방서의 긴급구조지휘대는 상시 구성·운영하여야 한다.

② 긴급구조지휘대는 다음의 기능을 수행한다.

　　㉠ 통제단이 가동되기 전 재난초기 시 현장지휘

　　㉡ 주요 긴급구조지원기관과의 합동으로 현장지휘의 조정·통제

　　㉢ 광범위한 지역에 걸친 재난발생시 전진지휘

　　㉣ 화재 등 일상적 사고의 발생시 현장지휘

③ 긴급구조지휘대를 구성하는 사람은 통제단이 설치·운영되는 경우 다음의 구분에 따라 통제단의 해당부서에 배치된다.

　　㉠ 신속기동요원 : 대응계획부

　　㉡ 자원지원요원 : 자원지원부

　　㉢ 통신지휘요원 : 구조진압반

　　㉣ 안전담당요원 : 연락공보담당 또는 안전담당

　　㉤ 경찰파견 연락관 : 현장통제반

　　㉥ 응급의료파견 연락관 : 응급의료반

⒇ **재난지역에 대한 국고보조 등의 지원**〈법 제66조〉

① 국고보조 등이 인정되는 재난(다만, 동원명령 또는 대피명령을 방해하거나 위반하여 발생한 피해에 대하여는 그러하지 아니하다.)

　　㉠ 자연재난

　　㉡ 사회재난 중 특별재난지역으로 선포된 지역의 재난

② 국고보조 등의 지원

　　㉠ 사망자·실종자·부상자 등 피해주민에 대한 구호

　　㉡ 주거용 건축물의 복구비 지원

　　㉢ 고등학생의 학자금 면제

　　㉣ 자금의 융자, 보증, 상환기한의 연기, 그 이자의 감면 등 관계 법령에서 정하는 금융지원

　　㉤ 세입자 보조 등 생계안정 지원

기출PLUS

기출 2013년 시행

긴급구조지휘대의 구성 및 기능에서 긴급구조지휘대 구성에 해당하는 자는 통제단이 설치·운영되는 경우 구분에 따라 해당부서에 배치되는데 구조진압반과 가장관계가 있는 요원은?

① 자원지원요원

② 안전담당요원

③ 통신지휘요원

④ 상황분석요원

〈정답 ③〉

ⓑ 관계 법령에서 정하는 바에 따라 국세·지방세, 건강보험료·연금보험료, 통신요금, 전기요금 등의 경감 또는 납부유예 등의 간접지원

ⓢ 주 생계수단인 농업·어업·임업·염생산업(鹽生産業)에 피해를 입은 경우에 해당 시설의 복구를 위한 지원

ⓞ 공공시설 피해에 대한 복구사업비 지원

ⓩ 그 밖에 중앙재난안전대책본부회의에서 결정한 지원 또는 지역재난안전대책본부회의에서 결정한 지원

(21) 재난관리기금의 적립〈법 제67조〉 ✪ 2018 기출

① 지방자치단체는 재난관리에 드는 비용에 충당하기 위하여 매년 재난관리기금을 적립하여야 한다.

② 재난관리기금의 매년도 최저적립액은 최근 3년 동안의 「지방세법」에 의한 보통세의 수입결산액의 평균연액의 100분의 1에 해당하는 금액으로 한다.

(22) 벌칙

① 벌칙〈「재난 및 안전관리 기본법」 제78조의3〉… 재난예방을 위한 안전조치에 따른 안전조치명령을 이행하지 아니한 자는 3년 이하의 징역 또는 3천만 원 이하의 벌금에 처한다.

② 벌칙〈「재난 및 안전관리 기본법」 제78조의4〉… 재난 대응 이외의 목적으로 정보를 사용하거나 업무가 종료되었음에도 해당 정보를 파기하지 아니한 자는 2년 이하의 징역 또는 2천만 원 이하의 벌금에 처한다.

③ 1년 이하의 징역 또는 1천만 원 이하의 벌금 〈「재난 및 안전관리 기본법」 제79조〉

ⓐ 정당한 사유 없이 긴급안전점검을 거부 또는 기피하거나 방해한 자

ⓑ 정당한 사유 없이 위험구역에 출입하는 행위나 그 밖의 행위의 금지명령 또는 제한명령을 위반한 자

ⓒ 정당한 사유 없이 중앙대책본부장 또는 지역대책본부장의 요청에 따르지 아니한 자

ⓓ 업무상 알게 된 재난안전의무보험 관련 자료 또는 정보를 누설하거나 권한 없이 다른 사람이 이용하도록 제공하는 등 부당한 목적으로 사용한 자

④ 500만 원 이하의 벌금 〈「재난 및 안전관리 기본법」 제80조〉

ⓐ 정당한 사유 없이 따른 토지·건축물·인공구조물, 그 밖의 소유물의 일시 사용 또는 장애물의 변경이나 제거를 거부 또는 방해한 자

ⓑ 직무상 알게 된 재난관리정보를 누설하거나 권한 없이 다른 사람이 이용하도록 제공하는 등 부당한 목적으로 사용한 자

⑤ 양벌규정 〈「재난 및 안전관리 기본법」 제81조〉… 법인의 대표자나 법인 또는 개인의 대리인, 사용인, 그 밖의 종업원이 그 법인 또는 개인의 업무에 관하여 위반행위를 하면 그 행위자를 벌하는 외에 그 법인 또는 개인에게도 해당 조문의 벌금형을 과(科)한다. 다만, 법인 또는 개인이 그 위반행위를 방지하기 위하여 해당 업무에 관하여 상당한 주의와 감독을 게을리 하지 아니한 경우에는 그러하지 아니하다.

⑥ 과태료〈「재난 및 안전관리 기본법」 제82조〉

기출PLUS

㉠ 200만 원 이하의 과태료

- 위기상황 매뉴얼을 작성·관리하지 아니한 소유자·관리자 또는 점유자
- 주기적 훈련을 실시하지 아니한 소유자·관리자 또는 점유자
- 개선명령을 이행하지 아니한 소유자·관리자 또는 점유자
- 대피명령을 위반한 사람
- 위험구역에서의 퇴거명령 또는 대피명령을 위반한 사람

㉡ 보험 또는 공제에 가입하지 않은 자에게는 300만 원 이하의 과태료를 부과한다.

㉢ 과태료는 대통령령으로 정하는 바에 따라 다음의 자가 부과·징수한다.

- 시·도지사 또는 시장·군수·구청장 : 200만 원에 해당하는 과태료
- 보험 또는 공제의 가입 대상 시설의 허가·인가·등록·신고 등의 업무를 처리한 관계 행정기관의 장 : 보험 또는 공제에 가입하지 않은 자의 과태료

checkpoint

과태료 부과의 개별기준〈「재난 및 안전관리 기본법 시행령」 별표 5〉

위반행위	과태료 금액(단위 : 만 원)		
	1회	2회	3회 이상
다중이용시설 등의 소유자·관리자 또는 점유자가 위기상황 매뉴얼을 작성·관리하지 않은 경우	30	50	100
다중이용시설 등의 소유자·관리자 또는 점유자가 훈련을 주기적으로 실시하지 않은 경우	30	50	100
다중이용시설 등의 소유자·관리자 또는 점유자가 개선명령을 이행하지 않은 경우	50	100	200
대피명령을 따르지 않거나 방해한 경우			
1) 대피명령을 따르지 않은 경우	30	50	100
2) 대피명령을 방해한 경우	50	100	200
대피 또는 퇴거명령을 따르지 않거나 방해한 경우			
1) 위험구역 내에서 대피명령을 따르지 않은 경우	30	50	100
2) 위험구역 내에서 퇴거명령을 따르지 않은 경우	50	100	150
3) 위험구역 내에서 대피 또는 퇴거 명령을 방해한 경우	50	100	200
보험 또는 공제에 가입하지 않은 경우			
1) 가입하지 않은 기간이 10일 이하인 경우	10		
2) 가입하지 않은 기간이 10일 초과 30일 이하인 경우	10만 원에 11일째부터 계산하여 1일마다 1만 원을 더한 금액		
3) 가입하지 않은 기간이 30일 초과 60일 이하인 경우	30만 원에 31일째부터 계산하여 1일마다 3만 원을 더한 금액		
4) 가입하지 않은 기간이 60일 초과인 경우	120만 원에 61일째부터 계산하여 1일마다 6만 원을 더한 금액. 다만, 과태료의 총액은 300만 원을 넘지 못한다.		

01 존스(Jones)의 재해분류 중 지질학적 재난인 것은?

① 번개　　　　　　　　② 폭풍
③ 쓰나미　　　　　　　④ 토네이도

02 재난의 4단계에 대한 내용이 바르지 않은 것은?

① 예방단계 : 재난영향의 예측 및 평가 및 위험지도 마련, 재난취약시설에 대한 주기적인 검사
② 대응단계 : 대응조직 관리 및 재난관리 우선순위체계 수립, 안전기준 설정
③ 대응단계 : 비상방송 및 경보시스템 가동, 긴급대응계획 가동
④ 복구단계 : 피해평가 및 대부·보조금 지급·이재민 구호, 재난심리상담

03 다음 중 재난사태 대상지역 선포는 누가 하는가?

① 소방본부장이 중앙위원회의 심의를 거쳐 직접 선포
② 행정안전부장관이 중앙위원회의 심의를 거쳐 직접 선포
③ 중앙대책본부장이 대통령에게 선포 건의
④ 중앙대책본부장이 소방청장에게 선포 건의

01.

지질학적 재난 … 지진, 화산, 쓰나미

02.

② 안전기준 설정은 예방 단계이다.

03.

재난사태 선포〈「재난 및 안전관리 기본법」 제36조〉 … 행정안전부장관은 대통령령으로 정하는 재난이 발생하거나 발생할 우려가 있는 경우 사람의 생명·신체 및 재산에 미치는 중대한 영향이나 피해를 줄이기 위하여 긴급한 조치가 필요하다고 인정하면 중앙위원회의 심의를 거쳐 재난사태를 선포할 수 있다. 다만, 행정안전부장관은 재난상황이 긴급하여 중앙위원회의 심의를 거칠 시간적 여유가 없다고 인정하는 경우에는 중앙위원회의 심의를 거치지 아니하고 재난사태를 선포할 수 있다.

※ **특별재난지역의 선포**〈「재난 및 안전관리 기본법」 제60조〉 … 중앙대책본부장은 대통령령으로 정하는 규모의 재난이 발생하여 국가의 안녕 및 사회질서의 유지에 중대한 영향을 미치거나 피해를 효과적으로 수습하기 위하여 특별한 조치가 필요하다고 인정하거나 지역대책본부장의 요청이 타당하다고 인정하는 경우에는 중앙위원회의 심의를 거쳐 해당 지역을 특별재난지역으로 선포할 것을 대통령에게 건의할 수 있다.

Answer　01.③　02.②　03.②

04 다음 중 재난에 대한 예방, 대비, 대응 및 복구 중에 종류가 다른 하나는?

① 재난 유형별 사전교육 및 훈련실시
② 비상방송 시스템 구축
③ 재난 취약 시설 점검
④ 자원 관리 체계 구축

05 다음 중 지역통제단장 및 중앙통제단장을 운영할 때 구성할 수 있는 부서로 바르지 않은 것은?

① 대응계획부
② 자원지원부
③ 긴급복구부
④ 총괄완화부

06 소방청장, 지방자치단체장이 재난지역에 할 수 있는 조치로 바르지 않은 것은?

① 재난경보의 발령, 인력·장비 및 물자의 동원, 위험구역 설정, 대피명령, 응급지원 등
② 재난 발생지역에 소재하는 행정기관 소속 공무원의 비상소집
③ 재난이 확산되지 않도록 재난예방에 필요한 조치
④ 재난지역에 대한 여행 등 이동 금지 명령

04.

①②④는 대비단계의 주요활동 사항이며, ③은 예방단계의 주요활동 사항이다.

05.

중앙통제단의 구성 및 운영〈「재난 및 안전관리 기본법 시행령」 제55조〉
㉠ 중앙통제단장은 중앙통제단을 대표하고, 그 업무를 총괄한다.
㉡ 중앙통제단에는 부단장을 두고 부단장은 중앙통제단장을 보좌하며 중앙통제단장이 부득이한 사유로 직무를 수행할 수 없을 경우에는 그 직무를 대행한다.
㉢ 부단장은 소방청 차장이 되며, 중앙통제단에는 총괄지휘부·대응계획부·자원지원부·긴급복구부 및 현장지휘대를 둔다.

06.

재난사태 선포〈「재난 및 안전관리 기본법」 제36조 제3항〉… 행정안전부장관 및 지방자치단체의 장은 재난사태가 선포된 지역에 대하여 다음의 조치를 할 수 있다.
㉠ 재난경보의 발령, 인력·장비 및 물자의 동원, 위험구역 설정, 대피명령, 응급지원 등이 법에 따른 응급조치
㉡ 해당 지역에 소재하는 행정기관 소속 공무원의 비상소집
㉢ 해당 지역에 대한 여행 등 이동 자제 권고
㉣ 「유아교육법」, 「초·중등교육법」 및 「고등교육법」에 따른 휴업명령 및 휴원·휴교 처분의 요청
㉤ 그 밖에 재난예방에 필요한 조치

07 재난이 발생하였을 때 소방서장이 수행할 수 있는 업무가 아닌 것은?

① 시 · 군 · 구 긴급구조 통제단장
② 소방서 현장지휘대
③ 긴급구조지휘대 구성 · 운영
④ 재난안전상황실 설치 · 운영

08 「재난 및 안전관리 기본법」에서 정하는 내용으로 옳지 않은 것은?

① 해외재난 : 대한민국의 영역 밖에서 대한민국 국민의 생명 · 신체 및 재산에 피해를 주거나 줄 수 있는 재난으로서 정부차원에서 대처할 필요가 있는 재난
② 긴급구조기관 : 소방청 · 소방본부 및 소방서, 경찰청, 지방경찰청, 경찰서
③ 안전관리 : 재난이나 그 밖의 각종 사고로부터 사람의 생명 · 신체 및 재산의 안전을 확보하기 위하여 하는 모든 활동
④ 재난관리책임기관 : 중앙행정기관 및 지방자치단체(「제주특별자치도 설치 및 국제자유도시 조성을 위한 특별법」에 따른 행정시를 포함한다) 및 재난관리의 대상이 되는 중요시설의 관리기관 등으로서 대통령령으로 정하는 기관

07.

④ 재난안전상황실 설치 · 운영은 소방청장, 시 · 도지사, 시장 · 군수 · 구청장의 권한이다.

※ **재난안전상황실**(「재난 및 안전관리 기본법」 제18조) … 행정안전부장관, 시 · 도지사 및 시장 · 군수 · 구청장은 재난정보의 수집 · 전파, 상황관리, 재난발생 시 초동조치 및 지휘 등의 업무를 수행하기 위하여 다음 각 호의 구분에 따른 상시 재난안전상황실을 설치 · 운영하여야 한다.
  ㉠ 행정안전부장관 : 중앙재난안전상황실
  ㉡ 시 · 도지사 및 시장 · 군수 · 구청장 : 시 · 도별 및 시 · 군 · 구별 재난안전상황실

※ **지역긴급구조통제단**(「재난 및 안전관리 기본법」 제50조)
  ㉠ 지역별 긴급구조에 관한 사항의 총괄 · 조정, 해당 지역에 소재하는 긴급구조기관 및 긴급구조지원기관 간의 역할분담과 재난현장에서의 지휘 · 통제를 위하여 시 · 도의 소방본부에 시 · 도긴급구조통제단을 두고, 시 · 군 · 구의 소방서에 시 · 군 · 구긴급구조통제단을 둔다.
  ㉡ 시 · 도긴급구조통제단과 시 · 군 · 구긴급구조통제단(지역통제단)에는 각각 단장 1명을 두되, 시 · 도긴급구조통제단의 단장은 소방본부장이 되고 시 · 군 · 구긴급구조통제단의 단장은 소방서장이 된다.
  ㉢ 지역통제단장은 긴급구조를 위하여 필요하면 긴급구조지원기관 간의 공조체제를 유지하기 위하여 관계 기관 · 단체의 장에게 소속 직원의 파견을 요청할 수 있다. 이 경우 요청을 받은 기관 · 단체의 장은 특별한 사유가 없으면 요청에 따라야 한다.

08.

② 긴급구조기관 : 소방청 · 소방본부 및 소방서를 말한다. 다만, 해양에서 발생한 재난의 경우에는 해양경찰청 · 지방해양경찰청 및 해양경찰서를 말한다(「재난 및 안전관리 기본법」 제3조 제7호).

Answer 07.④ 08.②

09 다음 중 「재난 및 안전관리 기본법」에 명시된 재난 중 사회적 재난에 해당하지 않는 것은?

① 환경오염 사고
② 국가핵심기반의 마비로 인한 피해
③ 「미세먼지 저감 및 관리에 관한 특별법」에 따른 미세먼지 등으로 인한 피해
④ 황사에 의한 재해

10 「재난 및 안전관리 기본법」상 긴급구조통제단에 관련된 내용이다. ( ) 안에 들어갈 내용으로 옳은 것은?

> (㉠)은 중앙긴급구조통제단의 단장이 된다. 시·도긴급구조통제단의 단장은 (㉡)이 되고 시·군·구긴급구조통제단의 단장은 (㉢)이 된다.

	㉠	㉡	㉢
①	소방청장	소방본부장	소방서장
②	행정안전부장관	시·도지사	소방청장
③	소방청장	시·도지사	시·군·구청장
④	소방본부장	소방서장	시·군·구청장

11 재난으로 인한 피해를 최소화하기 위하여 재해의 예방, 대비, 대응, 복구에 관한 정책의 개발과 집행과정을 총칭하는 것은 무엇인가?

① 재난관리
② 위험관리
③ 안전관리
④ 국가재난관리

09.

④ 황사는 자연재난에 해당된다
※ **사회재난** … 화재·붕괴·폭발·교통사고(항공사고 및 해상사고를 포함한다)·화생방사고·환경오염사고 등으로 인하여 발생하는 대통령령으로 정하는 규모 이상의 피해와 국가핵심기반의 마비, 「감염병의 예방 및 관리에 관한 법률」에 따른 감염병 또는 「가축전염병예방법」에 따른 가축전염병의 확산, 「미세먼지 저감 및 관리에 관한 특별법」에 따른 미세먼지 등으로 인한 피해

10.

㉠ 「재난 및 안전관리 기본법」 제49조에 따라 중앙긴급통제단은 소방청장이 된다.
㉡㉢ 재난 및 안전관리 기본법」 제50조에 따라 시·도긴급구조통제단의 단장은 소방본부장이 되고 시·군·구긴급구조통제단의 단장은 소방서장이 된다.

11.

재난관리(「재난 및 안전관리 기본법」 제3조) … 재난의 예방·대비·대응 및 복구를 위하여 하는 모든 활동을 말한다.

12 다음 중 재난이 발생하였을 때 시·군·구 긴급통제단장이 할 수 있는 임무가 아닌 것은?

① 재난이 발생할 때에는 진화, 구조·구급 그 밖에 필요한 업무를 수행한다.
② 시·군·구 관할지역 안에 있는 긴급수송 군부대 및 행정기관장에게 파견을 요청할 수 있다.
③ 재난사고 현장에서 필요한 경우는 직접 현장을 지휘 할 수 있다.
④ 재난사태가 특별한 때에는 직접 재난사태 선포를 할 수 있다.

13 국가 및 지방자치단체가 행하는 재난 및 안전관리 업무를 총괄·조정하는 사람은 누구인가?

① 소방본부장
② 행정안전부장관
③ 대통령
④ 소방청장

12.

④ 「재난 및 안전관리 기본법」 제36조에 의해 재난 사태는 행정안전부장관, 제60조에 의해 특별재난은 대통령이 선포 할 수 있다.

※ **지역긴급구조통제단**(「재난 및 안전관리 기본법」 제50조)

㉠ 지역별 긴급구조에 관한 사항의 총괄·조정, 해당 지역에 소재하는 긴급구조기관 및 긴급구조지원기관 간의 역할분담과 재난현장에서의 지휘·통제를 위하여 시·도의 소방본부에 시·도긴급구조통제단을 두고, 시·군·구의 소방서에 시·군·구긴급구조통제단을 둔다.

㉡ 시·도긴급구조통제단과 시·군·구긴급구조통제단(지역통제단)에는 각각 단장 1명을 두되, 시·도긴급구조통제단의 단장은 소방본부장이 되고 시·군·구긴급구조통제단의 단장은 소방서장이 된다.

㉢ 지역통제단장은 긴급구조를 위하여 필요하면 긴급구조지원기관 간의 공조체제를 유지하기 위하여 관계 기관·단체의 장에게 소속 직원의 파견을 요청할 수 있다. 이 경우 요청을 받은 기관·단체의 장은 특별한 사유가 없으면 요청에 따라야 한다.

13.

행정안전부장관은 국가 및 지방자치단체가 행하는 재난 및 안전관리 업무를 총괄·조정한다(「재난 및 안전관리 기본법」 제6조).

14 「재난 및 안전관리 기본법」상 재난으로 인해 피해를 입은 이재민이 발생했을 경우 국가 및 지방자치단체는 주민의 생계안정을 위하여 지원을 할 수 있다. 다음 중 국가가 지원할 수 있는 것으로 바르지 않은 것은?

① 사망자 · 실종자 · 부상자 등 피해주민에 대한 구호
② 국세 · 지방세, 건강보험료, 연금보험료, 전기요금의 납부 면제
③ 고등학생의 학자금 면제
④ 농림 · 어업을 생계로 하는 사람들의 자금을 상환기한연기 및 그 이자 감면

14.
재난지역에 대한 국고보조 등의 지원(「재난 및 안전관리 기본법」 제66조 제3항) ··· 국가와 지방자치단체는 재난으로 피해를 입은 시설의 복구와 피해주민의 생계 안정을 위하여 다음의 지원을 할 수 있다. 다만, 다른 법령에 따라 국가 또는 지방자치단체가 같은 종류의 보상금 또는 지원금을 지급하거나, 재난으로 피해를 유발한 원인자가 보험금 등을 지급하는 경우에는 그 보상금, 지원금 또는 보험금 등에 상당하는 금액은 지급하지 아니한다.
㉠ 사망자 · 실종자 · 부상자 등 피해주민에 대한 구호
㉡ 주거용 건축물의 복구비 지원
㉢ 고등학생의 학자금 면제
㉣ 자금의 융자, 보증, 상환기한의 연기, 그 이자의 감면 등 관계 법령에나 정하는 금융지원
㉤ 세입자 보조 등 생계안정 지원
㉥ 관계 법령에서 정하는 바에 따라 국세 · 지방세, 건강보험료 · 연금보험료, 통신요금, 전기요금 등의 경감 또는 납부유예 등의 간접지원
㉦ 주 생계수단인 농업 · 어업 · 임업 · 염생산업(鹽生産業)에 피해를 입은 경우에 해당 시설의 복구를 위한 지원
㉧ 공공시설 피해에 대한 복구사업비 지원
㉨ 그 밖에 중앙재난안전대책본부회의에서 결정한 지원 또는 지역재난안전대책본부회의에서 결정한 지원

15 「재난 및 안전관리 기본법」 상의 중앙안전관리위원회에 대한 설명으로 옳지 않은 것은?

① 국무총리 소속으로 위원장은 국무총리가 된다.
② 재난 및 안전관리에 관한 중요 정책에 관한 사항을 심의한다.
③ 심의 사항이 국가안전보장과 관련된 경우 국가안전보장회의와 협의한다.
④ 재난안전산업 진흥을 위한 기본계획을 수립한다.

15.
④ 「재난안전산업 진흥법」 제5조에 따라 행정안전부장관이 중앙안전관리위원회의 심의를 거쳐 수립한다. 중앙안전관리위원회는 재난안전산업 진흥을 위한 기본계획에 관한 사항을 심의한다.

16 「재난 및 안전관리 기본법」상 국가의 재난 및 안전관리업무에 관한 기본계획의 수립지침을 작성하여 관계 중앙행정기관의 장에게 통보하는 자는?

① 대통령
② 국무총리
③ 행정안전부장관
④ 중앙재난안전대책본부장

17 「재난 및 안전관리 기본법」상 재난관리의 예방단계 관리사항에 있는 대로 모두 고른 것은?

> ㉠ 특정관리대상지역의 지정
> ㉡ 위기관리 표준매뉴얼 작성
> ㉢ 안전기준의 등록 및 심의
> ㉣ 특별재난지역의 선포

① ㉠
② ㉠㉡
③ ㉠㉢
④ ㉡㉢㉣

18 재난관리 개념과 단계별 관리상황 중 옳은 것은?

① 예방단계 – 위험지도의 작성
② 대비단계 – 토지이용 관리
③ 대응단계 – 비상방송시스템 구축
④ 복구단계 – 피해주민 수용 및 구호

16.

국무총리는 대통령령으로 정하는 바에 따라 국가의 재난 및 안전관리업무에 관한 기본계획의 수립지침을 작성하여 관계 중앙행정기관의 장에게 통보하여야 한다〈「재난 및 안전관리 기본법」 제22조 제1항〉.

17.

㉡㉢ 대비단계
㉣ 복구단계

18.

재난관리 단계
㉠ 예방단계 : 위험성 분석 및 위험지도 작성, 재해보험, 토지이용 관리, 안전관련법 재정, 조세유도
㉡ 대비단계 : 재난대응계획, 비상경보체계 구축, 통합대응체계 구축, 비상통신망 구축, 교육훈련 및 연습
㉢ 대응단계 : 재난대응계획의 적용, 재해의 진압, 구조ㆍ구난, 응급의료체계의 운영, 대책본부의 가동 등
㉣ 복구단계 : 잔해물 제거, 전염 예방, 이재민 지원, 임시거주지 마련, 시설복구

Answer 16.② 17.① 18.①

19 「재난 및 안전관리 기본법」 및 동법 시행령에 따라 수립해야 하는 계획의 내용이다. ( ) 안에 들어갈 내용으로 옳은 것은?

> ㈎ (㉠)은/는 재난 및 안전관리에 관한 과학 기술의 진흥을 위하여 (㉡)년마다 관계 중앙행정기관의 재난 및 안전관리기술개발에 관한 계획을 종합하여 조정위원회의 심의와 「국가과학기술자문회의법」에 따른 국가과학기술자문회의의 심의를 거쳐 재난 및 안전관리기술개발 종합계획을 수립하여야 한다.
> ㈏ (㉢)은/는 국가안전관리기본계획을 (㉣) 년마다 수립해야 한다.

	㉠	㉡	㉢	㉣
①	국무총리	1	행정안전부장관	1
②	행정안전부장관	1	국무총리	1
③	국무총리	5	국무총리	5
④	행정안전부장관	5	국무총리	5

19.

㉠ 재난 및 안전관리기술개발 종합계획의 수립 등 〈재난 및 안전관리 기본법 제71조의 2〉… 행정안전부장관은 제71조제1항의 재난 및 안전관리에 관한 과학기술의 진흥을 위하여 5년마다 관계 중앙행정기관의 재난 및 안전관리기술개발에 관한 계획을 종합하여 조정위원회의 심의와 「국가과학기술자문회의법」에 따른 국가과학기술자문회의의 심의를 거쳐 재난 및 안전관리기술개발 종합계획(이하 "개발계획"이라 한다)을 수립하여야 한다.

㉡ 국가안전관리기본계획 수립〈시행령 제26조〉… 국무총리는 법 제22조제1항에 따른 국가의 재난 및 안전관리업무에 관한 기본계획(이하 "국가안전관리기본계획"이라 한다)의 수립지침을 5년마다 작성해야 한다.

Answer 19.④

기출&예상문제 **117**

PART

I

소방학
개론

03

연소이론

01 연소개요

기출PLUS

기출 2022년 시행

메틸알코올(CH₃OH)의 최소산소농도(MOC : Minimum Oxygen Concentration, %)로 옳은 것은?
(CH₃OH의 연소상한계는 37%, 연소범위의 상·하한 폭은 30%이다.)

① 5.0
② 8.5
③ 10.5
④ 14.0

< 정답 ③

기출 2020년 시행

연소에 대한 설명으로 옳지 않은 것은?

① 액체가연물의 인화점은 액면에서 증발된 증기의 농도가 연소하한계에 도달하여 점화되는 최저온도이다.
② 연소하한계가 낮고 연소범위가 넓을수록 가연성 가스의 연소위험성이 증가한다.
③ 액체가연물의 연소점은 점화된 이후 점화원을 제거하여도 자발적으로 연소가 지속되는 최저온도이다.
④ 파라핀계 탄화수소화합물의 경우 탄소수가 적을수록 발화점이 낮아진다.

< 정답 ④

section 1 연소

(1) 연소의 개념 ★ 2020 기출

연소는 가연물이 공기 중의 산소(O_2) 등과 반응하여 열과 빛을 발생하면서 산화하는 현상을 말하며, 발열반응을 동반한다. 즉 산소와 화합하여 열과 화염을 동반하는 급격한 산화반응을 의미한다. 산소분자가 다른 물질의 분자와 결합하여 새로운 물질을 만들어내는 과정을 산화반응(산화작용)이라 한다.

① 연소의 화학반응은 가연물질이 공기 중의 산소나 산소를 함유하고 있는 산화제에서도 일어난다.

② 연소 반응을 일으키기 위해서는 활성화 에너지(최소 점화에너지)가 필요한데 이 에너지를 점화에너지·점화원·발화원 또는 최소점화(착화)에너지라고 한다.

③ 가연물의 활성화를 위해 필요한 에너지는 충격·마찰·자연발화·전기불꽃·정전기·고온표면·단열압축·자외선·충격파·낙뢰·나화·화학열 등에 의해 공급되고 있다.

④ 물질이 발열반응을 지속하면 고열이 발생될 뿐만 아니라 연쇄반응으로 이어지면서 연소는 계속된다.

(2) 완전연소와 불완전연소

완전연소는 공기 중에 산소(O_2)의 공급이 충분할 때 일어나며, 불완전연소는 공기 중의 산소(O_2)가 충분하게 공급되지 않을 때 일어난다. 특히 불완전연소를 하면 일산화탄소(CO), 완전연소를 하면 이산화탄소(CO_2)가 발생한다. 금속(Fe)에서 붉은색으로 녹이 발생하는 것도 산화반응에 해당하나 열이 발생하지 않기 때문에 연소는 아니다.

section 2 연소의 요소

가연물이 공기 중의 산소(O_2)와 결합하여 열과 빛을 발생하는 연소반응을 지속하기 위해서 사용되는 가연물, 산소(O_2, 산소공급원), 점화원(열)을 연소의 3요소라 하며, 화학적 연쇄반응을 포함하여 연소의 4요소로 총칭된다. 연소의 요소 중 어느 한 요소라도 제거된다면 연소반응은 더 이상 일어나지 않는다. 즉 발화가 진행된 상황에서 어느 한 요소가 연소반응으로부터 제거되면 연소반응은 더 이상 일어나지 않는다. 다시 말해, 발화가 진행된 상황에서 어느 한 요소가 연소반응으로부터 제거되면 화재는 더 이상 진행되지 못한다.

(1) 연소의 3요소 ✪ 2019, 2021 기출

① 가연물
- ㉠ 고체 가연물 : 종이류, 섬유류, 고무류, 코크스, 목재류와 그 가공물 또는 부산물, 플라스틱 제품 등
- ㉡ 액체 가연물 : 휘발유, 등유, 경유, 중유, 알코올류, 동식물유 등
- ㉢ 기체 가연물 : 프로판, 부탄, LPG, LNG, 아세틸렌 등

> 🐷 Plus tip
> 탄화수소계 가연성 가스의 완전연소식 및 주요 탄화수소계 가연성 가스의 연소식
> ㉠ 탄화수소계 가연성 가스의 완전연소식 : $C_mH_n + \left(m + \dfrac{n}{4}\right)O_2 \rightarrow mCO_2 + \dfrac{n}{2}H_2O$
> ㉡ 주요 탄화수소계 가연성 가스의 연소식
> - 메탄(CH_4) : $CH_4 + 2O_2 \rightarrow CO_2 + 2H_2O + 212.80$㎉
> - 에탄(C_2H_6) : $C_2H_6 + 3.5O_2 \rightarrow 2CO_2 + 3H_2O + 372.82$㎉
> - 프로판(C_3H_8) : $C_3H_8 + 5O_2 \rightarrow 3CO_2 + 4H_2O + 530.60$㎉ ✪ 2019 기출
> - 부탄(C_4H_{10}) : $C_4H_{10} + 6.5O_2 \rightarrow 4CO_2 + 5H_2O + 687.64$㎉

② 산소공급원

> 🐷 Plus tip
> 최소산소농도(MOC : Minimum Oxygen Concentration)
> ㉠ 화염이 전파되기 위해 필요한 임계산소농도
> ㉡ 산소의 몰수 × 연소하한계
> ㉢ 주요 탄화수소계 최소산소농도
> - 메탄(CH_4) : $2 \times 5 = 10\%$
> - 에탄(C_2H_6) : $3.5 \times 3 = 10.5\%$
> - 프로판(C_3H_8) : $5 \times 2.1 = 10.5\%$
> - 부탄(C_4H_{10}) : $6.5 \times 1.8 = 11.7\%$

③ 점화원(에너지 = 원인 = 불씨)

④ 산소공급원은 산소 외에 조연성물질(연소를 돕는 물질)인 불소, 염소, 오존 등도 포함한다. 또한, 제1류 위험물(산화성 고체), 제5류 위험물(자기반응성 물질), 제6류 위험물(산화성 액체)처럼 물질자체가 산소를 함유한 물질도 포함한다.
- ㉠ 위험물 중에서 제1류 위험물과 제6류 위험물은 연소를 돕는 물질이다.
  - 제6류 위험물 : 불연성으로서 위험물 중에서 위험성이 가장 떨어진다.
- ㉡ 제5류 위험물은 자체적으로 연소가 가능하다.
  - 제5류 위험물 : 화기엄금, 충격주의 등으로 산소를 내주어 연소하는 물질이다

⑤ 연소의 3요소만으로는 연소가 지속될 수 없다. 연소의 3요소가 합쳐져서 불이 붙었다 하더라도 금방 다시 꺼질 수 있기 때문이다. 단, 불이 10℃(약 5초) 이상으로 지속된다면 연소점이므로 불은 꺼지지 않고 계속될 수 있다.

📖기출 2021년 시행

1기압, 20℃인 조건에서 메탄(CH_4) 2m³가 완전 연소하는 데 필요한 산소 부피는 몇 m³인가?

① 2   ② 3
③ 4   ④ 5

❮정답 ③

📖기출 2019년 시행

20℃, 1기압의 프로판(C_3H_8) 1m³를 완전연소시키는 데 필요한 20℃, 1기압의 산소 부피는 얼마인가?

① 1m³   ② 3m³
③ 5m³   ④ 7m³

❮정답 ③

📖기출 2021년 시행

최소산소농도(MOC : Minimum Oxygen Concentration)에 대한 설명으로 옳지 않은 것은?

① 연소상한계에 의해 최소산소농도가 결정된다.
② 연소할 때 화염이 전파되는 데 필요한 임계산소농도를 말한다.
③ 완전연소반응식의 산소 몰수에 의해 최소산소농도가 결정된다.
④ 프로판(C_3H_8) 1몰(mol)이 완전연소하는 데 필요한 최소산소농도는 10.5%이다.

❮정답 ①

표면적 및 열전도도의 대소
㉠ 표면적의 대소 : 기체 > 액체 > 고체
㉡ 열전도도의 대소 : 기체 < 액체 < 고체

기출 2016년 시행

가연성 물질에 관한 설명으로 바른 것은?

① 가연물은 일반적으로 산소와 화합물을 만들 수 있는 원소들로 이루어져 있다.
② 기체연료와 연소용 공기를 별도로 공급하는 방법은 예혼합연소이다.
③ 액체의 연소는 주로 그 액체에서 가열된 증기 즉 가스가 연소하는 형태이다.
④ 숯 및 코크스는 유염연소이다.

〈정답 ③

(2) 연소의 4요소

① 가연물

② 산소공급원

③ 점화원(에너지 = 원인 = 불씨)

④ 연쇄반응
  ㉠ 연소의 3요소까지 온도 : 불이 붙었으니, 인화점(인화물질을 사용하여 불 붙는 최저온도)에 해당 된다.
  ㉡ 연소의 4요소까지 온도 : 불이 꺼지지 않으니, 연소점(연소상황을 가질 수 있는 최저온도)에 해당 된다.

(3) 가연물의 구비조건

① 발열량과 비표면적이 클 것…발열량과 건조한 공기(산소)와 접촉하는 표면적이 커야 한다.

② 연쇄반응을 일으킬 수 있을 것…순조로운 화학적 변화를 일으킬 수 있어야 한다.

③ 열전도도가 작을 것…열전도율이 작은 것일수록 가연물의 구비조건을 갖춘다(즉 내부열의 축적이 용이해야 한다).

④ 활성화 에너지가 작을 것…점화에너지가 작을수록(즉 작은 불씨로도 연소가 가능할 때), 발화온도가 작을수록 가연물 구비조건을 갖춘다.

⑤ 화학적 활성도가 클 것…산소와 친화력이 커야 한다(즉, 산소가 많을수록).

⑥ 일반적으로 산화되기 쉬운 물질로서 산소와 결합할 때 발열량이 커야 한다.

⑦ 탄소·수소·산소 등으로 구성된 유기화합물이 많다.

⑧ 한계산소농도(LOI)가 낮을수록 낮은 농도의 산소 조건에서도 연소가 가능하므로 위험하다.

> ☆ Plus tip
> **가연물이 될 수 없는 물질**
> 가연성 물질과는 반대로 아무리 많은 열과 산소가 제공된다 하더라도 연소가 이루어지지 않는 물질을 불연성 물질이라고 하며 불연성 물질은 다음과 같다.
> ㉠ 이미 산소와 결합하여 더 이상 산소와 화학반응을 일으킬 수 없는 물질로, CO_2, P_2O_5, SO_3, CrO_3, Al_2O_3, H_2O 등이 있다.
> ㉡ 산소와 화합하여 산화물을 생성하나 산화 발열반응을 일으킬 수 없는 물질로, $N_2(N_2+O_2 \rightarrow 2NO-43.2Kcal)$ 등이 이에 해당한다.
> ㉢ 활성(결합력)이 없는 물질로 Ar, He, Kr, Xe, Rn 등이 이에 해당한다.
> ㉣ 돌, 흙과 같이 그 자체가 연소하지 않는 물질도 가연물이 될 수 없다.

(4) 가연물의 특성

가연물의 특성은 물질에 따라 차이가 있다.

① **인화점** … 인화점이 낮을수록 위험하다. 즉 낮은 온도에서 인화되는 물질이 위험하다.
　例 휘발유가 등유 · 경유보다 위험하다.

② **착화점** … 착화점이 낮을수록 위험하다. 즉 낮은 온도에서 착화되는 물질이 위험하다.
　例 휘발유가 등유 · 경유보다 위험하다.

③ **점성** … 점성이 낮을수록 위험하다. 점성이란 끈끈한 성질을 말하는데, 점성이 작을수록 이물질이 적다는 것으로 더 순수하기 때문에 불이 더욱 빨리 붙는다.
　例 끈끈할수록 불이 안 붙는다. 등유가 휘발유보다 끈끈하다.

④ **비점(비등점)** … 비점이 낮을수록 위험하다.

⑤ **융점(녹는점)** … 융점이 낮을수록 위험하다.

⑥ **증발열** … 증발열이 작을수록 위험하다.

⑦ **비중** … 비중이 작을수록 위험하다. 기체는 공기와 액체 · 고체는 물하고 비교한 중량이다.

⑧ **표면장력** … 표면장력이 작을수록 위험하다. 표면장력이란 표면을 끌어당기는 힘을 말한다. 예컨대 물방울을 유지시키는 힘 등이다. 이는 표면이 끈끈하다는 뜻으로 점성과 비슷한 개념이다. **✪ 2022 기출**
　例 표면이 끈끈할수록 불이 안 붙는다.

⑨ **LOI(Limited Oxygen Index)** … 한계산소지수는 작을수록 위험하다. 한계산소지수란 가연물을 수직으로 한 상태에서 가장 윗부분에 착화하였을 때 연소를 계속 유지시킬 수 있는 산소의 최저체적농도를 말한다. 예컨대 면류의 LOI가 17%라 하면 공기 중의 산소농도가 17% 이하로 줄어들면 열원을 제거한 후 연소가 지속할 수 없다.
　例 산소가 16%와 21%에서 불 붙는 2개의 불질이 있다며, 16% 물질이 더 위험하다.

⑩ **활성화 에너지** … 활성화 에너지는 작을수록 위험하다. 활성화 에너지란 처음 착화될 때 작은 점화에너지를 말한다. 즉 활성화 에너지가 작다는 것은 작은 불씨로도 착화될 수 있다는 것이므로 활성화 에너지가 작으면 더 위험하다.

⑪ **비열** … 비열은 작을수록 위험하다. 비열이란 어떤 물질 1g을 1℃ 올리는 데 필요한 열량을 말한다. 작은 열로 물질 내부에 고온을 형성하여 착화된다면 그 물질은 더 위험하다.

⑫ **열전도율** … 열전도율이 작을수록 위험하다. 열이 물질 내부에 늦게 흐를수록 내부에 열이 더욱 축적되므로 열전도율이 낮을수록 더 위험하다.

⑬ **전기전도율** … 전기전도율이 작을수록 위험하다. 전기가 축적되고 정지된 정전기가 모여 늦게 흐를수록 순간적으로 착화됨으로 전기전도율이 낮을수록 위험하다.

기출PLUS

기출 2022년 시행

가연성 물질의 화재 위험성에 대한 설명으로 옳은 것은?

① 비열, 연소열, 비점이 작거나 낮을수록 위험하다.
② 증발열, 연소열, 연소속도가 크거나 빠를수록 위험하다.
③ 표면장력, 인화점, 발화점이 작거나 낮을수록 위험하다.
④ 비중, 압력, 융점이 크거나 높을수록 위험하다.

〈정답 ③〉

기출 2013년 시행

다음은 물질과 열의 정의에 관한 설명이다. 바르지 않은 것은?

① 현열은 온도의 변화를 수반하지 않고 상의 변화로 생성되는 에너지이며 상의 변화를 수반하지 않고 온도 1도를 올릴 때 필요한 에너지를 말한다.
② 비열은 단위질량의 물체 1g을 1℃ 올리는데 필요한 열량과 물 1g의 온도를 1℃ 올리는 데 필요한 열량과 비율을 말한다.
③ 1[Btu]는 1[Lb]의 물을 1[℉] 높이는데 필요한 열량을 말한다.
④ 융점은 대기압 하에서 고체가 용융하여 액체가 되는 온도를 말한다.

〈정답 ①〉

(5) 점화원(점화에너지 · 활성화에너지)

연소가 이루어지기 위해서는 가연물과 산소공급원 이외에 일정한 온도와 일정한 양의 열이 있어야 하는데 이를 점화원이라고 한다. 점화원의 강도는 온도로 표시하게 되며, 화학열, 전기열, 기계열, 원자력 에너지로 분류할 수 있다.

① 화학적 에너지
   ㉠ 연소열 : 물질이 연소하는 과정에서 발생되는 열이며, 탄소와 수소의 화합물 또는 탄소 및 산소와 수소의 화합물은 대부분 산화과정에서 열을 발생하게 된다.
   ㉡ 자연발화 : 물질이 외부로부터 열을 공급받지 않고 내부의 반응열 축적만으로 온도가 상승하여 발화점에 도달하여 연소를 일으키는 현상을 말한다. 자연발화는 열의 확산속도와 물질의 자연발열 속도 간의 균형이 깨져 열의 축적이 일어남에 따라 일어나게 된다.
   ㉢ 분해열 : 화합물이 분해될 때 발생하는 열을 분해열이라 하며, 산업용이나 군용 폭발물은 불안정한 화합물의 급격한 분해를 이용하는 것이 대부분이다.
   ㉣ 용해열 : 물질이 액체에 용해될 때 발생되는 열을 말하며, 모든 물질의 용해열이 화재를 발생시킬 정도의 위험한 에너지를 가지는 것은 아니지만 진한 황산이 물로 희석되는 과정에서 발생되는 열은 위험상태에 이르기도 한다.

② 전기적 에너지
   ㉠ 저항열 : 물체에 전류를 흘려보내면 각 물질이 갖는 전기저항 때문에 전기에너지 일부가 열로 변하게 되며, 백열전구에서 열이 발생하는 것은 전구 내의 필라멘트의 저항에 의한 것이다. 도체에 발생하는 열량이 공기 중의 발산하는 열량보다 많을 경우 화재를 일으키는 점화원이 될 수 있다.
   ㉡ 유도열 : 어떤 도체에 유도된 전류가 흐르는 경우, 그 도체에 유도전류의 크기에 적당한 전류용량을 갖지 못하면 저항 때문에 열이 발생하게 된다.
   ㉢ 유전열 : 일반적으로 절연물질로 사용되는 물질도 완전한 절연능력을 갖고 있지는 못하다. 따라서 전열물질에 전류가 흐르는데 이러한 전류를 누설전류라 하며, 누설전류에 의해 발생되는 열이 점화원이 될 수 있다.
   ㉣ 아크열 : 전기흐름에 있어 접촉 또는 접점이 느슨하여 전류의 흐름이 끊어질 때 발생할 수 있으며, 아크에 의해 발생되는 온도는 매우 높다.
   ㉤ 정전기열 : 두 물질이 접촉하였다가 떨어질 때 각 물질의 표면에 양과 음의 전하가 축적되어 스파크 방전이 일어난다. 이러한 정전기 방전에 의한 에너지는 가연성 증기나 기체 또는 분진을 점화시킬 수 있다.
   ㉥ 낙뢰에 의한 열 : 번개는 구름에 축적된 전하가 다른 구름이나 반대 전하를 가진 지면으로의 방전 현상을 말한다.

③ 기계적 에너지

　ⓞ 마찰 및 충격의 불꽃: 두 개 이상의 물체가 서로 충격·마찰을 일으키면서 열에너지를 발생시켜 순간적으로 최대 1,000℃에 가까운 열을 발생시킨다. 사람의 출입이 없는 산속에서 겨울철에 많이 일어나는 산불은 건조한 날씨와 강풍으로 나무와 나무가 마찰되어 발생하는 수가 있으며, 정이나 망치로 바위를 깨뜨릴 때 생기는 불꽃은 충격에 의한 불꽃이라 할 수 있다.

　ⓒ 단열압축: 단열압축에 의한 발화현상은 디젤기관에서 착화원리를 이용하는 것으로서 기체를 압축시키면 기체분자 간의 충돌횟수가 증가되어 내부에너지의 증가를 가져오며 결국 주위온도를 증가시켜 점화원의 역할을 하게 된다.

④ 원자력 에너지 … 원자핵에 중성자를 충돌시키면 막대한 에너지가 방출된다. 이때 발생되는 에너지는 열압력, 방사선 등의 형태로 방출된다.

section 3 위험물의 분류와 상성

(1) 제1류 위험물(위험물의 위험도 : 3·5류 > 4류 > 2류 > 1·6류) ✪ 2018, 2019, 2021 기출

위험물			지정수량
유별	성질	품명	
제1류	산화성 고체	1. 아염소산염류	50킬로그램
		2. 염소산염류	50킬로그램
		3. 과염소산염류	50킬로그램
		4. 무기과산화물	50킬로그램
		5. 브롬산염류	300킬로그램
		6. 질산염류	300킬로그램
		7. 요오드산염류	300킬로그램
		8. 과망간산염류	1,000킬로그램
		9. 중크롬산염류	1,000킬로그램
		10. 그 밖에 행정안전부령으로 정하는 것 11. 1~10의 물질 중 어느 하나 이상을 함유한 것	50킬로그램, 300킬로그램 또는 1,000킬로그램

① 일반적 성질

　ⓞ 산소를 함유한 강한 산화제이며 가열, 충격, 마찰 등에 의해 분해하여 산소를 방출한다.

　　•산소 함유 + 불연성

기출PLUS

기출 2018년 시행

제1류 위험물의 일반적 성질에 대한 설명으로 옳지 않은 것은?

① 불연성 물질이다.
② 강력한 환원제이다.
③ 대부분 무기화합물이다.
④ 다른 가연물의 연소를 돕는 지연성 물질이다.

❰정답 ②

기출PLUS

ⓛ 자신은 불연성이나 산소를 방출하여 다른 가연물의 연소를 돕는 조연성 물질이다.

ⓒ 대부분 무색 결정이거나 백색 분말이다.

ⓔ 비중은 1보다 크다(물보다 무겁다).

② 예방대책

㉠ 가열(화기), 충격, 마찰, 타격 등에 주의하고 연쇄적인 분해를 방지한다.

ⓛ 위험물 게시판표지에 무기과산화물 중 알칼리금속의 과산화물은 "물기엄금"을 표시한다.

ⓒ 제2류~제5류 위험물과 접촉 및 혼합을 금한다.

ⓔ 강산류(제6류 위험물)와 절대 접촉(혼촉)을 금한다. 다만, 혼재는 가능하다.

ⓜ 질산염류 중 조해성 물질은 방습하고 용기를 밀전하여 통풍이 잘 되는 냉암소에 저장한다.

③ 소화대책

㉠ 무기과산화물류를 제외하고는 다량의 물을 사용하는 것이 유효하다.

ⓛ 무기과산화물류는 건조사 등을 이용하여 질식소화가 유효하다.

기출 2021년 시행

위험물의 종류에 따른 소화 방법으로 옳지 않은 것은?

① 제1류 위험물인 알칼리금속의 과산화물은 물을 사용한다.
② 제2류 위험물인 마그네슘은 건조사를 사용한다.
③ 제3류 위험물인 알킬알루미늄은 건조사를 사용한다.
④ 제4류 위험물인 알코올은 내알코올포(泡, foam)를 사용한다.

〈정답 ①

(2) 제2류 위험물(위험물의 위험도 : 3·5류 > 4류 > 2류 > 1·6류) ✪ 2018, 2019, 2022 기출

유별	성질	품명	지정수량
제2류	가연성 고체	1. 황화린	100킬로그램
		2. 적린	100킬로그램
		3. 유황	100킬로그램
		4. 철분	500킬로그램
		5. 금속분	500킬로그램
		6. 마그네슘	500킬로그램
		7. 그 밖에 행정안전부령으로 정하는 것 8. 1~7의 물질 중 어느 하나 이상을 함유한 것	100킬로그램 또는 500킬로그램
		9. 인화성고체	1,000킬로그램

기출 2018년 시행

「위험물안전관리법령」상 위험물의 분류 중 가연성 고체가 아닌 것은?

① 황린
② 적린
③ 유황
④ 황화린

〈정답 ①

① 일반적 성질

㉠ 가연성 고체(이연성, 속연성) 물질이다.

ⓛ 평소에 산소를 멀리하고(산소를 함유하지 않음), 수소를 가까이하는 강력한 환원성 물질이다.

ⓒ 금속분은 물이나 혹은 산과 접촉하여 발열하게 된다.

② 예방대책

　㉠ 산화제(제1 · 6류)와의 혼합 · 혼촉을 피하며, 통풍이 잘되는 냉암소에 보관 · 저장한다.

　㉡ 위험물 게시판은 "화기주의" (인화성고체는 "화기엄금")이다.

　㉢ 인화성고체는 불에 빨리는 붙지만 지정수량 때문에 그렇게 위험하지 않다.

　　예 휴대용 고체연료

③ 소화대책

　㉠ 황화린, 철분, 금속분, 마그네슘은 건조사, 건조분말 등으로 질식소화한다.

　㉡ 적린과 인화성고체 등은 물에 의한 냉각소화가 적당하다.

　㉢ 유황은 물분무가 적당하다.

> ☆ Plus tip
> • 유황: 순도 60% 이상
> • 알코올류: 농도 60% 이상
> • 철분: 53um의 표준체를 통과하는 것(50wt% 미만은 제외)
> • 금속분: 150um의 표준체를 통과하는 것(50wt% 미만은 제외)
> • 마그네슘: 2mm의 체를 통과하는 것으로서 직경 2mm 이상의 막대 모양의 것은 제외

(3) 제3류 위험물(위험물의 위험도 : 3 · 5류 > 4류 > 2류 > 1 · 6류) ★ 2018, 2022 기출

유별	성질	품명	지정수량
제3류	자연발화성 물질 및 금수성 물질	1. 칼륨	10킬로그램
		2. 나트륨	10킬로그램
		3. 알킬알루미늄	10킬로그램
		4. 알킬리튬	10킬로그램
		5. 황린	20킬로그램
		6. 알칼리금속(칼륨 및 나트륨을 제외) 및 알칼리토금속	50킬로그램
		7. 유기금속화합물(알킬알루미늄 및 알킬리튬을 제외)	50킬로그램
		8. 금속의 수소화물	300킬로그램
		9. 금속의 인화물	300킬로그램
		10. 칼슘 또는 알루미늄의 탄화물	300킬로그램
		11. 그 밖에 행정안전부령으로 정하는 것 12. 1~11의 물질 중 어느 하나 이상을 함유한 것	10킬로그램, 20킬로그램, 50킬로그램 또는 300킬로그램

기출PLUS

기출 2020년 시행

제4류 위험물에 대한 설명으로 옳지 않은 것은?

① 물보다 가볍고 물에 녹지 않는 것이 많다.
② 일반적으로 부도체 성질이 강하여 정전기 축적이 쉽다.
③ 발생 증기는 가연성이며, 증기비중은 대부분 공기보다 가볍다.
④ 사용량이 많은 휘발유, 경유 등은 연소하한계가 낮아 매우 인화하기 쉽다.

《 정답 ③

① 일반적 성질

  ㉠ 알킬알루미늄, 알킬리튬, 유기금속화합물류는 유기화합물이다.

  ㉡ 물에 대해 위험한 반응을 초래하는 고체 및 액체물질이다. 단, 황린은 제외

② 예방대책

  ㉠ 저장용기는 밀전하여 공기와의 접촉을 방지하고 물과 수분의 침투 및 접촉을 금지하여야 한다.
  예컨대 "물기엄금" 위험물 게시판

  ㉡ 칼륨, 나트륨, 알칼리금속은 석유류(등유, 경유 등)에 저장한다.

  ㉢ 황린(인, 백린, 노란인)은 공기 중에 발화한다. 따라서 황린은 물속에 저장한다. (황린은 30℃에서 자연발화됨)

  ㉣ 칼륨, 나트륨은 물과 접촉하여 발화하며 알킬알루미늄은 물과 공기 중 발화할 수 있다.

③ 소화대책

  ㉠ 금수성이므로 절대 물의 주수를 금한다. (단 황린은 제외)

  ㉡ 포ㆍ이산화탄소ㆍ할로겐 소화약제도 적용이 어렵다. 따라서 상황에 따라 건조분말, 건조사, 팽창질석, 건조석회를 사용한다.

(4) 제4류 위험물(위험물의 위험도 : 3ㆍ5류 > 4류 > 2류 > 1ㆍ6류) **✪ 2020 기출**

위험물			지정수량
유별	성질	품명	
제4류	인화성 액체	1. 특수인화물 : 이황화탄소, 디에틸에테르 등	50리터
		2. 제1석유류(아세톤, 휘발유, 초산메테르) — 비수용성액체	200리터
		2. 제1석유류(아세톤, 휘발유, 초산메테르) — 수용성액체	400리터
		3. 알코올류(60wt% 이상) : 메탄올, 에탄올, 프로판올 등	400리터
		4. 제2석유류(등유, 경유, 크로크벤젠 등) — 비수용성액체	1,000리터
		4. 제2석유류(등유, 경유, 크로크벤젠 등) — 수용성액체	2,000리터
		5. 제3석유류(중유, 클레오소트유, 아닐린 등) — 비수용성액체	2,000리터
		5. 제3석유류(중유, 클레오소트유, 아닐린 등) — 수용성액체	4,000리터
		6. 제4석유류(기어유, 실린더유 등)	6,000리터
		7. 동식물유류(건성유, 아마인류)	10,000리터

석유를 제외한 4류는 모두 비수용성이다. 즉, 석유만 수용성이다.

Plus tip

제4류 위험물의 종류 ✪ 2019 기출

㉠ 특수인화물 : 이황화탄소, 디에틸에테르 그 밖에 1기압에서 발화점이 섭씨 100도 이하인 것 또는 인화점이 섭씨 영하 20도 이하이고 비점이 섭씨 40도 이하인 것을 말한다.

㉡ 알코올류 : 1분자를 구성하는 탄소원자의 수가 1개부터 3개까지인 포화1가 알코올(변성알코올을 포함)을 말한다. 다만, 다음에 해당하는 것은 제외한다.

　• 1분자를 구성하는 탄소원자의 수가 1개 내지 3개의 포화1가 알코올의 함유량이 60중량퍼센트 미만인 수용액

　• 가연성액체량이 60중량퍼센트 미만이고 인화점 및 연소점(태그개방식인화점측정기에 의한 연소점)이 에틸알코올 60중량퍼센트 수용액의 인화점 및 연소점을 초과하는 것

㉢ 동식물유류 : 동물의 지육 등 또는 식물의 종자나 과육으로부터 추출한 것으로서 1기압에서 인화점이 섭씨 250도 미만인 것을 말한다. 다만, 행정안전부령으로 정하는 용기기준과 수납·저장기준에 따라 수납되어 저장·보관되고 용기의 외부에 물품의 통칭명, 수량 및 화기엄금(화기엄금과 동일한 의미를 갖는 표시를 포함한다)의 표시가 있는 경우를 제외한다.

㉣ 제1석유류 : 아세톤, 휘발유 그 밖에 1기압에서 인화점이 섭씨 21도 미만인 것을 말한다.

㉤ 제2석유류 : 등유, 경유 그 밖에 1기압에서 인화점이 섭씨 21도 이상 70도 미만인 것을 말한다. 다만, 도료류 그 밖의 물품에 있어서 가연성 액체량이 40중량퍼센트 이하이면서 인화점이 섭씨 40도 이상인 동시에 연소점이 섭씨 60도 이상인 것은 제외한다.

㉥ 제3석유류 : 중유, 클레오소트유 그 밖에 1기압에서 인화점이 섭씨 70도 이상 섭씨 200도 미만인 것을 말한다. 다만, 도료류 그 밖의 물품은 가연성 액체량이 40중량퍼센트 이하인 것은 제외한다.

㉦ 제4석유류 : 기어유, 실린더유 그 밖에 1기압에서 인화점이 섭씨 200도 이상 섭씨 250도 미만의 것을 말한다. 다만 도료류 그 밖의 물품은 가연성 액체량이 40중량퍼센트 이하인 것은 제외한다.

① 일반적 성질

　㉠ 인화되기 쉬우며, 자연 발화점이 낮다.("화기엄금" 위험물 게시판)

　㉡ 주로 비수용성이며, 전기 부도체이다.(즉, 유류는 전기가 안 통한다)

　㉢ 주로 물보다 가벼운 유류가 더 많다.

　㉣ 연소 시 증기 비중은 공기보다 무겁다.

　㉤ 인화성은 가연성보다 불이 빨리 붙는 물질이므로, 가연성보다 대부분 더 위험할 수 있다.

② 예방대책

　㉠ 누출방지 : 밀폐용기의 사용, 배관의 이용, 바위 속 시원한 냉암소에 저장한다.

　㉡ 폭발혼합기의 형성방지(환기 철저), 정전기나 스파크에 주의한다.

기출 2019년 시행

다음은 제1석유류에 대한 설명이다. ( ) 안에 들어갈 내용으로 옳은 것은?

┌─ 보기 ─────────────┐
제1석유류는 아세톤, 휘발유 그 밖에 1기압에서 (가)이 섭씨 (나)도 미만인 것이다.
└──────────────────┘

① (가) 발화점, (나) 21
② (가) 발화점, (나) 25
③ (가) 인화점, (나) 21
④ (가) 인화점, (나) 25

❰정답 ③

③ 소화대책

　　㉠ 유류화재는 포에 의한 질식소화가 좋다.

　　㉡ 물에 혼합되는 수용성 위험물에는 알코올포(내알콜올포)를 사용하여 질식소화 하거나 다량의 물로 희석시켜 희석소화 한다.

(5) 제5류 위험물(위험물의 위험도 : 3 · 5류 > 4류 > 2류 > 1 · 6류) ✪ 2019, 2020 기출

위험물의 종류에 따른 일반적 성상을 나타낸 것으로 옳은 것은?

① 산화성 고체는 환원성 물질이며 황린과 철분을 포함한다.
② 인화성 액체는 전기 전도체이며 휘발유와 등유를 포함한다.
③ 가연성 고체는 불연성 물질이며 질산염류와 무기과산화물을 포함한다.
④ 자기반응성 물질은 연소 또는 폭발을 일으킬 수 있는 물질이며 유기과산화물, 질산에스테르류를 포함한다.

〈 정답 ④

위험물			지정수량
유별	성질	품명	
제5류	자기반응성 물질	1. 유기과산화물	10킬로그램
		2. 질산에스테르류	10킬로그램
		3. 니트로화합물	200킬로그램
		4. 니트로소화합물	200킬로그램
		5. 아조화합물	200킬로그램
		6. 디아조화합물	200킬로그램
		7. 히드라진 유도체	200킬로그램
		8. 히드록실아민	100킬로그램
		9. 히드록실아민염류	100킬로그램
		10. 그 밖에 행정안전부령으로 정하는 것 11. 1~10의 물질 중 어느 하나 이상을 함유한 것	10킬로그램, 100킬로그램 또는 200킬로그램

① 일반적 성질

　　㉠ 자체산소가 있어 공기 중 산소의 공급 없이 충격 등으로 연소폭발이 가능한 물질이다. (불연성이 아니다)

　　㉡ 모든 가연성의 고체 혹은 액체의 산화제 물질이고, 연소 시 다량의 가스가 발생한다.

② 예방대책

　　㉠ 화염, 불꽃 등 점화원의 엄금("화기엄금"), 가열, 충격, 마찰, 타격을 피한다.

　　㉡ 자신이 산소를 내어 자기연소(내부연소)한다.

화재진압 시 주수소화에 적응성 있는 위험물로 옳은 것은?

① 황화린
② 질산에스테르류
③ 유기금속화합물
④ 알칼리금속의 과산화물

〈 정답 ②

③ 소화대책

　　㉠ 물질자체 내부에 산소를 함유하여 질식소화가 어렵다.

　　㉡ 물에 반응하는 물질이 없기 때문에 화재 초기 시에만 다량의 냉각 소화하는 것이 적당하다.

(6) 제6류 위험물(위험물의 위험도 : 3·5류 > 4류 > 2류 > 1·6류)

위험물			지정수량
유별	성질	품명	
제6류	산화성 액체	1. 과염소산	300킬로그램
		2. 과산화수소	300킬로그램
		3. 질산	300킬로그램
		4. 그 밖에 행정안전부령으로 정하는 것	300킬로그램
		5. 1~4의 물질 중 어느 하나 이상을 함유한 것	300킬로그램

① 일반적 성질

　㉠ 무기화합물로 비중이 1보다 크다.(물보다 무겁다)

　㉡ 불연성 물질이며 접촉 시 산소를 발생하여 다른 물질을 산화시킨다.(조연성)

　㉢ 증기는 유독하며 피부와 접촉 시 점막을 부식시킨다.

② 예방대책

　㉠ 직사광선을 차단하고 강환원제·유기물질·가연성 위험물과 접촉을 피한다.

　㉡ 염기 및 물 또는 제1류 위험물과 접촉을 피한다.

③ 소화대책

　㉠ 화재 시에는 가연물과 격리하도록 하며 유출사고에는 마른 모래 및 중화제를 사용한다.

　㉡ 원칙적으로 주수는 금지한다. 단, 초기화재 시 상황에 따라 다량의 물로 세척한다.

---

section 4 　연소의 종류와 연소조건

(1) 연소의 종류 및 연소형태

① 연소의 종류

　㉠ 정상연소 : 가연물이 정상적인 대기상태에서 서서히 타는 현상을 말한다.

　㉡ 접염연소 : 전도, 대류, 복사의 3가지의 형태에 의해 이루어지며, 불꽃에 직접 닿는 곳에는 전도, 가까운 곳에는 복사, 원거리이면 대류에 의해 연소가 이루어진다.

　㉢ 대류연소 : 열기류에 의해 가연물의 온도를 높여 착화하는 형태의 연소현상을 말한다.

　㉣ 복사연소 : 가연물이 연소할 때 발산하는 복사열에 의하여 착화되는 연소현상을 말한다.

　㉤ 비화연소 : 불티가 날려서 화재 인근에 있는 가연물질을 인화시키는 연소를 말한다.

기출**PLUS**

다음 중 연소물과 연소형태가 맞지 않은 것은?

① 목탄 – 표면연소
② 나프탈렌 – 증발연소
③ 플라스틱 – 자기연소
④ 목재 – 분해연소

〈정답 ③

② **연소형태** ⋯ 연소형태는 가연성 물건의 형태에 따라 달라진다. 크게 정상연소와 비정상연소로 나누어지며 연소의 형태는 기체가연물, 액체가연물, 고체가연물에 따라 그 양상이 달라지게 된다.
ㄱ **정상연소** : 발생하는 열과 발산하는 열이 균형을 이루는 형태를 말한다.
ㄴ **비정상연소** : 가연성 기체와 공기와의 혼합기체가 밀폐된 공간에 존재할 때, 점화원이 주어져 폭발적으로 연소하는 현상을 말한다.

가연물의 연소형태

종류	내용		연소형식	예
기체	기체가 그대로 연소		확산연소	수소, 아세틸렌, 프로판
액체	액체 자신은 연소하지 않음	발생기체가 공기와 혼합하여 연소	증발연소	가솔린, 에테르, 알코올
		열분해로 생성된 기체가 연소	분해연소	지방산, 기계유, 중유
고체	고체 자신은 연소하지 않음	발생 증기가 연소	증발연소	황린, 나프탈렌
		열분해로 생성된 기체가 연소	분해연소	파라핀, 양초
	고체가 그대로 연소		표면연소	목탄, 코크스, 금속분, 숯
	고체자신이 열분해로 생긴 기체와 함께 연소		분해연소	목재, 석탄, 플라스틱, 종이

ㄷ **기체 연소형태** : 수소, 일산화탄소, 메탄, 아세틸렌, 프로판 등 가연성 가스와 공기 중의 산소가 혼합하여 연소하는 형태로서 혼합연소와 확산연소로 크게 구분된다.
 • 혼합연소
  −가연성 기체와 산소가 미리 혼합된 상태에서 연소하는 상태이다.
  −반응이 빠르고 연소온도가 높으며, 화염의 전파속도가 빨라 예혼합연소에 해당된다.
  −혼합연소는 폭발적인 연소현상을 일으키므로 비정상연소이다.
 • 확산연소
  −가연성 기체와 산소가 상호 확산에 의하여 혼합되면서 연소하는 것이다.
  −일정량의 가연성 기체가 산소와 접하고 있는 부분부터 불꽃과 그을음이 발생하는 불완전한 확산연소를 정상연소라고 한다.
ㄹ **액체 연소형태** : 액체가연물의 연소형태는 대부분 증발연소라고 할 수 있으며, 일부 액체가연물은 분해연소와 표면연소를 하기도 한다.
 • 증발연소(석유, 알코올, 휘발유 등)
  −연소할 때 액체 자체가 아니라 액체 표면으로부터 증발된 증기가 연소하는 것이다.
  −액체가연물에서 발생되는 증기가 연소하는 것으로서 액체 표면에서 발생된 가연성 증기가 공기와 혼합되어 연소범위 내에 있을 때 열원(점화원)에 의해 연소되는 형태이다.

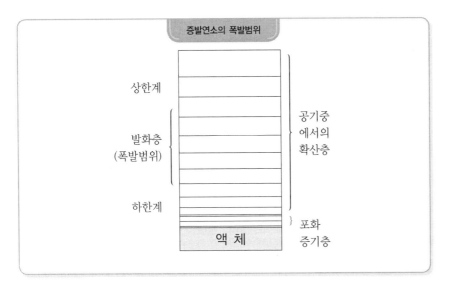

증발연소의 폭발범위

상한계

발화층
(폭발범위)

하한계

액 체

공기중
에서의
확산층

포화
증기층

- 분해연소(중유, 타르 등)
- 점도가 높고, 비중이 큰 중질유인 중유 등에서 볼 수 있는 연소형태이다.
- 비휘발성이거나 끓는점이 높은 가연성 액체가 연소할 때 먼저 열분해하여 탄소를 발생시키면서 연소하는 현상을 말한다.

◎ 고체 연소형태 ✪ 2018 기출

- 표면연소
- 고체표면에 부착된 산소분자를 산소공급원으로 하여 열분해에 의한 가연성 가스를 발생하지 않고 그 자체가 연소하는 형태이다.
- 발염을 동반하지 않아 무염연소, 고체표면의 산소와 반응하여 그 자체가 연소하는 형태이므로 직접연소라고도 한다.
- 숯, 목탄, 코크스, 금속, 마그네슘 등이 표면연소를 하는 대표적인 가연물이다.
- 분해연소
- 물질을 가열하여 연소생성물의 발생을 열분해라고 하며, 열분해 생성물 중 가연성 가스인 일산화탄소, 수소, 메탄, 이외에 탄화수소 등이 산소와 반응하여 연소할 경우 이를 분해연소라고 한다.
- 목재, 종이, 석탄, 플라스틱 등이 분해연소를 하는 대표적인 가연물이다.
- 증발연소
- 고체 가연물 중 가열하면 열분해를 일으키지 않고, 물질자체가 용융하여 물질의 표면에서 가연성 증기를 발생시키고 이것이 산소와 반응하여 연소하는 형태를 증발연소라고 한다.
- 황, 나프탈렌 등이 증발연소를 한다.
- 자기연소 : 가연성 물질이면서 자체 내에 산소를 함유하고 있어 외부에서 열을 가하면 분해되어 가연성 기체와 산소를 발생시켜 공기 중의 산소를 필요로 하지 않고 연소하는 형태를 자기연소라고 한다.
- 질산에스테르류, 셀룰로이드류, 니트로화합물류 등이 해당한다.

기출 2018년 시행

〈보기〉에서 표면연소에 해당하는 것을 옳게 고른 것은?

┌ 보기 ┐
⊙ 숯   ⓒ 목탄
ⓒ 코크스   ② 플라스틱
└─────────────┘

① ⊙, ⓒ, ⓒ
② ⊙, ⓒ, ②
③ ⊙, ⓒ, ②
④ ⓒ, ⓒ, ②

〈정답 ①

기출PLUS

[기출] 2019년 시행

가연성 가스를 공기 중에서 연소시키고자 할 때 공기 중의 산소농도가 증가하면 발생되는 현상으로 맞는 것만을 모두 고른 것은?

┌ 보기 ┐
ⓐ 연소속도가 빨라진다.
ⓑ 발화점이 높아진다.
ⓒ 화염의 온도가 높아진다.
ⓓ 폭발범위가 좁아진다.
ⓔ 점화에너지가 작아진다.

① ⓐ, ⓑ, ⓓ
② ⓐ, ⓒ, ⓓ
③ ⓐ, ⓒ, ⓔ
④ ⓑ, ⓒ, ⓔ

《정답 ③

[기출] 2022년 시행

800℃, 1기압에서 황(S) 1kg이 공기 중에서 완전 연소할 때 발생되는 이산화황의 발생량(m^3)은? (단, 황(S)의 원자량은 32, 산소(O)의 원자량은 16이며, 이상기체로 가정한다.)

① 2.00
② 2.35
③ 2.50
④ 2.75

《정답 ④

(2) 연소의 조건

① 기체의 연소조건

　㉠ 가연성 가스
　　• 일반적인 공기 중에 포함되어 있는 산소와 반응하여 연소할 수 있는 가스이다.
　　• 가스는 연소 및 폭발범위를 갖는다.
　　• 가연성 가스가 액체로 변해도 비등점은 언제나 인화점보다 높다.

> **Plus tip**
> 가연성 기체 연소과정에서 산소농도 증가 시 발생하는 현상　★ 2019 기출
> ㉠ 화염온도가 급격하게 상승한다.
> ㉡ 연소속도가 빨라진다.
> ㉢ 연소물의 점화에너지가 작아진다.
> ㉣ 발화온도가 낮아진다.
> ㉤ 넓은 폭발한계를 가진다.

　㉡ 불연성 가스
　　• 산소와 반응하여 연소하지 않는 가스이며, 불연성이라도 조연성 또는 산화성 가스가 있다.
　　• 스스로 연소하지 않으며 조연성의 성질을 갖지도 않는 가스들을 불활성 가스라고 한다.
　　　예 질소, 아르곤, 헬륨, 이산화탄소 등

　㉢ 반응성 가스
　　• 연소하지는 않으나 다른 물질과 반응 또는 스스로 격렬히 반응하는 가스로 열, 압력, 충격 등이 가해질 경우 급격히 열 또는 압력을 발생하거나 다른 물질을 만들기도 한다.
　　• 아세틸렌, 불소, 염화비닐가스 등이 있다.

　㉣ 유독성 가스
　　• 흡입할 경우 위험하며 인명사고의 주된 원인이다.
　　• 염소, 이황화수소, 암모니아, 이산화황, 일산화탄소 등이 있다.

② 액체의 연소조건

　㉠ 액체의 연소는 액체 자체가 아니라 열이 가해져 액체에서 증발한 가연성 증기가 연소되는 것이다. 가연성 액체의 인화점은 이러한 증기가 연소범위의 하한계에 이루러 점화되는 최저온도를 말한다.　★ 2019 기출

　㉡ 공기보다 비중이 높은 가솔린 증기 등은 지표면에 체류하여 확산되지 않기 때문에 난로 등 점화원에 의한 플래시백 현상이 일어나기도 한다.

　㉢ 증기압은 포화상태하의 액체와 증기의 온도가 같을 때 측정한 증기의 압력이다. 증기압은 혼합가스 형성과 관련이 있으므로 인화점과 증기압을 바탕으로 가연성 증기의 연소범위와 폭발범위를 예측할 수 있다.

　㉣ 위험물의 인화점은 위험물의 증기압에서 가연성 가스를 생성할 수 있는 최저온도이다.

ⓜ 액체의 비중 : 물을 1로 볼 때 비중이 물보다 작을 경우 물에 떠 확산되므로 물로는 소화하기 어렵지만 비중이 물보다 클 경우 물에 가라앉아 물로 소화할 수 있다.

ⓗ 증발도는 주어진 압력과 온도에서 액체가 증기로 변하는 정도이며 증발도가 높을수록 인화성이 크다.

ⓢ 점도는 액체가 용기나 물체의 표면에 퍼지는 정도를 나타낸 것으로 점도가 낮을수록 넓게 퍼지게 되므로 화재의 확대현상이 유발된다.

③ 고체의 연소조건

ⓐ 목재는 탄소, 수소, 산소로 구성되어 있고 수분을 함유하고 있다. 목재의 수분 함유 15% 이상일 경우 불이 붙기 어렵다.

ⓑ 부드러운 목재는 불이 붙기 쉬운데 나무 조직 사이에 공기가 들어있기 때문이다.

ⓒ 난연처리나, 회반죽으로 덧칠하여 불이 쉽게 붙는 것을 막는다.

ⓓ 목재 등의 고체 가연물질은 상온에서는 가연성 증기를 발생시키지 않는다.

> **☆ Plus tip**
> **목재의 상태에 따른 연소상태**
> ⓐ 두께·굵기 : 얇고 가는 것이 연소상태가 빠르고, 반대의 경우는 느리게 진행된다.
> ⓑ 표면 : 표면이 거친 것이 연소상태가 빠르며, 매끈한 것은 연소상태가 느리게 진행된다.
> ⓒ 건조정도 : 수분이 많은 것은 연소상태가 느리게 진행된다.
> ⓓ 형상 : 각진것은 연소상태가 빠르며, 둥근 것은 연소상태가 느리게 진행된다.
> ⓔ 내화성·방화성 : 내화·방화성의 처리 정도에 따라 연소의 속도가 다르다.
> ⓕ 페인트 : 페인트를 칠하지 않은 것이 연소상태가 느리게 진행된다.

(3) 연소속도 ✪ 2021 기출

① 가연물질에 공기가 공급되어 연소가 되면서 반응하여 연소생성물을 생성할 때의 반응속도를 말하며, 연소생성물 중에서 불연성 물질인 질소(N_2), 물(H_2O), 이산화탄소(CO_2) 등의 농도가 높아져서 가연물질에 산소가 공급되는 것을 방해 또는 억제시킴으로써 연소속도는 느려진다.

② **연소속도에 영향을 미치는 요인** … 가연물의 종류, 가연물의 온도, 산소의 농도에 따른 가연물의 질과 접촉속도, 산화반응을 일으키는 속도, 촉매, 압력, 공기 중의 산소량, 가연물과 산화제의 당량비 등

③ 온도가 높아질수록 반응속도가 상승하며, 압력을 증가시키면 단위부피 중의 입자수가 증가하므로 결국 기체의 농도가 증가하며 반응속도도 상승한다.

④ 촉매는 반응속도를 변화시키는 물질로 반응속도를 빠르게 하는 정촉매와 반응속도를 느리게 하는 부촉매가 있다.

기출PLUS

TIP

발화과정에는 압력, 발열량, 화학적 활성도와 크기 등이 영향을 미친다.

section 5 발화의 과정 및 조건

(1) 발화의 개념

물질 자체의 산화반응 결과 열과 빛이 발생하는 현상으로서 외부에서 연소에 이르게 할 만한 에너지의 공급 없이 산화작용에 의한 자체 열로 발화되는 현상으로 온도는 인화점 < 연소점 < 발화점 순으로 발화되는 최저온도가 가장 높다.

(2) 발화의 과정

① 발화점

　㉠ 발화점이라고도 하며, 물체를 마찰시키거나 가열히여 어느 정도의 온도가 되면, 불꽃을 가까이 대지 않더라도 연소가 시작하는데 이때의 온도를 그 물체의 발화점이라고 한다.

　㉡ 가연물이 점화원 없이 자체 축적된 열만 가지고 스스로 연소가 시작되는 최저의 온도를 말하며, 보편적으로 인화점보다 수백℃ 높은 온도이다.

　㉢ 가연물질의 발화점

가연물질	발화온도	가연물질	발화온도	가연물질	발화온도
목재	410~450℃	적린	260℃	이황화탄소	100℃
노송 · 자작나무	253~263℃	메탄	645℃	수소	580~600℃
석탄	230~400℃	에탄	520~630℃	프로판	510℃
코크스	430~600℃	아세톤	538℃	황린	34℃
고무	440~450℃	일산화탄소	610~660℃	셀룰로이드	180℃

> **Plus tip**
> ㉠ 반응열 : 화학반응 과정에서 흡수 또는 방출되는 열량으로 화학반응 전후의 물질의 에너지 차이를 말한다. 생성물의 에너지가 반응물보다 높으면 흡열반응이고 반응물의 에너지가 생성물보다 낮으면 발열반응이다.
> ㉡ 연소열 : 물질 1mol 또는 1g이 완전 연소할 때 생성되는 열을 말하며, 표준연소열이란 가연물질이 공기 중의 산소와 반응하여 발생하는 연소의 열을 말하다.

② **인화점** … 기체 또는 휘발성 액체에서 발생하는 증기가 공기와 섞여서 가연성 혼합 기체를 형성하고, 여기에 불꽃을 가까이 댔을 때 순간적으로 섬광을 내면서 연소하는, 즉 인화되는 최저의 온도이다.

가연물질	인화점	가연물질	인화점	가연물질	인화점
메틸알코올	11℃	가솔린	−40~0℃	아세톤	−18℃
에틸알코올	13℃	등유	30~60℃	벤젠	−11℃
디에틸에테르	−45℃	중유	60~150℃	경유	50~70℃

③ **기체물질의 발화** … 가연물질이 가연성기체와 산화제가 가연조건하에 혼합되어 있는 상태에서 열이 가해져 연소반응이 시작되고 외부로 열을 방출한다.

④ **액체물질의 발화** … 가연액체증기가 산화제 중에 혼합되고 충격이나 불꽃과 같은 열의 발생 또는 유입으로 액체증기혼합물이 발화된다.

⑤ **고체물질의 발화** … 가연성고체 또한 가연성액체와 유사하게 가연성 기체로의 기화 과정(분해, 증발, 승화)이 필요하며 가연액체물질의 발화과정처럼 발화한다.

⑥ **발화의 형태** … 연소반응을 일으키는 점화원은 외부적 요인에 의한 강제점화와 자연 발화로 양분하고 있다.

　㉠ **강제점화**(forced ignition) : 점화원이 가연물질에 직접적으로 연소반응을 일으키는 것으로 불꽃, 마찰, 단열압축, 정전기, 복사열 등이 있다.

　㉡ **자연발화**(spontaneous ignition) : 외부의 가연물질에 화학반응을 일으키는 산화 제나 첨가제의 영향없이 내부에서 생성된 열에 의해 발화가 시작되는 것으로 자 동발화라고도 한다.

⑦ **발열량** … 가연성물질이 완전연소 하였을 때 발생하는 열량으로서 모든 물질이 완전 연소를 하지 않으므로 실제 발열량은 이론상의 발열량보다 적게 나온다. 발열량 측 정은 열량계를 사용한다.

　㉠ **고위발열량**(Higher Heating Value) : 연료가 연소 후 발생한 연소가스의 온도를 최초 온도까지 내릴 때 발생하는 열량이며, 수증기는 액체로 응축할 때 응축열 을 발산한다. 즉 그 응축열까지 포함한 것을 고위 발열량(총발열량)이라 한다.

　㉡ **저위발열량**(Lower Heating Value) : 저위발열량은 고위발열량에서 연소가스 중 에 증발열(잠열)을 뺀 열량을 말한다.

　㉢ 가연물질이 고체와 액체인 경우에 열량 계산은 저위발열량으로 하는데 고체와 액체의 가연물은 연소를 위해 기화시키는 과정에서 수증기를 증발시키는데 열 이 필요하기 때문이다.

TIP
고위발열량 = 저위발열량 + 증발열

기출 2022년 시행

그림에서 'A'에 대한 설명으로 옳지 않은 것은?

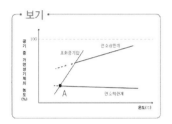

① 외부에너지에 의해 발화하기 시작하는 최저연소온도이다.
② 물질적 조건과 에너지 조건이 만나는 최저연소온도이다.
③ 화학양론비(stoichiometric ratio) 에서의 최저연소온도이다.
④ 가연성 혼합기를 형성하는 최저연소온도이다.

〈정답 ③

기출 2012년 시행

다음 중 가스의 연소범위에 관한 설명으로 바르지 않은 것은?

① 가연성 기체의 혼합비율의 범위이다.
② 공기 중 연소에 필요한 혼합가스의 농도이다.
③ 기체는 항상 압력이 높으면 연소범위가 넓어진다.
④ 연소범위는 압력의 변화에 따라 차이가 있다.

〈정답 ③

(3) 발화의 조건

① 연소의 3요소인 가연성물질, 산소공급원, 점화원만으로 발화가 되는 것이 아니라 연소 3요소에 일정량 이상의 열에너지가 공급되어야 발화가 일어난다.

② 연소범위 ✪ **2022 기출**

　㉠ 연소범위의 표시 : 최저농도를 연소의 하한계, 최고농도를 연소 상한계로 하여 백분율로 나타낸다. 예를 들어 휘발유의 연소범위는 1.4%(연소하한계) ~ 7.6%(연소 상한계)이다.
　　• 연소 하한계 : 연소현상을 위한 최저 농도
　　• 연소 상한계 : 연소현상을 위한 최고 농도

　㉡ 연소의 반응속도와 요인
　　• 온도 : 온도가 높을수록 반응속도는 빨라지고 연소범위도 넓어진다.
　　• 압력 : 기체물질의 반응에 있어서 압력의 증가에 따라 반응속도는 빨라지고 연소범위의 상한계는 높아지며 하한계는 낮아진다.
　　• 농도 : 농도는 물질의 입자들이 일정한 부피 속에 존재하는 양의 대소를 나타내는 것으로서, 농도가 클수록 분자의 충돌회수가 많아져 반응속도가 커지고 반응물질도 많아진다.
　　• 촉매 : 반응을 일으키는 물질들 사이에 포함되어 자기 자신은 변화하지 않고 반응속도에 영향을 미치는 물질을 촉매라고 한다.
　　－정촉매 : 반응속도를 빠르게 하는 물질
　　－부촉매 : 반응속도를 느리게 하는 물질
　　• 반응입자의 크기 : 반응을 일으키는 물질의 입자가 클수록, 다시 말하여 표면적이 클수록 반응속도는 빨라진다.

　㉢ 가연물질의 연소범위

가연물질	분자식	연소범위
이황화탄소	CS_2	1.2~44%
수소	H_2	4~75%
아세틸렌	C_2H_2	2.5~81%
일산화탄소	CO	12.5~74%
메틸알코올	CH_3OH	7.3~36%
에틸알코올	C_2H_5OH	4.3~19%
암모니아	NH_3	1.6~25%
에틸렌	C_2H_4	2.7~36%
프로판	C_3H_8	2.1~9.5%

ⓔ 연소범위에 관한 내용 ✪ 2020 기출
- 가연성 가스의 온도가 높아지면 연소범위는 넓어진다.
- 가연성 가스의 압력이 높아지면 연소범위는 넓어진다.
- 공기 중에서 보다 산소 중에서 연소범위는 넓어진다.
- 불활성가스의 농도에 비례하여 좁아진다.
- 연소범위 변화요인 : 온도, 압력, 농도, 습도

ⓜ 위험도(H) … H의 수치가 클수록 위험하다. 위험도를 구하는 공식은 $H=\dfrac{\text{상한} - \text{하한}}{\text{하한}}$

으로, 예를 들어 CS_2의 연소범위 1.2 ~ 44%이므로, 위험도는 $\dfrac{44 - 1.2}{1.2} = 35.67$이 된다.

③ 자연발화의 조건 ✪ 2018 기출
ⓐ 외부환경에 에너지가 쉽게 전달되지 않고 열의 축적이 쉬운 분말상, 섬유상의 물질은 공기를 포함하기 때문에 열전도율이 작은 쪽이 좋다.
ⓑ 발화물 내부의 발열량이 커야 열 축적이 잘 이루어진다.
ⓒ 주변온도가 높은 발화물질의 열 발생은 그 증가속도가 빠르며, 반응속도 또한 빠르다.
ⓓ 표면적이 넓어야 발화가 쉽고 분말이나 액체가 종이 등에 부착되어 있는 상태가 쉽다.

> 🕯 Plus tip
> 자연발화 방지법
> ⓐ 저장실의 온도를 낮춘다.
> ⓑ 습도가 높은 곳을 피한다.
> ⓒ 통풍을 잘 시킨다.
> ⓓ 퇴적 및 수납 시 열이 쌓이지 않게 한다.

④ 발화를 일으키는 과정에서 외부적인 요인에 의해 발화(착화)의 온도가 낮아질 수 있다.
ⓐ 점화원 없는 자연발화 종류 ✪ 2017 기출
- 산화열로 인한 자연발화 : 석탄, 건성유, 고무분말 등
- 분해열로 인한 자연발화 : 셀룰로이드, 니트로셀룰로이드 등
- 미생물로 인한 자연발화 : 퇴비, 먼지 등
- 흡착열로 인한 자연발화 : 목탄, 활성탄 등
ⓑ 발화점이 낮아지는 이유
- 분자구조가 복잡할 때
- 증기압 및 습도가 낮을 때
- 산소와 친화력이 좋을 때
- 열전도율이 낮을 때

기출PLUS

기출 2020년 시행
가연성 가스 중 위험도가 가장 큰 물질은? (단, 연소범위는 메탄 5%~15%, 에탄 3%~12.4%, 프로판 2.1%~9.5%, 부탄 1.8%~8.4%이다.)

① 메탄
② 에탄
③ 프로판
④ 부탄

《정답 ④

기출 2018년 시행
자연발화가 되기 쉬운 가연물의 조건으로 옳은 것은?

① 발열량이 적다.
② 표면적이 작다.
③ 열전도율이 낮다.
④ 주위 온도가 낮다.

《정답 ③

기출 2017년 시행
자연발화를 일으키는 열의 종류로 가장 옳지 않은 것은?

① 분해열
② 산화열
③ 흡착열
④ 융해열

《정답 ④

01 연소이론에 대한 설명으로 바른 것은?

① 산화반응속도는 연소속도에 영향을 미친다.

② 목탄, 활성탄은 산화열에 의하여 자연발화 가능하다.

③ 공기 중에 있는 가연성 가스 중 수소의 연소범위가 가장 넓다.

④ 증발연소를 하는 고체 가연물질 중에는 석탄, 플라스틱, 고무류가 있다.

01.

① 산화반응속도가 클수록 연소속도가 빨라진다.

② 목탄, 활성탄은 흡착열에 의하여 자연발화가 가능하다

③ 공기 중에 있는 가연성 가스 중 연소범위가 가장 넓은 것은 아세틸렌(2.5~81)이다.

④ 증발연소 하는 고체 가연물질 중에는 유황, 파라핀, 나프탈렌, 왁스, 고체알코올, 장뇌 등이다.

02 불완전연소의 원인으로 바르지 않은 것은?

① 공급되는 공기의 양이 부족할 때

② 연소생성물이 배기량이 불량할 때

③ 공급되는 가연물의 양이 많을 때

④ 주위의 온도가 높을 때

02.

④ 주위의 온도가 너무 낮을 때 불완전연소를 한다.

03 프로판 1몰이 완전연소 하기 위하여 필요한 최소산소농도(MOC)는 몇 %인가?

① 4.5%   ② 10.5%

③ 12.5%   ④ 46.5%

03.

	산소의 몰수	연소범위(%)	최소산소농도
메탄 (CH_4)	$2O_2$	5~15	10%
프로판 (C_3H_8)	$5O_2$	2.1~9.5	10.5%
부탄 (C_4H_{10})	$6.5O_2$	1.8~8.4	11.7%

프로판의 최소산소농도 = 5(산소의 몰수) × 2.1(연소하한계) = 10.5%

Answer 01.① 02.④ 03.②

04 프로판 가스의 완전 연소되는 화학식이 변하는 과정이다. 여기서 X의 값은 얼마인가?

$$C_3H_8 + XO_2 \rightarrow 3CO_2 + 4H_2O$$

① 1
② 3
③ 4
④ 5

05 고체의 연소형태로 발염을 동반하지 않는 것은?

① 혼합연소
② 표면연소
③ 확산연소
④ 분해연소

06 온도가 높은 순서로 바른 것은?

① 인화점 < 연소점 < 발화점
② 인화점 > 연소점 < 발화점
③ 인화점 > 연소점 > 발화점
④ 인화점 < 연소점 > 발화점

04.

탄화수소계 가연성 가스의 완전연소식 및 주요 탄화수소계 가연성 가스의 연소식

㉠ 탄화수소계 가연성 가스의 완전연소식 : $C_mH_n + \left(m + \dfrac{n}{4}\right)O_2 \rightarrow mCO_2 + \dfrac{n}{2}H_2O$

㉡ 주요 탄화수소계 가연성 가스의 연소식

• 메탄(CH_4)
  : $CH_4 + 2O_2 \rightarrow CO_2 + 2H_2O + 212.80kcal$

• 에탄(C_2H_6)
  : $C_2H_6 + 3.5O_2 \rightarrow 2CO_2 + 3H_2O + 372.82kcal$

• 프로판(C_3H_8)
  : $C_3H_8 + 5O_2 \rightarrow 3CO_2 + 4H_2O + 530.60kcal$

• 부탄(C_4H_{10})
  : $C_4H_{10} + 6.5O_2 \rightarrow 4CO_2 + 5H_2O + 687.64kcal$

05

② 표면연소는 고체표면에 부착된 산소분자를 산소공급원으로 하여 열분해에 의한 가연성 가스를 발생하지 않고 그 자체가 연소하는 형태이다. 발염을 동반하지 않아 무염연소라고도 한다.

06

㉠ 인화점(Flash Point) : 불꽃에 의하여 불이 붙는 가장 낮은 온도
㉡ 발화점(Ignition Point) : 점화원 없이 스스로 발화되는 최저온도
㉢ 연소점(Fire Point) : 점화원을 제거하여 지속적으로 발화되는 온도(보통 인화점보다 약 5~10℃ 높다)

Answer 04.④ 05.② 06.①

07 불완전연소가 되는 조건이 아닌 것은?

① 온도가 높을 때
② 가연물 양이 많을 때
③ 공기가 부족할 때
④ 수분이 많을 때

08 다음 중 자연발화 방지법에 대한 설명으로 옳지 않은 것은?

① 저장실의 온도를 낮춘다.
② 습도는 촉매작용과 밀접한 관계가 없다.
③ 퇴적 및 수납 시 열이 축적되지 않도록 한다.
④ 작업장에서 플라스틱 제품을 사용하여 정전지 축적을 방지한다.

09 다음 중 기체의 연소형태로 옳지 않은 것은?

① 수소 – 산소
② 이산화탄소 – 산소
③ 분젠버너, 가솔린 엔진
④ 중유, 글리세린

10 다음 중 연소의 형태가 다른 것은?

① 촛불
② 가스라이터
③ 모닥불
④ 연탄불

07.

불완전연소는 물질이 연소할 때 산소의 공급이 불충분하거나 온도가 낮아 그을음이나 일산화탄소가 생성되면서 연료가 완전히 연소되지 못하는 현상이다.

08.

② 수분이 자연발화이 촉매로 작용하여 수분이 적으면 자연발화가 일어날 가능성이 적다.
※ 자연발화의 조건
 ㉠ 열전도율이 작아야 한다.
 ㉡ 발열량이 커야한다.
 ㉢ 주위온도가 높아야 한다.
 ㉣ 표면적이 넓어야 한다.

09.

② 연소가 되지 않는다.
① 확산연소(발염연소) : 연소 주변에 가연성 가스를 확산시켜 산화접촉하는 연소형태
③ 예혼합연소 : 연소 전에 연소 가능한 혼합가스를 만들어 연소시키는 연소형태
④ 액체분해연소 : 휘발성 액체에 열분해에 의해 발생한 가스로 연소시키는 형태

10.

①③④ 고체연소
② 기체연소

11 다음 중 셀룰로이드류에 화재가 발생할 때 연소방법으로 옳은 것은?

① 분해연소
② 표면연소
③ 자기연소
④ 증발연소

11.

①②④ 고체 가연물의 연소 설명이다.
③ 질산에스테르류, 니트로화합물류 등의 위험물은 자체 내에 산소를 함유하고 있어 열분해 시에 산소를 발생하여 그 산소로 연소한다. 이러한 연소를 자기연소라 한다.

12 다음 중 소화활동 중에 열기류에 의해 가연물의 온도를 높여 발화되는 연소로 옳은 것은?

① 대류
② 전도
③ 복사
④ 비화

12.

② 불꽃에 직접 닿는 전도연소이다.
③ 불꽃이 가까운 곳에서 착화되는 복사연소이다.
④ 불티가 기류에 날려 가연물질을 인화시키는 비화연소이다.

13 다음 중 연소를 증대시키는 가연물의 특성으로 옳지 않은 것은?

① 온도 또는 압력상승 시 위험하다.
② 열의 축적이 용이할수록, 열전도도가 높을수록 위험하다.
③ 열량, 연소속도, 연소범위가 클수록 위험하다.
④ 인화점, 착화점, 융점, 비점, 비중, 융점은 낮을수록 위험하다.

13.

② 가연물의 열의 축적이 용이할수록, 열전도도가 작을수록 자연발화가 쉽다.
※ 위험도가 높아지는 경우
　㉠ 인화점, 착화점, 융점, 비점, 증발열, 비열, 표면장력 등이 낮을수록(작을수록)
　㉡ 온도, 압력, 연소속도, 증기압, 연소열이 높을수록(클수록)
　㉢ 연소범위(폭발한계)가 넓을수록

Answer 11.③ 12.① 13.③

14 다음에서 설명하는 연소형식으로 옳은 것은?

> 물질의 표면에서 증발한 가연성 증기가 공기 중 산소와 혼합된 상태에서 적당한 열에너지를 방출하는 연소

① 증발연소
② 분해연소
③ 혼합연소
④ 확산연소

15 다음 중 자연발화를 저지하기 위한 방법이 아닌 것은?

① 통풍이 잘 되게 한다.
② 실내에 습도를 높인다.
③ 열축적이 되지 않도록 한다.
④ 실내온도를 낮춘다.

16 다음 중 스스로 산소를 가지고 있는 상태에서 연소하는 것은?

① 표면연소
② 증발연소
③ 분해연소
④ 자기연소

14.

② 고온에서 가연물의 열분해가 진행되어 가연성 가스와 산소가 결합하여 표면에서 연소하는 현상
③ 가연성 기체와 산소가 미리 혼합된 상태로 연소하는 현상
④ 주위의 공기로부터 산소를 공급받아 연소하는 현상

15.

자연발화 억제
㉠ 습도가 높은 곳을 피한다.
㉡ 통풍이 잘 되도록 한다.
㉢ 저장실의 온도를 낮춘다.
㉣ 퇴적 및 수납 시 열이 쌓이지 않도록 한다.

16.

④ 가연성 물질이면서 자체 내에 산소를 함유하고 있어 공기 중의 산소를 필요로 하지 않고 연소하는 형태이다.

Answer   14.① 15.② 16.④

17 다음 〈보기〉의 밑줄 친 부분에 들어갈 내용으로 바르게 연결된 것은?

> 〈보기〉
>
> 제1석유류인 가솔린은 인화점이 섭씨 −43℃~−20℃로써 전기 ____㉠____ 이며 ____㉡____ 결합으로 인해서 500ml비커에 20ml 의 가솔린을 넣은 후 담뱃불을 던져도 ____㉢____.

	㉠	㉡	㉢
①	부도체	공유	연소하지 않는다
②	부도체	이온	연소하지 않는다
③	도체	공유	연소한다
④	도체	이온	연소한다

18 다음 중 PVC 제품이나 난연재료의 연소 시에 발생하며 호흡기와 눈에 자극을 주는 기체는?

① 이산화탄소
② 염화수소
③ 시안화수소
④ 황화수소

19 연소의 3요소에 해당하지 않는 것은?

① 점화원
② 산소와 반응하여 발열만을 하는 물질
③ 공기 중의 18% 이상의 산소
④ 연쇄반응

17.

가솔린은 전기가 통하지 않는 부도체이며 공유 결합을 한다.

18.

② PVC 등의 염소가 함유된 수지류가 연소할 때 주로 발생하며 피부, 눈의 결막, 목구멍과 기관지의 점막 등에 자극을 주고 폐혈관계 손상을 일으킨다.
① 이산화탄소 : 화재 시 호흡속도를 매우 빠르게 하여 독성가스를 더 많이 흡입하게 한다.
③ 시안화수소 : 청산가스라고도 하며 무색의 자극성으로 신경계통에 영향을 준다.
④ 황화수소 : 고무, 털 등의 물질이 불완전 연소할 때 발생하며 후각이 마비된다.

19.

④ 연소의 4요소에 해당한다. 연소의 4요소에는 가연물, 산소공급원, 점화원, 연쇄반응이 있다.

20 다음 중 가연물의 자연발화 조건으로 옳지 않은 것은?

① 습도가 낮을 것
② 표면적이 넓고, 발열량이 많은 것
③ 열전도가 낮을 것
④ 발화물보다 주위 온도가 높은 것

21 다음 중 가연물이 되기 위한 조건으로 옳지 않은 것은?

① 활성화 에너지가 작다.
② 산화되기 쉬운 물질이다.
③ 열전도율이 작다.
④ 표면적이 작다.

22 가연성 기체의 연소범위와 착화위험과의 관계에 대한 설명으로 옳지 않은 것은?

① 연소범위 하한계가 낮을수록 착화가 용이하다.
② 연소범위는 주위온도에 영향을 받는다.
③ 연소범위의 상한계가 높을수록 착화가 용이하지 않다.
④ 연소범위의 하한계와 상한계사이의 범위가 클수록 위험하다.

20.

① 습도가 낮으면 자연발화는 활성화되지 않는다.
※ **자연발화의 활성화 요인** … 주위 온도가 높고, 표면적이 크고, 습도가 높고, 열의 축적이 잘 되고, 공기의 유동이 적고, 열전도율이 작은 가연물

21.

가연물의 조건
㉠ 연소반응을 일으키는 점화원인 활성화 에너지값이 적어야 한다.
㉡ 산화되기 쉬운 물질로서 산소와 결합할 때 발열량이 커야 한다.
㉢ 열의 축적이 용이하여야 하므로, 열전도도가 적어야 한다.
㉣ 연쇄반응을 일으킬 수 있는 물질이어야 한다.
㉤ 산소와 접촉할 수 있는 표면적이 큰 물질이어야 한다. 기체는 액체보다, 액체는 고체보다 표면적이 크므로 연소가 잘 일어난다.

22.

연소범위 … 연소에 필요한 혼합가스의 농도범위, 즉 가연성 가스 또는 증기와 산소 또는 공기를 혼합한 혼합기체에 점화원을 주었을 때 연소(폭발)가 일어나는 혼합기체의 농도범위를 말한다.
③ 연소범위의 상한계가 높을수록 착화가 쉽다.
※ **연소범위에 관한 내용**
　㉠ 가연성 가스의 온도가 높아지면 연소범위는 넓어진다.
　㉡ 가연성 가스의 압력이 높아지면 연소범위는 넓어진다.
　㉢ 공기 중보다 산소 중에서 연소범위는 넓어진다.
　㉣ 불활성가스의 농도에 비례하여 좁아진다.
　㉤ 연소범위 변화요인 : 온도, 압력, 농도, 습도

Answer　20.① 21.④ 22.③

23 다음 중 착화점에 대한 내용으로 옳지 않은 것은?

① 점화원 접촉 없이 연소할 수 있는 최저온도를 말한다.

② 황린의 발화점은 약 30℃이다.

③ 분자구조가 복잡하고, 발열량이 적을수록 착화점이 낮다.

④ 목재의 발화온도는 약 410℃이다.

24 다음 중 자연발화의 위험이 없는 것으로 옳은 것은?

① 석탄

② 팽창질석

③ 셀룰로이드

④ 퇴비

25 다음 중 표면연소의 형태를 보여주는 물질은?

① 목재

② 경유

③ 숯

④ 종이

26 사람의 눈으로 화재의 불꽃색깔을 보면 대략 화재의 온도를 알 수 있다. 불꽃의 온도를 육안으로 식별할 때 색깔순서가 저온으로부터 고온의 순서로 된 것은?

① 암적, 주황, 진홍, 백, 황

② 주홍, 암적, 진홍, 황, 백

③ 암적, 진홍, 주황, 황, 백

④ 진홍, 암적, 주황, 백, 황

23.

착화점 … 가연물이 점화원 없이 자체 축적된 열만 가지고 스스로 연소가 시작되는 최저의 온도를 말하며, 보편적으로 인화점보다 수백℃ 높은 온도이다. 목재의 발화온도는 410~450℃이며, 황린은 34℃이다.

③ 분자구조가 복잡하고, 발열량이 높을수록 착화점이 낮다.

24.

② 소화약제로서 자연발화의 위험성이 없다.

① 석탄은 산화열로 인한 발화위험성이 있다.

③ 셀룰로이드는 분해열로 인한 발화위험성이 있다.

④ 퇴비는 미생물로 인한 발화위험성이 있다.

25.

표면연소 물질 … 숯, 코크스, 목탄, 금속

①④ 분해연소

② 증발연소

26.

연소의 온도와 색 … 암적색 < 진홍색 < 주황색 < 황색 < 백색

27 다음 중 질소가 불에 타지 않는 이유로 옳은 것은?

① 질소 자체가 연소하는 물질이 아니다.

② 연소성이 대단히 작다.

③ 흡열반응을 한다.

④ 발열반응을 하지만 발열량이 적다.

27.

③ 질소는 불연성 물질로 산소와는 반응을 하지만 발열반응이 아닌 흡열반응을 하기 때문에 불에 잘 타지 않는다.

$N_2 + O_2 \rightarrow 2NO - Qkcal$

28 다음 중 불완전 연소의 형태를 보여주지 않는 물질은?

① 벤젠

② 알코올

③ 등유

④ 식용유

28.

② 알코올은 매연을 발생하지 않고 완전연소를 한다. 알코올은 외부의 열원에 의해 기연성가스를 발생시키지 않고 증발 기화하여 연소된다.

29 다음 중 연소기의 노즐에서 불꽃이 떨어져 연소하는 현상은?

① 플래시오버 현상

② 리프팅 현상

③ 슬롭오버 현상

④ 보일오버 현상

29.

리프팅 현상 … 가스의 분출속도가 연소속도보다 클 때 불꽃이 노즐에서 떨어져 연소하는 현상이다.

① 플래시오버 : 밀폐된 화재실에서 고온의 가연성 가스에 순간적인 산소유입으로 폭발하는 현상

③ 슬롭오버 : 중질유와 같은 유류에 물이 비점 이상으로 상승하여 외부로 분출하는 현상

④ 보일오버 : 원유나 중질유 등이 섞여 있을 때 두 성분의 비점차이로 인한 열류층 형성으로 유류가 탱크외부로 분출하는 현상

30 다음 중 촛불이 타고 있는 것과 같은 연소의 종류는?

① 표면연소

② 증발연소

③ 분해연소

④ 자기연소

30.

② 가연물 그 자체가 연소하는 것이 아니라 액체에서 증발한 가스가 연소하는 것이며 가연물 중 제4류 위험물은 증발연소한다.

① 고체가연물의 연소

③ 고체와 액체가연물의 열분해에 의한 기체연소

④ 질산에스테르류, 셀룰로이드류와 같은 위험물이 물질내부에 산소를 가지고 있어 열분해에 의한 연소

Answer 27.③ 28.② 29.② 30.②

31 다음 중 착화온도가 가장 낮은 것은?

① 목재
② 석탄
③ 이황화탄소
④ 황린

32 다음 중 일반적으로 화재에서 황적색 불꽃의 온도는?

① 700℃
② 850℃
③ 950℃
④ 1,100℃

31.

① 410~450℃
② 230~400℃
③ 100℃
④ 34℃

32.

화재 시 불꽃의 색깔과 온도

색깔	온도(℃)
암적색	700
적색	850
휘적색	950
황적색	1,100
백적색	1,300
휘백색	1,500

Answer 31.④ 32.④

02 연기 및 화염

section 1 연기

(1) 연기의 정의

가연성 물질의 연소 중에 발생하는 가스와 그을음의 고체입자, 미세한 액체입자 등이 공기 중에 확산되는 것이다. 연소가스의 독성은 인체에 피해를 주며 연기입자에 의하여 빛이 산란되어 시야가 가려지므로 화재건물에서 탈출이 어렵게 된다.

(2) 연기의 영향

① **시각적 영향** … 화재시 가연가스 또는 불완전연소 가스에 의해 시야에 제약을 받아 주변사물의 인지능력이 떨어져 피난구역을 찾지 못하는 경우가 생긴다.

② **생리적 영향** … 연기는 시각장애뿐만 아니라 고온의 가스까지 동반하여 인체에 유해한 일산화탄소, 이산화탄소 등의 유독가스로 인해 의식불명과 같은 상태에 빠질 수 있다.

③ **심리적 영향** … 인간의 시각적 공포에 의해 밀폐된 공간에 놓이면 패닉상태에 빠져 평소 쉽게 분별할 수 있는 상황을 분별하지 못하는 상태에 빠진다.

④ 패닉으로 빠지기 쉬운 상태
  ㉠ 심리적 불안에 의해 위험상태로 인식될 때
  ㉡ 탈출가능성은 보이지만 그 경로에 장애요인이 있을 때
  ㉢ 구성원간의 대립으로 인한 분열 상태에 놓였을 때

> ☝ **Plus tip**
> **인간의 피난본능**
> ㉠ **귀소본능**: 화재 시 인간은 평소의 습관처럼 출입구, 통로를 향하는 경향이 있다. 따라서 이동방향의 마지막을 안전지대로 만드는 것이 좋다.
> ㉡ **퇴피본능**: 화재 발생 시 초기의 상황 파악을 위해 소수 인원만 모이지만 화재가 확대되면 위험을 감지하고 발화지점의 반대 방향으로 이동한다.
> ㉢ **지광본능**: 화재 시 연기와 화염에 의해 시야가 흐려지면 개구부, 조명이 있는 곳으로 모이기 때문에 출입구, 계단 등에 유도등을 설치하고 외부 피난계단을 설치한다.
> ㉣ **추종본능**: 불특정 다수가 모이면 화재에 최초 대응자를 따라 전체가 움직이는 본능 때문에 피해가 확대되는 현상이 나타나기도 한다.
> ㉤ **좌회본능**: 일반적으로 오른손잡이는 오른쪽으로 행동하기 때문에 화재와 같은 어두운 환경에서는 왼쪽으로 이동한다는 연구결과가 있다.
> ㉥ **기타본능**: 화재 시 두려움과 같은 공포에 의해 인간의 이상행동이 나타난다. 또는 평소의 애장품, 애완동물을 구조하기 위해 뛰어들기도 한다.

(3) 연기의 확산과 유동 ✪ 2021 기출

① 가연물의 연소과정 중에 발생한 불안전연소물의 하나로서 공기보다 고온이기 때문에 기류를 동반하지 않는다면 천장 하단을 따라서 흐르게 된다. 이 연기층은 벽면 가까운 곳부터 하강하는 것이 특징이다.

    ㉠ 수평방향의 연기전파 : 화재실의 천장 면을 따라 대량의 연기가 인근의 복도로 전파되며 연기 진행 속도는 외풍에 의한 영향이 없다면 약 0.5m/s~1.0m/s정도이다.

    ㉡ 수직방향의 연기전파 : 계단과 같은 수직공간에서의 연기 상승속도는 수평속도의 3~5배의 정도인 3m/s~5m/s이며 최상층이 아래층보다 빨리 연기가 충만 된다.

② 건물에서 연기의 유동 … 건물 내에서 연기의 유동 및 확산은 건물의 내·외부 공기의 온도차이로 발생하며, 공기의 온도가 높으면 부력에 의해 공기가 유동하고 연기도 확산된다.

③ 복도에서 연기의 유동 … 복도에서는 연기가 밑으로 내려가지 않고 상층부에서 멀리까지 유동하며, 아래쪽에는 주위에서 발화점 근처로 공기가 이동한다.

④ 지하터널에서 연기의 유동 … 지하통로에서는 연기유동속도는 1.0m/sec이지만 인위적인 공조장치(공기유입을 위한 장치, 유독가스 배출장치)로 인해 그 속도가 점증될 수 있다.

> ☆ Plus tip
> **고층 건물에서 연기유동을 일으키는 요인 ✪ 2020 기출**
> ㉠ 온도에 의한 가스의 팽창 : 화재로 인한 대류현상(부력현상)
> ㉡ 굴뚝효과
> ㉢ 외부 풍압의 영향
> ㉣ 건물 내에서의 강제적인 공기유동 등→공기조화설비, 환기설비
> ㉤ 중성대
> ㉥ 건물구조

> ☆ Plus tip
> **가시거리 및 감광계수**
> ㉠ 가시거리 : 화재 시 발생된 연기 속에서 재실자가 표시 또는 발광채를 식별할 수 있는 거리
> ㉡ 감광계수 : 빛의 산란과 흡수한 정도를 나타낸 계수
>
> $$Cs = \sigma_s + \sigma_{ab}$$
>
> • σ_s : 산란계수
> • σ_{ab} : 흡수계수
>
> ㉢ 감광계수는 연기밀도의 척도로 사용되며 감광계수가 크면 가시거리는 짧아진다.

section 2 연소가스

(1) 연소가스

연소가스는 연소과정 중에 발생하는 생성물의 하나이다.

연소물질과 생성가스	
연소물질	생성가스
탄화수소류	연소성 가스
셀룰로이드, 폴리우레탄 등	질소산화물
질소성분을 갖고 있는 모사, 비단, 피혁 등	시안화수소
합성수지, 레이온	아크릴로레인
나무, 종이 등	아황산가스
PVC 방염수지, 불소수지류 등	수소의 할로겐화물(HF, HCl, HBr, 포스겐 등)
멜라민, 나일론, 요소수지 등	암모니아
페놀수지, 나일론, 폴리에스테르수지 등	알데히드류(RCHO)
폴리스티렌(스티로폴) 등	벤젠

(2) 연소가스의 종류

① 일산화탄소(CO)

  ㉠ 무색, 무취의 가스이다.

  ㉡ 가벼운 중독 증상으로는 두통, 현기증 등이 나타나고 중독이 진행되면 의식상실, 경련, 사망에 이른다. 또한 중독증상이 진행된 경우에는 회복되어도 정신신경장애가 남는 일이 있다.

  ㉢ 불완전 연소에 따른 생성물로 독성의 허용농도는 50ppm이며 혈액중의 헤모글로빈과 결합하여 카르복시헤모글로빈을 만들어 산소의 혈중농도를 낮추고 질식을 일으킨다. 일산화탄소는 산소보다 헤모글로빈에 250배 더 강하게 결합한다.

농도에 대한 증상	
공기 중 농도[ppm]	증상
100(0.01%)	8시간 흡입으로 거의 무증상
500(0.05%)	1시간 흡입으로 무증상 또는 경도의 증상(두통 현기증, 주의력·사고력의 둔화, 마비 등)
700(0.07%)	두통이 심하고 때로는 구토, 호흡곤란과 동시에 시각·청각장애, 심한 보행장애
0.1~0.2%	1~2시간 중에 의식이 몽롱한 상태로부터 호흡곤란, 혼수, 의식상실 때로는 경련, 2~3시간으로 사망
0.3~0.5%	20~30분 내에 급사

② 시안화수소(HCN) ✪ 2019 기출

　　㉠ 청산가스라고도 하며 무색의 자극성이 높은 냄새를 갖는 가스로서 신경계통에 영향을 주며, 중독증상으로는 현기증, 두통, 의식불명, 경련 등이 있다.

　　㉡ 우레탄, 아크릴, 동물의 털 등 질소성분이 포함된 물질이 연소할 때 주로 발생한다.

　　㉢ 불완전연소 시에 많은 양이 발생하며 독성이 강하고 가연성 기체이다.

농도에 대한 증상	
공기 중 농도[ppm]	증상
18~36	수 시간 후 큰 변화 없음
45~54	30분~1시간 견딜 수 있음
110~135	30분~1시간 호흡으로 위험 또는 사망
135	20분 호흡으로 사망
181	10분 호흡으로 사망
270	즉사

③ 염화수소(HCl)

　　㉠ 염화가스라고도 하고 PVC 등의 염소가 함유된 수지류가 연소할 때 주로 발생하며 독성의 허용농도는 5ppm이다.

　　㉡ 피부와 눈의 결막, 목구멍과 기관지의 점막 등에 자극을 주고 폐혈관계 손상을 일으킨다.

농도에 대한 증상	
공기 중 농도[ppm]	증상
0.5~1.0	가벼운 자극을 느낌
5	코에 자극이 있고 불쾌감을 동반
10	코에 자극이 강하며 30분 이상 견딜 수 없음
35	단시간 견딜 수 있는 한계
50~100	작업불능이 되며 견딜 수 없음
1,000~2,000	단시간 노출로 위험
2,000	수분으로 사망

④ 질소산화물(NOx)

　　㉠ 질소산화물 중 특히 NO_2는 대단히 위험도가 높아서 수분이 있으면 질산을 생성하여 강철도 부식시킬 정도이다.

기출PLUS

기출 2019년 시행

다음 설명에 해당하는 연소가스는?

• 보기 •

청산가스라고도 하며, 인체에 대량 흡입되면 헤모글로빈과 결합되지 않고도 질식을 유발할 수 있다.

① 암모니아(NH_3)
② 시안화수소(HCN)
③ 이산화황(SO_2)
④ 일산화탄소(CO)

《 정답 ②

ⓒ 고농도의 경우 눈, 코, 목을 강하게 자극하여 기침, 인후통을 일으키고 현기증, 두통 등을 악화시킨다.

농도와 생리장애의 관계	
공기 중 농도[ppm]	증상
25~75	급성의 기도 및 코의 자극
150~300	폐색성 선유성 세기관지염 및 기관지 폐렴을 야기하며 치명적
500	치명적인 급성 폐수종이 일어나 48시간 이내에 사망

⑤ 이산화탄소(CO_2)

　ⓐ 화재 시에 발생하는 이산화탄소는 호흡속도를 매우 빠르게 하여 다른 독성의 가스를 더 많이 흡입하는 원인이 되게 한다.

　ⓑ 흡기 중 산소분압을 저하시켜 산소결핍증을 유발하여 호흡곤란, 질식을 초래한다.

⑥ 암모니아(NH_3) … 멜라민수지, 아크릴, 나일론 등의 질소함유물이 연소할 때 주로 발생하며 강한 자극성의 유독성 기체로, 허용농도는 25ppm이다. ✿ 2018 기출

⑦ 황화수소(H_2S)

　ⓐ 고무, 동물의 털·가죽 등의 물질이 불완전 연소할 때 발생하며 계란 썩은 냄새가 난다.

　ⓑ 후각이 쉽게 마비되며 농도가 높아지면 독성이 강해져 호흡기가 무력해지고 신경계통에 영향을 준다.

⑧ 포스겐($COCl_2$)

　ⓐ 열가소성 수지인 폴리염화비닐(PVC), 수지류 등이 연소할 때 발생되는 매우 독성이 강한 가스로, 허용농도는 0.1ppm이다.

　ⓑ 일반적으로 물질이 연소할 때는 생성되는 경우가 드물지만, 염소와 일산화탄소가 반응하면 생성되기도 한다.

⑨ 이산화황(SO_2)

　ⓐ 일명 아황산가스라고도 불리고 있다.

　ⓑ 털, 고무, 나무, 가죽소파 등 황(S)이 함유된 물질의 완전연소 시 발생하는 무색 가스로서 미량이 발생되며, 무색의 자극성·유독성 가스이다.

　ⓒ 눈 및 호흡기 등에 점막을 상하게 하고 질식사 할 우려가 있고, 특히 유황을 저장·취급하는 사업장 화재 시 주의를 해야 하며, 산성비의 원인이 된다.

⑩ 불화수소(HF)

　ⓐ 합성수지인 불소계 수지의 연소 시 생성되는 무색의 자극성 기체로 유독성이 강하며, 허용농도는 3ppm(mg/m^3)이다.

기출 2018년 시행

다음과 관계있는 연소생성가스로 옳은 것은?

─ 보기 ─
질소 함유물인 열경화성 수지 또는 나일론 등의 연소 시 발생하고, 냉동시설의 냉매로 많이 쓰이고 있으므로 냉동 창고 화재 시 누출가능성이 크며, 허용 농도는 25ppm이다.

① 포스겐($COCl_2$)
② 암모니아(NH_3)
③ 일산화탄소(CO)
④ 시안화수소(HCN)

〈정답 ②

ⓛ 물에 녹으면 불산이 된다. 유리 등의 세정제로 이용되며, 부식성이 강하여 유리
　나 모래를 부식시킨다.

⑪ 이산화질소(NO_2) … 폴리우레탄이나 질산셀룰오스 등이 불완전 연소 또는 분해될 때
　생성되는 적갈색의 유독성가스로 200 ~ 700ppm정도의 농도에 잠시 노출되어도 치
　명적이다.

⑫ 아크로레인(CH_2CHCHO)

　㉠ 기름성분 등의 유지류와 석유제품이 연소할 때 생성되는 휘발성의 자극성을 가
　　진 유독성 가스이며, 10ppm정도면 사람은 사망에 이르게 된다.
　㉡ 일반적인 화재에서 발생되는 경우는 극히 드물다.

section 3 화염의 형태 및 열방사

(1) 화염의 형태

① 화염 … 화염(불꽃)은 연소와 동시에 발생되며 공기의 흐름이 있을 경우 불규칙적이
　고 멀리 전달될 수도 있어 연소가 확대될 수 있다.

② 분출화염(Jet flames) … 수직, 수평의 화염 분출상태를 말하며 분출속도와 관계되는
　원인으로 레이놀즈 값의 변화에 따라 화염높이가 변화된다.

> ☆ Plus tip
> 레이놀즈 수에 따른 상태
> ㉠ **층류상태** : 유체 또는 연기, 화염의 일정한 유동
> ㉡ **전이상태** : 층류와 난류의 중간상태
> ㉢ **난류상태** : 유체 또는 연기, 화염이 비정상적인 유동현상으로서 열이나 물질의
> 　확산이 매우 강함

③ 수평화염(Horizontal flame) … 화염이 발생되는 현상으로서 폐쇄된 건물의 천장에
　화염이 충돌하면 공기의 인입속도가 감소되기 때문에 그 화염의 길이가 수평으로
　연장되고 이를 수평화염이라 한다.

④ 천정제트흐름(Ceiling jet flow) … 수직방향으로 이동하는 화재기류가 상승하면서
　천장에 의해 제한을 받으면 연소가스들이 수평방향으로 방향 이동을 하면서 고온의
　연소 생성물이 발생하는 현상이다.

(2) 열방사

① 열방사 … 물체가 전자파(電磁波)의 형태로 열에너지를 방출하거나 흡수하는 현상을 말한다. 화재발생시 연소과정 중에 발생하는 연소생성물의 열반응식에서 볼 수 있는 열에너지로서 복사열 또는 방사열이라고 한다.

② 가스방사 … 가는 분자의 결속력이 고체나 액체와 달리 상호간의 간섭이 작아 내부의 진동이나 회전에 의해 방사 또는 흡수를 한다. 수소, 산소, 질소는 특별한 외부의 자극이 있지 않는 한 에너지의 방사 또는 흡수작용을 하지 않는다. 반면 일산화탄소, 암모니아, 알코올 등은 분자의 작용 또는 이동을 통하여 에너지를 방사한다.

③ 고체방사 … 산소가 부족한 상태로 고온으로 올라간 가연물이 응집을 반복하여 구형의 입자로 만들어져 결정체를 형성한다. 이들 입자는 응집과정 중에 흡수한 열을 방사한다. 이 그을음 입자들은 흡수 또는 방사와 스펙트럼상 산란도 한다.

④ 열방사의 성질

    ㉠ 물체의 표면 물질과 표면온도에 밀접한 관련이 있으며, 단위면적당 방사하는 열량(熱量)은 절대 온도의 4제곱에 비례한다.

    ㉡ 열방사의 세기는 온도가 높을수록 커지며 복사선을 잘 흡수하는 물체일수록 복사선을 내는 작용도 강하게 일어난다.

    ㉢ 대류나 열전도와 달리 복사에 의한 열 전달방식은 중간 매개체 없이도 고온의 연소물질에서 저온의 가연물로 열이 전달된다.

> **Plus tip**
> 도시 건물 화재확대의 주요 원인
> ㉠ 접촉 : 화염의 접촉, 접염이라고 하며 불꽃의 직접 접촉을 말한다.
> ㉡ 복사열 : 열이 중간에 매질을 통하지 않고 전자파 형태의 공간이동 복사현상을 말한다.
> ㉢ 비화 : 불티가 되어 날아가 인접건물 등에 발화하는 것을 말한다.

기출 2018년 시행

다음은 열의 전달 형태에 대한 설명이다. ( ) 안에 들어갈 내용으로 옳은 것은?

┌ 보기 ┐

가. 일반적으로 화재의 초기단계에서 열의 전달은 (㉠)에 기인한다.

나. 화재 시 연기가 위로 향하는 것이나 화로(火爐)에 의해 실내의 공기가 따뜻해지는 것은 (㉡)에 의한 현상이다.

① ㉠ 전도, ㉡ 대류
② ㉠ 복사, ㉡ 전도
③ ㉠ 전도, ㉡ 비화
④ ㉠ 대류, ㉡ 전도

‹정답 ①

section 4 열전달 방식 ✪ 2018 기출

(1) 전도

① 물체와 물체가 직접 접촉하였을 때 열이 전달되는 현상이다.

② 물질 내 두 지점 사이의 온도차이로 인하여 온도가 높은 곳에서 낮은 곳으로 열에너지가 퍼져 나가게 된다.

③ 고체 내에서는 원자운동에 의해 일어나며 기체에서보다 열전도는 더 우수하다.

④ 정지된 유체에서도 전도의 의해 열이 전달되기도 한다.

⑤ 열이 전달되는 양은 열전도도, 면적, 온도 차이에 비례하며, 전도율은 기체 〈 액체 〈 고체 순으로 높다.

⑥ 일반적으로 화재의 초기단계에서 열의 전달은 전도에 기안한다.

(2) 대류

① 기체나 액체가 이동하는 것과 같이 열의 흐름에 의하여 열이 전달되는 현상이다.

② 대류는 연소가 확대됨에 따라서 주위의 가연물을 가열하고 강력한 힘도 갖게 되며 물질의 밀도 값이 큰 것은 무거워 아래 부분에 존재하고 밀도 값이 작은 것은 가벼워 상부로 올라가게 되며 열교환이 일어난다.

(3) 복사

① 열에너지가 전자파의 형태로 사방으로 전달되는 현상이다.

② 전도, 대류가 물질을 매개로 하여 열에너지가 전달되는 것에 반해 복사는 서로 떨어져 있는 두 물체 사이에 열에너지가 전자파 형태로 물체에 복사되며 이것이 다른 물체에 전파되어 흡수되면 열로 변하는 현상을 말한다.

③ 화재시 열의 이동에 가장 크게 작용하는 열 이동 방식이다.

④ 물질 또는 물체의 내부에서 발생되는 복사는 표면을 통해서 방사된다.

⑤ 화재에서 화염의 유입 없이 연소가 확산되는 것은 화염의 복사열에 의해서이다.

(4) 접염연소와 비화

① 접염연소 … 화염이 가연물의 표면에 접촉하여 연소가 확대되는 것으로 대류에 의한 열이동의 현상으로 볼 수 있다.

② 비화 … 화재발생시 불티가 외부의 요인(바람)에 의해 화점에서 멀리 떨어진 곳으로 이동하여 연소가 일어나는 것으로 화재 발생 시의 기상상태, 가연물들 간의 거리, 연소물질의 종류 등에 따라 화재발생 시 화재의 크기가 확산될 수도 있다.

01 다음 중 물질과 열에 대한 설명으로 옳지 않은 것은?

① 현열은 상태가 변하는 동안 물질에 가해진 모든 열이며, 잠열은 가열된 물질이 상태 변화가 없는 경우 보유하고 있는 열량이다.

② 비열은 물질 1g을 온도 1℃ 또는 1K 높이는 데 필요한 열량이다.

③ 용융점은 일정 압력하에서 고체물질이 액체와 평행하여 존재한다.

④ 연소속도는 연료가 발화하여 연소하고, 화염이 가스와 하하 반응을 일으키면서 차례로 퍼져 나가는 속도이다.

02 다음 중 연소과정 중에 생긴 연소가스에 대한 설명으로 옳은 것은?

① 일산화탄소는 산소보다 헤모글로빈 결합력이 250배 이상 강하다.

② 염화수소가스(HCl)의 공기 중 농도가 0.01% 정도면 사망한다.

③ 질소산화물(NOx)의 공기 중 농도가 0.5% 정도면 사망한다.

④ 시안화수소(HCN)는 청산가스라고도 하며 0.3% 정도에서 사망한다.

03 다음 중 연소가스에 관한 설명으로 옳은 것은?

① 염화수소(HCl)는 피부와 눈의 결막, 기관지 점막 자극 등 폐혈관 손상을 일으킨다.

② 암모니아는 고무, 털, 가죽 등의 물질이 불완전 연소할 때 발생한다.

③ 황화수소는 아크릴, 나일론 등의 질소함유물이 연소할 때 발생한다.

④ 일산화탄소는 헤모글로빈과 결합하지 않고 백혈구와 결합한다.

01.

현열과 잠열
㉠ 현열 : 가열된 물질의 상태 변화가 없는 경우 보유하고 있는 열량
㉡ 잠열 : 상태가 변하는 동안 물질에 가해진 모든 열

02.

② 염화수소가스는 0.01%에서는 작업불능이고 0.2% 정도면 사망한다.
③ 질소산화물은 0.05% 정도에서 사망한다.
④ 시안화수소는 0.03% 정도에서 사망한다.

03.

① PVC 등의 염소가 함유된 수지류를 연소할 때 발생하는 독성의 가스이다.
② 황화수소에 대한 설명이다.
③ 암모니아에 대한 설명이다.
④ 적혈구속에 포함된 헤모글로빈과 결합한다.

Answer **01.① 02.① 03.①**

04 다음 중 피난 본성에서 화재가 발생한 곳으로부터 피난하여 멀어지려는 본성은?

① 지광본능
② 좌회본능
③ 추종본능
④ 퇴피본능

04.

피난계획 시 고려해야 할 인간의 본능
㉠ 귀소본능 : 자신의 신체를 보호하기 위해 일상의 경로를 따라가는 본능이다.
㉡ 퇴피본능 : 위급 시 그 지점에서 멀어지려는 현상이다.
㉢ 지광본능 : 화재나 연기의 유동 시 어두운 곳을 피하려는 현상이다.
㉣ 좌회본능 : 오른손잡이가 많아 긴급상황에는 왼쪽으로 대피하는 현상이다.
㉤ 추종본능 : 많은 군중이 피난할 경우 리더를 따라가려는 본능이다.

05 다음 중 연기 유동의 원인으로 옳지 않은 것은?

① 중력
② 공기조화설비
③ 비중
④ 연돌효과(굴뚝효과)

05.

연기의 유동 … 화재실에서 유출된 연기는 화재실의 출입구에서 복도를 지나 계단을 통하여 상층으로 유동한다. 이 때 연기는 공기보다 고온이기 때문에 기류를 동반하지 않는다면 천장 하단을 따라서 흐르게 된다. 공기조화설비나 연돌효과는 기류를 동반하는 원인이 되며, 비중은 온도 및 압력에 따라 달라지므로 연기 유동의 원인이라고 할 수 있다.

06 다음 중 연소에 대한 설명으로 옳지 않은 것은?

① 가연물, 산소공급원, 점화원은 연소현상에 필요한 3요소이다.
② 점화원에는 기계적점화원, 전기적점화원, 화학적점화원으로 분류할 수 있다.
③ 대표적인 산소공급원은 공기이다.
④ 가연물 중에서 활성화 에너지가 큰 물질은 그만큼 위험한 물질이라고 볼 수 있다.

06.

④ 연소반응을 일으키는 점화원인 활성화 에너지 값이 적을수록 위험한 물질이다.

07 기체 중 불연소 가스로 옳은 것은?

① 프레온
② 암모니아
③ 일산화탄소
④ 메탄

07.

① 직·간접적인 연소 작용을 하지 않는 불연소 가스이다.

08 다음 중 연기의 유동속도에 대한 것으로 옳은 것은?

① 수평 < 계단 < 수지 순으로 이동이 빠르다.
② 수평 < 수직 < 계단 순으로 이동이 빠르다.
③ 수직 < 계단 < 수평 순으로 이동이 빠르다.
④ 계단 < 수직 < 수평 순으로 이동이 빠르다.

08.

연기의 유동 속도 ··· 수평(0.5~1m/s) → 수직(2~3m/s) → 계단(3~5m/s)

09 목재를 가열할 때 가열온도 160~360℃에서 많이 발생되는 기체로 옳은 것은?

① 일산화탄소
② 수소가스
③ 아세틸렌가스
④ 유화수소가스

09.

① 160~360℃에서 많이 발생되는 기체는 일산화탄소이며, 361~500℃에서 많이 발생되는 기체는 이산화탄소이다.

10 화재발생시 열의 이동방법 중 가장 큰 비중을 차지하는 열전달 방법은?

① 대류
② 복사
③ 전도
④ 비화

10.

② 화재 발생 시에 열전달 방법 중 복사열에 의한 열의 이동이 가장 크다.
① 열의 흐름에 의한 대류연소
③ 가연성물질이 직접적 접촉에 의한 전도연소
④ 불티의 이동에 의한 비화연소

Answer 07.① 08.② 09.① 10.②

11 다음 가스 중 소량으로도 인체에 가장 치명적인 것은?

① H_2S

② CO_2

③ SO_2

④ NO_2

12 다음 중 화재 시 발생하는 유독가스가 아닌 것은?

① 일산화탄소

② 인산암모늄

③ 시안화수소

④ 염화수소

13 다음 중 목재류의 화재 시 발생하는 유독성 가스로 인명피해를 가장 많이 주는 것은?

① 이산화탄소

② 일산화탄소

③ 암모니아

④ 시안화탄소

14 다음 중 화재발생시 인간의 피난 특성으로 옳지 않은 것은?

① 무의식중 평상시에 사용하는 출입구나 통로로 이동한다.

② 화재의 공포감으로 인하여 빛을 피해 어두운 곳으로 움직인다.

③ 화재 시 처음 행동을 시작한 사람을 따라 전체가 움직이는 경향이 있다.

④ 화염, 연기에 대한 공포감으로 발화의 반대방향으로 이동한다.

11.

인체에 치명적인 영향을 주는 순서 ··· $NO_2 > SO_2 > H_2S > CO_2$

※ 이산화질소(NO_2)

ㄱ 질소산화물 중 특히 위험하다.

ㄴ 수분이 있으면 질산을 생성하여 강철도 부식시킨다.

ㄷ 고농도의 경우 눈, 코, 목을 강하게 자극하여 기침, 인후통을 일으키고 현기증, 두통 등을 악화시킨다.

12.

② 분말소화약제(제3종 분말소화약제)의 주성분으로 불연성 물질이며 화재가 발생했을 때 나오는 유독가스가 아니다.

13.

② 목재가 불완전 연소하면 일산화탄소를 가장 많이 발생시키는데 이는 많은 인명피해의 원인이 된다.

※ 일산화탄소(CO)

ㄱ 무색, 무취의 가스

ㄴ 헤모글로빈과 결합하여 산소농도를 낮춤

ㄷ 0.3% 이상 0.5% 이하면 20~30분 이내 사망

14.

② 화재에 대한 공포감으로 인해 빛을 따라 외부로 움직이려고 한다.

① 귀소본능

③ 추종본능

④ 퇴피본능

Answer 11.④ 12.② 13.② 14.②

15 연기에 관한 설명으로 옳지 않은 것은?

① 화재 진압활동을 어렵게 한다.
② 수직방향보다 수평방향의 흐름이 빠르다.
③ 산소의 존재유무에 영향을 받는다.
④ 연기의 유동방향은 대류현상과 비슷하다.

15.
② 화염에 의한 열의 대류현상으로 연기는 수평방향보다 수직방향의 흐름이 빠르다.

16 다음 중 수지류 및 모직물, 견직물 등의 질소함유물이 불완전 연소되어 발생하는 것은?

① 이산화질소
② 이산화탄소
③ 암모니아
④ 시안화수소

16.
시안화수소 … 실소성분을 주로 함유하고 있는 우레탄, 아크릴, 폴리아미드, 동물의 털과 같은 섬유 등이 연소할 때 발생하는 것으로 불완전 연소 시에 상대적으로 많은 양이 발생하며, 청산가스라고도 불린다.

17 다음 중 화재 시 연기로 인한 사람의 투시거리에 영향을 주는 것으로 옳은 것은?

① 연기의 밀도
② 연기의 온도
③ 연기의 형상
④ 연기 발생속도

17.
투시거리 영향요인
㉠ 연기 흐름속도
㉡ 연기 밀도
㉢ 보는 표식의 휘도, 색, 형상

18 체육관과 같이 천장이 높은 건물은 화재초기에 연기가 천정까지 상승하지 못하여 천장에 연기감지기를 설치하여도 화재감지가 어렵다. 이처럼 연기가 잘 상승하지 않는 현상의 이유와 관련이 있는 현상은?

① 열전도
② 열대류
③ 열복사
④ 열비화

18.
화재 초기시 연기가 상승하지 못하는 이유는 열대류가 활발하지 못해서이다. 초기화재시 화재감지기가 잘 작동하지 못하는 이유이다.

Answer   15.② 16.④ 17.① 18.②

19 다음 중 연기의 이동에 대한 설명으로 바르지 않은 것은?

① 연기는 공기보다 고온이기 때문에 보통은 천장면의 하면을 따라 순방향으로 이동한다.

② 외기가 건축물 내부의 공기보다 따뜻할 때는 건축물 내부에서 하향으로 공기가 이동하면 이러한 하향 공기의 흐름을 역굴뚝효과라 한다.

③ 저층건물에서는 굴뚝효과에 의하여 연기는 상승하고 고층건물에서는 열, 대류이동, 화재압력과 같은 영향 및 바람의 영향으로 통로 등에 따라 연기 이동을 일으키는 원인이 된다.

④ 연기의 유동속도는 수평일 때 0.5 ～ 1m/sec이다.

20 복사열전달 현상에 관한 설명으로 옳은 것은?

① 열에너지가 전자기파의 형태로 전달되는 현상이다.

② 푸리에의 법칙을 따른다.

③ 열전달이 고체 또는 정지상태의 유체 내에서 매질을 통해 이루어진다.

④ 유체입자의 유동에 의해 열에너지가 전달되는 현상이다.

⑤ 진공상태에서는 복사열은 전달되지 않는다.

19.

연기의 유동 속도 : 수평방향 : 0.5 ～ 1m/sec

※ 건물내의 연기 유동

　ⓐ 저층 건물과 고층 건물에서의 연기유동

　　• 저층건물 : 열, 대류이동, 화재압력이 유동 원인

　　• 고층건물 : 굴뚝효과, 건물내부와 외부공기 사이의 온도 · 밀도차이가 유동 원인으로 작용

　ⓑ 고층 건물에서 연기유동을 일으키는 요인

　　• 온도에 의한 가스의 팽창 : 화재로 인한 대류현상(부력현상)

　　• 굴뚝효과

　　• 외부 풍압의 영향

　　• 건물 내에서의 강제적인 공기유동 등 → 공기조화설비, 환기설비

　　• 중성대

　　• 건물구조

20.

② 스테판 볼츠만 법칙을 따른다.

③ 사는 중간 매개체의 도움 없이 발생하는 전자파(광파, 전파, 엑스레이 등)에 의한 에너지의 전달이다.

④ 물체가 가열되면 열에너지를 전자파로 방출되는데 이 전자파에 의해 열이 이동하는 것

⑤ 진공상태에서도 열전달이 가능

03 폭발이론

section 1 폭발

(1) 폭발의 개념 및 분류

① 폭발의 개념

 ㉠ 폭발은 밀폐공간에서 물리적·화학적 변화의 결과로 발생하는 데, 급격한 압력 상승에 의한 에너지가 외계로 전환되는 과정에서 파열, 후폭풍, 폭음 등을 동반하는 현상이다.

 ㉡ 즉 폭발이란 압력파의 전달로 폭음을 동반한 충격파를 가진 이상 팽창을 말한다.

② 폭발의 분류 … 폭발은 공정 별 분류에서 핵폭발, 물리적 폭발, 화학적 폭발, 물리적·화학적 병렬에 의한 폭발로 나누기도 한다.

> 🌱 Plus tip
>
> 연소와 폭발의 비교
> ㉠ 연소 : 지속적인 연쇄반응을 일으키는 것을 말한다.
> ㉡ 폭발 : 물리적·화학적 변화의 결과로 발생한 급격한 압력 상승에 의한 에너지가 파열, 후폭풍, 폭음 등을 동반하는 현상이다.

③ 폭발의 성립조건

 ㉠ 물리적·화학적 에너지가 기계적 에너지가 열이나 압력파 등으로 변화하는 과정에서 나타나는 폭발은 밀폐된 공간, 점화원(점화에너지), 폭발범위(연소범위=공기 중 필요한 혼합가스의 농도 조건)의 폭발의 3대 조건을 갖춘 경우에 발생한다.

 ㉡ 가스의 폭발 조건은 일반적으로 밀폐된 공간의 배관이나 병 혹은 통 속에서 발화원이 존재하는 에너지조건과 조성조건인 농도조건으로 이루어진다.

 ㉢ 폭발은 화염을 동반하지 않는다.

④ 폭발의 분류와 영향 … 물리적·화학적 폭발의 개념

 ㉠ 물리적 폭발(원인계와 생성계가 동일하다) : 화염 등을 접촉하지 않고, 물질의 성질(분자구조)이 변하지 않고 그 상태(고체·액체·기체)가 변하거나 온도, 압력 등의 조건이 변한다.

 ㉡ 화학적 폭발(원인계와 생성계가 다르다) : 화염 등을 접촉하여 물질의 성질이 변하는 폭발이다.

폭발의 성립조건
㉠ 폭발의 3대 조건 : 밀폐된 공간, 점화원, 폭발범위
㉡ 가스의 폭발조건 : 에너지조건(점화원), 폭발범위(가스는 밀폐된 배관이 기본이다)

(2) 가스저장탱크 화재 ✪ 2021 기출

① 블래비(BLEVE) 현상…블레비 현상은 끓는 액체팽창증기폭발(Boiling Liquid Expanding Vapor Explosion)이라 하며 탱크 속으로는 화염을 동반하지 않고 외부 탱크벽으로부터 화재 시 뜨거운 열이 가해졌을 때 과열상태의 탱크에서 내부의 액화가스가 분출·착화되어 폭발하는 현상이다.

    ㉠ 화재 시 탱크 내부의 액화가스가 열로 인하여 급격한 팽창과 비등으로 내부압력이 증가되어 탱크의 안전장치 압력 완화율을 넘어서 용기벽면 등이 균열·파괴되고 분해되었을 때 물리적 폭발이 화염에 착화되어 순간적으로 화학적 폭발로 이어지는 폭발 현상으로서 일반적으로 옥외탱크폭발 현상이다.

    ㉡ 그 위력은 수 km까지 미친다. 이후 불기둥이 버섯구름과 같이 상부로 화구를 형성하여 화염의 덩어리가 만들어지는데 이를 곧 파이어볼(Fire Ball, 약 1,500℃)이라고 한다.

    ㉢ BLEVE(블래비) 현상의 폭발 원인은 물리적 폭발로 구분하며, 순간적으로 화학적 폭발로 이어지지만 그 결과가 화염을 동반하는 순간부터 화학적 폭발로 분류하고 있다. 즉, 물리적 폭발과 화학적 폭발이 병립하며, 일반적으로는 원인이 기준이기 때문에 물리적 폭발로 본다.

> **☆ Plus tip**
> BLEVE(Boiling Liquid Vapor Explosion)의 개념
> ㉠ 옥외의 가스저장탱크의 지역의 화재발생 시 저장탱크가 가열되어 탱크 내부의 액체부분은 급격히 증발하고 가스부분은 온도 상승과 비례하여 탱크 내 압력의 급격한 상승을 초래하게 된다. 이때 탱크 속에는 아직 화염을 동반하지 않는다.
> ㉡ 탱크가 계속 가열되면 용기 강도가 저하되고 내부압력은 상승하여 어느 시점이 되면 저장탱크의 설계압력을 초과하게 되고 탱크가 파괴되어 급격한 폭발(물리적→화학적) 현상을 일으킨다. 이때 폭발하면서 화염을 동반한다.
> ※ 원인에 의한 분류는 물리적 폭발이며, 화염이 동반되는 순간부터 화학적 폭발이다. 따라서 일반적으로 물리적 폭발로 분류한다.

② 블래비 형성과정

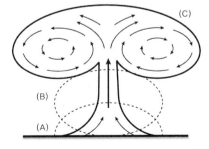

    ㉠ 주변화재로 액화가스의 탱크가 가열되어 탱크 내 증기압이 발생하면서 탱크가 파열하면 순간증발을 일으켜 가연성 가스의 혼합물이 외부로 대량 방출 후 착화

    ㉡ 지면에서 반구상(A)의 화염을 만들어 부력에 의해 상승

ⓒ 화염은 공모양(B)을 형성하고, 부력에 의해 상승하여 버섯모양(C)의 화염 형성

ⓔ 블래비현상의 세부 형성과정의 예시

• 프로판(C_3H_8) 등 액화저장탱크 외부에서 화재 발생

• 가열된 저장탱크 내부의 액체에 높은 증기압 발생

• 저장탱크의 내압 초과

• 탱크파열(균열, 파손)

• 탱크 내 액화가스가 급격히 기화하여 파열지점을 통해 외부로 확산

• 외부 확산 가스는 대기 중 공기(산소)와 혼합하여 폭발성 혼합기 형성

• 착화에너지에 의해 폭발

• 화염은 초기에 지표면 부근에서 생성되어 성장

• 화염은 부력에 의해 상승 버섯모양의 파이어볼(Fire Ball) 형성

③ 블래비에 영향을 주는 핵심 요인

㉠ 압력상태와 주위 온도

㉡ 저장용기(탱크)의 재질

㉢ 저장된 물질의 종류와 형태

㉣ 저장물의 물질적 역학 상태

㉤ 저장물의 인화성 여부

☆ **Plus tip**

블레비 현상 발생 메커니즘 ✪ **2015 기출**

㉠ 액온상승 : 열이 가해졌을 때 약화가스의 온도 상승으로 인하여 안전밸브가 작동하여 증기가 조금씩 방출하므로 액면이 낮아지면 탱크 내 공간이 커진다.

㉡ 연성파괴 : 탱크 벽이 가열되어 강도가 떨어지고 내부압력이 상승하며 그 결과 탱크 내 증기가 방출되고 내부압력은 급격히 낮아진다.

㉢ 액격현상 : 액화가스의 비점이 낮아지고 과열상태가 된 액화가스는 격렬하게 위력을 발하여 액체를 비산시키고 증기폭발로 인하여 탱크 내 벽에 강한 충격을 준다.

㉣ 취성파괴 : 액격현상에 의하여 탱크 용기가 파열되며 파이어볼로 발전된다.

---

④ **파이어볼(Fire Ball)** … 대량의 증발한 가연성 액체가 갑자기 연소할 때 형성되는 공모양의 둥근 불꽃을 말하며, 약 1,500℃의 고온으로 복사열에 의한 피해가 심각하고, 수백 미터 이내의 가연물을 연소시킬 수 있는 위력이다.

⑤ **블래비(BLEVE) 현상 예방법** … 실재 화재 시 블래비 현상 방지를 위한 최상의 방법은 저장탱크에 살수설비 또는 소방차를 이용하여 물을 뿌려 탱크를 냉각시키는 것이다.

㉠ 고정식 살수설비(물분무 등으로 탱크 상층부 냉각) 설치 → 현재 가장 많이 사용됨

㉡ 입열 억제 → 용기 외부 단열 시공조치 및 탱크를 지하에 설치

㉢ 화염이 탱크에 접하지 않도록 한다. → 내부바닥 기초를 경사지게 하여 액체를 흘림

기출 2015년 시행

과열상태 탱크내부의 액화가스가 분출 착화되었을 때 폭발하는 현상은?

① 블레비 현상

② 플래시오버

③ 백드래프트

④ 슬롭오버

〈정답 ①

ⓔ 용기 내압강도 유지 → 경년 부식을 고려하여 여유 있는 탱크의 두께가 필요

ⓜ 폭발 방지장치 → 탱크 내벽에 열전도도가 좋고 큰 알루미늄 합금박판 등 설치

ⓗ 감압시스템으로 탱크 압력을 낮추며 탱크 용기의 수 및 크기의 최소화

ⓢ 가스감지기 설치, 화재 시 탱크내용물 긴급이송조치, 가연물 누출 시 유도구 설치 등

(3) 폭발의 원인에 따른 분류 ✪ 2020, 2021, 2021, 2022 기출

급격한 압력발생이 폭발의 선행조건이므로 압력이 발생하게 된 원인에 따라 물리적 폭발과 화학적 폭발로 분류할 수 있다.

① **물리적 폭발(기계적 폭발)** … 물리적 폭발은 화학적 변화 없이 상변화 등에 의한 폭발이다. (화염을 동반하지 않음) 화학적 변화는 물질의 성질인 분자구조가 변하는 것이지만 물리적 변화는 물질의 상태(기체·액체·고체)가 변하거나 온도, 압력 등의 조건이 변하는 단순한 내압상승이라 할 수 있다.

> ☆ Plus tip
> 증기폭발(물리적 폭발) ≠ 증기운 폭발(화학적 폭발) ✪ 2016 기출
> ㉠ 증기폭발 : 높은 열에너지를 갖는 용융금속 등이 저온의 물과 접촉하면 급격히 증기를 발생시켜 이것에 의한 압력파가 발생하여 기계적 파괴를 동반하는 현상을 말한다. 예컨대 물이 끊으면 기체가 되어 물을 담고 있는 용기가 기체의 압력이 높아져 폭발하는 것이다.
> ㉡ 증기운 폭발(Vapor Cloud Exposion) : 화학공정 산업에서 가장 위험하고 파괴적인 폭발로 다량의 가연성 증기가 급격히 방출(압축된 액체의 용기가 과열로 파열될 때 발생)되는 증기가 분산되어 공기와 혼합하고 증기운이 점화되는 현상이다.

㉠ 증기폭발 : 밀폐된 공간 속의 액체물질이 급속히 기화되면서 많은 양의 증기가 발생함으로써 증기압이 높아져 용기나 구조물의 내압을 초과하여 파열되는 증기폭발 현상이다. 즉 증기폭발이란 액화가스(LPG, LNG) 등이 분출되었을 때 급격한 기화에 동반하는 비등현상을 나타낸다.

㉡ 수증기폭발 : 밀폐된 공간에 용융금속 등 고온 물질이 물속에 투입되었을 때 물은 순간적으로 급격하게 비등하고 이러한 상태변화에 따른 폭발현상을 말한다. 예컨대 주전자의 구멍을 막고 끊일 때

㉢ 물리적 폭발의 종류 : 일반적으로 화염을 동반하지 않는 가스탱크폭발이 일종으로 진공용기의 (수)증기폭발을 비롯하여 고압용기의 파열, 탱크의 감압파열, 보일러 폭발, 기체물질의 열팽창에 의한 폭발, 폭발적 증발, 폭발성 화합물의 폭발, 혼합위험성 물질에 의한 폭발 등이 있다

② **화학적 폭발(기상 폭발)** … 화학적 폭발은 급격한 화학적 변화에 의한 폭발이다. (화염을 동반한다)

폭발에 대한 일반적인 설명으로 옳은 것은?

① 아세틸렌과 산화에틸렌은 분해폭발을 일으키기 쉬운 물질이다.

② 상온에서 탱크에 저장된 중유가 유출되면 자유공간 증기운폭발이 일어난다.

③ 밀폐공간에서 조연성가스가 폭발범위를 형성하면 점화원에 의해 가스폭발이 일어난다.

④ 다량의 고온물질이 물속에 투입되었을 때 물의 갑작스러운 상변화에 의한 폭발현상을 반응폭주라 한다.

〈 정답 ①

폭발에 대한 설명으로 옳지 않은 것은?

① 폭연은 폭굉보다 폭발압력이 낮다.

② 분해폭발은 산소에 관계없이 단독으로 발열 분해반응을 하는 물질에서 발생한다.

③ 물리적 폭발은 물질의 상태(기체, 액체, 고체)가 변하거나 온도, 압력 등 조건의 변화에 따라 발생한다.

④ 중합폭발은 가연성 액체의 무적(霧滴, mist)이 일정 농도 이상으로 조연성 가스 중에 분산되어 있을 때 착화하여 발생한다.

〈 정답 ④

다음 중 기상폭발이 아닌 것은?

① 분무폭발   ② 분해폭발

③ 분진폭발   ④ 증기폭발

〈 정답 ④

㉠ 분해

㉡ 중합폭발 등 분자구조가 변하는 폭발

㉢ 산화(가스, 분무, 분진)

> **♧ Plus tip**
>
> **폭발**
> 분해, 중합폭발, 산화, 미생물열, 흡착열에 의한 폭발로 나누어진다. 그 중 화학적 폭발은 자연발화의 종류 중 그 성질이 약한 미생물열과 흡착열을 제외한 것이다.
> ㉠ **분해폭발** : 산소와 관계 없이 단독으로 발열분해 반응을 하는 물질에 의해서 발생하는 폭발이다. 대표적인 물질은 아세틸렌, 산화에틸렌, 에틸렌, 다이너마이트, 제5류 위험물의 과산화물 등이다.
> ㉡ **중합폭발** : 모노머(단량체)의 중축합반응에 따른 발열량에 의한 폭발이다. 산화에틸렌, 시안화수소(청산가스), 염화비닐 등은 중합에 의한 폭발로 한 장소에 장시간 저장하지 않는다.
> ㉢ **산화폭발** : 가연성 기체, 액체, 고체가 공기 중 산소와 화합하여 비정상연소에 의한 연소폭발이다.
> • 가스폭발(기체) : 가연성가스가 폭발범위 내의 농도로 공기나 조연성 가스 중에 존재할 때 점화원에 의해 폭발하는 현상으로 가장 일반적인 폭발이다.
> • 분무폭발(액체) : 무상으로 분류한 가연성 액적(윤활유 등)이 주체가 되는 폭발이다.
> • 분진폭발(고체) : 공기 중에 부유하고 있는 가연성 티끌이 주체가 되는 폭발이다.
> • 촉매폭발 : 수소와 산소, 수소와 염소 등에 빛이 조일 때 반응하는 폭발이다.
> • 반응폭주 : 화학반응기 내에서 반응속도가 증대함으로서 반응이 과격화되는 현상이다.

(4) 폭발원인 물질의 물리적 상태에 따른 분류

학설은 폭발원인 물질의 물리적 상태에 따라 기상폭발과 응상폭발로 분류하기도 한다. 여기서 분진 혹은 분무폭발은 물질 자체는 고체 및 액체이나 연소반응이 기체 상태에서 일어나므로 기상폭발로 분류하고 있다.

① 기상폭발(화학적 폭발의 종류)

㉠ 가스폭발 : 가연성 기체와 공기와 혼합기의 폭발

㉡ 분무폭발 : 공기 중에 분출된 미세한 기름방울 등 액적이 무상으로 되어 착화 에너지가 주어지면 폭발하는 가연성 액체의 폭발

㉢ 분진폭발 : 가연성 고체 미분의 폭발

㉣ 분해폭발 : 분해연소성 기체 폭발

② 응상폭발(물리적 폭발의 종류)

㉠ 증기폭발 : 액상폭발과 고상폭발에 해당하며 액체 및 고체의 불안정한 물질의 연쇄폭발현상으로 극저온 액화가스의 수면 유출에 의한 폭발이다.

㉡ 수증기폭발 : 액체의 급속가열에 의한 폭발

(5) 분진폭발(띠끌폭발) ✪ **2018 기출**

① **분진(띠끌)폭발의 개개념**

    ㉠ 분진폭발은 화학적 폭발로서 가연성 고체의 미분이 공기 중에 부유하고 있을 때에는 어떠한 착화원에 의해 에너지가 주어지면 폭발하는 현상이다.

    ㉡ 분진입자의 크기는 보통 10um(1~100um) 이하이지만 분자의 발화폭발 조건으로 가는 가연성 물질로서 200mesh(76um) 이하가 적합하여 휘발성분이 커야 한다.

② **분진(띠끌)폭발의 특징**

    ㉠ 분진입자와 밀도가 작을수록 표면적이 커서(산소와 접촉이 크다) 폭발성이 강하다.

    ㉡ 분진 내 수분은 불활성가스의 역할을 하게 되어 점화온도를 높여주며 산소와 반응성이 큰 분진은 공기 중의 노출시간이 클수록 산화피막을 형성하여 폭발성이 약해진다.

    ㉢ 분진이 발화·폭발하기 위한 조건은 가연성, 미분상태, 점화원의 존재, 공기 중에서 교반과 운동, 폭발범위 이내 등이 있다.

    ㉣ 분진폭발 영향인자는 산소농도, 수분, 화학적 성질과 조성, 가연성 가스, 입도와 입도분포 입자의 표면상태와 형상 등이다.

    ㉤ 분진폭발의 종류는 금속분(알루미늄, 마그네슘, 아연 등), 솜, 담배, 황, 석탄, 쌀·보리, 비누, 경질고무 등 100종 이상에 달한다.

    ㉥ **분진폭발이 잘 이루어 지지 않는 종류** ⋯ 석회종류, 가성소다, 탄산칼슘, 생석회, 시멘트가루, 대리석가루, 유리 등이 있다.

> 🌿 **Plus tip**
>
> **탄산칼슘 ≠ 탄화칼슘**
> ㉠ 탄산칼슘은 산에서 캔 석회석으로 분진폭발이 일어날 수 없다.
> ㉡ 탄화칼슘은 제3류 위험물로서 물과 혼합 시 아세틸렌가스를 생성한다.
> ㉢ 탄산칼륨은 동결방지제로서 물과 혼합하여 강화액 소화약제를 만든다.

③ **분진폭발의 조건과 영향**

    ㉠ 분진폭발의 조건 : 가연성, 미분상태, 점화원의 존재, 공기 중에서 교반과 운동, 폭발범위 이내

    ㉡ 분진폭발에 미치는 영향 : 산소농도, 수분, 화학적 성질과 조성, 가연성 가스, 입도와 입도 분포 입자의 표면상태와 형상

    ㉢ 분진에 의한 정전기 발생의 주요 원인

      • 배관 등의 안에 비전도성액체나 분진이 유동할 때

      • 탱크 안에 비전도성액체 속을 금속성시료채취 통 등을 이동시킬 때

      • 고무의 풀칠, 도료의 분무도장, 종이·비닐천을 되감기 할 때

기출 2018년 시행

다음 설명에 해당하는 것은?

┌ 보기 ┐
가연성 고체의 미분이 공기 중에 부유하고 있을 때에 어떤 점화원에 의해 에너지가 주어지면 폭발하는 현상을 말한다.

① 가스폭발
② 분무폭발
③ 분해폭발
④ 분진폭발

〈정답 ④

폭발의 진행과정
① 분진입자표면에 열 전달
↓
② 열분해로 입자 주위에 가연성 가스 발생
↓
③ 공기(산소)와 혼합
↓
④ 폭발성 혼합기체 생성
↓
⑤ 발화
↓
⑥ 열분해로 건류 작용 촉진
↓
⑦ 폭발

정전기에 의한 분진폭발 예방법은 정전기 방지 대책과 같다.

④ 입자의 속도 숫자의 비교

    ㉠ 연기입자의 크기 : 0.01~10um

    ㉡ 화염 전파속도(폭연 속도) : 0.1~10m/s

    ㉢ 분진입자의 크기 : 1~100um

(6) 분진폭발과 가스폭발의 비교

① 가스폭발보다 분진폭발은 최소발화에너지(MIE)가 크다.

② 가스폭발에 비해 분진폭발은 불완전연소가 심하므로 일산화탄소(CO)가 발생한다.

③ 1차 분진폭발의 영향으로 주위의 분진을 날리게 하여 2 · 3차 폭발이 발생할 수 있다. 분신폭발은 특이하게 2 · 3차 폭발이 발생할 수 있다.

④ 가스폭발보다 분진폭발은 연소속도, 폭발압력은 작으나 연소시간이 길고 발생에너지가 크기 때문에 그 파괴력과 그을음이 크다.

⑤ 입자가 비산하므로 접촉하는 가연물은 국부적으로 심한 탄화 또는 화상도 유발한다.

> **Plus tip**
>
> 분진폭발과 가스폭발 대소의 요약
>
> | 구분 | 가스폭발 = 기체폭발 | 분진폭발 = 고체폭발 |
> |---|---|---|
> | 발화(발생)에너지 | | |
> | 파괴력 | 작다 | 크다 |
> | CO(일산화탄소) 발생물 | | |
> | 2차, 3차 연쇄폭발현상 | 없다 | 있다 |
> | 최초폭발 | | |
> | 연소속도 | 크다 | 작다 |
> | 폭발압력 | | |

section 2 폭굉과 폭연의 비교

(1) 폭굉(폭효)

데토네이션(Detonation)이라 하며 반응의 전파가 초음속이다.

(2) 폭연

데플러그레이션(Deflagation)이라 하며 반응의 전파속도가 아음속이다.

TIP

폭굉과 폭연은 화염의 전파속도에 분류한다.

구분	폭굉 = 폭효 = Detonation	폭연 = Deflagration
속도	• 음속보다 빠르다(초음속) • 약 1,000 이상~3,500m/sec 이하	• 음속보다 느리다(아음속) • 약 0.1이상~10m/sec 이하
압력	• 압력은 약 1,000kgf/cm^2압력상승이 폭연의 경우 보다 10 이상이다 • 동압이다.	• 충격파압력은 수기압(kgf/cm^2) 정도이고 폭굉으로 변화될 수 있다. • 정압이다.
에너지	에너지 방출 속도가 물질전달 속도에 기인하지 않고 아주 짧다.	에너지 방출속도가 물질전달 속도에 영향을 받는다.
온도	온도의 상승은 충격파의 압력에 기인한다.	열(전도, 대류, 복사)에 의한 전파에 기인한다.
파면	파면(화염면)에서 온도, 압력, 밀도가 불연속적으로 나타난다.	반응 또는 화염면의 전파가 분자량이나 공기 등의 난류 확산에 영향을 받는다.

(3) 폭굉(초음속) ★ 2017 기출

① 폭연에서 폭굉 전이가 일어나기 쉬운 정도 … 정상 연소속도가 큰 가스일수록, 압력이 클수록, 관경이 가늘수록, 관경이 거칠수록, 돌출물이 있을수록 폭굉이 되기 쉽다.

② 폭굉파는 음파와 달리 폭굉파가 통과한 곳은 화학적 조성이 변하므로 가역적인 탄성파로 취급되지 않으며 비가역적인 탄성파로 취급한다.

(4) 폭굉유도거리(DID)

① 폭발성 혼합가스가 있는 관(pipe)에서 한 쪽 끝에 점화하면 처음에는 비교적 천천히 연소반응이 진행되지만 점차 가속되어 어느 지점에 이를 때 갑자기 폭굉으로 전이하게 된다.

② 최초의 완만한 연소에서 격렬한 폭굉으로 발전할 때까지의 거리를 폭굉유도거리라 한다.

> ☆ Plus tip
> 폭굉(초음속)의 유도거리가 짧아질 수 있는 요인
> ⊙ 압력이 높을수록 폭굉 유도거리가 짧아진다.
> ⓒ 점화에너지가 강할수록 유도거리가 짧아진다.
> ⓒ 연소속도가 큰 가스일수록 유도거리가 짧아진다.
> ⓔ 관경이 좁을수록 유도거리가 짧아진다.
> ⓜ 관속에 이물질이 있을수록 유도거리가 짧아진다.

기출PLUS

기출 2017년 시행

다음 중 폭연과 폭굉에 대한 설명으로 바른 것은?

① 폭굉은 화염면에서 상대적으로 완만한 에너지 변화에 의해서 온도, 압력 밀도가 연속적이다.
② 폭연은 열에 의한 전파보다 충격파에 의한 압력에 영향을 받는다.
③ 폭굉은 반응 또는 화염면의 전파가 물질의 분자량이나 공기의 난류확산에 영향을 받는다.
④ 폭연은 물질의 전달속도에 영향을 받는다.

《정답 ④

section 3 자유공간 증기운 폭발

(1) 개념과 현성조건

① 개념

ⓐ 자유공간 증기운 폭발(UVCE = Unconfined Vapor Cloud Explosion)이란 화학 폭발로서 화재 시 복사열 등으로 인하여 인근 저장탱크에서 발생할 수 있으며 유출된 가스가 구름을 형성하며 떠다니다가 점화원과 접촉하는 동시에 일어나는 폭발현상을 말한다.

ⓑ 개방된 대기 중에 대량의 가연성 가스나 가연성 액체가 유출되어 그로부터 발생 하는 증기가 공기와 혼합하여 가연성 혼합기체를 형성하고 발화원에 의해 발생 하는 현상이다.

② 증기운 폭발 형성조건

ⓐ 연소범위내 존재(주변공기와 대기 중에 방출되면서 확산된 가연성 증기 혼합 시)

ⓑ 압축된 액체의 저장용기 파괴

ⓒ 높은 연소속도

ⓓ 적절한 온도와 압력 형성

(2) 증기운폭발의 발생과정 및 예방대책

① 발생과정

ⓐ 용기파괴 등의 원인으로 가연성 증기방출

ⓑ 가연성 증기 대기중 부유

ⓒ 점화에너지 접촉

ⓓ 대기중에서 폭발

② 예방대책

ⓐ 누설감지장치 설치

ⓑ 가연성가스 또는 인화성물질 소량저장취급

ⓒ 자동블록밸브 설치

ⓓ 대기 중 가스 또는 증기 누출방지

기출 2016년 시행

폭발 등급 중 1등급인 것은?

① 아세틸렌
② 수소
③ 일산화탄소
④ 에틸렌

❮정답 ③

💡 Plus tip

폭발 물질의 등급 ✪ 2016 기출

등급	물질
폭발1등급	메탄, 에탄, 일산화탄소, 암모니아, 아세톤, LPG
폭발2등급	에틸렌, 석탄가스
폭발3등급	에틸렌, 이황화탄소, 수소

section 4 전기설비 방폭구조

(1) 방폭구조의 개념

① 방폭 구조는 전기회로가 동작할 때 접점등에서 발생하게 되는 아크나 기타 열 등으로 인해 화재나 폭발할 수 있는 장소에서 폭발 가능성 있는 화학 물질 등으로부터 발화원을 분리시키기 위한 구조를 방폭 구조라 한다.

② 폭발이 되려면 폭발 3요소인 산소, 연료, 발화원이 있어야 하는데 그 중 발화원을 제거해 폭발을 방지하는 것이 방폭의 목적이다.

(2) 안전 방폭 구조의 종류 ✪ 2016 기출

① 내압방폭구조 … 용기 내부에서 폭발성 가스 또는 증기가 폭발하였을 때 용기가 그 압력에 견디며 또한 접합면 개구부 등을 통해서 외부의 폭발성 가스증기에 인화되지 않도록 한 구조

② 압력방폭구조 … 용기 내부의 압력을 외부 압력보다 높게 유지하여 내부에 가연성 가스 또는 증기가 유입되지 못하도록 보호하는 방폭구조로 용기 내부에는 불활성 가스를 압입하여 외부 폭발성 가스의 침입을 방지하고 점화원과 폭발성 가스를 격리하는 구조

③ 안전증가방폭구조 … 정상운전 중에 폭발성 가스 또는 증기에 점화원이 될 전기불꽃 아크 또는 고온 부분 등의 발생을 방지하기 위하여 기계적, 전기적 구조상 또는 온도상승에 대해서 특히 안전도를 증가시킨 구조

④ 비점화방폭구조 … 정상 동작상태에서 주변의 폭발성 가스 또는 증기에 점화시키지 않고, 점화시킬 수 있는 고장이 유발되지 않도록 한 구조

⑤ 본질안전방폭구조 … 폭발 분위기에 노출되어 있는 기계 기구 내의 전기에너지 권선 상호접속에 의한 전기불꽃 또는 열영향을 점화에너지 이하의 수준까지 제한하는 것을 기반으로 하는 방폭 구조

⑥ 분진방폭구조 … 전폐 구조로서 틈새 깊이를 일정치 이상으로 하거나 또는 접합면에 패킹을 사용하여 분진이 용기 내부로 침입하기 어렵게 한 구조

⑦ 유입방폭구조 … 가스·증기에 대한 전기기기 방폭구조의 한 형식으로 용기 내의 전기 불꽃을 발생하는 부분을 유(油)중에 내장시켜 유면상 및 용기의 외부에 존재하는 폭발성 분위기에 점화할 염려가 없게 한 방폭구조

기출 2016년 시행

전기설비의 방폭 구조 중 전기설비 용기 내부의 공기, 질소, 탄산가스 등의 보호가스를 대기압 이상으로 봉입하여 당해 용기 내부에 가연성 가스 또는 증기가 침입하지 못하도록 한 구조는 무엇인가?

① 압력 방폭 구조
② 안전증가 방폭 구조
③ 유입 방폭 구조
④ 본질안전 방폭 구조

❮정답 ①

01 다음 중 폭발에 대한 설명으로 옳지 않은 것은?

① 폭발은 밀폐공간에서 급격한 압력상승으로 에너지가 외부로 전환되는 과정에서 파열, 후폭풍, 폭음 등을 동반하는 현상을 말한다.

② 폭발이 일어나기 위해서는 밀폐된 공간, 점화원, 폭발범위와 같은 조건이 구비되어야 한다.

③ 물리적 폭발은 물질의 상태 (기체, 액체, 고체)가 변하거나 온도, 압력 등의 조건의 변화에 의한 폭발이다.

④ 폭발의 원인에 따른 폭발의 분류 중 가스폭발, 분무폭발, 분진폭발은 물리적 폭발에 속한다.

01.

④ 가스폭발, 분무폭발, 분진폭발은 폭발의 원인에 따른 분류의 화학적 폭발 중 산화폭발에 해당한다.

02 물질의 상 변화에 의해 에너지 방출이 짧은 시간에 이루어지는 폭발에 해당하지 않는 것은?

① 분해폭발

② 압력폭발

③ 증기폭발

④ 금속선폭발

02.

물질의 상태·온도·압력 등 원인계와 생성계가 같은 보일러폭발 등 단순 내압 상승에 의한 폭발

㉠ 증기 폭발

㉡ 수증기 폭발(물의 급속 가열)

㉢ 보일러 폭발

㉣ 전선(금속선) 폭발

㉤ 고상간 전이 폭발

㉥ 압력 폭발

03 다음 중 폭연과 폭굉에 대한 설명으로 바른 것은?

① 폭굉은 화염면에서 상대적으로 완만한 에너지 변화에 의해서 온도, 압력 밀도가 연속적이다.

② 폭연은 열에 의한 전파보다 충격파에 의한 압력에 영향을 받는다.

③ 폭굉은 반응 또는 화염면의 전파가 물질의 분자량이나 공기의 난류확산에 영향을 받는다.

④ 폭연은 물질의 전달속도에 영향을 받는다.

03.

① 폭연은 화염면에서 상대적으로 완만한 에너지 변화에 의해서 온도, 압력 밀도가 연속적이다.

② 폭굉은 열에 의한 전파보다 충격파에 의한 압력에 영향을 받는다.

③ 폭연은 반응 또는 화염면의 전파가 물질의 분자량이나 공기의 난류확산에 영향을 받는다.

Answer   01.④   02.①   03.④

04 다음 설명에 해당하는 방폭구조는?

> 정상시 및 사고시(단선, 단락, 지락 등)에 발생 하는 전기불꽃, 아크 또는 고온에 의하여 폭발성 가스 또는 증기에 점화되지 않는 것이 점화시험 및 기타에 의하여 확인된 방폭구조

① 내압방폭구조
② 압력방폭구조
③ 안전증가방폭구조
④ 본질안전방폭구조

05 분진폭발에 대한 설명으로 옳지 않은 것은?

① 개방되어 있을 때는 폭발력이 감소된다.
② 가스폭발에 비해 발생에너지는 크며, 2차 폭발을 하지 않는다.
③ 분진폭발은 가스폭발에 비해 초기폭발력이 작다.
④ 분진입자가 미세할수록 폭발력이 크다.

06 다음 중 화학적 폭발과 물리적 폭발로 분류하였을 때 분류가 다른 하나는?

① 가스폭발
② 분무폭발
③ 분진폭발
④ 수증기폭발

04.

④ 본질안전방폭구조란 정상시 및 사고시에 발생하는 전기불꽃, 아크 또는 고온에 의하여 폭발성 가스 또는 증기에 점화되지 않는 것이 점화시험 및 기타에 의하여 확인된 구조를 말한다.

05.

분진폭발은 가스폭발에 비해 초기 발생에너지는 작으나 1차 폭발 때 분진을 날려서 2차·3차 폭발로 이어진다.

06.

수증기폭발(steam explosion)은 물이 수증기로 급격히 상전이함으로써 일어나는 폭발이다. 해저화산이 분화할 때 일어나는 수중폭발, 배가 침몰할 때 보일러가 바닷물에 닿아 일어나는 폭발이 이런 원리로 일어난다.
※ 화학적 폭발 중 산화폭발
  ㉠ 가스폭발
  ㉡ 분무폭발
  ㉢ 분진폭발

07 다음 중 응상폭발 하는 가연성 물질을 분류한 것으로 바르지 않은 것은?

① 증기폭발
② 혼합가스폭발
③ 폭발성 화합물의 폭발
④ 혼합위험성 물질에 의한 폭발

07.

폭발물질의 물리 상태에 따라 기상폭발과 응상폭발로 나눈다. 기상폭발의 대표적 예는 가스 폭발이고 응상폭발의 대표적 예는 수증기폭발이 있다.

※ 기상폭발과 응상폭발
  ㉠ 기상폭발(gas explosion) : 폭발을 일으키기 이전의 물질 상태가 기상(氣相)인 경우의 폭발을 말한다. 이러한 종류로는 혼합가스폭발, 가스분해 또는 분진폭발이 있다.
  ㉡ 응상폭발(액상폭발과 응상폭발) : 용융 금속과 같은 고온물질을 물속에 투입되었을 때 고온의 열이 저온의 물에 짧은 시간에 전달되면 일시적으로 물은 과열상태로 되고 급격하게 비등하여 폭발이 일어나는 현상을 말한다. 수증기폭발이 대표적이고 그 외에 증기폭발, 전선폭발이 있다.

08 용기 내부에 불활성가스를 압입하여 외부 폭발성 가스의 침입을 방지하고 점화원과 폭발성 가스를 격리하는 전기설비의 구조로 바른 것은?

① 안전증가 방폭 구조
② 압력 방폭 구조
③ 내압 방폭 구조
④ 유입 방폭 구조

08.

② 압력 방폭 구조란 용기 내부의 압력을 외부 압력보다 높게 유지하여 내부에 가연성 가스 또는 증기가 유입되지 못하도록 보호하는 방폭 구조로 용기 내부에는 불활성가스를 압입하여 외부 폭발성 가스의 침입을 방지하고 점화원과 폭발성 가스를 격리하는 구조를 말한다.

09 다음 중 폭연(Deflgration)의 특징으로 바른 것은?

① 온도의 상승은 열에 의한 전파보다 충격파의 압력에 기인한다.
② 반응 또는 화염면의 전파가 분자량이나 난류 확산에 영향을 받는다.
③ 충격파를 형성하기 위해서는 아주 짧은 시간 내에 에너지 방출되어야 한다.
④ 파면에서 온도, 압력, 밀도가 불연속적으로 나타난다.

09.

폭연은 반응 또는 화염면의 전파가 분자량이나 공기의 난류확산에 영향을 받는다.

10 다음 중 BLEVE 현상이 발생하기 전으로 바르지 않은 것은?

① 가스 저장탱크 화재 발생 시 저장탱크가 가열되어 탱크 내 액체부분은 급격히 증발하고 가스부분은 온도상승과 비례하여 탱크 내 압력의 급격한 상승을 초래하게 된다.

② 탱크가 계속 가열되면 용기 강도는 저하되고 내부 압력은 상승하여 어느 시점이 되면 저장탱크의 설계압력을 초과하게 되고 탱크가 파괴되어 급격한 폭발현상을 일으킨다.

③ 저장탱크 내에서 유출된 가연성 가스가 대기 중에 공기와 혼합하여 구름을 형성하는데 거기에 점화원이 다가가면 폭발하는 현상이다.

④ 인화성 액체탱크가 가열되어 폭발하기 전에 또한 10분 경과하기 전에 냉각조치를 하지 않으면 폭발이 발생할 수 있다.

11 분진폭발의 특징으로 옳지 않은 것은?

① 연소속도나 압력이 가스폭발에 비해 작으며 연소 시간이 짧고 발생되는 에너지가 적다.

② 폭발 시 입자가 비산하기 때문에 이 입자가 인체에 닿으면 화상위험이 높다.

③ 최초의 부분폭발로 인해 주변에 분산된 분진이 연쇄적인 반응폭발을 일으킨다.

④ 분진폭발을 방지하기 위해서는 분진의 제어, 점화원 제거, 불활성 물질의 첨가 등이 있다.

12 다음 폭발의 종류에서 분류가 다른 하나는?

① 분해폭발
② 산화폭발
③ 증기폭발
④ 중합폭발

10.

③은 증기운 폭발에 대한 설명이다. 증기운 폭발은 저장탱크 내에서 유출된 가연성 가스가 대기 중에 공기와 혼합하여 구름을 형성하는데 거기에 점화원이 다가가면 폭발하는 현상이다.

11.

① 분진폭발은 연소속도나 압력은 가스폭발에 비해 작지만 연소 시간이 길고 발생되는 에너지가 커서 파괴력이 크다. 폭발현상은 가스폭발의 몇 배에 이르며 폭발온도는 2,000~3,000℃에 이른다.

12.

③ 물리적 폭발
①②④ 화학적 폭발

PART

I

소방학
개론

CHAPTER

04
화재이론

01 화재의 정의 및 종류

section 1 화재의 정의

(1) 화재의 개념

사람들의 의도와는 반대로 발생하는 연소현상이나 사회공익을 해치거나(방화) 경제적인 손실의 유발을 방지하기 위하여 소화할 필요성이 있는 연소현상, 소화설비 또는 이와 같은 정도의 효과가 있는 것을 사용할 필요가 있는 연소현상을 화재라 한다.

① 우발성 … 인위적인 화재를 제외한 돌발적 현상으로 인지·예측은 불가능하다.

② 성장성 … 회재발생 시 연소면적은 화재경과시간의 제곱에 비례하여 진행된다.

③ 불안정성 … 화재 시 연소는 기상, 가연물, 건축구조 등의 조건이 상호밀접하게 연결된다.

(2) 화재의 분류

① 소실의 정도에 따른 분류 ✪ 2020 기출
  ㉠ 전소 : 건물의 70% 이상이 소실되었거나 또는 그 미만이라도 잔존부분을 보수하여도 재사용이 불가능 한 것
  ㉡ 반소 : 건물의 30% 이상 70% 미만이 소실된 것
  ㉢ 부분소 : 전소, 반소화재에 해당되지 아니하는 것

② 원인별 분류
  ㉠ 인위적 원인 : 실화, 방화
  ㉡ 자연적 원인 : 자연발화, 천재발화

section 2 백드래프트(역화, back burn, Back Draft)

(1) 백드래프트의 개념 ✪ 2016 기출

백드래프트는 역화 현상으로서 공기(산소)공급이 원활하지 않는 불완전 연소상태인 훈소상태에서 화재로 인하여 실내 상부쪽으로 고온의 기체가 축적되고 온도가 높아져서 기체가 팽창하고 산소가 부족한 건물 내에서 갑자기 산소가 새로 유입될 때 화염이 폭풍을 동반하여 실외로 분출되는 고열가스의 폭발 또는 급속한 연소가 발생하는 현상이다.

백드래프트(back draft)에 대한 설명으로 옳은 것은?

① 불완전 연소에 의해 발생된 일산화탄소가 가연물로 작용하여 폭발하는 현상이다.
② 화재 진압 시 지붕 등 상부를 개방하는 것보다 출입문을 먼저 개방하는 것이 효과적인 전술이다.
③ 밀폐된 실내에서 발생되는 현상으로, 출입문을 한 번에 완전히 개방하여 연기를 일순간에 배출해야 폭발력을 억제할 수 있다.
④ 연료지배형화재가 진행되고 있는 공간에 산소가 일시적으로 다량 공급됨에 따라 가연성가스가 폭발적으로 연소하는 현상이다.

❮정답 ①

① 백드래프트 현상은 불완전 연소된 가연성가스와 열의 집적과 적절하게 배연되지 않는 상태에 문의 손잡이가 뜨겁고 화재 가스들과 연기가 번갈아 가며 건물 내부에서 밖으로 향했다가 안으로 빨아들이면서 휘파람 소리를 내기도 하며, 산소가 결핍된 실내에 소방관이 소화활동이나 구조활동 중 문을 갑자기 개방하면 산소가 급격히 유입되면서 폭발하게 된다.

② 백드래프트 현상은 연기폭발 또는 열기폭발에 해당하며 주로 화재 말기에 가까울수록 더 클 수 있으며 가스가 차있는 실내에 CO 폭발범위(12.5~74.2%), 온도는 600℃ 이상일 때 발생된다.

③ 미국에서 이 현상을 소방관 살인 현상이라고도 하며, 그 방지 대책으로 실내 상부 쪽 압력이 큰 천장 등을 개방, 폭발력의 억제, 격리, 소화, 환기 등이 있다.

(2) 백드래프트의 잠재적인 징후

① 과도한 열의 축적

② 연기로 얼룩진 창문 등의 징후

③ 화염이 조금 보이거나, 보이지 않을 수 있다.

④ 짙은 황회색으로 변하는 검은 연기(단, 연기의 색상은 꼭 황회색은 아니다. 검은 색일 수도 있다)

⑤ 작은 틈새로 나오는 압축된 연기, 건물 내에서 일정한 간격을 두고 뻐끔대며 나오는 연기

⑥ 산소가 원활하지 못하여 불꽃이 노란색으로 보일 때도 있으며 훈소상태의 고열이다.

기출PLUS

기출 2016년 시행

다음 중 백드래프트에 해당되는 폭발은?

① 화학적 분해폭발
② 화학적 가스폭발
③ 물리적 분해폭발
④ 물리적 가스폭발

《정답 ②

section 3 실내화재의 형태 ✪ 2021 기출

일반적으로는 ① 초기 → ② 훈소 → ③ 롤오버 → ④ 자유연소 → ⑤ 플래시오버 → ⑥ 최성기 → ⑦ 말기의 순으로 나타내며, 밀폐된 공간에서의 과도한 열의 축적 현상으로 인한 화재의 경우 ① 초기 → ② 훈소 → ③ 백드래프트 → ④ 말기의 순으로 진행된다.

① **초기**

② **훈소** ⋯ 불씨연소로서 불완전연소 상태(초기의 밀폐된 공간에 산소 부족)

③ **롤오버**(=프레임오버) ⋯ 화염의 가스가 천장을 구름처럼 되는 현상

④ **자유연소** ⋯ 불꽃을 가지고, 산소가 원활하며, 플래시오버 직전연소

⑤ **플래시오버**(Flash Over)
   ㉠ 전실화재
   ㉡ 순간적인 착화현상

ⓒ 중기(최전성기 직전)의 비정상 연소

ⓔ 복사열이 주원인 (약 500℃)

ⓜ 진한연기가 밑으로 깔림

ⓑ 가연→난연→준불연재료 순으로 확대

ⓢ 화원의 크기에 영향을 받음

ⓞ 개구부에 영향을 받음

⑥ 최성기 ✪ 2017 기출

⑦ 백드래프트(Back Draft) … 공기 부족으로 훈소상태에 있을 때 신선한 공기가 유입되어 실내에 축적되었던 가연성가스가 단시간에 폭발적으로 연소하는 현상

⑧ 말기

🔖 Plus tip

실내 화재의 진행과정 ✪ 2021 기출

ⓐ 발화기 : 화재의 4요소들이 서로 결합하여 연소가 시작될 때의 시기를 의미한다. 발화의 물리적 현상은 스파크 및 불꽃에 의해 유도되거나 자연발화처럼 특정 물질이 자체의 열에 의해 발화점에 도달하여 비유도 된다.

ⓑ 성장기 : 발화가 일어난 직후, 연소하는 가연물 위로 화염이 형성되기 시작한다. 화염의 커짐에 따라 주위 공간으로부터 화염이 상승하는 공간으로 공기를 끌어들이기 시작한다.

ⓒ 플래시오버 : 성장기와 최성기 간의 과도기적 시기로 발화와 같은 특별한 현상은 아니다. 성장기 천장 부분에서 발생하는 뜨거운 가스층은 발화원으로부터 멀리 떨어진 가연성 물질에 복사열을 발산한다.

ⓓ 최성기 : 실내에서 연소하는 가연물은 이용 가능한 가연물의 최대의 열량을 발산하고, 많은 양의 연소생성가스를 생성한다. 발산되는 연소생성가스의 양과 발산되는 열은 실내의 환기구의 수와 크기에 의존한다. 실내 화재에서는 산소공급이 잘 되지 않으므로 많은 양의 연소하지 않은 가스가 생성된다. 이 시기에는 연소하지 않은 뜨거운 연소생성가스는 발원지에서 인접한 공간이나 구획실로 흘러 들어가게 되며, 보다 풍부한 양의 산소와 만나면 발화하게 된다.

ⓔ 감퇴기 : 화재가 실내에 있는 이용 가능한 가연물을 소모하게 됨에 따라 열 발산율은 감소하기 시작한다. 실내 가연물이 통제되면, 화재의 크기는 감소하게 되어 실내 온도는 내려가기 시작한다. 타다 남은 잔화물은 일정 시간 동안 실내 온도를 어느 정도 높일 수도 있다.

실내 화재의 진행 과정을 설명한 내용으로 옳지 않은 것은?

① 발화기 – 건물 내의 가구 등이 독립 연소하고 있으며 다른 동(棟)으로의 연소 위험은 없다.

② 성장기 – 화재의 진행이 급속히 이루어지고 개구부에서는 검은 연기가 분출된다.

③ 최성기 – 산소가 부족하여 연소되지 않은 가스가 다량 발생된다.

④ 감퇴기 – 지붕이나 벽체, 대들보나 기둥도 무너져 떨어지고 열 발산율은 증가하기 시작한다.

❮정답 ④

다음 중 실내화재에서 최성기의 특성으로 옳지 않은 것은?

① 검은색 연기농도가 진하고 연기발생량이 많다.

② 복사열로 인하여 인접건물에 연소할 우려가 있다.

③ 연기량이 감소되고 화염이 분출된다.

④ 연소기 활발하고 내부에 화염이 가득 차있다.

❮정답 ①

---

section **4** 플래시오버

출화 직후의 상태를 말한다. 갑자기 불꽃이 폭발적으로 확산되어 창문이나 방문으로부터 연기와 불꽃이 뿜어 나오는 상태이다.

(1) 플래시오버현상의 영향을 미치는 조건

① 화원의 크기 … 화원의 위치와 크기를 말하며, 화원이 크면 발생·진행 시각이 빠르다.

② 내장재의 종류 … 실 내부에 수납된 가연물의 양과 성질을 말하며, 벽 재료보다는 천장재가 발생시각에 큰 영향을 미친다.

③ 개구부의 조건 … 실 내부에 설치된 창의 높이, 면적 개구부 위치 및 크기를 말하며, 일정 면적에서 밀폐된 공간보다는 개구부(창문 등)가 클수록 발생시각이 빠르다.

(2) 플래시오버 방지대책

① 개구부가 너무 작거나 클 때 적당히 개구부를 제한한다. … 개구부의 크기가 큰 경우는 정상 연소를 하며, 개구부의 크기가 작은 경우 플래시오버가 아닌 백드래프트 현상이 발생한다.

② 가연물의 양을 제한한다.

③ 화원을 억제한다.

④ 내장재(천장 등) 불연화 등이 있다.

section 5 연료지배형 화재 및 환기지배형 화재 ● 2019 기출

구획된 건물 화재현상에 따라 연료지배형 화재 및 환기지배형 화재로 나눈다. 플래시오버 이전의 화재는 연료지배 화재이고, 플래시오버 이후의 화재는 환기지배 화재이다.

(1) 연료지배형 화재(환기 원활)

연소속도는 분해, 증발률에 비례한다. 화세가 약한 초기에는 산소량이 원활하므로 화재는 공기량보다 실내의 가연물에 의해 지배되는 연료지배형의 연소형태를 갖는다.

(2) 환기지배형 화재(환기 비정상)

연소속도는 환기요소에 비례한다. 플래시오버에 이르러서 실내온도가 급격히 상승하여 가연물의 열분해가 진행되고 화세가 강하게 되면 산소량이 급격히 소진되어 환기가 잘 되지 않으며 연소현상은 연료지배형에서 환기량에 지배되는 환기지배형으로 전환된다.

🏠 Plus tip

화재의 용어 정리
㉠ 훈소 : 밀폐된 공간에 산소가 부족하여 불꽃연소를 가지지 못하며 불씨연소만 가지는 상태의 연소
㉡ 롤오버(프레임오버) : 화재 초기 화염의 가연성 가스가 실내의 천장을 빠른 속도로 산발적으로 구르는 현상
㉢ 플래시오버 : 화재 중기 상태에서 카메라 섬광의 플래시처럼 갑작스런 연소 착화 현상으로 비정상 연소이다.
㉣ 백드래프트 : 산소가 부족한 밀폐된 공간에 불씨연소로 인한 가스가 가득 차 있는 상태에서 갑자기 개구부 개방으로 새로운 산소가 유입될 때 불씨가 화염으로 변하면서 폭풍을 동반하여 실외로 분출되는 가스폭발이다.

기출 2019년 시행

연료지배형 화재와 환기지배형 화재에 대한 설명으로 옳지 않은 것은?

① 환기지배형화재는 공기공급이 충분하지 않으므로 불완전연소가 심하다.
② 연료지배형화재는 공기공급이 충분한 조건에서 발생한 화재가 일반적이다.
③ 연료지배형화재는 주로 큰 창문이나 개방된 공간에서, 환기지배형화재는 내화구조 및 콘크리트 지하층에서 발생하기 쉽다.
④ 일반적으로 플래시오버 전에는 환기지배형화재가, 이후에는 연료지배형화재가 지배적이다.

❮ 정답 ④

section **6** 화재의 분류(일반 · 유류 · 전기 · 금속 · 가스 화재)

(1) 화재의 분류방법

화재의 분류(급수에 의한 분류), 4류 위험물 석유(1 · 2 · 3 · 4 석유류), 폭굉 · 폭연으로 분류한다.

① 화재의 분류(급수에 의한 분류) ⋯ 물질의 종류와 성상(성질 · 상태)에 의해 분류

② 4류 위험물 석유(1 · 2 · 3 · 4 석유류) ⋯ 인화점에 의한 분류

③ 폭굉 · 폭연 ⋯ 화염의 전파속도에 의한 분류

(2) 화재의 분류

① 물질의 종류와 성상에 따라 화재의 종류별 급수를 정하고 있다.

② 급수는 나라별로 구분하는 방법이 차이가 있으나 한국에서는 통상 B급을 E급과 같이 취급한다.

③ 급수에 따른 화재의 분류 ✪ 2020 기출

급수	종류	색상	내용
A급	일반화재	백색	목재, 섬유, 고무류, 합성수지 등
B급	유류화재	황색	인화성 액체 등 기름 성분인 것 (국내 : 가스화재 포함)
C급	전기화재	청색	통전 중인 전기 설비 및 기기의 화재
D급	금속화재	무색	알루미늄분, 마그네슘 등의 금속가루의 화재
E급	가스화재	황색	LNG, LPG, 도시가스 등의 화재

> 🏠 **Plus tip**
> 예컨대 전기다리미 적재 창고의 화재는 A급 화재이고, 전기다리미 질을 하다가 불이 나면 C급 화재이다.

기출 2016년 시행

화재의 구분에 따른 표시색상을 연결한 것으로 바른 것은?

① A급 − 황색 − 일반화재
② B급 − 무색 − 금속화재
③ C급 − 청색 − 전기화재
④ D급 − 백색 − 유류화재

❮정답 ③

section 7 소화기 적응성에 대한 색상

① 일반화재용은 백색의 원형 안에 흑색문자로 "A(일반)"

② 유류화재용은 황색의 원형 안에 흑색문자로 "B(유류)"

③ 전기화재용은 청색의 원형 안에 백색문자로 "C(전기)"

section 8 화재의 구분 및 표시색상과 소화 방법

구분	A급	B급	C급	D급	E급
화재종류	일반화재	유류화재	전기화재	금속화재	가스화재
소화방법	냉각소화	질식소화	질식·제거	건조사	제거소화

section 9 목조건축물의 화재진행 과정(화재의 출화를 기준으로 한 목조건축물의 진행과정) ✪ 2020 기출

화재의 원인 → 무염착화(300℃ 이상) → 발염착화(410℃ 이상) → 화재출화 → 최성기(맹화) → 연소낙화 → 진화

section 10 목재의 흔

(1) 훈소흔

목재표면에 발열체가 밀착되었을 때 그 밀착부위의 목재표면에 생기는 연소 흔적이다. 훈소흔은 시간이 경과하면 직경과 깊이가 변하면서 탄화한다.

(2) 균열흔(연소흔)

목재표면이 고온의 화염을 받아 연소될 때 표면으로 분출되는 흔적이 되는 흔으로 완소흔 → 강소흔 → 열소흔 순으로 변한다.

① 완소흔 ⋯ 700~800℃로 3·4각 형태를 띤다. 예 ㅁ, △

② 강소흔 ⋯ 900℃로 요철형태를 띤다. 예 Ω

③ 열소흔 ⋯ 1,100℃로 환형형태를 띤다. 예 ⊙

(3) 목재구조와 내화구조의 비교

	목재구조	내화구조
최고온도	1,100~1,300℃	900~1,100℃
진행시간	30~40분	2~3시간
특징	고온 단기형(대체적으로 1시간 안 됨)	저온 장기형

section 11 내화구조 건축물의 화재 진행

(1) 초기

다량의 연기가 발생하고, 연소가 완만하다.

(2) 성장기

흑색 연기 및 화염 등이 분출, 실내 전체가 한 순간에 화염으로 휩싸인다.

(3) 최성기

천장 등의 구조물 재료(콘크리트, 회반죽 등)가 붕괴된다. 이는 콘크리트 폭발현상이라 한다.

(4) 감쇠기

흑색 연기가 차츰 백색으로 변하면서 화세가 점점 약해지는 시기이다.

section 12 유류저장탱크의 화재

(1) 보일오버 현상

① 개념 … 유류저장탱크의 화재 시 위쪽(액면)에 형성된 고열의 열파가 바닥에 있는 찌꺼기 등의 물에 전달되어 탱크바닥의 물이 끓어 오르면서 유류가 비등하여 저장탱크 액면에 발생된 열의 공급과 함께 저부에서 상부 표면을 포함하여 기포상태로 분출시키는 것을 말한다.
  ㉠ 중질류 탱크에서 장시간 조용히 연소하다 탱크 내 유류가 갑자기 분출하는 현상
  ㉡ 탱크바닥에 물과 기름의 에멀션으로 존재할 때 물의 비등으로 급격히 분출하는 현상

ⓒ 유류저장 탱크의 화재 중 열유층을 형성하여 화재진행과 더불어 열유층이 점차 탱크바닥으로 도달해 탱크저부에 물 또는 물과 기름의 에멀션이 수증기의 부피팽창을 하면서 탱크 내의 유류가 갑작스럽게 탱크 밖으로 분출되어 화재를 확대시키는 현상

② **원인** … 탱크에 화재가 발생하여 장시간 되면 가벼운 유류성분은 먼저 표층에서 증발하여 연소되고 무거운 유류성분은 아래로 축적·가열되어 열은 그 탱크 상부에서부터 층을 이루게 되는데 이를 열이 있는 열유층(고온층)이라 한다.

  ㉠ 장시간 진행 화재로 뚜껑이나 지붕이 없는 열린 탱크 상태여야 한다.

  ㉡ 여러 종류의 비점을 가진 불균일한 유류이고 또한 거품을 형성하는 고점도 성질의 유류이다.

  ㉢ 수분이 외부로부터 침투되었거나 탱크 밑 부분에 습도를 함유한 찌꺼기 등이 있다.

③ **열유층과 보일오버** … 열유층은 화재의 진행과 더불어 점차 탱크 바닥에 도달하게 되는데, 이때 수분이 외부로부터 침투되었거나 탱크 밑 부분에 물 또는 습도를 함유한 찌꺼기 등이 있으면 열유층의 온도에 의하여 수증기로 변하면서 급격한 부피팽창(약 1,700배)에 의해 내부에 저장된 원유와 함께 탱크 외부로 비산 분출하게 된다. 이것이 보일오버 현상이다.

④ **보일오버 방지대책**

  ㉠ 바닥의 물을 배출하여 수층의 형성을 방지한다.

  ㉡ 비등이나 모래를 탱크 내부로 던져서 물이 끓기 전에 비등석이 기포를 막아 갑작스런 물의 비등을 억제한다.

> ☆ **Plus tip**
>
> 보일오버 현상은 비점이 불균일한 중질유 등의 탱크 바닥에 찌꺼기와 함께 있는 물이 끓어 수분의 급격한 부피팽창에 의하여 기름을 탱크 외부로 넘치게 하는 현상이다.

(2) 슬롭오버(Slop Over) 현상

① **개념** … 증류와 같은 중질유 탱크에 화재가 발생하면 액표면 온도가 약 200~400℃로서 물의 비점 이상으로 올라가게 되는데, 이때 소화하기 위하여 수분이 있는 물 또는 폼(Foam)소화제를 방사하였을 때 증발된 수증기와 함께 연소하는 유류가 급격한 부피팽창으로 기름이 탱크외부로 분출하는 현상이다.

  ㉠ 물이 연소유의 뜨거운 표면에 들어갈 때 발생하는 over flow 현상

  ㉡ 연소유 표면 온도가 100℃를 넘을 때 연소유 표면에 주수되는 소화용수가 비등하면서 수증기로 변하거나 부피팽창에 의해 연소유를 비산시켜 탱크 밖까지 확산시키는 현상

② **특성** … 화재 시 점성이 큰 석유나 식용류가 물이 접촉될 때 이러한 유류의 표면온도에 의해 물이 수증기가 되어 팽창 비등함에 따라 주위에 있는 뜨거운 일부의 석유류, 식용유류를 외부로 비산시키는 현상으로 유류의 표면에 한정되며 보일오버에 비하여 격렬하지 않다.

> **Plus tip**
>
> 슬럽오버 현상이란 유류 액표면에 불이 붙었을 때 기름이 끓고 있는 상태에서 물이 주성분인 물분무나 포를 방사하면 물과 기름이 섞이지 않는데, 이때 끓는 기름온도에 의하여 물이 표면에서 튀면서(Slop) 수증기화 되고 갑작스러운 부피 팽창으로 유류가 탱크 외부로 비산·분출(over)되는 현상이다.

(3) 프로스오버(Froth Over)

① 개념 … 고온에서 끈끈한 점성을 유지하고 있는 유류(고점도 유류)가 저장탱크 속의 물과 섞여 들어가 있을 때 기름과 섞여 있는 물이 갑자기 수증기화 되면 탱크 내의 일부 내용물을 넘치게 하는 현상이다.

② 원인

　ⓐ 물이 고점도 기름 표면 아래에서 끓을 때 화재를 수반하지 않고 넘치는 현상

　ⓑ 고점도의 유류 표면 아래에서 비등한 물에 의해 탱크 내 유류가 넘치는 현상

③ 특성 … 프로스오버 현상은 화재를 수반하지 않고, 기름이 넘쳐흐르는(over flow) 단순한 물리적 작용으로 대부분 뜨겁고 점성이 큰 아스팔트를 물이 들어 있는 탱크에 넣었을 때 발생한다.

(4) 링파이어(Ring fire)

대형 유류저장 탱크 화재에 불꽃이 치솟는 유류 표면에 포를 방출할 때 탱크 윗면의 중앙부분은 불이 꺼졌어도 바깥쪽 벽을 따라 환상으로 불길이 남아 지속되는 현상이다. 즉, 유류 표면에 물 분무나 포를 방사하였을 때 포 등이 탱크 양쪽 벽면에 부딪치면서 탱크 벽면 측은 산소차단이 되지 못하여 귀고리(Ring)처럼 양쪽으로 불길(Fire)이 남아 있는 상태를 말한다.

TIP

풀파이어(Pool Fire) … 가연성 또는 인화성 액체가 저장탱크 또는 웅덩이에서 일정한 액면이 대기 중에 노출되어 화염의 열에 의해 불이 붙는 액면화재를 말한다.

> **Plus tip**
>
> **윤화 = 링파이어** … 탱크의 벽면에 가열된 상태에서 포를 방출하는 경우 가열된 벽면부분에서 포가 열화되어 안정성이 저하(포가 깨지는 현상)되는데, 이때 증발된 유류가스가 발포되어 있는 거품층을 뚫고 상승하면서 유류가스에 불이 붙는 현상이다. 링파이어는 일반적으로 특형의 부상식 지붕(Floating roof) 방식의 화재 시 탱크의 측판과 부판(데트의 실) 사이에 연소하는 화재이다.

(5) 오일오버(Oil Over)　✪ 2015 기출

탱크 내의 유류가 50% 미만 저장된 경우 화재로 인한 내부 압력상승으로 인한 탱크 폭발현상으로 가장 격렬하다.

오일오버와 블레비 현상의 차이 … 오일오버는 블레비 현상과 유사하나 유류화재라는 점에서 차이점이 있다.

ⓐ 오일오버 : 유류저장탱크 화재 시 위쪽(액면)에 형성된 고열의 열파가 바닥에 있는 찌꺼기 등의 물에 전달되어 탱크바닥의 물이 끓어 오르면서 내부의 유류가 분출되어 저장탱크 액면에 발생된 열의 공급과 함께 저부에서 상부 표면을 포함하여 기포상태로 분출시키는 것

ⓑ 블레비 현상 : 과열된 상태의 탱크에서 내부의 액화가스가 분출되어 착화되었을 때 폭발하는 현상

section 13 A급 · B급 화재 각종(오버) 이상 현상의 비교

화재의 종류	대상물	화재동반	발생점	원리
플래시오버	일반화재	유	가연물의 열 축적	순간적인 연소의 현상
롤오버(가스)	일반화재	무	실내 가연물(천장)	가스가 천장을 구르는 현상(플래시오버 전 단계)
보일오버	유류화재	유	탱크 내 유류(바닥)	수증기에 의해 기름이 비산하는 현상
슬롭오버	유류화재	유 · 무	탱크 내 유류(표면)	수증기에 의해 기름이 비산하는 현상
프로스오버	유류화재	무	탱크 내 유류(표면 아래)	물의 증발로 기름의 거품을 밀어 냄
오일오버	유류화재	무	탱크 내(50% 미만)의 공간	열의 가열로 물리적 폭발형상

section 14 정전기

(1) 정전기 발화과정

전하 발생 → 전하 축적 → 방전 → 발화

(2) 정전기 발생방지법 ✪ 2015 기출

① 접지시설(도체를 사용)을 하는 방법

② 공기를 이온화 하는 방법

③ 상대 습도를 70% 이상으로 높이는 방법이 사용된다.

기출 2015년 시행

기름탱크가 1/2 이하로 충전되어 있고 화재진압 시 증기 압력으로 탱크가 파열되었다. 무슨 현상인가?

① 슬롭오버
② 보일오버
③ 오일오버
④ 블레비현상

〈정답 ③

기출 2015년 시행

다음 중 정전기 방지를 위한 예방대책으로 옳지 않은 것은?

① 정전기 발생이 우려되는 장소에 접지시설을 설치한다.
② 공기를 이온화하여 정전기 발생을 예방한다.
③ 공기의 상대습도를 70% 이상으로 한다.
④ 전기의 저항이 큰 물질은 대전이 용이하므로 부도체 물질을 사용한다.

〈정답 ④

(3) 정전기와 자연발화, 분진폭발 비교

구분	자연발화	분진폭발	정전기
발생	습기가 있어야 한다.	습기가 있어야 한다.	습기가 없어야 한다.
방지	습기가 높은 것은 피함	옥외로 배출	상대습도 70% 이상
개념	고온 다습	가연성 미분	부도체(유류 등) 마찰 시

> 🌱 **Plus tip**
>
> **자연발화**
> ㉠ **개념**: 외부의 인위적인 점화원(불씨) 없이도 가연물에 산소공급원이 있으면 연소되는 것이다.
> ㉡ **자연발화 열의 종류**: 산화열, 흡착열, 발효열, 중합열, 분해열, 미생물열 등이 있다.
> ㉢ **자연발화의 조건**: 열전도율이 작아야 하며, 실내 공기유통이 어려워야 하며, 수분이 적당해야 하며, 비표면적이 커야 한다.

section **15** 금속화재

(1) 개념

일반적으로 금속은 연소열이 크고, 가연물이 될 수 있는 성질을 충분히 가지고 있으며, 금속화재는 공기와 접촉하여 발생되는 자연발화와 물에 반응하여 폭발적으로 반응하는 것 등이 있다.

① 금속화재 물질

　㉠ 제2류 위험물인 철분, 금속분류(아연, 알루미늄 등), 마그네슘

　㉡ 제3류 위험물인 칼륨, 나트륨, 알킬알루미늄, 알킬리튬, 알칼리금속류(세슘, 리튬 등)

② 금속화재를 일으키는 물질의 특성 … 금속화재를 일으키는 물질은 대부분 물과 반응하여 수소, 아세틸렌, 에탄 등 가연성가스를 발생시키거나 다른 화학물질과 잘 반응하여 체적, 표면적, 부유성이 증가하는 활성금속이다.

③ 금속화재를 일으키는 물질과 수분과의 접촉 … 금속화재 시 수분과 접촉은 일반적으로 가연성가스(수소, 아세틸렌, 에탄 등)를 발생하므로 절대 피하여야 한다. 물이 주체로 된 소화약제의 물분무소화, 포(포말)소화 등은 절대 사용될 수 없다.

(2) 금속화재의 원인

제3류 위험물인 칼륨, 나트륨, 리튬 등이 물과 접촉하면 위험한데, 그 이유는 물과 격렬히 반응하여 수소가스를 발생시키기 때문이다.

(3) 금속화재 소화 ✪ 2018 기출

알루미늄 등과 같이 공기와 접촉하여 자연발화되는 것도 있고 칼륨, 나트륨 등과 같이
물과 반응하면 폭발적인 반응을 하는 것도 있는데, 이러한 금속화재에 사용할 수 있는
소화약제로는 화재 초기에 팽창질석, 팽창진주암 또는 마른모래, 금속화재용 분말소화
기 등을 사용하고 본격 시기에는 주변연소를 방지하고 자연진화하도록 내버려 둔다.

section 16 고압가스의 분류

고압가스의 분류는 연소성에 따라 가연성가스, 조연성가스, 불연성가스로 나누며, 저장
성에 따른 분류는 압축가스, 액화가스, 용해가스로 나눈다. 독성에 따른 분류는 독성가
스와 비독성가스로 분류한다.

(1) 연소성에 따른 분류

① 가연성가스 … 프로판, 아세틸렌, 수소 등이 조연성가스인 산소와 화합 시 연소하는
가스

② 조연성가스 … 산소, 염소, 불소, 공기 등 가연성 가스의 연소를 돕는 가스

③ 불연성가스 … 질소, 탄산가스, 아르곤, 네온 등과 같이 연소하지 않는 가스

(2) 저장성에 따른 분류

① 압축가스 … 수소, 산소, 질소 등 기체 상태로 압축한 가스

② 액화가스 … 암모니아, 염소, 탄산가스, 프로판 등 압축하여 공기용기에 저장된 가스

③ 용해가스 … 아세틸렌(다공질의 고체입자에 아세톤을 침윤시킨 후 저장하는 가스)

(3) 독성에 따른 분류

① 독성가스 … 염소, 암모니아, 아크로레인, 포스겐, 일산화탄소와 같이 유해한 가스

② 비독성가스 … 산소, 수소, 질소 등 인체에 유해하지 않은 가스

section 17 LNG(액화천연가스) 및 도시가스

LNG(액화천연가스) 및 도시가스는 가벼운 물질인 메탄(CH_4)이 주성분이기 때문에 누
설 시 공기보다 비중이 가벼워 천장으로 올라간다. 무색·무취이며 LNG는 누출 시 가
벼워서 뜨고 착화온도(하한계)가 높아 LPG에 비해 폭발성이 적고 안전하다.

기출PLUS

기출 2018년 시행

소화약제로 팽창질석 또는 팽창진주
암을 사용하였을 때, 적응성이 가장
좋은 화재로 옳은 것은?

① 일반화재   ② 전기화재
③ 금속화재   ④ 가스화재

❮정답 ③❯

TIP

독성가스란 고압가스 안전관리법에서
아크로레인, 포스겐, 염화수소, 황화수
소, 암모니아, CO 등 흰쥐를 대상으로
실험하여 허용농도가 5,000ppm 이하
인 가스를 말한다.

기출PLUS

기출 2022년 시행

기체상 연료노즐에서의 연소에 대한 일반적인 설명으로 옳은 것을 있는 대로 모두 고른 것은?

┌ 보기 ┐

㉠ 역화는 연료의 연소속도가 분출속도보다 빠를 때 불꽃이 연소노즐 속으로 빨려 들어가 연료노즐 속에서 연소하는 현상이다.

㉡ 선화는 불꽃이 연료노즐 위에 들뜨는 현상으로 연료 노즐에서 연료기체의 연소속도가 분출속도보다 느릴 때 발생하는 현상이다.

㉢ 황염은 분출하는 기체연료와 공기의 화학양론비에서 공기량이 적을 때 적을 때 발생한다.

㉣ 연료노즐에서 흐름이 난류인 경우, 확산연소에서 화염의 높이는 분출속도에 비례한다.

① ㉠, ㉡
② ㉢, ㉣
③ ㉠, ㉡, ㉢
④ ㉠, ㉡, ㉢, ㉣

《정답 ③

기출 2016년 시행

역화가 발생하는 원인으로 바르지 않은 것은?

① 버너가 과열될 때
② 혼합가스량이 너무 작을 때
③ 연료의 분출속도가 연소속도보다 느릴 때
④ 분출 구멍이 작아진 경우

《정답 ④

section 18 LPG(액화석유가스)

(1) 개념

① LPG(액화석유가스)는 무색, 무취로서 물에는 녹지 않으나 휘발유 등 유기용매에 용해되고, 천연고무를 잘 녹인다. 또한 공기 중에서 쉽게 연소·폭발하는 위험한 성질을 가지고 있다.

② LPG는 프로판(C_3H_8), 부탄(C_4H_{10}) 성분의 액화가 가능한 물질로 액화 시 체적의 250배로 압축되며 액체상태는 비중이 물보다 2배 가볍고, 기체상태는 공기보다 1.5~2배 무거워 누설 시 바닥으로 체류한다.

(2) 액화석유가스의 일반적 성질

① 주성분은 프로판(C_3H_8), 부탄(C_4H_{10}) → 폭발성을 가진다.

② 무취, 무미, 무독성이다.

③ 액화 시 250배로 축소되며, 물보다 2배 가볍다.

④ 기화 시 공기보다 1.5~2배 무겁다.

⑤ 쉽게 연소·폭발 한다.

⑥ 천연고무, 휘발유 등 유기용매에 잘 녹는다. 그러나 물에는 녹지 않는다.

section 19 가스연소의 이상 현상 ✪ 2022 기출

(1) 역화(백파이어 ; Back fire) = 라이팅백, 플래시백 ✪ 2018 기출

① 대부분 기체연료를 연소시킬 때 발생되는 이상연소 현상으로서 연료의 분출속도가 연소속도보다 느릴 때 불꽃이 연소기의 내부로 빨려 들어가 혼합관 속에서 연소하는 현상을 말한다.

② 혼합 가스양이 너무 적거나 버너가 과열일 때, 노즐의 부식으로 분출구멍이 커진 경우, 연소속도보다 혼합가스의 분출속도가 느리거나 혼합가스의 압력이 비정상적으로 낮을 때에 발생한다.

(2) 선화(리프팅 ; Lifting)

① 연료의 분출속도가 연소속도보다 빠를 때 발생한다.

② 1차 공기가 많아 혼합기체의 양이 많은 경우와 공급가스의 압력이 높거나 버너의 염공이 작거나 거의 막혔을 경우에 발생한다.

(3) 황염(Yellow Tip)

① 불꽃 끝이 적황색이 되어 연소하는 현상을 말하며, 연소 반응 도중에 탄화수소가 열분해하여 탄소입자가 발생하고 미연소 상태로 적열되어 적황색의 색을 나타내는 것으로 연소반응이 충분한 속도로 진행되지 않는 것을 나타낸다.

② 1차 공기가 부족할 때에 발생한다.

(4) 블로우 오프(Blow Off) ✪ 2017 기출

① 선화 상태에서 연료가스의 분출속도가 증가하거나 주위 공기의 유동이 심하면 화염이 노즐에 정착하지 못하고 떨어져 화염이 꺼지는 현상을 말한다.

② 버너의 경우 가연성 기체의 유출속도가 연소속도보다 클 경우에 발생한다.

section 20 화재의 급수별 특징

(1) 일반(A급/백색)화재

① 일반화재를 A급 화재로 분류하고 색상은 백색으로 표기한다.

② 종이, 목재, 플라스틱, 가죽, 합성수지 등의 화재로 대부분의 화재가 일반화재다.

③ 연소 후 반드시 타고 남은 재가 남는다.

④ 물로서 화재를 진화할 수 있다.

> 🐦 Plus tip
> 주된 소화 효과… 물을 포함한 액체 냉각 작용인 냉각소화

(2) 유류(B급/황색)화재

① 인화성액체인 등유 등의 위험물화재를 말한다.

② B급 화재로 분류하고 색상은 황색으로 표기한다.

③ 연소 후 재가 남지 않는다.

④ 물로써 화재를 소화할 수 없다.

> 🐦 Plus tip
> 주된 소화 효과… 공기차단 효과인 질식효과

기출PLUS

기출 2017년 시행

연료의 분출속도가 연소속도보다 클 때 주위 공기의 움직임에 따라 불꽃이 노즐에 장착하지 않고 떨어져 꺼지는 현상은?

① 불완전연소
   (Incomplete combustion)
② 리프팅(Lifting)
③ 블로우오프(Blow off)
④ 역화(Back fire)

‹정답 ③

기출PLUS

(3) 전기(C급/청색)**화재**

① 전기가 통전되는 기계설비(변압기 변전실)화재를 말한다.

② C급 화재로 분류하고 색상은 청색으로 표기한다.

③ 물로써 불을 소화할 수 없다(물을 주수하면 감전의 위험이 있다).

> 🏠 **Plus tip**
> 주된 소화 효과 … 공기차단 효과인 질식효과

(4) 금속(D급/무색)**화재**

① 가연성 금속인 칼륨, 나트륨, 마그네슘 등의 금속화재를 말한다.

② D급 화재로 분류하고 색상은 무색이다.

③ 물로써 불을 소화할 수 없다(물을 주수하면 폭발의 위험이 있다).

> 🏠 **Plus tip**
> 주된 소화효과 … 건조사, 건조분말, 등의 질식 · 피복효과

(5) 가스(E급/황색)**화재**

① LPG(액화석유가스) · LNG(액화천연가스) 등의 가스화재를 말한다.

② E급 화재로 분류하고 색상은 황색이다.

③ 연소 후 재가 남지 않는다.

> 🏠 **Plus tip**
> 주된 소화효과 … 밸브 등을 잠그는 가스의 공급을 차단하는 제거효과로 본다.

section **21** 기타 화재와 제반 사항

(1) 식용유 화재

일반적으로 B급으로 분류하고 있으나 별도로 식용유 화재로 분류하기도 한다.

① 식용유 화재의 특징

ⓐ 발화점과 인화점의 차이가 적다.

ⓑ 발화점(288℃ ~ 385℃)이 비점 이하이어서 화재가 발생하면 발화점 이상이 된다.

ⓒ 소화하여도 재발화되는 특수한 형태로 화염을 제거해도 식용유의 온도가 발화점으로 내려가지 않으면 즉시 재발화할 수 있다.

식용유 화재는 국제표준기구 ISO는 F급 화재로, 미국연방방화협회는 K급 화재로 분류

② 소화 방법 및 주의 사항 … 흔히 튀김기에 불이 붙으면 물을 붓게 되는데 이는 오히려 불길을 번지게 한다. 이는 물은 비점이 100℃이고 고온의 식용유에 들어가면서 한 순간에 기화되기 때문이다.

  ㉠ 식용유 화재 시에는 분말소화기를 사용한다.

  ㉡ 야채, 소금, 얼음, 상온의 식용유 등을 넣어서 냉각소화 한다.

  ㉢ 뚜껑, 담요(모포), 마요네즈를 기름위로 뿌리는 질식소화를 한다.

(2) 훈소화재(표면연소, 작열연소, 무염연소, 심부화재) ✪ 2019 기출

가연물이 불꽃 없이 불기운이나 열기만으로 타 들어가는 연소현상이라 정의할 수 있다.

① 훈소화재는 거의 밀폐된 구조의 공간을 가진 실내화재 시 많이 발생한다. 이는 공기 중 연소에 필요한 산소공급이 불충분하여 연소가 거의 정지 또는 매우 느리게 진행되어 가연물이 열로 인해 응축의 액체 미립자인 분해 생성물만 발생시키는 것을 말한다.

② 훈소화재는 불완전한 연소상태로서 화재 초기에 고체 가연물에 많이 발생하는데 훈소 중에도 열 축적이 계속되어 외부 공기(산소)가 갑자기 유입될 때는 급격한 연소가 일어날 수 있다. 실내화재 시 플래시오버로 진행될 수도 있으며, 백드래프트 전단계 연소를 나타내기도 한다.

③ 훈소는 그을음연소라고도 하며 소방학에서는 훈소, 표면연소, 작열연소, 무염연소 또는 심부화재, 불씨연소 등을 동일한 개념으로 본다.

  ㉠ 불꽃연소 = 유염연소 = 표면화재 = 발염연소

  ㉡ 불씨연소 = 무염연소 = 표면연소 = 직접연소 = 백열연소 = 작열연소 = 응축연소 = 심부화재 = 훈소화재

(3) 화재강도 ✪ 2019 기출

① 단위시간당 축적되는 열의 값을 화재강도라 한다. 이는 가연물의 비표면적이 클수록 연소가 용이하며 가연물의 연소값이 클수록 화재강도는 크게 된다.

② 화재강도는 화재 시 산소공급, 화재실의 벽, 천장, 바닥 등의 단열성, 가연물의 배열상태, 화재실의 구조, 가연물의 발열량, 가연물의 비표면적 등에 따라 화재강도는 달라진다.

(4) 화재가혹도(화재심도) ✪ 2019, 2020, 2022 기출

① 화재심도라고도 하며 화재발생으로 건물 내 수용재산 및 건물자체에 손상을 입히는 정도를 말한다. (화재가혹도 = 최고온도 × 연소시간)

  ㉠ 최고온도는 화재가혹도의 질적 개념으로 화재강도와 관련이 있다.

기출PLUS

기출 2020년 시행

바닥 면적이 200㎡인 구획된 창고에 의류 1,000kg, 고무 2,000kg이 적재되어 있을 때 화재하중은 약 몇 kg/m²인가? (단, 의류, 고무, 목재의 단위 발열량은 각각 5,000kcal/kg, 9,000kcal/kg, 4,500kcal/kg이고, 창고 내 의류 및 고무 외의 기타 가연물은 존재하지 않으며, 화재 시 완전연소로 가정한다.)

① 15.56   ② 20.56
③ 25.56   ④ 30.56

《정답 ③

ⓛ 지속시간은 화재가혹도의 양적 개념으로 화재하중과 관련이 있다.

② 화재가혹도에 영향을 주는 요인으로는 연소하는 물질의 연소속도, 연소열량, 개구부의 위치 및 크기, 가연물의 배열상태, 화재하중 등이 있다.

$$환기매개변수 \cdots Q = kAH^{\frac{1}{2}}$$

(k : 상수, A : 개구부의 면적, H : 개구부의 높이)

(5) 화재하중 ✪ 2019, 2020 기출

$$화재하중(Q) = \frac{\sum G_t H_t}{HA} [kg/m^2]$$

($\sum$ = 합, $\triangle$ = 차)
- G_t = 가연물의 양[kg]
- H_t = 단위발열량[kcal/kg]
- H = 목재단위발열량[kcal/kg]
- A = 화재실 바닥면적[m²]

① 화재하중의 개념 … 화재하중은 건축물에서 가연성 건축 구조재와 수용물의 양으로서 화재 시 예상 최대 가연물질의 양을 뜻하며, 건물화재 시 단위면적당 등가 가연물량의 가열온도(발열량) 및 화재의 위험성을 나타낸다. 즉 그 내용은 화재구획의 실내 표면적에 대한 실내장식물의 화재 위험도를 나타내고 있으며 발열량이 클수록 화재하중이 크며 내장재의 불연화가 화재하중을 감소시킨다.

② 화재하중의 활용범위
   ㉠ 건물의 내화 설계 시 고려해야 할 사항 및 가열온도 정도를 나타내는 척도로 활용
   ㉡ 화재 시 발열량 및 위험의 정도를 추정할 수 있는 자료로 활용
   ㉢ 가연물 등의 연소 시 건축물의 붕괴 등을 고려하여 설계하는 하중

> 💡 **Plus tip**
> **각 화재현상의 개념**
> ㉠ 화재강도 : 열의 값 / 단위시간 [화재의 강도는 표면적에 따라, 열량에 따라 달라진다]
> ㉡ 화재가혹도 : 연소시간 × 연소(최고)온도[최성기의 개념]
> ㉢ 화재하중 : 실내장식물의 발열량(kg) / 목재면적에 대한 단위발열량(m²)
> ㉣ 화재하중의 크기 비교 : 창고 > 도서관·독서실 > 호텔 > 공동주택 > 사무실
> ㉤ 재료의 단위 발열량 : 염화비닐 < 목재 < 고무 < 폴리에틸렌

TIP

임야화재
㉠ 나무가 타면 수간화
㉡ 가지가 타면 수관화
㉢ 땅에서 낙엽이 타면 지표화
㉣ 땅속에서 타면 지중화

(6) 임야화재

화재의 분류는 크게 급수에 의한 화재와 대상물에 의한 화재로 분류한다. 급수에 의한 화재는 A·B·C·D급 화재의 분류이고 대상물에 의한 화재는 임야·선박·건축·항공기·가스제조소·위험물·구조물·자동차·철도차량 등을 말한다. 그 중 산림화재는 일반적으로 수간화, 수관화, 지표화로 나누어지며 학설에 따라 지중화까지 나누며, 플래어 업(Flare up)을 발생시킬 수 있다.

> **Plus tip**
> **플래어 업(Flare up)** … 강풍이나 풍향의 변화에 의해 발생하는 임야화재의 급격한 연소 현상
> ㉠ **수간화** : 수산화는 수목이 타는 것이다. 수목의 간부가 연소하는 것으로 고목 혹은 간부에 크게 구멍이 뚫려 있는 오래된 큰 나무에서 일어나기 쉽다.
> ㉡ **수관화** : 수관화는 나무의 가지나 잎의 무성한 부분만을 태우는 것이다. 일반적으로 나무의 지엽이 타는 것으로 일단 타기 시작하면 소화가 곤란하다. 습도가 50% 이하 일 때 소나무, 삼나무, 편백나무 등에서 잘 일어난다.
> ㉢ **지표화** : 산림의 지표면을 덮고 있는 낙엽, 가지, 관목 등이 연소하는 것을 말한다.
> ㉣ **지중화** : 땅속에 썩은 나무의 유기질층, 니탄층, 갈탄층, 아탄층 등이 타는 것으로 주로 북아프리카에서 볼 수 있으며 진화가 어려우며 적설 하에서도 연소는 진행된다.

(7) 천장제트흐름(Ceiling Jet Flow, 제트플로어)

실내에서 화재가 발생한 경우 연기와 열기류는 부력과 열의 팽창으로 수직방향으로 2~3m/s 속도로 상승한다. 이때 상승한 연기와 열기류가 천정에 이르면 더 이상 상승할 수가 없으므로 천정을 따라서 옆으로 약 0.3~1m/s의 속도로 퍼져 나가게 되는데 이를 Ceiling Jet Flow라고 한다.

① 화재 플럼의 부력에 의하여 발생되며 천장면을 따라 빠르게 흐르는 기류이다.

② 화원의 크기와 위치 그리고 화원에서 천장까지의 높이에 영향을 받는다.

③ 흐름의 두께는 천장에서 화염까지 높이의 5~12% 내의 정도 범위이다.

> **Plus tip**
> 화재 플럼(fire plume)이란 상승력이 커진 부력에 의해 연소가스와 유입공기가 상승하면서 화염이 섞인 연기기둥 형태를 나타내는 현상이다.

01 화재의 정의로 옳지 않은 것은?

① 화재는 사람의 의도에 반하여 출화 또는 방화에 의하여 발생하고 확대되는 현상이다.

② 화재란 불이 그 사용목적을 넘어 다른 곳으로 연소하는 예기치 않은 경제상의 손해를 발생시키는 현상이다.

③ 화재란 자연 또는 인위적인 원인에 의하여 불이 물체를 연소시키고 인명과 재산의 손해를 주는 상태이다.

④ 화재란 자연 또는 인위석인 원인에 의하여 물체가 공기 중의 질소와 결합하여 열과 빛을 수반하면서 연소하는 현상이다.

01.

④ 연소에 대한 설명이다.

02 다음 중 백드래프트가 발생하기 전 잠재적 징후로 바르지 않은 것은?

① 짙은 황회색으로 변하는 검은 연기

② 연기로 얼룩진 창문

③ 과도한 열의 축적

④ 개구부를 통해 분출되는 화염

02.

백드래프트 현상의 징후(전조현상)
㉠ 닫힌 문 주위에서 나오는 무거운 검은 연기 관찰
㉡ 개구부(출입문, 창문 등) 틈새로 연기가 건물 내로 되돌아오거나 맴도는 현상 관찰
㉢ 창문에 농연 응축물(검은색 액체)이 흘러내리거나 얼룩이 진 자국이 관찰
㉣ 휘파람 소리 또는 진동이 발생되는 현상
㉤ 짙은 황회색으로 변하는 검은 연기

03 백드래프트(Back draft)에 대한 설명으로 잘못된 것은?

① 검은 연기가 짙은 황회색으로 변한다.

② 개구부에서 화염이 분출된다.

③ 창문에 연기 얼룩이 진다.

④ 연소속도가 늦고 불완전연소 상태이다.

03.

백드래프트는 연소에 필요한 산소가 부족하여 훈소상태에 있는 실내에 갑자기 산소가 다량 공급될 때 순간적으로 발화하는 현상을 말한다.
※ **백드래프트의 특징**
㉠ 화재현장의 작은 틈으로 공기가 빨려 들어간다.
㉡ 화염이 보이지는 않으나 건물이나 창문이 뜨겁다.
㉢ 유리창 안쪽으로 타르와 같은 기름성분이 흘러내린다.

Answer   01.④ 02.④ 03.②

04 다음 중 플래시오버에 대한 설명으로 옳지 않은 것은?

① 성장기와 최성기 사이에서 많이 발생한다.
② 열집적으로 고온상태이며 뜨겁고 진한 연기가 아래로 쌓인다.
③ 개구부가 많으면 플래시오버 발생 시간이 빨라진다.
④ 개구부가 적을수록 폭발력이 커진다.

04.

①②③ 플래시오버 현상이며 자유연소를 한다.
④ 훈소연소와 산소부족이 일어나는 백드래프트에 대한 설명이다.

05 플래시오버의 영향조건이 아닌 것은?

① 개구부가 작을수록 발생시각이 늦어진다.
② 내장재에 따라서 달라지며 천장의 높이가 낮을수록 더 빨라진다.
③ 화원의 크기가 클수록 도달하는 시각이 짧아진다.
④ 연기농도에 따라서 발생 원인효과를 크게 미친다.

05.

플래시오버에 영향을 미치는 요소
㉠ 개구부의 크기
㉡ 내장재료
㉢ 화원의 크기
㉣ 가연물의 종류
㉤ 실내의 표면적
㉥ 건축물의 형태

06 다음 〈보기〉에서 설명하는 유류화재 이상현상으로 옳은 것은?

> 〈보기〉
> 가열된 아스팔트와 같이 물이 비점(100℃)보다 온도가 높은 액체를 용기에 부을 때 용기바닥에 고여 있는 물과 닿으면서 물이 비등하여 거품이 넘치는 현상으로 화염은 발생하지 않는다.

① 프로스오버(Froth over)
② 보일오버(Boil over)
③ 플래시오버(Flash over)
④ 슬롭오버(Slop over)

06.

① '용기바닥에 고인 물과 닿아 넘친다'는 표현이 있으면 프로스오버(Forth over)이다.

Answer   04.④   05.④   06.①

07 다음 중 플래시오버가 일어나는 시기는?

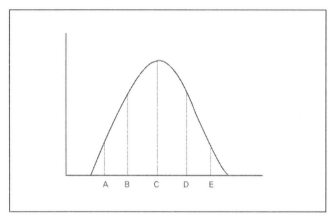

① A
② B
③ C
④ D

07.

플래시오버는 최성기 바로 직전에 일어난다.

08 유류저장탱크의 화재 중 열류층을 형성, 화재의 진행과 더불어 열류층이 점차 탱크바닥으로 도달해 탱크저부에 물 또는 기름(에멀션)이 수증기로 변해 부피팽창에 의하여 유류의 갑작스런 탱크 외부로의 분출을 발생시키는 현상은?

① 보일오버
② 슬롭오버
③ 오일오버
④ 프로스오버

08.

보일오버 현상 … 유류저장탱크의 화재 시 위쪽(액면)에 형성된 고열의 열파가 바닥에 있는 찌꺼기 등의 물에 전달되어 탱크바닥의 물이 끓어 오르면서 유류가 비등하여 저장탱크 액면에 발생된 열의 공급과 함께 저부에서 상부 표면을 포함하여 기포 상태로 분출시키는 것을 말한다.

09 다음 중 화재의 종류와 가연물의 연결이 바르지 않은 것은?

① A급 – 종이 및 일반제품
② B급 – 휘발유 등 인화성물질
③ C급 – 분말 및 고무제품
④ D급 – 가연성금속

09.

전기(C급/청색)화재
㉠ 전기가 통전되는 기계설비(변압기 변전실)화재를 말한다.
㉡ C급화재로 분류하고 색상은 청색으로 표기한다.
㉢ 물로서 불을 소화할 수 없다(물을 주수하면 감전의 위험이 있다).

10 유류화재의 유형은?

① A형

② B형

③ C형

④ D형

11 다음 중 자연발화에 대한 설명으로 옳지 않은 것은?

① 외부의 인위적인 점화원(불씨) 없이도 가연물에 산소가 공급이 있으면 연소되는 것을 말한다.

② 자연발화는 저온이고 건조할 때 발생한다.

③ 자연발화의 형태는 산화열, 분해열, 미생물열, 흡착열, 중합열 이다.

④ 열전도도가 적을수록 열 축적이 용이하여 자연발화하기 쉽다.

12 다음 중 물 분무소화를 할 수 없는 화재는?

① 실내목재화재

② 금속화재

③ 중류탱크 화재

④ 전기화재

13 다음 중 화재로 인한 간접적 피해는 무엇인가?

① 화재로 인한 업무의 중단

② 인접건물의 수손피해

③ 실내내장재의 화실

④ 구조자의 피난으로 인한 인명피해

10.

① 일반화재

③ 전기화재

④ 금속화재

11.

자연발화

㉠ 개념 : 외부의 인위적인 점화원(불씨) 없이도 가연물에 산소공급원이 있으면 연소되는 것이다.

㉡ 자연발화 열의 종류 : 산화열, 흡착열, 발효열, 중합열, 분해열, 미생물열 등이 있다.

㉢ 자연발화의 조건 : 열전도율이 작아야 하며, 실내 공기유통이 어려워야 하며, 수분이 적당해야 하며, 비표면적이 커야 한다.

12.

② 금속분 화재 시 주수소화하면 가연성 가스인 수소가 발생하여 연소를 촉진시킨다.

①③④ 주수소화가능하며 전기화재로 인한 건물화재 시 사용가능하다.

13.

① 간접적 피해   ②③④ 직접적 피해

Answer   10.② 11.② 12.② 13.①

14 겨울철에 화재가 많이 발생하는 이유로 옳은 것은?

① 온도가 낮기 때문에 발화하기 쉽다.

② 습도가 낮기 때문에 출화의 위험이 높다.

③ 화기의 취급빈도가 많고 습도가 낮기 때문이다.

④ 기온이 낮고 습도가 높으며, 강한 바람이 지속적으로 불기 때문이다.

14.

③ 겨울철에는 화기의 취급빈도가 많고 습도가 낮기 때문에 화재가 많이 발생한다.

15 다음 중 화재가혹도에 관한 설명으로 옳지 않은 것은?

① 화재가혹도란 화재발생으로 당해 건물과 내부 수용재산 등을 파괴하거나 손상을 입히는 정도를 말한다.

② 최고온도는 화재가혹도의 질적 개념으로 화재강도와 관련이 있다.

③ 지속시간은 화재가혹도의 양적 개념으로 화재하중과 관련이 있다.

④ 화재가혹도에 영향을 미치는 환기요소는 개구부 면적의 제곱근에 비례하고 개구부 높이에 비례한다.

15

④ 화재가혹도에 영향을 미치는 환기요소는 개구부 면적의 제곱근에 비례하고 개구부 높이의 평방근에 비례한다.

16 바람이 화재에 미치는 영향에 관한 설명으로 옳지 못한 것은?

① 바람이 거의 없을 때는 화원을 중심으로 원의 형태로 연소가 확대된다.

② 풍속이 강하면 바람방향으로 연소속도가 느려지며 연소면적이 축소된다.

③ 바람이 불 때에는 연소면은 계란형의 형태로 연소가 확대된다.

④ 바람이 강하면 연소면은 타원형 형태로 연소가 확대된다.

16.

② 풍속이 강하면 바람방향으로 연소속도가 빨라지며 연소면적이 확대된다.

Answer 14.③ 15.④ 16.②

17 옥외출화란 무엇인가?

① 목재사용 가옥에서 벽, 추녀 밑의 판자나 목재에 발염착화한 때
② 불연 벽체나 칸막이의 불연천장인 경우 실내에서는 그 뒤판에 발연착화한 때
③ 보통가옥 구조 시에는 천장판에 발염착화한 때
④ 천장 속, 벽 속 등에서 발염착화한 때

18 화재와 기상조건에 대한 설명으로 옳지 않은 것은?

① 습도가 낮으면 가연물질이 건조해서 발화되기 쉽다.
② 습도는 초기보다 중기 이후에 화재의 확대에 많은 영향을 준다.
③ 습도가 동일하면 기온이 높을 때가 낮을 때보다 물질의 연소속도가 빠르다.
④ 기온은 실내화재보다 옥외화재에 더 큰 영향을 준다.

19 다음 중 건물화재현상을 설명한 것으로 옳지 않은 것은?

① 환기지배형과 연료지배형으로 구분한다.
② 환기지배형 화재일 때 개구부가 적으면 불완전 연소가 발생되고 연소속도는 늦어진다.
③ 환기지배형이나 연료지배형 화재일 때 역화의 원인은 연료량에 의해 결정된다.
④ 연료가 적을 때는 표면연소로서 연소속도가 빠르다.

20 철근콘크리트조 내화구조 벽의 기준두께는 몇 센티미터 이상이어야 하는가?

① 15cm ② 12cm
③ 10cm ④ 5cm

17.

옥외출화 … 목재사용 가옥에서 벽, 추녀 밑의 판자나 목재에 발염착화한 때를 말한다.

18.

② 습도는 화재 초기에 영향을 많이 주지만 화재가 확대되면 영향을 주지 못한다.

19.

③ 연료지배형만 연료량의 의해 결정된다.
※ 환기지배형 화재와 연료지배형 화재
  ㉠ 환기지배형 화재 : 열방출량이 유효가능한 산소량에 좌우된다.
  ㉡ 연료지배형 화재 : 연료의 양에 따라서 열방출량이 변한다.

20.

철근콘크리트조의 내화구조 벽의 기준두께는 10cm이다.

21 다음 중 건물의 화재하중을 낮추는 방법은?

① 실내 장식물의 증가
② 소화시설의 설치
③ 내장내 불연화
④ 건물넓이의 제한

21.

③ 가연물을 줄이거나 내장재를 불연재료로 사용하여 화재하중을 줄인다.

22 단위 면적당 가연성 수용물의 양으로 건축물 화재 시 내장재의 발열량을 타나내는 용어를 무엇이라 하는가?

① 역화하중
② 화재비중
③ 역화비중
④ 화재하중

22.

화재하중
㉠ 건축물의 내화설계를 위하여 화재규모를 예상할 때 필요하다.
㉡ 고정가연물(벽, 바닥, 칸막이 등)과 적재가연물(가구류, 서적, 의류 등)의 가연물의 양을 말한다.
㉢ 어떤 구역 내에 있는 최대 예상 가연물질의 양을 의미한다.
㉣ 실용상의 편의를 위해 발열량의 표시를 무게 단위로 환산하여 가연물량을 나타낸다.
㉤ 등가가연물량을 화재구획에서의 단위면적당으로 나타낸 것이다.

23 목재건축물에서 화재가 발생하였을 때 화재진행상황 중 전기상태의 순서로 옳은 것은?

① 원인 – 무염착화 – 발염착화 – 화재출화
② 무염착화 – 발염착화 – 화재출화 – 원인
③ 발염착화 – 화재출화 – 원인 – 무염착화
④ 화재출화 – 무염착화 – 발염착화 – 원인

23.

① 목재건물의 화재 진행 상황은 원인, 무염착화, 발염착화, 화재출화이다.

24 다음 중 플래시오버에 대한 설명으로 옳은 것은?

① 목조건물로서 연소온도는 100℃이다.
② 무염착화와 동시에 일어난다.
③ 폭발적인 연소확대 현상이다.
④ 느리게 연소되어 점차적으로 온도가 올라간다.

24.

플래시오버 … 폭발적인 착화현상, 폭발적인 화재 확대현상이다. 그리고 실내의 가연물이 연소됨에 따라 생성되는 가연성 가스가 실내에 누적되어 폭발적으로 연소하여 실내 전체가 순간적으로 불길에 싸이는 현상이다.

Answer   21.③ 22.④ 23.① 24.③

25 시간과 온도변화에 따른 이상현상으로 다음에 해당하는 그래프를 보고 A~E에 들어갈 것으로 바르게 연결된 것은?

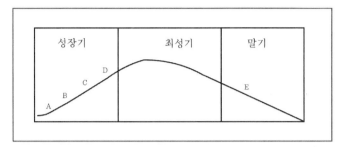

① A : 롤오버, B : 백드래프트, C : 플래시오버, D : 프레임오버, E : 백드래프트
② A : 롤오버, B : 플래시오버, C : 프래임오버, D : 백드래프트, E : 플래시오버
③ A : 프레임오버, B : 플래시오버, C : 백드래프트, D : 롤오버, E : 플래시오버
④ A : 프레임오버, B : 백드래프트, C : 롤오버, D : 플래시오버, E : 백드래프트

26 목조건물의 화재성상은 내화건물에 비하여 어떠한가?

① 고온 장기형이다.
② 고온 단기형이다.
③ 저온 장기형이다.
④ 저온 단기형이다.

27 다음 중 건물화재에서의 사망원인으로 가장 큰 비율을 차지하는 것은?

① 연소가스로 인한 질식   ② 열충격
③ 화상   ④ 건물의 붕괴

25.
A : 프레임오버
B : 백드래프트
C : 롤오버
D : 플래시오버
E : 백드래프트 순이다.

26.
② 목조건물은 내화건물에 비하여 고온 단기형이다.

27.
① 연소가스 또는 연기에 의한 질식이 건물화재의 사망원인으로 가장 큰 비율을 차지한다.

02 위험물화재의 성상

section 1 위험물과 위험물화재

(1) 위험물건물화재의 성상

위험물이라 함은 인화성 또는 발화성 등의 성질을 가지는 것으로, 대통령령이 정하는 물품을 말한다〈「위험물안전관리법」제2조 제1항 제1호〉.

(2) 위험물의 특성

① 위험물의 지정 ··· 저장, 취급, 운반 과정에서의 안전을 위해 「위험물안전관리법」에서 모든 위험물에 대하여 제1류~제6류까지 각각의 유별로 품명의 수량을 지정하였다.

② 품명의 지정 기준
  ㉠ 화학적 성질 : 화학적 조성, 반응성, 폭발성, 농도에 따른 위험성의 변화 등
  ㉡ 물리적 성질 : 인화점, 연소점, 발화점, 연소 범위, 취급 형태 등

③ 지정수량
  ㉠ 「위험물안전관리법 시행령」에 의하여 위험물의 종류별로 위험성을 고려하여 정하는 수량이며 제조소 등의 설치허가 등에 적용되는 최저의 기준이 되는 수량이다.
  ㉡ 고체일 경우 kg, 액체일 경우 ℓ로 표시한다(단, 제6류 위험물의 경우 액체이지만 kg으로 표시).
  ㉢ 지정수량이 적은 물품이 지정수량이 많은 물품보다 위험하다.

section 2 위험물(제1류~제6류)의 특성과 소화방법

(1) 제1류 위험물(산화성 고체) ✪ 2019 기출

① 종류

품명 및 품목	지정수량	품명 및 품목	지정수량
아염소산염류	50kg	질산염류	300kg
염소산염류	50kg	요오드산염류	300kg
과염소산염류	50kg	과망간산염류	1,000kg
무기과산화물	50kg	중크롬산염류	1,000kg
브롬산염류	300kg		

기출 2019년 시행

위험물 지정수량이 다른 하나는?

① 탄화칼슘
② 과염소산
③ 마그네슘
④ 금속의 인화물

＜정답 ③

② 일반적 성질

　㉠ 반응개념

　㉡ 불연성 물질이지만 산소를 함유하고 있으므로 다른 물질을 산화시킬 수 있다.

　㉢ 가열, 충격, 마찰 등으로 분해되어 산소를 방출함으로써 다른 가연물의 연소를 돕는다.

　㉣ 무기화합물이고 일반적으로 백색분말의 고체 혹은 무색 결정 상태이다.

　㉤ 비중이 1보다 크고 수용성인 것이 많다.

　㉥ 무기과산화물류는 물과 반응하여 산소를 발생시키고 발열한다.

③ 공통적인 저장, 취급상의 주의사항

　㉠ 저장 및 취급 시 가열, 충격, 마찰 등 분해를 일으키는 조건을 주지 말아야 한다.

　㉡ 환기가 잘 되는 차가운 곳에 저장하고, 열원, 산화되기 쉬운 물질과 떨어진 곳에 저장하여야 한다.

　㉢ 용기에 수납하여 있는 것은 용기의 파손을 막아 위험물이 새지 않도록 하여야 하며, 조해성이 있는 물질은 용기를 밀폐하여야 한다.

④ 연소형태

　㉠ 가열, 충격에 의하여 분해폭발한다.

　㉡ 촉매나 강한 산 또는 다른 물질과 접촉하여 분해폭발한다.

　㉢ 가연성 물질과 혼합 접촉하여 착화폭발한다.

　㉣ 알칼리금속의 과산화물은 물과 격렬히 반응하여 분해되며 다량의 산소를 발생하면서 발열한다.

⑤ 소화방법

　㉠ 물로 분해온도 이하로 낮추어 산소의 방출을 억제하는 주수소화가 효과적이다.

　㉡ 알칼리 금속의 과산화물은 물과 반응하면 발열하므로 주수소화는 금물이며, 건조사로 피복소화하는 것이 바람직하다.

(2) 제2류 위험물(가연성 고체)

① 종류

품명 및 품목	지정수량	품명 및 품목	지정수량
황화린	100kg	철분	500kg
적린	100kg	마그네슘	500kg
유황	100kg	금속분	500kg
인화성고체	1,000kg		

기출**PLUS**

기출 2022년 시행

위험물과 물이 반응할 때 발생하는 가스로 옳지 않은 것은?

	위험물	가스
①	탄화알루미늄	아세틸렌
②	인화칼슘	포스핀
③	수소화알루미늄리튬	수소
④	트리에틸알루미늄	에테인

❰정답 ①

 TIP ⊙ **2022 기출**

물과 반응시 발생하는 가스

㉠ 나트륨, 칼륨, 리튬, 칼슘, 세슘, 바륨, 알킬리튬, 마그네슘 → 수소

㉡ 수소화리튬, 수소화칼륨, 수소화나트륨, 수소화칼슘 등 → 수소

㉢ 과산화칼륨, 과산화나트륨, 과산화칼슘, 과산화마그네슘 등 → 산소 발생

㉣ 탄화칼슘(칼슘카바이트), 탄화리튬, 탄화나트륨, 탄화칼륨, 탄화마그네슘 → 아세틸렌

㉤ 탄화알루미늄 → 메탄

㉥ 트리메틸알루미늄 → 메탄

㉦ 트리에틸알루미늄 → 에탄

㉧ 메틸리튬 → 메탄

㉨ 에틸리튬 → 에탄

㉩ 인화칼슘, 인화알루미늄, 인화아연 → 인화수소(포스핀)

㉪ 탄화망간 → 메탄과 수소

기출PLUS

② 일반적 성질

㉠ 반응개념

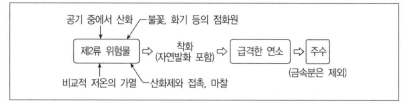

㉡ 낮은 온도에서 착화되기 쉬우며, 연소속도가 빠른 가연성 물질이다.

㉢ 환원성 물질이며 산화제와 접촉하면 마찰 혹은 충격에 의해 폭발의 위험성이 있다.

㉣ 상온에서 고체이다.

㉤ 철분, 마그네슘, 금속분류는 산과 물의 접촉으로 발열한다.

③ 공통적인 저상, 취급상의 주의사항

㉠ 산화제와의 접촉을 피한다.

㉡ 열원 및 가열을 피한다.

㉢ Mg, Al은 물이나 습기를 피한다.

㉣ 용기의 파손, 누출에 유의한다.

④ 연소형태

㉠ 저온에서 발화하며 많은 열과 빛을 낸다.

㉡ 산화제와 혼합하면 폭발하고, 공기 중에 가루가 부유하면 분진폭발 할 수 있다.

㉢ 황린(P_4)은 공기 중에서 방치하면 산화열로 온도가 상승되어 자연발화 한다.

㉣ 금속분은 산이나 할로겐원소와 접촉되면 발화한다.

㉤ 인은 다량의 연기를 낸다.

㉥ 연소 시 발생하는 기체는 독성이 있다.

⑤ 소화방법

㉠ 철분, 마그네슘, 금속분류의 화재 시 주수하면 비산으로 인한 화재면적의 확대 위험과 물과 반응하여 발생되는 수소에 의한 폭발의 위험이 따르므로 건조사에 의한 피복소화가 좋다.

㉡ 금속분 이외의 것은 주수소화에 의한 냉각소화가 효과적이다.

(3) 제3류 위험물(자연발화성 물질 및 금수성 물질) ✪ **2019 기출**

① 종류

품명 및 품목	지정수량	품명 및 품목	지정수량
칼륨	10kg	알칼리금속 및 알칼리토금속	50kg
나트륨	10kg	유기금속화합물 (알킬알루미늄 및 알킬리튬 제외)	50kg

알킬알루미늄	10kg	금속의 수소화물	300kg
알킬리튬	10kg	금속의 인화물	300kg
황린	20kg	칼슘 또는 알루미늄의 탄화물	300kg

② 일반적 성질

㉠ 반응개념

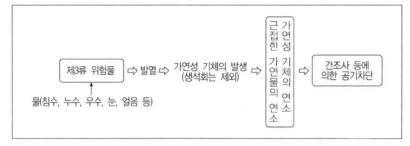

㉡ 물과 만나면 발열반응을 일으키는 동시에 가연성 가스를 내는 금수성 물질이다.

㉢ 생석회(산화칼슘)만은 물과 반응하여 발열만을 한다.

㉣ 일반적으로 물보다 무겁지만 나트륨, 칼륨, 알킬리튬, 알킬알루미늄은 물보다 가볍다.

③ 공통적인 저장, 취급상의 주의사항

㉠ 용기의 파손이나 부식을 막아야 한다.

㉡ 수분의 접촉을 막아야 한다.

㉢ 보호액 중에 저장하는 것은 위험물 표면에 노출되지 않게 한다.

㉣ 가연성 가스를 발생하는 것은 화기에 주의한다.

④ 연소형태

㉠ 물과 만나면 발열한다.

㉡ 물과 반응하여 가연성 가스를 생성하여 폭발한다(칼륨, 나트륨, 카바이트).

㉢ 물과 반응하여 부식성 가스를 생성한다(인화칼슘).

㉣ 공기 중에서 쉽게 산화한다(칼륨, 나트륨).

㉤ 알킬알루미늄 또는 알킬리튬은 공기 중에서 급격히 산화하고 물과 접촉하면 가연성 가스를 발생하여 급격히 발화한다.

⑤ 소화방법

㉠ 금수성 물질이므로 주수소화는 금물이다.

㉡ 사염화탄소, 탄산가스 등과도 격렬히 반응하므로 건조사가 가장 효과적이다.

㉢ 그 외에 금속화재용 분말소화약제도 사용된다.

기출PLUS

기출 2020년 시행

제4류 위험물에 대한 설명으로 옳지 않은 것은?

① 물보다 가볍고 물에 녹지 않는 것이 많다.
② 일반적으로 부도체 성질이 강하여 정전기 축적이 쉽다.
③ 발생 증기는 가연성이며, 증기비중은 대부분 공기보다 가볍다.
④ 사용량이 많은 휘발유, 경유 등은 연소하한계가 낮아 매우 인화하기 쉽다.

＜정답 ③

(4) 제4류 위험물(인화성 액체)

① 종류

품명 및 품목		지정수량	품명 및 품목		지정수량
특수인화물		50ℓ	제2석유류	비수용성액체	1,000ℓ
				수용성액체	2,000ℓ
알코올류		400ℓ	제3석유류	비수용성액체	2,000ℓ
동·식물유류		10,000ℓ		수용성액체	4,000ℓ
제1석유류	비수용성액체	200ℓ	제4석유류		6,000ℓ
	수용성액체	400ℓ			

② 일반적 성질 ✪ 2020 기출

㉠ 반응 개념

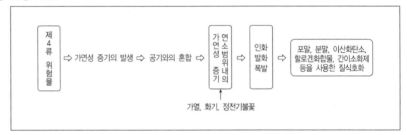

㉡ 상온에서 액상인 가연성 액체와 비교적 낮은 온도에서 액체가 되는 고상 물질로 대단히 인화되기 쉬우며 시안화수소를 제외한 가연성 액체의 증기는 공기보다 무겁다.

㉢ 물질이 고온체의 접촉 등에 의해서 가열되어 발화하는 최저온도를 착화온도라고 한다.

㉣ 알코올류를 제외한 거의 모든 제4류 위험물은 물에 녹지 않으므로 물 위에 뜨게 되어(이황화탄소는 물보다 무거움) 널리 퍼지게 된다.

③ 공통적인 저장, 취급상의 주의사항

㉠ 증기의 누출을 방지해야 한다.

㉡ 화기의 접근, 가열을 해서는 안 된다.

㉢ 용기는 밀봉하여 찬 곳에 저장한다.

㉣ 환기를 잘하여 발생증기의 체류를 억제한다.

㉤ 전기설비는 방폭성의 것을 사용한다.

㉥ 정전기의 발생을 막는다.

㉦ 정전기가 발생하는 곳은 접지조치를 한다.

④ 연소형태

㉠ 대단히 인화되기 쉽다. 즉 낮은 온도에서 인화, 연소하거나 작은 불꽃(성냥불, 전기스파크 등)에 인화된다.

ⓛ 비교적 낮은 온도에서 발화 연소한다.

ⓒ 대부분 물보다 가볍고 물에 녹지 아니하므로 물에 뜨고 널리 퍼진다. 4류 위험물이 물 위에 존재할 경우 지면과 달리 그 넓이는 극히 넓게 퍼지고 그만큼 인화시의 위험범위 또한 넓어진다.

ⓔ 유류화재의 불길은 극히 크게 느껴지게 되며, 검은 연기가 많이 발생한다.

⑤ 소화방법

ⓖ 주수소화는 오히려 화재의 확대 위험이 있다.

ⓛ 이산화탄소 분말, 사염화탄소로 질식소화 한다.

ⓒ 소포성의 위험물 화재는 수용성이 없는 내알코올성포를 사용한다.

(5) 제5류 위험물(자기 반응성 물질) ✪ 2018 기출

① 종류

품명 및 품목	지정수량	품명 및 품목	지정수량
유기과산화물	10kg	아조화합물	200kg
질산에스테르류	10kg	디아조화합물	200kg
니트로화합물	200kg	히드라진 유도체	200kg
니트로소화합물	200kg	히드록실아민	100kg
히드록실아민염류	100kg		

② 일반적 성질

ⓖ 반응개념

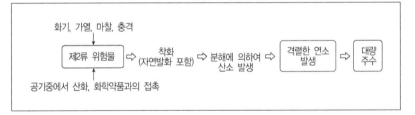

ⓛ 가연성 물질이며, 산소함유 물질로 자기 연소가 가능한 물질이다.

ⓒ 가열, 충격, 마찰, 다른 물질과의 접촉은 폭발의 위험성이 있고 산화반응, 열분해반응에 의해 자연 발화하는 수도 있다.

③ 공통적인 저장, 취급상의 주의사항

ⓖ 습기, 통풍, 가열, 충격, 마찰을 피해야 한다.

ⓛ 불꽃 등 고온체와의 접근을 피해야 한다.

ⓒ 용기의 파손에 주의해야 한다.

ⓔ 운반용기는 '화기엄금', '충격주의' 같은 표시를 해야 한다.

기출 2018년 시행

제5류 위험물의 소화대책으로 옳지 않은 것은?

① 외부로부터의 산소 유입을 차단한다.

② 화재 초기에는 다량의 물로 냉각소화하는 것이 효과적이다.

③ 항상 안전거리를 유지하고 접근할 때에는 엄폐물을 이용한다.

④ 밀폐된 공간에서 화재 시 공기호흡기를 착용하여 질식되지 않도록 주의한다.

‹ 정답 ①

④ 연소형태

   ⊙ 자기 연소한다.

   ⓒ 연소속도가 빨라 폭발적이다.

   ⓒ 가열, 충격, 마찰, 이물질과 접촉 시 폭발하는 것이 많다.

   ⓔ 장시간에 걸친 산화에 의한 열분해가 진행되면 자연발화 하는 경우도 있다.

⑤ 소화방법

   ⊙ 연소가 대단히 빠르므로 초기 화재나 소량 화재 외에는 소화가 곤란하다.

   ⓒ 자체가 산소를 함유하므로 질식소화는 효과가 없고, 많은 물로서 냉각 소화시키는 방법이 효과적이다.

(6) 제6류 위험물(산화성 액체) ✪ **2019 기출**

① 종류

품명 및 품목	지정수량
과염소산	300kg
과산화수소	300kg
질산	300kg
그 밖에 행정안전부령으로 정하는 것	300kg

② 일반적 성질

   ⊙ 반응개념

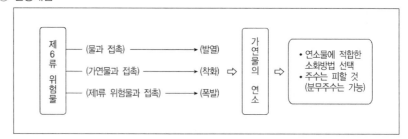

   ⓒ 불연성 물질이지만 산소를 함유하여 제1류 위험물과는 폭발을 일으킨다.

   ⓒ 물에 잘 녹으며 물과는 발열반응을 한다.

③ 공통적인 저장, 취급상의 주의사항

   ⊙ 물, 가연물, 유기물, 산화제와의 접촉을 피한다.

   ⓒ 저장용기는 내산성의 것이어야 하며, 밀봉해야 하고, 파손에 주의한다.

④ 연소형태

   ⊙ 자신은 불연성이다.

   ⓒ 분해 시 다량의 산소를 발생시켜 타 물질의 연소를 돕는다.

   ⓒ 물과 만나면 발열한다.

⑤ 소화방법

㉠ 물과는 발열하므로 주수소화는 별 효과가 없으나 다량의 물로 희석시켜 소화할
수도 있다.

㉡ 그 외에는 건조사, 탄산가스에 의한다.

㉢ 사염화탄소 소화기는 포스겐을 발생하므로 지하실의 화재에는 적당하지 않다.

(7) 보일오버 등 위험물 화재의 특수현상과 대처법

① 보일오버(Boil Over)

㉠ 유류탱크 주변에 화재가 발생하였을 때 주변 화염의 접촉으로 탱크 내부에 고온
의 연소유류가 탱크 하단에 있는 수분을 가열시켜 수분의 팽창으로 고온의 유류
가 탱크 외부로 분출하는 현상이다.

㉡ 예측 및 방지를 위해서는 유류탱크 내의 유류의 특성, 물성 등을 계산하면 보일
오버 현상을 예측할 수 있으며, 소화작업 시 탱크 외부에 주수하면 그 건조 상
태를 보고 고온층의 위치를 찾을 수 있다.

• 유류탱크 하단의 수분을 제거한다(배수설비).

• 탱크 하부에 비등석을 넣어 물에 기포가 생기도록 하여 갑작스런 분출을 억제한다.

• 탱크 내부에 유체를 넣어 물이 유류와 에멀젼 상태에 있게 한다.

② 슬롭오버(Slop Over)

㉠ 화재 발생 시에 고온의 유류에 주수소화를 하면 분사된 수분이 유류 표면에 기
포를 발생시킨다. 유류의 열류교환으로 인해 하단층에 있는 차가운 기름이 급속
히 팽창하면서 유류에 화재가 발생한다.

㉡ 유류화재 시에는 화염에 의해 유류가 고온상태가 되고 여기에 주수소화를 하면
고온의 유류가 분출하기 때문에 서서히 소화작업을 진행해야 한다.

③ 포스오버(Froth Over)

㉠ 화재현상을 제외하고 물이 고온상태의 유류와 접촉하면 거품과 같은 상태로 넘
치게 되는 현상이다.

㉡ 고온의 물과 유류에 의한 피해가 발생할 수 있으므로 유류에 의한 피해위험을
줄이고, 탱크에 수분이 없도록 배수시설을 설치해야 한다.

> 🕯️ **Plus tip**
> 플래시오버(전실화재) 지연을 위한 소방전술 ✪ **2016 기출**
> ㉠ 냉각지연방식
> ㉡ 배연지연방식
> ㉢ 공기차단 지연방식

기출 2016년 시행

**플래시오버를 지연시키기 위한 소방
전술이 아닌 것은?**

① 공기차단 지연방식

② 배연지연방식

③ 제거소화 지연방식

④ 냉각지연방식

❮ 정답 ③

01 다음 중 위험물의 성질과 상태를 구분(제1류~제6류)한 연결이 바르지 않은 것은?

① 2류 위험물 – 가연성 액체
② 3류 위험물 – 자연발화성 및 금수성 물질
③ 5류 위험물 – 자기반응성물질
④ 6류 위험물 – 산화성 액체

01.

① 2류 위험물 – 가연성 고체

02 다음 중 물질이 연소할 때 온도에 따른 색깔로 바르지 않은 것은?

① 암적색 : 700℃
② 적색 : 850℃
③ 황적색 : 1,100℃
④ 휘백색 : 1,300℃

02.

불꽃의 온도(℃)	불꽃의 색깔
500℃	담암적색
700℃	암적색
750℃	진홍색
850℃	적색
950℃	휘적색
1,000℃	주황색
1,050℃	황색
1,100℃	황적색
1,300℃	백적색
1,500℃	휘백색

03 제5류 위험물의 성질로 옳은 것은?

① 금수성 물질
② 산화성 물질
③ 자연발화성 물질
④ 자기 반응성 물질

03.

제5류 위험물의 일반적 성질
㉠ 가연성 물질이며, 산소함유 물질로 자기 연소가 가능한 물질이다.
㉡ 가열, 충격, 마찰, 다른 물질과의 접촉은 폭발의 위험성이 있고 산화반응, 열분해반응에 의해 자연 발화하는 수도 있다.

Answer 01.① 02.④ 03.④

04 다음 보기에 해당되지 않는 것은?

> • 산화성 고체로서 가열, 충격 마찰 등으로 분해되어 산소를 방출하여 연소를 돕는다.
> • 가연성 고체로서 산화제와 접촉하면 마찰 혹은 충격에 의해 폭발의 위험성이 있다.
> • 금수성 물질로서 생석회만은 물과 반응하여 발열만을 한다.

① 1류 위험물
② 4류 위험물
③ 2류 위험물
④ 3류 위험물

05 다음 중 반응개념에서 2류 위험물과 5류 위험물의 공통점으로 옳은 것은?

① 금수성
② 고상물질
③ 불연성
④ 가연성

06 다음 중 액화물질이 인화점보다 낮은 중질류 화재 시 장시간 화재가 진행되면 유류 중 가벼운 성분이 표면층에 증발 연소되는 현상은?

① BLEVE 현상
② 보일오버
③ 오일오버
④ 슬롭오버

04.

② 4류 위험물은 인화성 액체로서 대단히 인화되기 쉽다.

※ **위험물의 정의**
  ㉠ 1류 위험물 : 일반적으로 불연성 물질이지만 다른 물질을 산화시킬 수 있다.
  ㉡ 2류 위험물 : 낮은 온도에서 착화되기 쉬우며 연소속도가 빠른 가연성 물질이다.
  ㉢ 3류 위험물 : 물과 만나 발열반응을 일으키며 가연성 가스를 내는 금수성 물질이다.
  ㉣ 4류 위험물 : 비교적 낮은 온도에서 액체가 되는 고상물질이다.
  ㉤ 5류 위험물 : 가연성 물질이며 산소를 함유하여 자기연소가 가능한 물질이다.
  ㉥ 6류 위험물 : 산소를 포함한 강산화제로서 분해에 의해 다른 물질의 연소를 돕는다.

05.

① 금수성은 3류 위험물의 특징이다.
② 고상물질은 4류 위험물의 특징이다.
③ 불연성은 1류 위험물과 6류 위험물의 특징이다.

06.

② 보일오버 : 중질유의 탱크에서 장시간 조용히 연소하다 잔존기름이 분출하는 현상
① BLEVE : 인화성 액체가 화재 노출 시 내부의 비등현상으로 폭발하는 현상
③ 오일오버 : 탱크 내 유류가 절반 미만일 경우 화재로 인해가 내부가 폭발하는 현상
④ 슬롭오버 : 휘발유와 같이 인화점이 낮은 제품이 주변 온도차에 의한 유류분출 현상

07 다음 중 탱크에서 화재가 발생 했을 때 나머지 셋과 다른 현상 하나는?

① 중유와 같이 끓는점이 서로 다른 성분이 가벼운 성분의 유류 표면 층으로 증발하여 연소한다.

② 원유 속에 포함된 물이 탱크 표면의 열기로 인해 수증기로 변화되어 상류층에 있는 유류를 밀어 올린다.

③ 탱크에 절반정도의 기름이 화재로 압력이 상승하여 폭발한다.

④ 밀폐된 탱크에 불이 붙은 상태로 기름이 방출된다.

07.

①②④ 보일오버 현상이며, 보일오버, 슬롭오버 현상은 탱크 밖으로 유류가 방출되는 현상을 보인다.

③ 오일오버 현상이며, 오일오버와 BLEVE(블래비)는 탱크가 폭발하는 현상을 보인다.

08 다음 중 화재 발생 시 물로 소화가 가능한 것은?

① 무기과산화물, 니트로화합물

② 니트로화합물, 유기과산화물

③ 나트륨, 칼륨

④ 특수인화물, 니트로화합물

08.

② 5류 위험물로서 자체에 산소를 함유하고 있어 많은 물로서 냉각소화 해야 한다.

① 무기과산화물은 제1류 위험물로서 알칼리 금속은 물에 발열하여 주수소화는 금물이다.

③ 나트륨, 칼륨은 제3류 위험물로서 물을 만나면 가연성 가스가 발생한다.

④ 특수인화물은 제4류 위험물로서 주수소화는 화재의 위험이 있다.

09 다음 중 특수가연물의 저장 및 취급기준에 대한 설명으로 옳지 않은 것은?

① 품명별로 구분하여 쌓아야 한다.

② 쌓는 부분의 바닥면적 사이는 1미터 이상이 되도록 하여야 한다.

③ 살수설비를 설치하거나 방사능력 범위에 해당 특수가연물이 포함되도록 대형수동식소화기를 설치하는 경우에는 쌓는 높이를 15미터 이하로 하여야 한다.

④ 석탄·목탄류의 경우 쌓는 부분의 바닥면적은 50제곱미터 이하가 되도록 하여야 한다.

09.

특수가연물의 저장 및 취급의 기준(「소방기본법 시행령」 제7조 제2호)

㉠ 품명별로 구분하여 쌓을 것

㉡ 쌓는 높이는 10미터 이하가 되도록 하고, 쌓는 부분의 바닥면적은 50제곱미터(석탄·목탄류의 경우에는 200제곱미터) 이하가 되도록 할 것. 다만, 살수설비를 설치하거나, 방사능력 범위에 해당 특수가연물이 포함되도록 대형수동식소화기를 설치하는 경우에는 쌓는 높이를 15미터 이하, 쌓는 부분의 바닥면적을 200제곱미터(석탄·목탄류의 경우에는 300제곱미터) 이하로 할 수 있다.

㉢ 쌓는 부분의 바닥면적 사이는 1미터 이상이 되도록 할 것

Answer   07.③   08.②   09.④

10 위험물 중 마그네슘의 지정수량으로 적합한 것은?

① 50kg

② 100kg

③ 200kg

④ 500kg

11 다음 중 위험물의 종류가 바르게 연결된 것은?

① 제1류 - 질산염류, 황화린, 요오드산염류

② 제3류 - 나트륨, 철분, 유황, 알킬알루미늄

③ 제4류 - 알코올류, 히드록실아민염류

④ 제6류 - 과염소산, 과산화수소, 질산

12 다음 중 위험물제조소 채광·조명 및 환기설비에 관한 내용으로 옳은 것은?

① 채광설비는 불연재료로 하고 면적은 크게 한다.

② 점멸스위치는 출입구 안쪽에 설치한다.

③ 강제배기 방식으로 한다.

④ 급기구를 낮은 곳에 설치한다.

10.

제2류 가연성 고체인 마그네슘의 지정수량은 500kg이다.

※ 제2류 가연물 지정수량

품목	지정수량
황화린	100kg
적린	100kg
유황	100kg
인화성고체	1,000kg
철분	500kg
마그네슘	500kg
금속분	500kg

11.

위험물의 종류(「위험물안전관리법 시행령」 별표 1)

㉠ 제1류 : 아염소산염류, 염소산염류, 과염소산염류, 무기과산화물, 브롬산염류, 질산염류, 요오드산염류, 과망간산염류, 중크롬산염류 등

㉡ 제2류 : 황화린, 적린, 유황, 철분, 금속분, 마그네슘 등

㉢ 제3류 : 칼륨, 나트륨, 알킬알루미늄, 알킬리튬, 황린, 알칼리금속 및 알칼리토금속, 유기금속화합물, 금속의 수소화물, 금속의 인화물, 칼슘 또는 알루미늄의 탄화물 등

㉣ 제4류 : 특수인화물, 제1석유류, 알코올류, 제2석유류, 제3석유류, 제4석유류, 동식물유류 등

㉤ 제5류 : 유기과산화물, 질산에스테르류, 니트로화합물, 니트로소화합물, 아조화합물, 디아조화합물, 히드라진유도체, 히드록실아민, 히드록실아민염류 등

㉥ 제6류 : 과염소산, 과산화수소, 질산, 그 밖에 행정안전부령이 정하는 것 등

12.

④ 위험물제조소 환기설비에서 급기구는 낮은 곳에 설치하고 가는 눈의 구리망 등으로 인화방지망을 설치한다.

Answer 10.④ 11.④ 12.④

13 다음 중 특수인화물에 대한 규정사항이 아닌 것은?

① 이황화탄소, 에테르 등이다.

② 1기압에서 발화점 100℃ 이하를 말한다.

③ 인화점이 영하 20℃ 이하이고 비점이 40℃ 이하를 말한다.

④ 특수인화물은 제5류 위험물에 속한다.

14 다음 중 「위험물안전관리법령」상 유기과산화물, 질산에스테르류, 니트로화합물, 히드라진 유도체와 같은 물질의 특성으로 옳은 것은?

① 금수성

② 자연발화성

③ 인화성

④ 자기반응성

15 다음 중 위험물의 정의로 올바른 것은?

① 대통령령이 정하는 인화성 또는 폭발성 물질

② 대통령령이 정하는 인화성 또는 발화성 물질

③ 대통령령이 정하는 가연성 또는 이산화성 물질

④ 대통령령이 정하는 발화성 또는 금속성 물질

16 다음 중 제3류 위험물의 일반적 성질은?

① 자기연소성 물질이다.

② 산화성 고체이다.

③ 산화성 액체이다.

④ 금수성 물질이다.

13.

특수인화물 … 이황화탄소, 디에틸에테르 그 밖에 1기압에서 발화점이 섭씨 100℃ 이하인 것 또는 인화점이 섭씨 영하 20℃ 이하이고 비점이 섭씨 40℃ 이하인 것을 말한다〈「위험물안전관리법 시행령」 별표 1〉.

④ 특수인화물은 제4류 위험물이다.

14.

④ 문제의 물질들은 제5류 위험물로 마찰, 가열, 충격에 의해 자기연소를 하는 자기반응성의 성질을 가지 있으며 장시간에 걸쳐 산화에 의한 열분해로 자연발화하는 경우도 있지만 일반적 성질은 아니다.

15.

위험물 … 인화성 또는 발화성 등의 성질을 가지는 것으로서 대통령령이 정하는 물품을 말한다〈「위험물안전관리법」 제2조 제1항 제1호〉.

16.

제3류 위험물의 일반적 성질

㉠ 물과 만나면 발열반응을 일으키고 가연성 가스를 발생시키는 금수성 물질이다.

㉡ 생석회만은 물과 반응하여 발열만 한다.

㉢ 일반적으로 물보다 무겁지만 나트륨, 칼륨, 알킬리튬, 알킬알루미늄은 물보다 가볍다.

17 다음 중 지정 수량이 다른 것은?

① 질산염류

② 요오드산염류

③ 아염소산염류

④ 브롬산염류

17.

① 300kg

② 300kg

③ 50kg

④ 300kg

18 다음 중 「위험물안전관리법령」상 제4류 위험물 중 알코올 등 수용성 유류화재에 적응성이 가장 뛰어난 소화약제는 무엇인가?

① 단백포 소화약제

② 수성막포 소화약제

③ 내알코올포 소화약제

④ 합성계면활성제포 소화약제

18.

내알콜성포 소화약제

㉠ 물에 불용성인 포의 막을 형성하여 알콜 등과 같이 물에 용해되는 액체의 소화에 사용된다.

㉡ 내알콜성포에는 6%형이 있다.

㉢ 내알콜성포의 비누화현상 : 일반적인 포 소화약제를 수용성 액체 가연물 등에 사용하면, 물이 수용성 가연물에 용해되기 때문에 포가 사라져 소화 작용을 할 수 없다. 따라서 포의 소멸(소포성)을 억제하기 위하여 단백질의 가수분해물, 계면활성제에 금속비누 등을 첨가하여 유화 분산시킨다. 이것을 원제로 하여 물과 혼합하게 되면 불용성의 성질을 갖게 된다.

㉣ 적응 대상물은 알콜류, 케톤류, 에스테르류 등의 수용성 액체물질이다.

19 다음 중 칼륨(K), 나트륨(Na)의 보호액은?

① 물

② 석유

③ 식용유

④ 알코올

19.

② 제3류 위험물로서 물과 공기에 의해 폭발하거나 쉽게 산화되기 때문에 보호액(석유)으로 저장하여야 한다.

20 다음 중 4류 위험물의 소화방법에 대한 설명으로 옳은 것은?

① 수용액 액체화재의 발생 시 다량의 물로 희석소화 시킨다.

② 연소중인 물질은 화점에서부터 제거하여 소화시킨다.

③ 소규모 유류화재 시에는 물로 소화가 가능하다.

④ 이산화탄소분말, 사염화탄소로 질식소화가 가능하다.

20.

④ 주수소화는 오히려 화재의 확대위험이 있다.

Answer 17.③ 18.③ 19.② 20.④

21 시안화수소, 메탄, 프로판, 아세틸렌 중 위험도가 높은 순으로 차례로 나열된 것은?

① 시안화수소, 프로판, 메탄, 아세틸렌
② 시안화수소, 아세틸렌, 메탄, 프로판
③ 아세틸렌, 시안화수소, 프로판, 메탄
④ 아세틸렌, 시안화수소, 메탄, 프로판

21.

③ 가스의 폭발 한계로서 아세틸렌(31.4) → 시안화수소(5.8) → 프로판(3.5) → 메탄(2)

22 다음 중 제4류 위험물에 적응되는 소화는 어느 것인가?

① 냉각
② 공기차단
③ 부촉매 효과
④ 제거소화

22.

② 제4류 위험물 화재 시 공기를 차단히여 질식소화하여야 한다.

23 다음 중 위험물의 유별성질이 바르게 연결되지 못한 것은?

① 제1류 – 산화성
② 제2류 – 가연성
③ 제5류 – 폭발성
④ 제6류 – 산화성

23.

③ 제5류는 자기반응성의 특성을 갖는다.

24 제4류 위험물의 공통성질과 거리가 먼 것은?

① 인화의 위험이 있다.
② 대체로 수용성이고 비중은 물보다 무겁다.
③ 증기 비중은 공기보다 무겁다.
④ 대체로 연소 범위가 넓고 특히, 인화온도가 낮다.

24.

② 대체적으로 물에 녹기 어렵고 물보다 가볍다.

25 다음 중 위험물의 저장방법으로 옳지 않은 것은?

① 황린 – 물속
② 이황화탄소 – 직사광선을 피하여 찬 곳에 저장
③ 금속나트륨 – 석유 속
④ 아세트알데히드 – 구리로 된 용기

26 제5류 위험물의 공통적인 성질은?

① 연소속도가 느리다.
② 무기물이다.
③ 자기반응성 물질이다.
④ 화재 시 다른 위험물에 비해 소화가 용이하다.

25.

위험물의 저장
㉠ 황린 : 자연발화성이 있으므로 물속에 저장한다.
㉡ 이황화탄소 : 직사광선을 피하여 찬 곳에 저장한다.
㉢ 금속나트륨, 금속칼륨 : 보통 석유 속에 저장하며 습기 · 물과의 접촉을 막는다.
㉣ 아세트알데히드 : 공기와의 접촉을 피해야 하며 구리나 마그네슘 등과 접촉하면 폭발성인 화합물을 만들 가능성이 있다.

26.

제5류 위험물은 유기물의 질화물이고 연소속도가 매우 빨라 폭발적이기 때문에 화재 시 소화가 곤란하다.

03 화재의 조사

기출PLUS

section 1 화재조사의 개요(목적·방법·절차 등)

(1) 화재조사의 목적

① 화재의 원인과 그 화재로 인한 손해를 조사하는 것으로 방화·실화의 혐의가 있다고 인정되는 때에 소방기관은 지체없이 관할경찰서장에게 그 사실에 대한 정보를 제공하고 필요한 증거를 수집하고 보존하여 그 범죄수사에 협력한다.

> 🏠 Plus tip
>
> **용어의 정의**⟨「화재조사 및 보고규정」 제2조⟩
> ⊙ **화재** : 사람의 의도에 반하거나 고의에 의해 발생하는 연소 현상으로서 소화시설 등을 사용하여 소화할 필요가 있거나 또는 화학적인 폭발현상을 말한다.
> ⊙ **조사** : 화재원인을 규명하고 화재로 인한 피해를 산정하기 위하여 자료의 수집, 관계자 등에 대한 질문, 현장확인, 감식, 감정 및 실험 등을 하는 일련의 행동을 말한다.
> ⊙ **감식** : 화재원인의 판정을 위하여 전문적인 지식, 기술 및 경험을 활용하여 주로 시각에 의한 종합적인 판단으로 구체적인 사실관계를 명확하게 규명하는 것을 말한다.
> ⊙ **감정** : 화재와 관계되는 물건의 형상, 구조, 재질, 성분, 성질 등 이와 관련된 모든 현상에 대하여 과학적 방법에 의한 필요한 실험을 행하고 그 결과를 근거로 화재원인을 밝히는 자료를 얻는 것을 말한다.
> ⊙ **조사관** : 화재조사업무를 총괄하는 간부급 소방공무원을 말한다.
> ⊙ **조사자** : 화재조사업무를 수행하는 소방공무원을 말한다.

② 화재의 유형

　㉠ 화재
　　• 인간의 의도에 반하거나 또는 인위적인 형태로 발생하는 것
　　• 소화할 필요가 있는 연소현상에 대해 소화시설을 사용하는 것
　　• 저장된 물질에 자연적·인위적 충격으로 폭발 하는 것

　㉡ 폭발 : 폭발은 물리적 폭발과 화학적 폭발로 구분된다. 물리적 폭발은 분자구조의 변화없이 상의변화로 인해 압력의 증가 등으로 발생하는 것이다. 화학적 폭발은 화학반응에 의해 분자구조가 변화하는 과정에서 압력이 발생하는 것이다.

　㉢ 방화와 실화
　　• 방화 : 방화는 악의적 목적을 가지고 시행되는 범죄이기 때문에 형법상에 방화라는 인식이 필요하다. 고의적으로 연소를 일으키는 것 뿐만 아니라 발생시킨 화재를 소화시킬 의무를 가진자가 이것을 이용하여 목적물을 훼손하면 방화로 처분된다.
　　• 실화 : 과실에 의해 화재를 발생시키고 부주의한 행위로 인한 화재를 말하며, 발화과정 중에 소화시킬 시설이나 출화방지조치를 하지 않는 경우 실화로 처리된다.

기출 2016년 시행

화재조사에 대한 설명으로 바르지 않은 것은?

① 소방청장, 소방본부장 또는 소방서장은 화재의 원인과 피해 등의 조사를 하여야 한다.
② 화재조사는 소화활동과 동시에 실시한다.
③ 화재조사는 화재소화가 끝난 이후 즉시 실시한다.
④ 소화활동은 각지시점, 119상황실에 신고 접수 시점부터 개시한다.

❮ 정답 ③

③ 화재조사의 활용

　㉠ 화재에 의한 피해를 알리고 유사화재의 방지와 피해의 감소에 노력한다.

　㉡ 화재발생의 원인 규명과 예방행정의 자료로서 사용된다.

　㉢ 화재확대 및 연소원인을 규명하여 예방 및 진압대책상의 자료로 사용된다.

　㉣ 사상자의 발생원인과 방화관리상황 등을 규명하여 인명구조 및 안전대책의 자료로 사용된다.

　㉤ 화재의 발생상황, 원인, 손해상황 등을 통계화하여 소방정보를 분석하고 행정시책의 자료로 사용된다.

(2) 화재조사의 방법과 절차

화재조사는 연소현상과 그 결과에 대한 과학적, 법률적인 관계를 고려해야 하기 때문에 전문성이 요구되며 조사권자가 강제성을 갖고 관계인에 대한 조사활동을 한다.

① 화재조사의 개시〈「화재조사 및 보고규정」 제38조〉: 조사관은 화재 사실을 인지하는 즉시 조사활동을 시작하여야 한다. ✪ 2021, 2022 기출

② 화재원인 등 조사 및 분류〈「화재조사 및 보고규정」 제42조〉

　㉠ 조사관은 화재발생원인, 연소상황, 피난상황, 소방시설 상황 등의 화재원인을 조사하여야 한다.

　㉡ 화재원인조사는 화재출동시 확인사항 등 각종상황과 현장상황을 고찰하여 과학적인 검토와 확인에 의하도록 하여야 한다.

　㉢ 화재원인은 발화열원, 발화요인, 최초착화물 등을 종합적으로 검토하여 소방청장이 정하는 국가화재분류체계에 의한 화재원인 등 분류표에 의하여 분류한다.

　㉣ 화재발생장소, 발화지점, 소방방화시설 등에 대하여는 소방청장이 정하는 국가화재분류체계에 의한 화재장소 등 분류표에 의하여 분류한다.

③ 긴급상황보고〈「화재조사 및 보고규정」 제45조〉: 조사활동 중 본부장 또는 서장이 소방청장에게 긴급상황을 보고하여야 할 화재는 다음과 같다. ✪ 2020, 2021 기출

　㉠ 대형화재

　　• 인명피해 : 사망 5명 이상이거나 사상자 10명 이상 발생화재

　　• 재산피해 : 50억 원 이상 추정되는 화재

　㉡ 중요화재

　　• 관공서, 학교, 정부미 도정공장, 문화재, 지하철, 지하구 등 공공건물 및 시설의 화재

　　• 관광호텔, 고층건물, 지하상가, 시장, 백화점, 대량위험물을 제조·저장·취급하는 장소, 중점관리대상 및 화재경계지구

　　• 이재민 100명 이상 발생화재

　㉢ 특수화재 ✪ 2021 기출

　　• 철도, 항구에 매어둔 외항선, 항공기, 발전소 및 변전소의 화재

　　• 특수사고, 방화 등 화재원인이 특이하다고 인정되는 화재

기출 2021년 시행

「화재조사 및 보고규정」상 특수화재에 해당하지 않는 것은?

① 외국공관 및 그 사택의 화재
② 이재민 100명 이상 발생 화재
③ 특수사고, 방화 등 화재원인이 특이하다고 인정되는 화재
④ 철도, 항구에 매어 둔 외항선, 항공기, 발전소 및 변전소의 화재

〈정답 ②

기출 2020년 시행

「화재조사 및 보고규정」상 내용으로 옳지 않은 것은?

① 방화는 중요화재에 해당한다.
② 화재조사에는 화재원인조사와 화재피해조사가 있다.
③ 화재조사는 관계 공무원이 화재 사실을 인지하는 즉시 실시하여야 한다.
④ 화재현장에서 부상을 당한 후 72시간 이내에 사망한 경우에는 당해 화재로 인한 사망자로 본다.

〈정답 ①

기출PLUS

기출 2022년 시행

소방기관에서 실시하는 화재조사에 대한 일반적인 설명으로 옳지 않은 것은?

① 화재조사는 관계 공무원이 화재사실을 인지하는 즉시 실시한다.
② 화재조사는 강제성을 지니며, 프리즘식으로 진행한다.
③ 화재조사 시 건축·구조물 화재의 소실정도는 입체면적에 대한 비율을 적용하여 구분한다.
④ 화재원인조사에는 소방·방화시설의 조사는 포함되지 않는다.

❰ 정답 ④

- 외국공관 및 그 사택
- 그 밖에 대상이 특수하여 사회적 이목이 집중될 것으로 예상되는 화재

④ 화재조사의 실시〈「소방의 화재조사에 관한 법률」 제5조〉 ✪ 2022 기출

　㉠ 소방청장, 소방본부장 또는 소방관서장은 화재발생 사실을 알게 된 때에는 지체 없이 화재조사를 하여야 한다. 이 경우 수사기관의 범죄수사에 지장을 주어서는 아니 된다.

　㉡ 소방관서장이 화재조사를 해야 할 사항
- 화재원인에 관한 사항
- 화재로 인한 인명·재산피해상황
- 대응활동에 관한 사항
- 소방시설 등의 설치·관리 및 작동 여부에 관한 사항
- 화재발생건축물과 구조물, 화재유형별 화재위험성 등에 관한 사항
- 그 밖에 대통령령으로 정하는 사항

　㉢ 화재조사의 대상 및 절차 등에 필요한 사항은 대통령령으로 정한다.

⑤ 화재조사의 절차〈「소방의 화재조사에 관한 법률 시행령」 제3조〉

　㉠ 현장출동 중 조사 : 화재발생 접수, 출동 중 화재상황 파악 등

　㉡ 화재현장 조사 : 화재의 발화(發火)원인, 연소상황 및 피해상황 조사 등

　㉢ 정밀조사 : 감식·감정, 화재원인 판정 등

　㉣ 화재조사 결과 보고

(3) 화재조사를 위한 현장조사활동

① **현장성** … 화재는 소방관계자에 최초 정보가 도착하는 순간부터 신고일시, 신고자의 목소리, 인적사항 등이 기록되면서 화재출동시 풍속, 풍향, 주변의 화재대응, 연기이동 등의 정보를 바탕으로 화재 현장에서의 정밀감식과 감정에 필요한 물적 증거를 현장에서 취득할 수 있다.

② **신속성** … 화재조사자는 참고인으로부터의 진술에서 최초 발견자, 신고자, 목격자 등과 같이 현장에서 취득한 정보가 화재종결 후 참고인 등이 법적인 판단에 대한 공포로 진술 변경의 가능성을 차단하기 위해 신속하게 질문을 마쳐야 한다. 또한 시간이 지날수록 현장보존과 증거물 확보가 어렵기 때문에 화재조사는 신속성이 필요하다.

③ **정밀성** … 화재조사는 전문자격 또는 현장경력을 바탕으로 한 자격취득자에 의해 과학적 조사결과를 바탕으로 제3자에 의한 신뢰성을 확보하여 향후 화재조사결과 발표에 활용되어야 한다.

④ **보존성** … 화재조사는 바로 화재증거물의 확보이며 증거물의 보존에 주의해야 그 효용가치를 인정받는다. 그러나 화재진압으로 인한 증거물의 열적, 수적, 압력에 의한 증거물의 훼손으로 화재조사의 어려움을 방지하기 위해 주수소화 또는 화재의 초기진압이 이루어져야 한다.

⑤ **안전성** ··· 화재현장의 현장의 화재 진압과 피해자 구호 그리고 화재진압을 위해 관계인의 출입으로 인해 현장이 심하게 훼손되거나 증거물의 손실 또는 훼손이 이루어지며 건물 붕괴, 유해물질 등으로 인해 현장업무 과정에서 피해를 입을 수 있기 때문에 화재조사자는 현장에 대한 위험인식을 가져야 한다.

⑥ **강제성** ··· 현장의 관계인 없이 화재조사를 실시하기는 어려운 일이며, 관계인에 의한 조사과정에서 화재조사자의 진술, 현장의 증거물 수집에 불이익을 받을 수 있는 경우가 있어 화재조사자의 면접질문에 불응 또는 침묵하는 경우 「소방기본법」에 의해 강제권을 발동한다.

⑦ **프리즘식** ··· 화재조사기관이나 조사자는 현장에서 취득한 정보에 대하여 피해자의 시각, 보험사의 시각, 배상책임자의 시각과 같이 각각의 입장차를 바탕으로 하여 화재의 원인, 경과, 피해지역 등의 종합적인 관찰과 평가를 내려야 한다.

(4) 화재현장의 공식발표

화재현장에서 화재조사자가 취득, 분석한 결과는 최종적인 결과물에 대한 판단이 아니기 때문에 기본적으로 다음과 같은 조건을 지켜야 한다.

① **명예 및 사생활존중** ··· 헌법상 보장된 명예 및 사생활이 존중되어야 한다.

② **공소유지, 재판에 대한 영향** ··· 화재를 포함하여 형법상·행정상 범죄 가능성 때문에 공식발표는 주의해야 한다.

③ **민사불개입의 원칙** ··· 민사상의 문제로 인해 화재의 원인과 결과 발표는 어려움이 있고, 이해당사자 간의 의견충돌에 주의해야 한다.

---

section 2 화재원인 및 피해조사 기초

(1) 개념

화재조사는 소화활동과 동시에 시작하며 재량성이 고려될 수 없는 소방행정행위로 필수적으로 조사해야 하는 기속행위이며 화재조사관계인의 독립성이 절대적으로 중요하다.

(2) 화재원인조사〈「소방기본법 시행규칙」 별표 5〉 ✪ 2018 기출

① **화재원인 조사** ··· 화재가 발생한 지점에서부터 화재를 발생시킨 발화원을 규명하고 어떤 원인에 의해 착화가 되었는지 과학적으로 조사하는 것이다.

② **발견·통보 및 초기 소화상황 조사** ··· 화재의 발견·통보 및 초기 소화상황에 대한 연속적인 행동과정을 분석하는 것이다.

기출PLUS

기출 2018년 시행
「소방기본법」상 화재원인 조사의 범위에 해당하지 않는 것은?

① 화재보험 가입 여부 등의 상황

② 소방시설의 사용 또는 작동 등의 상황

③ 피난경로, 피난상의 장애요인 등의 상황

④ 화재의 연소경로 및 확대원인 등의 상황

〈정답 ①

③ **연소상황 조사**… 화재의 착화 원인, 화염의 진행방향(연소경로), 연소확대의 요인, 방화내장재 등에 대한 조사와 규명을 한다.

④ **피난상황 조사**… 화재가 발생한 건물에서 피난구역과 비상계단 등 대피경로, 피난구역에 놓여져 있는 장애물들에 대한 조사와 피난의 장애원인을 찾아낸다.

⑤ **소방시설 등 조사**… 화재현장이 발생한 건물 또는 위험물 저장소 등에 대한 소방안전시설에 대한 사전 설치 여부 및 소방시설의 사용 또는 작동 등의 상황을 확인한다. 화재현장은 연소 또는 소화활동에 의해 현장의 증거물의 훼손으로 인하여 증거자료로서 복원하기기 어렵기 때문에 현장 복원에 노력해야 한다.

(3) 화재피해조사

① **인명피해조사**… 화재발생시 최초 발화에 의한 화재로 인해 사망자 및 부상자의 발생과 화재 진압과정 중에 발생하는 인명피해가 추가적으로 발생한다: 사상자가 발생하게 된 원인 및 연소원인 등과 관련한 인적·물적 연관성을 고려해야 한다.

② **재산피해조사**… 화재진압과정에서 발생하는 재산상의 직·간접적인 피해로 구분하며, 현재의 피해산정은 직접적인 피해만을 화재피해액으로 간주하고 있다.
   ㉠ 소실피해 : 열에 의해 파손, 용융, 탄화 등에 의한 피해
   ㉡ 수손피해 : 소화활동과정에서 발생되는 피해
   ㉢ 기타피해 : 물품반출, 화재 시 연기, 화염에 의한 폭발의 피해

(4) 화재발화부의 조사

화재원인은 최초 발화지점에 대한 현장조사를 통하여 원인을 규명에 근접할 수 있을 것이다. 그러나 화재현장은 소화활동 중에 현장의 훼손으로 인하여 현장에서 발화부를 찾기는 어렵기 때문에 화재현장의 시각적 조사를 통하여 귀납적인 방법을 사용해야 할 것이다.

① **연소의 상승성(V패턴)**… 화재가 발생하면 연소가스의 발생과 고온의 공기가 상승하여 화염이 주변으로 확대되는 것이 일반적인 현상이다. 특히 이와 같은 화재의 모양이 'V'모양으로서 2차적인 발화원들과는 확연한 차이를 보이고 있다.

② **도괴상황**… 최초 발화지점의 발화원은 화염의 온도가 낮고 연소시간이 지속적이어서 화재의 구조물이 서서히 타들어가다 넘어지는 현상을 보이고 있다.

③ **균열흔**… 화재의 재로 목재일 경우 높은 온도의 화염을 받으면 연소될 때 굵은 균열흔이 나타난다. 반대로 저온으로 장시간 연소할 경우 목재 내부의 수분이 목재 표면으로 표출된다.

④ **용융흔**… 건물 내부의 유리, 거울 등의 제품은 화염에 의해 연소되기 이전에 쉽게 탈락된다. 화염 초기에 탈락한 연소물이 발화부를 덮어 화재발생시의 물체가 연소과정 없이 보존이 가능하다.

⑤ **변색흔** … 일반화재에서 금속과 같은 연소불가형태의 구조물, 콘크리트, 기계류, 냉장고 등은 화염의 첩촉과정에서 불길이나 연기에 의한 그을음과 같은 변색흔을 남긴다.

⑥ **무염흔** … 화염 또는 열원과 접촉한 목재 등은 초기 연소흔으로 물질이 착화되면 불꽃없이 연기만 내면서 연소하기 때문에 최초지점이 움푹패인 형태로 깊게 연소되거나 주변연소경계면이 형성된다.

(5) 화재피해액 조사

① **화재 피해액** … 화재가 발생하면 종결적으로 화염에 의해 손실, 오염, 인명피해와 같은 피해와 소화과정 중에 발생하는 수손피해, 붕괴에 의한 파괴 등과 같은 인적·물적의 재산상피해와 화재 이후에 뒤따르는 영업손실과 같이 2차 피해가 발생한다.

　㉠ 화재피해조사에서 직접적인 피해조사산정과 간접적인 피해조사산정의 방식 및 기준과 구분을 명확히 구분하기가 어려워 우리나라의 현실은 2차피해(간접피해)를 제외한 현장에서 확인된 물적피해(직접적 피해)만을 공식적인 기준으로 잡고 있다.

　㉡ 화재현장의 피해액산정은 향후 소방대책 및 시책 그리고 행정적인 자료로서 수집관리의 부가적인 목적도 있다.

② **화재피해액산정 대상물** ✪ **2022 기출**

　㉠ 화재에 의해 직접적으로 피해가 발생하는 건물, 구축물, 차량 및 운반수단(선박·항공기·철도 등)

　㉡ 건축물 내부에 있는 기계류, 가정집의 가재도구, 건물 외부에 있는 비축물(원재료, 반제품, 저장품 등)

　㉢ 예술공간에 있는 물품, 귀중품, 동물과 식물의 부속물

③ **피해액 계산방법**

　㉠ 건축물 등의 피해산정 : 일반적인 화재 발생 시 건축물의 건물, 영업시설, 부속물 등으로 화재진압 종결 후 잔존물 또는 폐기물의 처분·제거비용을 산정한다.

　㉡ 기계장치, 공구 및 가재도구의 피해액 산정 : 유사물품의 구입비용, 수리비용, 경과연수 등을 통하여 감정평가서, 회계장부 등으로 공식적인 피해액 산정을 한다.

　㉢ 차량 및 운송수단과 예술품의 피해액 산정

　• 자동차와 같은 운송수단 : 동일제품과 비교하거나 유사 물품의 시중매매가격 또는 부분 소손된 곳의 수리비용을 통하여 피해액을 산정한다.

　• 선박, 항공기, 철도기차와 같은 제품의 특수성을 기반으로 하는 제품 : 기계장치의 피해액 산정기준에 따른다.

　• 예술품의 피해액 산정 : 공인감정기관에서 인정하는 금액을 바탕으로 하여 복수의 전문가(학자, 손해사정인, 감정인 등)의 감정을 바탕으로 피해금을 산정한다.

　• 잔존물 폐기 또는 제거비용 : 건축물의 재건축을 위한 기반시설물의 제거비용 등은 별도로 산정하되 화재피해액의 10% 범위 내의 금액만 인정한다.

기출 2022년 시행

화재피해조사 산정기준 중 동일 소방대상물로서 한 건의 화재로 취급하는 기준에 대한 설명으로 옳지 않은 것은?

① 한 곳에서 발생한 화재

② 누전점이 다른 2개소 이상에서 발생한 화재

③ 지진, 낙뢰 등 자연환경에 의해 발생한 여러 화재

④ 동일범에 의한 방화 또는 불장난으로 2개소 이상에서 발생한 화재

《정답 ②》

화재피해액
= 재건축비 − 물품의 사용기간 동안 감가액

01 화재조사에 대한 설명으로 맞는 것을 바르게 짝지은 것은?

> ㉠ 본부장 또는 서장은 과학적이고 합리적인 화재원인 규명을 위하여 화재현장에서 수거된 물품에 대하여 감정을 실시하고 원인 입증을 위한 재현 등 시험을 실시할 수 있다.
>
> ㉡ 화재조사는 화재원인조사와 화재피해조사가 있다. 화재피해조사에서 인명피해조사 대상은 소방활동 중 발생한 사망자 및 부상자, 그 밖에 화재로 인한 사망자 및 부상사이며 재산피해조사는 소화활동 중 사용된 물로 인한 피해, 연기, 물품반출, 화재로 인한 폭발 등에 의한 피해, 열에 의한 탄화, 융용, 파손 등의 피해, 연소경로 및 연소확대물, 연소확대 사유 등이 있다.
>
> ㉢ 화재조사의 목적은 화재의 경계와 예방활동을 위한 정보자료 획득, 화재 및 재물 위치관련 통계작성 추구, 방화·실화 수사협조 및 피해자의 구체적 증거 확보 등이 있다.
>
> ㉣ 관계인의 승낙유무가 있으나 화재조사 협조가 잘 이루어지지 않아 관계인의 협조가 없으면 화재조사가 힘들게 된다. 따라서 관계인의 임의적 협조가 항상 필요하다.

① ㉡, ㉢, ㉣
② ㉠, ㉢
③ ㉠, ㉡
④ ㉡, ㉣

02 다음 중 화재조사의 목적이 아닌 것은?

① 소방정보의 수집과 통계를 통한 행정시책자료로 활용
② 화재피해를 알리고 유사 화재방지 활용
③ 방화·실화자의 색출과 처벌근거로 활용
④ 출화원인을 규명하여 예방행정의 자료로 활용

01.

㉡ 화재조사에서 재산피해조사는 소화활동 중 사용된 물로 인한 피해, 연기, 물품반출, 화재로 인한 폭발 등에 의한 피해, 열에 의한 탄화, 융용, 파손 등의 피해 조사를 한다. 연소경로 및 연소확대물, 연소확대 사유 등은 연소상황 조사이다.

㉣ 화재조사는 강제성을 띤다. 필요한 경우 관계인 승낙이 없거나 일몰 전·후 강제 조사가 가능하다.

02.

③ 방화·실화자의 색출과 처벌근거로 활용은 화재조사 목적으로 해당하지 않는다.

Answer   01.② 02.③

03 다음 중 화재조사에 관한 용어설명 중 바르지 않은 것은?

① 발화 : 열원에 의하여 가연물질에 지속적으로 불이 붙는 현상을 말한다.

② 잔가율 : 피해물의 경제적 내용 연수가 다한 경우 잔존하는 가치의 재구입비에 대한 비율을 말한다.

③ 감식 : 화재 원인의 판정을 위하여 전문적인 지식, 기술 및 경험을 활용하여 주로 시각에 의한 종합적인 판단으로 구체적인 사실관계를 명확하게 규명하는 것을 말한다.

④ 재구입비 : 화재 당시 피해물과 같거나 비슷한 것을 재건축 또는 재취득하는데 필요한 금액을 말한다.

04 화재조사자의 권한에 해당하지 않는 것은?

① 관계기관에 대한 자료제출 명령권
② 화재 또는 소화로 인한 피해의 조사권
③ 관계기관에 대한 필요사항 통보 요구권
④ 방화 또는 실화의 증거물 압수 수색권

05 화재건수 결정에 관하여 바른 것은?

① 동일소방대상물의 발화점이 2개소 이상 누진점이 동일한 화재는 별건의 화재로 한다.

② 동일소방대상물의 발화점이 2개소 이상 지진, 낙뢰 등 자연현상 다발화재는 별건의 화재로 한다.

③ 동일범이 아닌 각기 다른 사람에 의한 방화, 불장난은 동일 대상물에서 발화했다면 1건의 화재로 한다.

④ 1건의 화재란 1개의 발화점으로부터 확대된 것으로 발화부터 진화까지를 말한다.

03.

② 잔가율은 화재 당시 피해물의 재구입비에 대한 현재가의 비율이다. 피해물의 경제적 내용 연수가 다한 경우 잔존하는 가치의 재구입비에 대한 비율은 최종잔가율이다.

04.

④ 수사기관에 체포된 사람과 압수증거물에 대한 조사권 단, 증거물에 대한 압수 수사권은 없다.

05.

① 동일소방대상물의 발화점이 2개소 이상 누진점이 동일한 화재는 1건의 화재로 한다.
② 동일소방대상물의 발화점이 2개소 이상 지진, 낙뢰 등 자연현상 다발화재는 1건의 화재로 한다.
③ 동일범이 아닌 각기 다른 사람에 의한 방화, 불장난은 동일 대상물에서 발화했다면 별건의 화재로 한다.

Answer   03.② 04.④ 05.④

06 화재조사 중 소방본부장 또는 소방서장이 소방청장에게 긴급하게 보고하여야 할 화재 중 대형화재에 해당하지 않은 것은?

① 사상자 12명 이상 발생된 화재
② 재산피해 50억 원 이상 추정되는 화재
③ 이재민 100명 이상 발생된 화재
④ 사망자 50명 이상 발생된 화재

07 다음 중 운행 중인 차량, 선박 및 항공기에 발생한 화재조사 책임자는?

① 소방청장이 한다.
② 소방본부장이 한다.
③ 소화활동을 행한 장소를 관할하는 시·도지사가 행한다.
④ 소화활동을 행한 장소를 관할하는 소방 본부장 또는 서장이 행한다.

08 소실정도에 따른 화재의 구분으로 바르지 않은 것은?

① 전소는 70% 이상 소실을 말한다.
② 반소는 30% 이상 70% 미만의 소실을 말한다.
③ 부분소는 30% 미만의 소실 또는 재사용할 수 없는 것을 말한다.
④ 부분소는 전소 및 반소에 해당하지 않을 때를 말한다.

09 화재의 소손이 천장 20m², 벽면 중 1면이 30m² 소실된 경우 소실피해면적은?

① 10m²
② 20m²
③ 30m²
④ 40m²

06.

③ 이재민 100명 이상 발생된 화재는 중요화재에 해당한다.

07.

운행 중인 차량, 선박 및 항공기에서 발생한 화재는 소화활동을 행한 장소를 관할하는 본부장 또는 서장이 조사하여야 한다.

08.

화재의 손실 정도
㉠ 전소 : 70% 이상 소실, 70% 미만이라도 재사용이 불가능한 경우
㉡ 반소 : 30% 이상 70% 미만의 소실
㉢ 부분소 : 전소·반소 이외의 나머지

09.

입체면의 소실면적 중 2면 이하이기 때문에 (20 + 30) × 1/5 = 10m²

10 화재원인을 규명하고 화재로 인한 피해를 산정하기 위하여 자료의 수집, 관계자 등에 대한 질문, 현장확인, 감식, 및 실험 등을 하는 일련의 행동을 무엇이라고 하는가?

① 감식
② 감정
③ 조사
④ 수사

10.

조사 … 화재원인을 규명하고 화재로 인한 피해를 산정하기 위하여 자료의 수집, 관계자 등에 대한 질문, 현장확인, 감식, 및 실험 등을 하는 일련의 행동을 말한다.

11 다음 중 화재원인조사로서 바르지 않은 것은?

① 발화원인 조사
② 피난상황 조사
③ 피해상황 조사
④ 소방시설 등 조사

11.

화재원인조사 … 화재원인 조사에는 발화원인 조사, 발견·통보 및 초기 소화상황 조사, 연소상황 조사, 피난상황 조사, 소방시설 등 조사가 있다.

12 화재피해액의 산정 시 화재 당시의 건물 등 자산에 최종잔가율은 건물·부대설비·가재도구의 산정은?

① 10%
② 20%
③ 30%
④ 50%

12.

건물 등 자산에 대한 최종잔가율은 건물·부대설비·가재도구는 20%로 하며, 그 외의 자산은 10%로 산정한다.

Answer   10.③ 11.③ 12.②

13 화재조사에 대한 내용으로 바르지 않은 것은?

① 강제성이 있다.
② 경제성이 있다.
③ 현장성이 있다.
④ 프리즘식이 있다.

14 수사기관에 체포된 사람에 대한 조사에 대하여 바르지 않은 것은?

① 조사는 소방청장 · 소방본부장이 할 수 있다.
② 이미 피의자를 체포하였거나 증거물을 압수한 때에는 그 피의자 또는 압수된 증거물에 대한 조사를 할 수 있다.
③ 경찰에 체포된 사람에 대하여 소방서장이 조사를 할 수 있다.
④ 소방공무원은 보험회사와 협력을 할 수 있다.

15 다음 중 발화부 주변에 파괴활동 최소화 작업 후 방화징후가 농후하여 현장조사를 진행하기 위해 조사권을 발동하는 화재조사의 특징은?

① 신속성   ② 안전성
③ 강제성   ④ 프리즘

13.

화재조사의 특징
㉠ 신속성 : 화재조사는 신속해야 한다.
㉡ 정밀과학성 : 화재조사는 정밀과학적으로 하도록 한다.
㉢ 안전성 : 현장의 안전사고를 대비해야 한다.
㉣ 강제성 : 조사를 위한 관계인에 대한 질문 등의 강제성이 있다.
㉤ 보존성 : 화재조사 증거물의 보존성을 의미한다.
㉥ 현장성 : 주요 정보의 현장성을 의미한다.
㉦ 프리즘식 : 여러 사람의 견해를 모아서 진행한다.

14.

④ 수사기관에 체포된 사람에 대한 조사는 보험회사와 협력할 수 없다. 보험회사와의 협력은 화재재산피해 산정을 위한 등에 국한된다.
※ 화재조사 증거물 수집(소방의 화재조사에 관한 법률 제11조)
  ㉠ 소방관서장은 화재조사를 위하여 필요한 경우 증거물을 수집하여 검사 · 시험 · 분석 등을 할 수 있다. 다만, 범죄수사와 관련된 증거물인 경우에는 수사기관의 장과 협의하여 수집할 수 있다.
  ㉡ 소방관서장은 수사기관의 장이 방화 또는 실화의 혐의가 있어서 이미 피의자를 체포하였거나 증거물을 압수하였을 때에 화재조사를 위하여 필요한 경우에는 범죄수사에 지장을 주지 아니하는 범위에서 그 피의자 또는 압수된 증거물에 대한 조사를 할 수 있다. 이 경우 수사기관의 장은 소방관서장의 신속한 화재조사를 위하여 특별한 사유가 없으면 조사에 협조하여야 한다.
  ㉢ 증거물 수집의 범위, 방법 및 절차 등에 필요한 사항은 대통령령으로 정한다.

15

① 신고자, 목격자, 실화자 등 현장 이탈 이전에 질문 조사한다.
② 발화부 주변에 대한 대중의 패닉 방지와 안전사고를 대비한다.
④ 현장에 대한 조사와 의견을 종합하여 다양한 각도에서 조사한다.

Answer 13.② 14.④ 15.③

16 다음 중 소화활동과 동시에 실행되는 화재조사의 특징으로 옳지 않은 것은?

① 신속성
② 보존성
③ 임의성
④ 강제성

17 다음 중 화재의 조사에 관한 설명으로 옳지 않은 것은?

① 소방서장은 화재가 발생하였을 때에는 화재의 원인 및 피해 등에 대한 조사(이하 "화재조사"라 한다)를 하여야 한다.
② 화재조사의 방법 및 전담조사반의 운영과 화재조사자의 자격 등 화재조사에 필요한 사항은 기획재정부령으로 정한다.
③ 소방서장은 화재조사를 하기 위하여 필요하면 관계인에게 보고 또는 자료 제출을 명하거나 관계 공무원으로 하여금 관계 장소에 출입하여 화재의 원인과 피해의 상황을 조사를 명할 수 있다.
④ 화재조사를 하는 관계 공무원은 관계인의 정당한 업무를 방해하거나 화재조사를 수행하면서 알게 된 비밀을 다른 사람에게 누설하여서는 아니 된다.

18 소방기관에서 실시하는 화재조사에 대한 일반적인 설명으로 옳지 않은 것은?

① 화재조사는 관계 공무원이 화재사실을 인지하는 즉시 실시한다.
② 화재조사는 강제성을 지니며, 프리즘식으로 진행한다.
③ 화재조사 시 건축·구조물 화재의 소실정도는 입체면적에 대한 비율을 적용하여 구분한다.
④ 화재원인조사에는 소방·방화시설의 조사는 포함되지 않는다.

16.

③ 임의성은 소방공무원의 화재조사 방식에 해당되지 않는다.
① 신속성은 화재진압과정의 혼란으로 인해 현장보존의 어려움 때문에 필요하다.
② 보존성은 화재현장에 관계자의 출입으로 증거물의 훼손을 방지해야 한다.
④ 강제성은 「소방기본법」에 의해 강제조사권을 자진 자가 현장조사를 한다.

17.

② 소방의 화재조사에 관한 법률 시행령 제4조, 제5조에 따라 화재조사전담부석 구성·운영과 화재조사관의 자격기준 등은 행정안전부령으로 정한다.

18.

화재조사의 실시(「소방의 화재조사에 관한 법률」 제5조)

㉠ 소방청장, 소방본부장 또는 소방서장(소방관서장)은 화재발생 사실을 알게 된 때에는 지체 없이 화재조사를 하여야 한다. 이 경우 수사기관의 범죄수사에 지장을 주어서는 아니 된다.
㉡ 소방관서장은 화재조사를 하는 경우 다음사항에 대하여 조사하여야 한다.
• 화재원인에 관한 사항
• 화재로 인한 인명·재산피해상황
• 대응활동에 관한 사항
• 소방시설 등의 설치·관리 및 작동 여부에 관한 사항
• 화재발생건축물과 구조물, 화재유형별 화재위험성 등에 관한 사항
• 그 밖에 대통령령으로 정하는 사항

PART

I

소방학
개론

01 소화원리 및 소화방법

기출PLUS

section 1 소화의 기본원리

(1) 소화의 정의

① 가연물질이 산화반응에 의해 열과 빛을 내는 연소현상, 즉 화재를 발화온도 이하로 낮추거나 산소의 공급을 차단시키거나 가연물질을 화재현장으로부터 제거하는 등의 조치를 취하여 연소의 연쇄반응을 차단·억제시키는 것이다.

② **초기소화와 본격소화설비** … 초기소화란 화재 시 관계인 등이 20여분 이내에 할 수 있는 1차적 소화이고, 본격소화란 소방대원이 화재현장에 출동하여 본격적으로 소화할 수 있는 소화설비를 말한다.
   - ㉠ 초기소화설비 : 소화기구, 옥내·옥외 소화전설비, 스프링클러설비, 물분무등소화설비, 강화액소화설비 등
   - ㉡ 본격소화설비 : 소화용수설비, 소화활동설비, 비상용 엘리베이터 등

(2) 소화의 4대 원리

화재가 발생하려면 연소의 3요소인 가연물질, 점화원, 산소공급원이 구비되어야 한다. 그러나 3요소 중 1가지만 없어도 연소가 진행되지 않으며, 연소의 3요소에 연쇄반응을 차단하는 것이 소화의 4요소이며 냉각, 질식, 제거, 억제소화가 있다.

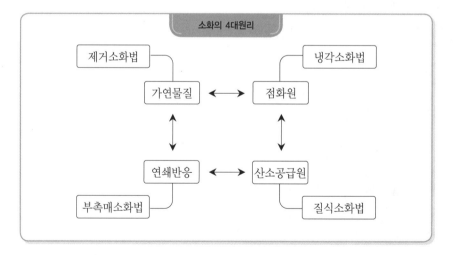

section 2 소화방법(냉각 · 질식 · 제거 · 부촉매 효과)별 소화수단

(1) 냉각소화법 ✪ 2021 기출

연소되고 있는 가연물질 또는 주위의 온도를 활성화 에너지 이하로 냉각시켜 소화하는 방법이다.

① 고체물질을 이용한 냉각소화

    ㉠ 가스버너 화염에 철망을 대면 상부의 불꽃은 차츰 꺼지게 되는데 이것은 철망에 의해 열을 빼앗겨 냉각소화가 이루어진 것이다.

    ㉡ 튀김기름에 불이 붙을 때 채소류를 넣어 온도를 낮추는 것도 냉각소화에 속한다.

② 주수에 의한 냉각소화 … 목재 등과 같이 분해연소를 하는 물질에 물을 주입하면 목재 자체의 냉각으로 소화된다.

    ㉠ 물은 다른 소화제에 비해 비열과 잠열이 커서 주위의 열을 흡수하는 냉각효과가 크다.

    ㉡ 유류화재 시 연소면의 확대, 전기화재 시 감전유발, 칼륨, 나트륨, 카바이트 등의 물질과는 격렬한 반응을 일으킨다.

③ 이산화탄소 소화약제에 의한 냉각소화 … 이산화탄소 소화약제 방출시 −78.5℃ 이하가 되므로 연소열을 쉽게 빼앗을 수 있으며, 또한 비중이 1.52로 낮게 체류하여 소화한다.

(2) 질식소화법 ✪ 2018, 2021 기출

연소물에 산소를 차단 또는 산소 농도를 15% 이하로 억제함으로써 화재를 소화하는 방법이다. 그러나 산소를 함유하는 물질의 연소, 즉 셀룰로이드와 같은 자기연소성 물질 등에는 적합하지 않다.

① 불연성 기체로 연소물을 덮는 방법 … 불연성 기체 또는 증기를 연소물 위에다 뿌리면 이 기체가 연소물 위를 덮어 주위로부터 산소의 공급을 차단하는 방법이다. 이산화탄소, 할로겐화합물 소화약제가 주로 이용된다.

② 불연성 포로 연소물을 덮는 방법 … 점도가 높고 부착성과 안정성이 양호하며 바람 등의 영향이 적은 거품을 이용하여, 연소면을 덮어 산소를 차단하는 방법이다. 화학포, 단백포, 계면활성제포, 수성막포, 내알코올성포 등이 이용된다.

③ 불연성 고체로 연소물을 덮는 방법 … 젖은 이불, 모래, 흙 등을 이용하여 소화한다.

소화 방법에 대해 옳은 설명만을 모두 고른 것은?

- 보기 -
㉠ 질식소화는 일반적으로 공기 중 산소 농도를 낮추어 소화하는 방법을 말한다.
㉡ 냉각소화가 가능한 약제로는 물, 강화액, CO_2, 할론 등이 있다.
㉢ 피복소화는 비중이 물보다 큰 비수용성 유류화재 시 무상주수하여 소화하는 방법을 말한다.
㉣ 부촉매소화는 가스화재 시 가스공급을 차단하여 소화하는 방법을 말한다.

① ㉠, ㉡
② ㉠, ㉡, ㉢
③ ㉡, ㉢, ㉣
④ ㉠, ㉡, ㉢, ㉣

❮정답 ①

다음 설명에 해당하는 소화방법으로 옳은 것은?

- 보기 -
일반적으로 공기 중의 산소농도 21%를 15% 이하로 희석하거나 저하시키면 연소 중인 가연물은 산소의 양이 부족하여 연소가 중단된다.

① 냉각소화   ② 질식소화
③ 제거소화   ④ 유화소화

❮정답 ②

기출PLUS

(3) 제거소화법

① 연소의 3요소 중에 가연물질의 공급을 차단 또는 안전한 장소로 이동시켜 더 이상 연소가 진행되지 않도록 하는 소화방법이다.

② 소화방법

    ㉠ 고체가연물의 경우 화재장소로부터 안전한 장소로 이동시킨다.

    ㉡ 미연소가스를 제거하거나 점화원으로부터 가연성가스와의 접촉을 차단한다.

    ㉢ 전기화재의 경우 전원 공급을 차단한다.

    ㉣ 유류탱크 화재 시 배관을 통하여 유류를 배출시킨다.

      • 고체 파라핀의 화염을 입김으로 불어 날려 보냄으로써 소화한다.

      • 유전화재 시 발생하는 증기가 연소하므로 질소폭탄을 이용하여 순간적으로 폭풍을 일으켜 증기를 날려 보냄으로써 소화한다.

      • 수용성의 가연물일 경우에는 물을 희석시켜 연소범위 이하로 내린다.

(4) 부촉매 작용에 의한 소화법 ✪ 2020 기출

① 연소의 4요소 중 연쇄반응을 일으키는 화염의 전파물질인 수산기 또는 수소기의 활성화 반응을 억제하고 연쇄반응을 차단하여 화재를 소화시키는 방법이다. 화학반응의 진행을 도와주는 물질을 촉매라하고 화학반응을 어렵게 하는 물질을 부촉매라 한다.

② 부촉매는 수소라디칼(H)과 수산화라디칼(OH)이 연쇄반응을 지배하기 때문에 이 라디칼상태의 물질을 제거하면 연소반응이 지속될 수 없기 때문에 여기 사용되는 부촉매 물질들에 의해 연소가 지속되지 못하기 때문에 부촉매소화라 한다.

③ 연소반응의 부촉매들은 할로겐 원소인 불소(F), 브롬(Br), 인(I) 등의 유기화합물로서 할로겐화합물 소화약제가 대표적이다.

④ 소화약제에 의한 소화 ⋯ 유기화합물에 의한 냉각소화 및 산소농도를 낮추어 질식소화시키는 효과도 있다.

(5) 기타 소화법 ✪ 2022 기출

① 유화소화법 ⋯ 물을 무상(霧狀)으로 방사하거나 포소화 약제를 방사하여 유류 표면에 유화층의 막을 형성시켜 공기의 접촉을 막아 소화하는 방법

② 희석소화법 ⋯ 가연물로부터 발생하는 가연성증기의 농도를 엷게 하여 연소범위의 하한계 이하로 함으로써 소화하는 방법

기출 2020년 시행

가연물의 화학적 연쇄반응 속도를 줄여 소화하는 방법으로 옳은 것은?

① 다량의 물을 주수하여 소화한다.
② 할론소화약제를 사용하여 소화한다.
③ 연소물이나 화원을 제거하여 소화한다.
④ 에멀션(emulsion) 효과를 이용하여 소화한다.

❮ 정답 ②

기출 2022년 시행

중질유화재 시 무상주수를 함으로써 기대할 수 있는 소화 효과로 올바르게 묶인 것은?

① 질식소화, 부촉매소화
② 질식소화, 유화소화
③ 유화소화, 타격소화
④ 피복소화, 타격소화

❮ 정답 ②

(6) 소화대상별 표시

구분	색깔	소화대상
(A)	백색바탕	목재, 종이, 철 등 탄소질 물질
(B)	노란바탕	석유, 페인트 등 가연성 물질 및 액체
(C)	파란바탕	전기제품, 전기용품

(7) 소방전술

① 소방전술의 기본원칙

ㄱ 신속대응의 원칙 : 화재를 신속히 발견하고, 출동하여 대응한다면 피해가 확대되기 전에 진화할 수 있다는 것이다. 이 원칙은 화재뿐만 아니라 구조·구급 등 비상업무 전반에 두루 적용되는 일반원칙이다

ㄴ 인명구조최우선의 원칙 : 인명구조 및 인명 검색을 최우선으로 한다. 사람의 생명은 무엇보다 소중하므로 다소 재산피해를 감소하더라도 인명보호를 최우선과제로 삼아야 한다.

ㄷ 선착대 우선의 원칙 : 화재현장에 가장먼저 도착한 소방대의 주도적인 역할을 존중한다는 원칙이다. 단, 선착대는 후착대의 진입을 방해하지 않도록 유의 하여야 하며 후착대는 선착대의 소방활동에 지장을 주어서는 아니 된다.

ㄹ 포위공격의 원칙(화점포위의 원칙 : 포위가 어려운 경우 소방호스를 연장시켜 포위) : 소방대가 화재의 전후좌우, 상하에서 입체적으로 공격하거나 방어하는 방안을 강구해야 한다. 이는 화재를 한 방향에서 공격 시 다른 방향으로 화재가 확대 되는 것을 막을 수 있는 원칙이다. 다만, 화재의 윗부분이나 바람이 불어오는 방향 등 화재가 급격히 확대되는 쪽은 소방관 손실의 위험이 있으므로 연소 확대 저지에 그쳐야 한다.

ㅁ 중점주의 원칙(화세에 비해 소방력이 부족한 경우 중요 시설 중점 방어) : 화세에 비추어 소방력이 부족하여 불가피한 경우에는 가장 피해가 적을 것으로 판단되는 부분의 희생을 감수하더라도 보다 중요한 부분을 집중적으로 방어해야 한다는 수세적 원칙이다. 화재는 초기에 대량의 소방력을 투입하여 일거에 진압하는 것이 바람직하지만 소방력이 충분하지 못한 경우 발생하는 특수 및 대형화재에는 중점주의가 적용될 수 있다.

② 소방전술

　㉠ 공격전술 : 화재의 진압을 목적으로 하는 것으로 소방력이 화세보다 우세할 때 직접 방수 등의 방법에 의해 일시에 소화하는 것으로 소방력을 화점에 집중적으로 발휘하게 하는 것이다.

　㉡ 수비전술 : 소방력이 화세보다 약한 경우 화면을 포위하고 방수 등에 의하여 화세를 저지하는 것을 의미하며 소방대가 현장 도착 후 화세가 소방력보다 우세한 경우에는 먼전 수비전술을 취하고 공격전술로 전환한다.

　　예 비화경계, 대형화재 시 풍하냉각, 위험물 탱크화재 시 인접

③ 소방전술의 분류

　㉠ 포위전술 : 화재는 사방으로 확대되기 때문에 포위하여 관창을 배치·진압한다. 출동 초기부터 차량으로 포위하고 만약 소방대의 배치가 한 쪽 방향으로 치우친 경우에는 호스선으로 포위한다.

　㉡ 블록전술 : 주로 인접건물로의 화재확대방지를 위해 적용하는 전술형태로 블록의 4방면 중 확대가 가능한 면을 동시에 방어하는 전술이다

　㉢ 중점전술 : 화세에 비해 소방력이 부족하거나 천재지변 등으로 전체 화재현장을 모두 통제할 수 없는 경우 화재발생장소 주변에 사회적, 경제적 혹은 소방상 중요한 시설 또는 대상물이 있는 경우 이곳에 중점을 두어 진압 또는 천재지변 등 보통의 전술로는 진압이 곤란한 경우의 전술이다. 예컨대 대폭발 등으로 다수의 인명보호를 위하여 피난로, 피난예정지 확보작전 등을 통해 중점적으로 방어하는데 사용된다.

　㉣ 집중전술 : 부대가 집중하여 일시에 진화하는 작전으로 예컨대 위험물 옥외저장탱크 화재 등에 사용된다.

④ 선착대의 임무 … 화재는 시간의 경과와 함께 시시각각으로 상황이 변화하고 있으며 초기의 화재방어 활동에는 정확하고 신속한 대응이 요구된다. 따라서 선착대는 화재상황을 신속하게 파악하여 긴급성이 요구되는 임무부터 처리하여야 한다. 특히 선착대는 화재현장에 가장 가까운 소방서(파출소)의 부대이며 지역의 실정에도 정통하므로 화재방어 활동 초기의 가장 중요한 임무를 담당한다.

> **⚘ Plus tip**
>
> **선착대 활동의 원칙**
> ㉠ 인명검색 · 구조활동 우선
> ㉡ 연소위험이 가장 큰 방면을 포위 부서
> ㉢ 화점 직근의 소방용수시설을 점유
> ㉣ 사전 경방계획을 충분히 고려하여 행동
> ㉤ 신속한 상황보고 및 정보제공 : 신속히 화재상황 등을 파악하여 지휘자 및 상황실에 보고하고 후착대에게 적극적으로 정보를 제공한다. 필요한 경우 조기에 소방력 응원을 요청한다.

　　㉠ 재해의 실태 : 건물구조, 화점, 연소범위, 출입구 등의 상황

　　㉡ 인명위험 : 요구조자의 유무

　　㉢ 소방활동상 위험요인 : 위험물, 폭발물, 도괴위험 등

　　㉣ 확대위험 : 연소경로가 되는 장소 등 화세의 진전상황

⑤ **후착대의 의무** … 일반적으로 후착대가 현장에 도착할 시점에는 선착대가 화재진압 활동을 개시한 후이다. 따라서 후착대는 선착대의 활동을 보완 또는 지원해야 한다. 후착대는 다음 사항에 유의할 필요가 있다.

　　㉠ 선착대와 적극적으로 연계하여 인명구조 활동 등 중요임무의 수행을 지원한다.

　　　• 비화경계 : 창문이나 문 등 개부부는 폐쇄하여 옥내로 불티가 들어가는 것을 방지하고, 불붙기 쉬운 물질을 옥내 등 안전한 장소로 옮기며, 물통 등을 활용하기 쉬운 장소로 준비하는 활동

　　　• 수손방지 : 소화용수 사용으로 인한 손해를 방지 하는 활동

　　　• 급수중계

　　㉡ 화재의 방어는 선착대가 진입하지 않은 담당면, 연소건물 또는 연소건물의 인접건물을 우선한다.

　　㉢ 방어 필요가 없는 경우는 지휘자의 명령에 의해 급수, 비화경계, 수손방지 등의 특정임무를 적극적으로 수행한다.

　　㉣ 화재 및 화재진압상황을 정확하게 파악하고 과잉파괴 행동 등 불필요한 활동은 하지 않는다.

01 다음 중 소화의 원리에 해당하지 않는 것은?

① 산화제의 농도를 낮추어 연소가 지속될 수 없도록 한다.
② 가연성 물질을 발화점 이하로 냉각시킨다.
③ 제거소화는 산소의 공급을 차단하는 것이다.
④ 화학적인 방법으로 화재를 억제시킨다.

01.

③ 소화의 원리는 연소의 3요소(가연물, 산소, 점화원) 중 한 가지를 없애주는 것이며, 제거소화의 원리는 불이 붙을 수 있는 가연물을 제거하여 연소를 억제하는 것이다.

02 가솔린 등유, 경유 등 유류화재 발생 시 가장 적합한 소화 방식은?

① 냉각소화
② 질식소화
③ 희석소화
④ 부촉매소화

02.

유류화재 발생 시 가장 적합한 소화 방식은 질식소화이다.

※ **질식소화**
  ㉠ 산소의 희거에 의한 소화로서 가연물이 연소하는데 필요한 산소량을 조절하여 소화하는 방법
  ㉡ 공기 중의 산소농도는 15%이하, 고체는 6%이하, 아세틸렌은 4% 이하가 되면 소화가 가능하다. 탄화수소의 기체는 산소 15% 이하에서는 연소하기 어렵다.

03 스프링클러와 물분무 소화를 비교했을 때 물분무의 장점이 아닌 것은?

① 질식효과 뿐만 아니라 산소 희박효과, 복사·차단효과가 있다.
② 소화수 사용량이 적어서 소화작업 시 물에 의한 피해를 줄일 수 있다.
③ 전기에 대한 절연성이 높아서 고압 통전기기의 화재에도 사용할 수 있다.
④ 스프링클러와 비교했을 때 심부화재에 사용하면 매우 효과적이다.

03.

④ 스프링클러는 물분무 방식에 비해 심부화재에 더 적합하다.

※ **심부화재** … 불꽃을 내지 않고 주로 빛만을 내는 연소현상을 말하며, 가연물 내부에서 서서히 화재가 진행되는 훈소화재의 개념이다.

Answer   01.③   02.②   03.④

04 다음 중 물소화약제에 첨가할 수 있는 동결방지제로서 틀린 것은?

① 염산나트륨
② 프로필렌글리콜
③ 중탄산나트륨
④ 염화칼슘

04.

③ 중탄산나트륨은 소화약제 중 제1종 분말이다.
※ 물 소화약제의 동결방지
  ㉠ 에틸렌글리콜
  ㉡ 프로필렌글리콜
  ㉢ 염화칼슘
  ㉣ 염화나트륨

05 물의 유실방지 및 소방대상물의 표면에 오랫동안 잔류하면서 무상주수 시 물체의 표면에서 점성의 효력을 올리는 약제로 산불진화에 유용한 약제는?

① Viscous Agent
② Rapid Agent
③ Wetting Agent
④ Emulsifier

05.

Viscous Agent는 물소화약제의 가연물에 점성을 높이기 위해 첨가하는 약제이다.

06 다음 중 가스계 소화약제에 대한 설명으로 옳지 않은 것은?

① 가스가압식에 밸브 설치 시 감지기를 설치하는 것이 좋다.
② 수동식 기동장치에 있어서는 방출용 스위치의 작동을 명시하는 표시등을 설치해야 한다.
③ 가압식 가스계 소화약제는 최고압력 이하에서 작동하는 안전밸브를 설치해야 한다.
④ 가스계 소화약제에는 압력계를 설치하는 것이 좋다.

06.

④ 가스계 소화약제에는 압력계가 불필요하며, 축압식은 본체 용기 내에 소화약제와 압축공기(질소가스)를 축압하기 때문에 압력계가 필요하다.

07 다음 중 물분무 소화방식 대한 설명으로 옳지 않은 것은?

① 물은 분무 시 전도성이며 감전우려가 크다.
② 밀폐된 공간에서 소화효과가 있다.
③ 물분무 방수가 유류에는 희석효과가 있다.
④ 문화재 소화 시에는 수손피해가 크다.

07.

③ 유류에 물을 방수할 경우 연소면적이 확산되어 부적합하며 질식소화 또는 냉각소화법이 효과적이다.

08 다음 중 마그네슘을 이용한 작업 중 화재가 발생하였을 때 소화방법으로 옳지 않은 것은?

① 팽창진주암
② 할로겐화합물 소화기
③ 금속화재용 분말소화기
④ 마른모래

08.

② 할로겐화합물 소화약제로서 활성물질에서 그 활성을 빼앗아 연소반응을 차단한다.
①④ 팽창진주암(천연유리)과 마른모래는 질식소화 방법이다.
③ 분말소화약제는 열분해에 의해 생성되는 불실에 의해 질식 또는 억제효과가 있다.

09 다음 중 일반 건물에 화재가 발생하여 냉각소화법, 질식소화법을 사용하며 국내 화재 중 가장 빈도가 높은 화재분류는?

① A급 유류화재
② B급 일반화재
③ C급 전기화재
④ D급 가스화재

09.

① 유류화재는 B급이며 질식소화법을 사용한다.
② 일반화재는 A급이며 물을 이용한 냉각소화법을 사용한다.
④ 가스화재는 E급이며 물을 이용한 냉각소화법을 사용한다.

10 다음 중 식용유 화재가 발생하여 식용유를 첨가해서 소화하는 방법으로 옳은 것은?

① 질식소화
② 희석소화
③ 부촉매소화
④ 제거소화

10.

② 희석소화의 한 방법으로서 고온의 식용유에 저온의 식용유를 첨가하여 발화점을 낮추어 산소농도를 낮추는 소화방식이다.
①③ 저온의 식용유로 온도를 낮추는 것이기 때문에 질식소화와 부촉매소화가 아니다.
④ 저온의 식용유를 첨가하는 소화방법이서 화염물질을 제거하는 소화법에 해당되지 않는다.

Answer 07.③ 08.② 09.③ 10.②

11 다음 중 물을 소화약제로 사용하는 이유로 옳지 않은 것은?

① 구하기 용이하고 가격이 싸다.

② 1kg 물이 증발하면 약 1,700배의 수증기로 변한 후 연소면을 덮으므로 질식작용의 효과가 크다.

③ 비열이 커서 수증기가 기화되면 잠열을 빼앗아 간다.

④ 기화잠열이 315Kcal/kg이며, 부촉매효과가 있다.

12 다음 중 산소농도를 떨어뜨려 소화하는 것은?

① 냉각소화
② 질식소화
③ 제거소화
④ 부촉매소화

13 공기 중의 산소농도를 희박하게 하거나 연소하는데 필요한 공기량을 조절하는 소화방법은?

① 질식소화
② 냉각소화
③ 제거소화
④ 파괴소화

14 포말로 연소물을 감싸거나 불연성 기체, 고체 등으로 연소를 감싸 산소공급을 차단하는 소화방법은?

① 질식소화
② 냉각소화
③ 희석소화
④ 제거소화

11.

물은 비열이 비교적 커서 열을 많이 흡수하며, 계속적으로 발열체에 주수하게 되면 수온이 상승하여 기화되면서 잠열을 빼앗아 냉각소화 효과를 나타낸다. 일반적으로 20℃ 물 1kg은 100℃의 수증기로 변하면 619kcal의 열량을 탈취한다.

12.

① 가연물을 착화점 이하로 냉각시켜 소화
③ 가연성 물질을 연소로부터 제거하여 불의 확산을 저지
④ 수산기 또는 수소기의 활성화 반응을 억제하고 연쇄반응을 차단하여 소화

13.

① 산소의 농도를 15% 이하로 낮추어서 소화하는 방법을 질식소화라 한다.

14.

질식소화(가연성 물질의 연소 시 산소공급을 차단하여 소화)
㉠ 불연성 기체로 가연물을 덮는 방법 : 이산화탄소, 할로겐화합물 소화약제, 할론
㉡ 불연성 포로 가연물을 덮는 방법 : 화학포, 기계포
㉢ 고체로 가연물을 덮는 방법 : 젖은 가마니, 젖은 모포, 모래
㉣ 소화분말로 연소물을 덮는 방법 : 분말소화약제
㉤ 연소실을 완전히 밀폐하여 소화하는 방법

Answer　11.④　12.②　13.①　14.①

15 다음 중 화재현장에서의 직사주수방법에 관한 설명으로 옳은 것은?

① 목표물에 대한 명중률이 직사주수가 분무주수보다 좋다.
② 사정거리가 분무주수보다 짧고 속도가 느리다.
③ 직사주수는 분무주수보다 유류화재에 질식효과가 좋다.
④ 직사주수는 바람과 상승기류의 영향을 많이 받는다.

16 셀룰로이드 화재시 이용되는 소화방법은?

① 탄산가스를 방사한다.
② 사염화탄소를 방사한다.
③ 포를 방사한다.
④ 대량 주수를 한다.

17 소화기의 사용방법을 설명한 것으로 옳지 않은 것은?

① 산, 알칼리 소화기는 레버에 강한 충격을 주어 내부의 약제를 혼합시킨다.
② 포말 소화기는 밑 부분의 손잡이를 잡고 거꾸로 들어 약제를 혼합시킨다.
③ 이산화탄소 소화기는 밀폐된 공간에서는 소화효과가 적기 때문에 사용 곤란하다.
④ 사염화탄소 소화기는 유독가스가 생성되므로 밀폐된 실내에서는 사용 곤란하다.

15.
직사주수는 분무주수보다 사정거리가 길고 속도가 빠르며, 목표물에 대한 명중률이 높다. 또한 바람이나 상승기류의 영향을 적게 받는다. 반면에 질식소화가 약하다는 단점이 있다.

16.
④ 제5류 위험물은 가열, 충격, 마찰과 같은 접촉 또는 산화반응, 열분해반응에 의해 자연발화 할 수 있어 주수소화를 해야 한다.

17.
③ 이산화탄소 소화기는 밀폐된 공간에서 산소의 농도를 21%에서 15% 이하로 낮추어 질식소화를 하게 된다.

18 노즐의 주수방법 중 직상주수에 따른 소화효과에 대한 설명으로 옳지 않은 것은?

① 원거리에서 화재를 진압한다.
② 물의 침투 효과가 있다.
③ 밀폐된 공간에서 사용하면 소화효과가 크다.
④ 대량의 물 사용으로 인한 피해가 있다.

19 다음 중 희석소화를 할 수 없는 것은?

① 에테르류
② 알코올류
③ 에스테르류
④ 중질유

20 다음 중 선착대의 임무가 아닌 것은?

① 사전에 경방계획을 충분히 고려하여 행동하고 신속한 상황보고 및 정보제공을 한다.
② 건축물의 비화경계에 주력하도록 한다.
③ 화점 직근의 소방용수시설을 점령하도록 한다.
④ 도착 즉시 인명검색과 요구조자의 구조활동에 우선한다.

21 다음 중 후착대의 임무로 바른 것은?

① 인명검색 · 구조활동 우선
② 소화용수 사용으로 인한 손해를 방지 하는 활동
③ 연소위험이 가장 큰 방면을 포위 부서
④ 화점 직근의 소방용수시설을 점유

18.
③ 분무주수에 따른 소화효과이다.

19.
희석소화가 가능한 액체가연물 … 수용성의 성질을 갖는 알코올류, 에스테르류, 케톤류, 에테르류, 알데히드류 등이 있다.

20.
건축물의 비화경계는 후착대의 임무이다.

21.
② 소화용수 사용으로 인한 손해를 방지 하는 활동인 수손방지는 후착대의 임무이다.

02 소화약제

기출PLUS

section 1 소화약제의 분류

(1) 가스계와 수계 소화약제

① 소화약제는 소화설비, 기구를 통하여 소방활동에 필요한 고체, 액체, 기체의 물질로서 물의 사용여부를 기점으로 하여 수계 소화약제와 비수계 소화약제로 구분하며 비수계 소화약제는 가스계 소화약제로 분류한다.

② 수계 소화약제에는 물 소화약제, 포 소화약제, 강화액 소화약제 등이 있고, 가스계 소화약제는 할로겐 소화약제, 이산화탄소 소화약제, 청정 소화약제로 구분하며 분말 소화약제는 가스계 소화약제와 유사하기 때문에 가스계 소화약제에 포함하기도 한다.

③ 소화약제의 개별 특징

구분	수계 소화약제		가스계 소화약제	
	물	포	이산화탄소	할로겐화합물
소화방법	냉각	질식, 냉각	질식	억제
연소물 냉각	대	대	소	소
재발화 가능성	없음	없음	있음	있음

(2) 소화약제의 요건

수계와 가스계 소화약제의 기본적인 특징으로는 수계 소화약제는 물에 의한 2차적인 수손피해의 발생 그리고 비용절감 등이 있으며, 가스계 소화약제는 물을 사용하지 않아 수손피해가 없지만 약제의 고가로 인한 사용상의 부담, 그리고 가스계 소화약제의 방출로 인한 2차적인 환경오염의 가능성이 존재한다. 소화약제는 다음의 조건이 필요하다.

① 연소 4가지 중 한 가지 이상의 소화효과가 있어야 한다.

② 화재진압 시 대량의 소화를 위해서는 구입비용이 저렴해야 한다.

③ 소방진압 과정에서 소방대원과 주변 환경오염이 없어야 한다.

④ 유지관리가 쉽고 소화작업 전까지 약제의 변질이 적어야 한다.

section 2 물 소화약제와 포 소화약제

(1) 물 소화약제의 원리 ✪ 2020, 2021, 2022 기출

① 지구상에 넓게 분포되어 있는 물은 경제적으로 손쉽게 구할 수 있고 취급상 가장 안전한 것으로 냉각과 질식의 소화효과가 있다.

② 물은 비열과 잠열이 소화약제들 중에서 가장 장기간 저장가능하기 때문에 기능상실 및 화학적 변화를 일으키지 않아 유지관리가 쉽지만 기온에 의한 동적변화(얼음)를 가져오는 경우가 있을 수 있으며 전기, 유류화재에는 폭발 또는 확산피해가 발생할 수 있다. 또한 주수 과정 후에 수손피해를 가져올 수 있다.

③ 물의 물리적 특성에는 기체, 액체, 고체의 3가지 형태로 존재하기 때문에 각각의 개별적 특성이 있다.

　㉠ 융해열: 물은 0℃의 얼음 1g이 0℃의 액체상태의 물로 변하는 데 필요한 열량은 80cal/g이다.

　㉡ 기화열: 100℃의 액체상태의 물 1g을 100℃의 수증기로 변환하는 데 필요한 열량은 539cal/g이다.

　㉢ 비열: 물 1g을 1℃ 올리는데 필요한 열량인 1cal/g · ℃로서 높은 비열은 열에너지를 많이 흡수한다.

④ 물의 소화작용

　㉠ 냉각소화: 일반적으로 20℃의 물 1kg은 100℃의 수증기로 변하면 619kg의 열량을 빼앗아 냉각작용으로 인해 연소물의 온도가 떨어지면서 연소반응에 필요한 가연성가스의 발생이 줄어들어 소화작용을 한다. 반면 인화점이 낮은 물질은 낮은 온도에서 가연성가스가 발생하기 때문에 냉각소화는 하기 어렵다.

　㉡ 질식소화: 화염으로 발생한 열에 의해 물이 수증기로 변할 때 물 1kg은 약 1,700배의 수증기로 늘어나기 때문에 공기 중에 가연성가스의 분산에서 수증기가 공기 중의 산소와 결합하는 작용을 억제하며 동시에 연소면을 덮어 질식소화 시킨다.

　㉢ 유화(乳化)소화: 윤활유와 같이 물보다 비중에 큰 물질에 물을 방수 하면 유류와 물의 중간에 얇은 유화층을 형성하면서 공기를 차단하거나 가연성증기의 발생을 억제하여 소화한다. 유화층 형성을 위한 소화작업을 위해서는 질식소화작업 때보다 더 강한 방사압력과 물입자의 직경이 큰 것이 필요하다.

⑤ 분사방법

　㉠ 봉상: 굵은 물줄기를 가연물에 방수하기 위해 소방용 방수노즐을 이용한다.

　㉡ 적상: 스프링클러 헤드의 형태로 저압으로 방출하며 0.5~0.6mm정도이다.

　㉢ 무상: 물분부 소화설비 또는 소방 분무노즐에서 안개형태로 0.1~1.0mm정도이다.

기출 2021년 시행

물 소화약제에 대한 설명으로 옳은 것은?

① 질식소화 작용은 기대하기 어렵다.

② 분무상으로 방사 시 B급 화재 및 C급 화재에도 적응성이 있다.

③ 물은 비열과 기화열 값이 작아 냉각소화 효과가 우수하다.

④ 수용성 가연물질인 알코올, 에테르, 에스테르 등으로 인한 화재에는 적응성이 없다.

〈정답 ②〉

⑥ 첨가제에 의한 효과확대 ✪ 2020 기출

ⓐ 증점제 : 물의 점도를 높여 쉽게 흘러가는 것을 방지하기 위해 첨가제를 넣어 사용하는 방법으로 열원이 많이 발생하는 산림화재에 사용된다.

ⓑ 부동액 : 물은 4℃ 이하가 되면 고체가 되기 때문에 동절기의 물 소화약제는 동결을 방지하기 위해 유기물 계통인 에틸렌글리콜, 프로필렌글리콜, 그리고 무기물 계통 $CaCl_2$ 등을 사용하여 고체화 현상을 방지한다.

ⓒ 유화제 : 물보다 비중이 큰 윤활유 등의 유화층 형성을 위해 폴리옥시에틸렌 같은 계면활성제를 첨가한다.

ⓓ 침투제 : 액체가 섬유, 종이 등의 고체 조직의 내부까지 침투하는 침투력을 높여 침투 시간을 단축하는 조제로, 침투작용 및 습윤작용이 강한 계면활성제가 있다.

⑦ 물 소화약제의 한계

ⓐ 유류화재 : 유류화재에 주수하면 물이 유류에 부유함으로써 화염확대를 가져올 수 있으며, 유류탱크 화재 시 무상이나 봉상주수가 아닌 직사로 하면 화재가 더욱 커질 수 있다.

ⓑ 전기·금속화재 : 전기화재 시 감전의 위험과 금속화재시 위험물의 폭발현상이 발생할 수 있다.

(2) 포 소화약제 소화원리 ✪ 2022 기출

물은 구입이 쉬우며 경제적으로도 가격이 저렴하여 많이 사용되지만 물보다 비중이 적은 가벼운 유류화재의 경우 주수소화를 하면 물이 유류 밑으로 가라앉아 유류표면을 덮는 질식소화를 하지 못하기 때문에 포 소화작업을 한다.

① 포 소화약제 … 유류표면을 포 소화약제가 거품을 발생시키며 유류표면을 유류보다 가벼운 기포로 표면을 덮어 산소공급원을 차단함으로써 가연물의 소화작용을 하는 약제를 말한다. 포에는 두 가지 이상의 약제를 혼합하여 이산화탄소를 발생시키는 화학포와 포약제와 공기를 혼합하는 기계포가 있다.

ⓐ 화학포
• 화학약품을 반응시켜 발생되는 포를 화학포라 하고 사용되는 소화약제는 외부통에 탄산수소나트륨($NaHCO_3$)을 물에 녹이고, 내부통에 황산알미늄[$Al_2(SO_4)_3$]을 넣어두며 포를 발생하려면 용기본체를 거꾸로 하여 두 약제가 혼합되어 화학반응을 하도록 한다.
• 반응식 : $6NaHCO_3 + Al_2(SO_4)_3 + 18H_2O \rightarrow 6CO_2 + 3Na_2SO_4 + 2Al(OH)_3 + 18H_2O$ 이산화탄소가 발생하여 소화작용을 한다.
• 화학포는 화학적인 반응으로 포가 생성되며 연소 중인 냉각과 질식작용으로 소화한다.

ⓑ 공기포
• 기계포라고도 하며 포 소화약제를 물과 혼합하여 포 수용액으로 만들어 포 방출구 또는 발생기를 통하여 포를 방출하여 연소면을 덮어 소화하는 것을 말한다.
• 포 수용액의 포 원액의 농도는 1%, 1.5%, 3%, 6%의 것이 많이 사용된다.

② 포 소화약제의 종류 ⭐ **2020 기출**

　ⓐ 단백포 소화약제

　• 동물성 단백질을 미세하게 분해한 후 수산화칼륨으로 가수분해 하면 아미노산을 얻는 중간 정도 상태에서 분해를 중지시켜 만든 약제로 3%형과 6%형이 있다.

　• 점성이 있어 방수 시 안정된 피막을 형성하기 때문에 인화성 등이 높은 액체저장물, 창고 등의 소화 설비에 사용된다.

　ⓑ 합성계면활성제포 소화약제

　• 1903년에 개발된 것으로 주원료는 기포제, 안정제, 부동가용화제가 사용되지만 오염의 원인이 되며 분해가 어렵다. 3%, 6%형은 저발포형으로 1%, 1.5%, 2%형은 고발포형으로 사용된다.

　• 유류표면을 가벼운 거품으로 덮기 때문에 질식소화방식으로 사용되고, 저렴한 비용, 저장성이 뛰어나지만 내열성이 높지 않아 위험물 저장탱크에는 사용이 어렵다.

　ⓒ 수성막포 소화약제

　• 수성막포는 습윤제를 기제로 하며 약제의 색깔은 갈색이며 독성이 없고 라이트 워터(Llight water)라고도 하며 약제는 2%, 3%. 6% 형이 있다.

　• 유류표면에 얇은 막을 형성하여 증기 발생을 억제하므로 질식과 냉각소화에 사용되지만, 포 자체의 내열성이 약해 가격이 비싸고 일정한 조건이 아니면 수막형성이 안 된다.

　ⓓ 내알코올성포 소화약제

　• 알코올 같은 수용성 위험물의 화재를 진압하기 위해 사용되며 포 소화약제에 단백질의 가수분해물과 금속비누 등을 첨가하여 유화분산시킨 것을 기제로 물을 혼합한 후 사용한다.

　• 이 약제는 극성 탄화수소는 물론 비극성 탄화수소 화재에도 사용가능하지만 장시간 저장하면 약제가 침전되는 단점이 있기 때문에 물과 혼합 후 2~3분 이내에 사용해야 한다.

　ⓔ 포의 팽창비에 따라 저발포, 고발포로 구분한다.

　• 저발포 : 팽창비가 6 이상 20 이하인 것으로 단백포, 합성계면활성제포, 수성막포 등이 있다.

　• 고발포 : 팽창비가 80 이상 1,000 이하인 것이다.

　－제1종 기계포 : 팽창비가 80배 이상 250배 미만

　－제2종 기계포 : 팽창비가 250배 이상 500배 미만

　－제3종 기계포 : 팽창비가 500배 이상 1,000배 미만

$$팽창비 = \frac{발포된포의 체적}{포 수용액 체적}$$

> 👆 **Plus tip**
>
> **형포** … 소화약제와 물의 혼합 비율로서 소화약제 3% + 물 97%로 포를 만드는 것이다.

기출 2020년 시행

고발포인 제2종 기계포의 팽창비에 해당하는 것은?

① 10배 이상 20배 이하

② 100배 이상 200배 이하

③ 300배 이상 400배 이하

④ 500배 이상 600배 이하

〈정답 ③

포혼합장치 중 펌프 프로포셔너
(pump proportioner)방식에 해당하
는 것은?

①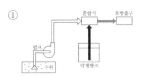

②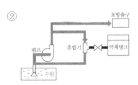

③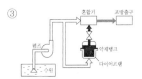

④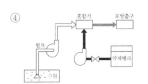

〈정답 ②

③ 포 소화약제 혼합방식 ✪ 2018, 2019, 2021 기출

㉠ 펌프 프로포셔너 방식(Pump Proportioner Type) : 펌프의 토출관과 흡입관 사이
에 설치한 혼합기에 펌프에서 토출된 물의 일부를 보내고, 농도 조정밸브에서 조
정된 약제의 필요량을 약제탱크에서 펌프 흡입측으로 보내어 이를 혼합하는 방식

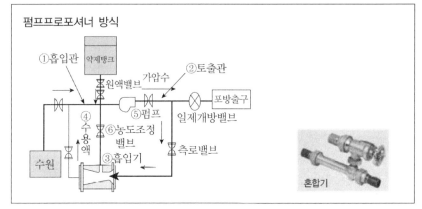

㉡ 프레셔 프로포셔너(Pressure Proportioner Type) : 펌프와 발포기의 중간에 설치
된 벤투리 관의 벤투리 작용과 펌프 가압수의 포 소화약제 저장탱크에 대한 압
력에 의하여 포 소화약제를 흡입·혼합하는 방식

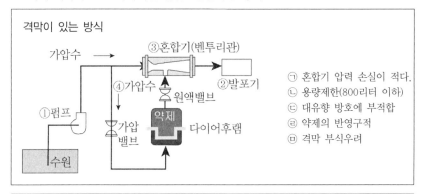

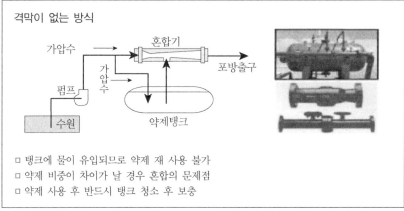

□ 탱크에 물이 유입되므로 약제 재 사용 불가
□ 약제 비중이 차이가 날 경우 혼합의 문제점
□ 약제 사용 후 반드시 탱크 청소 후 보충

ⓒ 라인 프로포셔너 방식(Line Proportioner Type) : 펌프와 발포기 중간에 설치된 벤투리 관의 벤투리 작용에 의하여 포 소화약제를 흡입·혼합하는 방식

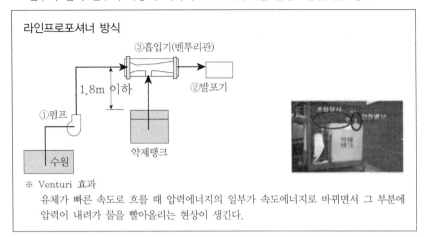

라인프로포셔너 방식

③흡입기(벤투리관)

②발포기

1.8m 이하

①펌프

수원

약제탱크

※ Venturi 효과
유체가 빠른 속도로 흐를 때 압력에너지의 일부가 속도에너지로 바뀌면서 그 부분에 압력이 내려가 물을 빨아올리는 현상이 생긴다.

ⓔ 프레셔 사이드 프로포셔너 방식(Pressure Side Proportioner Type) : 펌프의 토출관에 혼합기를 설치하고 약제 압입용 펌프로 포 원액을 압입시켜 혼합하는 방식

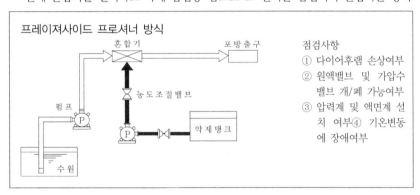

프레이져사이드 프로셔너 방식

혼합기

포방출구

농도조절밸브

펌프

약제탱크

수원

점검사항
① 다이어후램 손상여부
② 원액밸브 및 가압수 밸브 개/폐 가능여부
③ 압력계 및 액면계 설치 여부④ 기온변동에 장애여부

④ 포 소화약제의 소화효과 및 한계

ⓖ 포 소화약제는 물보다 비중이 낮은 유류 표면에 거품을 형성하여 유류의 연소진 행을 억제하는 효과가 있기 때문에 질식 및 냉각효과가 커서 유류화재 및 일반 화재에도 사용된다.

ⓛ 포 소화약제는 소화작업 후 거품에 의한 현장 주변의 오염을 제거하기 어려운 단점이 있고, 물이 주성분이어서 전기화재의 소화작업에는 사용하기 어렵다.

> 🔖 Plus tip
> 포소화약제의 구비조건
> ㉠ 포의 안정성이 좋아야 한다.
> ㉡ 독성이 적어야 한다.
> ㉢ 유류와 접착성이 좋아야 한다.
> ㉣ 포 유동성이 좋아야 한다.
> ㉤ 유류의 표면에 잘 분산되어야 한다.

기출 2019년 시행

포 소화설비에서 펌프의 토출관에 압입기를 설치하여 포 소화약제 압입용 펌프로 포 소화약제를 압입시켜 혼합하는 방식은?

① 라인 프로포셔너
(line proportioner)
② 펌프 프로포셔너
(pump proportioner)
③ 프레셔 프로포셔너
(pressure proportioner)
④ 프레셔 사이드 프로포셔너
(pressure side proportioner)

< 정답 ④

기출PLUS

section **3** 이산화탄소 소화약제와 분말 소화약제

(1) 이산화탄소 소화약제의 소화원리 ✪ 2019 기출

① 이산화탄소는 공기보다 약 1.5배 무겁고 대기 중에 약 0.03% 존재하며, 탄소의 최종산화물로서 화학적으로 안정되어 있고 연소반응을 일으키지 않아 가스계 소화약제로 사용된다.

② 이산화탄소의 특성
  ㉠ 기체, 액체상태의 이산화탄소는 색깔이 없으며, 고체일 때는 반투명백색으로서 공기보다 무겁기 때문에 소화작업 시 밑으로 가라앉는다.
  ㉡ 이산화탄소의 임계온도는 31.35℃로 하절기의 경우 이산화탄소용기가 한계점을 넘으면 내부가 압력상승하며, 기화팽창률이 커서 기체 이산화탄소는 500배 정도로 팽창한다.
  ㉢ 이산화탄소는 기체, 액체, 고체가 압력이 5.1atm, −56.7℃에서 동시에 존재하는 삼중점을 가지고 있으며 삼중점 이하에서는 액체상태로 저장이 불가능하다.

③ 이산화탄소의 소화효과
  ㉠ 소화작업을 위해 34%의 이산화탄소를 방사하여 산소농도를 15% 이하로 낮추어 가연물의 연소작용을 억제한다.
  ㉡ 액체 상태의 이산화탄소를 화염물에 방사하면 이산화탄소가 기화하면서 화염주변의 열을 흡수(줄−톰슨효과)하여 연소물을 발화점 이하로 낮춰 냉각소화를 한다.
  ㉢ 이산화탄소 소화약제의 장점은 다음과 같다.
    • 소화작업 시 기체인 이산화탄소가 가연물 내부까지 들어간다.
    • 물 소화약제와 달리 전기화재 시 사용 가능하다.
    • 액체상태로 저온보관 시 장기간 소화약제의 변질이 없다.
    • 소화 후에 부식·손상이 없고 소화흔적이 남지 않는다.
    • 저온상태로 보관하며 소화작업 시 내부 온도상승으로 소화약제는 자연방출된다.

④ 이산화탄소 소화약제의 한계
  ㉠ 이산화탄소는 지구 온난화를 일으키는 원인 중의 하나로서 대중적인 사용의 자제와 소화작업 사용 시 액체 이산화탄소는 극저온상태로 보관되기 때문에 소화작업자가 보호장비를 착용하지 않으면 피해를 입을 수 있다. 또한 밀집된 구획실에 방사할 경우 호흡곤란을 가져올 수 있다.
  ㉡ 이산화탄소 소화약제 사용 제한 장소
    • 자체적으로 산소를 가지고 있는 화재
    • 이산화탄소를 분해시키는 물질(나트륨, 마그네슘, 티타늄 등)

기출 2019년 시행

다음 특성에 해당하는 소화약제는?

보기
• 소화 후 소화약제에 의한 오손이 없고, 비전도성이다.
• 장기보존이 용이하고, 추운 지방에서도 사용 가능하다.
• 자체 압력으로 방출이 가능하고, 불연성 기체로서 주된 소화효과는 질식효과이다.

① 이산화탄소 소화약제
② 산 알칼리 소화약제
③ 포 소화약제
④ 할로겐화합물 소화약제

◀정답 ①

(2) 분말 소화약제 ✪ 2018, 2019 기출

화공약품으로 독성이 상대적으로 약한 물질로서 불길에 닿으면 열분해에 의해서 생성되는 불활성가스 또는 생성 유리되는 물질에 의해 질식효과가 있는 소화약제이다.

① 미세한 고체분말의 소화능력을 이용한 것이다. 소화약제로서 분말이 비전도체이므로 전기화재에도 효과가 있고 제3종 분말 소화약제는 일반화재, 유류화재, 전기화재에 사용할 수 있다.

② 분말 소화약제의 종류

종별	화학식	명칭	적응 화재	색상
제1종	$NaHCO_3$	탄산수소나트륨	B · C	백색
제2종	$KHCO_3$	탄산수소칼륨	B · C	담회색(옅은보라)
제3종	$NH_4H_2PO_4$	제1인산암모늄	A · B · C	담홍색
제4종	$KHCO_3+(NH_2)_2CO$	탄산수소칼륨 + 요소혼합물	B · C	회색

③ 열분해방식과 소화효과

　㉠ 제1종 : 부촉매 효과가 있고 일반화재에 적용하지 못하는 단점이 있으며 백색으로 표시하고 있다.

> 270℃ 일 때
> $2NaHCO_3 \rightarrow Na_2CO_3 + H_2O + CO_2$
> 850℃ 일 때
> $2NaHCO_3 \rightarrow Na_2O + H_2O + 2CO_2$

　• 라디칼 분말이 표면에 흡착
　• 불연성 물질이 이산화탄소에 의해 질식
　• 흡열반응에 의한 냉각효과

　㉡ 제2종 : 1종 분말 소화효과와 비슷하나 소화능력이 2배 정도이고, 1종과 구분을 위해 담회색으로 착색되어 있다.

> $2KHCO_3 \rightarrow K_2CO_3 + H_2O + CO_2$
> 800℃ 이상
> $2KHCO_3 \rightarrow K_2O + 2CO_3 + H_2O$

　• 분말에 의한 방사열 차단
　• 열분해시 흡열에 의한 냉각효과

　㉢ 제3종 : 1종과 2종의 소화능력의 보완을 위해 만들어진 것으로 주성분은 제1인산암모늄이다. 일반화재(A)급, 유류화재(B)급, 전기화재(C)급에 모두 사용되며, 현재 생산되고 있는 분말소화약제 대부분을 차지한다.

기출**PLUS**

$$NH_4H_2PO_4 \rightarrow NH + H_2O + HPO_3$$
300℃ 이상
$$2H_3PO_4 \rightarrow H_4P_2O_7 + H_2O$$

- 열분해에 의한 냉각작용
- 메타인산(HPO_3)에 의한 질식작용
- 발생한 수증기(H_2O)에 의한 질식작용
- 셀룰로오스의 탈수작용
- 암모니아가 유리되어 부촉매작용

② 제4종 : 두 가지 성분을 혼합한 약제로서 가격이 고가이기 때문에 거의 사용되지 못하고 있으며 색상은 회색으로 표시된다.

$$2KHCO_3 + (NH_2)_2CO \rightarrow K_2CO_3 + 2NH_3 + 2CO_2$$

④ 분말 소화약제의 소화효과

㉠ 부촉매 효과 : 분말 소화약제의 가장 주된 소화효과로, 연소의 연쇄 반응을 중단시킴으로써 소화하는 화학적인 소화효과이다.

㉡ 질식효과 : 분말 소화약제의 열분해 시 발생되는 불활성 기체(CO_2, H_2O 등)가 공기 중의 산소를 한계산소농도 이하로 희석시키는 소화효과이다.

㉢ 냉각효과 : 열분해 시 동반하는 흡열반응과 고체분말의 비열에 의한 화염온도 저하를 통해 냉각효과가 나타난다.

㉣ 복사열의 차단 : 분말 운무를 형성하여 화염의 복사열을 차단한다.

㉤ 탈수·탄화 및 방진효과 : H_3PO_4의 탈수·탄화 효과, HPO_3의 방진효과 등도 제3종 분말 소화약제의 특별한 소화효과로 볼 수 있다.

section **4** 청정 소화약제

(1) 청정 소화약제의 개념

인체에 미치는 독성이 적고 소화 후에 잔사를 남기지 않으며 B급화재나 C급화재의 진압이나 인화성물질의 폭발방지에 사용되며 전기적으로 비전도성이며 휘발성이 있거나 증발 후 잔여물을 남기지 않는 소화약제를 말한다.

(2) 청정 소화약제의 요건과 종류 ✪ 2019 기출

① 청정성 … 가스계 소화약제는 화염에 의한 소화작업 후 발생하는 약제가 지구온난화, 인체 무해의 요소를 갖추어야 한다.

② 효율성 … 청정소화약제인 할론(Halon)은 오존층 보호를 위해 1994년부터 생산 감축됨에 따라 대체물질인 Halon1301으로 변경되고 있으며 가격이 저렴해야 한다.

③ 물성 … 물과 혼합하여 방수를 통한 소화작업 시에 전기화재와 같은 전동성 물체에 의한 인적피해의 감소를 목표로 해야 하며, 가연물의 온도를 낮추어 소화작업이 쉬워야 한다. 또한 소화작업 과정 전후에 구획실 내의 독성이 낮아야 한다.

④ 할로겐화합물 청정 소화약제 … 할로카본(Halocarborn)계 약제는 냉각, 부촉매효과가 있다. 불소(F), 염소(Cl), 브롬(Br) 중 하나 이상의 기본성분을 포함하는 소화약제는 다음과 같다. ✿ 2022 기출

  ㉠ FC계열 : 탄소원자에 불소(F)가 붙어 있는 물질로서 안정적이며, 비전도성이다. 염소와 브롬을 함유하지 않아 독성도 낮으며 물리적 소화에 적합하다.

  ㉡ HCFC계열 : 할론 대체물질로서 브롬을 포함하지 않는 염화불화탄화수소이며, CFC에 수소를 첨가하여 대기방출시 쉽게 분해된다.

  ㉢ HFC계열 : FC물질 또한 오존 파괴 물질인 브롬을 함유하지 않고 있다.

  ㉣ FIC계열 : FC계열에 요오드를 첨가하여 할론 대체물질로서 화학적 소화능력이 우수하지만, 독성이 강하다.

⑤ 불활성가스 청정소화약제 … 헬륨(He), 아르곤(Ar), 네온(Ne) 등의 불활성가스로서 소화 시 산소농도를 낮추고 화염 주변을 연소에 필요한 온도 이하로 낮추어 소화한다. ✿ 2019 기출

  ㉠ IG-01 : Ar(아르곤) 99.9% 이상

  ㉡ IG-100 : N_2(질소) 99.9% 이상

  ㉢ IG-55 : N_2(질소) 50%, Ar(아르곤) 50%

  ㉣ IG-541 : N_2(질소) 52%, Ar(아르곤) 40%, CO_2(이산화탄소) 8%

⑥ 소화방식과 시간

  ㉠ 미분무(微噴霧)소화시스템(Water Mist System)

  ㉡ 분말에어로졸 소화시스템(Particulating Aerosol)

  ㉢ 불활성가스발생소화시스템(Inert Gas Generating System)

  ㉣ 불활성가스약제 1분 방사, 할로겐화합물 약제 10초 이내 방사

🖐 Plus tip

기동장치
㉠ 수동식 기동장치 5kg 이하의 힘을 가하여 기동할 수 있을 것
㉡ 자동식 기동장치, 전기식 · 가스압력식 또는 기계식에 의하여 자동으로 개발되고 수동으로 개방 · 기동할 수 있을 것

---

01 다음 중 물 소화약제의 동결방지제로 옳지 않은 것은?

① 염화칼슘
② 염화나트륨
③ 에틸렌글리콜
④ 글리세린

01.

물 소화약제의 동결방지제 … 염화칼슘, 염화나트륨, 에틸렌글리콜, 프로필렌글리콜

02 포 소화약제 중 표면하 주입방식에 사용할 수 있는 것은?

① 불화단백포
② 단백포
③ 화학포
④ 내알코올성포

02.

표면하 주입방식 … 위험물의 액 표면 아래에서 포를 방출하는 방식으로 불화단백포 소화약제와 수성막포가 사용된다.

03 다음 중 화재예방을 위해 설치하는 소화기의 충전량으로 옳은 것은?

① 화학포 소화기 20ℓ
② 강화액 소화기 40ℓ
③ 분말 소화기 20kg
④ 이산화탄소 소화기 40kg

03.

① 화학포 소화기 80ℓ
② 강화액 소화기 60ℓ
④ 이산화탄소 소화기 50kg

Answer 01.④ 02.① 03.③

04 다음 중 포 소화약제에 대한 설명으로 옳은 것은?

① 탄산수소나트륨을 물에 녹이고 황산알미늄을 넣어 두는 것이 수성막포이다.
② 단백포는 보존기간이 길다.
③ 수성막포는 소화력이 우수하며 화학적으로 안정적이다.
④ 알코올형포는 불소계 습윤제와 합성계면활성제계로 구분된다.

05 포 소화설비 중에 고발포형 제1종 기계포 팽창비는?

① 80~250배
② 6~20 이하
③ 500~1,000 미만
④ 250~500 미만

06 다음 중 할로겐화합물 소화약제에 대한 설명으로 옳은 것은?

① 일반화재, 유류화재, 전기화재에 사용할 수 있다.
② B·C급 화재에 우수한 소화약제이다.
③ 냉각효과가 매우 크다.
④ 취급상 가장 안전하며 질식작용의 효과가 크다.

07 펌프와 발포기의 중간에 설치된 벤투리관의 벤투리작용과 펌프가 압수의 소화약제 저장 탱크 압력에 의해 포 소화약제를 흡입·혼합하는 방식은?

① 펌프 프로포셔너 방식
② 라인 프로포셔너 방식
③ 프레져 프로포셔너 방식
④ 프레져 사이트 프로포셔너 방식

04.

③ 분말등과 함께 사용할 경우 700~800%의 소화 효과가 증대한다.
① 화학포에 대한 설명이다.
② 단백포는 동·식물의 단백질 가수분해 생성물을 기제로 하여 부패하기 쉽다.
④ 천연단백질 분해물계와 계면활성제계로 구분된다.

05.

② 저발포형 팽창비
③ 고발포형 3종 팽창비
④ 고발포형 2종 팽창비
※ 고발포형의 팽창비는 1종은 80~250배이며, 2종은 250~500 미만이고, 3종은 500~1,000 미만이다. 저발포형의 팽창비는 6~20 이하이다.

06.

① 분말 소화약제
③ 이산화탄소 소화약제
④ 물 소화약제
※ 할로겐 소화약제 … 기상, 액상, 가솔린, 위험성고체, 컴퓨터실, 박물관과 같이 2차적인 현장오염을 시키지 않으며 화학적 억제 소화작용을 한다.

07.

① 펌프의 토출관과 흡입관 사이의 배관 도중에 설치한 흡입기에 펌프에서 토출된 물의 일부를 보내고 농도조절 밸브에서 조정된 필요량의 포 소화약제를 소화약제 탱크에서 펌프 흡입 측으로 보내 약제를 혼합하는 방식
② 펌프와 발포기 중간에 설치된 벤투리관의 벤투리작용에 의해 포 소화약제를 흡입·혼합하는 방식
④ 펌프의 토출관에 압입기를 설치하여 포 소화약제 압입용 펌프로 포 소화약제를 압입시켜 혼합하는 방식

Answer　04.③　05.①　06.②　07.③

08 다음 중 전기통신실에 직접 사용할 수 있는 소화기는?

① 이산화탄소 소화기
② 분말 소화기
③ 강화액 소화기
④ 물 소화기

08.

이산화탄소 소화기 … 고압용기에 이산화탄소를 고압으로 압축하여 액상으로 저장하여 두었다가 화재가 발생할 경우 레버를 눌러 용기 내의 이산화탄소 소화약제를 외부로 방출하여 화재를 소화하는 소화기이다. 고압가스 용기를 사용하기 때문에 중량이 무겁고 고압가스의 취급이 용이하지 못하지만 소화약제에 의한 오손이 적고 전기전열성도 크기 때문에 전기화재에 많이 사용된다.

09 가연성 액체의 유류화재 시 물로 소화할 수 없는 이유는?

① 발화점이 강하다.
② 인화점이 강하다.
③ 연소면을 확대한다.
④ 수용성으로 인해 인화점이 상승한다.

09.

③ 가연성액체의 유류화재 시 물로 소화 사용할 경우 연소면이 확대되기 때문에 부적합하다.

10 ABC급 소화성능을 가지는 분말 소화약제는?

① 탄산수소나트륨
② 탄산수소칼륨
③ 제1인산암모늄
④ 탄산수소칼륨 + 요소

10.

분말 소화약제의 종류

종류	약제명	적응화재
제1종 분말	탄산수소나트륨	B, C급
제2종 분말	탄산수소칼륨	B, C급
제3종 분말	제1인산암모늄	A, B, C급
제4종 분말	탄산수소칼륨 + 요소	B, C급

11 다음 중 변전실 화재의 소화제로 가장 적당하지 않은 것은?

① 포
② 분말
③ 할로겐화합물
④ 이산화탄소

11.

① 변전실과 같은 전기적설비가 있는 곳에 전도성 소화약제를 사용하게 되면 감전의 우려 또는 화재의 확산을 가져올 수 있어 가스계 소화약제를 사용한다.

Answer   08.①   09.③   10.③   11.①

12 다음 중 제1종 분말 소화약제의 주성분은 무엇인가?

① 탄산수소칼륨
② 탄산수소나트륨
③ 탄산수소칼륨과 요소
④ 제1인산암모늄

12.

분말 소화약제
㉠ 제1종 : 탄산수소나트륨
㉡ 제2종 : 탄산수소칼륨
㉢ 제3종 : 제1인산암모늄
㉣ 제4종 : 탄산수소칼륨 + 요소

13 이산화탄소 소화설비로 유효하게 소화할 수 없는 것은?

① 가연성 액체
② 변압기
③ 섬유류
④ 나트륨

13.

④ 이산화탄소 소화설비는 유류, 전기화재에 적합하나 CO_2를 분해시키는, 반응성이 큰 금속인 나트륨 화재에는 부적합하다.

14 이산화탄소의 소화작용 중 거의 기대할 수 없는 것은?

① 냉각작용
② 피복작용
③ 질식작용
④ 부촉매작용

14.

이산화탄소의 소화설비 … 질식, 냉각, 피복작용의 효과가 있다.
※ 피복소화
  ㉠ 이산화탄소는 비중이 공기보다 약 1.52배 무겁기 때문에 연소물질을 덮어서 산소의 공급을 차단하는 소화작용을 한다.
  ㉡ 피연소물질에도 구석구석 침투하여 화염의 접촉을 억제하기 때문에 피연소물질을 손상시키지 않는다.

15 분말 소화약제 분말 입도의 소화성능에 대한 설명으로 옳은 것은?

① 미세할수록 소화성능이 우수하다.
② 입도가 클수록 소화성능이 우수하다.
③ 입도와 소화성능과는 관계가 없다.
④ 입도가 너무 미세하거나 너무 커도 소화성능은 저하된다.

15.

분말 소화약제의 분말입도
㉠ 입도의 크기 : $20 \sim 25 \mu m$
㉡ 입도가 너무 커도, 너무 미세하여도 소화효과가 저하된다.
㉢ 입도가 미세하게 골고루 분포되어야 한다.

Answer   12.② 13.④ 14.④ 15.④

16 다음 중 분말소화약제에 대한 설명으로 옳지 않은 것은?

① 제1종은 백색이며 B·C급 화재에 사용된다.

② 제3종은 담홍색이며 B·C급 화재에 사용된다.

③ 열분해에 의해 질식효과가 있다.

④ 이산화탄소를 사용하는 가압식이 많이 사용된다.

17 다음 중 2종 분말소화제에서 방사시 생성되는 물질은?

① N_2, H

② N_2, KH

③ H_2O, CO_2

④ O_2, N_2

18 다음 중 소화약제에 대한 설명으로 옳지 않은 것은?

① 강화액소화약제는 유화소화작용을 한다.

② LNG는 LPG보다 연소열이 높기 때문에 청정연료로 사용되고 있다.

③ 고무류, 면화류 등의 특수가연물 화재에 적합한 소화약제로는 이산화탄소 소화약제, 할로겐화합물 소화약제가 효과적이다.

④ 철근 콘크리트조 또는 철골철근 콘크리트조로 된 계단은 건축물의 내화구조와 연관있다.

19 다음 중 청정 소화약제를 사용할 수 있는 화재의 종류가 아닌 것은?

① 가스화재

② 일반화재

③ 금속화재

④ 전기화재

16.

② 제3종은 A, B, C급이며 일반화재, 유류화재, 전기화재에 사용할 수 있다.

17.

③ 중탄산칼륨의 열분해식

$$2KHCO_3 \rightarrow K_2CO_3 + CO_2 + H_2O$$

18.

③ 고무류, 면화류 등의 특수가연물(화재가 발생하면 화재의 확대가 빠른 물질)의 적응소화약제는 제3종 분말 소화약제, 포 소화약제이다.

19.

청정 소화약제의 효과

㉠ 할론 소화약제와 동일한 질식소화, 냉각소화, 부촉매소화효과가 있다.

㉡ 적응화재는 유류화재, 전기화재, 가스화재에 알맞다.

㉢ 전역방출방식으로 사용할 경우 일반화재에도 적용된다.

Answer　16.② 17.③ 18.③ 19.③

20 다음 중 청정소화약제에 대한 설명으로 옳지 않은 것은?

① 할로겐화합물(할론1301, 할론2402, 할론1211 제외) 및 불활성기체로서 전기적으로 비전도성이며 휘발성이 있거나 증발 후 잔여물을 남기지 않는 소화약제를 말한다.

② 불소, 염소, 브롬 또는 요오드 중 하나 이상의 원소를 포함하고 있는 유기화합물을 기본성분으로 한다.

③ 청정 소화약제는 전기가 통하지 않아 변전실 화재에 적합하다.

④ 청정 소화약제는 할로겐화합물 소화약제보다 환경오염 정도가 더 많다.

20.

할론은 오존층을 파괴하기 때문에 1994년부터 감축생산을 하고 있으며 대체물질을 개발하고 있다.

21 청정소화약제에 대한 설명으로 바르지 않은 것은?

① HFC-125는 인체에 무해하다.

② HCFC-124는 HCFC BLEND-A 중 9.5%를 차지한다.

③ FIC-1311, CF31에서 I는 요오드이다.

④ IG-541의 성분은 N_2 : 50%, Ar : 40%, CO_2 : 10%이다.

21.

④ IG-541의 성분은 N_2 : 52%, Ar : 40%, CO_2 : 8%이다.

※ 화재안전기준에 고시된 청정소화약제는 총 13종으로 Halocarbon(프레온계열) 9종과 불활성 가스계 물질 4종으로 구성되어 있다.

03 소방시설

기출PLUS

[기출] 2020년 시행

소방시설의 분류와 해당 소방시설의 종류가 옳게 연결된 것은?

① 소화설비 – 옥내소화전설비, 포 소화설비, 간이스프링클러설비
② 경보설비 – 자동화재속보설비, 자 동화재탐지설비, 제연설비
③ 소화용수설비 – 상수도소화용수 설비, 소화수조, 연결살수설비
④ 소화활동설비 – 시각경보기, 연결 송수관설비, 무선통신보조설비

〈 정답 ①

section 1 소화설비의 종류와 작동 원리

소방시설은 각종 구조물에 설치되어 화재를 주변에 알리고 피난을 유도하며 화재 진압을 위해 소방용수의 확보를 위한 일련의 소방설비이며, 소화설비, 경보설비, 피난설비, 소화용수설비, 소화활동설비 등으로 구분된다.

> ☼ Plus tip
> **소방시설의 구분**
> ㉠ **소화설비**: 물 또는 그 밖의 소화약제를 사용하여 소화하는 기계·기구 또는 설비
> ㉡ **경보설비**: 화재발생 사실을 통보하는 기계·기구 또는 설비
> ㉢ **피난설비**: 화재가 발생할 경우 피난하기 위하여 사용하는 기구 또는 설비
> ㉣ **소화용수설비**: 화재를 진압하는 데 필요한 물을 공급하거나 저장하는 설비
> ㉤ **소화활동설비**: 화재를 진압하거나 인명구조활동을 위하여 사용하는 설비

(1) 소화설비 ✪ 2020 기출

소화설비는 물 또는 그 밖의 소화약제를 사용하여 소화하는 기계·기구 또는 설비로서 소화기구, 자동소화장치, 옥내소화전설비, 스프링클러설비등, 물분무등소화설비, 옥외소화전설비 등이 있다.

(2) 소화기의 종류

① **분말소화기** … 화학적으로 제조된 소화분말을 소화기 용기 본체에 충전하여 화재발생시 외부로 소화약제를 방사하여 화재를 소화하도록 제조된 소화기이다.

㉠ A, B, C 분말소화기: 일반화재, 유류화재, 전기화재에 적합한 소화약제인 제1인산암모늄($NH_4H_2PO_4$)을 충전한 소화기로 냉각 및 연쇄반응 차단효과에 의해 소화한다.

㉡ B, C 분말소화기: $NaHCO_3$, $NaHCO_3[NHCO_3 + (NH_2)_2CO]$을 충전한 소화기로 전기화재, 유류화재에 적합하다.

② **이산화탄소 소화기** … 고압용기에 이산화탄소를 고압으로 압축하여 액상으로 저장하여 두었다가 화재가 발생할 경우 레버를 눌러 용기내의 이산화탄소 소화약제를 외부로 방출하여 화재를 진압하는 소화기이다.

㉠ 고압가스 용기를 사용하기 때문에 중량이 무겁고 고압가스의 취급이 용이하지 못하다.

㉡ 전기전열성도 크기 때문에 전기화재에 많이 사용된다.

③ **물 소화기** … 물을 소화약제로 하여 방사시키는 소화기이며 방사원의 형태에 따라 다르다. 가스가압식, 수동펌프식, 축압식으로 구분된다.

④ **산·알칼리 소화기** … 소화기 본체 내부에 황산 및 탄산수소나트륨($NaHCO_3$)을 분리하여 충전한 것으로 사용 시 소화기를 거꾸로 하면 두 물질을 혼합하여 방사하는 소화기이다. 소화약제의 반응식은 $2NaHCO_3 + H_2SO_4 \rightarrow NaSO_4 + 2H_2O + 2CO_2$이다.

⑤ **강화액 소화기** … 탄산칼륨을 물에 용해시켜 비중을 1.3~1.4로 하고 소화기 내부에 충전하여 축압식, 가압식, 반응압식 등으로 용기 내의 소화약제를 외부로 방출시키는 소화기이다.

> ☆ **Plus tip**
> **가압방식에 의한 분류**
> ㉠ 축압식
> • 소화기 용기 내부에 소화약제와 압축공기 또는 불연성 가스의 압력으로 방출된다.
> • 이산화탄소, 할론 1301 소화기 외에 모두 내부 압력을 표시하는 지시압력계가 부착되어 있다(적색부분은 비정상압력, 녹색부분은 정상압력).
> ㉡ 가압식
> • 수동펌프식 : 펌프에 의한 가압으로 소화약제가 방출된다.
> • 화학반응식 : 화학 반응에 의해서 생성된 가스의 압력에 의해 소화약제가 방출된다.
> • 가스가압식 : 가압가스용기가 소화기의 내부나 외부에 따로 부설되어 가압가스의 압력에 의해서 소화약제가 방출된다.

⑥ **포말 소화기**

㉠ **화학포말 소화기** : 소화기 본체 내부에 합성수지로 된 내통을 설치하여 A약제인 황산알루미늄[$Al_2(SO_4)_3$]을 물에 용해시켜 충전하고 외통에 B약제인 탄산수소나트륨($NaHCO_3$)을 충전하여 화재가 발생할 경우 A약제, B약제를 혼합시켜 이때 발생하는 이산화탄소를 방사원으로 하여 포를 생성하면서 소화기 외부로 방사시켜 소화한다.

㉡ **기계포말 소화기** : 단백포, 합성계면활성제포, 수성막포 등을 용기에 충전한 후 외부로부터 유입된 공기에 의해서 포말을 형성하여 노즐에서 포를 방사한다. 기계포말 소화기의 소화약제로는 수성막포 6%형이 주로 사용되고 있다.

⑦ **할로겐화물 소화기** … 할로겐화물인 할론 1301(CF_3Br), 할론 1211(CF_2ClBr), 할론 2402($C_2F_4Br_2$), 할론 1011(CH_2ClBr) 등 소화기 본체 내부에 충전하여 화재 발생 시 외부로 방출하여 화재를 소화한다. 약제는 전기의 부도체이므로 전기화재에 적응한다.

> ☆ **Plus tip**
> **소화기 설치장소**
> ㉠ 거주자 등이 손쉽게 사용할 수 있는 장소에 비치
> ㉡ 바닥으로부터 높이 1.5m 이하의 곳에 비치
> ㉢ 직사광선을 받지 않는 장소에 비치
> ㉣ 통행 및 피난에 지장이 없는 장소에 비치
> ㉤ 고온다습한 장소는 피하여 비치
> ㉥ 소화약제 동결, 변질 또는 분출한 우려가 없는 장소에 비치
> ㉦ 부식성 가스가 체류하지 않는 곳에 비치
> ㉧ 소화기 밑 부분과 바닥과의 간격을 이격시켜 비치
> ㉨ 충전압력이 정상인지를 확인하기 용이하게 비치

기출PLUS

기출 2022년 시행

자동기동방식의 펌프가 수원의 수위 보다 높은 곳에 설치된 옥내소화전 설비의 구성요소를 있는 대로 모두 고른 것은?

• 보기 •
ㄱ 기동용수압개폐장치
ㄴ 릴리프밸브
ㄷ 동력제어반
ㄹ 솔레노이드밸브
ㅁ 물올림장치

① ㄱ, ㄴ, ㅁ
② ㄷ, ㄹ, ㅁ
③ ㄱ, ㄴ, ㄷ, ㄹ
④ ㄱ, ㄴ, ㄷ, ㅁ

(3) 옥내 · 옥외 소화전 ✪ 2022 기출

① 옥내 소화전

　ㄱ 화재 발생 시 최초발견자, 관리자, 소유자, 자체소방대원 등이 발생 초기에 소화 작업을 할 수 있는 건축물 내부의 소방시설이다.

　ㄴ 옥내소화전은 수원, 가압송수장치, 배관, 옥내소화전함, 전원, 비상전원, 제어반, 연결송수구 등으로 구성되어 있다.

② 옥내 소화전의 수원 종류

　ㄱ 가압수조 : 불연성 기체 또는 압축공기로 물을 공급하는 방식으로 내부 압력으로 주수된다.

　ㄴ 압력수조 : 수조 내부에 압력을 넣으면 그 압력이 물을 밀어 내어 주수된다.

　ㄷ 고가수조 : 주수노즐보다 수조가 높은 곳(옥상, 외부 설치물)에서 공급되어 방수된다.

③ 가압송수장치 … 옥내 소화전에서 압력에 의해 물을 공급하는 장지로서 전기직 동력 및 내연기관의 동력에 의해 송수되는 장치이다.

　ㄱ 펌프방식 : 물을 끌어올리거나 밀어내는 전기적 동력원에 의한 펌프를 설치하여 방수하는 장치로서 충압펌프, 압력챔버, 물올림 장치 등으로 구성된다.

　ㄴ 고가수조방식 : 수조를 외부 또는 내부의 최상층에 설치하여 높은 위치에너지에 의한 방수 압력을 얻어 주수방식으로 물을 사용하는 모든 곳에 사용할 수 있다.

　ㄷ 압력수조방식 : 압력탱크를 설치하여 그 내부에 물과 압축공기를 넣어 방수하는 설비로서 설치장소에 제한받지는 않지만 압력탱크 내부의 1/3은 압축공기가 차지하기 때문에 물의 저장이 줄어든다.

　ㄹ 가압수조방식 : 압력수조방식과 달리 압력탱크를 설치하여 필요시 가압기체(공기, 질소 등)가 압력수조탱크 내의 물을 밀어내는 방식으로 외부의 동력없이 방수작업이 가능하다.

④ 배관 … 옥내 소화전 설비 배관을 통하여 노즐이나 호스를 통해 방수되기 때문에 흡입, 토출 측 배관, 성능시험배관, 급수배관으로 구성되어 있다.

⑤ 함 및 방수구 … 건물 각 층에 설치된 소화설비로서 표시등, 발신기, 소방호스, 관창, 결합금속구 등으로 구성된다.

⑥ 옥내소화전함의 재질 및 기준

　ㄱ 재질은 두께 1.5mm이상의 강판 또는 두께 4mm이상으로하고 방식(부식방지)처리

　ㄴ 문짝의 면적은 0.5㎡이상으로 하고 그 표면에 소화전이라고 표시와 사용요령을 기재한 표지판(외국어 병기)을 붙여야 한다.

⑦ 옥외 소화전

　ㄱ 지상식 소화전 : 도로변에 설치되고 작업도 빨리 할 수 있으나 겨울철에 동결될 수 있다.

　ㄴ 지하식 소화전 : 보도가 없는 도로에 설치되어 접속구를 호스에 연결하여 사용한다.

(4) 스프링클러 소화설비 ✪ 2019, 2020 기출

스프링클러 설비는 화재초기에 화염의 확산방지와 화염원 주변의 가연물질을 발화온도 이하로 낮추는 설비로서 건물 천장에 설치된 헤드에서 물을 방사하는 고정식 소화설비이다.

① 고층 및 대형건물, 특수한 위험물 취급시설에 설치되어 사용되는 자동식 소화설비이다.

② 소방관의 진화가 어려운 고층 및 대형빌딩 화재에서 사용되며 화재방호가 크게 향상되었다.

③ 화재를 자체적으로 감지하여 경보를 발하고, 화재발생지역에 제한되게 물을 살포하여 초기 화재를 진화하여 인명·재산 피해를 줄인다.

④ 시설이 복잡하므로 초기시설비용이 많이 들어간다.

⑤ 스프링클러의 종류와 주요 구성부분
　㉠ 습식 : 배관 내부의 물이 화재발생 지역의 스프링클러 헤드의 개방으로 소화된다.

주요 구성부분	역할
유수검지장치	스프링클러 헤드의 개방에 의한 배관 내의 유수를 자동적으로 검지하여 발생시키는 장치이다.
알람체크밸브	클래퍼를 경계로 '가압송수장치 측 압력 > 헤드 측 압력 상태'를 유지하고 있다가 화재로 헤드가 개방되면서 헤드 측의 압력이 저하되면 밸브가 개방되어 가압수를 헤드 측으로 유수하는 기능을 한다.
리타딩 체임버	누수 등으로 인한 알람체크밸브의 오작동을 방지하기 위한 압력스위치 작동지연장치이다.
압력스위치	리타딩 체임버를 통하여 유수된 물의 압력이 압력스위치 내의 벨로스를 가압하여 화재표시와 경보를 울리게 하는 장치이다.

　㉡ 건식 : 배관 내에 압축공기, 또는 질소 등이 방출되고 스프링클러 헤드에서 물이 방수된다.

주요 구성부분	역할
건식밸브	습식 스프링클러의 알람체크밸브와 같은 역할을 한다.
액셀러레이터	스프링클러 헤드가 작동하여 배관 내 압축공기의 압력이 설정압력 이하로 저하되면, 이를 감지하여 클래퍼를 신속하게 개방시키는 역할을 한다.
익져스터	스프링클러 헤드가 작동하여 배관 내 압축공기의 압력이 설정압력 이하로 저하되면, 이를 감지하여 배관 내의 압축공기를 방호구역 외의 다른 곳으로 배출시키는 역할을 한다.
에어 컴프레서	배관 내 압축공기를 공급하는 장치이다.
에어 레귤레이터	자동 에어 컴프레서의 가압송기 시 압력을 조절하는 장치이다.
로우 알람스위치	배관 내 압축공기의 누출이나 헤드의 개방에 따른 압력의 저하를 감지하는 경보장치이다.

기출 2020년 시행

스프링클러설비의 리타딩 체임버 (retarding chamber)의 기능으로 옳은 것은?

① 역류방지
② 가압송수
③ 오작동방지
④ 동파방지

〈정답 ③

기출 2018년 시행

〈보기〉에서 폐쇄형 스프링클러헤드를 사용하는 방식을 옳게 고른 것은?

┌─ 보기 ─────────────┐
ⓐ 습식   ⓑ 건식
ⓒ 일제살수식   ⓓ 준비작동식
└─────────────────────┘

① ㉠, ㉡, ㉢   ② ㉠, ㉡, ㉣
③ ㉠, ㉢, ㉣   ④ ㉡, ㉢, ㉣

〈정답 ②

기출 2019년 시행

스프링클러설비 중 감지기와 연동하여 작동하는 것만을 모두 고른 것은?

┌─ 보기 ─────────────┐
㉠ 습식 스프링클러
㉡ 건식 스프링클러
㉢ 준비작동식 스프링클러
㉣ 일제살수식 스프링클러
㉤ 부압식 스프링클러
└─────────────────────┘

① ㉠, ㉡, ㉢   ② ㉠, ㉣, ㉤
③ ㉡, ㉢, ㉣   ④ ㉢, ㉣, ㉤

〈정답 ④

기출 2021년 시행

소화설비에 대한 설명으로 옳은 것은?

① 산·알칼리 소화기는 가스계 소화기로 분류된다.
② CO_2 소화설비는 화재감지기, 선택밸브, 방출표시등, 압력스위치 등으로 구성된다.
③ 슈퍼바이저리패널(supervisory panel)은 습식스프링클러설비의 구성요소이다.
④ 순환배관은 옥내소화전설비의 펌프 체절운전 시 수온하강 방지를 위해 설치한다.

〈정답 ②

ⓒ 준비작동식 : 배관에 공기 또는 압축공기가 채워져 있는데 화재발생시 화재탐지설비가 동작하여, 가압된 물을 배관으로 보내고 스프링클러가 개방되면 물이 살포된다.

- 수손피해가 예상되는 곳에 적당하다.
- 동결피해가 예상되는 곳에 헤드개방의 오동작에 의한 피해를 방지할 수 있다.
- 별도의 화재감지 설비가 필요하므로 구조가 복잡하고 초기설치 비용이 많이 든다.
- 일제살수식 : 스프링클러 헤드를 개방형으로 설치해 화재 발생 시 물이 살포된다.
- 화재초기에 대량의 물 방수가 가능하여 위험물의 연소 화재에 적합하다.

주요 구성부분	역할
프리액션밸브	감지용 스프링클러 헤드나 화재감지기 등에 의해 프리액션밸브가 개방되며 경보가 울림과 동시에 가압송수장치를 기동시켜 가압수를 공급하는 역할을 한다.
슈퍼바이저리 컨트롤 패널	준비작동식 스프링클러의 제어기능을 담당하며 프리액션밸브를 작동시킨다. 이 밖에 자체고장 시 경보장치를 작동시키며 감지기와 프리액션밸브 작동연결 및 개구부 폐쇄작동 기능도 한다.

ⓓ 건식 및 준비작동식 조합 : 가압공기의 주입으로 소화 시에 공기배출과 함께 방수되며, 설비의 신뢰도가 더욱 높아져 수손피해를 줄일 수 있다.

ⓔ 스프링클러 헤드
- 물이 분사되는 방향에 따라 상향형, 하향형, 벽에 다는 측벽형이 있다.
- 개방형 스프링클러가 아닐 경우 유리구가 일정온도에서 녹아 방수된다.

┌─────────────────────────────────┐
💡 Plus tip
스프링클러 헤드의 개방형, 폐쇄형 ✪ 2018 기출
㉠ 개방형(특수한 장소에 설치) : 일제살수식
㉡ 폐쇄형(일반적 장소에 설치) : 습식, 건식, 준비작동식
└─────────────────────────────────┘

ⓕ 연기 또는 열 감지기와 같이 쓰이는 스프링클러 : 준비작동식 스프링클러, 일제살수식 스프링클러, 부압식 스프링클러

(5) 분무 소화설비의 종류 ✪ 2021 기출

① 물 분무등 소화설비 … 물분무 소화설비는 스프링클러설비와 유사하며 방수압력 또한 높아 물을 미세한 입자로 넓은 면적에 살포하는 방식으로 미분무, 포, 이산화탄소, 할로겐화합물, 분말 소화설비가 있으며 전기, 유류화재와 같은 광범위한 면적에 사용된다.

② 포 소화설비 … 물의 주수에 의한 소화 효과가 적거나 화재가 확대될 가능성이 높을 때 사용하는 설비로서 물과 포 약제가 혼합되어 방수됨으로써 미세한 기포에 의해 질식소화 작용을 한다.

㉠ 설치방식에는 고정식, 반고정식, 이동식, 간이식 등이 있다.
㉡ 방출방식에는 전역방출방식, 국소방출방식이 있다.

③ 이산화탄소 소화설비 … 이산화탄소를 저장용기에 넣어두었다가 화재감지 시 자동 또는 수동으로 분사하여 가연물 주변의 산소농도를 감소시켜 연소의 연쇄반응을 억제하는 설비이다. 방출방식에는 전역방출방식, 국소방출방식, 호스릴방식 등이 있다.
✪ 2022 기출

④ 할로겐화합물 소화설비 … 할로겐화합물을 이용하여 소화작업을 하는 설비로서 자동으로 분사되도록 건축물 내부에 설치하는 소화설비이지만, 독성으로 인해 사용이 제한되고 있다.

⑤ 분말 소화설비 … 물에 의한 소화작업이 어려운 위험물과 같은 가연물에 분말과 가압용가스를 같이 분사하는 설비이다.

section 2 경보설비의 종류와 작동원리

(1) 경보설비

화재로 인한 피해의 경감을 위해 화재의 감지 및 피난시간 단축, 초기화염의 소화작용과 신속한 화재정보의 전달을 목적으로 설치되는 장비이다. 기본적으로 감지기, 수신기, 발신기, 중계기, 경종(타종식 벨) 등이 있다.

(2) 경보설비의 종류

① 자동화재 탐지설비 감지기의 종류 ✪ 2018 기출
  ㉠ 열감지기 : 열에 의한 공기, 금속의 변형으로 감지한다.
  • 차동식 감지기 : 열에 의한 공기팽창 감지기이다.
  • 정온식 감지기 : 이종합금의 열에 의한 팽창 감지기이다.
  • 보상식 감지기 : 차동식과 정온식을 겸한 감지기이다.
  ㉡ 연기감지기 : 빛과 방사능 물질을 이용하여 감지한다.
  • 광전식 감지기 : 빛을 이용하여 빛의 차단과 반사원리를 이용한다.
  • 이온화식 감지기 : 방사능을 이용하여 화재 시 연기를 감지하며 α 선이 사용된다.
  • 복합식 감지기 : 이온화식과 광전식을 겸한 감지기이다.
  • 연기아날로그식 감지기 : 연기 감지소자를 이용한다.
  ㉢ 불꽃감지기
  • 연료 적재실, 고압 산소실 폭발화재 발생 위험이 있는 장소 등에 설치하여 화재를 감지한다.
  • 자외선과 적외선 감지기가 있다.
  • 천장이 매우 높은 건물 등에 연기 또는 열감지기 설치가 어려운 경우 사용된다.
  • 열연 복합식은 열과 연기를 함께 감시할 수 있다.

② **자동화재탐지설비 수신기의 종류**

  ⊙ P형 : 수신기를 발신기, 감지기, 경종 등과 전선으로 연결하며 작은 건물에 사용된다.

  ⓒ R형 : 독립신호의 중계기를 설치하며 감시 회선수가 많은 대규모 건축물에 주로 설치된다.

  ⓒ M형 수신기 : 화재발생 신호를 소방서에 알려주는 기능이 있다.

  ⓔ GP · GR형 : P형, R형 수신기의 기능에 가스화재탐지 기능이 추가된 것이다.

  ⓜ 수신기에 소화설비, 비상방송설비, 방화문 · 방화셔터를 연동하여 작동되게 할 수 있다.

③ **발신기** … 화재가 발생하였을 때 최초발견자가 화재 발생을 알리기 위해 건축물 벽면에 설치하는 소화전과 동시에 설치하는 장비로서 누름스위치, 발신기 위치표시등, 보호판 등으로 구성되어 최초발견자가 발신기의 버튼을 눌러 화재신호를 보낸다.

  ⊙ 방수성능에 따라 옥외형, 옥내형으로 나눈다.

  ⓒ 기능에 따른 종류 : P형, T형, M형

④ **중계기** … 중계기는 감지기와 발신기에서 화재신호를 받아 수신기 또는 제어반에 발신하는 장비를 말한다.

⑤ **경보장치(벨)** … 수신기의 화재신호를 받아 건축물 내에 화재 발생을 알리는 장비로서 음향장비와 청각장애인을 위한 시각경보기가 있다.

  ⊙ 음향장치 : 경종(벨)을 전기적 동력원으로 타종하는 방식과 일정한 주파수에 경보 음향을 확성기(스피커)를 통해 전달하는 방식이 있다.

  ⓒ 시각경보기 : 청각장애인에게 화재를 시각적으로 전달하기 위해 점멸형태의 조명으로 화재발생과 위험을 알려주는 장치이다.

⑥ **그 외 경보설비**

  ⊙ 자동화재 속보설비 : 화재발생 시 수동발신과 더불어 자동으로 화재신호를 관계인 또는 소방서에 화재정보를 전달하는 장치이다.

  ⓒ 누전경보기 및 가스누설경보기 : 건축물에 인입된 전기 · 가스 설비가 누전으로 인해 화재가 발생하는 것을 방지하기 위해 누전이나 가스 누설을 탐지하여 자동으로 경보를 알리는 설비이다.

> 🐾 **Plus tip**
> **경보설비의 구분**
> ⊙ 단독경보형 감지기 ⓒ 비상경보설비 : 비상벨설비, 자동식사이렌설비
> ⓒ 시각경보기 ⓔ 자동화재탐지설비
> ⓜ 비상방송설비 ⓑ 자동화재속보설비
> ⊗ 통합감시시설 ⓞ 누전경보기
> ⓩ 가스누설경보기
> ※ 누전차단기는 해당사항 없음

section 3 피난설비의 종류와 사용법

(1) 능동적 피난시설 ✪ 2021 기출

안전한 피난과 피난경로 확보, 화재진압과 구조의 원활한 수행을 목적으로 하며 피난기구, 유도등·유도표지, 비상조명 등이 있다.

① 피난기구의 종류

    ㉠ 피난교 : 화재 시 건물의 옥상층이나 다른 층에서 다른 건물로 이동하기 위한 다리이다.

    ㉡ 피난용 트랩 : 지하층에서 건물 밖으로 탈출하기 위한 피난기구이며 사다리와 비슷하다.

    ㉢ 구조대 : 3층 이상 층의 발코니, 창 등에 설치하며 포대 형태로 내부에 사람이 미끄러져 탈출한다.

    ㉣ 완강기 : 사람의 몸무게에 의해 1초에 1.5미터를 내려올 수 있는 기구로 탈출한다.

    ㉤ 피난사다리 : 창문 등에 설치하여 화재가 발생하면 인명대피 활동에 사용한다.

    ㉥ 미끄럼대 : 노약자·어린이·장애인의 탈출이 쉽도록 도와주는 기구이다.

② 인명구조기구는 화재시 발생하는 유독가스, 위험물 등으로부터 건축관계인, 거주자, 이용자 등을 안전한 곳으로 대피시킬 수 있도록 지정된 곳에 설치하는 장비이다.

    ㉠ 방열복 : 화재발생시 화재진압이나 대피를 하기 위해 높은 화염의 복사열로부터 인체를 보호하는 장비이다.

    ㉡ 공기호흡기 : 연소가스의 불완전연소로 인해 생긴 유독가스의 인체 흡입을 막기 위한 장비로서 압축공기로 활동할 수 있는 장비이다.

    ㉢ 인공소생기 : 화재로 인해 연소가스나 유독가스를 흡입하여 자연적인 공기 호흡이 어려운 사람에게 사용하는 인공호흡 기구이다.

③ **유도 등 및 유도표지** … 화재 시 피난을 위한 설비로서 화재로 인한 시야확보의 어려움과 방향감각의 상실로 인해 피난로를 확보하지 못할 때 비상출구를 쉽게 찾을 수 있도록 설치하는 시각적 장비이다.

    ㉠ 유도등 : 정상상태에서는 상용전원을 이용하고 화재로 인하여 건축물에 전기적장치가 손실되었을 때는 비상전원을 이용하여 방향을 유도하는 설치물이다. 유도등에는 피난구유도등, 통로유도등, 객석유도등이 있다.

    ㉡ 유도표지 : 화재발생시 유도등과 달리 외부의 전기적 도움 없이 축광이나 외광에 의해 일정시간동안 피난구나 경로를 표시하는 설치물이다. 피난구유도등표지, 통로유지표지 등이 있다.

④ **비상조명설비** … 화재로 인한 정전 시에도 피난을 돕기 위해 피난통로에 설치하여 일정한 시간동안 시야확보를 위한 조명장치이다. 비상조명등, 휴대용비상조명등이 있다.

기출 2021년 시행

피난구조설비에 대한 설명으로 옳지 않은 것은?

① 인공소생기란 호흡 부전 상태인 사람에게 인공호흡을 시켜 환자를 보호하거나 구급하는 기구이다.

② 피난구유도등이란 피난구 또는 피난경로로 사용되는 출입구를 표시하여 피난을 유도하는 등을 말한다.

③ 복도통로유도등이란 피난통로가 되는 복도에 설치하는 통로유도등으로서 피난구의 방향을 명시하는 것을 말한다.

④ 구조대란 사용자의 몸무게에 의하여 자동으로 하강하고 내려서면 스스로 상승하여 연속적으로 사용할 수 있는 무동력 피난기구를 말한다.

❮정답 ④

(2) 수동적 피난시설

피난시설은 피난계단, 옥외피난계단, 계단, 복도, 비상탈출구 등이 있으며, 또한 피난 동선은 출구, 계단, 옥외출구, 소화에 필요한 통로로 연결되도록 한다.

① **피난계단**

    ㉠ 연면적 $200m^2$를 넘는 건축물에는 계단참, 중간난간, 난간을 설치한다.

    ㉡ 직통계단 : 실내를 통과하지 않고 계단실만을 통해 아래 · 위층으로 이동할 수 있는 계단이다.

② **관람석 출구**

    ㉠ 비상구는 피난의 방향으로 열리도록 한다.

    ㉡ 안 여닫이문으로 하지 않는다.

③ **지하 피난시설**

    ㉠ 불연재를 사용하여 피난통로의 마감과 바탕을 만든다.

    ㉡ 비상조명등과 유도등을 설치한다.

④ **옥상 대피시설**

    ㉠ 옥상광장 : 5층 이상의 건물이 문화 및 집회시설, 상점으로 사용될 경우 설치한다.

    ㉡ 헬리포트 : 11층 이상인 건축물로서 건축물의 옥상에 헬기착륙장을 만들며 헬리포트 중심선으로부터 반경 12m 안에는 헬기의 이착륙에 어려움을 주는 공작물을 설치할 수 없다.

⑤ **비상용 승강기** … 화재 시 일반용 승강기가 운행정지 되어도 화재로 인한 연기와 열로부터 인명을 보호하기 위한 것으로 화재 시 인명구조, 피난, 소화활동에 이용된다.

    ㉠ 정전 시에도 60초 이내에 2시간 이상 승강기가 운행할 수 있는 예비전력을 갖추어야 한다.

    ㉡ 비상용 승강기는 피난층을 제외한 각 층의 내부와 연결되도록 승강장을 설치한다.

    ㉢ 외부와 언제나 연락이 가능한 전화를 설치한다.

    ㉣ 승강기의 운행속도는 분당 60m이상이 되어야 한다.

    ㉤ 출입구는 갑종 방화문을 설치하며 출입구에는 표지를 해야 한다.

section 4 소화용수설비와 소방활동설비

(1) 소화용수설비의 종류와 사용법

소화용수설비는 화재발생시 현장에서 소방대원의 살수 작업을 위해 출동한 긴급자동차(물탱크)의 용수와 소방약제의 부족을 화재현장에서 해결하기 위해 건물 또는 도로건설 시에 병행하여 설치한다. 소화수조, 저수조소화용수설비, 상수도 소화용수설비, 급수탑 설비가 있다.

① **소화수조 및 저수조** … 용수의 확보를 위해 화재진압 시 소화에 필요한 물을 지하, 옥상, 지상 등에 설치된 수조에 저장하는 곳을 말한다.

② **상수도 소화용수설비** … 소화수조식(저수조 포함) 소화설비가 고정적이고 저장식의 소화용수설비이면, 상수도 소화용수설비는 평소 일반인이 사용하는 용수로서 일정 규모 이상의 건축물에 대하여 당해 건축물의 소유자에게 신축 시 소화용수설비의 설치와 관리비용을 부담하게 하여 화재발생시 부족한 소방용수를 현장에서 확보할 수 있는 설비이다.

③ **급수탑** … 도로상에 소화전을 높게 설치하여 소방차가 물을 급수 받을 수 있도록 설치한 시설물이다.

(2) 소화활동설비의 종류와 사용법 ✪ 2019 기출

소화활동 설비는 피난성능 향상, 안전성 확보, 소방관의 화재진압능력 극대화, 효율적인 화재 진압 및 공공소방력의 신속한 도달을 목적으로 한다.

① 연결송수관설비

  ㉠ 고층건축물, 지하건축물, 복합건축물 등에서 소방대원이 쉽게 연결 사용가능한 설비이다.

  ㉡ 설계 시 배관과 가압용 펌프를 설치하면 화재 시 소방차와 연결 사용할 수 있다.

  ㉢ 송수구, 배관, 방수구, 호스, 관창 등으로 구성되어 있으며, 평소 배관 물이 없는 건식배관과 배관 내에 물이 들어 있는 습식배관 방식이 있다.

  ㉣ 소방대상물의 옥외에 연결 송수구와 옥내에 방수구가 설치된 옥내소화전 설비, 스프링클러 설비 또는 연결 살수설비가 갖추어진 경우 설치를 하지 않을 수 있다.

② 연결살수설비

  ㉠ 화염과 연기가 농후하여 실내진입이 어려운 경우 진입하지 않고도 사용할 수 있다.

  ㉡ 스프링클러를 설치한 후에 화재 발생 시 송수구와 소방차를 연결해서 물을 살포하는 설비이다.

기출 2019년 시행

소방시설의 종류에 따른 분류가 옳게 짝지어진 것은?

① 경보설비 – 비상조명등
② 소화설비 – 연소방지설비
③ 피난구조설비 – 비상방송설비
④ 소화활동설비 – 비상콘센트설비

〈정답 ④〉

ⓒ 소방차로부터 물을 공급받는 송수구, 물을 이송하는 배관, 각층에 소방호스 연결을 위한 방수구로 구성되어 있다.

ⓔ 연결 살수설비가 필요한 소방대상물에 송수구를 부설한 스프링클러설비, 간이스프링클러 설비나 물 분무 등의 소화설비가 갖추어진 경우 설치를 하지 않을 수 있다.

③ **비상콘센트설비**

ⓐ 화재진압활동에 필요한 비상전원을 쉽게 공급하고 활용하기 위해 설치한다.

ⓑ 조명장치, 파괴용구 등의 동력원으로 사용한다.

ⓒ 각 층의 계단실, 비상엘리베이터 등 소방대가 화재 시 이용될 수 있는 장소에 설치한다.

ⓓ 일반전원이 차단되어도 비상콘센트에 전원이 공급되도록 전용배선과 전선은 내하배선으로 설치한다.

④ **무선통신보조설비**

ⓐ 지하나 지하층의 건물에서 무선교신이 불가능할 때 유선으로 소방대원 상호간에 무선연락을 가능하게 하는 설비이다.

ⓑ 누설동축 케이블 방식, 겸용방식, 공중선방식이 있다.

ⓒ 설비는 누설 동축케이블, 분배기, 공중선, 무선기기 접속단자로 구성된다.

⑤ **연소방지설비** … 지상 및 지하의 전력과 통신구에 방화벽을 설치하는 설비로서 지하구에 화재가 발생하여 소화작업을 위해 지상의 소방차로 배관을 통해 송수하면 방수된 케이블의 화재확산을 차단할 수 있다.

ⓐ 송수구, 배관, 헤드로 구성되어 있으며, 화재진압이 아닌 연소확대 방지를 위한 설비이다.

ⓑ 지하공동구 화재 시 소방대원의 출입이 어려운 경우 지상에서 포 소화약제를 투입한다.

⑥ **제연설비** … 건축물의 화재로 발생한 유독성가스(연기, 일산화탄소, 불연소 물질)와 연소의 연쇄적인 반응에 의해 내부의 온도가 상승하여, 내부압력의 팽창, 건물구조에 의한 공기유입·유출로 인해 연기의 확산을 방지 또는 회피시켜 신속한 피난을 할 수 있도록 하는 설비이다.

ⓐ 거실제연설비 : 일정 규모 이상의 소방대상물에 화재 발생 시 연기제어가 필요한 곳에 송풍기와 같은 배출설비를 통하여 연기의 확산을 방지하는 설비이다.

• 송풍기 : 외부동력에 의해 제연구역 안으로 공기를 공급하는 장치이며 역으로 작동시키면 유도가스를 강제 배출시킬 수 있는 배출설비도 있다.

• 댐퍼 : 기체의 흐름을 밀폐된 배관을 통해 조절할 수 있는 장치로서 풍량조절, 방화, 방연 댐퍼가 있다.

• 방화셔터와 방화문 : 유독가스가 천장을 통하여 이동하면 이를 중간에서 차단하는 역할을 한다.

ⓒ 특별피난계단 및 부속실 제어 : 대형건물화재 시 특별계단이나 비상용승강기로 집중되면 소방관이 이를 확인하고 구조하기 위해 필요한 공간이며, 이 제연구역 내에 유독가스가 들어오지 못하도록 외부압력을 높게 하는 방법 등의 설비이다. 과압방지장치, 유입공기 배출장치, 제연구역 내 출입물 설치 등의 설비가 있다.

ⓒ 연기제어방식

- 밀폐제연방식 : 화재발생 시 문이나 벽으로 유독성가스가 유입되거나 연기가 유출되는 것을 차단하는 방식이다.
- 스모크타워 : 제연전용 통기구를 설치하여 압력 차이를 이용하여 연기를 배출하는 방식이다.
- 자연제연방식 : 연기의 대류현상과, 굴뚝효과의 원리를 이용하여 연기를 내보낸다.
- 기계제연방식 : 송풍기와 배풍기를 설치하여 연기를 건물 밖으로 배출시킨다.
  - 제1종 제연방식 : 기계급기, 기계배기로서 급배기 균형에 주의하여 대형건물, 복합건축물 등에 주로 사용한다.
  - 제2종 제연방식 : 기계급식, 자연배기로서 불의 확대로 복도로의 역류에 주의하며, 피난계단 등 아파트, 특별피난계난 등에 주로 사용한다.
  - 제3종 제연방식 : 자연급기, 기계배기로서 작은 공장 등에서 주로 사용되는 제연방식으로 흔한 방식이다.

01 다음 중 소방시설의 분류에 관한 설명에서 경보설비로 옳지 않은 것은?

① 비상벨설비 및 자동식사이렌설비, 단독경보형 감지기

② 비상방송설비, 누전경보기

③ 누전경보기, 제연설비

④ 자동화재탐지설비 및 시각경보기, 자동화재속보설비

02 다음 중 소화활동설비에 해당하지 않는 것은?

① 연결송수관설비

② 연결살수설비

③ 무선통신보조설비

④ 연소방지설비

03 다음 중 소화기에 관한 설명으로 옳지 않은 것은?

① 소화기에는 축압식 소화기와 가압식 소화기가 있다.

② 소형소화기는 1단위가 소화능력이 가장 높으며 최고이다.

③ C급은 전기화재용이며 색상은 청색이다.

④ 탄산칼륨 등의 수용액을 주원료로 하는 소화기는 강화액 소화기이다.

01.

③ 제연설비는 소화활동설비이다.

※ **경보설비**

　㉠ 단독경보형 감지기

　㉡ 비성경보설비 : 비상벨설비, 자동식사이렌설비

　㉢ 시각경보기

　㉣ 자동화재탐지설비

　㉤ 비상방송설비

　㉥ 자동화재속보설비

　㉦ 통합감시시설

　㉧ 누전경보기

　㉨ 가스누설경보기

02.

소화활동설비의 종류

㉠ 연결송수관설비

㉡ 연결살수설비

㉢ 비상콘센트설비

㉣ 무선통신보조설비

㉤ 제연설비

03.

② 소형 소화기 중 능력단위가 1단위인 것이 최소이며 가장 소화능력이 낮다.

Answer　01.③　02.④　03.②

04 대형소화기의 능력단위가 맞는 것은?

① A급 5 B급 10
② A급 20 B급 30
③ A급 10 B급 20
④ A급 10 B급 15

05 다음 중 성격이 다른 설비 하나는?

① 피난구 유도등
② 유도설비
③ 스프링클러
④ 통로유도등

06 다음 중 자동화재 탐지설비에서 감지기의 특성으로 옳지 않은 것은?

① 수신형
② 발신형
③ 판단기능
④ 분포형

07 다음 중 스프링클러에 대한 설명으로 옳지 않은 것은?

① 전기, 가스설비 지역은 불리하다.
② 쉽게 구할 수 있는 물을 재원으로 한다.
③ 오작동이 적다.
④ 수손피해가 적지만 설치비용이 비싸다.

04.

대형소화기는 능력단위가 A급소화기는 10단위 이상, B급소화기는 20단위 이상인 수동식소화기로 화재 시 사람이 운반할 수 있도록 운반대와 바퀴가 설치되어 있다.

05.

③ 소화설비
①②④ 소방시설 중 피난설비

06.

③ 판단기능은 감지기의 통보를 받은 소방담당자의 역할이다.
※ **자동화재 탐지설비 구성** ⋯ 감지기, 수신기, 발신기, 중계기, 음향장치, 표시등

07.

④ 관리 및 소방효과가 탁월하며 설치비용이 감소하지만 문화재, 지류 등의 화재진압 시 물적 피해가 크다.
※ **스프링클러 장·단점**
ⓐ 고층건물, 특수위험물의 화재초기 진압에 효과적이다.
ⓑ 기계적 작동에 의해 오작동이 거의 없다.
ⓒ 시설이 복잡하여 초기설치비용이 많이 들어간다.

Answer 04.③ 05.③ 06.③ 07.④

08 다음 중 소방관의 화재진압능력 극대화 및 안전성 확보를 위한 설비로 옳은 것은?

① 할로겐화물소화기
② 비상콘센트설비
③ 옥외소화전
④ 피난계단

08.

② 소화활동 보장설비이며, 연결송수관, 연결살수설비, 무선통신보조설비, 제연설비 등이 있다.
①③ 소화설비에 해당된다.
④ 화재진압과 구조의 목적을 위한 피난설비이다.

09 다음 중 자동으로 확산해서 소화시켜주는 소화기는?

① 소형 소화기
② 대형 소화기
③ 자동식 소화기
④ 자동확산 소화기

09.

밀폐 또는 반 밀폐된 장소에 고정시켜 화재 시 화염이나 열에 따라 자동으로 소화약제가 확산하여 소화하는 소화기를 자동확산 소화기라 한다.

10 다음 중 피난설비에 해당하지 않는 것은?

① 공기호흡기
② 방열복
③ 유도등
④ 자동전압조정기

10.

피난설비의 종류 ··· 피난사다리, 구조대, 완강기, 방열복, 방화복, 공기호흡기, 인공소생기, 피난유도선, 피난구유도등, 통로유도등, 객석유도등, 유도표지, 비상조명등 또는 휴대용비상조명등

11 자동화재탐지설비에 대한 설명으로 옳은 것은?

① 감지기 중 이온화식 감지기는 열 감지기이다.
② 감지기 중 광전식 감지기는 불꽃 감지기이다.
③ 감지기 중 보상식 감지기는 연기 감지기이다.
④ 감지기 중 이온화식 감지기는 연기 감지기이다.

11.

① 감지기 중 이온화식 감지기는 연기 감지기이다.
② 감지기 중 광전식 감지기는 연기 감지기이다.
③ 감지기 중 보상식 감지기는 열 감지기이다.
※ **자동화재탐지설비** ··· 화재발생 시 초기단계에서 열과 연기의 감지를 통하여 건물관계자에게 화재를 알리며 동시에 건물 내에 있는 사람들에게 위험성을 알리는 장비이다.

Answer　08.② 09.④ 10.④ 11.④

12 다음 중 화재 감지방법에 해당하는 것은?

① 무선통신보조설비

② 제연설비

③ 자동화재 탐지설비

④ 연소방지설비

12.

③ 소방서에 즉각 연결하는 설비

①② 소화활동보장설비

④ 화재예방설비

13 다음 중 스프링클러설비의 특징에 대한 설명으로 옳지 않은 것은?

① 초기화재에 효과가 크다.

② 감지부의 오동작 우려가 적다.

③ 시설의 수명이 짧다.

④ 소화제가 물이므로 값이 싸서 경제적이다.

13.

스프링클러설비의 특징

㉠ 초기화재에 효과가 크다.

㉡ 시설은 반영구적으로 사용 가능하다.

㉢ 감지부의 구조가 기계적이어서 오동작 우려가
  적다.

㉣ 소화제가 물이므로 유지비용이 적다.

14 다음 중 스프링클러의 종류에 대한 설명으로 옳지 않은 것은?

① 습식은 배관 내부에 가압된 물을 채우고 있다가 화재발생 지역의 스프링클러 헤드가 개방되면 소화가 시작된다.

② 건식은 옥외 등 동결 우려가 있는 장소에 사용할 수 있지만 살수 시간이 지연되고, 공기를 채운 경우 화재가 확대될 수 있으며 구조가 간단하지 않으므로 시설유지와 초기설치 비용이 많이 든다.

③ 준비작동식은 동결피해가 예상되는 장소에 사용이 가능하며 헤드개방의 오동작에 의한 피해를 방지할 수 있을 뿐만 아니라 별도의 화재감지 설비가 필요 없어 구조가 간단하고 초기설치 비용이 적게 든다.

④ 일제살수식은 모든 스프링클러 헤드를 개방형으로 설치되어 화재초기에 대량의 물을 살포할 수 있어 위험물 등의 급격한 연소 화재에 적합하다.

14.

③ 준비작동식은 배관에 공기 또는 압축공기가 채워져 있는데 화재가 발생하면 별도로 설치된 화재탐지설비가 동작하여, 가압된 물을 배관으로 보내고 스프링클러가 개방되면 물이 살포된다. 수손피해가 예상되는 곳에 적당하고, 동결피해가 예상되는 장소에 사용이 가능하며 헤드개방의 오동작에 의한 피해를 방지할 수 있다. 그러나 별도의 화재감지 설비가 필요하므로 구조가 복잡하고 초기설치 비용이 많이 든다.

Answer 12.③ 13.③ 14.③

15 다음에 밑줄 친 이것은?

> 자동화재 탐지설비 구성요소의 하나로, 화재가 난 지역을 시각적으로 표현하는 동시에 화재가 발생한 지역의 경종과 이것이 설치된 지역의 경종을 울려 주변 사람들이 화재로부터 대피하도록 알려준다.

① 감지기
② 발신기
③ 수신기
④ 중계기

16 다음 중 피난대책 중에서 Fool-Proof의 원칙에 관한 설명으로 옳지 않은 것은?

① 도어의 노브는 회전식이 아닌 레버식으로 해둔다.
② 피난방향으로 문을 열 수 있도록 한다.
③ 소화설비, 경보설비의 위치, 유도표지에 쉬운 판별을 위한 색채를 사용한다.
④ 2방향 이상의 피난통로를 확보하는 피난대책이다.

17 다음 중 피난기구의 설치 완화조건으로 옳지 않은 것은?

① 계단 수에 의한 감소
② 건널복도에 의한 감소
③ 소화기 수의 증가에 의한 감소
④ 층별 구조에 의한 감소

15.

자동화재 탐지설비구성요소
㉠ 감지기 : 화재 시 발생된 연기, 열 등의 연소 생성물을 감지하여 신호를 수신기로 보냄
㉡ 발신기 : 화재를 보고 사람이 직접 눌러 화재경보를 알림
㉢ 경종 : 일종의 타종식 벨
㉣ 수신기 : 감지기가 화재를 감지하면 신호를 보내고 수신기는 화재가 난 지역을 시각적으로 표현하는 동시에 화재가 발생한 지역의 경종과 수신기가 설치된 지역의 경종을 울려 주변 사람들이 화재로부터 대피하도록 알려줌
㉤ 중계기 : 감지기나 발신기의 신호를 수신하여 그 신호를 수신기에 중계하며 소화설비 등에 제어신호를 보냄
㉥ 표지등 : 야간에 발신기 위치를 표시하는 역할
㉦ 시각경보기 : 수신기에서 받은 신호를 청각장애인들을 위해 깜빡거리면서 화재사실을 알림

16.

④ Fail Safe의 원칙이다.
※ Fool-Proof … 비상사태에서 정신이 혼란하여 동물과 같은 지능상태가 되므로 누구나 알 수 있는 방법을 취한다는 원칙이다.

17.

피난기구의 설치 완화조건
㉠ 층별 구조에 의한 감소
㉡ 건널복도에 의한 감소
㉢ 계단 수에 의한 감소

Answer　15.③　16.④　17.③

18 다음 중 제연설비에 관한 설명으로 옳지 않은 것은?

① 계단실과 같은 피난구조 공간의 제연은 일종의 주거 분위기를 형성시키기 위함이다.

② 인접실로의 연기확산 속도를 증가시킬 수 있다.

③ 화재실의 제연은 플래시오버 현상을 방지하는 효과도 있다.

④ 화재실의 제연은 피난루트와 진입루트를 형성시킨다.

19 다음 중 감지기의 배선이 교차배선인 목적은?

① 전선의 절약

② 감지기의 민감성 증대

③ 오동작 방지

④ 단선에 대한 대비

20 다음 중 스모크타워 제연방식에 관한 설명으로 옳지 않은 것은?

① 굴뚝효과를 이용한다.

② 고층빌딩에 적합하다.

③ 제연기를 사용하는 기계제연에 속한다.

④ 전 층의 일반 거실화재에 이용할 수 있다.

21 다음 중 무선통신보조설비의 비상전원 공급시간을 고르면?

① 20분

② 30분

③ 50분

④ 70분

18.

대규모 화재실의 제연효과

㉠ 인접실로의 연기확산 속도를 떨어뜨린다.

㉡ 화재진압대원의 진입루트를 형성한다.

㉢ 거주자의 피난루트를 형성한다.

※ **제연설비** … 화재가 발생하면 배출기 등을 통하여 배기하고 공기를 유입하여 질식을 막고 피난을 효과적으로 하기 위한 설비이다.

19.

③ 소방대상물에 2개의 독립적인 감지회로를 구성함으로써 동시에 작동할 경우에만 소방시설이 작동되게 하여 오동작을 줄이기 위함이다.

20.

③ 기계제연방식은 송풍기와 배풍기를 설치하여 강제적으로 연기를 건물 밖으로 내보내지만 스모크타워 방식은 압력 차이에 의한 굴뚝효과를 이용한다.

※ **제연방식 중 스모크 타워 방식** … 제연전용 통기구를 만들고 지붕에 굴뚝을 만들어 압력 차이에 의한 방법에 의해 연기를 건물 밖으로 내보낸다.

㉠ 고층빌딩에 적합하다.

㉡ 전층의 일반 거실화재에 이용할 수 있다.

㉢ 굴뚝효과를 이용한다.

21.

② 무선통신보조설비의 비상전원 공급시간은 30분이며, 소방시설에 설치하는 비상전원의 공급시간은 일반적으로 10분~20분 정도이다.

Answer 18.② 19.③ 20.③ 21.②

PART

II 응급처치학 개론

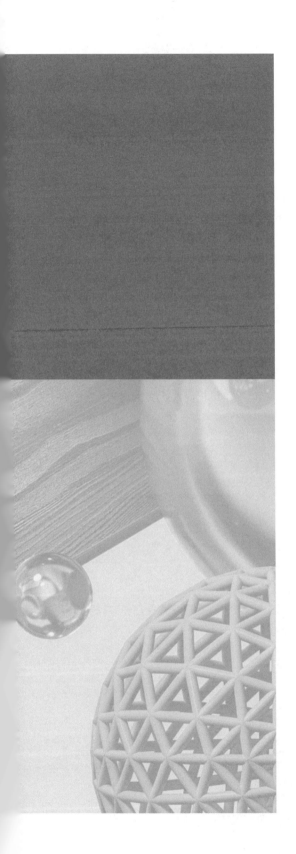

전문응급처치학 총론

01 응급의료체계의 개요

TIP

응급의료체계 운용단계
㉠ 병원 전 단계 : 환자가 발생한 시점부터 환자가 병원에 도착할 때까지 응급의료서비스가 제공되는 단계이다.
• 시민의 신고 및 응급조치 : 구급차가 환자에게 도착하기 전까지 전화상담원을 통해 응급처치요령을 지도하는 것이다.
• 신고 접수 및 출동 : 환자 발생 신고에 따른 구급차 출동하는 것이다.
• 병원 전 응급처치 : 응급구조사 및 구급대원을 통한 현장에서 처치와 구급차와 이송병원 간의 응급처치 및 정보교환으로 환자 이송 중에 이루어지는 응급 및 이송처치이다.
㉡ 병원 단계 : 환자가 병원에 이송된 후 응급의료서비스가 제공되는 단계이다.
• 병원처치
 −현장에서 제공된 응급처치의 검토 및 필요 시 연속적인 응급처치 제공한다.
 −진단을 위한 검사 및 입원치료 또는 응급수술 여부 결정한다.
 −환자 상태에 따른 전문응급센터 또는 응급의료기관으로 전원 필요성 및 전원 병원 결정한다.
• 재활
㉢ 병원 전 단계에서의 응급의료서비스의 질적 수준 평가 지표
• 구급차 이송의 신속성
• 현장 및 이송 중 응급처치의 적절성

section 1 응급의료체계(EMSS : emergency medical services system)

(1) 정의

응급상황이 생겼을 때 환자에게 효과적이며 신속한 의료를 제공하기 위해 인력, 시설, 장비 등이 유기적으로 운용되도록 재배치하는 것이다. 응급환자가 발생했을 때 현장에서의 처치, 병원이송, 현장처치, 구급대원과 병원간의 협력체계 구축이 필요하다. 병원 전 단계와 병원단계로 구분된다.

(2) 구분

① 병원전 단계(Pre-hospital phase)
 ㉠ 환자가 발생되었다는 신고가 들어오면 신속하게 구급차가 출동한다.
 ㉡ 구급차가 현장에 도착하기 전까지는 전화상담원(dispatcher)이 응급처치요령을 지도한다.
 ㉢ 구급대원이 현장에 도착하면 곧바로 응급처치를 한다.
 ㉣ 정보·통신체계를 이용하여 구급차와 병원이 정보를 교환하며 환자가 이송될 병원을 결정한다.
 ㉤ 현장에서 병원으로 이송될 때까지 이루어지는 이송처치를 진행한다.

② 병원단계(In-hospital phase)
 ㉠ 현장에서 시행한 처치를 검토하고 연속적으로 응급처치를 진행한다.
 ㉡ 환자의 병력진단을 위해 필요한 검사를 시행한다.
 ㉢ 입원을 할 것인지 응급수술을 할 것인지를 결정한다.
 ㉣ 응급처치에 필수인력, 시설, 장비 등 모든 것이 준비된 전문응급센터나 응급의료기관으로 전원을 시킬 것인가를 결정한다.

section 2 구성요소

(1) 정의

의료환경이 변화하면서 변경되거나 보강 또는 강조될 수 있는 응급의료에 필요한 요소이다.

(2) 구성요소

인력, 교육 및 훈련, 정보·통신체계, 병원전 이송기관, 병원간 이송기관, 응급의료기관, 전문응급의료시설, 신고접수 및 반응, 대중교육 및 정보제공, 질 개선, 재난대비계획, 상호지원, 업무지침, 제정, 의료지도가 있다.

(3) 응급의료인력(EMS provider)

구분		업무
병원전 단계	최초반응자	응급구조사가 도착하기 전까지 일차적인 응급처치를 수행한다.
	(1급/2급)응급구조사	• 신고를 접수받고 전화상담을 한다. • 현장에서 응급처치를 시행한다. • 환자를 병원으로 이송한다.
병원 단계	병원	이송된 환자의 중증도를 판정하여 전원을 시키거나 응급의료를 시행한다.
	응급전문간호사	• 응급환자에게 협조서류를 준비한다. • 응급처치와 관련하여 전산업무를 한다.
	응급의학의사	• 응급환자를 진료하고 의료지도를 시행한다. • 응급치료에 관한 연구 및 평가를 한다.
	응급센터 근무 의료진	응급검사를 돕고 시술을 보조한다.

① **최초반응자** … 일반인, 경찰 등에서 응급의료관련단체가 제공하는 일차응급처치 과정을 이수한 자이다.

② **응급구조사** … 병원전 단계에서 응급의료를 수행하는 중요 인력이다.

(4) 신고접수 및 반응

① **신고접수** … 응급의료체계를 이용하기 위한 접근방법으로 전화로 신고접수가 진행된다.

② **반응** … 구급대 출동을 지시하거나 전화상으로 응급처치에 대한 상담이나 행동요령을 지도하는 의료지도업무를 의미한다.

③ **국가별 고유 전화번호** … 우리나라는 119번을 이용한다. 이외에 미국 911번, 영국 999번, 이탈리아 114번, 일본 119번이다.

응급의료체계 구성 요소
㉠ 응급의료 관련 교육·훈련 및 의료지도
㉡ 응급의료정보 및 통신체계
㉢ 병원 전, 병원 간의 이송 수단 및 체계
㉣ 응급의료기관 및 전문치료시설
㉤ 응급의료인력
㉥ 신고접수 및 반응
㉦ 응급의료서비스 평가 및 질 개선
㉧ 재난·재해 대비 및 관리계획
㉨ 상호협력체계
㉩ 업무지침 및 의무기록 표준화
㉪ 공익안전단체
㉫ 대중에게 교육 및 정보제공
㉬ 일반인 참여

(5) 교육 및 훈련

일반인들에게 기본적인 심폐소생술 및 외상소생술 교육을 하는 것이다.

(6) 정보 · 통신체계

① 구성요소 … 접근, 신고접수 및 전화상담, 의료지도가 있다.

② 응급의료 정보 · 통신망

정보 · 통신망	업무
응급환자 이송업체	신고접수를 받고 긴급출동을 한다. 병원에 환자 정보를 제공하고 병원에 응급환자 이송 전에 정보나 의료지도방법을 요청한다.
소방본부 119종합상황실	주로 유선을 통해 신고접수를 받으면 119구급대 출동을 지시한다. 신고자에게 현장 관련한 정보나 환자에 대한 정보를 요청하며, 병원에는 이송환자에 응급처치를 위한 정보를 요청하기도 한다. 전화로 신고자에게 의료지도를 제공한다.
현장 119구급대	환자에 대한 정보를 병원에 제공한다. 응급환자 이송병원 정보를 확인하고 의료지도를 요청할 수 있다.
응급의료지원센터	응급의료와 관련된 정보를 관리하고 제공한다.
중앙응급의료센터	응급의료정보와 관련된 통신체계를 총괄한다. 응급의료의 정보 · 통신망을 구축 · 관리 · 운용을 지도 및 감독한다.
응급의료기관	병원과 관련한 정보를 제공한다. 응급환자가 입원할 수 있는 병상(입원실, 중환자실)이나 응급수술이 가능한 수술실을 확인한다.
유관기관 (112 등)	신고를 접수받고 구급대에 출동을 요청하거나 협조를 요청할 수 있다.

(7) 이송체계

① 정의 … 응급환자 이송체계를 의미한다. 중증도에 따라서 최대한 가까운 응급의료기관을 선택하는 것이 원칙이다. 응급수술이 필요한 환자는 해당하는 질환에 대한 처치가 가능한 응급의료기관으로 이송하고 이송 중에도 처치를 위해 병원과 정보를 교류한다.

② 구분 … 병원전과 병원간 이송이 있다. 병원전 단계에서는 119구급대가 이송을 전담하고, 병원간 단계에서는 병원에 구비된 구급차나 민간이송업체를 이용한다.

③ 환자이송체계 … 이송수단, 탑승인력, 응급의료기관, 정보 · 통신망이 있다.

④ 이송수단 … 육로(구급차 등), 항공(항공기, 헬기 등), 해상(구급보트 등)이 있다.
  ⊙ 이송시간이 길고 육로로 이송이 어려운 산악지역이나 도서지역 등은 항공이송을 이용한다.
  ⓒ 섬 지역이나 해상에서 발생한 사고 등은 구급보트를 이용한다.

(8) 응급의료기관

① 정의 … 24시간 응급환자를 진료가 가능한 인력, 시설, 장비 등을 갖춘 응급실이 있는 병원을 의미한다. 응급의료기관은 구급차, 정보·통신망 등을 구비한다.

② 응급실 … 응급의료를 수행하기에 적합한 구조로 설계한다. 가용지원, 특수처치 등의 이용 가능성에 따라서 등급화를 한다.

③ 응급의료기관

응급의료기관	기능
중앙응급 의료센터	• 응급의료기관 평가 및 질 개선 활동을 지원한다. • 응급의료종사자 교육 및 훈련을 한다. • 권역응급의료와 업무 조정 및 지원을 한다. • 응급의료 연구를 한다. • 국내·외 발생한 응급의료 관련 업무 조정 및 지원을 한다. • 응급의료정보통신망 운영을 한다.
권역응급 의료센터	• 응급환자의 진료를 한다. • 대형재해가 발생하면 응급의료를 지원한다. • 권역 안에서 응급의료종사자 교육 및 훈련을 한다.
전문응급 의료센터	• 외상, 환상, 독극물 중독 환자와 관련한 응급의료를 진행한다. • 종합병원 중에서 지정한다.
지역응급 의료센터	시·도지사는 관할지역의 지역주민에게 응급의료를 제공하기 위해서 종합병원 중에서 지정하여 운영한다.
지역응급 의료기관	시장·군수·구청장은 관할지역의 지역주민에게 응급의료를 제공하기 위해 지정한다.

(9) 전문응급의료시설

전문 의료진이 필요한 외상, 화상, 독극물 중독, 뇌졸중, 소아, 심혈관센터 등의 응급처치를 시행하는 시설이다.

(10) 대중교육 및 정보제공

구급대 도착 전까지 응급처치, 질병 예방법 등을 제공하는 것이다.

(11) 감독 및 질 개선

응급의료체계의 발전을 위해 구성요소를 감독 및 개선하는 활동이다.

⑿ 업무지침

중증도 분류, 응급처치, 환자이송, 환자전원에 대한 기준이 중요하다.

⒀ 의료지도

① 구성 … 의사, 응급 전문의, 응급구조사, 간호사의 감독하에 이루어진다. 직접의료지도와 간접의료지도로 나뉜다.

② 직접의료지도 … 응급구조사나 구급대원이 현장에서 응급처치를 수행하거나 유·무선 통신으로 의료지시를 하는 것을 의미한다.

③ 간접의료지도 … 직접의료지도가 아닌 모든 의료지도 행위를 의미한다.

⒁ 재정

응급의료를 효율적으로 수행하기 위해 응급의료기금을 설치한다. 요양기관의 업무정지를 갈음하여 보건복지부장관이 요양기관으로부터 과징금으로 징수하는 금액 중「국민건강보험법」에 따라 지원하는 금액, 응급의료 관련 기관 및 단체의 출연금 및 기부금, 정부 출연금, 그 밖의 기금을 운영하며 생기는 수익금 등으로 기금을 조성한다.

⒂ 상호지원체계

지역에서 발생한 대형사고에 대해서 인근지역에서 지원을 받을 수 잇는 협조체계를 의미한다.

⒃ 재해대책과 연계

① 정의 … 재난대책에 수립하는 인명구호계획을 의미한다.

② 필수항목
  ㉠ 활동지침 : 응급의료 수행구역 선정기준, 부서 및 인력편성, 업무지침 등이 있다.
  ㉡ 교육 : 재해의 개요, 예방법, 발생시 업무지침 등이 있다.
  ㉢ 훈련 : 지역단위로 특수성을 고려하여 시행하는 것을 권고한다.
  ㉣ 반응 : 재해신고 및 접수, 전파, 출동 등이 있다.

section 3 교육

(1) 응급처치에 관한 교육〈「119구조 · 구급에 관한 법률 시행령」 제32조의2〉

① 교육의 내용 · 방법 및 시간
    ㉠ 소방청장은 교육대상별로 각 응급처치 교육 내용의 범위와 시간을 조정할 수 있다.
    ㉡ 소방청장은 응급처치 교육을 이수한 사람에게 이수증을 교부하고 응급처치 교육
       의 내용을 이수증에 표기한다.

② 소방청장은 응급처치 교육을 효과적으로 실시하기 위하여 매년 10월 31일까지 다음
    연도 응급처치 교육에 관한 계획을 수립한다. 이 경우 「응급의료에 관한 법률」에
    따른 교육계획과 연계한다.

③ 응급처치 교육에 관한 계획에는 연령 · 직업 등을 고려한 교육대상별 교육지도안 작
    성 및 실습계획이 포함된다.

④ 소방청장은 매년 3월 31일까지 전년도 응급처치 교육 결과를 분석하여 응급처치 교
    육에 관한 계획에 반영한다.

⑤ 소방청 등은 응급처치 교육을 실시하기 위한 장비와 인력을 갖추어야 한다.

⑥ 갖추어야 할 응급처치 교육 장비와 인력의 세부적인 사항은 소방청장이 정하여 고
    시한다.

(2) 구조 및 응급처치 교육의 내용 및 실시방법〈「응급의료에 관한 법률 시행규칙」 별
    표 2〉

① 교육 실시방법
    ㉠ 시 · 도지사는 매년 10월 31일까지 다음 연도 교육계획을 수립하여 중앙응급의료
       센터의 장에게 제출한다.
    ㉡ 시 · 도지사는 교육계획 수립 시 교육 대상자별로 형평성을 고려하여 교육대상자
       를 선정한다.
    ㉢ 시 · 도지사는 매년 3월 31일까지 전년도 교육결과 보고서를 보건복지부장관에게
       제출한다.

② 교육 내용 및 시간

교육 내용	교육 시간
1. 응급활동의 원칙 및 내용 2. 응급구조 시의 안전수칙 3. 응급의료 관련 법령	1시간
기본인명구조술(이론)	1시간
기본인명구조술(실습)	2시간

section 4 응급구조사

(1) 응급구조사의 자격〈「응급의료에 관한 법률」 제36조〉

① 1급 응급구조사가 되려는 사람은 다음에 해당하는 사람으로서 보건복지부장관이 실시하는 시험에 합격한 후 보건복지부장관의 자격인정을 받아야 한다.

    ㉠ 대학 또는 전문대학에서 응급구조학을 전공하고 졸업한 사람

    ㉡ 보건복지부장관이 정하여 고시하는 기준에 해당하는 외국의 응급구조사 자격인정을 받은 사람

    ㉢ 2급 응급구조사로서 응급구조사의 업무에 3년 이상 종사한 사람

② 2급 응급구조사가 되려는 사람은 다음에 해당하는 사람으로서 보건복지부장관이 실시하는 시험에 합격한 후 보건복지부장관의 자격인정을 받아야 한다.

    ㉠ 보건복지부장관이 지정하는 응급구조사 양성기관에서 대통령령으로 정하는 양성과정을 마친 사람

    ㉡ 보건복지부장관이 정하여 고시하는 기준에 해당하는 외국의 응급구조사 자격인정을 받은 사람

③ 보건복지부장관은 응급구조사 시험의 실시에 관한 업무를 대통령령으로 정하는 바에 따라 「한국보건의료인국가시험원법」에 따른 한국보건의료인국가시험원에 위탁할 수 있다.

④ 1급 응급구조사 및 2급 응급구조사의 시험과목, 시험방법 및 자격인정에 관하여 필요한 사항은 보건복지부령으로 정한다.

(2) 응급구조사의 자격증의 교부〈「응급의료에 관한 법률」 제36조2〉

① 보건복지부장관은 응급구조사 시험에 합격한 사람에게 응급구조사 자격증을 교부한다. 다만, 자격증 교부 신청일 기준으로 결격사유에 해당하는 사람에게는 자격증을 교부하지 않는다.

② 응급구조사 자격증을 교부받은 사람은 응급구조사 자격증의 분실 또는 훼손으로 사용할 수 없게 된 경우에는 보건복지부장관에게 재교부 신청을 할 수 있다.

③ 응급구조사는 다른 사람에게 자기의 성명을 사용하여 응급구조사의 업무를 수행하게 하지 않는다.

④ 자격증을 교부받은 사람은 다른 사람에게 자격증을 빌려주거나, 누구든지 그 자격증을 빌려서는 안된다.

⑤ 누구든지 금지된 행위를 알선하여서는 안된다.

(3) 자격증의 반납〈「응급의료에 관한 법률」 제31조〉

응급구조사는 자격취소처분을 받거나, 자격증을 재교부 받은 후에 잃어버린 자격증을 찾게된 경우 지체없이 보건복지부장관에게 자격증을 반납한다.

(4) 응급구조사 실태 등의 신고〈「응급의료에 관한 법률」 제36조3〉

① 응급구조사는 대통령령으로 정하는 바에 따라 최초로 자격을 받은 후부터 3년마다 그 실태와 취업상황을 보건복지부장관에게 신고한다.

② 보건복지부장관은 보수교육을 받지 아니한 응급구조사에 대하여 신고를 반려할 수 있다.

③ 보건복지부장관은 신고 수리 업무를 대통령령으로 정하는 바에 따라 관련 기관 등에 위탁할 수 있다.

(5) 응급구조사의 보수교육

① 내용 ⋯ 직업윤리, 업무 전문성 향상 및 업무 개선, 의료 관계 법령의 준수, 그 밖에 보건복지부장관이 보수교육에 특히 필요하다고 인정하여 정하는 사항이다.

② 대상 ⋯ 응급구조사 자격을 가지고 해당 자격과 관련된 업무에 종사하고 있는 사람이다.

③ 방법 ⋯ 대면교육 또는 정보통신망을 활용한 온라인 교육을 진행한다.

④ 시간 ⋯ 매년 4시간 이상이다. 다만, 1년 이상 응급구조사의 업무에 종사하지 않다가 다시 그 업무에 종사하는 사람의 경우 그 종사하려는 연도의 교육시간에 관하여는 다음 구분에 따른다.
   ㉠ 1년 이상 2년 미만 그 업무에 종사하지 아니한 사람 : 6시간 이상
   ㉡ 2년 이상 3년 미만 그 업무에 종사하지 아니한 사람 : 8시간 이상
   ㉢ 3년 이상 그 업무에 종사하지 아니한 사람 : 10시간 이상

⑤ 해당 연도의 보수교육 면제
   ㉠ 군복무 중인 사람(군에서 해당 업무에 종사하고 있는 사람은 제외한다)
   ㉡ 해당 연도에 응급구조사 자격을 취득한 사람

⑥ 보수교육을 실시하는 기관 또는 단체의 장은 본인의 질병이나 그 밖의 불가피한 사유로 보수교육을 받기가 곤란하다고 인정하는 사람에 대해서는 해당 연도의 보수교육을 유예할 수 있다. 이 경우 보수교육이 유예된 사람은 유예사유가 해소된 후 그 유예된 보수교육을 추가로 받아야 한다.

⑦ 보수교육을 면제받거나 유예 받으려는 사람은 응급구조사 보수교육 면제확인·유예 신청서(전자문서로 된 신청서를 포함)에 보수교육 면제 또는 유예의 사유를 증명할 수 있는 서류(전자문서로 된 서류를 포함)를 첨부하여 보수교육을 실시하는 기관 또는 단체의 장에게 제출한다.

⑧ 보수교육을 실시하는 기관 또는 단체의 장은 신청에 대하여 보수교육 면제확인 또는 유예 여부 결정을 한 경우에는 신청인에게 그 내용을 알려야 한다. 이 경우 보수교육 면제 또는 유예 대상자에 대해서는 응급구조사 보수교육 면제 · 유예 확인서를 발급한다.

⑨ **보건복지부령으로 정하는 관계 기관 또는 단체** … 응급의료기관, 응급구조사관련단체, 응급구조사양성기관을 말한다.

⑩ 보수교육을 실시한 기관의 장은 보수교육을 받은 자에 대하여 응급구조사보수교육 이수증을 교부한다.

⑪ 보수교육에 관한 업무를 위탁받으려는 기관 또는 단체는 보수교육을 실시하는 해당 연도의 2월 말까지 보수교육의 내용, 방법, 비용 등을 포함한 보수교육계획서를 작성하여 보건복지부장관에게 제출한다.

⑫ 보수교육을 위탁받아 실시한 기관 또는 단체는 해당 연도의 보수교육 실적보고서를 다음 연도 2월 말까지 보건복지부장관에게 제출한다.

⑬ 보수교육에 필요한 경비는 교육을 받는 자가 부담한다.

⑭ **평가** … 서면평가와 현지평가로 한다.

⑮ **평가기준** … 보수교육 실시계획의 타당성, 보수교육의 비용과 집행의 적절성, 보수교육 시설 · 장비의 적합성 및 인력의 전문성, 보수교육의 효과성이 있다.

(6) 결격사유〈「응급의료에 관한 법률」 제37조〉

① 「정신건강증진 및 정신질환자 복지서비스 지원에 관한 법률」에 따른 정신질환자. 다만, 전문의가 응급구조사로서 적합하다고 인정하는 사람은 그러하지 아니하다.

② 마약 · 대마 또는 향정신성의약품 중독자

③ 피성년후견인 · 피한정후견인

④ 다음에 해당하는 법률을 위반하여 금고 이상의 실형을 선고받고 그 집행이 끝나지 아니하거나 면제되지 아니한 사람
  ㉠ 응급의료에 관한 법률
  ㉡ 「형법」 제233조, 제234조, 제268조(의료과실만 해당한다), 제269조, 제270조 제1항부터 제3항까지, 제317조 제1항
  ㉢ 「보건범죄 단속에 관한 특별조치법」, 「지역보건법」, 「국민건강증진법」, 「후천성 면역결핍증 예방법」, 「의료법」, 「의료기사 등에 관한 법률」, 「시체 해부 및 보존 등에 관한 법률」, 「혈액관리법」, 「마약류 관리에 관한 법률」, 「모자보건법」, 「국민건강보험법」

(7) 부정행위에 대한 제재 ⟨「응급의료에 관한 법률」 제38조⟩

① 부정한 방법으로 응급구조사 시험에 응시한 사람 또는 응급구조사 시험에서 부정행위를 한 사람에 대하여는 그 수험을 정지시키거나 합격을 무효로 한다.

② 보건복지부장관은 수험이 정지되거나 합격이 무효로 된 사람에 대하여 처분의 사유와 위반 정도 등을 고려하여 대통령령으로 정하는 바에 따라 그 다음에 치러지는 응급구조사 시험 응시를 3회의 범위에서 제한할 수 있다.

(8) 응급의료종사자의 면허 · 자격 정지 ⟨「응급의료에 관한 법률」 제55조⟩

① 보건복지부장관은 응급의료종사자가 다음에 해당하는 경우에는 그 면허 또는 자격을 취소하거나 6개월 이내의 기간을 정하여 그 면허 또는 자격을 정지시킬 수 있다.

  ㉠ 제6조 제2항, 제8조, 제18조 제2항, 제39조, 제40조 또는 제49조 제1항을 위반한 경우

  ㉡ 이송처치료를 과다하게 징수하거나 같은 조 제2항을 위반하여 이송처치료 외에 별도의 비용을 징수한 때

  ㉢ 제32조 제2항을 위반하여 응급환자에게 중대한 불이익을 끼친 경우

  ㉣ 제36조의2 제3항 또는 제5항을 위반하여 다른 사람에게 자기의 성명을 사용하여 응급구조사의 업무를 수행하게 하거나 응급구조사 자격증을 다른 사람에게 빌려준 경우

  ㉤ 제37조의 결격사유에 해당하게 된 경우

  ㉥ 제42조를 위반하여 의사로부터 구체적인 지시를 받지 아니하고 응급처치를 한 경우

  ㉦ 제43조 제1항에 따른 보수교육을 받지 아니한 경우

  ㉧ 그 밖에 「응급의료에 관한 법률」에 따른 명령을 위반한 경우

② 보건복지부장관은 응급구조사가 신고를 하지 않은 경우에는 신고할 때까지 그 자격을 정지시킬 수 있다.

③ 보건복지부장관, 시 · 도지사 또는 시장 · 군수 · 구청장은 의료기관이나 이송업자 또는 구급차 등을 운용하는 자가 다음 각 호의 어느 하나에 해당하는 경우에는 의료기관 등의 개설 또는 영업에 관한 허가를 취소(신고대상인 경우에는 폐쇄)하거나 6개월 이내의 기간을 정하여 그 업무의 정지를 명할 수 있다.

  ㉠ 제18조 제2항, 제28조 제3항, 제32조 제1항, 제33조 제1항, 제35조의2 제1항, 제44조 제3항, 제44조의2 제2항, 제44조의4, 제45조 제1항, 제46조의2, 제47조 제1항 · 제2항, 제48조, 제49조 제3항 · 제4항, 제51조 제3항부터 제5항까지, 제52조 제1항, 제53조, 제54조 제3항, 제54조의2 또는 제59조를 위반한 경우

  ㉡ 제22조 제1항에 따른 미수금의 대지급을 부정하게 청구한 경우

  ㉢ 제24조 제1항에 따른 이송처치료를 과다하게 징수하거나 같은 조 제2항을 위반하여 이송처치료 외에 별도의 비용을 징수한 때

  ⓔ 제34조에 따라 당직의료기관으로 지정받은 자가 응급의료를 하지 아니한 경우

  ⓜ 제50조 제1항에 따른 시정명령·정지명령 등 필요한 조치를 따르지 아니한 경우

  ⓗ 그 밖에 「응급의료에 관한 법률」에 따른 명령을 위반한 경우

④ 영업허가의 취소처분을 받은 자는 그 처분을 받은 날부터 1년 이내에는 개설·운영하지 못한다.

⑤ 행정처분의 세부 사항은 보건복지부령으로 정한다.

(9) 과징금〈「응급의료에 관한 법률」 제57조〉

① 보건복지부장관, 시·도지사 또는 시장·군수·구청장은 의료기관이나 이송업자 또는 구급차 등을 운용하는 자가 제55조 제3항(6개월 이내의 업무정지 처분)에 해당하는 경우로서 그 업무의 정지가 국민보건의료에 커다란 위해를 가져올 우려가 있다고 인정되는 경우에는 업무정지처분을 갈음하여 3억원 이하의 과징금을 부과할 수 있다. 이 경우 과징금의 부과 횟수는 세 번을 초과할 수 없다.

② 과징금을 부과하는 위반행위의 종류, 위반 정도에 따른 과징금의 금액과 그 밖에 필요한 사항은 대통령령으로 정한다.

③ 납부기한까지 과징금을 내지 않으면 보건복지부장관은 국세 체납처분의 예에 따라 징수하고, 시·도지사 및 시장·군수·구청장은 「지방행정제재·부과금의 징수 등에 관한 법률」에 따라 징수한다.

(10) 벌칙〈「응급의료에 관한 법률」 제60조〉

① 의료기관의 응급실에서 응급의료종사자(의료기, 간호조무사 포함)를 폭행하여 상해에 이르게 한 사람은 10년 이하의 징역 또는 1천만원 이상 1억원 이하의 벌금에 처하고, 중상해에 이르게 한 사람은 3년 이상의 유기징역에 처하며, 사망에 이르게 한 사람은 무기 또는 5년 이상의 징역에 처한다.

② 5년 이하의 징역 또는 5천만원 이하의 벌금

  ㉠ 응급의료를 방해하거나 의료용 시설 등을 파괴·손상 또는 점거한 사람

  ㉡ 응급구조사의 자격인정을 받지 못하고 응급구조사를 사칭하여 응급구조사의 업무를 한 사람

  ㉢ 이송업 허가를 받지 아니하고 이송업을 한 자

③ 3년 이하의 징역 또는 3천만원 이하의 벌금

  ㉠ 응급의료를 거부 또는 기피한 응급의료종사자

  ㉡ 다른 사람에게 자기의 성명을 사용하여 응급구조사의 업무를 수행하게 한 자

  ㉢ 다른 사람에게 자격증을 빌려주거나 빌린 자

  ㉣ 자격증을 빌려주거나 빌리는 것을 알선한 자

    ⓜ 비밀 준수 의무를 위반한 사람. 다만, 고소가 있어야 공소를 제기할 수 있다.

    ⓗ 의사로부터 구체적인 지시를 받지 아니하고 응급처치를 한 응급구조사

④ 1년 이하의 징역 또는 1천만원 이하의 벌금

    ㉠ 제18조 제2항을 위반한 응급의료종사자, 의료기관의 장 및 구급차 등을 운용하는 자

    ㉡ 제44조 제1항을 위반하여 구급차 등을 운용한 자

    ㉢ 제44조의4를 위반하여 자기 명의로 다른 사람에게 구급차 등을 운용하게 한 자

    ㉣ 제45조 제1항을 위반하여 구급차 등을 다른 용도에 사용한 자

(11) 양벌규정〈「응급의료에 관한 법률」 제61조〉

법인의 대표자나 법인 또는 개인의 대리인, 사용인, 그 밖의 종업원이 그 법인 또는 개인의 업무에 관하여 제60조의 위반행위를 하면 그 행위자를 벌하는 외에 그 법인 또는 개인에게도 해당 조문의 벌금형을 과(科)한다. 다만, 법인 또는 개인이 그 위반행위를 방지하기 위하여 해당 업무에 관하여 상당한 주의와 감독을 성실하게 한 경우에는 그러하지 않는다.

(12) 과태료〈「응급의료에 관한 법률」 제62조〉

① 300만원 이하의 과태료

    ㉠ 응급의료기관의 지정기준에 따른 시설·인력·장비 등을 유지·운영하지 아니한 자

    ㉡ 응급실에 출입하는 보호자 등의 명단을 기록 또는 관리하지 아니한 자

    ㉢ 당직전문의 또는 당직전문의와 동등한 자격을 갖춘 것으로 인정되는 자로 하여금 응급환자를 진료하게 하지 아니한 자

    ㉣ 예비병상을 확보하지 아니하거나 응급환자가 아닌 사람에게 예비병상을 사용하게 한 자

    ㉤ 자동심장충격기 등 심폐소생술을 할 수 있는 응급장비를 갖추지 아니한 자

    ㉥ 제48조 본문을 위반하여 응급구조사를 탑승시키지 아니한 자

    ㉦ 자동심장충격기 등 심폐소생술을 할 수 있는 응급장비의 설치 신고 또는 변경 신고를 하지 아니한 자

    ㉧ 준수 사항을 지키지 아니하거나 출동 및 처치 기록 등에 관한 의무를 이행하지 아니한 자

    ㉨ 신고를 하지 아니하고 구급차 등을 운용한 자

    ㉩ 말소 통보 또는 신고를 하지 아니한 자

    ㉪ 운행연한 또는 운행거리를 초과하여 구급차를 운용한 자

    ㉫ 변경허가를 받지 아니하거나 신고를 하지 아니한 자

    ㉬ 응급구조사·중앙응급의료센터 등의 명칭 또는 이와 비슷한 명칭을 사용하거나, 응급환자 진료와 관련된 명칭이나 표현을 사용하거나 외부에 표기한 자

기출PLUS

ⓗ 검사 등을 거부·방해 또는 기피하거나, 보고 또는 관계 서류 제출을 하지 아니한 자

② 과태료는 대통령령으로 정하는 바에 따라 보건복지부장관, 시·도지사 또는 시장·군수·구청장이 부과·징수한다.

⒀ 응급처치 및 의료행위에 대한 형의 감면〈「응급의료에 관한 법률」 제66조〉

① 응급의료종사자가 응급환자에게 발생한 생명의 위험, 심신상의 중대한 위해 또는 증상의 악화를 방지하기 위하여 긴급히 제공하는 응급의료로 인하여 응급환자가 사상(死傷)에 이른 경우 그 응급의료행위가 불가피하였고 응급의료행위자에게 중대한 과실이 없는 경우에는 정상을 고려하여 「형법」 제268조의 형을 감경(減輕)하거나 면제할 수 있다.

② 응급처치 제공의무를 가진 자가 응급환자에게 발생한 생명의 위험, 심신상의 중대한 위해 또는 증상의 악화를 방지하기 위하여 긴급히 제공하는 응급처치(자동심장충격기를 사용하는 경우를 포함)로 인하여 응급환자가 사상에 이른 경우 응급처치행위가 불가피하였고 응급처치행위자에게 중대한 과실이 없는 경우에는 정상을 고려하여 형을 감경하거나 면제할 수 있다.

section 5 응급구조사의 업무 및 윤리

⑴ 응급구조사의 업무〈「응급의료에 관한 법률」 제41조〉

① 응급구조사는 응급환자가 발생한 현장에서 응급환자에 대하여 상담·구조 및 이송 업무를 수행하며, 「의료법」 제27조의 무면허 의료행위 금지 규정에도 불구하고 보건복지부령으로 정하는 범위에서 현장에 있거나 이송 중이거나 의료기관 안에 있을 때에는 응급처치의 업무에 종사할 수 있다.

② 보건복지부장관은 5년마다 응급구조사 업무범위의 적절성에 대한 조사를 실시하고, 중앙위원회의 심의를 거쳐 응급구조사 업무범위 조정을 위하여 필요한 조치를 할 수 있다.

⑵ 응급구조사의 업무범위〈「응급의료에 관한 법률 시행규칙」 제33조〉

① 1급 응급구조사의 업무범위
　㉠ 심폐소생술의 시행을 위한 기도유지(기도기(airway)의 삽입, 기도삽관(intubation), 후두마스크 삽관 등을 포함)
　㉡ 정맥로의 확보
　㉢ 인공호흡기를 이용한 호흡의 유지

응급구조사의 역할
㉠ 환자의 모든 징후 및 증상을 정확히 평가하고 분석한다.
㉡ 환자에게 적절한 응급처치를 신속하고 정확하게 시행한다.
㉢ 안전하고 효율적인 방법을 통해 환자를 이송한다.
㉣ 환자의 중증도에 따라 치료 가능한 병원으로 이송한다.
㉤ 환자의 처치 및 치료와 관계되는 모든 부서와 긴밀한 연락을 취한다.
㉥ 자신이 시행한 처치 및 행위를 기록하여 의료진에게 전달한다.

ㄹ 약물투여 : 저혈당성 혼수시 포도당의 주입, 흉통시 니트로글리세린의 혀아래(설하) 투여, 쇼크시 일정량의 수액투여, 천식 발작시 기관지확장제 흡입

ㅁ 2급 응급구조사의 업무

② 2급 응급구조사의 업무범위

ㄱ 구강 내에 이물질의 제거

ㄴ 기도기(airway)를 이용한 기도유지

ㄷ 기본 심폐소생술

ㄹ 산소투여

ㅁ 부목·척추고정기·공기 등을 이용한 사지 및 척추 등의 고정

ㅂ 외부출혈의 지혈 및 창상의 응급처치

ㅅ 심박·체온 및 혈압 등의 측정

ㅇ 쇼크방지용 하의 등을 이용한 혈압의 유지

ㅈ 자동심장충격기를 이용한 규칙적 심박동의 유도

ㅊ 흉통시 니트로글리세린의 혀아래(설하) 투여

ㅋ 천식 발작시 기관지확장제 흡입(환자가 해당약물을 휴대하고 있는 경우에 한함)

(3) 응급구조사의 준수사항〈「응급의료에 관한 법률 시행규칙」 제32조〉

응급구조사는 응급환자의 안전을 위하여 그 업무를 수행할 때 응급처치에 필요한 의료장비, 무선통신장비 및 구급의약품의 관리·운용과 응급구조사의 복장·표시 등 응급환자 이송·처치에 필요한 사항을 지켜야 한다.

① 구급차내의 장비는 항상 사용할 수 있도록 점검하고 장비에 이상이 있을 때에는 지체 없이 정비하거나 교체한다.

② 환자의 응급처치에 사용한 의료용 소모품이나 비품은 소속기관으로 귀환하는 즉시 보충하고 유효기간이 지난 의약품 등을 보관하지 않는다.

③ 구급차의 무선장비는 매일 점검하여 통화가 가능한 상태로 유지하고 출동할 때부터 귀환할 때까지 무선을 개방한다.

④ 응급환자를 구급차에 탑승시킨 이후에는 가급적 경보기를 울리지 아니하고 이동한다.

⑤ 응급구조사는 구급차 탑승시 응급구조사의 신분을 알 수 있도록 소속, 성명, 해당 자격 등을 기재한 아래 표식을 상의 가슴에 부착한다.

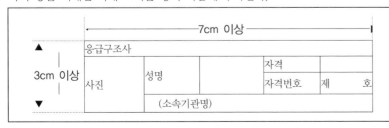

🔖 **기출PLUS**

❓ 응급구조사의 준수사항에 해당하지 않는 것은?

① 구급차의 무선장비를 매일 점검하여 통화가능 상태를 유지한다.

② 응급환자를 구급차에 탑승시킨 이후에 경보기를 울리면서 이동한다.

③ 구급차에 탑승할 때에는 신분을 알 수 있도록 성명, 소속 등을 표시를 한다.

④ 환자 응급처치를 위한 의료용 소모품은 소속기관으로 귀환하면 즉시 보충한다.

❮ 정답 ②

(4) 비밀 준수 의무〈「응급의료에 관한 법률」 제40조〉

응급구조사는 직무상 알게 된 비밀을 누설하거나 공개하지 않는다.

(5) 경미한 응급처치〈「응급의료에 관한 법률 시행규칙」 제34조〉

응급구조사가 의사의 지시를 받지 않고 행할 수 있는 응급처치의 범위는 2급 응급구조사의 업무범위와 같다.

(6) 업무의 제한〈「응급의료에 관한 법률」 제42조〉

응급구조사는 의사로부터 구체적인 지시를 받지 않은 응급처치를 하여서는 아니 된다. 다만, 2급 응급구조사가 할 수 있는 업무범위의 응급처치를 하는 경우와 급박한 상황에서 통신의 불능(不能) 등으로 의사의 지시를 받을 수 없는 경우에는 그러하지 아니하다.

(7) 응급구조학을 전공하는 학생의 응급처치 허용〈「응급의료에 관한 법률」 제43조2〉

대학 또는 전문대학에서 응급구조학을 전공하는 학생은 보건복지부령으로 정하는 경우에 한하여 의사로부터 구체적인 지시를 받아 응급처치를 할 수 있다. 이 경우에는 응급구조사에 관한 규정을 준용한다.

section 6 응급환자

(1) 응급증상〈「응급의료에 관한 법률 시행규칙」 별표 1〉

① **신경학적 응급증상**… 급성의식장애, 급성신경학적 이상, 구토·의식장애 등의 증상이 있는 두부 손상

② **심혈관계 응급증상**… 심폐소생술이 필요한 증상, 급성호흡곤란, 심장질환으로 인한 급성흉통, 심계항진, 박동이상 및 쇼크

③ **중독 및 대사장애**… 심한 탈수, 약물·알콜 또는 기타 물질의 과다복용이나 중독, 급성대사장애(간부전·신부전·당뇨병 등)

④ **외과적 응급증상**… 개복술을 요하는 급성복증(급성복막염·장폐색증·급성췌장염 등 중한 경우에 한함), 광범위한 화상(외부신체 표면적의 18% 이상), 관통상, 개방성·다발성 골절 또는 대퇴부 척추의 골절, 사지를 절단할 우려가 있는 혈관 손상, 전신마취하에 응급수술을 요하는 중상, 다발성 외상

⑤ **출혈**… 계속되는 각혈, 지혈이 안되는 출혈, 급성 위장관 출혈

⑥ 안과적 응급증상 … 화학물질에 의한 눈의 손상, 급성 시력 손실

⑦ 알러지 … 얼굴 부종을 동반한 알러지 반응

⑧ 소아과적 응급증상 … 소아경련성 장애

⑨ 정신과적 응급증상 … 자신 또는 다른 사람을 해할 우려가 있는 정신장애

(2) 응급증상에 준하는 증상〈「응급의료에 관한 법률 시행규칙」 별표 1〉

① 신경학적 응급증상 … 의식장애, 현훈

② 심혈관계 응급증상 … 호흡곤란, 과호흡

③ 외과적 응급증상 … 화상, 급성복증을 포함한 배의 전반적인 이상증상, 골절 · 외상 또는 탈골, 그 밖에 응급수술을 요하는 증상, 배뇨장애

④ 출혈 … 혈관손상

⑤ 소아과적 응급증상 … 소아 경련, 38℃ 이상인 소아 고열(공휴일 · 야간 등 의료서비스가 제공되기 어려운 때에 8세 이하의 소아에게 나타나는 증상)

⑥ 산부인과적 응급증상 … 분만 또는 성폭력으로 인하여 산부인과적 검사 또는 처치가 필요한 증상

⑦ 이물에 의한 응급증상 … 귀 · 눈 · 코 · 항문 등에 이물이 들어가 제거술이 필요한 환자

⑧ 응급증상으로 진행될 가능성이 있다고 응급의료종사자가 판단하는 증상의 환자

section 7 응급의료종사자의 권리와 의무〈「응급의료에 관한 법률」 제3장〉

(1) 응급의료의 거부금지

① 응급의료기관 등에서 근무하는 응급의료종사자는 응급환자를 항상 진료할 수 있도록 응급의료업무에 성실히 종사한다.

② 응급의료종사자는 업무 중에 응급의료를 요청받거나 응급환자를 발견하면 즉시 응급의료를 하고 정당한 사유 없이 이를 거부하거나 기피하지 못한다.

(2) 응급환자가 아닌 사람에 대한 조치

① 의료인은 응급환자가 아닌 사람을 응급실이 아닌 의료시설에 진료를 의뢰하거나 다른 의료기관에 이송할 수 있다.

② 진료의뢰 · 환자이송의 기준 및 절차 등에 관하여 필요한 사항은 대통령령으로 정한다.

(3) 응급환자에 대한 우선 응급의료

① 응급의료종사자는 응급환자에 대하여는 다른 환자보다 우선하여 상담·구조 및 응급처치를 하고 진료를 위하여 필요한 최선의 조치를 한다.

② 응급의료종사자는 응급환자가 2명 이상이면 의학적 판단에 따라 더 위급한 환자부터 응급의료를 실시한다.

(4) 응급의료의 설명·동의

① 응급의료종사자는 다음에 해당하는 경우를 제외하고는 응급환자에게 응급의료에 관하여 설명하고 그 동의를 받아야 한다.

    ㉠ 응급환자가 의사결정능력이 없는 경우

    ㉡ 설명 및 동의 절차로 인하여 응급의료가 지체되면 환자의 생명이 위험하거나 심신상의 중대한 장애를 가져오는 경우

② 응급환자가 의사결정능력이 없는 경우에 응급의료종사자

    ㉠ 법정대리인이 동행하였을 때 : 법정대리인에게 응급의료에 관하여 설명하고 그 동의를 받는다.

    ㉡ 법정대리인이 동행하지 아니한 경우 : 동행한 사람에게 설명한 후 응급처치를 하고 의사의 의학적 판단에 따라 응급진료를 할 수 있다.

③ 응급의료에 관한 설명·동의서

> 응급의료에 관한 설명·동의서
>
> 1. 환자에게 발생하거나 발생 가능한 증상의 진단명은 (   )입니다.
> 2. 환자의 질병을 치료하기 위하여 아래와 같은 방법으로 응급의료를 실시할 예정입니다.
> 3. 위 방법으로 응급의료를 하였을 때의 환자의 예상결과(예후)는 다음과 같습니다.
> 4. 위의 응급의료를 받지 아니하는 경우의 환자의 예상결과(예후)는 다음과 같습니다.
> 5. 이 환자의 경우는 다음과 같은 사항을 더 고려하여야 합니다.
> 6. 환자인 저(또는 법정대리인)는 위 사항을 충분히 이해하였고 저(또는 법정대리인)의 자율적 의사에 따라 위의 응급의료에 동의합니다.
>
> 0000년 00월 00일
>
>   환자 또는 법정대리인   (서명 또는 인)
>   응급의료종사자   (서명 또는 인)

(5) 응급의료에 관한 설명·동의의 내용 및 절차〈「응급의료에 관한 법률 시행규칙」 제3조〉

① 응급환자 또는 그 법정대리인에게 응급의료에 관하여 설명하고 동의를 얻어야 할 내용

    ㉠ 환자에게 발생하거나 발생 가능한 증상의 진단명

    ㉡ 응급검사의 내용

TIP

응급의료 제공 시 설명 및 동의 예외 사유〈「응급의료에 관한 법률」 제9조〉
㉠ 응급환자가 의사결정능력이 없는 경우
㉡ 설명 및 동의 절차로 응급의료가 지체되면 환자의 생명이 위험해지거나 심신상 중대한 장애를 가져오는 경우

TIP

특수한 상황에서의 동의의 법칙 적용
㉠ 미성년자 또는 정신적으로 무능력한 성인의 경우 환자의 부모, 법적 대리인, 법원 지정 관리인으로부터 동의를 얻어야 한다.
㉡ 소아 환자 중 보호자를 찾을 수 없는 경우, 지적 무능력 상태인 성인 환자의 경우 묵시적 동의 원칙을 적용하여 치료를 진행한다.
㉢ 18세 미만이지만 독립한 미성년자는 기혼자, 임산부, 부모, 군인, 타향에서 경제적 자립을 이룬 후 생활하는 자이다. 이들은 성인으로 간주하여 설명된 동의 원칙을 적용하여 치료를 진행한다.

ⓒ 응급처치의 내용

ⓔ 응급의료를 받지 아니하는 경우의 예상결과 또는 예후

ⓜ 그 밖에 응급환자가 설명을 요구하는 사항

② ①에 정해진 규정에 의한 설명·동의는 응급의료에 관한 설명·동의서에 의한다.

③ 응급의료종사자가 의사결정능력이 없는 응급환자의 법정대리인으로부터 동의를 얻지 못하였으나 응급환자에게 반드시 응급의료가 필요하다고 판단되는 때에는 의료인 1명 이상의 동의를 얻어 응급의료를 할 수 있다.

(6) 응급의료 중단의 금지

응급의료종사자는 정당한 사유가 없으면 응급환자에 대한 응급의료를 중단하면 안된다.

(7) 응급환자의 이송

① 의료인은 해당 의료기관의 능력으로는 응급환자에 대하여 적절한 응급의료를 할 수 없다고 판단한 경우에는 지체 없이 그 환자를 적절한 응급의료가 가능한 다른 의료기관으로 이송한다.

② 의료기관의 장은 응급환자를 이송할 때에는 응급환자의 안전한 이송에 필요한 의료기구 및 인력과 응급환자를 이송 받는 의료기관에 진료에 필요한 의무기록(醫務記錄)을 제공한다.

③ 의료기관의 장은 이송에 든 비용을 환자에게 청구할 수 있다.

④ 응급환자의 이송절차, 의무기록의 이송 및 비용의 청구 등에 필요한 사항은 보건복지부령으로 정한다.

(8) 응급의료 등의 방해 금지

누구든지 응급의료종사자(의료기사, 간호조무사를 포함)와 구급차 등의 응급환자에 대한 구조·이송·응급처치 또는 진료를 폭행, 협박, 위계(僞計), 위력(威力), 그 밖의 방법으로 방해하거나 의료기관 등의 응급의료를 위한 의료용 시설·기재(機材)·의약품 또는 그 밖의 기물(器物)을 파괴·손상하거나 점거하면 안된다.

기출PLUS

📢 TIP

동의의 원칙

ⓐ 설명된 동의 : 응급환자 또는 그의 법정대리인에게 충분한 정보가 제공된 후에 얻어진 동의이다.

• 응급환자 또는 그의 법정대리인은 제공받는 치료 절차에 대한 내용, 위험성, 이점 등에 대해 정확히 이해해야 한다.

• 응급의료종사자는 설명 및 동의를 얻을 시 다음의 내용을 반드시 설명해야 한다.

－환자에게 발생한 증상 또는 발생 가능한 증상의 진단명

－응급검사 및 응급처치 내용

－응급의료를 받지 않을 경우 예상되는 결과 및 예후

－응급환자가 설명을 요구하는 사항 치료

－이송 거부에 수반되는 위험성

• 의식이 있고 법적 능력이 있는 환자는 언제든 응급의료에 대한 동의 및 거부 의사를 표현할 수 있다.

• 환자가 18세 미만인 경우 응급처치 시작 전 환자의 부모 또는 법적대리인의 동의가 반드시 필요하다.

ⓑ 명시적 동의 : 응급환자가 응급치료에 대해 언어적·비언어적 또는 서면을 통해 직접 동의한다.

ⓒ 묵시적 동의 : 처치 또는 진료를 받는 환자가 이를 거부하지 않으면 암묵적으로 진료 및 처치 행위에 동의한다.

• 환자가 설명된 동의를 할 수 있는 상태였다면 치료에 분명히 동의했을 것이라고 추정되는 경우에도 묵시적 동의를 적용한다.

• 환자에게 더 이상의 응급처치가 필요하지 않거나 의식과 지적능력이 회복될 때까지만 유효하다.

ⓓ 비자의적 동의 : 본인의 의사와 상관 없이 얻어지는 동의이다.

• 지역사회로 전파를 막기 위해 강제로 치료하는 감염병 환자

• 정신질환자

• 법 집행에 의해서 체포된 환자

section 8 전문성 강화

(1) 구조·구급대원의 전문성 강화〈「119구조·구급에 관한 법률」제25조〉

① 소방청장은 국민에게 질 높은 구조와 구급서비스를 제공하기 위하여 전문 구조·구급대원의 양성과 기술향상을 위하여 필요한 교육훈련 프로그램을 운영한다.

② 구조·구급대원은 업무와 관련된 새로운 지식과 전문기술의 습득 등을 위하여 행정안전부령으로 정하는 바에 따라 소방청장이 실시하는 교육훈련을 받는다.

③ 소방청장은 구조·구급대원의 전문성을 향상시키기 위하여 필요한 경우 교육훈련을 국내외 교육기관 등에 위탁하여 실시할 수 있다.

(2) 구조대원이 교육훈련〈「119구조·구급에 관한 법률 시행규칙」제24조〉

① 구조대원의 교육훈련 구분 … 일상교육훈련 및 특별구조훈련으로 구분한다.

② 일상교육훈련 … 구조대원의 일일근무 중 실시하고 구조장비 조작과 안전관리에 관한 내용을 포함한다.

③ 구조대원은 연 40시간 이상 받는 특별구조훈련의 내용

　　㉠ 방사능 누출, 생화학테러 등 유해화학물질 사고에 대비한 화학구조훈련

　　㉡ 하천(호소(湖沼: 호수와 늪)를 포함), 해상(海上)에서의 익수·조난·실종 등에 대비한 수난구조훈련

　　㉢ 산악·암벽 등에서의 조난·실종·추락 등에 대비한 산악구조훈련

　　㉣ 그 밖의 재난에 대비한 특별한 교육훈련

④ ①에서부터 ②까지에서 규정한 사항 외에 구조대원의 교육훈련에 필요한 세부사항은 소방청장이 정한다.

(3) 119항공대 소속 조종사 및 정비사 등에 대한 교육훈련〈「119구조·구급에 관한 법률 시행규칙」제25조〉

① 조종사

　　㉠ 비행교육훈련: 기종전환교육훈련(신규임용자 포함), 자격회복훈련, 기술유지비행훈련

　　㉡ 조종전문교육훈련: 해상생환훈련, 항공안전관리교육, 계기비행훈련, 비상절차훈련, 항공기상상황관리교육, 그 밖의 항공안전 및 기술향상에 관한 교육훈련

② 정비사 … 해상생환훈련, 항공안전관리교육, 항공정비실무교육, 그 밖의 항공안전 및 기술향상에 관한 교육훈련이 있다.

③ 구조 · 구급대원이 연 40시간 이상 받아야 하는 항공구조훈련의 내용

  ㉠ 구조 · 구난(救難)과 관련된 기초학문 및 이론 교육

  ㉡ 항공구조기법 및 항공구조장비와 관련된 이론 및 실기 교육

  ㉢ 항공구조활동 시 응급처치와 관련된 이론 및 실기 교육

  ㉣ 항공구조활동과 관련된 안전교육1

  ㉤ 그 밖의 항공구조활동에 관한 교육훈련

④ 교육훈련의 세부사항은 소방청장이 정한다.

(4) 구급대원의 교육훈련〈「119구조 · 구급에 관한 법률 시행규칙」 제26조〉

① **구급대원의 교육훈련 구분** … 일상교육훈련 및 특별교육훈련으로 구분한다.

② **일상교육훈련** … 구급대원의 일일근무 중 실시하고 구급장비 조작과 안전관리에 관한 내용을 포함한다.

③ **구급대원은 연간 40시간 이상 받는 특별교육훈련 내용** … 임상실습 교육훈련, 전문 분야별 응급처치교육, 그 밖에 구급활동과 관련된 교육훈련

④ 소방청장 등은 구급대원의 교육을 위하여 소방청장이 정하는 응급처치용 실습기자재와 실습공간을 확보한다.

⑤ 소방청장은 구급대원에 대한 체계적인 교육훈련을 실시하기 위해 소방공무원으로서 다음에 해당하는 자격을 갖춘 사람 중 소방청장이 정하는 교육과정을 수료한 사람을 구급지도관으로 선발할 수 있다.

  ㉠ 「의료법」 제2조 제1항에 따른 의료인

  ㉡ 「응급의료에 관한 법률」 제36조 제2항에 따라 1급 응급구조사 자격을 취득한 사람

⑥ ①부터 ⑤까지에서 규정한 사항 외에 구급대원의 교육훈련 및 구급지도관의 선발 · 운영 등에 필요한 세부적인 사항은 소방청장이 정한다.

(5) 구급지도의사

① 소방청장 등은 구급대원에 대한 교육 · 훈련과 구급활동에 대한 지도 · 평가 등을 수행하기 위하여 지도의사를 선임하거나 위촉한다.

② **선임**〈「119구조 · 구급에 관한 법률 시행령」 제27조의2〉 … 소방청장 등은 각 기관별로 1명 이상의 지도의사를 선임하거나 위촉한다. 이 경우 의사로 구성된 의료 전문기관 · 단체의 추천을 받아 소방청 또는 소방본부 단위로 각 기관별 구급지도의사를 선임하거나 위촉할 수 있다.

③ 임기 … 2년

④ 업무 … 구급대원에 대한 교육 및 훈련, 접수된 구급신고에 대한 응급의료 상담, 응급환자 발생 현장에서 구급대원에 대한 응급의료 지도, 구급대원의 구급활동 등에 대한 평가, 응급처치 방법·절차의 개발, 재난 등으로 인한 현장출동 요청 시 현장 지원, 그 밖에 구급대원에 대한 교육·훈련 및 구급활동에 대한 지도·평가와 관련 하여 응급의료 관계 법령에 규정되어 있지 아니하거나 응급의료 관계 법령에 규정 된 내용을 초과하여 규정할 필요가 있다고 소방청장이 판단하여 정하는 업무이다.

⑤ 소방청장 등이 구급지도의사가 구급지도의사를 해임하거나 해촉시키는 경우

   ㉠ 심신장애로 인하여 직무를 수행할 수 없게 된 경우

   ㉡ 직무와 관련된 비위사실이 있는 경우

   ㉢ 직무태만, 품위손상이나 그 밖의 사유로 인하여 구급지도의사로 적합하지 아니 하다고 인정되는 경우

   ㉣ 구급지도의사 스스로 직무를 수행하는 것이 곤란하다고 의사를 밝히는 경우

⑥ 소방청장 등은 구급지도의사의 업무 실적을 관리하여야 한다.

⑦ 소방청장 등은 구급지도의사의 업무 실적에 따라 구급지도의사에게 예산의 범위에 서 수당을 지급할 수 있다.

⑧ 규정한 사항 외에 구급지도의사의 선임 또는 위촉 기준, 업무 및 실적 관리 등과 관련하여 필요한 세부적인 사항은 소방청장이 정한다.

section **9** 응급구조사의 안전과 건강

(1) 구조·구급대원에 대한 안전사고방지대책 수립·시행

소방청장은 구조·구급대원의 안전사고방지대책, 감염방지대책, 건강관리대책 등을 수 립·시행한다.

(2) 안전사고방지대책〈「119구조·구급에 관한 법률 시행령」 제25조〉

① 소방청장은 구조·구급대원의 안전사고 방지를 위하여 안전관리 표준지침을 마련하 여 시행한다.

② 안전관리 표준지침은 구조활동과 구급활동으로 구분하되 유형별 안전관리 기본수칙 과 행동매뉴얼을 포함한다.

(3) 감염관리대책〈「119구조 · 구급에 관한 법률 시행령」 제26조〉

① 소방청장 등은 구조 · 구급대원의 감염 방지를 위하여 구조 · 구급대원이 소독을 할 수 있도록 소방서별로 119감염관리실을 1개소 이상 설치한다.

② 구조 · 구급대원은 근무 중 위험물 · 유독물 및 방사성물질에 노출되거나 감염성 질병에 걸린 요구조자 또는 응급환자와 접촉한 경우에는 그 사실을 안 때부터 48시간 이내에 소방청장 등에게 보고한다.

③ 보고를 받은 소방청장 등은 유해물질 등에 노출되거나 감염성 질병에 걸린 요구조자 또는 응급환자와 접촉한 구조 · 구급대원이 적절한 진료를 받을 수 있도록 조치하고, 접촉일부터 15일 동안 구조 · 구급대원의 감염성 질병 발병 여부를 추적 · 관리한다. 이 경우 잠복기가 긴 질환에 대해서는 잠복기를 고려하여 추적 · 관리 기간을 연장할 수 있다.

④ 119감염관리실의 규격 · 성능 및 119감염관리실에 설치하여야 하는 장비 등 세부 기준은 소방청장이 정한다.

(4) 감염병환자 등의 통보〈「119구조 · 구급에 관한 법률」 제23조의2〉

① 질병관리청장 및 의료기관의 장은 구급대가 이송한 응급환자가 「감염병의 예방 및 관리에 관한 법률」 제2조 제13호부터 제15호까지 및 제15호의2의 감염병환자, 감염병의사환자, 병원체보유자 또는 감염병의심자인 경우에는 그 사실을 소방청장등에게 즉시 통보한다. 이 경우 정보시스템을 활용하여 통보할 수 있다.

② 소방청장 등은 감염병환자 등과 접촉한 구조 · 구급대원이 적절한 치료를 받을 수 있도록 조치한다.

(5) 감염병환자 등의 통보대상 및 통보 방법〈「119구조 · 구급에 관한 법률 시행령」 제25조의2〉

① 질병관리청장 및 의료기관의 장은 구급대가 이송한 감염병환자 등과 관련된 감염병이 통지대상에 해당하는 경우에는 소방청장 등에게 그 사실을 즉시 통보한다.

② 통보대상
  ㉠ 제1급 감염병
  ㉡ 결핵, 홍역, 수막구균 감염증
  ㉢ 그 밖에 구급대원의 안전 확보 및 감염병 확산 방지를 위하여 소방청장이 보건복지부, 질병관리청 등 관계 기관과 협의하여 지정하는 감염병

③ 통보 방법
  ㉠ 질병관리청장이 통보하는 경우: 행정안전부령으로 정하는 감염병 발생 통보서를 정보시스템을 통하여 소방청장에게 통보한다.

ⓛ 의료기관의 장이 통보하는 경우 : 행정안전부령으로 정하는 감염병 발생 통보서를 정보시스템, 서면 또는 팩스를 통하여 소방청장 또는 관할 시·도 소방본부장에게 통보한다. 다만, 부득이한 사유로 정보시스템 등으로 통보하기 어려운 경우에는 구두 또는 전화(문자메시지 포함)로 감염병환자 등의 감염병명 및 감염병의 발생정보 등을 통보할 수 있다.

④ 정보를 통보받은 자는 감염병과 관련된 구조·구급 업무 외의 목적으로 정보를 사용할 수 없고, 업무 종료 시 지체 없이 파기해야 한다.

⑤ 소방청장은 구조·구급활동을 위하여 필요하다고 인정하는 경우에는 구급대가 이송한 감염병환자 등 외에 감염병과 관련된 감염병환자 등에 대한 정보를 제공하여 줄 것을 질병관리청장에게 요청할 수 있다.

(6) 감염성 질병 및 유해물질 등 접촉 보고서〈「119구조·구급에 관한 법률 시행규칙」 제20조〉

① 구조·구급대원이 근무 중 위험물·유독물 및 방사성물질에 노출되거나 감염성 질병에 걸린 요구조자 또는 응급환자와의 접촉 사실을 소방청장 등에게 보고하는 경우에는 감염성 질병 및 유해물질 등 접촉 보고서를 작성하여 보고한다.

② 노출 시 조치가 필요한 감염성 질환

종류	노출·접촉 경로	조치 및 예방법
A형 간염	A형 간염에 감염된 환자의 분변에 의해서 노출	노출 2주 이내 1회 예방 접종
B형 간염	B형 간염에 항체가 없는 사람이 경피적 또는 점막을 통해 HBsAg 양성 환자의 혈액에 노출	노출 후 최대한 빠른 시간 내 1회 예방 접종 한 후 백신 접종 일정에 맞춰 계속 투여
백일해	백일해에 감염된 환자의 호흡기에서 발생한 에어로졸 또는 호흡기 분비물과 직접적으로 접촉	노출 후 14일간 Erythromycin 또는 Bactrim 복용
디프테리아	디프테리아 환자 이송 과정에서 노출	–
광견병	광견병 감염 동물 또는 사람으로부터의 상해 또는 감염성 물질 등으로부터 점막 또는 창상부위 오염	백신 미접종자는 HRIG 및 HDCV 또는 RNA 백신 투여하고, 백신 접종자는 HDCV 또는 RNA만 접종
수두	수두 환자에 노출 시 Vaicella Zoster IgG 검사를 통해 항체 음성이 확인된 경우	–

(7) 검진기록의 보관〈「119구조·구급에 관한 법률 시행규칙」 제21조〉

소방청장 등은 다음 자료를 구조·구급대원이 퇴직할 때까지 소방공무원인사기록철에 함께 보관한다.

① 감염성 질병·유해물질 등 접촉 보고서 및 진료 기록부

② 정기건강검진 결과서 및 진료 기록부

③ 그 밖에 구조·구급대원의 병력을 추정할 수 있는 자료

(8) 건강관리대책〈「119구조·구급에 관한 법률 시행령」 제27조〉

① 소방청장 등은 소속 구조·구급대원에 대하여 연 2회 이상 정기건강검진을 실시한다. 다만, 구조·구급대원이 「국민건강보험법」에 따른 건강검진을 받은 경우에는 1회의 정기건강검진으로 인정할 수 있다.

② 신규채용 된 소방공무원을 구조·구급대원으로 배치하는 경우에는 공무원 채용신체검사 결과를 1회의 정기건강검진으로 인정할 수 있다.

③ 소방청장 등은 정기건강검진의 결과 구조·구급대원으로 부적합하다고 인정되는 구조·구급대원에 대해서는 구조·구급대원으로서의 배치를 중지하고 건강 회복을 위하여 필요한 조치한다.

④ 구조·구급대원은 구조·구급업무 수행으로 인하여 신체적·정신적 장애가 발생하였다고 판단하는 경우에는 그 사실을 해당 소방청장 등에게 보고한다.

⑤ ④에 따른 보고를 받은 소방청장 등은 해당 구조·구급대원이 의료인의 진료를 받을 수 있도록 조치한다.

⑥ **구조·구급대원의 정기건강검진 항목**〈「119구조·구급에 관한 법률 시행규칙」 제22조〉

구분	검사 항목	관련 질환	1회(상반기)	2회(하반기)	비고
혈액 검사	SGOT	급성·만성 간염 B형간염 항원, 항체	◎	◎	
	SGPT		◎	◎	
	HBs Ag/Ab		◎	◎	
	공복 시 혈당	당뇨병	◎	⊙	2회 선택
	AIDS	후천성면역결핍증	◎	◎	
	HCV	C형간염	◎	◎	
	HAV	A형간염	◎	◎	
	C.B.C 11종	빈혈, 혈액질환	◎	⊙	2회 선택
	소변 10종	비뇨기계 감염 및 종양	◎	⊙	2회 선택
	V.D.R.L	매독	◎	◎	
장비 검사	요추 MRI 검사	추간원판 탈출증	◎		
	흉부 X선검사	폐결핵, 폐암, 기관지염	◎	⊙	2회 선택
	심전도검사	심장 관련 질환	◎	◎	
	초음파검사	간, 신장, 비장, 췌장, 담낭	◎	⊙	2회 선택

㉠ 표기 중 ◎는 필수항목, ⊙는 선택항목을 말한다.

㉡ 검진대상자가 3개월 내에 개인적으로 위 검사 항목에 대한 검진을 받아 그 검사 결과가 적합한 경우와 위 검사 항목의 질환에 대하여 예방접종을 한 경우에는 해당 항목의 검사를 생략할 수 있다.

section 10 스트레스 관리

(1) 외상 후 스트레스 장애

① 정의 … 충격적인 사건을 경험하고 난 이후에 심리적인 원인으로 인해 발생한다. 당시의 상황을 반복적으로 재경험하면서 고통을 느끼는 질환이다. 사건 발생 이후 1달 이후나 1년 이상 지나서 발생할 수 있다.

② 유형
  ㉠ 일상생활형 : 지속적인 스트레스 상황에 노출되거나 학대와 같은 충격적인 환경에 누적되는 경우 발생할 수 있다.
  ㉡ 재난·사고형 : 재난, 사고 등과 같은 대형사고로 충격적인 상황에 접하게 되는 경우 발생할 수 있다.

③ 증상
  ㉠ 외상적인 사건이 일상생활 속에서 다시 경험하는 침습적인 증상이 나타난다.
  ㉡ 생각하고 싶지 않은 기억과 감정을 차단하기 위해서 회피한다.
  ㉢ 자신과 타인을 부정적으로 인식한다. 공포, 분노, 죄책감, 수치심 등의 부정적인 감정을 겪고 인간관계에 거리를 둔다. 행복, 만족감, 사랑의 감정 등을 느끼기 어려워한다.
  ㉣ 심한 외상 이후에 지나치게 각성하여 같은 위험에 처한 것 같은 느낌으로 안절부절하며 경계한다.
  ㉤ 해리 현상, 공황발작, 환청, 환시 등을 겪을 수 있다.
  ㉥ 괴로운 기억을 잊기 위해서 알코올이나 약물에 의존하여 약물중독에 이를 수 있다.

④ 외상 후 스트레스 장애로 인한 이상심리
  ㉠ 불안, 우울, 환각 등이 생성된다.
  ㉡ 충격적인 사건이 다시 발생할 수도 있다는 사고와 믿음이 형성된다.
  ㉢ 집중도 저하, 자신감 결여 등이 초래되고 재발할 것 같은 불안한 마음 등이 생성된다.
  ㉣ 평소에 늘 그 사건에 시달리다가 통증을 지니게 되는 만성화 단계에 이른다.

(2) 외상 후 스트레스 장애의 치료

① 외상 후 스트레스와 관련된 증상을 차분히 바라보고 증상에 대한 대화를 나눠보는 것이 좋다.

② 매일 4~5회 가량의 출동과 20일 이상의 근무 등의 근로여건 속에서 트라우마 상황에 노출이 된다. 치료프로그램은 꾸준히 진행하는 것이 필요하다.

③ 외상 후 스트레스 장애의 증상이 없더라도 어려움을 겪는 동료가 있다면 적극적으로 지지하고 격려한다.

④ 관련증상이 가족에게 전이될 수 있고 자녀에게 영향을 줄 수 있음을 기억한다.

⑤ 정기적인 교육과 프로그램으로 스트레스를 관리한다.

(3) 치료에 대한 이해

① 상담 치료는 한 번에 끝나지 않음을 염두에 둔다.

② 외상 후 스트레스 장애가 발생하기 이전처럼 완벽하게 치유될 수 없다.

③ 우울과 불안이 해소된 이후 공허가 찾아올 수 있다.

④ 치료의 목적은 문제해소 기능, 근육형성이다.

⑤ 치료 이후에 변한 것은 없음을 이해하고 능력발휘를 위해 자기계발을 한다.

section 11 국민의 권리와 의무〈「응급의료에 관한 법률」 제2장〉

(1) 응급의료를 받을 권리

모든 국민은 성별, 나이, 민족, 종교, 사회적 신분 또는 경제적 사정 등을 이유로 차별받지 아니하고 응급의료를 받을 권리를 가진다. 국내에 체류하고 있는 외국인도 또한 같다.

(2) 응급의료에 관한 알 권리

① 모든 국민은 응급상황에서 응급처치 요령, 응급의료기관 등의 안내 등 기본적인 대응방법을 알 권리가 있으며, 국가와 지방자치단체는 그에 대한 교육·홍보 등 필요한 조치를 마련한다.

② 모든 국민은 국가나 지방자치단체의 응급의료에 대한 시책에 대하여 알 권리를 가진다.

(3) 응급환자에 대한 신고 및 협조 의무

① 누구든지 응급환자를 발견하면 즉시 응급의료기관 등에 신고한다.

② 응급의료종사자가 응급의료를 위하여 필요한 협조를 요청하면 누구든지 적극 협조한다.

(4) 선의의 응급의료에 대한 면책

생명이 위급한 응급환자에게 ①~③ 어느 하나에 해당하는 행위자가 응급의료 또는 응급처치를 제공하여 발생한 재산상 손해와 사상(死傷)에 대하여 고의 또는 중대한 과실이 없는 경우, 민사책임과 상해(傷害)에 대한 형사책임을 지지 않고 사망에 대한 형사책임은 감면한다.

❓ 선의의 응급의료에 면책에 해당하지 않는 것은?

① 응급구조사가 업무 중에 수행한 응급처치로 인한 상해
② 응급의료종사자가 업무수행이 아닌 때 자격 범위 내에서 한 응급의료
③ 응급의료종사자가 아닌 자가 실시한 응급처치
④ 응급처치 제공의무를 가진 자가 업무수행 중이 아닌 때에 한 응급처치

〈정답 ①〉

① 다음에 해당하지 아니하는 자가 한 응급처치
  ㉠ 응급의료종사자
  ㉡ 「선원법」 제86조에 따른 선박의 응급처치 담당자
  ㉢ 「119구조 · 구급에 관한 법률」 제10조에 따른 구급대 등 다른 법령에 따라 응급처치 제공의무를 가진 자
② 응급의료종사자가 업무수행 중이 아닌 때 본인이 받은 면허 또는 자격의 범위에서 한 응급의료
③ 선박 응급처치 담당자나 구급대 등의 응급처치 제공의무를 가진 자가 업무수행 중이 아닌 때에 한 응급처치

section 12 국가 및 지방자치단체의 책임 〈「응급의료에 관한 법률」 제4장〉

(1) 응급의료의 제공

국가 및 지방자치단체는 응급환자의 보호, 응급의료기관 등의 지원 및 설치 · 운영, 응급의료종사자의 양성, 응급이송수단의 확보 등으로 응급의료를 제공하기 위한 시책을 마련하고 시행한다.

(2) 응급의료기본계획 및 연차별 시행계획

① 보건복지부장관은 응급의료를 제공하기 위하여 중앙응급의료위원회의 심의를 거쳐 응급의료 기본계획을 5년마다 수립한다.
② 기본계획은 「공공보건의료에 관한 법률」에 따른 공공보건의료 기본계획과 연계하여 수립하고 다음을 포함한다.
  ㉠ 국민의 안전한 생활환경 조성을 위한 사항: 국민에 대한 응급처치 및 응급의료 교육 · 홍보 계획, 생활환경 속의 응급의료 인프라 확충 계획, 응급의료의 평등한 수혜를 위한 계획이다.
  ㉡ 응급의료의 효과적인 제공을 위한 사항: 민간 이송자원의 육성 및 이송체계의 개선 계획, 응급의료기관에 대한 평가 · 지원 및 육성 계획, 응급의료 인력의 공급 및 육성 계획, 응급의료정보통신체계의 구축 · 운영 계획, 응급의료의 질적 수준 개선을 위한 계획, 재난 등으로 다수의 환자 발생 시 응급의료 대비 · 대응 계획이다.
  ㉢ 기본계획의 효과적 달성을 위한 사항: 기본계획의 달성목표 및 그 추진방향, 응급의료제도 및 운영체계에 대한 평가 및 개선방향, 응급의료재정의 조달 및 운용, 기본계획 시행을 위한 중앙행정기관의 협조 사항이다.

③ 보건복지부장관은 기본계획을 확정한 때에는 지체 없이 이를 관계 중앙행정기관의 장과 특별시장·광역시장·특별자치시장·도지사·특별자치도지사에게 통보한다.

④ 보건복지부장관은 보건의료 시책상 필요한 경우 중앙응급의료위원회의 심의를 거쳐 기본계획을 변경할 수 있다.

⑤ 보건복지부장관은 대통령령으로 정하는 바에 따라 기본계획에 따른 연차별 시행계획을 수립한다.

(3) 지역응급의료시행계획

① 시·도지사는 기본계획에 따라 매년 지역응급의료시행계획을 수립하여 시행한다.

② 지역응급의료시행계획은 기본계획의 지역 내 시행을 위하여 각 시·도의 상황에 맞게 수립하되, 다음 사항을 포함한다.

　　㉠ 응급환자 발생 현황, 응급의료 제공 현황 등 지역응급의료 현황

　　㉡ 지역 내 응급의료 자원조사 등을 통한 지역응급의료 이송체계 마련

　　㉢ 응급의료의 효과적 제공을 위한 지역응급의료 주요 사업 추진계획 수립 및 실적 관리

　　㉣ 응급의료정책 추진을 위한 인력·조직 등의 기반 마련 및 지역 내 응급의료기관 간 협력체계 구축

　　㉤ 그 밖에 시·도지사가 기본계획의 시행 및 응급의료 발전을 위하여 필요하다고 인정하는 사항

③ 보건복지부장관은 대통령령으로 정하는 바에 따라 지역응급의료시행계획 및 그 시행결과를 평가할 수 있다.

④ 보건복지부장관은 지역응급의료시행계획 및 그 시행결과에 대하여 평가한 결과를 토대로 시·도지사에게 계획 및 사업의 변경 또는 시정을 요구할 수 있다.

⑤ 그 밖에 지역응급의료시행계획의 수립·시행 및 평가에 관하여는 대통령령으로 정한다.

(4) 응급의료계획에 대한 협조

① 보건복지부장관 및 시·도지사는 기본계획 및 지역응급의료시행계획의 수립·시행을 위하여 필요한 경우에는 국가기관, 지방자치단체, 응급의료에 관련된 기관·단체 및 「공공기관의 운영에 관한 법률」에 따른 공공기관의 장에게 자료제공 등의 협조를 요청할 수 있다.

② 협조요청을 받은 국가기관, 지방자치단체, 관계 기관·단체, 공공기관의 장 등은 특별한 사유가 없는 한 이에 응하여야 한다.

③ 요청할 수 있는 자료의 범위와 그 관리 및 활용 등은 대통령령으로 정한다.

(5) 중앙응급의료위원회

① 응급의료에 관한 주요 시책을 심의하기 위하여 보건복지부에 중앙응급의료위원회를 둔다.

② 중앙위원회는 위원장 1명과 부위원장 1명을 포함한 15명 이내의 위원으로 구성한다.

③ 중앙위원회의 위원장은 보건복지부장관이 되고 부위원장은 위원 중 위원장이 지명하며 위원은 당연직 위원과 위촉 위원으로 한다.

④ 당연직 위원 ··· 기획재정부차관, 교육부차관, 국토교통부차관, 소방청장, 제25조에 따른 중앙응급의료센터의 장

⑤ 위촉 위원 ··· 비영리민간단체를 대표하는 사람(3명), 응급의료에 관한 학식과 경험이 풍부한 사람(3명), 응급의료기관을 대표하는 사람(1명), 보건의료 관련 업무를 담당하는 지방공무원으로서 특별시·광역시를 대표하는 사람(1명), 보건의료 관련 업무를 담당하는 지방공무원으로서 도(특별자치도를 포함)를 대표하는 사람(1명)

⑥ 중앙위원회의 심의사항
  ㉠ 응급의료기본계획 및 연차별 시행계획의 수립 및 변경
  ㉡ 「국가재정법」제74조에 따라 응급의료기금의 기금운용심의회에서 심의하여야 할 사항
  ㉢ 응급의료에 관련한 정책 및 사업에 대한 조정
  ㉣ 응급의료에 관련한 정책 및 사업의 평가 결과
  ㉤ 지역응급의료시행계획 및 특별시·광역시·도·특별자치도의 응급의료에 관련한 사업의 평가 결과
  ㉥ 응급의료의 중기·장기 발전방향 및 제도 개선에 관한 사항
  ㉦ 그 밖에 응급의료에 관하여 보건복지부장관이 부의하는 사항

⑦ 중앙위원회는 매년 2회 이상 개최하여야 한다.

⑧ 그 밖에 중앙위원회의 회의 및 운영에 관한 사항은 대통령령으로 정한다.

(6) 시·도 응급의료위원회

① 응급의료에 관한 중요 사항을 심의하기 위하여 시·도에 시·도응급의료위원회를 둔다.

② 시·도위원회는 해당 시·도의 응급의료에 관한 심의사항 : 지역응급의료시행계획의 수립 및 변경, 지역응급의료 자원조사, 중증응급환자를 위한 지역 이송체계 마련 및 주요 이송곤란 사례 검토 등을 통한 이송체계 개선, 응급의료를 위한 지방 재정의 사용, 응급의료 시책 및 사업의 조정, 응급의료기관 등에 대한 평가 결과의 활용, 지역응급의료서비스 품질 관리 실태 및 개선 필요 사항, 그 밖에 응급의료에 관하여 시·도지사가 부의하는 사항

③ 시·도지사는 시·도위원회 심의사항과 관련된 정책 개발 및 실무 지원을 위하여 시·도 응급의료지원단을 설치·운영한다. 다만, 시·도지사는 필요한 경우 「공공보건의료에 관한 법률」에 따른 공공보건의료 지원단과 통합하여 운영할 수 있다.

④ 시·도위원회는 매년 2회 이상 개최하여야 한다.

⑤ 시·도위원회 및 시·도 응급의료지원단의 구성·기능 및 운영 등에 관하여 필요한 사항은 대통령령으로 정하는 기준에 따라 해당 시·도의 조례로 정한다.

(7) 구조 및 응급처치에 관한 교육

① 보건복지부장관 또는 시·도지사는 응급의료종사자가 아닌 사람 중에서 다음에 해당하는 사람에게 구조 및 응급처치에 관한 교육을 받도록 명할 수 있다. 이 경우 교육을 받도록 명받은 사람은 정당한 사유가 없으면 이에 따라야 한다.

   ㉠ 구급차 등의 운전자

   ㉡ 시설 등에서 의료·구호 또는 안전에 관한 업무에 종사하는 사람

   ㉢ 「여객자동차 운수사업법」 제3조 제1항에 따른 여객자동차운송사업용 자동차의 운전자

   ㉣ 「학교보건법」 제15조에 따른 보건교사

   ㉤ 도로교통안전업무에 종사하는 사람으로서 「도로교통법」 제5조에 규정된 경찰공무원등

   ㉥ 「산업안전보건법」 제32조 제1항 각 호 외의 부분 본문에 따른 안전보건교육의 대상자

   ㉦ 「체육시설의 설치·이용에 관한 법률」 제5조 및 제10조에 따른 체육시설에서 의료·구호 또는 안전에 관한 업무에 종사하는 사람

   ㉧ 「유선 및 도선 사업법」 제22조에 따른 인명구조요원

   ㉨ 「관광진흥법」 제3조 제1항 제2호부터 제6호까지의 규정에 따른 관광사업에 종사하는 사람 중 의료·구호 또는 안전에 관한 업무에 종사하는 사람

   ㉩ 「항공안전법」 제2조 제14호 및 제17호에 따른 항공종사자 또는 객실승무원 중 의료·구호 또는 안전에 관한 업무에 종사하는 사람

   ㉪ 「철도안전법」 제2조 제10호가목부터 라목까지의 규정에 따른 철도종사자 중 의료·구호 또는 안전에 관한 업무에 종사하는 사람

   ㉫ 「선원법」 제2조 제1호에 따른 선원 중 의료·구호 또는 안전에 관한 업무에 종사하는 사람

   ㉬ 「화재의 예방 및 안전관리에 관한 법률」 제24조에 따른 소방안전관리자 중 대통령령으로 정하는 사람

   ㉭ 「국민체육진흥법」 제2조 제6호에 따른 체육지도자

   ㉮ 「유아교육법」 제22조 제2항에 따른 교사

   ㉯ 「영유아보육법」 제21조 제2항에 따른 보육교사

② 보건복지부장관 및 시 · 도지사는 대통령령으로 정하는 바에 따라 응급처치 요령 등의 교육 · 홍보를 위한 계획을 매년 수립하고 실시한다. 이 경우 보건복지부장관은 교육 · 홍보 계획의 수립 시 소방청장과 협의한다.

③ 시 · 도지사는 응급처치 요령 등의 교육 · 홍보를 실시한 결과를 보건복지부장관에게 보고한다.

④ 구조 및 응급처치에 관한 교육의 내용 및 실시방법, 보고 등에 관하여 필요한 사항은 보건복지부령으로 정한다.

(8) 재정 지원

① 국가 및 지방자치단체는 예산의 범위에서 응급의료기관 및 응급의료시설에 대하여 필요한 재정 지원을 할 수 있다.

② 국가 및 지방자치단체는 자동심장충격기 등 심폐소생을 위한 응급장비를 갖추어야 하는 시설 등에 대하여 필요한 재정 지원을 할 수 있다.

(9) 응급의료기관에 대한 평가

① 보건복지부장관은 응급의료기관 등의 시설 · 장비 · 인력, 업무의 내용 · 결과 등에 대하여 평가를 할 수 있다. 이 경우 평가 대상이 되는 응급의료기관 등의 장은 특별한 사유가 없으면 평가에 응하여야 한다.

② 보건복지부장관은 응급의료기관 등의 평가를 위하여 해당 응급의료기관 등을 대상으로 필요한 자료의 제공을 요청할 수 있다. 이 경우 자료의 제공을 요청받은 응급의료기관 등은 정당한 사유가 없으면 이에 따라야 한다.

③ 보건복지부장관은 응급의료기관 등에 대한 평가 결과를 공표할 수 있다.

④ 보건복지부장관은 응급의료기관 등에 대한 평가 결과에 따라 응급의료기관 등에 대하여 행정적 · 재정적 지원을 할 수 있다.

⑤ 응급의료기관 등의 평가방법, 평가주기, 평가결과 공표 등에 관하여 필요한 사항은 보건복지부령으로 정한다.

section **13** 응급의료기관 〈「응급의료에 관한 법률」 제6장〉

(1) 중앙응급의료센터

① 보건복지부장관은 응급의료에 관한 다음 업무를 수행하게 하기 위하여 중앙응급의료센터를 설치 · 운영할 수 있다.
  ㉠ 응급의료기관 등에 대한 평가 및 질을 향상시키는 활동에 대한 지원

      ⓛ 응급의료종사자에 대한 교육훈련

      ⓒ 권역응급의료센터 간의 업무조정 및 지원

      ⓔ 응급의료 관련 연구

      ⓜ 국내외 재난 등의 발생 시 응급의료 관련 업무의 조정 및 그에 대한 지원

      ⓗ 응급의료 통신망 및 응급의료 전산망의 관리 · 운영과 그에 따른 업무

      ⓢ 응급처치 관련 교육 및 응급장비 관리에 관한 지원

      ⓞ 응급환자 이송체계 운영 및 관리에 관한 지원

      ⓩ 응급의료분야 의료취약지 관리 업무

      ⓒ 그 밖에 보건복지부장관이 정하는 응급의료 관련 업무

② 보건복지부장관은 중앙응급의료센터를 효율적으로 운영하기 위하여 필요하다고 인정하면 그 운영에 관한 업무를 대통령령으로 정하는 바에 따라 의료기관 · 관계전문기관 · 법인 · 단체에 위탁할 수 있다. 이 경우 예산의 범위에서 그 운영에 필요한 경비를 지원할 수 있다.

③ 중앙응급의료센터의 설치 · 운영 및 운영의 위탁 등에 관하여 필요한 사항은 보건복지부령으로 정한다.

(2) 권역응급의료센터의 지정

① 보건복지부장관은 응급의료에 관한 다음 업무를 수행하게 하기 위하여 「의료법」에 따른 상급종합병원 또는 300병상을 초과하는 종합병원 중에서 권역응급의료센터를 지정할 수 있다.

② 업무
      ㉠ 중증응급환자 중심의 진료
      ⓛ 재난 대비 및 대응 등을 위한 거점병원으로서 보건복지부령으로 정하는 업무
      ⓒ 권역(圈域) 내에 있는 응급의료종사자에 대한 교육 · 훈련
      ⓔ 권역 내 다른 의료기관에서 이송되는 중증응급환자에 대한 수용
      ⓜ 그 밖에 보건복지부장관이 정하는 권역 내 응급의료 관련 업무

③ 권역응급의료센터의 지정 기준 · 방법 · 절차 및 업무와 중증응급환자의 기준 등은 권역 내 응급의료 수요와 공급 등을 고려하여 보건복지부령으로 정한다.

(3) 권역응급의료센터의 재난 대비 및 대응 업무 〈「응급의료에 관한 법률 시행규칙」 제13조의2〉

재난 의료 대응계획의 수립, 재난 의료에 필요한 시설 · 장비 및 물품의 관리, 재난 의료 지원조직의 구성 및 출동체계 유지, 권역 내 응급의료기관을 대상으로 한 재난 의료 교육 및 훈련, 그 밖에 비상대응매뉴얼로 정하는 업무이다.

(4) 응급의료지원센터의 설치 및 운영

① 보건복지부장관은 응급의료를 효율적으로 제공할 수 있도록 응급의료자원의 분포와 주민의 생활권을 고려하여 지역별로 응급의료지원센터를 설치·운영한다.

② 업무 … 응급의료에 관한 각종 정보의 관리 및 제공, 지역 내 응급의료종사자에 대한 교육훈련, 지역 내 응급의료기관 간 업무조정 및 지원, 지역 내 응급의료의 질 향상 활동에 관한 지원, 지역 내 재난 등의 발생 시 응급의료 관련 업무의 조정 및 지원, 그 밖에 보건복지부령으로 정하는 응급의료 관련 업무가 있다.

③ 보건복지부장관은 응급의료지원센터를 효율적으로 운영하기 위하여 필요하다고 인정하면 그 운영에 관한 업무를 대통령령으로 정하는 바에 따라 관계 전문기관·법인·단체에 위탁할 수 있다.

④ 국가 및 지방자치단체는 응급의료지원센터의 운영에 관한 업무를 위탁한 경우에는 그 운영에 드는 비용을 지원할 수 있다.

(5) 응급의료지원센터에 대한 협조

① 응급의료지원센터의 장은 응급의료 관련 정보를 효과적으로 관리하기 위하여 응급의료정보관리체계를 구축하여야 하며, 이를 위하여 응급의료기관의 장과 구급차 등을 운용하는 자에게 응급의료에 관한 정보제공을 요청할 수 있다.

② 응급의료지원센터의 장은 그 업무를 수행할 때 필요하다고 인정하면 의료기관 및 구급차 등을 운용하는 자에게 응급의료에 대한 각종 정보제공과 구급차 등의 출동 등 응급의료에 필요한 조치를 요청할 수 있다.

③ 응급의료에 관한 정보 제공이나 필요한 조치를 요청받은 자는 특별한 사유가 없으면 이에 따라야 한다.

④ 응급의료지원센터에 대한 정보제공 등에 필요한 사항은 대통령령으로 정한다.

(6) 전문응급의료센터의 지정

① 보건복지부장관은 소아환자, 화상환자 및 독극물 중독환자 등에 대한 응급의료를 위하여 권역응급의료센터, 지역응급의료센터 중에서 분야별로 전문응급의료센터를 지정할 수 있다.

② 전문응급의료센터 지정의 기준·방법 및 절차 등에 관하여 필요한 사항은 보건복지부령으로 정한다.

(7) 지역응급의료센터의 지정

① 시·도지사는 응급의료에 관한 다음 업무를 수행하게 하기 위하여 「의료법」에 따른 종합병원에서 지역응급의료센터를 지정할 수 있다.

② 업무

　㉠ 응급환자의 진료

　㉡ 응급환자에 대하여 적절한 응급의료를 할 수 없다고 판단한 경우 신속한 이송

③ 지역응급의료센터의 지정 기준·방법·절차와 업무 등에 필요한 사항은 시·도의 응급의료 수요와 공급 등을 고려하여 보건복지부령으로 정한다.

(8) 권역외상센터의 지정

① 보건복지부장관은 외상환자의 응급의료에 관한 다음 업무를 수행하게 하기 위하여 권역응급의료센터, 전문응급의료센터 및 지역응급의료센터 중 권역외상센터를 지정할 수 있다.

② 업무

　㉠ 외상환자의 진료

　㉡ 외상의료에 관한 연구 및 외상의료표준의 개발

　㉢ 외상의료를 제공하는 의료인의 교육훈련

　㉣ 대형 재해 등의 발생 시 응급의료 지원

　㉤ 그 밖에 보건복지부장관이 정하는 외상의료 관련 업무

③ 외상환자에 대한 효과적인 응급의료 제공을 위한 요건

　㉠ 외상환자 전용 중환자 병상 및 일반 병상

　㉡ 외상환자 전용 수술실 및 치료실

　㉢ 외상환자 전담 전문의

　㉣ 외상환자 전용 영상진단장비 및 치료장비

　㉤ 그 밖에 외상환자 진료에 필요한 인력·시설·장비

④ 그 밖에 권역외상센터 지정의 기준·방법 및 절차 등에 관한 구체적인 사항은 보건복지부령으로 정한다.

(9) 지역외상센터의 지정

① 시·도지사는 관할 지역의 주민에게 적정한 외상의료를 제공하기 위하여 응급의료기관 중 지역외상센터를 지정할 수 있다.

② 부령으로 정한다.

(10) 권역외상센터 및 지역외상센터에 대한 지원

국가 및 지방자치단체는 중증 외상으로 인한 사망률을 낮추고 효과적인 외상의료체계를 구축하기 위하여 권역외상센터 및 지역외상센터에 대한 행정적·재정적 지원을 실시할 수 있다.

(11) 정신질환자응급의료센터의 지정

① 보건복지부장관은 정신질환자(「정신건강증진 및 정신질환자 복지서비스 지원에 관한 법률」 제3조 제1호에 따른 정신질환자)에 대한 응급의료를 위하여 응급의료기관 중 정신질환자응급의료센터를 지정할 수 있다.

② 정신질환자응급의료센터의 지정 기준·방법 및 절차 등에 관한 구체적인 사항은 보건복지부령으로 정한다.

(12) 지역응급의료기관의 지정

① 시장·군수·구청장은 응급의료에 관한 다음 업무를 수행하게 하기 위하여 종합병원 중에서 지역응급의료기관을 지정할 수 있다. 다만, 시·군의 경우에는 「의료법」 제3조 제2항 제3호 가목의 병원 중에서 지정할 수 있다.

② 업무
　　㉠ 응급환자의 진료
　　㉡ 응급환자에 대하여 적절한 응급의료를 할 수 없다고 판단한 경우 신속한 이송

③ 지역응급의료기관의 지정 기준·방법·절차와 업무 등에 필요한 사항은 시·군·구의 응급의료 수요와 공급 등을 고려하여 보건복지부령으로 정한다.

(13) 응급의료기관의 운영

① 응급의료기관은 응급환자를 24시간 진료할 수 있도록 응급의료기관의 지정기준에 따라 시설, 인력 및 장비 등을 유지하여 운영한다.

② 인력 및 장비에는 보안인력과 보안장비가 포함한다.

③ 보안인력 및 보안장비에 관한 세부적인 사항은 보건복지부령으로 정한다.

④ 자연재해, 감염병 유행 등 「재난 및 안전관리 기본법」 제3조 제1호에 따른 재난 및 이에 준하는 상황으로 인하여 응급의료기관의 지정기준에 따라 시설, 인력 및 장비 등을 유지하여 운영하기 어려운 경우에는 보건복지부장관이 정하는 절차에 따라 그 예외를 인정할 수 있다.

⒁ **응급의료기관의 재지정**

① 보건복지부장관 및 시·도지사, 시장·군수·구청장은 3년마다 해당 지정권자가 지정한 모든 응급의료기관을 대상으로 다음 사항을 반영하여 재지정하거나 지정을 취소할 수 있다. 다만, 지정기준의 준수를 충족하지 못한 경우에는 지정을 취소한다.

  ㉠ 제31조의2에 따른 지정기준의 준수

  ㉡ 응급의료기관의 평가 결과

  ㉢ 그 밖에 보건복지부령으로 정하는 사항

② 응급의료기관의 재지정 절차 및 방법 등은 보건복지부령으로 정한다.

⒂ **응급실 출입 제한**

① 출입 제한에 해당하지 않는 자… 응급실 환자, 응급의료종사자(이에 준하는 사람을 포함), 응급실 환자의 보호자로서 진료의 보조에 필요한 사람이 있다.

② 목적… 신속한 진료와 응급실 감염예방 등을 위한 출입 제한 조치이다.

③ 응급의료기관의 장은 ①에 따라 응급실 출입이 제한된 사람이 응급실에 출입할 수 없도록 관리하고, 응급실에 출입하는 사람의 성명 등을 기록·관리한다.

④ 응급실 출입기준 및 출입자의 명단 기록·관리에 필요한 사항은 보건복지부령으로 정한다.

⑤ ①에도 불구하고 보건복지부장관, 시·도지사 또는 시장·군수·구청장은 응급의료기관 평가, 재지정 심사 등을 위하여 응급의료기관에 대한 지도·감독이 필요하다고 인정하는 경우 소속 공무원 및 관계 전문가로 하여금 응급실을 출입하도록 할 수 있다.

⑥ 응급실을 출입하는 자는 그 권한을 표시하는 증표를 지니고 이를 관계인에게 보여준다.

⒃ **응급실 출입 제한**〈「응급의료에 관한 법률 시행규칙」 제18조의4〉

① 응급의료기관의 장이 응급실 출입을 허용할 수 있는 환자의 보호자는 1명으로 한다.

② 보호자 2명 출입이 가능한 경우

  ㉠ 소아, 장애인, 술 취한 사람 또는 정신질환자의 진료 보조를 위하여 필요한 경우

  ㉡ 그 밖에 진료 보조를 위하여 응급의료기관의 장이 필요하다고 인정하는 경우

③ 출입 제한되는 응급실 환자의 보호자

  ㉠ 발열·기침 등 감염병 의심 증상이 있는 사람

  ㉡ 응급의료종사자에게 위해를 끼치거나 끼칠 위험이 있는 사람

  ㉢ 술 취한 사람, 폭력행위자 등 다른 환자의 진료에 방해가 될 수 있는 사람

문 응급실에 출입이 제한되는 사람은?

① 응급실 환자
② 응급의료종사자
③ 응급환자 최초 신고자
④ 보건복지부 소속 공무원

〈정답 ③

ⓔ 그 밖에 응급의료기관의 장이 응급환자의 신속한 진료와 응급실 감염예방 등을 위하여 출입을 제한할 필요가 있다고 인정하는 사람

④ 응급의료기관의 장은 응급실에 출입하는 사람에게 출입증을 교부한다.

⑤ 응급의료기관의 장은 응급실에 출입하는 사람의 성명, 환자와의 관계, 입실 · 퇴실 일시, 연락처, 발열 · 기침 여부 등을 기록(전자문서로 된 기록을 포함) 및 관리하고, 1년간 보존한다.

⑥ 응급의료기관의 장은 응급실 출입 제한에 관한 세부 사항을 응급실 입구에 게시한다.

⒄ 비상진료체계

① 응급의료기관은 공휴일과 야간에 당직응급의료종사자를 두고 응급환자를 언제든지 진료할 준비체계(비상진료체계)를 갖추어야 한다.

② 응급의료기관의 장으로부터 비상진료체계의 유지를 위한 근무명령을 받은 응급의료종사자는 이를 성실히 이행한다.

③ 응급의료기관의 장은 당직응급의료종사자로서 인력기준을 유지하는 것과는 별도로 보건복지부령으로 정하는 바에 따라 당직전문의 또는 당직전문의를 갈음할 수 있는 당직의사를 두어야 한다.

④ 응급의료기관의 장이 응급실에 근무하는 의사의 요청으로 응급환자를 직접 진료가 가능한 자
　ⓧ 당직전문의
　ⓛ 해당 응급환자의 진료에 적합한 자로서 보건복지부령에 따라 당직전문의 등과 동등한 자격을 갖춘 것으로 인정되는 자

⑤ 응급의료기관의 장은 의료센터 구분에 따라 당직전문의를 배치한다. 다만, 권역응급의료센터가 아닌 응급의료기관이 해당 진료과목을 설치 · 운영하지 않는 경우에는 그 진료과목의 당직전문의를 두지 않을 수 있다.
　ⓧ 권역응급의료센터 : 내과 · 외과 · 산부인과 · 소아청소년과 · 정형외과 · 신경외과 · 흉부외과 · 마취통증의학과 · 신경과 및 영상의학과 전문의 각 1명 이상
　ⓛ 지역응급의료센터 : 내과 · 외과 · 산부인과 · 소아청소년과 및 마취통증의학과 전문의 각 1명 이상
　ⓒ 지역응급의료기관 : 내과계열 및 외과계열 전문의 각 1명 이상

⑥ 당직전문의 등과 동등한 자격을 갖춘 것으로 인정되는 자는 진료과목별 전문의 중 당직전문의가 아닌 전문의로 한다.

⑦ 응급의료기관의 장은 당직전문의의 명단을 환자 및 환자의 보호자가 쉽게 볼 수 있도록 응급실 내부에 게시하여야 하며, 인터넷 홈페이지를 운영하는 경우에는 제1항에 따라 당직전문의를 둔 진료과목을 인터넷 홈페이지에 따로 표시한다.

⒅ **예비병상의 확보**

① 응급의료기관은 응급환자를 위한 예비병상을 확보하여야 하며 예비병상을 응급환자가 아닌 사람이 사용하게 하여서는 아니 된다.

② 예비병상의 확보하여야 하는 예비병상의 수는 「의료법」 제33조 제4항에 따라 허가받은 병상 수의 100분의 1 이상(병·의원의 경우에는 1병상 이상)으로 한다.

③ 응급의료기관은 응급실을 전담하는 의사가 입원을 의뢰한 응급환자에 한하여 예비병상을 사용하게 해야 한다. 다만, 최근의 응급환자발생상황과 다음 날의 예비병상 확보가능성 등을 고려하여 매일 오후 10시 이후에는 응급실에 있는 응급환자 중에 입원의 필요성이 더 많이 요구되는 환자의 순으로 예비병상을 사용하도록 할 수 있다.

⒆ **응급실 체류 제한**

① 응급의료기관의 장은 환자의 응급실 체류시간을 최소화하고 입원진료가 필요한 응급환자는 신속하게 입원되도록 조치한다.

② 권역응급의료센터 및 지역응급의료센터의 장은 24시간을 초과하여 응급실에 체류하는 환자의 비율을 보건복지부령으로 정하는 기준인 100분의 5 미만으로 유지한다.

⒇ **당직의료기관의 지정**

보건복지부장관, 시·도지사 또는 시장·군수·구청장은 공휴일 또는 야간이나 그 밖에 응급환자 진료에 지장을 줄 우려가 있다고 인정할 만한 이유가 있는 경우에는 응급환자에 대한 응급의료를 위하여 보건복지부령으로 정하는 바에 따라 의료기관의 종류별·진료과목별 및 진료기간별로 당직의료기관을 지정하고 이들로 하여금 응급의료를 하게 할 수 있다.

(21) **응급의료기관의 지정 취소**

① 응급의료기관 및 권역외상센터, 지역외상센터가 다음에 해당하는 경우에는 보건복지부장관 시·도지사 또는 시장·군수·구청장 중 해당 지정권자가 그 지정을 취소할 수 있다.
  ㉠ 지정기준에 미달한 경우
  ㉡ 이 법에 따른 업무를 수행하지 아니한 경우
  ㉢ 이 법 또는 이 법에 따른 처분이나 명령을 위반한 경우

② 보건복지부장관, 시·도지사 또는 시장·군수·구청장은 응급의료기관 및 권역외상센터, 지역외상센터가 지정취소 요건 어느 하나라도 해당하는 경우에는 일정한 기간을 정하여 위반한 사항을 시정하도록 명한다.

③ 보건복지부장관, 시·도지사 또는 시장·군수·구청장은 시정명령을 한 경우 명령의 성실한 이행을 위하여 명령이 이행될 때까지 재정 지원의 전부 또는 일부를 중단할 수 있다.

④ 보건복지부장관은 응급의료기관 및 권역외상센터, 지역외상센터가 시정명령을 이행하지 아니한 경우 일정한 기간을 정하여 응급의료수가를 차감할 수 있다.

(22) 응급의료기관 외의 의료기관

① 이 법에 따른 응급의료기관으로 지정받지 아니한 의료기관이 응급의료시설을 설치·운영하려면 보건복지부령으로 정하는 시설·인력 등을 갖추어 시장·군수·구청장에게 신고한다. 다만, 종합병원의 경우에는 신고를 생략할 수 있다.

② 시장·군수·구청장은 신고를 받은 경우 그 내용을 검토하여 이 법에 적합하면 신고를 수리한다.

section 14 총칙〈「119구조·구급에 관한 법률」제1장〉

(1) 국가의 책무

① 국가와 지방자치단체는 119구조·구급과 관련된 새로운 기술의 연구·개발 및 구조·구급서비스의 질을 향상시키기 위한 시책을 강구하고 추진한다.

② 국가와 지방자치단체는 구조·구급업무를 효과적으로 수행하기 위한 체계의 구축 및 구조·구급장비의 구비, 그 밖에 구조·구급활동에 필요한 기반을 마련한다.

③ 국가와 지방자치단체는 국민이 위급상황에서 자신의 생명과 신체를 보호할 수 있는 대응능력을 향상시키기 위한 교육과 홍보에 적극 노력한다.

(2) 국민의 권리와 의무

① 누구든지 위급상황에 처한 경우에는 국가와 지방자치단체로부터 신속한 구조와 구급을 통하여 생활의 안전을 영위할 권리를 가진다.

② 누구든지 119구조대원·119구급대원·119항공대원이 위급상황에서 구조·구급활동을 위하여 필요한 협조를 요청하는 경우에는 특별한 사유가 없으면 이에 협조한다.

③ 누구든지 위급상황에 처한 요구조자를 발견한 때에는 이를 지체 없이 소방기관 또는 관계 행정기관에 알려야 하며, 119구조대·119구급대·119항공대가 도착할 때까지 요구조자를 구출하거나 부상 등이 악화되지 않도록 노력한다.

section 15 구조 · 구급 기본계획〈「119구조 · 구급에 관한 법률」 제2장〉

(1) 구조 · 구급 기본계획

① 소방청장은 관계 중앙행정기관의 장과 협의하여 대통령령으로 정하는 바에 따라 구조 · 구급 기본계획을 수립 · 시행한다.

② 기본계획 포함사항
  ㉠ 구조 · 구급서비스의 질 향상을 위한 정책의 기본방향에 관한 사항
  ㉡ 구조 · 구급에 필요한 체계의 구축, 기술의 연구개발 및 보급에 관한 사항
  ㉢ 구조 · 구급에 필요한 장비의 구비에 관한 사항
  ㉣ 구조 · 구급 전문인력 양성에 관한 사항
  ㉤ 구조 · 구급활동에 필요한 기반조성에 관한 사항
  ㉥ 구조 · 구급의 교육과 홍보에 관한 사항
  ㉦ 그 밖에 구조 · 구급업무의 효율적 수행을 위하여 필요한 사항

③ 소방청장은 기본계획에 따라 매년 연도별 구조 · 구급 집행계획을 수립 · 시행한다.

④ 소방청장은 수립된 기본계획 및 집행계획을 관계 중앙행정기관의 장, 특별시장 · 광역시장 · 특별자치시장 · 도지사 · 특별자치도지사에게 통보하고 국회 소관 상임위원회에 제출한다.

⑤ 소방청장은 기본계획 및 집행계획을 수립하기 위하여 필요한 경우에는 관계 중앙행정기관의 장 또는 시 · 도지사에게 관련 자료의 제출을 요청할 수 있다. 이 경우 자료제출을 요청받은 관계 중앙행정기관의 장 또는 시 · 도지사는 특별한 사유가 없으면 이에 따라야 한다.

⑥ 수립 및 시행〈「119구조 · 구급에 관한 법률 시행령」 제2조〉
  ㉠ 「119구조 · 구급에 관한 법률」에 따른 기본계획은 중앙 구조 · 구급정책협의회의 협의를 거쳐 5년마다 수립한다.
  ㉡ 기본계획은 계획 시행 전년도 8월 31일까지 수립한다.
  ㉢ 소방청장은 구조 · 구급 시책상 필요한 경우 중앙 정책협의회의 협의를 거쳐 기본계획을 변경할 수 있다.
  ㉣ 소방청장은 변경된 기본계획을 지체 없이 관계 중앙행정기관의 장, 특별시장 · 광역시장 · 특별자치시장 · 도지사 · 특별자치도지사에게 통보하고 국회 소관 상임위원회에 제출한다.

(2) 시 · 도 구조 · 구급 집행계획

① 소방본부장은 기본계획 및 집행계획에 따라 관할 지역에서 신속하고 원활한 구조 · 구급활동을 위하여 매년 특별시 · 광역시 · 특별자치시 · 도 · 특별자치도 구조 · 구급 집행계획을 수립하여 소방청장에게 제출한다.

문 구조 · 구급 기본계획 수립에 대한 설명으로 옳은 것은?

① 시도지사가 매년 수립한다.
② 대통령이 3년마다 수립한다.
③ 소방서장이 5년마다 수립한다.
④ 소방청장이 5년마다 수립한다.

《정답 ④》

② 소방본부장은 시·도 집행계획을 수립하기 위하여 필요한 경우에는 해당 특별자치도지사·시장·군수·구청장에게 관련 자료의 제출을 요청 할 수 있다. 이 경우 자료제출을 요청받은 해당 특별자치도지사·시장·군수·구청장은 특별한 사유가 없으면 이에 따라야 한다.

③ 시·도 집행계획의 수립시기·내용, 그 밖에 필요한 사항은 대통령령으로 정한다.

④ 구조·구급 집행계획의 수립·시행〈「119구조·구급에 관한 법률 시행령」제3조〉

 ㉠ 중앙 정책협의회의 협의를 거쳐 계획 시행 전년도 10월 31일까지 수립한다.

 ㉡ 포함사항 : 기본계획 집행을 위하여 필요한 사항, 구조·구급대원의 안전사고 방지, 감염 방지 및 건강관리를 위하여 필요한 사항, 그 밖에 구조·구급활동과 관련하여 중앙 정책협의회에서 필요하다고 결정한 사항이 있다.

⑤ 시·도 구조·구급 집행계획의 수립·시행〈「119구조·구급에 관한 법률 시행령」제4조〉

 ㉠ 특별시·광역시·특별자치시·도·특별자치도 구조·구급 집행계획은 시·도 구조·구급정책협의회의 협의를 거쳐 계획 시행 전년도 12월 31일까지 수립한다.

 ㉡ 시·도 집행계획 포함사항 : 기본계획 및 집행계획에 대한 시·도의 세부 집행계획, 구조·구급대원의 안전사고 방지, 감염 방지 및 건강관리를 위하여 필요한 세부 집행계획, 법 제26조 제1항의 평가 결과에 따른 조치계획, 그 밖에 구조·구급활동과 관련하여 시·도 정책협의회에서 필요하다고 결정한 사항

---

section **16** 구조대 및 구급대 편성·운영〈「119구조·구급에 관한 법률」제3장〉

(1) 119구조대의 편성과 운영

① 소방청장·소방본부장 또는 소방서장은 위급상황에서 요구조자의 생명 등을 신속하고 안전하게 구조하는 업무를 수행하기 위하여 대통령령으로 정하는 바에 따라 119구조대를 편성하여 운영한다.

② 구조대의 종류, 구조대원의 자격기준, 그 밖에 필요한 사항은 대통령령으로 정한다.

③ 구조대는 행정안전부령으로 정하는 장비를 구비한다.

(2) 국제구조대의 편성과 운영

① 소방청장은 국외에서 대형재난 등이 발생한 경우 재외국민의 보호 또는 재난발생국의 국민에 대한 인도주의적 구조 활동을 위하여 국제구조대를 편성하여 운영할 수 있다.

② 소방청장은 외교부장관과 협의를 거쳐 국제구조대를 재난발생국에 파견할 수 있다.

③ 소방청장은 국제구조대를 국외에 파견할 것에 대비하여 구조대원에 대한 교육훈련 등을 실시할 수 있다.

④ 소방청장은 국제구조대의 국외재난대응능력을 향상시키기 위하여 국제연합 등 관련 국제기구와의 협력체계 구축, 해외재난정보의 수집 및 기술연구 등을 위한 시책을 추진할 수 있다.

⑤ 소방청장은 국제구조대를 재난발생국에 파견하기 위하여 필요한 경우 관계 중앙행정기관의 장 또는 시·도지사에게 직원의 파견 및 장비의 지원을 요청할 수 있다. 이 경우 관계 중앙행정기관의 장 또는 시·도지사는 특별한 사유가 없으면 요청에 따라야 한다.

⑥ 국제구조대의 편성, 파견, 교육훈련 및 국제구조대원의 귀국 후 건강관리와 그 밖에 필요한 사항은 대통령령으로 정한다.

⑦ 국제구조대는 행정안전부령으로 정하는 장비를 구비한다.

(3) 119구급대의 편성과 운영

① 소방청장은 위급상황에서 발생한 응급환자를 응급처치하거나 의료기관에 긴급히 이송하는 등의 구급업무를 수행하기 위하여 대통령령으로 정하는 바에 따라 119구급대를 편성하여 운영한다.

② 119구급대 구분〈「119구조·구급에 관한 법률 시행령」제10조〉
  ㉠ 일반구급대 : 시·도의 규칙으로 정하는 바에 따라 소방서마다 1개 대 이상 설치하되, 소방서가 설치되지 아니한 시·군·구의 경우에는 해당 시·군·구 지역의 중심지에 소재한 119안전센터에 설치할 수 있다.
  ㉡ 고속국도구급대 : 교통사고 발생 빈도 등을 고려하여 소방청, 시·도 소방본부 또는 고속국도를 관할하는 소방서에 설치하되, 시·도 소방본부 또는 소방서에 설치하는 경우에는 시·도의 규칙으로 정하는 바에 따른다.

③ 구급대 출동구역〈「119구조·구급에 관한 법률 시행규칙」제8조〉
  ㉠ 일반구급대 및 소방서에 설치하는 고속국도구급대 : 구급대가 설치되어 있는 지역 관할 시·도
  ㉡ 소방청 또는 시·도 소방본부에 설치하는 고속국도구급대 : 고속국도로 진입하는 도로 및 인근 구급대의 배치 상황 등을 고려하여 소방청장 또는 소방본부장이 관련 시·도의 소방본부장 및 한국도로공사와 협의하여 정한 구역이다.
  ㉢ 소방청장의 요청이나 지시로 출동구역 밖으로 출동이 가능한 경우 : 지리적·지형적 여건상 신속한 출동이 가능한 경우, 대형재난이 발생한 경우, 그 밖에 소방청장이나 소방본부장이 필요하다고 인정하는 경우이다.

④ 구급대는 행정안전부령으로 정하는 장비를 구비한다.

(4) 119구급상황관리센터의 설치 · 운영

① 소방청장은 119구급대원 등에게 응급환자 이송에 관한 정보를 효율적으로 제공하기 위하여 소방청과 시 · 도 소방본부에 119구급상황관리센터를 설치 · 운영한다.

② **구급상황센터 업무** … 응급환자에 대한 안내 · 상담 및 지도, 응급환자를 이송 중인 사람에 대한 응급처치의 지도 및 이송병원 안내, 정보의 활용 및 제공, 119구급이송 관련 정보망의 설치 및 관리 · 운영, 감염병환자등의 이송 등 중요사항 보고 및 전파, 재외국민과 영해 · 공해상 선원 및 항공기 승무원 · 승객 등에 대한 의료상담 등 응급의료서비스 제공이 있다.

③ 구급상황센터의 설치 · 운영, 그 밖에 필요한 사항은 대통령령으로 정한다.

④ 보건복지부장관은 업무를 평가할 수 있으며, 소방청장은 그 평가와 관련한 자료의 수집을 위하여 보건복지부장관이 요청하는 경우 기록 등 필요한 자료를 제공한다.

⑤ 소방청장은 응급환자의 이송정보가 「응급의료에 관한 법률」의 응급의료 전산망과 연계될 수 있도록 한다.

(5) 119구급차의 운용

① 소방청장 등은 응급환자를 의료기관에 긴급히 이송하기 위하여 구급차를 운용한다.

② 119구급차의 배치기준, 장비(의료장비 및 구급의약품은 제외) 등 119구급차의 운용에 관하여 응급의료 관계 법령에 규정되어 있지 아니하거나 응급의료 관계 법령에 규정된 내용을 초과하여 규정할 필요가 있는 사항은 행정안전부령으로 정한다.

(6) 소방기관에 두는 소방자동차 등의 배치기준〈「소방력 기준에 관한 규칙」 별표1〉

① 소방서에 두는 소방사다리차

    ㉠ 관할구역에 층수가 11층 이상인 아파트가 20동 이상 있거나 11층 이상 건축물이 20개소 이상 있는 경우에는 고가사다리차를 1대 이상 배치한다.

    ㉡ 관할구역에 층수가 5층 이상인 아파트가 50동 이상 있거나 백화점, 복합영상관 등 대형 화재의 우려가 있는 5층 이상 건물이 있는 경우에는 굴절사다리차를 1대 이상 배치한다.

    ㉢ 고가사다리차 또는 굴절사다리차가 배치되어 있는 119안전센터와의 거리가 20km 이내인 경우에는 배치하지 않을 수 있다.

② 소방서에 두는 화학차(내폭화학차 또는 고성능화학차)

    ㉠ 제4류 위험물 지정수량의 40배 이상을 저장 · 취급하는 제조소 · 옥내저장소 · 옥외탱크저장소 · 옥외저장소 · 암반탱크저장소 및 일반취급소의 수 및 규모에 따라 공식으로 정한 화학차 대수의 합계에 해당하는 대수를 설치한다.

ⓛ 제조소 등이 50개소 이상 500개소 미만인 경우는 1대를 배치하고, 500개소 이상 1천개소 미만인 경우는 2대를 배치하며, 1천개소 이상인 경우는 다음 계산식에 따라 산출(소수점 이하 첫째자리에서 올림)된 수만큼 추가 배치할 수 있다.

ⓒ 화학차 대수 = (제조소 등의 수 − 1,000) ÷ 1,000

ⓡ 제조소 등에서 저장·취급하는 위험물의 규모가 위험물 지정수량의 6만 배 이상 240만 배 미만인 경우는 1대를 배치하고, 240만 배 이상 480만 배 미만인 경우는 2대를 배치하며, 480만 배 이상인 경우에는 1대를 추가 배치할 수 있다.

ⓜ 화학구조대가 별도로 설치되어 있는 경우에는 119안전센터에 배치되는 차량을 화학구조대에 배치할 수 있다.

③ 소방서에 두는 지휘차 및 순찰차 … 각각 1대 이상 배치한다.

④ 소방서에 두는 그 밖의 차량 … 소방활동을 원활하게 추진하기 위하여 소방서장이 필요하다고 판단하는 경우 배연차, 조명차, 화재조사차, 중장비, 견인차, 진단차, 행정업무용 차량, 오토바이 등을 추가로 배치할 수 있다.

⑤ 119안전센터에 두는 펌프차

ⓐ 2대를 기본으로 배치하고, 관할 인구 10만명과 소방대상물 1천개소를 기준으로 하여 관할 인구 5만명 또는 소방대상물 500개소 증가 시 마다 1대를 추가로 배치할 수 있다.

ⓑ 인접한 119안전센터와 거리가 10㎞ 이내인 경우에는 1대를 적게 배치할 수 있다.

ⓒ 119안전센터에 화학차가 배치되어 있는 경우, 화학차를 펌프차로 간주하여 화학차가 배치된 수만큼 줄여서 배치할 수 있다.

ⓡ 지역별 소방 수요 및 소방도로 등의 환경을 고려하여 중·대형을 소형으로, 소형을 중·대형으로 대체하여 배치 운영할 수 있다.

⑥ 119안전센터에 두는 물탱크차

ⓐ 119안전센터마다 1대를 배치한다. 다만, 관할 지역별로 공설 소화전이 충분히 설치된 경우에는 소화전의 설치상황을 고려하여 특별시, 광역시 및 인구 50만 이상의 대도시는 2~5개의 119안전센터, 인구 10만 이상 50만 미만의 시·군 중 도시는 2~3개의 119안전센터마다 공동으로 1대를 배치할 수 있다.

ⓑ 인구 5만 이상 10만 미만의 시·군·읍 소도시 및 5만 미만의 읍·면 지역 및 농공단지·문화관광단지의 개발 등으로 특별한 소방대책이 필요하다고 인정되는 소도읍에 설치된 119안전센터에는 각각 1대를 기본으로 배치하되, 관할구역에 공설 소화전 30개 이상 있는 경우 2개의 119안전센터를 공동으로 하여 1대를 배치할 수 있다.

⑦ 119구조대에 일반구조대

ⓐ 구조차 및 장비운반차 : 구조차 1대를 기본으로 배치하고, 구조활동을 원활하게 추진하기 위하여 필요한 경우 지역 실정에 맞게 장비운반차 1대를 배치할 수 있다.

ⓑ 소방사다리차 : 1대를 배치하되, 구조대와의 거리가 20㎞ 이내에 있는 119안전센터에 배치되어 있는 경우에는 배치하지 않을 수 있다.

ⓒ 구조정(救助艇) 및 수상오토바이 : 수상구조대가 일시 운영되거나 별도의 수난구조대를 운영하는 경우에 1대씩 배치한다.

⑧ **특별시·광역시·도 및 특별자치도 소방본부 직할구조대** … 구조차 1대, 구급차 1대, 장비운반차 1대, 지휘차 1대를 기본으로 배치하고, 지역 실정 및 소방 수요 특성에 따라 화학분석제독차 등 그 밖의 장비를 추가 배치할 수 있다.

⑨ **소방서에 두는 특수구조대** … 구조대별로 다음 표에 따른 기본 장비를 우선 배치하고, 구조활동을 원활하게 추진하기 위하여 필요한 경우 지역 실정에 맞게 장비를 추가로 배치할 수 있다.

구 분	기본 장비	추가 장비
화학구조대	화학분석제독차 1대 이상	장비운반차, 화학차, 구급차 등 그 밖의 소방차량
수난구조대	구조정 1대 및 수상오토바이 1대 이상	구급차 등 그 밖의 소방차량
고속국도구조대	구조차 1대 이상	구급차, 펌프차 등 소방차량
산악구조대	산악구조장비운반차 1대 이상	구급차 및 구조버스 등 그 밖의 소방차량
지하철구조대	개인당 공기호흡기, 화학보호복	특수 소방장비

⑩ **119구급대에 두는 소방자동차 등의 배치기준**

ⓐ 구급차〈「응급의료에 관한 법률 시행규칙」 제38조 제1항〉 : 소방서에 소속된 119안전센터의 수(數)에 1대를 추가한 수의 구급차를 기본으로 배치한다. 119안전센터 관할에서 관할 인구 3만명을 기준으로 하여 관할 인구 5만명 또는 구급활동 건수가 연간 500건 이상 증가할 때마다 구급차 1대를 추가로 배치할 수 있다.

ⓑ 구급오토바이 : 구급활동을 원활하게 추진하기 위하여 필요한 경우 구급대별로 1대 이상의 구급오토바이를 배치할 수 있다.

⑪ **119항공대에 두는 119항공대 항공기** … 시·도에 119항공대를 설치하는 경우, 항공기 1대를 기본으로 배치하고, 고층건물의 수나 산림면적 등에 따른 소방 수요 및 지역 특성을 고려하여 소방활동에 특히 필요하다고 인정하는 경우에는 1대 이상을 추가 배치할 수 있다.

⑫ **119항공대에 두는 유조차** … 1대를 배치하되, 군부대 등에서 상시 주유를 할 수 있는 경우에는 배치하지 않을 수 있다.

⑬ **소방정대에 두는 소방정 등의 배치기준**

ⓐ 소방정 및 소형 보트 : 소방정 및 소형 보트는 1대를 기본으로 배치한다.

ⓑ 수상오토바이 : 소방활동 및 소방 수요를 고려하여 수상오토바이를 배치할 수 있다.

⑭ **119지역대에 두는 소방자동차 배치기준**

ⓐ 펌프차 : 1대를 기본으로 배치하고, 관할 면적이 50㎢ 이상이고 관할 인구가 5천명 이상일 경우에는 펌프차 1대를 추가 배치할 수 있다. 지역별 소방 수요 및 소방도로 등의 환경을 고려하여 중·대형을 소형으로, 소형을 중·대형으로 대체하여 배치 운영할 수 있다.

ⓛ 물탱크차 : 공설 소화전이 부족하여 소방용수를 원활히 공급할 수 없거나 소방활
동을 위하여 특히 필요한 경우 물탱크차 1대를 배치할 수 있다.

ⓒ 구급차〈「응급의료에 관한 법률 시행규칙」제38조 제1항〉: 구급활동 건수가 연간
200건 이상이거나 관할 면적이 50제곱킬로미터 이상이고 관할 인구가 5천명 이
상일 경우 구급차 1대를 배치한다. 다만, 섬 · 산악지역 등 소방 수요 및 지역 특
성 등을 고려하여 특히 필요하다고 인정하는 경우 1대를 추가로 배치할 수 있다.

(7) 구조 · 구급대의 통합 편성과 운영

소방청장 등은 제8조 제1항, 제10조 제1항 및 제12조 제1항에도 불구하고 구조 · 구급
대를 통합하여 편성 · 운영할 수 있다.

(8) 119항공대의 편성과 운영

① 소방청장 또는 소방본부장은 초고층 건축물 등에서 요구조자의 생명을 안전하게 구
조하거나 도서 · 벽지에서 발생한 응급환자를 의료기관에 긴급히 이송하기 위하여
119항공대를 편성하여 운영한다.

② 항공대의 편성과 운영〈「119구조 · 구급에 관한 법률 시행령」제15조〉

㉠ 소방청장은 119항공대를 소방청에 설치하는 직할구조대에 설치할 수 있다.

㉡ 소방본부장은 시 · 도 규칙으로 정하는 바에 따라 119항공대를 편성하여 운영하
되, 효율적인 인력 운영을 위하여 필요한 경우에는 시 · 도 소방본부에 설치하는
직할구조대에 설치할 수 있다.

③ 119항공대의 업무〈「119구조 · 구급에 관한 법률 시행령」제16조〉… 인명구조 및 응급
환자의 이송(의사가 동승한 응급환자의 병원 간 이송을 포함), 화재 진압, 장기이식
환자 및 장기의 이송, 항공 수색 및 구조 활동, 공중 소방 지휘통제 및 소방에 필
요한 인력 · 장비 등의 운반, 방역 또는 방재 업무의 지원, 그 밖에 재난관리를 위
하여 필요한 업무이다.

④ 119항공대원의 자격기준〈「119구조 · 구급에 관한 법률 시행령」제17조〉… 119항공대
원은 구조대원의 자격기준 또는 구급대원의 자격기준을 갖추고, 소방청장이 실시하
는 항공 구조 · 구급과 관련된 교육을 마친 사람으로 한다.

⑤ 항공기의 운항

㉠ 119항공대의 항공기는 조종사 2명이 탑승하되, 해상비행 · 계기비행(計器飛行)
및 긴급 구조 · 구급 활동을 위하여 필요한 경우에는 정비사 1명을 추가로 탑승
시킬 수 있다.

㉡ 조종사의 비행시간은 1일 8시간을 초과할 수 없다. 다만, 구조 · 구급 및 화재
진압 등을 위하여 필요한 경우로서 소방청장 또는 소방본부장이 비행시간의 연
장을 승인한 경우에는 그러하지 아니하다.

ⓒ 조종사는 항공기의 안전을 확보하기 위하여 탑승자의 위험물 소지 여부를 점검해야 하며, 탑승자는 119항공대원의 지시에 따라야 한다.

ⓔ 항공기의 검사 등 유지·관리에 필요한 사항은 소방청장이 정한다.

ⓜ 소방청장 및 소방본부장은 항공기의 안전운항을 위하여 운항통제관을 둔다.

⑥ 119항공대에서 갖추어야 할 장비의 기준〈「119구조·구급에 관한 법률 시행규칙」 제9조〉

　ㄱ 시·도 소방본부에 설치하는 119항공대에서 갖추어야 할 장비의 기본적인 사항은 「소방력 기준에 관한 규칙」 및 「소방장비관리법 시행규칙」에 따른다.

　ㄴ 소방청에 설치하는 119항공대에서 갖추어야 할 장비의 기본적인 사항은 준용하되, 119항공대에 두는 항공기는 3대 이상 갖추어야 한다.

　ㄷ 119항공대가 갖추어야 하는 장비에 관하여 필요한 사항은 소방청장이 정한다.

⑼ 119항공운항관제실 설치·운영

① 소방청장은 소방항공기의 안전하고 신속한 출동과 체계적인 현장활동의 관리·조정·통제를 위하여 소방청에 119항공운항관제실을 설치·운영한다.

② 119항공운항관제실의 업무 … 재난현장 출동 소방헬기의 운항·통제·조정에 관한 사항, 관계 중앙행정기관 소속의 응급의료헬기 출동 요청에 관한 사항, 관계 중앙행정기관 소속의 헬기 출동 요청 및 공역통제·현장지휘에 관한 사항, 소방항공기 통합 정보 및 안전관리 시스템의 설치·관리·운영에 관한 사항, 소방항공기의 효율적 운항관리를 위한 교육·훈련 계획 등의 수립에 관한 사항이다.

③ 119항공운항관제실 설치·운영〈「119구조·구급에 관한 법률 시행령」 제19조의2〉

　ㄱ 소방청장 119항공운항관제실에 1명 이상 배치하여 24시간 근무체제로 운영하는 자: 「항공안전법」의 항공교통관제사 자격증명을 받은 사람, 「항공안전법」의 운항관리사 자격증명을 받은 사람, 그 밖에 항공운항관제 경력이 3년 이상인 사람으로서 소방청장이 인정하는 사람이다.

　ㄴ 소방청장은 업무를 효율적으로 수행하기 위하여 항공기의 운항정보 및 안전관리 등을 위한 시스템을 구축·운영한다.

　ㄷ 소방청장은 운항관리시스템이 소방청과 시·도 소방본부 간에 상호 연계될 수 있도록 관리한다.

④ 규정한 사항 외에 119항공운항관제실의 설치·운영에 필요한 세부사항은 소방청장이 정한다.

⑽ 119항공정비실의 설치·운영

① 소방청장은 편성된 항공대의 소방헬기를 전문적으로 통합정비 및 관리하기 위하여 소방청에 119항공정비실을 설치·운영할 수 있다.

② **정비실의 업무** … 소방헬기 정비운영 계획 수립 및 시행 등에 관한 사항, 중대한 결함 해소 및 중정비 업무 수행 등에 관한 사항, 정비에 필요한 전문장비 등의 운영·관리에 관한 사항, 정비에 필요한 부품 수급 등의 운영·관리에 관한 사항, 정비사의 교육훈련 및 자격유지에 관한 사항, 소방헬기 정비교범 및 정비 관련 문서·기록의 관리·유지에 관한 사항, 그 밖에 소방헬기 정비를 위하여 필요한 사항

③ 소방청장은 119항공정비실에 「항공안전법」에 따라 항공정비사 자격증명을 받은 사람을 배치하여 운영한다. 119항공정비실의 설치·운영에 필요한 세부사항은 소방청장이 정한다.

⑾ 119항공정비실에 갖추어야 시설 및 장비 기준

① **시설** … 항공기를 수용할 수 있는 격납시설, 항공기 정비에 필요한 계류장 및 이착륙 시설, 항공기 정비용 장비·공구·자재의 보관 시설, 기술관리 및 품질관리 수행을 위한 사무실 및 교육시설, 그 밖에 정비 등을 수행하기 위한 환기, 조명, 온도 및 습도조절 설비가 있다.

② **장비** … 항공기를 기동시킬 수 있는 항공기동장비, 정비작업 지원을 위한 지상지원장비, 정비에 직접 사용되는 항공정비장비, 그 밖에 보유 기종별 특성에 맞는 정비장비가 있다.

③ ①과 ②에서 규정한 사항 외에 119항공정비실의 시설 및 장비에 관하여 필요한 사항은 소방청장이 정한다.

⑿ 119구조견대의 편성과 운영

① 소방청장과 소방본부장은 위급상황에서 「소방기본법」에 따른 소방활동의 보조 및 효율적 업무 수행을 위하여 119구조견대를 편성하여 운영한다.

② 소방청장은 119구조견의 양성·보급 및 구조견 운용자의 교육·훈련을 위하여 구조견 양성·보급기관을 설치·운영한다.

③ 편성 및 운영
   ㉠ 소방청장은 119구조견대를 중앙119구조본부에 편성·운영한다.
   ㉡ 소방본부장은 시·도의 규칙으로 정하는 바에 따라 시·도 소방본부에 구조견대를 편성하여 운영한다.
   ㉢ 구조견대의 출동구역은 행정안전부령으로 정한다.
   ㉣ 규정한 사항 외에 구조견대의 편성·운영에 필요한 사항은 중앙119구조본부에 두는 경우에는 소방청장이 정하고, 시·도 소방본부에 두는 경우에는 해당 시·도의 규칙으로 정한다.

④ **119구조견대의 구비장비** … 119구조견 및 구조견 운용자 출동 장비, 구조견 및 구조견 운용자 훈련용 장비, 구조견 사육·관리용 장비, 그 밖에 구조견 운용 등에 필요하다고 인정되는 장비가 있다.

section 17 구조 · 구급활동〈「119구조 · 구급에 관한 법률」 제4장〉

(1) 구조 · 구급활동

① 소방청장 등은 위급상황이 발생한 때에는 구조 · 구급대를 현장에 신속하게 출동시켜 인명구조, 응급처치 및 구급차 등의 이송, 그 밖에 필요한 활동을 한다.

② 누구든지 ①에 따른 구조 · 구급활동을 방해하여서는 아니 된다.

(2) 구조 · 구급 요청의 거절〈「119구조 · 구급에 관한 법률 시행령」 제20조〉

① 구조대원은 다음에 해당하는 경우에는 구조출동 요청을 거절할 수 있다. 다만, 다른 수단으로 조치하는 것이 불가능한 경우에는 그러하지 아니하다.

　㉠ 단순 문 개방의 요청을 받은 경우

　㉡ 시설물에 대한 단순 안전조치 및 장애물 단순 제거의 요청을 받은 경우

　㉢ 동물의 단순 처리 · 포획 · 구조 요청을 받은 경우

　㉣ 그 밖에 주민생활 불편해소 차원의 단순 민원 등 구조활동의 필요성이 없다고 인정되는 경우

② 구급대원은 구급대상자가 다음에 해당하는 비응급환자인 경우에는 구급출동 요청을 거절할 수 있다. 이 경우 구급대원은 구급대상자의 병력 · 증상 및 주변 상황을 종합적으로 평가하여 구급대상자의 응급 여부를 판단하여야 한다.

　㉠ 단순 치통환자

　㉡ 단순 감기환자. 다만, 섭씨 38도 이상의 고열 또는 호흡곤란이 있는 경우는 제외한다.

　㉢ 혈압 등 생체징후가 안정된 타박상 환자

　㉣ 술에 취한 사람. 다만, 강한 자극에도 의식이 회복되지 아니하거나 외상이 있는 경우는 제외한다.

　㉤ 만성질환자로서 검진 또는 입원 목적의 이송 요청자

　㉥ 단순 열상(裂傷) 또는 찰과상(擦過傷)으로 지속적인 출혈이 없는 외상환자

　㉦ 병원 간 이송 또는 자택으로의 이송 요청자. 다만, 의사가 동승한 응급환자의 병원 간 이송은 제외한다.

③ 구조 · 구급대원은 요구조자 또는 응급환자가 구조 · 구급대원에게 폭력을 행사하는 등 구조 · 구급활동을 방해하는 경우에는 구조 · 구급활동을 거절할 수 있다.

④ 구조 · 구급대원은 규정에 따라 구조 또는 구급 요청을 거절한 경우 구조 또는 구급을 요청한 사람이나 목격자에게 그 내용을 알리고, 행정안전부령으로 정하는 바에 따라 그 내용을 기록 · 관리한다.

(3) 유관기관과의 협력

① 소방청장 등은 구조·구급활동을 함에 있어서 필요한 경우에는 시·도지사 또는 시장·군수·구청장에게 협력을 요청할 수 있다.

② 시·도지사 또는 시장·군수·구청장은 특별한 사유가 없으면 요청에 따라야 한다.

(4) 구조·구급활동을 위한 긴급조치

① 소방청장 등은 구조·구급활동을 위하여 필요하다고 인정하는 때에는 다른 사람의 토지·건물 또는 그 밖의 물건을 일시사용, 사용의 제한 또는 처분을 하거나 토지·건물에 출입할 수 있다.

② 소방청장 등은 ①에 따른 조치로 인하여 손실을 입은 자가 있는 경우에는 대통령령으로 정하는 바에 따라 그 손실을 보상한다.

(5) 구조된 사람과 물건의 인도·인계

① 소방청장 등은 구조활동으로 구조된 사람 또는 신원이 확인된 사망자를 그 보호자 또는 유족에게 지체 없이 인도한다.

② 소방청장 등은 구조·구급활동과 관련하여 회수된 물건의 소유자가 있는 경우에는 소유자에게 그 물건을 인계한다.

③ 소방청장 등은 다음에 해당하는 때에는 구조된 사람, 사망자 또는 구조된 물건을 특별자치도지사·시장·군수·구청장(「재난 및 안전관리 기본법」 제14조 또는 제16조에 따른 재난안전대책본부가 구성된 경우 해당 재난안전대책 본부장)에게 인도하거나 인계한다.
  ㉠ 구조된 사람이나 사망자의 신원이 확인되지 아니한 때
  ㉡ 구조된 사람이나 사망자를 인도받을 보호자 또는 유족이 없는 때
  ㉢ 구조된 물건의 소유자를 알 수 없는 때

(6) 구조된 사람의 보호

구조된 사람을 인도받은 특별자치도지사·시장·군수·구청장은 구조된 사람에게 숙소·급식·의류의 제공과 치료 등의 필요한 보호조치와 사망자는 영안실에 안치하는 등 적절한 조치를 취한다.

(7) 구조된 물건의 처리

① 구조된 물건을 인계받은 특별자치도지사·시장·군수·구청장은 이를 안전하게 보관한다.

② 인계받은 물건의 처리절차〈「119구조ㆍ구급에 관한 법률 시행령」 제23조〉

ⓐ 특별자치도지사ㆍ시장ㆍ군수ㆍ구청장(「재난 및 안전관리 기본법」에 따른 재난안전대책본부가 구성된 경우에는 해당 재난안전대책본부장)은 구조ㆍ구급과 관련하여 회수된 물건을 인계받은 경우 인계받은 날부터 14일 동안 해당 지방자치단체의 게시판 및 인터넷 홈페이지에 공고한다.

ⓑ 특별자치도지사ㆍ시장ㆍ군수ㆍ구청장은 구조된 물건의 소유자 또는 청구권한이 있는 자가 나타나 그 물건을 인계할 때에는 소유자 등임을 확인할 수 있는 서류를 제출하게 하거나 구조된 물건에 관하여 필요한 질문을 하는 등의 방법으로 구조된 물건의 소유자 등임을 확인한다.

ⓒ 특별자치도지사ㆍ시장ㆍ군수ㆍ구청장은 구조된 물건이 멸실ㆍ훼손될 우려가 있거나 보관에 지나치게 많은 비용이나 불편이 발생할 때에는 그 물건을 매각할 수 있다. 다만, 구조된 물건이 관계 법령에 따라 일반인의 소유 또는 소지가 제한되거나 금지된 물건일 때에는 관계 법령에 따라 이를 적법하게 소유하거나 소지할 수 있는 자에게 매각하는 경우가 아니면 매각할 수 없다.

ⓓ 구조된 물건을 매각하는 경우 매각 사실을 해당 지방자치단체의 게시판 및 인터넷 홈페이지에 공고하고, 매각방법은 「지방자치단체를 당사자로 하는 계약에 관한 법률」의 규정을 준용하여 경쟁입찰에 의한다. 다만, 급히 매각하지 아니하면 그 가치가 현저하게 감소될 염려가 있는 구조된 물건은 수의계약에 의하여 매각할 수 있다.

(8) 가족 및 유관기관의 연락

① 구조ㆍ구급대원은 구조ㆍ구급활동을 함에 있어 현장에 보호자가 없는 요구조자 또는 응급환자를 구조하거나 응급처치를 한 후에는 그 가족이나 관계자에게 구조경위, 요구조자 또는 응급환자의 상태 등을 즉시 알려야 한다.

② 구조ㆍ구급대원은 요구조자와 응급환자의 가족이나 관계자의 연락처를 알 수 없는 때에는 위급상황이 발생한 해당 지역의 특별자치도지사ㆍ시장ㆍ군수ㆍ구청장에게 그 사실을 통보한다.

③ 구조ㆍ구급대원은 요구조자와 응급환자의 신원을 확인할 수 없는 경우에는 경찰관서에 신원의 확인을 의뢰할 수 있다.

(9) 구조ㆍ구급활동을 위한 지원요청

① 소방청장 등은 구조ㆍ구급활동을 함에 있어서 인력과 장비가 부족한 경우에는 대통령령으로 정하는 바에 따라 관할구역 안의 의료기관, 구급차 등의 운용자 및 구조ㆍ구급과 관련된 기관 또는 단체에 대하여 구조ㆍ구급에 필요한 인력 및 장비의 지원을 요청할 수 있다. 이 경우 요청을 받은 의료기관 등은 정당한 사유가 없으면 이에 따라야 한다.

② ①의 지원요청에 따라 구조·구급활동에 참여하는 사람은 소방청장 등의 조치에 따라야 한다.

③ ①에 따라 지원활동에 참여한 구급차 등의 운용자는 소방청장 등이 지정하는 의료기관으로 응급환자를 이송한다.

④ 소방청장 등은 행정안전부령으로 정하는 바에 따라 지원요청대상 의료기관 등의 현황을 관리한다.

⑤ 소방청장 등은 구조·구급활동에 참여한 의료기관 등에 대하여는 그 비용을 보상할 수 있다.

⑽ 구조·구급대원과 경찰공무원의 협력

① 구조·구급대원은 범죄사건과 관련된 위급상황 등에서 구조·구급활동을 하는 경우에는 경찰공무원과 상호 협력한다.

② 구조·구급대원은 요구조자나 응급환자가 범죄사건과 관련이 있다고 의심할만한 정황이 있는 경우에는 즉시 경찰관서에 그 사실을 통보하고 현장의 증거보존에 유의하면서 구조·구급활동을 한다. 다만, 생명이 위독한 경우에는 먼저 구조하거나 의료기관으로 이송하고 경찰관서에 그 사실을 통보할 수 있다.

⑾ 구조·구급활동으로 인한 형의 감면

다음에 해당하는 자가 구조·구급활동으로 인하여 요구조자를 사상에 이르게 한 경우 그 구조·구급활동 등이 불가피하고 구조·구급대원 등에게 중대한 과실이 없는 때에는 그 정상을 참작하여 「형법」 제266조부터 제268조까지의 형을 감경하거나 면제할 수 있다.

① 제4조 제3항에 따라 위급상황에 처한 요구조자를 구출하거나 필요한 조치를 한 자

② 제13조 제1항에 따라 구조·구급활동을 한 자

section 18 응급구조사의 윤리강령

(1) 모든 사람이 스스로의 존엄과 가치를 존중받고 행복을 추구할 권리를 보장받도록 사회안전망의 구성원으로서 언제 어디에서나 필요한 응급처치를 공정하게 시행한다.

(2) 응급환자와 보호자의 합리적 치료결정을 위해 필요한 정보와 쉬운 설명으로 알 권리를 보호하고 자기결정권을 존중한다.

(3) 응급환자와 보호자의 판단에 따른 합리적 요구를 존중하지만 불합리하고 비윤리적인 요구는 거부하거나 설득한다.

응급구조사의 법적 및 윤리적 책임

㉠ 모든 환자 및 보호자에게 정중히 대한다.

㉡ 모든 환자의 신체 및 정서적 요구에 대해 신속하게 대응한다.

㉢ 자신의 전문 기술 및 의료 지식을 최상의 수준으로 유지하고, 이를 위해 교육 및 세미나 등에 지속적으로 참여한다.

㉣ 자신의 업무 수행 능력을 객관적으로 평가한 후 개선 방법에 대해 지속적으로 탐구한다.

㉤ 환자에게 관찰되는 증상 및 발생된 사건에 대해 정직하게 보고하고 환자의 비밀을 철저히 지킨다.

㉥ 다른 응급 의료 전문가와 협력하고 존중하는 태도를 갖춘다.

㉦ 합리적이고 신중한 태도로 업무를 수행한다.

㉧ 자신의 교육 및 훈련 수준에 상응하는 훈련을 받은 타 응급구조사와 동일 수준의 처치를 제공한다.

(4) 적절한 환자평가, 응급처치, 병원이송이 응급환자를 정상생활로 복귀시킬 수 있음을 인식하고 주어진 환경에서 창조적으로 응급의료를 시행한다.

(5) 응급환자와 보호자의 사생활을 존중하며 응급처치 중 알게 된 모든 사실에 대해 비밀을 유지하고 관련자에 한해서 필요한 정보를 나눈다.

(6) 모든 형태의 범죄와 학대, 방임, 유기 가능성에 대해 주의를 기울이고 피해를 막기 위해 환자격리, 상부보고, 경찰신고 등의 바로 필요한 조치를 한다.

(7) 도착 전 시민응급처치, 병원 응급처치, 수술, 회복, 재활 등의 중요성도 인식하고 개선을 위한 노력을 기울인다.

(8) 일상적인 응급환자뿐만 아니라 비응급환자 나아가 재난 다수사상자에 대해 의학적 판단에 따라 응급의료를 실시한다.

(9) 응급처치의 적절성을 높여 응급환자의 생존율을 개선시킬 뿐만 아니라 안전강화, 예방활동, 응급처치교육 등을 통해 안전한 환경조성에 기여한다.

(10) 바람직한 역할을 다하고 의료지도체계를 개선하기 위해 병원전과 병원뿐만 아니라 다양한 분야에서 관련 직무를 수행하며 첨단의료 환경과 정보통신 사회에 능동적으로 대응한다.

TIP

효과적인 무선 통신 위한 지침 사항

㉠ 송신 시작 전 무전기 채널의 사용 여부를 확인한다.

㉡ 송신 버튼을 누른 뒤 1초간 기다린 후 말을 시작하고, 마이크와 거리를 약 5 ~ 7cm 정도 유지한다.

㉢ 통신 시 발음을 명확히 하여 천천히 말하고 이해하기 어려운 단어는 피한다.

㉣ 감정은 최대한 배제하고 일반적인 높낮이의 목소리로 말한다.

㉤ 송신 전 무슨 말을 할 것인지 생각하고 수신자가 집중할 수 있도록 보고 내용을 단순 요약하여 간략하게 말한다.

㉥ 같은 응급의료체계가 아니라면 코드를 사용하지 않는다.

㉦ 비속어, 은어, 불필요한 정보 등은 사용하지 않고 적절한 유닛(unit), 병원번호, 정확한 이름 또는 제목을 사용한다.

㉧ 비속어나 은어 사용하지 않고, 전파 통신의 표준 형식을 사용한다.

㉨ 지시 또는 지도의사의 명령을 수신 시 복창을 하여 정확한 응답을 확인하여 통신 오류를 줄인다.

㉩ 통신 완료 시 자신의 메시지가 수신 및 이해되었음을 확인한 후 통신을 종료한다.

---

section 19 응급의료 통신

(1) 응급의료정보통신망의 구축〈「응급의료에 관한 법률」 제15조〉

① 국가 및 지방자치단체는 국민들에게 효과적인 응급의료를 제공하기 위하여 각종 자료의 수집과 정보 교류를 위한 응급의료정보통신망을 구축한다.

② 응급의료정보통신망의 통신체계 및 운용비용 등에 관하여 필요한 사항은 보건복지부령으로 정한다.

③ 보건복지부장관은 응급의료정보통신망 구축을 위하여 필요한 경우 관계 중앙행정기관의 장 또는 지방자치단체의 장 및 응급의료와 관련된 기관·단체 등에 대하여 정보통신망의 연계를 요구할 수 있다. 이 경우 정보통신망의 연계를 요구받은 관계 중앙행정기관의 장 또는 지방자치단체의 장 및 응급의료와 관련된 기관·단체 등은 특별한 사유가 있는 경우 외에는 이에 응하여야 한다.

(2) 응급의료 통신체계〈「응급의료에 관한 법률 시행규칙」 제7조〉

① 국가 및 지방자치단체는 규정에 따라 응급의료기관 등을 운용하는 자와 중앙응급의료센터가 연계될 수 있도록 응급의료 통신망을 구축하여야 한다.

② 중앙응급의료센터의 통신체계 운용비용은규정에 따라 국가 및 지방자치단체가 그 2분의 1을 각각 부담한다.

(3) 구급차에 갖추어야 하는 통신장비〈「응급의료에 관한 법률 시행규칙」 별표17〉

응급의료지원센터 및 응급의료기관과 항상 교신이 이루어 질 수 있도록 관리한다.

(4) 특수구급차에 갖추어야 하는 통신장비 기준〈「응급의료에 관한 법률 시행규칙」 별표16〉

① 법 제15조에 따라 구축한 응급의료정보통신망이다.

② 「전파법」에 따라 할당받은 주파수를 사용하는 기간통신서비스의 이용에 필요한 무선단말기기이다.

③ 선박 및 항공기에 갖추어야 하는 통신장비의 기준은 보건복지부장관이 따로 정하여 고시한다.

section 20 응급의료 기록관리

(1) 구조 · 구급활동의 기록관리〈「119구조 · 구급에 관한 법률」 제22조〉

① 소방청장 등은 구조 · 구급활동상황 등을 기록하고 이를 보관한다.

② 구조활동상황의 기록관리〈「119구조 · 구급에 관한 법률 시행규칙」 제17조〉
　　㉠ 구조대원은 구조활동일지에 구조활동상황을 상세히 기록하고, 소속 소방관서에 3년간 보관한다.
　　㉡ 소방본부장은 구급활동상황을 종합하여 연 2회 소방청장에게 보고한다.

③ 구급활동상황의 기록유지〈「119구조 · 구급에 관한 법률 시행규칙」 제18조〉
　　㉠ 구급대원은 구급활동일지에 구급활동상황을 상세히 기록하고, 소속 소방관서에 3년간 보관한다.
　　㉡ 구급대원이 응급환자를 의사에게 인계하는 경우에는 구급활동일지(이동단말기로 작성하는 경우를 포함)에 환자를 인계받은 의사의 서명을 받고, 구급활동일지(이동단말기에 작성한 경우에는 전자적 파일이나 인쇄물) 1부를 그 의사에게 제출한다.
　　㉢ 구급대원은 구급 출동하여 심폐정지환자를 발견한 경우 또는 중증외상환자, 심혈관질환자 및 뇌혈관질환자를 의료기관으로 이송한 경우에는 소방청장이 정하는 바에 따라 구급활동에 관한 세부 상황표를 작성하고, 소속 소방관서에 3년간 보관한다.

무선통신이 이용되는 경우
㉠ 사고 접수 및 보고
㉡ 적절한 응급구조팀에게 출동 지시
㉢ 응급의료종사자 및 응급차량간의 연락
㉣ 타 응급의료기관과 정보 교환
㉤ 처치 중 환자에 대한 정보 및 상태 전달
㉥ 여러 병원으로 환자 배분

구급활동일지 출동유형 작성
㉠ 정상
　• 현장의 직접적인 구급활동을 위해 정상 출동한 경우
　• 직접적인 구급활동에는 구조, 구급, 상담, 이송 외에도 환자의 이송 거절 및 거부, 환자 미 발생 등도 포함된다.
㉡ 취소 : 신고를 받아 센터에서 출발했으나 현장에 도착하기 전 신고를 취소한 경우 또는 이미 다른 차량 등을 이용하여 환자를 이송한 경우
㉢ 오인 : 피해자 또는 응급사고가 발생한 것으로 신고자가 잘못 보거나 잘못 생각한 경우
㉣ 거짓 : 애초에 응급환자 또는 사고가 없었음에도 불구하고 거짓 또는 허위신고로 판단되는 경우
㉤ 기타 : 직접적인 구급활동을 위한 것이 아닌 캠페인, 교육, 봉사 등으로 인해 출동하는 경우

기출PLUS

TIP

병원 전 처치기록 및 구급활동일지 기능

의료적 기능, 법률적 기능, 연구적 기능, 행정적 기능

④ **이동단말기의 활용**〈「119구조·구급에 관한 법률 시행규칙」제18조2〉 ··· 구조·구급대원은 구조차 또는 구급차에 이동단말기가 설치되어 있는 경우에는 구조·구급활동과 관련하여 작성하는 확인서, 일지 및 상황표 등을 이동단말기로 작성할 수 있다.

(2) 이송환자에 대한 정보 수집〈「119구조·구급에 관한 법률」제23조〉

소방청장 등은 구급대가 응급환자를 의료기관으로 이송한 경우 이송환자의 수 및 증상을 파악하고 응급처치의 적절성을 자체적으로 평가하기 위하여 필요한 범위에서 해당 의료기관에 주된 증상, 사망여부 및 상해의 경중 등 응급환자의 진단 및 상태에 관한 정보를 요청할 수 있다. 이 경우 요청을 받은 의료기관은 정당한 사유가 없으면 이에 따라야 한다.

(3) 구조·구급 증명서〈「119구조·구급에 관한 법률 시행규칙」세193조〉

① 다음에 해당하는 자가 구조대나 구급대에 의한 구조·구급활동을 증명하는 서류를 요구하는 경우에는 구조·구급증명 신청서(전자문서로 된 신청서를 포함)를 작성하여 소방청장 등에게 신청한다.

　㉠ 인명구조, 응급처치 등을 받은 구조·구급자

　㉡ 구조·구급자의 보호자

　㉢ 공공단체 또는 보험회사 등 환자이송과 관련된 기관이나 단체

　㉣ ①부터 ③까지에 해당하는 자의 위임을 받은 자

② 소방청장 등은 ①에 따라 구조·구급증명 신청을 받은 경우에는 다음 각 호의 서류 중 관련 서류를 통하여 신청인의 신원 등을 확인한 후 구조·구급증명서를 발급한다.

　㉠ 주민등록증, 운전면허증, 여권, 공무원증 등 본인을 확인할 수 있는 신분증

　㉡ 위임 등을 증명할 수 있는 서류

　㉢ 구조·구급자의 보험가입을 증명할 수 있는 서류

　㉣ 그 밖에 구조·구급활동에 관한 증명자료가 필요함을 입증할 수 있는 서류

③ 구조·구급자의 보호자가 ①에 따른 구조·구급증명을 신청하는 경우에는 소방청장 등은 「전자정부법」에 따른 행정정보의 공동이용을 통하여 주민등록표 등본 또는 가족관계증명서로 보호자임을 확인한다. 다만, 신청인이 확인에 동의하지 아니하는 경우에는 그 서류를 첨부한다.

01 우리나라 응급의료체계 관련부서에서 다음과 같은 업무를 하고 있는 부서는?

> 응급환자 이송, 현장 및 환자이송 중에 응급처치와 함께 응급상황실을 운영한다.

① 응급의료기관   ② 보건복지부
③ 소방청   ④ 대한응급의학회

02 응급의료서비스 체계의 진행단계 순서로 적절한 것은?

> ㉠ 환자 발견 후 응급전화 신고
> ㉡ 병원에서 응급처치 및 전문적인 처치
> ㉢ 응급의료체계 문제점 파악 후 개선계획 수립
> ㉣ 환자를 병원 이송하면서 전문인명소생술 시행
> ㉤ 응급의료요원 현장 처치 시행

① ㉠ - ㉤ - ㉣ - ㉡ - ㉢
② ㉠ - ㉣ - ㉤ - ㉢ - ㉡
③ ㉢ - ㉠ - ㉤ - ㉣ - ㉡
④ ㉢ - ㉠ - ㉣ - ㉡ - ㉤

03 응급의료체계 구성 요소에 대한 설명으로 옳은 것은?

① 공익안전단체는 응급의료체계에서 제외된다.
② 교육 및 훈련은 신규 응급구조사만을 대상으로 시행한다.
③ 응급환자가 병원에 도착할 때까지 필요한 의료체계이다.
④ 응급의료체계를 통해 대중에게 응급의료정보를 제공한다.

01.

① 종합병원 이상의 규모의 응급의료기관에서는 응급실을 운영한다.
② 응급의료와 관련된 정책을 수립 및 평가를 한다.
④ 학술의료단체로 응급의학 전문의로 구성되어 있다. 응급의료에 대한 자문을 한다.

02.

응급의료체계의 진행단계는 ㉠목격자를 통해서 환자를 발견하면 기본적인 응급처치를 시행한다. 목격자는 응급전화로 응급의료체계가 가동된다. ㉤응급의료요원이 현장에 도착하면 현장에서 처치를 시행한다. ㉣긴급한 사항만을 처치한 이후에 신속하게 병원으로 이송한다. 이송할 때에도 전문인명소생술을 멈추지 않고 시행한다. ㉡응급실에 도착한 환자는 응급처치를 받은 후에 병실에서 지속적으로 전문적인 처치를 받는다. ㉢응급의료체계 상황에서 발생한 문제나 개선사항을 파악하고 평가한다. 이후에 보완 및 개선계획을 수립하고 응급의료정책에 반영될 수 있도록 교육한다.

03.

④ 응급의료체계 : 응급의료서비스를 효과적으로 구현하기 위한 시스템이다. 응급환자에게 제공되는 응급의료서비스와 대중에게 교육 및 정보를 제공하는 것도 응급의료체계를 구성하는 요소이다.
① 공익안전단체는 응급의료체계를 구성하는 요소에 포함된다.
② 응급의료와 관련된 교육 및 훈련은 신규뿐 아니라 기존 응급의료종사자에게도 시행한다.
③ 응급의료체계는 응급환자가 발생한 현장에서부터 이송, 병원 도착, 타 병원으로 전원 등의 과정을 전부 포함한다.

Answer   01.③ 02.① 03.④

04 소방대원의 개인 안전을 위한 설명으로 옳지 않은 것은?

① 4염화탄소에 노출되면 추후에 간질환이 발생할 수 있으므로 보호 장비를 착용한다.

② 주변 환경에 변화에 대해서 주의를 하며 구조를 한다.

③ 현장에 도착해서 구급대원의 안전이 가장 우선적으로 확보되어야 한다.

④ 폭력현장에 진입할 때 환자의 안전이 보장되지 않는다면 우선 진입을 한다.

04.

④ 폭력현장 진입을 할 때에는 경찰에 먼저 도움을 요청을 한다. 위험한 현장에는 진입을 하지 않는다.

05 응급구조사의 스트레스 관리 및 해소방법으로 적절한 것은?

① 스트레스의 원인에 대해 감정을 몰입하도록 돕는다.

② 위기사건 스트레스 관리를 통해 스트레스 해소를 돕는다.

③ 외부의 개입은 혼란을 야기할 수 있으므로 최대한 삼간다.

④ 스트레스 유발원에 지속적으로 노출시켜 탈감작을 유도한다.

05.

② 위기사건 스트레스 관리 : 특정사건에 의한 스트레스를 호소하는 의료종사자가 훈련받은 동료 상담자 및 정신건강전문가로 구성된 팀에게 스트레스 관리에 대한 도움을 받는 것이다.

① 스트레스 원인을 제거할 수 없는 경우 스트레스원에 대한 감정을 몰입하지 않도록 도와야 한다.

③ 유사한 경험을 가진 동료와의 대화 또는 필요 시 전문가의 도움을 받아 스트레스를 관리한다.

④ 스트레스 유발 인자 또는 사건에 지속적으로 노출될수록 스트레스가 가중되므로, 지속적인 노출을 피한다.

06 정신적인 스트레스에 대한 정서적인 반응에서 가장 처음에 나타나는 감정은?

① 우울

② 분노

③ 부정

④ 수용

06.

환자, 환자의 가족, 소방대원 등은 죽음에 대한 정서적인 반응은 '부정 – 분노 – 협상 – 우울 – 수용'의 단계로 나타난다.

Answer   04.④ 05.② 06.③

07 다음 전염질환의 전염경로를 바르게 연결한 것은?

① 포도상구균 피부질환 – 공기
② 결핵 – 감염부위의 직접접촉
③ 세균·바이러스성 폐렴 – 입이나 코의 분비물
④ 후천성면역결핍증 – 호흡기계 분비물

08 응급의료 제공 전 설명 및 동의 원칙의 예외 사유에 해당되는 것은?

① 응급환자의 보호자가 없는 경우
② 설명 및 동의 절차가 지연되는 경우
③ 응급환자가 의사결정능력이 없는 경우
④ 응급환자가 미성년자인 임산부인 경우

09 응급환자 또는 그 법정대리인에게 응급의료에 대해 반드시 설명 및 고지되어야 하는 내용이 아닌 것은?

① 응급검사의 내용
② 권장되는 치료의 비용
③ 치료 내용에 대한 위험성
④ 환자에게 발생 가능한 증상의 진단명

07

① 포도상구균 피부질환의 경우는 감염부위와 직접적으로 접촉되거나 오염물질과 접촉한 경우 전염된다.
② 결핵의 경우 호흡기계에서 분비되는 비말 등이나 공기에 의해 전염된다.
④ 후천성면역결핍증(AIDS)는 HIV에 감염된 혈액이나 성교, 수혈, 모태감염 등으로 전염된다.

08.

③ 의사결정능력이 없는 응급환자의 경우 설명 및 동의 원칙의 예외 사유에 해당한다.
① 응급환자에게 의식 및 법적 능력이 있어서 설명된 동의가 가능하다면 보호자의 유무는 영향을 미치지 않는다.
② 설명 및 동의 절차로 인해 신체에 중대한 장애를 가져올 경우에 한하여 예외를 적용할 수 있다. 절차가 지연되어도 환자의 생명이 위험하거나 중대한 장애를 끼치지 않는 경우 반드시 응급의료의 설명 및 동의 절차를 진행한다.
④ 18세 미만 임산부인 경우 독립된 미성년자에 해당하여 성인으로 간주한다. 성인과 동일하게 법적으로 설명된 동의가 가능하다.

09.

② 응급의료 제공 시 응급환자 또는 그 법정대리인에게 반드시 설명 후 동의를 얻어야 한다. 치료비용은 설명의 의무에 반드시 해당되지 않는다.

10 보호자를 찾을 수 없는 소아 환자에게 적용하는 동의의 법칙은?

① 묵시적 동의의 원칙하에 진료를 진행한다.

② 비자의적 동의의 원칙하에 치료를 진행한다.

③ 사전의료 의향서에 서명하도록 한 후 치료를 진행한다.

④ 법원 지정 관리인으로부터 동의를 얻은 후 치료를 진행한다.

11 응급구조사의 동의의 법칙에 대한 설명으로 옳은 것은?

① 서면동의 없이 구두로 얻은 환자의 동의는 법적으로 유효하다.

② 소아 환자가 응급처치에 거부 의사를 표현하면 시행할 수 없다.

③ 회복한 환자에게 응급처치에 필요한 경우에는 묵시적 동의가 유효하다.

④ 의식 및 법적능력이 있는 환자가 거부해도 응급상태면 의료진의 판단으로 응급의료를 진행한다.

10.

① 묵시적 동의 : 환자가 설명된 동의를 할 수 있는 상태였다면 분명히 치료에 동의했을 것이라는 추정에 의한 동의이다. 환자에게 더 이상 응급 처치가 요구되지 않거나 의식 또는 지적 능력이 회복되는 시점까지만 유효하다.

② 비자의적 동의 : 환자의 정신 건강 상태가 의심스럽거나 법 집행 등으로 체포되어 있는 환자이거나 지역사회로 확산 위험이 있는 감염병 환자의 강제 치료 시 적용한다.

③ 사전의료 의향서 : 환자가 무의식 상태 또는 치료 방법을 선택하는 의사 표명을 할 수 없는 상태가 된 경우에 대비하여 특정 치료방법을 선택하겠다는 의사를 담은 문서이다.

④ 법원 지정 관리인의 동의가 필요한 경우 : 미성년자 또는 정신적으로 무능력한 성인에게 응급 의료행위를 하는 경우이다.

11.

① 병원에서는 서류를 통해 환자 또는 보호자에게 서명을 받음으로써 환자의 동의를 구하나, 응급구조사가 직면한 대부분의 상황은 환자 또는 보호자에게 문서화된 동의를 구할 수 없는 상황이다. 반드시 문서화되지 않고 환자가 구두로 동의한 경우에도 이러한 동의는 법적 효력을 갖는다.

② 처치의 동의 및 거부는 환자가 18세 이상인 경우만 가능하다. 소아 환자의 경우 처치 시작 전 부모 또는 법적 대리인으로부터 동의를 얻어야 한다.

③ 묵시적 동의는 환자가 더 이상 응급처치를 요하지 않거나 의식 및 지적 능력이 회복되는 시점까지만 유효하다.

④ 의식 및 법적능력이 있는 환자는 처치 및 이송 과정 중 언제든 거부 의사를 밝힐 수 있다.

Answer 10.① 11.①

12 응급구조사의 치료기준 중 동일한 상황에서 유사한 훈련 및 경험을 갖춘 자의 기대행위와 비교하여 판단하는 기준은?

① 전문적 기준
② 법률에 의해 정해진 기준
③ 응급처치 지침서에 명시된 기준
④ 사회적 관행에 의해 정해진 기준

13 법규, 법령, 조례, 판례에 의해서 정해지는 응급구조사의 치료기준은?

① 전문적 기준
② 법률에 의해 정해진 기준
③ 응급처치 지침서에 명시된 기준
④ 사회적 관행에 의해 정해진 기준

14 응급구조사의 과실소송에 대한 방어 방법으로 활용할 수 있는 법 또는 제도가 아닌 것은?

① 기여과실
② 공소시효
③ 사전의료 의향서
④ 정부의 면책 특권

12.

④ 개인의 의료행위에 대해 유사한 조건을 가진 의료인이 동일한 상황에 처할 경우 어떻게 행동했을지 기대 또는 예상에 근거하여 판단하는 기준을 의미한다.
① 응급의료와 관련이 있는 조직 및 단체, 사회에서 인정된 학술 관련 사항에 의해 정해진 기준을 의미한다.
② 응급의료와 관련된 법령, 조례 등에 의해 확립된 기준을 의미한다.
③ 응급처치 지침서는 구급대원 등의 현장 응급처치를 위한 표준지침에 대한 내용을 기술한다.

13.

② 응급의료와 관련된 법령, 조례 등에 의해 확립된 기준을 의미한다.
① 응급의료와 관련이 있는 조직 및 단체, 사회에서 인정된 학술 관련 사항에 의해 정해진 기준을 의미한다.
③ 응급처치 지침서는 구급대원 등의 현장 응급처치를 위한 표준지침에 대한 내용을 기술한다.
④ 개인의 의료행위에 대해 유사한 조건을 가진 의료인이 동일한 상황에 처할 경우 어떻게 행동했을지 기대 또는 예상에 근거하여 판단하는 기준을 의미한다.

14.

③ 사전의료 의향서는 환자가 무의식 상태 또는 치료 방법 등을 선택하는데 있어 의사 표명을 할 수 없는 상태가 된 경우에 대비하여 특정 치료방법을 선택하겠다는 의사를 담은 문서로 과실소송에 대한 방어와는 관련이 없다.
① 어떤 식으로든 환자가 자신이 입게 된 상해에 대해 기여한 바가 있는 경우 의료과실로써 보상을 받는 것은 허용되지 않는다.
② 과실에 대해 법에서 규정한 기한 내에 과실소송이 제기되지 않는 경우, 이후 과실에 대한 소송을 제기할 수 없다.
④ 선의의 응급 의료로써 직무상 한 행위에 대해 민·형사상 책임이 면책되는 것을 말한다.

Answer　12.④　13.②　14.③

15 구조·구급 집행계획을 수립 시 포함되어야 할 사항은?

① 구조·구급대원의 건강관리를 위해 필요한 사항

② 구조·구급서비스의 질 향상을 위한 정책 기본방향

③ 구조·구급활동에 대한 평가 결과에 따른 조치계획

④ 구조·구급대원의 안전사고 방지를 위해 필요한 세부 집행계획

16 환자 1차 평가에 해당하지 않는 것은?

① 첫인상

② 의식수준

③ 관련 있는 과거력

④ 호흡

17 응급의료종사자의 의무에 해당하지 않는 것은?

① 환자이송

② 환자상담

③ 응급의료 방해 금지

⑤ 응급의료 중단 금지

18 응급구조사의 업무범위에 해당하지 않는 것은?

① 혈압유지를 위한 이뇨제 투여

② 심폐소생술 시행을 위한 기도유지

③ 구강내 이물질 제거

④ 흉통시 니트로글리세린의 설하 투여

15.

① 구조·구급 집행계획 수립 시 구조·구급대원의 안전사고와 감염 방지 및 건강관리를 위해 필요한 관련된 사항을 포함한다.

② 구조·구급 기본계획 수립 시 포함되어야 할 사항이다.

③④ 시·도 집행계획 수립 시 포함되어야 할 사항이다.

16.

③ 2차 평가에 해당한다.

①②④ 1차 평가의 단계는 '첫인상평가 → 의식수준 평가 → 기도 → 호흡 → 순환 → 이송여부 평가'이다.

17.

③ 응급의료를 방해받지 않는 것은 응급의료종사자의 권리이다.

18.

① 의사의 지시 없이 약물투여는 하지 않는다.

Answer 15.① 16.③ 17.③ 18.①

19 응급의료와 관련하여 구급차 내에 구비된 무선 통신기를 이용하는 상황이 아닌 것은?

① 응급차량 간의 연락
② 여러 병원으로의 환자 배분
③ 처치 중 환자에 대한 정보 전달
④ 재난상황에서의 주민 대피명령 발령

20 응급환자를 이송하는 자가 무선통신, 전화 등을 통해서 응급의료기관에 통보해야 하는 것으로 옳지 않은 것은?

① 환자의 발생 경위
② 환자의 연령
③ 도착 예정시간
④ 환자의 보호자 존재여부

21 구급활동의 기록을 작성할 때 주의사항으로 옳지 않은 것은?

① 불명확한 경우 의료지도를 통해 확인한 뒤에 작성하거나 수정을 한다.
② 수정을 해야하는 경우 재결재를 한 뒤에 환자를 인계한 의료기관에 수정사항을 송부한다.
③ 모든 시간은 12시간제로 작성하고 AM, PM을 넣는다.
④ 미이송한 환자의 경우에도 환자이송란을 제외하고 포함되는 모든 항목에 기록을 한다.

19.

④ 긴급 재난 상황에서 주민 대피명령 발령 등은 무선 통신기를 이용하여 통신 하는 상황에 해당하지 않는다.

20.

응급의료에 관한 법률 시행규칙 제39조의2(수용능력의 확인 등)에 따라서 환자의 발생 경위(확인된 경우만 해당), 환자의 연령·성별·상태(활력 징후 및 의식 수준), 현장 및 이송 중 응급처치의 내용, 도착 예정 시각을 통보한다. 특별한 사유가 없으면 이송을 시작한 즉시 한다.

21.

③ 시간은 24시간제로 작성을 한다.

22 무선통신에 일반원칙에 대한 설명으로 옳지 않은 것은?

① 말은 최대한 자세하게 하며 상황을 상세하게 설명한다.

② 외부 소음을 최대한 줄인 뒤에 한다.

③ 송신기 버튼을 누른 후 약 1초가량을 기다린 후에 말을 한다.

④ 환자에 대한 진단결과를 말하지 않는다.

23 신고를 받고 출동한 구급대원이 구급활동일지 작성 시 출동 유형을 "취소"로 표기할 수 있는 경우로 옳은 것은?

① 현장에서 환자가 이송을 거절한 경우

② 다른 차량을 이용하여 환자를 이미 이송한 경우

③ 피해자가 있는 것으로 신고자가 잘못 생각한 경우

④ 응급환자나 사고가 없음에도 허위신고를 한 경우

24 법적 의무 보관 및 보존 기간이 다른 하나는?

① 운행보고서

② 운행기록 대장

③ 항공이송 기록지

④ 구조구급활동일지

25 응급현장에서 병원으로 이송할 때 병원 도착 전 환자에게 시행한 처치기록의 목적 및 기능이 아닌 것은?

① 의료적
② 법률적
③ 상징적
④ 연구적

25.

① 환자의 추후 전문 치료 시 기록을 토대로 응급 처치의 계속성을 유지하며 중요한 의학적 자료로 활용할 수 있다.
② 의료분쟁이 발생할 경우 객관적 증거자료로 제출 및 활용이 가능하다.
④ 작성된 기록을 토대로 응급의료체계를 검토함으로써 응급의료서비스의 지속적인 질 개선을 위해 활용될 수 있다.

Answer 25.③

02 환자이송 및 구급차 운용

TIP

응급이송의 원칙
㉠ 응급이송은 사고 상황의 악화를 막을 수 없는 절대적 상황에서만 시행한다.
㉡ 응급이송은 손상악화의 위험이 크므로 이송 시 척추 보호를 위해 신체의 장축 방향으로 환자를 잡아당겨 이동한다.
㉢ 응급이송으로 이송되는 환자는 가능한 빠른 시간 내에 이동되어야 한다.
㉣ 환자 또는 구조자가 위험한 상황이라고 판단되는 경우 환자의 상태가 불안정하더라도 즉시 이동해야 한다.
㉤ 응급이동의 결정은 손상부위에 대한 정당한 판단보다 응급구조사의 경험 및 직감으로 판단하여 결정한다.
㉥ 응급이송이 필요한 상황
• 사고현장 상황의 악화를 방지할 수 없는 경우
• 구조적 제한으로 의료진의 응급처치가 어려운 경우
• 주위에 화재 발생 위험이 높거나 화재가 발생한 경우
• 폭발 위험이 높은 물질 등 위험한 물질에 노출된 경우

TIP

구조·구급 요청의 거절〈「119구조·구급에 관한 법률 시행령」 제20조〉
㉠ 단순 치통환자
㉡ 단순 감기환자. 다만, 섭씨 38도 이상의 고열 또는 호흡곤란이 있는 경우는 제외한다.
㉢ 혈압 등 생체징후가 안정된 타박상 환자
㉣ 술에 취한 사람. 다만, 강한 자극에도 의식이 회복되지 아니하거나 외상이 있는 경우는 제외한다.
㉤ 만성질환자로서 검진 또는 입원 목적의 이송 요청자
㉥ 단순 열상(裂傷) 또는 찰과상(擦過傷)으로 지속적인 출혈이 없는 외상환자
㉦ 병원 간 이송 또는 자택으로의 이송 요청자. 다만, 의사가 동승한 응급환자의 병원 간 이송은 제외한다.

---

section 1 응급환자의 이송

(1) 응급환자의 이송〈「119구조·구급에 관한 법률 시행령」 제12조〉

① 구급대원은 응급환자를 의료기관으로 이송하기 전이나 이송하는 과정에서 응급처치가 필요한 경우에는 가능한 범위에서 응급처치를 실시한다.

② 소방청장은 구급대원의 자격별 응급처치 범위 등 현장응급처치 표준지침을 정하여 운영할 수 있다.

③ 구급대원은 환자의 질병내용 및 중증도(重症度), 지역별 특성 등을 고려하여 소방청장 또는 소방본부장이 작성한 이송병원 선정지침에 따라 응급환자를 의료기관으로 이송한다. 다만, 환자의 상태를 보아 이송할 경우에 생명이 위험하거나 환자의 증상을 악화시킬 것으로 판단되는 경우로서 의사의 의료지도가 가능한 경우에는 의사의 의료지도에 따른다.

④ ③에 따른 이송병원 선정지침이 작성되지 아니한 경우에는 환자의 질병내용 및 중증도 등을 고려하여 환자의 치료에 적합하고 최단시간에 이송이 가능한 의료기관으로 이송한다.

⑤ 구급대원은 이송하려는 응급환자가 감염병 및 정신질환을 앓고 있다고 판단되는 경우에는 시·군·구 보건소의 관계 공무원 등에게 필요한 협조를 요청할 수 있다.

⑥ 구급대원은 이송하려는 응급환자가 자기 또는 타인의 생명·신체와 재산에 위해(危害)를 입힐 우려가 있다고 인정되는 경우에는 환자의 보호자 또는 관계 기관의 공무원 등에게 동승(同乘)을 요청할 수 있다.

⑦ 소방청장은 ②에 따른 현장응급처치 표준지침 및 ③에 따른 이송병원 선정지침을 작성하는 경우에는 보건복지부장관과 협의한다.

(2) 응급환자 등의 이송 거부〈「119구조·구급에 관한 법률 시행령」 제21조〉

① 구급대원은 응급환자 또는 그 보호자(응급환자의 의사(意思)를 확인할 수 없는 경우만 해당)가 의료기관으로의 이송을 거부하는 경우에는 이송하지 아니할 수 있다. 다만, 응급환자의 병력·증상 및 주변 상황을 종합적으로 평가하여 즉시 필요한 응급처치를 받지 아니하면 생명을 보존할 수 없거나 심신상의 중대한 위해를 입을 가능성이 있다고 인정할 만한 상당한 이유가 있는 경우에는 환자의 이송을 위하여 최대한 노력한다.

② 구급대원은 응급환자를 이송하지 아니하는 경우 행정안전부령으로 정하는 바에 따라 그 내용을 기록·관리한다.

   ⊙ 구급 거절·거부 확인서를 작성하여 이송을 거부한 응급환자나 보호자에게 서명을 받는다. 이송거부자가 2회에 걸쳐 서명을 거부한 경우에는 구급 거절·거부 확인서에 그 사실을 표시한다.

   ⓒ 서명을 거부한 경우에는 이를 목격한 사람에게 관련내용을 알리고 구급 거절·거부확인서에 목격자의 성명과 연락처를 기재한 후에 목격자 서명을 받는다.

   ⓒ 구급 거절·거부 확인서를 작성한 구급대원은 소속 소방관서장에게 보고한다.

   ⓔ 구급 거절·거부확인서는 소속 소방관서에 3년간 보관한다.

(3) 응급의료 전용헬기〈「응급의료에 관한 법률」 제46조의3〉

① 보건복지부장관 또는 시·도지사는 응급의료 취약지역 응급환자의 신속한 이송 및 응급처치 등을 위하여 응급환자 항공이송을 전담하는 헬리콥터(응급의료 전용헬기)를 운용할 수 있다.

② 보건복지부장관 또는 시·도지사는 응급의료 전용헬기의 환자인계점에 누구든지 쉽게 인식할 수 있도록 해당 인계점이 응급환자 이송을 위하여 사용된다는 사실과 환자인계점에서 제한되는 행위 등을 알리는 안내표지를 설치할 수 있다.

(4) 응급의료 전용헬기가 갖추어야 하는 기종·안전장치·의료장비 및 의약품의 기준〈「응급의료에 관한 법률 시행규칙」 별표 15의2〉

① 기종

   ⊙ 항공기의 기령(機齡)이 15년 이하일 것

   ⓒ 8인승 이상으로서 동시에 2명의 환자 이송이 가능할 것

   ⓒ 최대 이륙중량이 2,500킬로그램 이상일 것

   ⓔ 항속거리가 600킬로미터 이상일 것

   ⓜ 쌍발엔진(Twin Engine)을 장착할 것

② 안전장치

   ⊙ 헬기 위치 추적 장치

   ⓒ 비상위치무선표지시설(ELT)

   ⓒ 항공기 간의 공중 충돌 방지 장비

   ⓔ 조종실 음성기록장비(CVR) 및 비행자료 기록장비(FDR)

   ⓜ 항공관제용 무선통신장비 및 비상용 무선통신장비

   ⓗ 항공기의 비상 착수를 위한 부양 기구(Flotation Device for Helicopter Ditching). 다만, 해상 운항이 필요하지 않은 지역에서 운용되는 경우에는 갖추지 않아도 된다.

TIP

중증도 분류에 따른 이송의 우선순위
㉠ 1순위 : 긴급환자
  • 이송방법 : 이송 중 집중처치가 가능한 응급차량 또는 항공이송을 이용하여 모든 처치가 가능한 응급센터로 이송한다.
  • 해당하는 환자 : 경추손상, 호흡장애 또는 기도폐쇄, 대량출혈, 개방성 흉부 또는 복부 손상, 쇼크환자, 중증 두부 손상, 약물중독, 중대한 내분비계 환자, 중증 심질환 환자
㉡ 2순위 : 응급환자
  • 이송방법 : 일반 응급차량을 통해 응급센터 또는 응급지정병원으로 이송한다.
  • 해당하는 환자 : 화상, 척추손상, 중증 또는 다발성 골절 환자
㉢ 3순위 : 비응급환자
  • 이송방법 : 대중교통을 통해 현장에서 원거리에 위치하는 응급지정병원 또는 일반병원으로 이송한다.
  • 해당하는 환자 : 단순 열상 또는 찰과상, 경미하거나 단순한 골절 환자
㉣ 4순위 : 지연환자
  • 이송방법 : 추후 냉장 차량 또는 트럭 등으로 이송한다.
  • 해당하는 환자 : 사망환자 또는 불가역적 손상 등으로 사망이 명백히 예견되는 환자

③ 의료장비
  ㉠ 탈부착이 가능한 이동식 들것 2개
  ㉡ 고정식 및 이동식 의료용 산소공급장치
  ㉢ 인공호흡기
  ㉣ 환자감시장치 및 심장충격기
  ㉤ 탈부착이 가능한 이동식 흡인기
  ㉥ 경추고정장비, 견인부목, 척추고정판 및 골반고정기
  ㉦ 주입속도의 설정과 탈부착이 가능한 이동식 주입펌프 2개
  ㉧ 수액걸이 4개
  ㉨ 이동식 초음파검사기
  ㉩ 화학검사장비 및 심장효소검사장비
  ㉪ 자동흉부압박장비
  ㉫ 청진기, 펜라이트, 후두경 세트, 마질 겸자, 하임리히 밸브, 백밸브마스크, 후두마스크 기도기 등을 포함한 구급가방

④ 의약품
  ㉠ 비닐 팩에 포장된 수액제제
  ㉡ 심폐소생술 및 부정맥처치를 위한 약물
  ㉢ 혈압상승제
  ㉣ 주사용 항고혈압제
  ㉤ 주사용 비마약성진통제
  ㉥ 진정 및 항경련제
  ㉦ 근육이완제
  ㉧ 뇌압강하제
  ㉨ 50퍼센트 포도당액
  ㉩ 부신피질호르몬제
  ㉪ 주사용 항히스타민제
  ㉫ 항구토제, 진경제 및 제산제
  ㉬ 설하용 니트로글리세린
  ㉭ 흡입용 기관지확장제
  ㉮ 소독제

(5) 응급의료 전용헬기 환자인계점의 선정과 관리〈「응급의료에 관한 법률 시행규칙」별표 15의2〉

① **환자인계점의 선정**
  ㉠ 환자인계점은 응급의료 전용헬기를 배치한 병원, 헬기 조종사 또는 관련 전문가의 의견을 수렴하여 시·도지사가 선정한다.

ⓒ 헬기의 이착륙이 가능한 면적을 확보하여야 한다.

ⓒ 헬기의 하강풍(下降風)에 의한 비산물(飛散物)이 적은 편평한 지면이어야 한다.

ⓔ 헬기의 이착륙에 지장을 주는 장애물이 없어야 한다.

ⓜ 헬기를 운영하는 지역 내에 환자인계점이 적정하게 분포하도록 그 개수와 간격을 조정한다.

② 환자인계점의 관리

ⓐ 시·도지사는 환자인계점의 관리자를 지정하고, 관리자가 없는 곳은 지역 내 공무원 또는 공무원을 대리하는 자가 관리업무를 수행한다.

ⓑ 시·도지사는 환자인계점의 관리자에게 해당 공간이 헬기의 이착륙에 사용되는 장소임을 통보한다.

ⓒ 환자인계점에는 해당 공간이 헬기의 이착륙에 사용되는 장소임을 알리는 안내판을 부착한다.

ⓔ 시·도지사는 환자인계점의 선정·취소·일시적 사용중지 및 관리자의 인적사항 변경이 있는 경우에는 중앙응급의료센터의 장과 헬기를 배치한 병원에 통보한다.

ⓜ 헬기 조종사가 운항 중에 환자인계점의 이상을 발견한 경우에는 운항이 종료된 즉시 해당 시·도지사에 보고하여 필요한 조치를 한다.

③ 그 밖에 응급의료 전용헬기의 장비·의약품 및 환자인계점 관리 등에 관한 세부 사항은 보건복지부장관이 정한다.

section 2 구급차 운용

(1) 구급차 등의 운용자 〈「응급의료에 관한 법률」 제44조〉

① 구급차 등을 운용할 수 있는 자 … 국가 또는 지방자치단체, 「의료법」 제3조에 따른 의료기, 다른 법령에 따라 구급차 등을 둘 수 있는 자, 이 법에 따라 응급환자이송업의 허가를 받은 자, 응급환자의 이송을 목적사업으로 하여 보건복지부장관의 설립허가를 받은 비영리법인이다.

② 의료기관은 구급차 등의 운용을 이송업의 허가를 받은 자 또는 비영리법인에 위탁할 수 있다.

③ 구급차 등의 운용을 위탁한 의료기관과 그 위탁을 받은 자는 보건복지부령으로 정하는 구급차관 등의 위탁에 대한 기준 및 절차를 지켜야 한다.

사고현장에서의 최초 도착한 구급차 배치요령

ⓐ 일반적으로 도로 가장 외측에 정차 및 배치한다.

ⓑ 도로에 주차해야 할 경우 차량 주위에 안전 표지판을 설치하고 비상등을 작동시킨다.

ⓒ 응급차량의 전면이 주행 차량의 전면을 향한 경우 전조등과 경광등을 끄고 비상등만 작동시킨다.

ⓔ 전깃줄이 지면에 노출된 경우 전봇대를 반경으로 원의 외곽에 차량을 배치한다.

ⓜ 차량 화재 시 구급차는 화재 차량으로부터 30m 밖에 바람을 등진 방향으로 주차한다.

ⓗ 폭발물, 유류 등 위험물 적재차량의 화재 현장에서 주차하는 경우 화재 차량으로부터 600 ~ 800m 밖에 배치한다.

ⓢ 화학 물질 또는 유류 누출 시 물질이 흘러내리는 방향으로부터 반대편에 위치한다.

ⓞ 유독 가스가 누출되는 경우 바람을 등진 방향에 위치한다.

ⓩ 현장에서 다수의 차량으로 혼잡한 경우 출발 통로를 확보할 수 있는 곳에 배치한다.

ⓣ 통로가 협소하거나 급경사, 빙판 등으로 현장진입이 어려운 경우에는 우회하거나 차량을 안전한 곳에 배치 후 걸어서 현장으로 진입한다.

(2) 구급차 등의 운용신고〈「응급의료에 관한 법률」 제44조의2〉

① 국가 또는 지방자치단체가 구급차 등을 운용하고자 할 때에는 해당 구급차 등을 관계 법령에 따라 등록한 후 지체 없이 보건복지부령으로 정하는 바에 따라 시장·군수·구청장에게 통보한다. 그 통보 후 보건복지부령으로 정하는 중요 사항을 변경할 때에도 같다.

② 구급차 등을 운용하고자 할 때에는 해당 구급차 등을 관계 법령에 따라 등록한 후 지체 없이 보건복지부령으로 정하는 바에 따라 시장·군수·구청장에게 신고한다. 그 신고 후 보건복지부령으로 정하는 중요 사항을 변경할 때에도 같다.

③ 시장·군수·구청장은 ②에 따른 신고를 받은 경우 그 내용을 검토하여 이 법에 적합하면 신고를 수리한다.

(3) 구급차 등의 말소신고〈「응급의료에 관한 법률」 제44조의3〉

① 구급차 등의 운용자는 구급차 등이 시장·군수·구청장에게 구급차 등의 말소 통보를 해야 하는 경우
    ㉠ 「자동차관리법」 제13조, 「항공안전법」 제15조 등 관계 법령에 따라 구급차 등의 등록이 말소된 경우
    ㉡ 운행연한 또는 운행거리가 초과된 경우

② 구급차 등 운용자는 구급차 등이 ① 어느 하나에 해당하는 경우에는 보건복지부령으로 정하는 바에 따라 시장·군수·구청장에게 구급차 등의 말소 신고를 한다.

③ 시장·군수·구청장은 말소 통보 또는 신고를 하여야 하는 자가 말소 통보 또는 신고를 하지 아니할 경우 직권으로 말소할 수 있다.

(4) 구급차 등의 운용자의 명의이용 금지〈「응급의료에 관한 법률」 제44조의4〉

구급차 등 운용자는 자기 명의로 다른 사람에게 구급차 등을 운용하게 할 수 없다.

(5) 다른 용도에의 사용 금지〈「응급의료에 관한 법률」 제45조〉

① 구급차 등의 용도
    ㉠ 응급환자 이송
    ㉡ 응급의료를 위한 혈액, 진단용 검사대상물 및 진료용 장비 등의 운반
    ㉢ 응급의료를 위한 응급의료종사자의 운송
    ㉣ 사고 등으로 현장에서 사망하거나 진료를 받다가 사망한 사람을 의료기관 등에 이송
    ㉤ 그 밖에 보건복지부령으로 정하는 용도

TIP

구급차 등의 용도〈「응급의료에 관한 법률」 제45조〉
㉠ 응급환자의 이송
㉡ 응급의료를 위한 혈액, 진단용 검사대상물 진료용 장비 등의 운반
㉢ 응급의료를 위한 응급의료종사자 운송
㉣ 사고로 현장에서 사망하거나 진료를 받다가 사망한 사람을 의료기관에 이송
㉤ 지역보건 의료기관에서 보건사업 수행에 필요한 업무
㉥ 척추장애 또는 거동이 불편한 환자에 있어서 구급차 등의 이용이 불가피한 경우의 이송
㉦ 다수가 모이는 행사 등에서 응급환자 발생 시 이송을 위한 대기

② 시·도지사 또는 시장·군수·구청장은 제1항 또는 제44조의2제2항을 위반한 구급차 등의 운용자에 대하여는 그 운용의 정지를 명하거나 구급차 등의 등록기관의 장에게 해당 구급차 등의 말소등록을 요청할 수 있다. 이 경우 말소등록을 요청받은 등록기관의 장은 해당 구급차 등에 대한 등록을 말소한다.

③ 시·도지사 또는 시장·군수·구청장은 관할 구역에서 운용되는 구급차의 용도 외의 사용 여부를 확인하기 위하여 필요한 경우 시·도 경찰청장 또는 경찰서장에게 구급차의 교통법규 위반사항 확인을 요청할 수 있다. 이 경우 요청을 받은 시·도 경찰청장 또는 경찰서장은 정당한 사유가 없으면 이에 따라야 한다.

(6) 구급차 등의 기준〈「응급의료에 관한 법률」 제46조〉

① 구급차 등은 환자이송 및 응급의료를 하는 데에 적합하게 설계·제작한다.

② 구급차의 형태, 표시, 내부장치 등에 관한 기준은 보건복지부와 국토교통부의 공동부령으로 정한다.

(7) 응급구조사 등의 탑승의무〈「응급의료에 관한 법률」 제48조〉

구급차 등의 운용자는 구급차 등이 출동할 때에는 보건복지부령으로 정하는 바에 따라 응급구조사를 탑승시켜야 한다. 다만, 의사나 간호사가 탑승한 경우는 제외한다.

(8) 수용능력 확인〈「응급의료에 관한 법률」 제48조의2〉

① 응급환자 등을 이송하는 자(구급차 등에 동승하는 응급구조사, 의사, 간호사)는 특별한 사유가 없는 한 보건복지부령으로 정하는 방법에 따라 이송하고자 하는 응급의료기관의 응급환자 수용 능력을 확인하고 응급환자의 상태와 이송 중 응급처치의 내용 등을 미리 통보한다.

② 응급의료기관의 장은 응급환자 수용능력 확인을 요청받은 경우 정당한 사유 없이 응급의료를 거부 또는 기피할 수 없으며 응급환자를 수용할 수 없는 경우에는 응급의료기관 등에 관련 내용을 통보한다.

③ 구체적인 기준, 방법, 절차 등 필요한 사항은 보건복지부령으로 정한다.

(9) 출동 및 처치 기록〈「응급의료에 관한 법률」 제49조〉

① 응급구조사가 출동한 때에는 보건복지부령으로 정하는 바에 따라 지체 없이 출동사항, 응급환자의 중증도 분류 결과, 처치 내용 등을 기록하고 이를 소속 구급차 등의 운용자와 해당 응급환자의 진료의사에게 제출한다. 다만, 응급구조사를 갈음하여 의사나 간호사가 탑승한 경우에는 탑승한 의사(간호사만 탑승한 경우에는 탑승 간호사)가 출동 및 처치 기록과 관련한 응급구조사의 임무를 수행한다.

② 구급차 등의 운용자는 구급차 등의 운행과 관련하여 운행기록대장을 작성한다.

③ 기록을 제출받은 구급차 등의 운용자는 그 기록을 소재지를 관할하는 응급의료지원센터에 제출한다.

④ 구급차 등의 운용자는 제출받은 기록 및 운행기록대장을, 응급환자의 진료의사가 소속된 의료기관의 장은 제출받은 기록을 각각 보건복지부령으로 정하는 기간 동안 보존한다.

⑽ **출동 및 처치기록의 내용 및 방법**〈「응급의료에 관한 법률 시행규칙」 제40조〉

① 의사, 간호사 또는 응급구조사는 출동사항과 응급처치의 내용을 출동 및 처치 기록지에 기록한다.

② 응급구조사 등은 출동사항 및 응급처치의 내용에 관한 기록을 3부 작성하여 그 응급환자를 인수한 의사의 서명을 얻은 뒤 1부는 보관하고, 1부는 해당 응급환자의 진료의사에게 제출하며, 1부는 이송처치료징수용으로 환자 또는 그 보호자에게 발급한다.

③ 구급차 등의 운용자와 의료기관의 장은 ②에 따라 응급구조사등이 작성하여 제출한 출동사항과 처치내용에 관한 기록을 3년간 보존한다.

④ 구급차 등의 운용자는 출동 및 처치 기록(전자문서를 포함한다)을 응급의료지원센터로 다음달 10일까지 매월 제출한다.

⑾ **지도·감독**〈「응급의료에 관한 법률」 제50조〉

① 시·도지사 또는 시장·군수·구청장은 관할 구역에서 운용되는 구급차 등에 대하여 매년 한 번 이상 구급차 등의 운용상황과 실태를 점검하여 그 결과에 따라 시정명령·정지명령 등 필요한 조치를 할 수 있다.

② 시·도지사 또는 시장·군수·구청장은 관할 구역 내에 있는 시설 등에 대하여 매년 한 번 이상 자동심장충격기 등 심폐소생술을 할 수 있는 응급장비의 구비현황과 관리실태를 점검하여야 하며, 그 결과에 따라 시정명령 등 필요한 조치를 할 수 있다.

section 3 구급차 관리

(1) **구급차 등의 장비**〈「응급의료에 관한 법률」 제47조〉

① 구급차 등에는 응급환자에게 응급처치를 할 수 있도록 의료장비 및 구급의약품 등을 갖추어야 하며, 구급차 등이 속한 기관·의료기관 및 응급의료지원센터와 통화할 수 있는 통신장비를 갖추어야 한다. 이 경우 구급의약품의 적정상태를 유지하기 위하여 필요한 조치를 시행한다.

② 구급차에는 응급환자의 이송 상황과 이송 중 응급처치의 내용을 파악하기 위하여 보건복지부령으로 정하는 기준에 적합한 장비를 장착한다. 이 경우 보건복지부령으로 정하는 바에 따라 장비 장착에 따른 정보를 수집·보관하며, 보건복지부장관이 해당 정보의 제출을 요구하는 때에는 이에 따라야 한다.

ㄱ 구급차 운행기록장치 및 영상기록장치(차량 속도, 위치정보 등 구급차의 운행과 관련된 정보를 저장하고 충돌 등 사고발생 시 사고 상황을 영상 등으로 저장하는 기능을 갖춘 장치를 말한다)

ㄴ 구급차 요금미터장치(거리를 측정하여 이를 금액으로 표시하는 장치를 말하며, 보건복지부령으로 정하는 구급차에 한정)

ㄷ 「개인정보 보호법」제2조 제7호에 따른 영상정보처리기기

③ 갖추어야 하는 의료장비·구급의약품 및 통신장비 등의 관리와 필요한 조치, 구급차 등의 관리 및 장비의 장착·관리 등에 필요한 사항은 보건복지부령으로 정한다.

④ 보건복지부령으로 정하는 구급차 이용자 등의 동의 절차를 거쳐 개인영상정보를 수집하고, 이 법에서 정한 것 외에 영상정보처리기기의 설치 등에 관한 사항은 「개인정보 보호법」에 따른다.

(2) 특수구급차에 갖추어야 하는 장비의 기준〈응급의료에 관한 법률 시행규칙 [별표 16]〉

① 환자 평가용 의료장비(신체검진)

ㄱ 환자감시장치(환자의 심전도, 혈중산소포화도, 혈압, 맥박, 호흡 등의 측정이 가능하고 모니터로 그 상태를 볼 수 있는 장치)

ㄴ 혈당측정기

ㄷ 체온계(쉽게 깨질 수 있는 유리 등의 재질로 되지 않은 것)

ㄹ 청진기

ㅁ 휴대용 혈압계

ㅂ 휴대용 산소포화농도 측정기

② 응급 처치용 의료장비

장비 분류	장비
기도 확보 유지	• 후두경 등 기도삽관장치(기도삽관튜브 등 포함) • 기도확보장치(구인두기도기, 비인두기도기 등)
호흡 유지	• 의료용 분무기(기관제 확장제 투여용) • 휴대용 간이인공호흡기(자동식) • 성인용·소아용 산소 마스크(안면용·비재호흡·백밸브) • 의료용 산소발생기 및 산소공급장치 • 전동식 의료용 흡인기(흡인튜브 등 포함)
심장 박동 회복	자동심장충격기(Automated External Defibrillator)
순환 유지	정맥주사세트
외상 처치	• 부목(철부목, 공기 또는 진공부목 등) 및 기타 고정장치(경추·척추보호대 등) • 외상처치에 필요한 기본 장비(압박붕대, 일반거즈, 반창고, 지혈대, 라텍스장갑, 비닐장갑, 가위 등)

③ 구급의약품

장비 분류	장비
의약품	• 비닐 팩에 포장된 수액제제(생리식염수, 5%포도당용액, 하트만용액 등) • 에피네프린(심폐소생술 사용용도로 한정한다) • 아미오다론(심폐소생술 사용용도로 한정한다) • 주사용 비마약성진통제 • 주사용 항히스타민제 • 니트로글리세린(설하용) • 흡입용 기관지 확장제
2) 소독제	• 생리식염수(상처세척용) • 알콜(에탄올) 또는 과산화수소수 • 포비돈액

④ 통신 장비

  ㉠ 응급의료정보통신망

  ㉡ 「전파법」에 따라 할당받은 주파수를 사용하는 기간통신서비스의 이용에 필요한 무선단말기기

(3) 일반구급차에 갖추어야 하는 장비의 기준〈응급의료에 관한 법률 시행규칙 [별표 16]〉

① 환자 평가용 의료장비(신체검진)

  ㉠ 체온계(쉽게 깨질 수 있는 유리 등의 재질로 되지 않은 것)

  ㉡ 청진기

  ㉢ 휴대용 혈압계

  ㉣ 휴대용 산소포화농도 측정기

② 응급 처치용 의료장비

장비 분류	장비
기도 확보 유지	기도확보장치(구인두기도기, 비인두기도기 등)
호흡 유지	• 성인용 · 소아용 산소 마스크(안면용 · 비재호흡 · 백밸브) • 의료용 산소발생기 및 산소공급장치 • 전동식 의료용 흡인기(흡인튜브 등 포함)
순환 유지	정맥주사세트
외상 처치	외상처치에 필요한 기본 장비(압박붕대, 일반거즈, 반창고, 지혈대, 라텍스장갑, 비닐장갑, 가위 등)

③ 구급의약품

장비 분류	장비
의약품	• 비닐 팩에 포장된 수액제제(생리식염수, 5%포도당용액, 하트만용액 등) • 에피네프린(심폐소생술 사용용도로 한정한다) • 아미오다론(심폐소생술 사용용도로 한정한다)
소독제	• 생리식염수(상처세척용) • 알콜(에탄올) 또는 과산화수소수 • 포비돈액

④ 선박 및 항공기에 갖추어야 하는 의료장비외·구급의약품 및 통신장비의 기준은 보건복지부장관이 따로 정하여 고시한다.

(4) 구급차의 내부에 갖추어야 할 장치의 기준〈「구급차의 기준 및 응급환자이송업의 시설 등 기준에 관한 규칙」〉

① 공통

장치	형식·형태·재질 등의 기준	설치 기준
간이침대 (Main Stretcher)	• 시트의 재질은 가죽·인조가죽 또는 비닐이어야 한다. • 침대의 금속부분은 강하고 가벼운 알루미늄 재질이어야 한다. • 차량에서 분리가 가능하고 견고하게 부착할 수 있는 부속장치가 있어야 한다. • 시트에는 가슴·엉덩이·발목 등 3개 이상의 부위를 고정시킬 수 있는 환자고정장치(너비 5센티미터 이상인 띠)를 설치한다. 이 경우 띠는 가죽·나일론 등 쉽게 끊어지지 않는 재질이어야 하고, 쉽게 조이고 풀 수 있는 조임쇠가 있어야 한다.	1식 (평상시는 차량에 부착)
보조 들것 (Sub-Stretcher)	들것의 지지대는 가볍고 강한 재질이어야 하며, 접고 펼 수 있는 형태여야 한다.	1식 (평상시는 접어서 한쪽 면에 부착하여 보관)
갈고리	• 비닐팩으로 된 정맥주사용 수액 세트 등을 걸 수 있는 형태여야 한다. • 접으면 부착 면과 평행상태를 유지하고, 접고 펼 수 있는 구조여야 한다.	1개 이상 (천장 또는 옆면에 부착)
의료장비함	여러 의료장비를 신속하고 쉽게 이용하며 보관할 수 있어야 한다.	1개 이상
응급의료인 좌석	간이침대 옆 또는 앞에 고정식 또는 접이식으로 설치한다 (일반구급차에 간이침대 옆에 긴 의자가 설치된 경우 긴 의자로 대체할 수 있다).	1개
조명장치	• 환자실의 이동조명장치를 제외한 모든 조명을 켰을 경우 구급차 간이침대 표면에서 측정시 150럭스 이상이 되어야 한다. • 환자실의 조명등은 천장에 부착되어야 하고, 흰색 외에 색깔이 있는 조명등을 사용하지 않아야 한다. • 조명등에는 조명등이 깨질 경우 인체에 영향을 미치지 않도록 플라스틱 덮개를 설치한다.	2개 이상
이동조명 장치	• 이동시키면서 환자의 신체 부위를 비추기 쉽도록 설치한다. • 이동조명장치는 조명장치보다 밝은 조도를 가져, 환자 국소 처치시 활용한다.	1개
환풍기	환자실 내부 뒷면의 천장에 설치한다.	1개 이상
전기공급장치 (콘센트)	환자실에 설치한다.	2개 이상
기타	「응급의료에 관한 법률 시행규칙」에 따른 의료장비 등을 갖출 수 있는 공간 및 설치대를 마련한다.	부착물을 견고하게 부착할 수 있는 적정한 수의 부속장치 설치

📖 **구급차 내부장치 기준에 대한 설명으로 옳은 것은?**

① 갈고리는 맥주사용 수액 세트 등을 걸 수 있는 형태여야 한다.
② 간이침대의 시트 재질은 잘 끊어지지 않는 나일론이어야 한다.
③ 보조 들것의 지지대는 접히지 않고 고정되어 있는 상태여야 한다.
④ 이동조명장치는 구급차 간이침대 표면에서 측정시 150럭스 이상이 되어야 한다.

〈정답 ①

② 특수구급차

장 치	형식 · 형태 · 재질 등의 기준	설치 기준
간이침대 (Main Stretcher)	공통사항에 다음의 사항이 추가되어야 한다. • 접고 펼 수 있는 것으로서 네 바퀴가 달려 밀거 나 당겨서 손쉽게 옮길 수 있어야 한다. • 침대의 윗부분을 올리고 내릴 수 있는 장치를 갖 춘 구조여야 한다.	
긴 의자	• 환자를 실은 상태로 보조 들것을 놓을 수 있는 규모여야 한다. • 보조 들것을 고정할 수 있는 장치가 있어야 한다. • 간이침대와 긴 의자 사이에는 사람이 다닐 수 있 는 공간이 있어야 한다.	
물탱크와 연결된 싱크대	• 재질은 플라스틱 또는 알루미늄 등 가볍고 잘 부 서지지 않는 것으로 한다. • 배수가 잘 되어야 하고, 사용한 물을 저장하였다 가 버릴 수 있는 설비를 연결한다.	1개 (환자실 내부의 1개 모퉁이에 설치)
교류발생장치	• 의료장비 등에 사용할 수 있는 교류전기를 발생 시킬 수 있어야 한다. • 환자실에 있는 전기공급장치에 연결하여 전기를 사용한다.	

(5) **구급차 기본 장착 장비 기준** 〈응급의료에 관한 법률 시행규칙 [별표 16의2]〉

① 구급차 운행기록장치는 「교통안전법 시행규칙」 제29조의2 제1항에서 정한 운행기록
장치의 기준에 적합하여야 한다.

② 구급차 영상기록장치는 「산업표준화법」 제12조에 따른 한국산업표준에 적합한 자동
차용 사고영상기록장치로 한다.

③ 구급차 요금미터장치는 이송처치료를 금액으로 표시하고 전기로 작동하는 방식이어
야 한다. 구급차 요금미터장치에 관하여 이 규칙에서 정한 것 외에는 「자동차관리
법」 제47조와 같은 법 시행규칙 제94조 및 제95조의 택시요금미터에 관한 규정을
준용하며, 이 경우 "택시요금미터"는 "구급차 요금미터장치"로, "택시요금체계"는 "제
11조에 따른 이송처치료 요금체계"로 보되, 검정에 관한 사항은 택시요금미터에 관
한 사항을 따른다.

④ 구급차 영상정보처리기기는 구급차 내부의 조도를 고려하여 이송 중 응급처치의 내
용을 파악하기에 적합한 영상촬영 기능과 그 영상을 디지털방식으로 저장할 수 있
는 기능을 가진 것으로 한다.

(6) 정보의 수집·보관·제출 방법 및 동의 절차〈응급의료에 관한 법률 시행규칙 [별표 16의2]〉

① 구급차 운행기록장치 및 영상기록장치

　㉠ 구급차 영상기록장치는 차량 전면 방향 등의 외부만 촬영하도록 장착하고 교통사고 증거수집이나 범죄의 입증 또는 예방 목적 외에는 사용할 수 없다.

　㉡ 구급차 운행기록장치에 기록된 운행기록은 6개월간 보관하고, 구급차 영상기록장치에 기록된 영상기록은 1개월간 보관하며, 보관 기관이 만료한 때에는 지체 없이 파기한다.

　㉢ 구급차 운행 기록 및 영상 기록은 운행기록장치 및 영상기록장치 또는 저장장치(개인용 컴퓨터, CD, 휴대용 플래시메모리 저장장치 등)에 보관한다.

　㉣ 구급차 운행 기록 및 영상 기록의 제출은 기록파일을 인터넷 또는 저장장치를 이용하여 제출한다.

　㉤ 구급차 운행 기록 및 영상기록 장착에 따른 정보 수집·보관 및 제출 관련 세부사항은 보건복지부장관이 정한다.

② 구급차 요금미터장치

　㉠ 운용하는 구급차는 구급차 요금미터장치를 장착한다. 다만, 「의료법」 제35조에 따라 개설된 부속 의료기관이 운용하는 구급차의 경우에는 장착하지 아니할 수 있다.

　㉡ 구급차 운용자는 구급차의 내부에 구급차 이용자에게 요금이 잘 보이도록 요금미터장치를 장착한다.

③ 구급차 영상정보처리기기

　㉠ 구급차 운용자는 영상정보처리기기를 응급처치의 내용을 파악할 수 있는 적절한 위치와 각도로 환자실에 설치하고 임의로 변경이 불가능하도록 하며, 녹음기능은 사용할 수 없다.

　㉡ 구급차 영상정보처리기기는 이송 중인 환자(이송을 돕기 위하여 환자와 탑승한 보호자 등을 포함) 및 환자에게 응급처치를 제공하고 있는 응급의료종사자 등에 대한 영상정보를 수집한다.

　㉢ 구급차 운용자는 구급차 운행시 영상정보처리기기가 항상 작동하고 임의로 차량 내 조명이나 영상정보처리기기의 전원을 끄는 등 영상정보 수집을 방해하는 행위를 하면 안된다.

　㉣ 구급차 운용자는 환자 등 구급차 이용자에게 서면으로 영상정보 수집 동의여부를 확인한다. 다만, 환자 등이 의사표시를 할 수 없는 상태에 있는 경우에는 그러하지 아니하다.

　㉤ 구급차 영상정보처리기기에 의하여 수집된 영상정보는 1개월간 보관한다.

기출PLUS

ⓑ 구급차 운용자는 환자 또는 보호자가 쉽게 알아볼 수 있도록 환자실내에 「개인정보 보호법 시행령」 제24조에 따라 설치 목적 및 장소, 촬영 범위 및 시간, 관리책임자의 성명 및 연락처, 영상정보처리기기 설치·운영을 위탁한 경우 수탁관리자 성명(또는 직책)·업체명 및 연락처 등이 기재된 영상정보처리기기 설치 사실에 대한 안내판을 설치한다.

ⓐ 구급차 운용자는 영상정보처리기기 운영·관리 방침을 수립하고 이를 해당 기관의 인터넷 홈페이지 등에 게재하여 정보주체에게 공개한다.

ⓞ 구급차 운용자는 구급차 영상정보처리에 관한 업무를 총괄하여 책임질 구급차 영상정보 관리책임자를 지정하여야 하며, 지정된 관리책임자 외의 자는 개인정보보호법령에서 정하는 바에 따라 임의로 이를 열람할 수 없다.

ⓩ 구급차 운용자는 법률에서 정하는 등 특별한 경우를 제외하고 수집된 영상정보를 목적 외로 이용하거나 제3자에게 제공할 수 없다.

ⓒ 구급차 운용자는 영상정보가 분실·도난·유출·변조 또는 훼손되지 아니하도록 안전성 확보에 필요한 조치를 강구한다.

ⓚ 이 규칙에서 정한 것 외에 구급차 영상정보와 관련된 사항은 개인정보 보호법령에서 정하는 바에 따른다.

(7) 구급차 등에 갖추어야 하는 장비 등의 관리기준〈응급의료에 관한 법률 시행규칙 별표 17〉

① 감염예방을 위하여 구급차 등은 주 1회 이상 소독하고, 구급차 등에 갖추어진 의료장비도 사용 후 소독하여야 하는 등 청결하게 관리한다.

② 감염관리를 위한 소독약제, 감염관리방법 등 기타 세부 사항은 보건복지부장관이 정하는 방법에 따른다.

③ 구급차 등의 의료장비, 구급의약품, 통신장비, 구급차 운행기록장치 및 영상기록장치, 구급차 요금미터장치 및 영상정보처리기기가 항상 사용 가능한 상태로 유지한다.

④ 구급차 등의 의료장비 및 구급의약품은 적정한 온도와 습도 등을 유지하여 보건위생상 위해가 없고 효능이 떨어지지 않도록 관리한다.

⑤ 구급차 등의 연료는 최대주입량의 4분의 1 이상인 상태로 유지되어야 하는 등 차량자체는 항상 사용 가능한 상태로 유지되어야 하며 정기점검 등이 이루어져야 한다.

⑥ 사고를 대비한 책임보험 및 종합보험에 가입되어 있어야 하고, 비상등, 신호탄, 소화기 및 보온포가 준비되어야 한다.

⑦ 구급차 등의 통신장비는 응급의료지원센터 및 응급의료기관과 항상 교신이 이루어질 수 있도록 관리한다.

구급차량 소독

ⓐ 구급차량 소독은 주 1회 이상 시행하고, 소독방법에 대해 구급지도의사의 자문을 구할 수 있다.

ⓑ 환자 처치와 관련된 물품은 환자에게 사용할 때마다 일반세제와 물을 이용하여 세척한 후 깨끗한 종이수건 또는 공기를 이용하여 건조시킨다.

ⓒ 감염환자 또는 감염의심환자를 이송하였거나, 환자의 체액 또는 혈액에 오염된 경우 구급차 내부 세척 후 소독제를 이용하여 추가 소독을 시행한다. 소독이 완전히 완료된 후 다음 출동에 임한다.

ⓓ 구급차 소독 시 권장되는 소독제는 차아염소산나트륨, 4급 암모늄 화합물, 페놀계통 소독제이다.

ⓔ 알코올은 구급차의 넓지 않은 표면 청소에 부분적으로 사용한다. 피부와 환경소독에 안전하게 사용이 가능하다.

ⓕ 구급차 소독용으로 락스를 사용할 경우 보통 1:100으로 희석하여 사용한다. 혈액, 오염물들이 다량 존재하는 경우 1:10으로 희석한 락스로 먼저 닦아낼 수 있다. 단, 희석시킨 락스 용액은 시간이 경과하면서 유효 농도가 감소되므로 매일 새로 만들어 사용한다.

⑧ 구급차는 「구급차의 기준 및 응급환자이송업의 시설 등 기준에 관한 규칙」에서 정하는 사항에 따라 관리·운영한다.

⑨ 구급차 등의 내부에 환자 또는 보호자가 잘 볼 수 있도록 해당 구급차 등의 이송처치료의 금액을 나타내는 표를 부착하고, 환자를 이송하는 경우에는 환자 또는 그 보호자에게 구급차의 이송요금에 관한 사항을 알려야 한다.

⑩ 구급차 요금미터장치가 장착된 구급차의 내부에는 신용카드 결제기를 설치하고, 환자를 이송하는 경우에는 요금미터장치를 사용하여 운행하며, 환자 또는 그 보호자가 신용카드 결제를 요구하면 응해야 한다.

⑪ 구급차 등의 운행기록을 기재하는 구급차 등 운행기록 대장을 비치·작성하고 구급차 등 운용자는 이를 3년간 보관한다.

01 응급환자 이송 시 뒤로 반쯤 기댄 체위를 적용해야 하는 환자는?

① 혈압저하 환자
② 척추손상 환자
③ 심근경색증 환자
④ 출혈성 쇼크 환자

01.

③ 심근경색 환자의 경우 심장의 부담을 줄이고 호흡을 용이하게 할 수 있도록 뒤로 반쯤 기댄 자세를 취하게 한다.
① 혈압이 저하된 환자 이송 시 바로 누이거나 하지를 거상한 자세로 이송한다.
② 척추손상 환자 이송 시 환자를 반듯이 누인 후 고정을 완벽히 하여 이송한다.
④ 출혈로 인해 쇼크 또는 이시저하인 환자는 하지를 거상한 자세로 이송한다.

02 환자의 증상에 따른 자세의 종류와 적용에 대하여 옳지 않은 것은?

① 척추 손상이 없는 무의식 환자는 좌측위를 취한다.
② 호흡곤란을 호소하는 환자는 좌위를 취한다.
③ 임신기간이 6개월 이상인 임부는 좌측위를 취한다.
④ 쇼크환자는 구강내 이물질 제거가 용이하도록 회복자세를 취한다.

02.

④ 쇼크환자는 다리를 20~30cm 올린 후 앙와위로 이송을 한다.

Answer 01.③ 02.④

03 환자를 들어 올리거나 이동을 실시 할 때 용이하게 하기 위한 신체 역학에 대한 설명으로 옳지 않은 것은?

① 물체를 들고 갑작스럽게 움직이지 않는다.
② 몸에서 들어 올리는 물체가 멀어질수록 부상 위험이 높아진다.
③ 다리를 약간 벌리고 발끝은 밖으로 향하게 한다.
④ 들어 올릴 때에는 허리 근육을 이용하고 다리는 일직선으로 유지한다.

04 환자를 들어 올리거나 이동시킬 때 구급대원의 주의사항으로 옳지 않은 것은?

① 4명 이상의 대원이 한 손으로 운반할 때에는 기울어지지 않도록 주의한다.
② 척추손상이 있는 환자를 이동할 때에는 무릎-겨드랑이 들기법을 사용한다.
③ 긴급이동이 필요한 위급한 상황에는 옷이나 팔을 끌어서 이동한다.
④ 계단으로 이동할 때에는 이동전에 계단에 있는 장애물을 제거한다.

03.

④ 허리근육은 하체 근육보다 약하기 때문에 등을 일직선으로 유지하고 다리와 엉덩이 근육을 사용하여 들어올린다.

04.

② 척추손상이 없는 환자를 이동할 때 사용하는 방법이다.
③ 환자나 대원에게 피해를 주는 위험한 상황인 경우에는 이동을 할 때에는 옷이나 팔 등을 끌어서 환자를 이동시킨다.

05 기도확보를 위한 응급의료 장비에 대한 설명으로 옳은 것은?

① 의식이 없는 환자의 기도를 확보하기 위한 경우 코인두 기도기를 사용한다.

② 후두마스크 기도기는 침습적이므로 병원전 처치에 사용하지 않는다.

③ 후두튜브는 적용시간이 길고 빠른 적용이 어렵기 때문에 숙달된 구급대원이 있는 경우에만 적용한다.

④ 의식이 있거나 반혼수 상태에 환자는 입인두 기도기를 사용하면 구토를 유발하거나 제거행동을 할 수 있다.

06 항공이송을 통해 환자를 이송할 때 지침으로 옳은 것은?

① 출동요청이 접수되면 환자의 이송여부를 결정한 후 출동한다.

② 현장에서 환자의 이송이 결정되면 응급구조사는 제일 먼저 헬기에 탑승한다.

③ 현장 도착 전 응급구조사는 당번운항관리사에게 예상처치절차에 대해 설명한다.

④ 병원에 도착하면 헬기 착륙 전에 환자를 옮기기 위한 정맥로 및 환자감시장치의 정리를 마친다.

07 환자 구조 원칙으로 옳은 것은?

① 환자 이동 시 보호 장비 사용은 최소화한다.

② 응급상황에 대한 평가는 구조의 가장 마지막에 시행한다.

③ 화재 상황에서는 환자 처치보다 이동이 우선이다.

④ 구조대원의 안전보다 응급환자의 안전을 최우선으로 한다.

05.

① 의식이 있는 환자에게 일시적으로 기도 확보를 해준다.

② 후두마스크 기도기는 비침습적이다. 입인두·코인두 기도기보다 기도 확보에 용이하다.

③ 입인두·코인두 기도기보다 기도 확보가 편리하다. 또한 적용시간이 짧은 편이다.

06.

② 이송이 결정되면, 당번간호사 또는 응급구조사는 당번부기장의 지시에 따라 제일 먼저 헬기에 탑승하여 당번의사에게 환자 및 의료장비를 인계받을 준비를 한다.

① 환자의 이송여부는 현장에서 결정해야 한다. 출동 요청자로부터 출동요청 접수 및 출동의 필요성을 결정하여 출동이 결정된 경우 헬기로 이동 및 탑승한다.

③ 당번의사가 당번간호사나 응급구조사에게 예상 처치절차를 설명한다.

④ 병원 도착 후 헬기가 완전히 착륙한 후에 환자를 옮기기 위한 정맥로 및 환자 감시 장치 등을 정리한다.

07.

③ 건물이 불타는 화재 상황에서는 환자의 처치보다 환자의 이동이 우선되어야 한다.

① 필요 시 들것, 담요, 부목, 척추고정대 등과 같은 보조 장비를 최대로 이용하여 추가 손상을 예방한다.

② 응급상황 평가는 구조의 가장 첫 번째 단계로써 상황을 신속하게 파악하여 이동 및 구조계획을 세워야 한다.

④ 구조대원은 항상 자신의 안전을 최우선으로 한다.

Answer 05.④ 06.② 07.③

08 현장에서 구급대원의 환자 구조 및 응급처치 시 일반 원칙으로 옳은 것은?

① 환자의 병명을 진단하는 것을 우선으로 한다.
② 휴대하고 있는 의약품을 최대한 활용한다.
③ 현장의 위험요소를 제거하여 환자의 안전을 우선 확보한다.
④ 응급처치만 시행하고 이후 처치는 전문 의료인에게 맡긴다.

09 「응급의료에 관한 법률 시행규칙」상 구급차의 용도가 아닌 것은?

① 지역보건의료기관에서 행하는 보건사업의 수행에 필요한 업무
② 구급차 등의 이용이 불가피한 척추장애환자 또는 거동이 불편한 환자의 이송
③ 다수인이 모이는 행사 등에서 발생되는 응급환자 이송을 위한 대기
④ 무선통신, 그 밖의 전산망 등을 이용하여 응급의료기관의 수용능력을 확인하고 통보

10 대형사고 현장에 최초 도착한 구급차 배치요령으로 옳은 것은?

① 구급차량 전면이 주행차량 전면을 향하는 경우 전조등만 켜 둔다.
② 차량 화재 시 화재 차량으로부터 30m 밖 바람 부는 방향에 배치한다.
③ 비 위험물질 적재 차량의 화재 시 화재 차량으로부터 15m 밖에 배치한다.
④ 차량사고 현장에서 유류 누출이 있는 경우 물질이 흘러내리는 방향에 배치한다.

08.

④ 구조대원은 어디까지나 응급처치에 준하여 처치를 시행하고, 그 이후의 치료 및 처치는 전문 의료요원에 맡긴다.
① 환자 및 부상자에 대한 진단은 하지 않는다.
② 원칙적으로 의약품을 최대한 사용하지 않는다.
③ 현장의 위험요소를 제거하여 구조자의 안전을 우선 확보해야 한다.

09.

구급차 등의 용도〈응급의료에 관한 법률 시행규칙 제37조〉
• 「지역보건법」 제2조 제1호에 따른 지역보건의료기관에서 행하는 보건사업의 수행에 필요한 업무
• 구급차등의 이용이 불가피한 척추장애환자 또는 거동이 불편한 환자의 이송
• 다수인이 모이는 행사에서 발생되는 응급환자 이송을 위한 대기

10

③ 비 위험물질 적재 차량의 화재 시 구급차 및 차량부서는 화재 차량으로부터 15m 밖에 배치한다.
① 구급차량 전면이 주행차량 전면을 향하는 경우 비상등만 작동시키고 전조등과 경광등은 끈 채로 차량을 배치한다.
② 차량 화재 시 구급차는 화재 차량으로부터 30m 밖 바람을 등진 방향으로 주차한다.
④ 화학 물질 또는 유류 누출 시 물질이 흘러내리는 방향의 반대편에 위치한다.

11 구급차에 갖춰진 장비를 관리하는 기준으로 옳지 않은 것은?

① 구급차에 갖춰진 의료장비를 주1회 이상 소독하여 청결히 관리한다.
② 구급차의 연료는 항상 가득 채워놓은 상태를 유지한다.
③ 구급의약품은 적정 온도와 습도를 유지하여 효능이 떨어지지 않도록 한다.
④ 환자나 보호자가 잘 볼 수 있도록 구급차의 이송처치료를 나타내는 표를 부착한다.

12 다수의 환자 발생으로 인해 구급차가 제한적인 경우 구급차 탑승 순위가 가장 낮은 환자는?

① 단순 골절 환자
② 개방성 흉부손상 환자
③ 약물중독으로 인한 중증의 내과 환자
④ 불가역적 손상으로 인해 사망이 예견되는 환자

13 구급요청을 거절할 수 없는 응급환자는?

① 병원 간 이송 요청자
② 단순 치통환자
③ 술에 취한 사람
④ 38도 이상의 감기환자

14 「응급의료에 관한 법률」상 구급차 사용이 불가능한 것은?

① 응급환자의 이송
② 응급의료를 위한 혈액 운반
③ 환자의 건강진단을 위한 진료용 장치 운반
④ 사고로 현장에서 사망한 사람을 의료기관으로 이송

11.

② 구급차의 연료는 최대주입량의 4분의 1 이상인 상태로 유지한다.

12.

④ 사망환자 또는 불가역적 손상 등으로 사망이 명백히 예견되는 환자의 경우 이송 시 가장 낮은 우선순위를 갖는다.
① 단순 골절 환자는 중증도 분류에 따라 응급처치가 지연되어도 환자의 생명에는 영향을 미치지 않는 비응급환자에 해당된다. 이송 시 긴급환자, 응급환자 다음의 우선순위를 갖는다.
②③ 개방성 흉부손상, 중증의 내과 환자는 중증도 분류에 따라 수 분 또는 1~2시간 내의 응급처치를 하지 않을 경우 사망 가능성이 높은 긴급환자에 해당하며, 이송 시 가장 높은 우선순위를 갖는다.

13.

④ 섭씨 38도 이상의 고열이 있는 감기환자는 응급환자로 간주한다.

14.

③ 응급의료를 위한 진단용 검사 대상물이 아닌 단순한 환자의 건강진단 목적의 진료용 장치 운반을 하기 위한 구급차 사용이 불가하다.

15 「응급의료에 관한 법률 시행규칙」상 특수구급차에서 갖춰야하는 구급의약품을 모두 고른 것은?

> ㉠ 비닐 팩에 포장된 수액제제
> ㉡ 혈압상승제
> ㉢ 뇌압강하제
> ㉣ 설하용 니트로글리세린
> ㉤ 항구토제
> ㉥ 에피네프린

① ㉠㉡㉢
② ㉠㉣㉥
③ ㉡㉣㉤
④ ㉢㉤㉥

16 구급차량의 감염관리를 위한 소독방법으로 옳은 것은?

① 차량과 응급처치 기구의 소독은 한 달에 1회 이상 한다.
② 내부소독이 80% 정도 완료되면 다음 출동이 가능하다.
③ 알코올은 구급차량 표면 전체를 청소할 때 사용한다.
④ 다량의 혈액은 락스와 물을 1:10으로 희석하여 소독한다.

15.

「응급의료에 관한 법률 시행규칙」에 따라 특수구급차에 갖추어야 하는 구급의약품은 비닐 팩에 포장된 수액제제(생리식염수, 5%포도당용액, 하트만용액 등), 에피네프린(심폐소생술 사용용도로 한정한다), 아미오다론(심폐소생술 사용용도로 한정한다), 주사용 비마약성진통제, 주사용 항히스타민제, 니트로글리세린(설하용), 흡입용 기관지 확장제이있다.

16.

① 구급차량 및 응급처치 기구의 소독은 주 1회 이상 시행한다.
② 구급차의 소독이 완전히 완료된 후 다음 출동에 임한다.
③ 알코올은 구급차의 넓지 않은 표면청소에 부분적으로 사용한다.

03 대량재난

기출PLUS

문 사회재난에 해당하지 않는 것은?

① 교통사고
② 화생방사고
③ 소행성·유성체 등 자연우주물체의 추락
④ 가축전염병의 확산

〈정답 ③

section 1 재난

(1) 재난의 종류

① **자연재난** … 태풍, 홍수, 호우(豪雨), 강풍, 풍랑, 해일(海溢), 대설, 한파, 낙뢰, 가뭄, 폭염, 지진, 황사(黃砂), 조류(藻類) 대발생, 조수(潮水), 화산활동, 소행성·유성체 등 자연우주물체의 추락·충돌, 그 밖에 이에 준하는 자연현상으로 인하여 발생하는 재해이다.

② **사회재난** … 화재·붕괴·폭발·교통사고(항공사고 및 해상사고를 포함)·화생방사고·환경오염사고 등으로 인하여 발생하는 대통령령으로 정하는 규모 이상의 피해와 국가핵심기반의 마비, 「감염병의 예방 및 관리에 관한 법률」에 따른 감염병 또는 「가축전염병예방법」에 따른 가축전염병의 확산, 「미세먼지 저감 및 관리에 관한 특별법」에 따른 미세먼지 등으로 인한 피해이다.

③ **해외재난** … 대한민국의 영역 밖에서 대한민국 국민의 생명·신체 및 재산에 피해를 주거나 줄 수 있는 재난으로서 정부차원에서 대처할 필요가 있는 재난이다.

(2) 재난대응

① 재난대응 및 보고체계

　㉠ 평상 시 재난대비 보고체계

권역
보건소
병원
소방서

→

권역
재난거점병원

→

보건복지부
중앙응급의료센터 재난응급의료상황실

　㉡ 재난 시 재난 대비 보고체계

재난현장
현장응급의료소
↑
보건소
↑
DAMT

←→

현장상황, 환자현황
↕
병상정보

보건복지부
↑
중앙응급의료센터 재난응급의료 상황실
↑
병상정보, 환자 내원현황
↑
재난거점병원·병원

ⓒ 재난 등에서 의료단계 대응

분류	판단 기준	비고
관심 (Blue)	다수의 사상자 발생 위험이 큰 사건, 행사, 현상 등으로 자연재해(태풍, 홍수, 지진 등)의 진행이나 군중이 운집되는 행사이다.	징후활동 감시
주의 (Yellow)	• 다수의 사상자가 발생하는 전개가 예측되는 사고나 현상이다. 　–수용인구 20명 이상의 다중이용시설에서 발생한 화재, 붕괴 　　침수 등 　–다중교통사고, 군중운집 행사에서 사상자 발생 사고 　–자연재해(태풍, 홍수, 해일, 지진 등)으로 인한 사상자 발생 　–화학물질 누출, 방사선 시설에서 사고 • 국지전이나 테러의 발생 위험이 있는 경우이다.	능동감시 경고전파
경계 (Orange)	• 다수의 사상자가 발생하고 추가 사상 발생위험이 높아 대응 개 　시가 필요한 상황이다. 　–10명 이상 사상자가 이미 발생하고 추가 사상자 발생이 의심 　　되는 상황 　–10대 이상의 차량 다중 교통사고 　–화학, 방사선 누출로 인구집단 노출 • 다수의 사상자 사고, 군중 운집으로 재난관리주관기관 및 재난 　관리책임기관의 의료대응 요청이 있는 경우이다.	의료대응 개시
심각 (Red)	일상적인 응급의료서비스로 대응할 수 없는 명백한 재난 등이다.	의료대응 확대

ⓓ 대응단계별 기관별 주요 활동

분류	중앙응급의료센터	DMAT	보건소	응급의료기관	이송업체
관심 (Blue)	상황감시, 지역별 응급의료 지원 확인	핫라인 유지			
주의 (Yellow)	인근기관에 상황을 전파하고 출동대기 요청	출동대기, 비상연락망 확인	비상연락망 확인		
경계 (Orange)	대응요청, 현장파견, 응급자원정보 수집·제공, 인근병원 수용대비 요청, 사상자 추적, 조치사항 통보, 중앙DMAT 소집	출동, 본진 소집, 조치사항 보고	신속대응반 출동, 비상소집, 사상자 현황 조사, 조치사항 보고	원내 대응, 비상소집, 수용환자 현황보고	출동대기
심각 (Red)	상황실 확대편성, 응급자원정보 수집·제공, 사상자 추적, 조치사항 통보, 추가의료진·구급차·헬기 추가 동원, 중앙DMAT 파견, 물품지원 등	현장의료	현장응급의료소 운영, 현장지휘소 연락체계 유지, 비상근무체계 돌입 등	비상근무체계, 수용환자 현황보고	사상자 이송, 조치사항 보고

TIP

중증도 분류 및 이에 따른 이송의 우선순위

㉠ 1순위: 긴급환자
- 적색 중증도 분류표를 부착한다.
- 이송 중 집중처치가 가능한 응급차량 또는 항공이송을 이용하여 모든 처치가 가능한 응급센터로 이송한다.
- 경추손상, 호흡장애 또는 기도폐쇄, 대량출혈, 개방성 흉부 또는 복부 손상, 쇼크환자, 중증 두부 손상, 약물중독, 중대한 내분비계 환자, 중증 심질환 또는 심장마비 증상이 관찰된 환자 등 즉각적인 중재가 필요한 환자이다

㉡ 2순위: 응급환자
- 황색 중증도 분류표를 부착한다.
- 일반 응급차량을 통해 응급센터 또는 응급지정병원으로 이송한다.
- 화상(10~20%의 체표면 화상), 척추손상, 중증 또는 다발성 골절 환자 등 1~2시간 내 중재가 필요한 환자이다.

㉢ 3순위: 비응급환자
- 녹색 중증도 분류표를 부착한다.
- 대중교통을 통해 현장에서 원거리에 위치하는 응급지정병원 또는 일반병원으로 이송한다.
- 단순 열상 또는 찰과상, 단순 골절 환자 등 중재가 몇 시간 지연되어도 생명 영향을 미치지 않는 환자이다.

㉣ 4순위: 지연환자
- 흑색 중증도 분류표를 부착한다.
- 추후 냉장 차량 또는 트럭 등으로 이송한다.
- 사망환자 또는 두부 절단 등 불가역적 손상으로 사망이 명백히 예견되는 환자 등 소생 가능성이 없는 환자이다.

---

② 재난현장의 응급의료체계

㉠ 재난상황 접수 및 전파단계 : 재난상황 접수→출동→선착대 도착→합류팀 도착→현장에서 의료 활동→철수 및 사후조치

㉡ 재난 등에서의 의료대응 단계 : 재난 시 중증도 분류의 목표는 생존 가능성이 높은 최대한 많은 수의 사람들에게 최선의 치료를 하기 위한 단계이다.
- 긴급(적색) : 생존율을 높이기 위해 즉각적인 치료가 필요한 환자이다.
- 응급(황색) : 생존에 영향을 주지 않는 범위에서 치료가 지연되어도 안전한 환자이다.
- 비응급(녹색) : 치료가 필요한 손상이 있으나 치료여부와 상관없이 생존이 예상되는 환자이다.
- 사망예상(흑색) : 생존해 있지만 사용가능한 자원으로 생존이 거의 불가능하다고 판단되는 환자이다.
- 사망(흑색) : 자발호흡외 증기가 진혀 없는 사망자이다.

---

section 2 재난대비계획

(1) 재난의 발생 전

① 재난의 예방

㉠ 예방조치
- 재난에 대응할 조직의 구성 및 정비
- 재난의 예측 및 예측정보 등의 제공·이용에 관한 체계의 구축
- 재난 발생에 대비한 교육·훈련과 재난관리예방에 관한 홍보
- 재난이 발생할 위험이 높은 분야에 대한 안전관리체계의 구축 및 안전관리규정의 제정
- 지정된 국가핵심기반의 관리
- 특정관리대상지역에 관한 조치
- 재난방지시설의 점검·관리
- 재난관리자원의 비축과 장비·시설 및 인력의 지정
- 그 밖에 재난을 예방하기 위하여 필요하다고 인정되는 사항

㉡ 긴급안전점검

㉢ 안전조치

㉣ 안전취약계층에 대한 안전 환경 지원

㉤ 정부 합동 안전 점검

㉥ 집중 안전점검 기간 운영

㉦ 안전관리전문기관에 자료요구

㉧ 재난관리체계에 대한 평가

㉨ 재난관리 실태 공시

② 재난의 대비

ⓐ 재난관리자원의 비축 및 관리

ⓑ 재난현장 긴급통신수단 마련

ⓒ 국가재난관리기준 제정 및 운용

ⓓ 기능별 재난대응 활동계획 작성 및 활용

ⓔ 재난분야 위기관리 매뉴얼 작성 및 운용

• 위기관리 표준매뉴얼 : 국가적 차원에서 관리가 필요한 재난에 대하여 재난관리 체계와 관계 기관의 임무와 역할을 규정한 문서로 위기대응 실무매뉴얼의 작성 기준이 되며, 재난관리주관기관의 장이 작성한다. 다만, 다수의 재난관리주관기관이 관련되는 재난에 대해서는 관계 재난관리주관기관의 장과 협의하여 행정안전부장관이 위기관리 표준매뉴얼을 작성할 수 있다.

• 위기대응 실무매뉴얼 : 위기관리 표준매뉴얼에서 규정하는 기능과 역할에 따라 실제 재난대응에 필요한 조치사항 및 절차를 규정한 문서로 재난관리주관기관의 장과 관계 기관의 장이 작성한다. 이 경우 재난관리주관기관의 장은 위기대응 실무매뉴얼과 위기관리 표준매뉴얼을 통합하여 작성할 수 있다.

• 현장조치 행동매뉴얼 : 재난현장에서 임무를 직접 수행하는 기관의 행동조치 절차를 구체적으로 수록한 문서로 위기대응 실무매뉴얼을 작성한 기관의 장이 지정한 기관의 장이 작성하되, 시장·군수·구청장은 재난유형별 현장조치 행동매뉴얼을 통합하여 작성할 수 있다. 다만, 현장조치 행동매뉴얼 작성 기관의 장이 다른 법령에 따라 작성한 계획·매뉴얼 등에 재난유형별 현장조치 행동매뉴얼에 포함될 사항이 모두 포함되어 있는 경우 해당 재난유형에 대해서는 현장조치 행동매뉴얼이 작성된 것으로 본다.

ⓕ 다중이용시설 등의 위기상황 매뉴얼 작성 및 관리

ⓖ 안전기준의 등록 및 심의

ⓗ 재난안전통신망의 구축 및 운영

ⓘ 재난대비훈련 기본계획 수립

ⓙ 재난대비훈련

(2) 재난의 발생 후

① 재난의 대응

ⓐ 재난사태 선포 : 재난이 발생하거나 발생할 우려가 있는 경우 사람의 생명·신체 및 재산에 미치는 중대한 영향이나 피해를 줄이기 위하여 긴급한 조치가 필요하다고 인정하면 중앙위원회의 심의를 거쳐 재난사태를 선포할 수 있다. 다만, 행정안전부장관은 재난상황이 긴급하여 중앙위원회의 심의를 거칠 시간적 여유가 없다고 인정하는 경우에는 중앙위원회의 심의를 거치지 아니하고 재난사태를 선포할 수 있다.

ⓑ 응급조치 : 시·도긴급구조통제단 및 시·군·구긴급구조통제단의 단장과 시장·군수·구청장은 재난이 발생할 우려가 있거나 재난이 발생하였을 때에는 즉시 관계 법령이나 재난대응활동계획 및 위기관리 매뉴얼에서 정하는 바에 따라 수방(水防)·진화·구조 및 구난(救難), 그 밖에 재난 발생을 예방하거나 피해를 줄이기 위하여 필요한 조치이다.

기출PLUS

TIP

국가의 책무⟨「재난 및 안전관리 기본법」 제4조⟩

ⓐ 국가와 지방자치단체는 재난이나 그 밖의 각종 사고로부터 국민의 생명·신체 및 재산을 보호할 책무를 지고, 재난이나 그 밖의 각종 사고를 예방하고 피해를 줄이기 위하여 노력하며, 발생한 피해를 신속히 대응·복구하기 위한 계획을 수립·시행한다.

ⓑ 국가와 지방자치단체는 안전에 관한 정보를 적극적으로 공개하며, 누구든지 이를 편리하게 이용할 수 있도록 한다.

ⓒ 재난관리책임기관의 장은 소관 업무와 관련된 안전관리에 관한 계획을 수립하고 시행하며, 그 소재지를 관할하는 특별시·광역시·특별자치시·도·특별자치도와 시·군·구의 재난 및 안전관리업무에 협조한다.

TIP

재난사태에 대한 행정안전부장관 및 지방자치단체장의 조치

• 재난경보의 발령, 인력·장비 및 물자의 동원, 위험구역 설정, 대피명령, 응급지원 등에 따른 응급조치

• 해당 지역에 소재하는 행정기관 소속 공무원의 비상소집

• 해당 지역에 대한 여행 등 이동 자제 권고

• 휴업명령 및 휴원·휴교 처분의 요청

• 재난예방에 필요한 조치

기출PLUS

TIP

긴급구조 현장지휘〈「재난 및 안전관리 기본법」제52조〉
㉠ 재난현장에서 인명의 탐색·구조
㉡ 긴급구조기관 및 긴급구조지원기관의 인력·장비의 배치와 운용
㉢ 추가 재난의 방지를 위한 응급조치
㉣ 긴급구조지원기관 및 자원봉사자 등에 대한 임무의 부여
㉤ 사상자의 응급처치 및 의료기관으로의 이송
㉥ 긴급구조에 필요한 물자의 관리
㉦ 현장접근 통제, 현장 주변의 교통정리,
㉧ 긴급구조활동을 효율적으로 하기 위하여 필요한 사항

TIP

긴급구조지원기관
㉠ 정의: 긴급구조에 필요한 인력과 시설 등 긴급구조 시 필요한 능력을 가진 기관 또는 단체이다.
㉡ 종류
• 기상청, 경찰청, 산림청, 교육부, 환경부, 국방부, 국토교통부, 보건복지부, 해양수산부, 방송통신위원회, 과학기술정보통신부, 산업통상자원부
• 대한적십자사
• 전국재해구호협회
• 「의료법」에 따른 종합병원과 응급의료기관, 응급의료정보센터 및 구급차 등의 운용자
• 국방부장관이 탐색구조부대 또는 긴급구조지원을 목적으로 지정하는 군부대
• 긴급구조기관과 긴급구조활동에 대한 응원협정을 체결한 기관 또는 단체

• 경보의 발령 또는 전달이나 피난의 권고 또는 지시
• 안전조치
• 진화·수방·지진방재, 그 밖의 응급조치와 구호
• 피해시설의 응급복구 및 방역과 방범, 그 밖의 질서 유지
• 긴급수송 및 구조 수단의 확보
• 급수 수단의 확보, 긴급피난처 및 구호품의 확보
• 현장지휘통신체계의 확보
• 그 밖에 재난 발생을 예방하거나 줄이기 위하여 필요한 사항으로서 대통령령으로 정하는 사항

ⓒ 위기경보의 발령, 재난 예보·경보체계를 구축 및 운영, 동원명령, 대피명령, 위험구역설정, 강제대피조치, 통행제한, 응원, 응급부담 등이 있다.

ⓓ 긴급구조: 재난이 발생할 우려가 현저하거나 재난이 발생하였을 때에 국민의 생명·신체 및 재산을 보호하기 위하여 긴급구조기관과 긴급구조지원기관이 하는 인명구조, 응급처치, 그 밖에 필요한 모든 긴급한 조치이다.

• 지역통제단장은 재난이 발생하면 소속 긴급구조요원을 재난현장에 신속히 출동시켜 필요한 긴급구조활동을 한다.
• 지역통제단장은 긴급구조를 위하여 필요하면 긴급구조지원기관의 장에게 소속 긴급구조지원요원을 현장에 출동시키거나 긴급구조에 필요한 장비·물자를 제공하는 등 긴급구조활동을 지원할 것을 요청할 수 있다. 이 경우 요청을 받은 기관의 장은 특별한 사유가 없으면 즉시 요청에 따라야 한다.
• 요청에 따라 긴급구조활동에 참여한 민간 긴급구조지원기관에 대하여는 대통령령으로 정하는 바에 따라 그 경비의 전부 또는 일부를 지원할 수 있다.
• 긴급구조활동을 하기 위하여 회전익항공기(헬기)를 운항할 필요가 있으면 긴급구조기관의 장이 헬기의 운항과 관련되는 사항을 헬기운항통제기관에 통보하고 헬기를 운항할 수 있다. 이 경우 관계 법령에 따라 해당 헬기의 운항이 승인된 것으로 본다.
• 긴급구조기관: 소방청·소방본부 및 소방서를 말한다. 다만, 해양에서 발생한 재난의 경우에는 해양경찰청·지방해양경찰청 및 해양경찰서이다.
• 중앙긴급구조통제단: 긴급구조에 관한 사항의 총괄·조정, 긴급구조기관 및 긴급구조지원기관이 하는 긴급구조활동의 역할 분담과 지휘·통제를 위하여 소방청에 중앙긴급구조통제단을 둔다. 중앙통제단의 단장은 소방청장이 된다.
• 지역긴급구조통제단: 지역별 긴급구조에 관한 사항의 총괄·조정, 해당 지역에 소재하는 긴급구조기관 및 긴급구조지원기관 간의 역할분담과 재난현장에서의 지휘·통제를 위하여 시·도의 소방본부에 시·도 긴급구조통제단을 두고, 시·군·구의 소방서에 시·군·구 긴급구조통제단을 둔다. 시·도 긴급구조통제단의 단장은 소방본부장이 되고 시·군·구 긴급구조통제단의 단장은 소방서장이 된다.

② 재난의 복구
  ㉠ 재난피해 신고 및 조사
  ㉡ 재난복구계획 수립 및 실행
  ㉢ 특별재난지역 선포 및 지원
  ㉣ 재정 및 보상

section 3 비상대응매뉴얼

(1) 정의

국가와 지방자치단체는 「재난 및 안전관리 기본법」에 따라 재난 및 해외재난으로부터 국민과 주민의 생명을 보호하기 위하여 응급의료에 관한 기본적인 사항과 응급의료 지원 등에 관한 비상대응매뉴얼을 마련하고 의료인에게 이에 대한 교육을 실시한다.

(2) 국가의 비상대응매뉴얼〈「응급의료에 관한 법률 시행령」제8조의2〉

① 재난현장에서 응급의료 지원과 관련된 기관별 역할과 지휘체계의 안내

② 재난현장의 응급의료체계

③ 재난현장의 응급의료 지원을 위한 인력의 구성 및 운영

④ 재난발생시 응급환자의 진료와 응급의료 지원을 중점으로 수행하는 응급의료기관의 시설·장비 및 인력 현황

⑤ 재난피해자 중 초기에 긴급한 심리치료가 필요한 대상자의 선정 및 심리치료 방법

⑥ 재난현장의 응급의료 지원에 필요한 물품의 비축과 관리

⑦ 재난현장의 응급의료 지원 통신체계

⑧ 재난현장의 응급의료 지원에 대한 교육과 훈련

⑨ 그 밖에 재난유형별 응급의료 지원에 필요한 사항

(3) 지방자치단체의 비상대응매뉴얼〈「응급의료에 관한 법률 시행령」제8조의2〉

① 재난현장의 응급의료 지원 인력을 편성한 의료기관 현황 및 의료기관별 응급의료 지원 인력의 편성 내용

② 재난현장의 응급의료 지원에 필요한 장비 편성 및 활용

③ 관할 구역의 응급의료기관의 현황과 비상연락체계

④ 관할 구역의 재난시 응급의료 지원에 필요한 물품의 종류, 수량, 비축 기관 및 관리

⑤ 관할 구역의 응급의료 지원 통신체계 현황 및 관리

⑥ 재난현장의 응급의료 지원에 대한 교육과 훈련 실시에 필요한 사항

⑦ 그 밖에 재난현장의 응급의료 지원을 위하여 지방자치단체의 장이 필요하다고 인정하는 사항

TIP

기능별 긴급구조대응계획〈「재난 및 안전관리 기본법 시행령」제63조〉

㉠ 지휘통제 : 긴급구조체계 및 중앙통제단과 지역통제단의 운영체계 등에 관한 사항

㉡ 비상경고 : 긴급대피 및 상황 전파, 비상연락 등에 관한 사항

㉢ 대중정보 : 주민보호를 위한 비상방송시스템 가동, 긴급 공공정보 제공 및 재난상황 관련 정보 통제에 관한 사항

㉣ 피해상황분석 : 재난 현장 상황과 피해 정보 수집 및 분석 등에 관한 사항

㉤ 구조 및 진압 : 인명 수색 및 구조와 화재진압 등에 관한 사항

㉥ 응급의료 : 대량 사상자가 발생하는 경우 응급의료서비스 제공에 관한 사항

㉦ 긴급오염통제 : 오염에 노출되는 것에 대한 통제, 긴급 감염병 방제 등 재난 현장 공중보건에 관한 사항

㉧ 현장통제 : 재난 현장 접근 통제 및 치안유지 등에 관한 사항

㉨ 긴급복구 : 긴급구조활동의 원활함을 위한 긴급구조차량 접근도로 복구 등에 관한 사항

㉩ 긴급구호 : 긴급구조요원 및 긴급대피 수용주민의 위기상담, 임시 의식주 제공 등에 관한 사항

㉪ 재난통신 : 긴급구조기관 및 긴급구조기관 간 정보통신체계 운영 등에 관한 사항

TIP

비상조치계획

㉠ 정의 : 사고가 발생했을 때 신속한 조치를 통하여 사고로 인한 피해를 최소화하는 것을 목적으로 수립하는 계획이다.

㉡ 목적
• 사고 발생 시 피해 최소화 및 인적 · 물적 자원과 환경에 미치는 손실을 제한한다.
• 사고로 인한 피해를 방지하기 위한 필요한 조치를 한다.
• 사고에 관련된 정보를 관련기관에 신속히 전달한다.
• 사고를 처리한 후 복구 작업을 신속하게 시행한다.

㉢ 고려사항
• 가능한 모든 비상상황 및 비상사태를 포함하여 계획한다.
• 근로자 인명보호를 최우선 목표로 한다.
• 주요 위험설비는 내부 비상조치계획과 외부 비상조치계획을 함께 계획한다.
• 비상조치계획은 분명하고 명료하게 작성 후 문서화하고 모든 근로자가 동의하고 쉽게 활용할 수 있는 곳에 둔다.

㉣ 내용
• 비상사태가 발생할 경우 보고절차
• 비상대피 전 안전조치를 취해야 하는 주요 공공설비 및 해당 절차
• 비상대피 절차 및 비상대피로 지정
• 구조 또는 의료업무 담당 직원이 따라야 하는 절차
• 연락 가능한 모든 직원의 이름 및 직책
• 비상대피 후 모든 직원에게 비상사태에 대해 설명 절차
• 사고로 인해 영향을 받는 주민에게 제공해야 할 정보

(4) 비상대응매뉴얼의 교육〈「응급의료에 관한 법률 시행령」제8조의3〉

① 비상대응매뉴얼의 교육 대상은 응급의료기관의 응급의료종사자로 하고, 매년 보건복지부장관이 지방자치단체별 · 직종별로 교육 대상자의 인원수 등을 정하여 고시한다.

② 국가와 지방자치단체의 비상대응매뉴얼 교육은 재난현장에서 응급의료와 그 지원에 필요한 기본 교육과 함께 응급의료 실습과정을 포함하여 실시하고, 교육시간은 매년 12시간 이상으로 한다.

③ 국가와 지방자치단체는 교육 참가자에게 예산의 범위에서 급식비 · 교통비 등 실비와 교육참가비를 지급할 수 있다. 이 경우 지급액의 산정방법 및 지급절차 등에 관하여 필요한 사항은 보건복지부장관이 정하여 고시한다.

(5) 환자가 여러 명 발생한 경우의 조치〈「응급의료에 관한 법률」제18조〉

① 보건복지부장관, 시 · 도지사 또는 시장 · 군수 · 구청장은 재해 등으로 환자가 여러 명 발생한 경우에는 응급의료종사자에게 응급의료 업무에 종사할 것을 명하거나, 의료기관의 장 또는 구급차 등을 운용하는 자에게 의료시설을 제공하거나 응급환자 이송 등의 업무에 종사할 것을 명할 수 있으며, 중앙행정기관의 장 또는 관계 기관의 장에게 협조를 요청할 수 있다.

② 응급의료종사자, 의료기관의 장, 구급차 등을 운용하는 자는 정당한 사유없이 명령을 거부할 수 없다.

(6) 다수의 환자발생에 대한 인명구조 및 응급처치〈「응급의료에 관한 법률 시행령」제9조〉

① 보건복지부장관 또는 시 · 도지사는 재해 등으로 환자가 여러 명 발생한 경우에는 응급의료기관 및 관계기관에 대한 지휘체계를 확립하고 사상자의 규모, 피해지역의 범위, 사고의 종류 및 추가적인 사고발생의 위험도 등을 고려하여 신속하고 적절한 인명구조 및 응급처치가 될 수 있도록 해야 한다.

② 시 · 도지사 또는 시장 · 군수 · 구청장(자치구 구청장)은 다수의 환자가 발생한 사실을 알게 되거나 보고를 받은 때에는 지체 없이 보건복지부장관에게 보고한다.

③ 시 · 도지사 또는 시장 · 군수 · 구청장은 다수의 환자가 발생한 때에는 사고 발생일부터 사고수습 종료일까지 매일 1일 활동상황을 보건복지부장관에게 보고하며, 사고수습이 종료된 경우에는 지체 없이 종합보고를 한다.

(7) 다수의 환자발생에 대한 조치계획의 수립〈「응급의료에 관한 법률 시행령」제10조〉

① 보건복지부장관 또는 시 · 도지사는 다수의 환자발생에 대비하여 환자발생의 원인 및 규모에 따른 적정한 조치계획을 미리 수립한다.

② 조치계획

    ㉠ 응급의료 인력·장비 및 시설의 편성과 활용

    ㉡ 관계기관의 협조체계 구축

    ㉢ 응급의료활동훈련

section 4 중증도 분류

(1) 한국형 병원전 중증도 분류(Pre-KTAS, Prehospital Korean Triage and Acuity Scale)

① 정의 … 한국형 응급환자 분류도구를 의미한다. 캐나다에서 2012년에 최초로 시행하였던 CTAS(Canadian Triage and Acuity Scale)를 기반으로 한국의 의료여건에 맞게 만든 것이다. 병원전 단계에서 환자의 위급정도에 따라 1(소생 : 매우 중증)~5(비응급 : 매우 경증)으로 분류하는 것이다.

② 평가 … 증상을 중심으로 분류한다. 첫인상 중증도 평가를 통해 감염 여부에 대한 문진과 진출을 한다. 환자가 호소하는 증상, 과거력, 활력징후 측정 등의 1차 고려사항과 증상에 따라 적용해야하는 중증도 단계가 결정된다.

③ 분류

단계		단계별 정의	대표증상	진료 우선순위
KTAS 1	소생	즉각적으로 처치가 필요한 상태로 생명이나 사지를 위협 또는 악화 가능성이 높은 상태이다.	심장마비, 무호흡, 음주와 관련이 없는 무의식, 중증외상 등	최우선 순위
KTAS 2	긴급	생명, 사지, 신체기능에 잠재적인 위협에 따른 치료가 필요한 상태이다.	심근경색, 뇌출혈, 뇌경색. 호흡곤란, 토혈 등	2순위
KTAS 3	응급	치료가 필요한 상태로 진행의 잠재적인 가능성을 고려해야하는 상태이다.	경한 호흡곤란(산소포화도 90% 이상), 출혈이 동반된 설사 등	3순위
KTAS 4	경증 응급	환자의 나이, 통증, 악화, 합병증 등에 가능성을 고려하여 1~2시간 이내에 처치나 재평가를 시행하면 되는 상태이다.	38도 이상의 발열이 동반된 장염, 복통이 동반된 요로감염, 착란 등	4순위
KTAS 5	비응급	긴급상태이지만 응급은 아닌 상태로 만성적인 문제이거나 악화가능성이 낮은 상태이다.	감기, 장염, 설사, 열상(상처), 상처소독, 약처방 등	5순위

기출PLUS

TIP

화재상황에서의 비상대응활동

㉠ 비상연락 : 화재 발생 시 신고 및 통보, 화재 상황에 대한 상황 보고이다.

㉡ 초기진화 : 소화설비를 통한 조기 화재진압이다.

㉢ 응급구조 : 응급상황 시 응급조치, 응급의료소 설치 및 지원이다.

㉣ 피난유도를 한다.

㉤ 방호 및 안전 : 화재의 확산 방지 및 위험물 시설에 대한 제어이다.

(2) 119구급대원 현장응급처치 표준지침 상 분류

① 응급
  ㉠ 불안정한 활력징후에 하나라도 해당되는 경우이다.
  ㉡ 주증상이 흉통, 의식장애, 호흡곤란, 호흡정지, 심계항진, 심정지, 마비에 해당하는 경우이다.
  ㉢ 심각한 기전에 의한 중증외상환자인 경우이다.
  ㉣ 수분 이내에 신속한 처치가 필요하다고 구급대원이 판단한 경우이다.

② 준응급 … 응급 항목에 해당하지 않으나 수 시간 이내에 처치가 필요한 경우이다.

③ **잠재응급** … 응급과 준응급에 해당하지 않으나 응급실 진료가 필요한 모든 환자

④ 「대상외 … 응급환자 이송이 아닌 경우이다.

⑤ 사망 : 명백한 사망징후 또는 의심 경우이다.

(3) 응급환자의 중증도 분류기준〈「응급의료에 관한 법률 시행규칙」 제18조의3〉

① 응급의료기관의 장은 법 응급실의 입구에 환자분류소를 설치하여 보건복지부장관이 정하는 교육을 이수한 의사, 간호사 또는 1급 응급구조사가 응급환자 등의 중증도를 분류하고, 감염병 의심환자 등을 선별한다.

② ①에 따라 응급환자 등의 중증도를 분류하거나 감염병 의심환자 등을 선별할 때에는 환자의 주요증상, 활력징후(호흡, 맥박, 혈압, 체온), 의식 수준, 손상 기전, 통증 정도 등을 고려해야 하며 그 세부적인 기준·방법 및 절차 등은 보건복지부장관이 고시하는 한국 응급환자 중증도 분류기준에 따른다.

(4) 환자의 중증도 분류 및 감염병 의심환자 등의 선별〈「응급의료에 관한 법률」 제31조의4〉

① 응급의료기관의 장 및 구급차 등의 운용자는 응급환자 등에 대한 신속하고 적절한 이송·진료와 응급실의 감염예방을 위하여 보건복지부령으로 정하는 바에 따라 응급환자 등의 중증도를 분류하고 감염병 의심환자 등을 선별한다.

② 응급의료기관의 장은 선별된 감염병 의심환자 등을 격리 진료할 수 있도록 시설 등을 확보한다.

③ 구급차 등의 운용자는 환자의 이송 시 응급환자의 중증도와 전반적인 환자의 상태, 지역응급의료 이송체계 등을 종합적으로 고려하여 이송한다.

④ 지정된 권역응급의료센터의 장은 중증응급환자 중심의 진료를 위하여 응급환자 등의 중증도 분류 결과 경증에 해당하는 응급환자를 다른 응급의료기관에 이송할 수 있다.

section 5 특수재난

(1) 정의

대형교통사고, 환경오염, 감염병 등과 같은 특수한 형태의 재난으로 관련 부처에서 재난대응역량을 분석한다. 특수재난이 발생하면 관련 부처에서 상황모니터링과 전문적인 기술지원을 한다.

(2) 종류

① **대형 교통사고** … 도로터널, 고속철도, 지하철, 항공 등과 같은 교통수단에 의한 다양한 형태이다.

② **유해화학물질 등에 의한 환경오염** … 대규모 유해화학물질이 유출되는 사고로 인하여 수질이나 대기 등의 자연환경이 파괴되거나 인명피해가 발생한 것이다.

③ **감염병** … 감염병 질병으로 국민의 건강과 보건에 심각한 위해가 가해지는 사태이다.

④ **가축질병** … 구제역, 고병원성 조류인플루엔자 등 가축전염병이 발생하거나 확산되면서 발생하는 피해이다.

⑤ **원자력안전사고** … 원자력 시설의 사고나 고장으로 인해서 방사성 물질이 외부로 누출되거나 누출될 우려가 있는 사고를 의미한다.

⑥ **다중밀집시설 및 산업단지 등에서의 대형사고** … 다중밀집시설 및 산업단지 등에서 대형 붕괴, 화재, 폭발, 유해화학 물질 누출 등이 발생하는 사고를 의미한다.

⑦ **에너지 관련 사고** … 재난으로 인해 에너지(전기, 가스 등) 공급시설 피해나 에너지 공급 기능이 마비되는 사고를 의미한다.

⑧ **정보통신 사고** … 재난으로 인한 정보통신망 피해, 방송통신기능의 마비로 발생하는 사고를 의미한다.

(3) 대응

① **비개입** … 사고 자체가 자연스럽게 흘러가도록 관여하지 않는다.

② **방어적 대응** … 둑이나 댐을 쌓는 등의 대응으로 위험 요소에 방어한다.

③ **공격적 대응** … 사고를 제어한다. 파손부위를 막는 등의 적극적인 대응이다.

(4) 구조 우선순위

① 보행이 가능한 피해자는 스스로 나올 수 있도록 도운 후에 대피시킨다.

② 생명징후가 있으나 보행이 어려운 피해자를 대피시킨다.

③ 위험구역에서 생명징후가 나타나지만 보행이 어려운 피해자를 대피시킨다.

④ 사망자를 수습한다.

section 6 특수구조대

(1) 정의

구조대원의 자격기준에 적합한 소방공무원으로 구성된다. 소방대상물, 지역 특성, 재난 발생 유형 및 빈도에 따른 특수재난에 전문적으로 대응하기 위하여 필요한 차량 및 출동장비를 갖추고 소방서 등에 설치하는 구조대이다.

(2) 종류

① 화학구조대 … 지휘, 구조반, 탐지·오염제독반, 지원반 등이 있다.

② 수난구조대 … 지휘, 운항반(항해, 기관), 구조반 등이 있다.

③ 산악구조대 … 지휘, 구조반, 구조견 운영반 등이 있다.

(3) 임무

① 화생방사고 발생 시 초기단계에서의 오염 확산 방지 및 의심물질 탐지·채취·이송·제독 등이 있다.

② 화학·수난·산악사고 등 발생 시 초기 단계에서의 조치 및 인명의 구조·구급 등이 있다.

③ 중요행사장 전진배치 등 안전한 행사 개최를 위한 지원을 한다.

④ 취약시설에 대한 예방순찰 및 점검을 한다.

⑤ 그 밖에 시·도지사가 지정하는 임무를 한다.

TIP

특수구조대(「119구조·구급에 관한 법률 시행령」 제5조)

㉠ 고속국도구조대 : 교통사고의 발생 빈도 등을 고려하여 소방청 및 시·도 소방본부 또는 고속국도 관할 소방서에 설치한다.

㉡ 산악구조대 : 「자연공원법」에 따른 자연공원 등 산악지역에 설치한다.

㉢ 수난구조대 : 「내수면어업법」에 따른 내수면지역에 설치한다.

㉣ 지하철구조대 : 도시철도 역사 및 역시설에 설치한다.

㉤ 화학구조대 : 화학공장 밀집지역 내 설치한다.

문 **특수구조대**에 해당하지 않는 것은?

① 테러대응구조대
② 지하철구조대
③ 산악구조대
④ 화학구조대

❮정답 ①

(4) 업무

① 특수재난, 대형재난 현장대응 및 인명구조 활동

② 화생방, 대테러 관련사고 신속대응

③ 유관기관과 연계한 합동(교육) 훈련

④ 첨단장비를 활용한 인명구조 활동

⑤ 폭우 등 자연재난 및 수난사고시 구조(지원)활동

⑥ 특수재난 구조기술 연구 및 구조대원 교육훈련

⑦ 긴급구조종합훈련, 유관기관 합동훈련 등의 훈련지원

⑧ 특수재난대응 교육 및 기술지도·지원 등의 업무지원

국제구조대

㉠ 국외에서 대형재난 등이 발생한 경우 재외국민 보호 또는 재난이 발생한 국가의 국민에 대한 인도주의적 구조 활동을 위해 소방청장은 국제 구조대를 편성하여 운영할 수 있다.

㉡ 국제구조대 임무
• 인명탐색 및 구조·응급의료, 현장 구호활동 등 기타 재난에 관한 사항
• 안전평가 및 시설관리
• 공보연락
• 재난 당사국 및 국제기구와의 협조
• 재난 및 구조기술 정보 수집과 지원

01 대량 환자가 발생한 재난 현장에서 응급처치시행 및 이송의 우선
순위 결정을 위해 중증도를 분류하였을 때 가장 높은 우선순위를
갖는 환자는?

① 응급환자
② 긴급환자
③ 지연환자
④ 사망환자

01.

② 수 분 또는 1~2시간 내의 응급처치를 하지 않
을 경우 사망 가능성이 높은 환자이다. 이송 시
가장 높은 우선순위를 갖는다.
① 수 시간 내에 응급처치를 시행하지 않으면 사
망 또는 치명적 합병증 발생 가능성이 높은 환
자이다. 현장에서 처치 및 이송 시 긴급환자 다
음의 우선순위를 갖는다.
③ 사망 또는 불가역적 손상 등으로 사망이 명백
히 예견되는 환자로 가장 낮은 우선순위를 갖
는다.
④ 중증도 분류 상 지연환자에 해당되며 현장에서
의 응급처치 및 이송에 있어 가장 낮은 우선순
위를 갖는다.

02 다수의 환자 발생 현장에서 중증도 분류에 따라 환자의 이송병원
을 선정할 때 옳은 것은?

① 응급환자는 응급차량을 통해 응급지정병원으로 이송한다.
② 지연환자 이송 시 신속성을 제일 우선한다.
③ 긴급환자를 헬기로 이송하는 것은 금기이다.
④ 응급환자는 필요 시 항공이송을 이용하여 모든 처치가 가능한
응급센터로 이송한다.

02.

① 응급환자의 경우 일반 응급차량을 이용하여 응
급지정병원으로 신속히 이송한다.
② 지연환자는 사망환자 또는 두부 절단 등 불가
역적 손상으로 사망이 명백히 예견되는 환자로
추후 냉장 차량 또는 트럭 등으로 이송한다.
③ 긴급환자는 이송 중 집중처치가 가능한 응급차
량 또는 항공이송을 통해 모든 처치가 가능한
응급센터로 이송한다.
④ 필요 시 항공이송을 통해 이송하는 환자는 긴
급환자이다.

Answer　01.② 02.①

03 적색 중증도 분류표를 부착해야 하는 환자는?

① 약물중독 환자
② 단순골절 환자
③ 두부절단 환자
④ 5%의 체표면 화상 환자

03.

① 적색 중증도 분류표는 긴급환자를 의미하는 표로 약물중독 환자는 긴급환자에 해당한다.
② 단순골절 환자는 비응급환자에 해당하며, 녹색 중증도 분류표를 부착한다.
③ 두부절단 환자는 지연환자에 해당하며, 흑색 중증도 분류표를 부착한다.
④ 5%의 체표면 화상 환자는 응급환자에 해당하며, 황색 중증도 분류표를 부착한다.

04 재해로 인해 대량 환자가 발생하였을 때 비응급환자의 바람직한 이송 방법으로 옳은 것은?

① 응급이송이 필요한 환자와 동일하게 이송한다.
② 대중교통을 통해 현장과 원거리에 위치한 병원으로 이송한다.
③ 응급차량 내 간이좌석에 앉게 하여 종합병원으로 이송한다.
④ 도보로 현장에서 가장 가까운 종합병원으로 가도록 안내한다.

04.

② 중재가 지연되어도 생명에 큰 영향이 미치지 않는 환자가 비응급환자이다. 대중교통으로 현장에서 원거리에 위치한 의원이나 일반병원으로 이송한다.

05 재난 발생확률이 높아진 경우 실제 재난 발생 시 효과적 대응을 위해 사전에 재난대비 장치 및 자원동원관리체계를 구축하고 대응 조직 등을 관리하는 단계는?

① 예방단계
② 대응단계
③ 대비단계
④ 복구단계

05.

③ 대비단계 : 재난 발생확률이 높아진 경우, 실제 재난 발생 시 효과적 대응을 위해 사전에 재난대비 장치 및 자원동원관리체계를 구축하고 대응조직 등을 관리하는 단계이다.
① 예방단계 : 재난 사전예방과 발생 가능성 감소 및 발생 가능한 재난의 피해 최소화를 목적으로 활동을 수행하는 단계이다.
② 대응단계 : 재해가 발생하여 신속한 대응활동을 통해 피해 최소화 및 확산 방지를 위해 활동하는 단계이다.
④ 복구단계 : 재해 상황이 안정된 후 피해 지역의 상태를 이전으로 회복하기 위한 활동을 수행하는 단계이다.

Answer 03.① 04.② 05.③

06 위험물사고 재난현장에서 안전 브리핑을 할 때 다뤄야 하는 사항이 아닌 것은?

① 예상되는 위험물질
② 위험물질 노출 시 증상
③ 작업완료일까지 기상 상황
④ 제독계획

06.

안전 브리핑에서 다뤄야 하는 사항은 예상되는 위험물질, 노출 시 나타나는 증상 및 징후, 현장 작업계획, 커뮤니케이션 시스템, 응급상황의 징후, 대피로, 제독 계획이 있다.

07 위험물질이 유출된 구역에서 다음에서 설명하는 구역을 의미하는 것은?

> • 오염구역
> • 특수 보호장비를 착용해야 하는 곳
> • 모든 오염의 경로로 추정되며 물체가 집합되어 있는 장소

① Safety zone
② Warm zone
③ Hot zone
④ Cold zone

07.

② 오염통제구역 : 개인 보호장비를 착용한다. 제독통로에 해당한다. 긴급처치를 시행한다.
④ 현장지휘소 구역 : 현장지휘소가 위치하며 응급처치와 이송을 하는 구역이다.

08 위험물사고현장에서 구급활동에 대한 설명으로 옳지 않은 것은?

① 환자가 추가적으로 호흡기계가 오염되는 것을 방지하기 위해 독립적인 호흡장치(SCBA)를 사용한다.
② 오염구역에서 신속히 벗어난 환자를 제독텐트 안에 들어가서 옷을 갈아입게 한다.
③ 오염통제구역에서 사용한 구급장비는 안전구역에서 사용하지 않는다.
④ 안전구역에서 중증도분류로 환자를 분류하고 병원으로 이송한다.

08.

② 오염구역에서 의류, 악세사리 등을 벗은 후에 제독텐트 안으로 들어간다. 벗은 의류 등은 비닐백에 담고 드럼통에 담아 이중으로 밀봉한다.

Answer 06.③ 07.③ 08.②

09 감염병 재난 시 개인보호장비 착용 원칙으로 옳지 않은 것은?

① 생물테러감염병 의심병원체 확인을 하는 경우에 모든 사람이 보호복과 보호 장비 착용이 원칙이다.

② 생물테러감염병의 초동대응요원은 2인 1조로 Level A급 착용을 하고 현장에 투입한다.

③ 두창의 경우 현장에서는 Level C급 보호복을 착용하고 의료기관에서는 Level D급 보호복을 착용한다.

④ 호흡기 전파 신종 감염병의 경우에는 Level D급 보호복에 PAPR을 착용한다.

09.

③ 두창의 경우 Level A급 보호복, 공기호흡기를 착용한다. 의료기관에서는 Level C급 보호복과 PAPR을 착용한다.

10 비말에 의해 전파되는 질환을 모두 고른 것은?

> ㉠ 뇌수막염
> ㉡ 봉소염
> ㉢ 대상포진
> ㉣ 바이러스성 출혈성 결막염

① ㉠

② ㉠㉡

③ ㉡㉢

④ ㉢㉣

10.

㉡㉢㉣는 접촉에 의해서 전파되는 질환이다.

※ 비말에 의한 전파에 해당하는 질환 … 뇌수막염, 폐렴, 패혈증, 부비동염, 중이염, 백일해, 유행성이하선염, 풍진, 인두염, 인플루엔자, 결핵 등이 있다.

11 감염병 환자를 처치한 후에 감염예방을 위한 방법으로 적절하지 않은 것은?

① 환자를 처치한 장갑을 벗은 후에는 곧바로 손위생을 실시한다.

② 가운이 체액에 오염된 경우 비닐 백에 오염을 표시하고 뜨거운 물에서 25분 이상 단독세탁을 한다.

③ 재사용 물품이 감염환자와 접촉하였다면 감염물 폐기물통에 버린다.

④ B형 간염 환자가 사용한 1회용 기구는 이중백을 이용해 밀봉한 뒤에 폐기한다.

11.

③ 재사용 물품은 장갑을 착용하고 혈액, 점액 등의 오염물질을 세척하고 소독과 멸균처리 이후에 재사용이 가능하다.

Answer 09.③ 10.① 11.③

12 기능별 긴급구조대응계획에 포함되는 내용이 아닌 것은?

① 긴급구조기관과 응원협정체결에 관한 사항
② 재난상황에 대한 정보 통제에 관한 사항
③ 긴급구조차량 접근도로 복구에 관한 사항
④ 긴급대피 수용주민의 위기상담에 관한 사항

13 재난 및 안전관리를 위한 국가의 책무는?

① 국민의 생명·신체 및 재산 보호
② 안전에 관한 정보 공개
③ 안전관리에 관한 계획을 수립 및 시행
④ 건물·시설 등으로 재난이나 사고발생 예방

14 소방청장이 국외에서 발생한 대형재난으로 소방청장이 국제구조대를 편성하였을 때 국제구조대의 임무로 옳지 않은 것은?

① 공보연락
② 위험지도 제작
③ 인명 탐색 및 구조
④ 시설관리 및 안전평가

15 재난으로 인명 구조 및 응급처치 활동을 위해 우선순위를 결정하려고 할 때, 가장 높은 우선순위에 해당하는 것은?

① 환자의 피해 최소화
② 환자 구명에 필요한 조치
③ 안전구역으로의 환자 구출
④ 환자의 상태 악화방지를 위한 조치

16 비상조치계획의 수립 목적으로 옳지 않은 것은?

① 사고 발생의 예방
② 사고에 관한 정보 전달
③ 사고 발생 시 피해 최소화
④ 사고 후 신속한 복구 제공

17 비상상황에서의 소방안전관리 대상물의 인명 및 시설보호를 위해 초기대응활동을 할 때 수행하는 활동으로 옳지 않은 것은?

① 위험물 시설 제어
② 사전재해영향성 검토
③ 응급 의료소 설치 지원
④ 소화설비로 조기 화재진압

15.

② 재난현장에서 인명 구조 시 환자의 생명 보전이 가장 중요하므로 구명에 필요한 조치가 가장 우선시 되어야 한다.
① 구조 활동 시 환자의 피해 최소화는 환자가 안전구역으로 구출되어 상태 악화방지조치를 받은 후 고려할 사항이다.
③ 환자 구명에 필요한 조치가 완료된 후에는 곧바로 환자를 안전한 구역으로 구출하는 활동을 시행한다.
④ 환자를 안전한 구역으로 구출한 후 정신·육체적 고통 경감 및 상태 악화 방지를 위한 조치를 시행한다.

16.

① 비상조치계획은 사고 예방이 아닌 사고가 발생한 후 신속하게 대처 및 조치하여 사고 피해를 최소화하기 위함이다.
② 사고에 관련된 정보를 관련된 기관 등에 신속히 전달한다.
③ 사고로 인한 피해를 방지하기 위한 필요한 조치를 시행한다.
④ 사고를 처리한 후 복구 작업을 신속하게 시행한다.

17.

② 사전재해영향성검토 : 각종 행정계획 또는 개발사업 등으로 자연재해에 영향을 미치는 재해유발요인에 대해 예측 및 분석을 시행하고 대책을 마련하는 것이다.

전문심장소생술

기출**PLUS**

전문소생술 중 감염 전파 최소화를 위한 방안
㉠ 개인보호장구 착용
  • D등급 이상의 전신 보호복 또는 방수성 긴 팔 가운
  • 장갑, 보호 안경, 안면 가리개
  • N95 이상의 마스크 또는 전동식 호흡 기구
㉡ 전문소생술 참여 인원의 최소화
㉢ 전문소생술 구역을 다른 구역과 격리
㉣ 신속한 기관내삽관 및 비디오 후두경 사용
㉤ 인공호흡 중 헤파(HEPA)필터 사용
㉥ 수동제세동 패들 대신 제세동 전극 사용
㉦ 기계 심폐소생술 장치 사용
㉧ 감염환자 이송용 카트와 구급차를 사용하여 이송
㉨ 전문소생술 후 감염관리지침에 따라 개인 보호구 폐기 및 개인위생 조치 수행
㉩ 감염 의심 환자의 코로나 검사 결과 확인
㉪ 필요하면 지역 보건당국에 연락

section 1 심정지

(1) 심정지환자의 처치 : emergency medical services system)

① **심정지 원인**

  ㉠ **질병성 심정지** : 심장질환, 아나필락시스, 천식, 위장관 출혈 등의 질병으로 발생하는 것이다.

  ㉡ **외상성 심정지** : 신체에 가해진 충격, 약물중독, 감전, 질식 등에 의해서 발생하게 되는 것이다.

  ㉢ **심장성 심정지** : 심장질환으로 인해서 나타나는 심정지를 의미한다.

  ㉣ **비심장성 심정지** : 심장질환 이외의 질환으로 인해서 나타나는 심정지를 의미한다.

  ㉤ **원인에 대한 조사**
    • 5H : 저혈량증, 저산소증, 산증, 저·고칼륨혈증, 저체온증
    • 5T : 폐혈전증, 심근경색, 긴장성 기흉, 심장눌림증, 약물중독

② **심폐소생술(CPR)** … 심정지 환자를 소생시키기 위한 처치로 환자의 가슴압박, 인공호흡, 제세동, 약물치료 등의 과정을 수행하여 심정지 상태를 회복시키는 치료를 수행하는 것을 의미한다. 환자가 반응이 없거나 헐떡이는 비정상적인 호흡패턴이 나타난 경우에 시행한다.

③ **심정지 치료 과정에서의 전문심폐소생술**

  ㉠ **심정지 치료과정에서 전문심폐소생술** : 기관내삽관 등 전문기도유지술에 의한 기도확보, 가슴압박의 적절성 등 순환상태의 평가, 심전도 감시 및 분석 결과에 따른 제세동 또는 인공심장박동조율, 정맥로 또는 골내 주사로 확보 및 약물투여, 호기말 이산화탄소 분압 감시, 산소 투여, 양압 인공호흡을 포함한 호흡 보조 및 호흡 상태의 평가, 심전도 감시 및 12 유도 심전도의 분석, 심초음파를 사용한 심장수축 상태 관찰, 체외순환 심폐소생술, 심정지 원인의 규명 및 치료가 포함된다.

  ㉡ **심정지 치료를 위한 전문심폐소생술**
    • 기도유지 : 기도 유지상태의 평가 및 기관내삽관을 포함한 전문기도유지술, 호기말 이산화탄소 분압을 사용한 기관내삽관 위치를 확인한다.
    • 폐 환기 상태의 확인 및 인공호흡 : 흉곽의 움직임, 호흡음 청진, 백밸브마스크 장치 또는 호흡기를 사용한 인공호흡, 산소투여를 한다.
    • 순환상태의 확인 및 보조 : 가슴압박의 적절성 평가, 정맥로 또는 골내 주사로 확보, 심전도 감시 및 리듬 분석, 제세동 또는 인공심장박동조율술, 혈관수축제, 항부정맥제의 투여, 혈압측정, 호기말 이산화탄소 분압 감시, 심초음파에 의한 심장수축 관찰 및 심정지 원인 확인, 체외순환 심폐소생술을 한다.

- 심정지 원인의 확인 및 치료 : 심정지의 원인들 중 가역적인 원인들(저혈량혈증, 저산 소증, 대사성산증, 저칼륨혈증, 고칼륨혈증, 저체온, 폐색전증, 심근경색, 긴장성 기 흉, 심장눌림증, 약물중독 등)을 조사하고 치료하기 위해 노력한다.

④ **심폐소생술의 역할** … 순환과 호흡을 유지하여 조직에 산소를 공급하는 것이다. 자발 순환과 자발호흡을 회복하기 위한 것이다.

⑤ **심정지 환자평가**

ㄱ 반응확인 : 환자의 어깨를 가볍게 두드리면서 반응을 확인한다. 목이나 머리에 외 상이 의심된다면 불필요한 움직임은 자제한다.

ㄴ 호흡 · 맥박 확인

- 심정지 호흡 : 심정지 발생 후에 초기 1분간 40% 가량이 발생한다. 헐떡이는 비정 상적인 호흡패턴이 나타난다.
- 맥박 : 너무 많은 시간을 소요하지 않고 10초 이내에 확인한다.

ㄷ 심정지 원인이 외상, 목맴, 질식, 익수에 해당하는지 확인한다.

ㄹ 심전도 모니터가 무수축인 경우 맥박 평가를 대신할 수 있다.

ㅁ 심정지 목격여부, 일반인의 심폐소생술 실시, 심정지부터 심폐소생술 시작까지 의 시간, 자동제세동기까지의 시간 등의 정보를 수집한다.

⑥ **가슴압박**

ㄱ 심장과 뇌로 혈류가 원활히 전달되기 위한 필수요소이다.

ㄴ 시술자의 어깨가 흉골과 맞닿는 부위에서 수직이 되도록 한다. 손의 위치는 가슴 의 중앙에 위치되어야 한다.

ㄷ 양쪽 어깨 힘을 이용하여 분당 100~120회 정도의 속도로 5cm 이상 깊이(6cm 초과 금기)로 강하고 빠르게 30회 압박한다.

ㄹ 가슴압박 이후에 이완이 이루어지도록 한다. 가슴압박과 인공호흡의 비율은 30:2를 권장한다.

ㅁ 구조자의 피로에 의해 1.5~3분 사이부터 가슴압박 깊이가 얕아지므로 2분마다 가슴압박을 수행하는 구조자를 교대한다.

ㅂ 구급대원이 2인 이상인 경우에는 가슴압박 깊이와 속도 및 압박과 이완의 비율 이 1 : 1이 되는가를 지속적으로 점검한다.

ㅅ 환자를 들것으로 이동하거나, 운행 중인 구급차, 열차, 좁은 항공기 등과 같은 특수한 상황에서는 적극적으로 고려한다.

ㅇ 전문기도인 기관내삽관이 유지되는 경우는 가슴압박과 인공호흡의 비율이 30 : 2 을 유지하지 않는다. 분당 100~120회 속도로 가슴압박을 하고 다른 구조자는 백 밸브마스크로 6~8초에 8~10회/분 호흡을 보조한다.

⑦ **기도확보 및 호흡보조**

ㄱ 외상이 없는 경우 기도확보를 위해 도수조작을 하고 입인두기도기를 삽입한다.

ㄴ 구급대원이 1~2인인 경우에 심장압박을 하면서 비재호흡마스크로 15L/min의 산소를 공급하며 수동적으로 호흡을 보조한다.

© 구급대원이 3인 이상인 경우에는 백밸브마스크로 15L/min의 산소를 가슴압박과 인공호흡의 비율은 30:2로 제공한다.

② 심정지의 원인이 외상, 목맴인 경우 하악견인법(Jaw thrust)로 시행한다.

◎ 심정지의 원인이 질식, 익수인 경우 기도확보 후에 백밸브마스크를 이용한다.

⊕ 머리 기울임–턱 들어올리기
• 척추 손상의 경우에는 금기이다.
• 환자를 앙와위를 취하고 이마를 뒤로 젖히고 턱을 들어올린다.
• 턱뼈 아래 연부조직을 압박하면 기도폐쇄 위험이 높아지므로 주의한다.
• 환자 입이 닫히지 않도록 엄지손가락으로 턱 아래쪽을 내려준다. 손가락이 환자의 구강에 들어가지 않도록 한다.

⊗ 하악견인법
• 머리, 목. 척추 손상이 의심되는 경우 수행한다.
• 머리, 목, 척추가 일직선이 되도록 유지하고 앙와위를 취한다.
• 환자의 머리가 신전·굴곡·회전이 되지 않도록 한다.

⑧ 인공호흡
㉠ 인공호흡은 1회에 걸쳐서 시행한다.
㉡ 가슴의 상승이 눈으로 확인되는 정도로 1회 호흡량을 호흡한다.
㉢ 기관튜브, 후두마스크 기도기 등과 같은 인공기도가 삽관이 된 경우에는 1회 호흡이 6~8초마다 8~10회/분 수준으로 시행한다.
㉣ 가슴압박과 인공호흡은 동시에 진행하지 않는다.
㉤ 과환기가 유발되지 않도록 유의한다.

⑨ 성인의 심폐소생술 단계
㉠ 환자의 의식과 호흡을 확인한다.
㉡ 주변에 응급의료체계 연락을 요청하고 자동제세동기를 요청한다.
㉢ 흉부 압박을 30회 진행한다. 분당 100~120회를 약 5cm 이상의 깊이로 한다.
㉣ 머리를 기울이고 턱을 들어 올린 후에 코를 막는다. 가슴압박이 확인될 정도로 1초 동안 인공호흡을 2회 실시한다.
㉤ 가슴압박과 인공호흡의 비율이 30:2로 되도록 반복한다.

⑩ 전문기도유지술
㉠ 후두마스크, 성문주의 기도확보 장비, 기관내삽관이다.
㉡ 구급차 이송 시작 전에 시행한다.
㉢ 기도확보를 확인하기 위해서 육안확인,
㉣ 환자 흉부의 상승을 육안으로 확인, 호흡음 청취, 호기말 이산화탄소 측장장비 등을 통해서 기도확보가 되었는지를 확인한다.
㉤ 전문기도유지술이 적절히 시행되었다면 백밸브마스크를 제거하고 전문기도삽입 장비를 연결한다. 가슴압박의 이완기에 분당 10회의 속도로 호흡을 보조한다. 가슴압박은 중단없이 시행한다.

호기말 이산화탄소 분압(ETCO₂, end trial CO₂)

㉠ 정의 : 환자의 호기(날숨)의 마지막 부분에 포함된 이산화탄소의 압력을 의미한다.

㉡ 특징
• 심폐소생술이 진행되고 있는 동안 가슴압박의 효율성을 평가하는 가장 유용한 방법이다.
• 호기말 이산화탄소 분압은 심정지 환자에서 폐를 관류하는 혈액의 양과 비례하는 것으로 생존 여부와도 연관이 있다.
• 호기말 이산화탄소 분압은 가슴압박이 적절하면 높게 유지되고 가슴압박이 부적절하면 낮아진다.

㉢ 심폐소생술 중 호기말 이산화탄소 분압에 영향을 주는 요소
• 증가하는 경우
– 심장 박동의 회복
– 중탄산나트륨의 투여
– 폐 환기량의 증가
• 감소하는 경우
– 가슴압박이 부적절한 경우
– 에피네프린의 투여
– 폐 환기량의 감소

⑪ 자동제세동기 리듬확인

    ㉠ 가슴압박과 호흡보조에 방해되지 않도록 패드 부착은 신속하게 진행한다.

    ㉡ 자동제세동기의 리듬을 분석하는 동안에는 가슴압박과 호흡보조를 중단한다.

    ㉢ 자동제세동이 필요하지 않다면 기본심폐소생술을 시작한다.

    ㉣ 자동제세동이 필요한 경우에는 충전되는 동안에는 가슴압박을 하고 충전이 완료되면 가슴압박을 멈추고 제세동을 시행한다. 제세동을 시행하고 난 직후에 심폐소생술을 시행한다.

    ㉤ 외상성 심정지는 응급처치를 먼저 제공한다. 추가적인 응급처치는 지도의사의 의료지도를 받으면서 이송한다.

    ㉥ 구급차가 정차중이거나 시동이 꺼져있는 상태에서는 리듬분석이 가능하다.

⑫ 이송

    ㉠ 이송 시작

      • 외상, 목맴, 질식, 익수가 아닌 경우에 가슴압박을 지속적으로 시행한 이후에 이송을 한다.

      • 이송을 하기 전에 정맥로 확보를 위해 심폐소생술을 중단할 수 있으나 이송을 지연하지 않는다.

    ㉡ 이송 중

      • 구급차 운행 중에 심폐소생술을 지속한다. 가슴압박 지속성, 속도, 호흡보조 효과성 등을 점검하기 위하여 지속적 호기말 이산화탄소 측정장비를 사용할 수 있다.

      • 제세동 리듬을 확인하기 위해 구급차 운행을 중단하는 것은 가급적으로 자제한다.

    ㉢ 사전연락

      • 이송을 하기 전에 이송을 할 병원에 사전에 연락을 하여 환자 소생술이 연속적으로 진행되도록 한다.

      • 구급대원은 소방상황실에 이송병원에 수용가능 여부를 확인할 것을 요청한다.

      • 구급대원은 환자의 상태, 도착 예정시간 등의 정보를 이송병원에 전달한다.

    ㉣ 환자인계

      • 이송병원에 소생술이 진행되기 전까지 지속적으로 응급환자의 소생을 위해서 노력한다.

      • 이송병원 의료진에게 환자에 대한 정보를 전달한다.

    ㉤ 기록 : 환자를 이송병원에 인계한 후에 구급활동일지, 응급처치 세부상황표를 작성한다.

⑬ 응급처치 시 주의사항

    ㉠ 맥박은 10초 이상 확인하지 않는다. 맥박이 불확실하다면 곧바로 심폐소생술을 시행한다.

    ㉡ 제세동을 시행하고 심장충격기의 음성지시를 기다리며 가슴압박을 지체하지 않는다. 제세동 직후에 바로 가슴압박을 시행한다. 또한 리듬분석을 위해 가슴압박을 멈추지 않는다.

    ㉢ 현장에서는 불가피한 사유가 없다면 가급적 심장충격기의 전원을 끄거나 환자에게서 제거하지 않는다.

ⓔ 환자의 소생여부를 확인하기 위해 심폐소생술을 멈추고 의식 확인, 맥박촉진, 혈압측정을 하지 않는다. 환자의 움직임, 자발호흡, 자발순환, 기침, 심전도 정상리듬 등이 확인되는 경우에는 소생확인을 위해 멈추는 것이 가능하다.

ⓜ 자발호흡과 자발순환이 회복으로 환자 의식이 돌아오더라도 기도유지기, 기도확보 장비, 기관내삽관은 제거하지 않는다.

ⓗ 환자의식이 명료하여 구역반사가 나타난다면 의료지도를 받은 후에 제거가 가능하다.

ⓢ 협소한 공간에서 환자에게 심폐소생술을 하는 경우 적절한 체위를 유지하기 위해서 노력한다.

⑭ 직접의료지도를 요청하는 기준 : 심폐소생술이 유보되거나 중단된 경우, 특수한 상황, 전문적으로 의학적 평가나 처치가 필요한 경우, 장거리 이송으로 이송병원을 정하기 전에 조언이 필요한 경우이다.

⑮ 이송병원 선정

ⓐ 가장 가까운 지역응급의료기관 이상의 병원으로 이송한다.

ⓑ 선정이 어렵다면 직접의료지도를 요청한다.

(2) 소생후 치료

① 소생 후 특징

ⓐ 자발호흡이 관찰되는 경우

ⓑ 소리를 내거나 스스로 움직이는 경우

ⓒ 수축기 혈압이 60mmHg 이상 측정되는 경우

ⓓ 맥박이 촉지되는 경우

② 환자평가

ⓐ SAMPLE로 과거병력을 문진한다. SAMPLE은 Symptoms(징후·증상), Allergies(알러지), Medication(투약), Past medical history(관련 과거병력), Last oral intake(마지막 섭취), Events preceding the incident(질병원인 사건)이다.

ⓑ 의식수준, 활력징후, 산전도, 산소포화도 모니터를 시행한다.

ⓒ 활력징후나 심전도 모니터의 측정치를 기록한다.

③ 심정지 후에 나타나는 증후군

ⓐ 소생 후 뇌증 : 의식장애, 발작, 인지장애, 운동장애 등이 있다.

ⓑ 심근기능부전 : 통괄적인 기능장애, 국소 벽운동 장애, 스트레스 심근증 등이 있다.

ⓒ 전신성 허혈-재관류 반응 : 고혈당증, 저혈압, 고열, 다발성 장기 부전, 감염 등이 있다.

④ 심정지 회복 직후 치료 목표

ⓐ 조직관리 유지 : 심폐기능, 활력징후 정상화이다.

TIP

무수축 심전도가 관찰되는 환자

ⓐ 심정지가 발생한 후 시간 결과로 심장의 전기활동이 완전히 없어진 경우, 환자는 심폐소생술을 하더라도 소생 가능성이 거의 없다.

ⓑ 심장의 자율성 또는 전도 장애로 무수축이 발생한 경우, 에피네프린 투여를 포함한 심폐소생술로 소생될 수도 있다.

ⓒ 무수축 환자는 기관내삽관 및 정맥로 또는 골내 주사로를 확보한 후 3 ~ 5분 간격으로 1.0 mg의 에피네프린을 정맥 또는 골내 주사한다.

ⓒ **심정지 원인 치료** : 관상동맥중재술 등이다.

ⓒ 소생후 뇌증 치료이다.

ⓔ 목표체온 유지이다.

ⓜ 다발성 장기부전을 집중적으로 치료한다.

⑤ **응급처치 절차**

ⓐ 기도를 유지한다. 구역반사가 있고 비강출혈이 없다면 입인두기도기에서 코인두 기도기로 변경이 가능하다.

ⓑ 구강내 분비물, 토사물 등을 제거하기 위한 흡인을 시행한다.

ⓒ 백밸브마스크 사용

• 환자 의식이 V 이하인 경우

• 호흡수가 분당 8회 미만인 경우

• 호흡의 깊이가 약한 경우

• 100% 산소투여 중에도 산소포화도가 90% 이하인 경우

ⓔ 비재호흡마스크나 백밸브마스크로 산소를 공급하여 호흡을 보조하되 저산소증에 빠지지 않도록 점검한다.

ⓜ 현장에서나 구급차 이송 도중에 자발순환이 회복되더라도 이송을 계속 한다.

ⓗ 수축기 혈압이 90mmHg 이하라면 정맥으로 생리식염수를 투여한다.

ⓢ 병원에 도착하기 전까지 심정지 재발을 유의한다.

ⓞ 의식, 호흡, 맥박, 심전도, 산소포화도를 2분 주기로 관찰한다.

ⓩ 심전도상에서 QRS파가 관찰되더라도 소생의 증거가 아니다.

⑥ **직접의료지도를 요청하는 기준**

ⓐ 정맥로 확보나 수액을 토여하는 경우

ⓑ 소생후 치료(관상동맥중재술, 목표체온유지법 등)를 위해 최단병원으로 우회하는 경우

ⓒ 원거리 병원으로 이송을 보호자가 요청하는 경우

⑦ **이송병원 선정**

ⓐ 가장 가까운 지역응급의료기관 이상의 병원으로 이송한다.

ⓑ 소생 후 치료를 할 수 있는 병원으로 이송한다.

⑧ **뇌 손상을 줄이기 위한 치료**

ⓐ 평균 동맥압을 65mmHg가 넘도록 유지한다.

ⓑ 동맥혈 이산화탄소 분압을 35~45mmHg로 유지한다.

ⓒ 동맥혈 산소포화도를 94~98% 유지한다.

ⓔ 동맥혈 pH를 7.3~7.5로 유지한다.

ⓜ 혈당을 144~180mg/dl로 유지한다.

ⓗ 24시간 동안 체온을 32~36℃로 유지한다.

ⓢ 발작에는 항경련제, 고열에 해열제를 투여한다.

ⓞ 신경안정제, 근육이완제 투여는 최소화 한다.

⑨ 뇌 수행 분류 척도

분류	의식수준	특징
CPC1	정상	의식이 명료하고 정상생활이 가능하다. 일상생활에 지장이 없다.
CPC2	경도장애	• 의식이 있고 독립적인 생활이 가능하다. • 편마비, 발작, 보행장애, 언어장애 등의 증상이 동반될 가능성이 있다.
CPC3	중증도장애	• 의식이 있으나 일부 인지기능만 가능하다. • 독립적인 생활이 불가능하고 중증마비, 기억장애 등 중증의 신경 후유증이 동반된다.
CPC4	식물상태 · 혼수	의식과 인지기능이 없다.
CPC5	뇌사	뇌사 상태이다.

section 2 서맥 및 빈맥환자의 처치

(1) 서맥

① **정의** … 나이와 상황에 따라 다르지만 안정상태에서 분당 심박수가 60회 미만으로 측정되는 경우이다.

② **원인** … 선천성 심장질환으로 발생할 수 있다. 노화에 따른 동결절 기능부전, 방실전도장애로 나타나기도 한다. 부교감 신경계 항진, 심장전기 전도계 이상, 약물중독, 방실 접합부의 허혈이나 경색으로 나타난다.

③ **증상** … 심박출량 감소, 주요 장기 혈류량 감소, 의식변화, 흉통, 어지러움, 실신, 호흡곤란, 저혈압, 울혈성 심부전, 구역 · 구토 등이 나타난다. 쇼크가 예상되는 징후가 나타난다.

④ **초기 응급처치** … 기도확보, 산소화, 원인 조사가 필요하다.

⑤ 서맥의 치료에 사용되는 약물

약물명	투여용량	주요 부작용
아트로핀	0.5 mg (최대 총용량 3 mg)	• 심근허혈 • 심실세동 • 의식장애 • 오심, 구토
도파민	5~10ug/kg/min으로 투여 시작	• 심근의 허혈 • 부정맥 • 오심, 구토
에피네프린	0.1~0.5ug/kg/min으로 투여 시작	• 심근의 허혈 • 심실성 부정맥 • 고혈압
이소프로테레놀	2~10ug/min	• 저혈압 • 심근의 허혈

TIP

심방세동 및 심방조동 환자 응급처치

㉠ 전기 심장율동전환 시도하는 경우
  • 빈맥이 발생하면서 쇼크 임상 증상 저혈압, 의식장애, 발한, 핍뇨 등이 나타난 경우
  • 심부전의 임상 증상인 호흡곤란, 진찰 또는 흉부 방사선 영상에서 폐부종의 증거가 나타난 경우
  • 관상동맥 허혈의 임상 증상으로 흉통, 심전도에서 ST분절 하강 또는 상승 등이 발생한 경우

㉡ 방실결절 전도를 차단하는 약물 : 아미오다론, 아데노신, 베타 교감신경 차단제, 칼슘통로차단제, 디곡신 등이 있다.

(2) 빈맥

① 정의 … 심박수가 분당 100~150회 이상으로 빨라지는 경우이다. 주로 분당 심박수가 150회 이상에서 증상이 발생한다. 넓은 QRS빈맥, 좁은 QRS빈맥이 있다.

② 원인 … 일반적으로 부정맥 발생으로 나타난다. 심장질환, 폐질환, 전신질환, 약물중독, 전해질 대사이상 등으로 부정맥이 발생한다.

③ 증상 … 심계항진, 전신무력감, 어지럼증, 현기증, 흉통, 발한, 구역·구토 등이 나타난다. 쇼크가 예상되는 징후가 나타난다.

(3) 환자평가

① 환자에게 나타나는 증상 및 징후, 복용약물, 원인인자 등을 확인한다.

② 의식상태, 산소포화도, 활력징후를 확인한다.

③ 3유도 심전도 검사를 한다.

(4) 응급처치 절차

① 기도 개방 및 유지를 한다.

② 산소포화도가 94% 이하인 경우 저산소증 교정
  ㉠ 비강캐뉼러 : 1~5L/min의 산소를 투여한다.
  ㉡ 안면마스크 : 6~10L/min의 산소를 투여한다.

③ 산소포화도가 95% 이상 되지 않는 경우에는 비재호흡마스크로 11~15L/min 산소를 투여한다.

④ 서맥으로 증상이 악화될 가능성이 있다면 정맥로를 확보한다.

⑤ 의식수준, 혈압, 심전도, 산소포화도를 지속적으로 확인한다.

⑥ 무반응, 맥박이 동반되지 않는다면 무맥성전기활동(PEA)로 간주한다.

⑦ 원인이 심근경색에 의한 것인지 확인한다.

(5) 빈맥의 응급처치 시 주의사항

넓은 QRS빈맥이 나타나고 무반응과 맥박이 소실 된 경우에 심정지 징후이다. 심정지 처치방법에 따라서 응급처치를 한다. 또한 원인인자가 심근경색인지를 구별한다.

(6) 직접의료기준을 요청하는 기준

생체징후가 불안정하여 정맥로 확보와 수액을 투여해야 하는 경우에 한다.

(7) 이송병원 선정지침

① 가장 가까운 지역응급의료기관 이상의 병원으로 이송한다.

② 환자 의식저하, 수축기혈압이 90mmHg 이하, 호흡곤란, 산소포화도 94% 미만인 경우 의료지도를 요청한다.

section **3** 저혈압, 쇼크 및 급성폐부종 환자의 처치

(1) 저혈압

① 정의 … 혈압이 정상범주(수축기 혈압 120mmHg, 확장기 혈압 80mmHg)보다 낮게 측정되는 것이다.

② 원인 … 심장이나 내분비계 등의 기저질환으로 나타나는 속발성, 명확한 원인이 없는 본태성, 갑자기 체위가 변환되는 경우 나타나는 기립성 저혈압이 있다.

③ 증상 … 어지럼증, 두통, 무기력증, 불면증, 서맥, 변비 등이 나타난다.

④ 환자평가 … 병력청취와 문진으로 원인인자를 파악하는 것이 가장 중요하다. 맥박, 호흡수, 혈압을 측정한다.

⑤ 응급처치

　㉠ 저혈압 쇼크가 나타나면 머리를 다리보다 낮춰준다.

　㉡ 몸을 조이는 단추나 벨트를 풀어준다.

　㉢ 모포를 덮어 체온 유지를 하고 마사지를 통해 혈액순환을 돕는다.

　㉣ 의식을 잃지 않도록 계속 말을 걸고 즉시 이송을 한다.

　㉤ 증상이 악화된다면 직접의료지도를 요청하여 정맥로 확보 및 수액을 투여한다.

　㉥ 환자의 상태를 지속적으로 감시하고 필요한 경우에는 심전도 측정으로 평가한다.

⑥ 이송병원 선정지침 … 가까운 지역응급의료센터로 이송한다. 여건에 따라 지역응급의료기관, 응급의료기관 이상의 의료기관으로 이송한다. 선정이 어렵다면 직접의료지도를 요청한다.

(2) 쇼크

① 정의 … 혈압이 급격히 낮아지면서 혈액순환이 원활하게 되지 않는 순환장애로 인해서 나타나는 증상이다.

② 원인 … 출혈이나 탈수에 의한 저혈량성, 심근경색에 의한 심인성, 폐색전증이나 심낭압전 및 긴장성 기흉에 의한 폐쇄성, 패혈증이나 부신기능 부전 또는 아나필락시스에 의한 분포성 등이 있다.

③ 증상

　㉠ 의식변화 : 불안감, 혼돈, 투쟁이 나타나다가 심해지면 무의식 상태가 된다.

　㉡ 피부 : 혈관수축으로 인해서 피부가 창백하고 차가워진다. 증상이 심해지면 땀이 나서 축축해진다.

　㉢ 호흡 : 빠르고 얕은 호흡을 한다. 증상이 심해지면 호흡수가 감소한다.

　㉣ 맥박 : 빠르고 약한 맥박이 나타난다. 신경성 쇼크는 서맥이 발생할 수 있다.

④ 환자평가

　㉠ 쇼크의 원인을 확인한다. 구토, 설사, 토혈, 객혈, 혈변 등과 수분섭취 여부를 확인한다. 심장질환, 폐렴, 욕창 등의 질환 여부와 알레르기성 물질과 접촉하였는지 확인한다.

　㉡ 의식상태와 활력징후를 확인한다.

　㉢ 피부의 색과 땀의 발생여부 등을 확인한다.

⑤ 응급처치

　㉠ 맥박 상승이 첫 번째로 나타나는 변화이므로 빈맥을 우선적으로 확인한다.

　㉡ 의식이 명료하다면 비재호흡마스크로 분당 15L 속도로 고농도 산소를 투여한다.

　㉢ 의식이 V 이하이고 호흡이 10회 미만이면 백밸브마스크로 환기를 보조한다.

　㉣ 의식이 U인 경우에 입인두기도기를 삽입하고 백밸브마스크로 환기를 유지한다.

　㉤ 저혈량성 또는 신경성 패혈성 쇼크인 경우에는 활력징후와 의식이 회복될 때까지 5~10분마다 300mL(소아 5mL/kg)의 생리식염수나 젖산링거액을 투여한다. 쇼크가 지속되면 1L(소아 10mL/kg)을 투여한다.

　㉥ 심장성 쇼크의 경우 폐부종이 없다면 생리식염수를 250mL 투여한다.

　㉦ 모포를 덮어 적정체온을 유지한다.

　㉧ 환자의 상태를 지속적으로 감시하고 필요한 경우에는 심전도 측정으로 평가한다.

(3) 급성 폐부종

① 정의 … 폐포와 기도에 체액이 울혈되면서 가스교환이 악화되어 저산소증을 일으켜 호흡곤란을 발생시키는 상태이다.

② 원인 … 심장질환이나 장애가 원인이 되는 심인성, 급성 호흡곤란 증후군, 다량의 수혈, 신기능 장애 등에 의해 나타나는 비심인성으로 나눠진다.

③ 증상 … 호흡곤란, 마른기침, 분홍빛 거품이 긴 객담, 짧고 얕은 호흡, 불안감 등이 나타난다. 증상이 심해지면 청색증, 말초부종이 동반될 수 있다.

④ 환자평가 … 양측 폐하엽에서 수포음이 청진된다. 또한 심장초음파로 심장의 구조적 이상 여부를 확인한다.

⑤ 응급처치 … 저산소증과 호흡곤란을 완화하기 위해 고농도의 산소를 공급한다. 신속하게 산소공급과 이뇨제 투여가 필요하다.

기출PLUS

문 비외상성 쇼크 환자의 의식상태 확인 후 활력징후 측정 시 우선으로 확인해야 하는 것은?

① 체온
② 호흡 수
③ 혈압 저하
④ 맥박의 상승

〈정답 ④

TIP
관상동맥질환에 의한 급사·급성 심근경색 고위험 인자
㉠ 흉통의 특징
• 흉통이 최근 48시간 동안 악화한 경우
• 휴식을 취해도 경감되지 않는 지속적인(20분 이상) 흉통이 있는 경우
㉡ 진찰 소견
• 폐부종이 동반된 경우
• 승모판 역류에 의한 심 잡음이 발생하거나 커진 경우
• 저혈압, 서맥, 또는 빈맥의 발생
• 제3심음 또는 수포음이 청진 되는 경우
• 75세 이상인 경우
㉢ 심전도
• 휴식 중 발생한 흉통과 함께 심전도상 0.5mm 이상의 ST분절 하강이 관찰되는 경우
• 각차단의 발생
• 지속성 심실빈맥이 발생하는 경우
㉣ 심장 표지자 : 트로포닌 또는 CK-MB의 상승

TIP
재관류 요법이 필요한 뇌졸중 환자의 치료과정에서 권장 시간

내원 후 치료 과정	내원 후부터의 경과 시간(분)
의사 면담	10
뇌 영상검사	평균 20분 이내
뇌 영상검사 판독	45
혈전용해제 투여	60

section 4 급성 관상동맥증후군 및 허혈성 뇌졸중 환자의 처치

(1) 급성 관상동맥 증후군

① 정의 … 관상동맥에 생긴 혈전으로 순간적으로 혈관이 폐색되거나 수축시켜 심장으로 가는 혈류 공급이 부족해지는 질환이다.

② 원인 … 동맥경화증으로 나타나게 된다.

③ 증상
㉠ 흉통이 가장 흔하다. 조임이나 압박이 느껴지고 타는 것 같다고 호소한다. 가슴 중앙이나 흉곽의 중앙 바로 아래에서 통증을 느낀다. 심해지면 왼쪽 팔, 복부, 목, 아래턱으로 통증이 방사된다.
㉡ 땀, 오심, 어지러움, 멍한 느낌, 호흡곤란, 두근거림 등이 나타난다.
㉢ 구토와 가슴통증이 동반되면서 소화불량으로 착각하기도 한다.

④ 환자평가 … 심전도상에서 ST분절의 상승여부로 판단한다.

⑤ 응급처치
㉠ 신속한 재관류 요법을 위해 신속하게 이송한다.
㉡ 산소포화도가 90% 이상 유지되도록 산소 투여량을 조절한다.
㉢ 환자를 안정시킨다.
㉣ 자동 제세동기나 심전도 감시장치를 통해 심전도를 감시한다.
㉤ 쇼크 증상이 없고 수축기 혈압이 90mmHg 이상, 맥박수 60~100회/분으로 유지되는 경우 나이트로글리세린을 설하 투여한다. 수축기 혈압이 90mmHg 미만이고 평상시 혈압보다 수축기 혈압이 30mmHg 낮아진 환자에게 나이트로글리세린 투여는 금기이다.
㉥ 12 유도 심전도를 기록한다.

⑥ 이송병원 선정지침
㉠ 30분 이내에 도착 가능한 곳으로 이송한다.
㉡ 재관류 요법이 가능한 병원으로 이송한다.
㉢ ST분절 상승, 좌각차단, 후벽 심근경색 증상이 있다면 관상동맥중재술을 24시간 동안 시행할 수 있는 병원으로 이송한다.
㉣ 관상동맥중재술이 불가능하다면 혈전용해제 치료가 가능한 병원으로 이송한다.

⑦ 급성 심근경색 치료 과정에서 응급의료체계의 역할
㉠ 급성 심근경색에 의한 급사 방지 : 심폐소생술, 자동 제세동을 한다.
㉡ 급성 심근경색의 조기 진단 : 12유도 심전도 분석 및 전송을 한다.
㉢ 조기 재관류 요법 : 관상동맥중재술이 가능한 병원으로 이송하고, 응급의료기관에 도착 전에 연락을 한다.

ⓔ 현장 및 이송 중 치료 : 산소투여, 정맥로 확보, 심전도 감시, 약물투여 등을 한다.

⑧ Killip 분류
  ㉠ 정의 : 급성 심근경색에 의한 좌심실부전은 폐부종의 정도, 제3심음 또는 저혈압의 발생 여부에 따라 분류되며 임상적으로 Killip 분류가 사용된다.
  ㉡ 분류에 따른 양상

Killip 분류	임상 양상	폐부종	제3심음	저혈압 · 쇼크
Class I	좌심실부전의 임상 소견 없음	없음	없음	없음
Class II	경증의 좌심실부전 및 폐부종	약간의 폐부종	있음	없음
Class III	중증의 좌심실부전 및 폐부종	중증도의 폐부종	있음	없음
Class IV	심장성 쇼크	심각한 폐부종	있음	있음

⑨ 혈전용해제 투여의 금기증
  ㉠ 절대 금기증
    • 두개 내 출혈 또는 원인불명의 뇌졸중의 과거력이 있는 경우
    • 이전 6개월 이내에 허혈성 뇌졸중이 있었던 경우
    • 중추신경계 손상, 두개 내 종양, 동정맥기형이 있는 경우
    • 1개월 이내에 주요 외상, 수술, 두부 손상이 있었던 경우
    • 1개월 이내에 위장관 출혈이 있었던 경우
    • 출혈성 질환이 있는 경우
    • 대동맥 박리인 경우
    • 24시간 이내에 압박할 수 없는 신체 부위를 천자한 경우(예시로 간생검, 요추천자 등)
  ㉡ 상대적 금기증
    • 조절되지 않는 고혈압(수축기 180mmHg 이상이거나 이완기 110mmHg 이상)
    • 이전 6개월 이내에 일과성 허혈 발작이 있었던 경우
    • INR이 2.0 이상이고 항응고제를 복용하고 있던 환자
    • 출혈성 경향이 있는 환자
    • 임신 또는 출산 후 1주일 이내인 경우
    • 진행(advanced) 간 질환
    • 10분 이상의 심폐소생술을 받은 경우
    • 심폐소생술로 손상이 발생한 경우
    • 감염성 심내막염
    • 활동성 소화성 궤양

기출PLUS

🔲 혈전용해제 투여가 절대 금기증인 환자는?

① 1개월 이내에 위장관 출혈이 있었던 45세 남성
② 흉통이 15분 지속된 75kg 남성
③ 감염성 심내막염 환자
④ 항응고제를 복용하고 있는 환자

‹ 정답 ①

기출**PLUS**

TIP

일과성 허혈 발작(TIA)

㉠ 정의: 일시적으로 뇌혈류에 부전이 생기면서 허혈성 뇌졸중 증상이 발생하였다가 24시간 이내에 증상이 소실되는 것이다.

㉡ 증상
 • 팔과 다리의 편측이 마비가 되거나 비정상적인 감각이 생긴다.
 • 말을 할 때 발음이 분명하지 않고 원활하게 하지 못한다.
 • 일어나거나 걸을 때 한쪽으로 넘어진다.
 • 주위가 도는 것처럼 느끼면서 어지러움이 생긴다.
 • 시야가 잘 안보이거나 물체가 두 개로 보인다.

㉢ 수술적 치료
 • 목적: 국소적으로 좁아진 뇌혈관이나 목동맥혈관을 수술적인 방법으로 넓혀주기 위해 시행한다.
 • 목동맥내막절제술: 속목동맥 시작부위가 동맥경화로 인해 70% 이상 좁아졌을 때 고려하는 치료 방법이다.
 • 목동맥 스텐트삽입술: 혈관 내로 카테터를 삽입해 좁아진 부위를 넓힌 후에 유지하기 위한 망인 스텐트를 삽입하는 방법이다. 전신 마취가 필요 없고 회복 시간이 짧은 장점 때문에 많이 이용되고 있다.

(2) 허혈성 뇌졸중 환자의 처치

① **정의** … 뇌혈관이 폐색되어 뇌에 공급되는 혈액량이 감소하면서 나타나는 증상이다.

② **원인** … 고혈압, 당뇨, 고지혈증이 가장 흔한 원인이다. 대혈관 질환, 심장질환 등으로 나타나기도 한다.

③ **증상** … 의식변화, 편측마비, 안면마비, 감각이상, 구음장애 등이 나타난다.

④ **환자평가** … 심전도와 심장초음파를 시행한다. 의식평가를 위해 GCS를 확인한다.

⑤ **응급처치**

　㉠ 기도유지, 산소투여, 호흡보조로 산소포화도를 94% 이상으로 유지한다. 저산소혈증이 없다면 산소투여는 하지 않아도 된다.

　㉡ 신경학적 검사 방법으로 뇌졸중을 조기에 확인하는 것이 중요하다.

　㉢ 혈전용해제 투여가 가능한 병원으로 이송한다.

　㉣ 병원에 도착하기 전에 이송병원에 환자의 상태와 도착시간을 통보한다.

　㉤ 혈당검사를 통해서 저혈당의 여부를 확인한다.

　㉥ 저혈당이 나타나면 직접의료지도를 통해 포도당을 투여한다.

⑥ **뇌졸중 선별검사(Cpss : Cincinnati Prehospital Stroke Scale)** … 뇌졸중 증상을 보이는 의식이 있는 환자에게 뇌졸중 선별을 위해 시행하는 검사이다. 아래 선별검사 항목 중 한 가지 이상 해당하는 경우 양성으로 판정하며, 양성인 경우 즉각적인 혈전용해치료가 가능한 지역응급의료기관 이상의 의료기관이송이 원칙이며 119구급상황관리센터에 관련 병원 정보 요청이 가능하다.

　㉠ 안면 마비 검사
　 • 검사방법 : 환자에게 치아를 보이도록 하거나 웃어보도록 한다.
　 • 정상 : 얼굴 양측이 대칭으로 움직이는 경우
　 • 비정상 : 얼굴의 한쪽이 반대쪽과 비교하면 움직이지 않는 경우

　㉡ 사지 마비 검사
　 • 검사방법 : 환자에게 눈을 감고 양측 팔을 10초간 앞으로 펴서 들고 있게 한다.
　 • 정상 : 양측 팔을 똑같이 들고 있을 수 있거나, 양팔을 모두 움직이지 못하는 경우
　 • 비정상 : 한쪽 팔만을 들지 못하거나, 한쪽 팔이 다른 쪽 팔보다 아래로 내려가는 경우

　㉢ 언어 장애 검사
　 • 검사방법 : 간단한 문장을 말해보도록 한다.
　 • 정상 : 어눌함이 없이 또렷하게 문장을 따라 하는 경우
　 • 비정상 : 단어를 말할 때 어눌하거나, 다른 단어를 말하는 경우, 환자가 말을 할 수 없는 경우

⑦ **뇌졸중 응급치료 과정**

　㉠ 병원 전 단계 : 환자 발견(detection) → 구급차 출동(dispatch) → 환자 이송(delivery)

　㉡ 병원 내 단계 : 접수 및 등록(door) → 자료수집 및 진단(data) → 치료 결정(decision) → 혈전용해제 투여(drug) → 뇌졸중 센터로의 이송(disposition)

section 5 기타 특수상황 심정지 환자의 처치

(1) 낙뢰환자

① 강력한 직류이므로 낙뢰에 감전된 사람은 마치 제세동을 당한 것과 같은 효과로 일시적으로 무수축이 유발된다.

② 낙뢰에 의해 발생한 호흡정지는 심정지보다 오래가므로 인공호흡이 즉시 시작되어야 한다.

(2) 알레르기 및 아나필락시스 환자

① 아나필락시스

　㉠ 정의 : 알레르기를 일으키는 물질로 인해 나타나는 인체의 면역반응으로 어떠한 물질에 의해 염증매개 화학물질이 분비되면서 호흡곤란, 혈압 감소, 의식소실 등의 쇼크 증상이 나타난다.

　㉡ 원인 : 음식, 약물, 곤충 등의 다양한 원인으로 발생한다.

　㉢ 에피네프린 약물투여 목적 : 혈관이완, 부종감소, 기관지 확장, 아나필락시스 유발 물질 분비 억제이다.

　㉣ 아나필락시스 응급처치

　　• 기도유지 및 산소투여 : 저장백이 있는 안면마스크를 통해 100% 산소투여를 시작한다. 산소포화도 유지가 불가능한 경우 기관내삽관 또는 후두마스크 등을 통해 전문기도유지술을 시행하고, 정맥로를 확보하여 300mL 생리식염수 또는 젖산링거액을 투여한다.

　　• 수액투여 : 환자의 수축기혈압이 90mmHg 미만으로 측정되는 경우, 다리를 올린 체위를 취해주고 정맥로를 확보하여 300mL 생리식염수 또는 젖산링거액을 투여한다. 혈압이나 환자의 의식 등이 정상범위로 회복되지 않으면 1L까지 수액을 투여한다.

　　• 기관내삽관 : 환자가 숨을 들이쉴 때 그렁거리는 호흡음과 함께 입술이 심하게 부어 있다면, 상기도 부종으로 인한 기도폐쇄가 임박함을 의미하므로 기도유지를 위해 조기 기관내삽관을 고려한다.

② 경증 알레르기 질환

　㉠ 환자가 알고 있는 알레르기 원인이 있는 경우 유발인자 등을 즉시 제거한다.

　㉡ 소양감으로 인한 과도한 피부 긁음을 방지한다.

🔖 아나필락시스 쇼크로 심정지가 발생한 환자의 증상 및 우선적으로 해야 하는 응급처치로 옳은 것은?

① 수혈을 하여 혈액을 보충한다.
② 에피네프린을 투여한다.
③ 컴퓨터 단층촬영(CT)을 시행한다.
④ 찬물로 반복적으로 몸을 닦는다.

❮정답 ②

01 심장충격기 사용할 때 주의사항으로 적절하지 않은 것은?

① 당뇨환자의 배에 혈당조절기를 위해 삽입된 바늘은 유지하고 실시한다.

② 축축한 장소에서 사용을 하지 않는다.

③ 의식, 맥박, 호흡이 있는 환자는 오히려 사용하는 것이 증상을 악화시킬 수 있다.

④ 심각한 외상환자의 심정지에는 적용해도 효과가 거의 없다.

01.

① 당뇨환자의 경우에 바늘이 삽입되어 있는 경우에는 제거한 후에 실시한다.

02 심정지 환자와 심정지 발생 가능성이 있는 환자에게 가장 필요한 응급치료 과정은?

① 환자를 평가한 후 구조 요청하는 것이 가장 우선이다.

② 환자 발견 시 심폐소생술을 우선 시행한다.

③ 환자의 경추가 손상되지 않도록 푹신한 바닥에 눕힌다.

④ 심전도 감시에서 심장의 전기활동이 관찰되지 않으면 한 방향의 유도에서 심장의 전기활동을 확인한다.

02.

① 심정지 환자를 평가한 후 가장 우선해야 하는 것은 구조를 요청하는 것이다. 심정지 환자가 소생하기 위한 가장 중요한 응급치료는 심폐소생술과 제세동이므로, 심정지 발생을 주변과 응급의료체계(병원에서는 소생팀 호출)에 알린 후 제세동기를 요청하고 심폐소생술을 시작한다.

② 환자를 발견한 사람이 심폐소생술을 할 수 있는 능력이 있더라도 구조요청을 가장 우선으로 해야 한다.

③ 편평하고 바닥이 단단한 곳에 환자를 누운 자세로 위치한다. 환자를 누운 자세로 돌릴 때는 경추가 손상되지 않도록 머리와 몸을 동시에 움직여 주어야 한다.

④ 한 방향의 유도만으로 심전도를 감시하면 심실 세동을 무수축으로 오진할 수 있으므로, 2개 이상의 유도에서 심장의 전기활동을 확인한다.

Answer 01.① 02.①

03 심폐소생술 중 호기말 이산화탄소 분압이 증가하지 않는 경우는?

① 심장 박동의 회복
② 중탄산나트륨의 투여
③ 폐 환기량의 증가
④ 에피네프린의 투여

03.

④ 에피네프린과 같은 혈관수축제를 투여하면 폐의 환기-관류장애가 발생한다. 심장의 후부하 상승으로 심박출량이 감소하여 호기말 이산화탄소 분압이 감소하며, 심장 박동이 회복되면 급격히 상승한다.

04 감염병 유행 상황에서 전문소생술에 대한 설명으로 옳은 것은?

① 전문소생술 구역을 격리하여 운영하지 않는다.
② 전문기도유지술로 기관내삽관이 가능하다.
③ 비디오 후두경으로 환자와 접촉하여 기관내삽관을 시행한다.
④ 수동 제세동할 때 제세동 전극 대신 패들을 사용한다.

04.

② 전문기도유지술로 기관내삽관 또는 성문상 기도기를 할 수 있으나, 성문상 기도기는 가슴압박 동안 후두가 잘 밀봉되지 않을 수 있어서 가슴압박 중 에어로졸이 외부로 나올 수 있다. 따라서 가능한 한 기관내삽관을 하고 불가능하면 성문상 기도기를 삽관한다.
① 감염 노출을 최소화하기 위하여 전문소생술 구역을 다른 구역과 격리하여 운영한다.
③ 기관내삽관을 할 때는 비디오 후두경을 사용하여 환자와 밀접하게 접촉되지 않도록 하고 거리를 유지하면서 시행한다.
④ 제세동하면 에어로졸이 발생할 가능성이 있으므로, 수동 제세동할 때에도 수동제세동 패들을 사용하지 말고 자동 제세동할 때와 같이 제세동 전극을 부착하여 사용한다.

05.

① 무수축이 관찰되는 모든 심정지 환자에게 아트로핀을 투여하는 것은 권장되지 않는다.
② 바소프레신은 첫 번째 또는 두 번째 에피네프린 투여를 대신하는 방법으로 40 IU의 용량으로 1회만 투여할 수 있다.
④ 인공심장박동조율술은 무수축의 치료에 도움이 되지 않으므로, 무수축 환자에게 인공심장박동조율술을 하는 것은 권장되지 않는다.

05 심장의 자율성 또는 전도 장애로 무수축이 발생한 경우 치료과정으로 옳은 것은?

① 아트로핀을 투여한다.
② 5분 간격으로 40IU의 바소프레신을 정맥 주사한다.
③ 3 ~ 5분 간격으로 1.0 mg의 에피네프린을 정맥 또는 골내 주사한다.
④ 인공심장박동조율술(cardiac pacing)을 시행한다.

Answer 03.④ 04.② 05.③

06 전문심폐소생술에 관한 설명으로 옳지 않은 것은?

① 전문기도유지술을 사용해 고농도의 산소를 공급한다.

② QRS군이 있는 빈맥 대상자는 비동기화 쇼크를 사용한다.

③ 에너지 권고용량을 확인할 수 없는 수동제세동기는 최대 용량으로 실시한다.

④ 환자에 대한 평가와 처치는 동시에 이루어져야 한다.

06.

② 빈맥 대상자의 경우 심장율동전환을 시행한다. QRS군이 있는 경우 심전도에 맞춰 전기 충격을 가하는 것이 동기화 심장율동전환이다. 심실빈맥처럼 QRS군이 없는 경우에는 비동기화 쇼크를 사용한다.

① 심폐소생술로 정상 심박출량의 약 30%가량의 혈류를 공급한다. 심정지로 인한 저산소증을 해결하기 위해 전문기도유지술로 고농도의 산소를 공급한다.

③ 심정지의 경우 제세동을 시행할 때 에너지 용량은 자동제세동기에 설정된 용량으로 실시한다. 수동제세동기는 기계애서 권고하는 용량으로 에너지를 설정하여 사용한다. 권고용량을 확인할 수 없는 경우 최대 용량으로 설정한다.

④ 전문심장소생술의 대상인 환자는 심정지가 발생하였거나 심정지가 발생할 가능성이 큰 상황이다. 환자에 대한 평가와 동시에 응급치료를 시작한다.

07 폐모세혈관 쐐기압이 18mmHg 이상이면서 심장 박출 계수가 2.2 L/min./m₂ 이하인 대상자에게 필요한 치료는?

① 심장수축력을 감소시켜 줄 수 있는 약제를 투여한다.

② 순환량의 부족을 교정하기 위해 수액을 투여한다.

③ 대동맥 풍선 펌프나 심실보조기구를 사용한다.

④ 순환량이 증가하여 있는 상태이므로 이뇨제를 투여한다.

07.

③ 심장의 수축력 감소로 심장성 쇼크가 발생한 환자이다. 심장수축력을 증가시켜 줄 수 있는 약제인 도부타민, 도파민, 암리논 등을 투여하거나 대동맥 풍선 펌프나 심실보조기구를 사용한다. 또한, 치료 중에는 지속해서 환자의 혈역학적 지수를 측정하여 혈역학적 분류의 변화에 따라 치료방법을 달리한다.

① 심장수축력을 증가시켜 줄 수 있는 약제를 투여한다.

② 폐모세혈관 쐐기압이 18mmHg 이하이면서 심장 박출 계수가 2.2L/min./m₂ 이하면 순환량의 부족을 교정하기 위해 투여한다.

④ 폐모세혈관 쐐기압이 18mmHg 이상이면서 심장 박출 계수가 2.2L/min./m₂이상이면 순환량이 증가한 상태이므로 투여한다.

Answer   06.② 07.③

08 수축기 혈압이 110mmHg 이상으로 유지되면서 폐부종이 있는 환자에게서 후부하를 감소시키기 위하여 일차적으로 투여하는 약물은?

① 노르에피네프린
② 도부타민
③ 생리식염수
④ 나이트로글리세린

09 심정지 환자 응급처치에 대한 내용으로 옳은 것은?

① 최소 30초 이상 환자 맥박을 확인 후 불확실하면 심폐소생술을 시작한다.
② 흉골 아래 절반 부위를 최소 7cm 깊이로 분당 100 ~ 120 속도로 압박한다.
③ 이송 중 심폐소생술을 1인이 담당할 경우 기계식 압박 장비를 사용할 수 있다.
④ 제세동 시행 후 심장충격기의 가슴압박 음성지시에 맞춰 가슴압박을 시작한다.

10 심정지 환자 응급처치 후 소생으로 볼 수 있는 임상적 증상이 아닌 것은?

① 환자가 소리를 낸 경우
② 환자가 스스로 움직인 경우
③ 환자의 맥박이 촉지 되는 경우
④ 환자의 수축기 혈압이 40mmHg인 경우

08.

④ 좌심실 이완기압이 상승하여 있으므로 일차적으로 나이트로글리세린을 투여하여 전부하와 후부하를 감소시킨다. 나이트로글리세린은 분당 10 ~ 20ug에서 시작한다. 5 ~ 10분 간격으로 분당 5 ~ 10ug씩 증량하면서 수축기 혈압이 100mmHg 내외로 유지되도록 투여량을 조절한다.
① 수축기 혈압이 90mmHg 이하인 경우 혈관수축과 심근 수축력을 증가시키는 노르에피네프린을 투여한다.
② 수축기 혈압이 90 ~ 110mmHg에 쇼크의 임상 증상이 없는 환자는 도부타민을 투여하여 심근의 수축력을 증가시킨다.
③ 생리식염수는 수축기 혈압이 90mmHg 이하인 경우, 수축기 혈압이 90 ~ 110mmHg 인 경우 우선적으로 투여하는 수액이다.

09.

③ 전문적이고 원활한 심폐소생술을 위해 필요시 가슴압박을 위한 기계식 압박 장비 사용이 가능하다. 환자를 이송할 때 가슴압박 중단 최소화를 위해 압박 장치에 비적응증인 경우를 제외하고 기계식 압박 장비의 사용을 고려한다.
① 심정지 환자 응급처치 시 맥박을 10초 이상 확인하지 않으며, 맥박이 불확실 할 경우 심폐소생술을 시작한다.
② 가슴압박 시 흉골 하부 절반 부위를 최소 5cm 깊이(6cm 초과 금지)로 분당 100 ~ 120회 속도로 빠르게 압박 및 압박 후 충분히 이완 될 수 있도록 한다.
④ 심정지 환자에게 제세동을 시행한 후 심장충격기의 가슴압박 음성지시를 기다리지 않고 지체 없이 가슴압박을 시작해야 한다.

10.

④ 심정지 환자의 소생으로 판단할 수 있는 수축기 혈압 측정값 기준은 60mmHg 이상이다.

Answer 08.④ 09.③ 10.④

11 서맥의 치료에 사용되는 약물과 적응증이 바르게 연결된 것은?

① 아트로핀 – 동서맥 및 동정지

② 도파민 – 2도 Ⅱ형 방실차단

③ 리도카인 – 제세동에 반응하지 않는 충격필요리듬

④ 이소프로테레놀 – 부교감신경작용에 의한 3도 방실차단

12 빈맥성 부정맥 환자를 치료할 때 고려사항이 아닌 것은?

① 심박수가 150회 이하면 빈맥 이외의 원인으로 발생한 혈역하저번화를 확인한다.

② 일반적인 응급처치를 우선 시행한 후 부정맥 치료를 한다.

③ 전기 심장율동전환 시도보다 먼저 약물치료를 시도한다.

④ 심박수를 증가시키는 저산소혈증이나 혈액량 저하증을 먼저 교정한다.

13 심방세동 및 심방조동 환자에게 응급치료를 제공할 때 고려사항이 아닌 것은?

① 영양 및 혈당 조절

② 부정맥의 발생으로부터 지나간 시간

③ 심실의 수축력

④ 조기흥분 증후군과의 연관성

11.

① 아트로핀 : 동서맥, 동정지, 2도 Ⅱ형 방실차단, 부교감신경작용에 의한 3도 방실차단일 때 사용한다.

② 도파민 : 아트로핀 투여에 반응하지 않고 저혈압이 동반된 서맥에 반응한다.

③ 리도카인 : 제세동에 반응하지 않는 충격필요리듬이 필요한 심실세동 및 무맥성 심실빈맥에 사용한다.

④ 이소프로테레놀 : 저혈압이 동반되지 않은 서맥에 사용한다.

12.

③ 환자기 혈역학적으로 불안정하면 빈맥을 치료하기 위하여 전기 심장율동전환이 필요한지를 결정한다. 즉 혈역학적으로 불안정한 빈맥성 부정맥 환자에서는 약물치료에 앞서 우선 전기 심장율동전환을 시도한다. 혈역학적으로 불안정한 환자에서 약물투여와 투여된 약물의 반응을 관찰하기 위하여 전기 심장율동전환을 지연시키는 것은 매우 위험하다.

13.

① 영양 및 혈당 조절은 자발순환 회복 직후의 응급치료를 마치고 소생 후 통합치료에 해당한다. 심폐소생술 중이나 소생 직후에 포도당을 투여하면 뇌 손상이 악화하므로, 심정지 후 첫 2일간은 포도당이 포함되지 않은 수액만을 투여한다.

② 심방부정맥이 발생한 이후로 48시간이 지나간 환자(또는 부정맥 발생 시기를 알 수 없는 환자)에게 심장율동전환을 시도할 때 혈전의 색전이 발생할 가능성이 매우 크다. 항응고 치료 없이 심장율동전환을 하는 것은 금기이다. 부정맥 발생으로부터 48시간이 이상 지난 환자가 혈역학적으로 불안정하지 않으면 심장율동전환을 시도하지 않고 심실박동수를 조절하는 치료를 한다.

③ 좌심실 박출률이 40% 미만인 환자에게는 좌심실 수축력을 감소시키는 항부정맥제 사용을 금기한다.

④ 조기흥분 증후군이 있는 환자에서는 심실세동이 발생하면 심실박동수의 급격한 증가를 초래하여 쇼크가 발생하고 심실세동이 초래될 수 있기 때문에 방실결절의 전도를 차단하는 약물 사용을 금기한다.

Answer 11.① 12.③ 13.①

14 혈압이 낮으며 서맥이 있는 환자에게 우선되는 치료는?

① 심박수를 증가시킨다.

② 즉시 혈관수축제(vasopressors)를 투여한다.

③ 발살바 호흡을 한다.

④ 누워서 편안한 자세로 휴식을 취한다.

15 심실상 부정맥에 관한 설명으로 옳지 않은 것은?

① 심방 빈맥과 결절 빈맥이 있다.

② 아데노신 투여는 발작성 심실상 빈맥을 진단하는 데 도움이 된다.

③ 좌심실 박출률이 40% 이상이면 칼슘통로차단제 투여는 금기이다.

④ 다소성 심방빈맥을 치료할 때에는 디곡신을 투여하지 않는다.

16 혈관 저항의 감소로 쇼크가 발생한 환자에게 혈관수축제를 투여할 때, 혈관 저항의 감소 원인에 따른 적절한 혈관수축제가 바르게 연결된 것은?

① 패혈증 : 바소프레신, 이소프로테레놀

② 척수손상 : 페닐레프린, 도파민

③ 베타 교감신경차단제 중독 : 아트로핀, 노르에피네프린

④ 과민성 쇼크 : 글루카곤, 에피네프린

14.

① 부정맥의 치료방법에 따라 치료한다. 심박수에 심각한 변화가 있고, 심근수축력, 순환혈액량, 혈관 저항에는 문제가 없다면, 심박수에 대한 치료가 우선되어야 한다.

② 혈압이 낮은 환자에서 서맥이 동반되어 있으면, 혈관수축제 등을 사용하기 이전에 심박수를 증가시키는 치료가 우선된다.

③④ 심박수를 낮추는 방법이다.

15.

③ 좌심실 박출률이 40% 미만이면 베라파밀 등 칼슘통로차단제나 베타 교감신경차단제 등의 투여는 금기이다. 비교적 좌심실 기능 저하 효과가 작은 아미오다론, 딜티아젬을 투여한다.

① 심실상 부정맥에는 심방 빈맥, 결절 빈맥, 발작성 심실상 빈맥, 다소성 심방빈맥 등이 있다.

② 심실상 부정맥의 치료 과정에는 미주신경 수기와 아데노신의 투여가 포함되어 있다. 미주신경 수기와 아데노신 투여는 심전도에서 감별이 어려운 발작성 심실상 빈맥을 진단하는 데 도움이 된다.

④ 심방빈맥, 다소성 심방빈맥 등 심방세포의 자율성이 증가하여 발생하는 부정맥 치료는 심방 및 심실 세포의 자율성을 증가시키는 디곡신을 투여해서는 안 된다.

16.

① 패혈증 : 도파민, 노르에피네프린, 페닐레프린, 바소프레신

③ 베타 교감신경차단제 중독 : 에피네프린, 도파민, 아트로핀, 글루카곤, 이소프로테레놀

④ 과민성 쇼크 : 에피네프린, 도파민, 페닐레프린

---

17 발작성 심실상 빈맥에 관한 설명으로 옳은 것은?

① 분당 150 ~ 200회의 불규칙적인 빈맥이 특징이다.

② QRS파가 확장되어 있고 심실상 빈맥이 의심되면 아데노신 투여를 시도한다.

③ 응급상황에서 질병의 명확한 감별진단 후에 치료한다.

④ 동빈맥, 심실빈맥, 비발작성 심실상 빈맥과의 감별이 쉽다.

17

② QRS파가 확장된 환자는 일단 심실상 빈맥으로 진단되기 전까지는 심실 빈맥에 따른 치료를 한다. 그러나 QRS파가 확장되어 있더라도 심실상 빈맥이 의심되면 아데노신의 투여를 시도한다.

① 분당 150 ~ 200회의 규칙적인 빈맥이 특징이다.

③ 응급상황에서는 명확한 감별진단이 내려지기 전에 긴급한 치료는 우선적으로 실시한다.

④ 동빈맥, 심실빈맥, 비발작성 심실상 빈맥과의 감별이 어렵다.

18 패혈증 또는 신경 손상에 의한 말초 저항의 감소로 발생하는 쇼크는?

① 분포성(distributive) 쇼크

② 신경성(neurogenic) 쇼크

③ 심장성(cardiogenic) 쇼크

④ 과민성(anaphylactic) 쇼크

18.

② 신경성(neurogenic) 쇼크 : 혈관 확장을 일으키는 신경 계통 작용에 의한 쇼크이다.

③ 심장성(cardiogenic) 쇼크 : 심장의 수축력 장애, 판막질환, 부정맥 등에 의하여 심장이 정상 기능을 하지 못하여 발생하는 쇼크이다.

④ 과민성(anaphylactic) 쇼크 : 특정 항원에 민감한 사람이 그 물질이 다시 접촉할 때 일어나는 과도한 알레르기 반응성 쇼크이다.

19 분당 심박수에 이상이 있는 환자의 임상적 증상에 따른 응급처치로 옳지 않은 것은?

① 서맥 환자 : 의식과 맥박이 없는 경우 무맥성 전기활동으로 간주하고 심정지 지침에 따라 처치한다.

② 빈맥 환자 : 기도유지 후 산소포화도가 94% 이하이면 비강캐뉼러로 1 ~ 5 L/min 산소를 투여한다.

③ 빈맥 환자 : 산소투여 후 산소포화도가 95% 미만이면 비재호흡 마스크로 11 ~ 15 L/min 산소를 투여한다.

④ 서맥 환자 : 심전도 상 불규칙하고 좁은 QRS파가 관찰되는 경우 자동 심장충격기를 이용하여 제세동을 시행한다.

19.

④ 심전도 상 빈맥 및 불규칙하고 넓은 QRS파가 관찰되는 환자는 자동심장충격기를 이용하여 제세동을 시행한다.

① 심전도에서 서맥이 관찰되고 환자가 반응이 없고 맥박이 동반되지 않으면 무맥성전기활동(PEA)으로 보고 심정지 표준 지침에 따라 응급처치를 시행한다.

② 빈맥 또는 서맥 환자의 기도를 유지한 후 산소포화도가 94% 이하로 측정되는 경우 저산소증 교정을 위해 비강 캐뉼러를 통해 1 ~ 5L/min 또는 안면마스크를 통해 6 ~ 10L/min 산소를 투여한다.

③ 빈맥 또는 서맥 환자에게 산소를 투여한 후 산소포화도 측정 시 95% 미만인 경우 비재호흡 마스크를 통해 11 ~ 15 L/min 산소를 투여한다.

Answer　17.② 18.① 19.④

20 흉통을 호소하는 환자의 응급처치 순서로 옳은 것은?

> ○ 흉통이 5분 이상 지속되면 즉시 응급의료체계(119구급대)에 연락한다.
> ○ 환자가 의식이 없어지면 즉시 기본소생술을 시작한다.
> ○ 환자가 휴식을 취하도록 앉히거나 눕힌다.
> ○ 환자의 의식이 명료하고 환자가 니트로글리세린(혀 밑 투여용 또는 스프레이)을 가지고 있으면 복용하도록 한다.

① ○ - ○ - ○ - ○
② ○ - ○ - ○ - ○
③ ○ - ○ - ○ - ○
④ ○ - ○ - ○ - ○

21 급성 관상동맥증후군의 현장 및 이송 중 치료에 관한 내용으로 옳지 않은 것은?

① 이송될 병원에 환자에 상태 및 도착예정시간을 알린다.
② 자동제세동기로 심전도 감시를 시작한다.
③ 심부전 또는 저산소증이 동반되지 않아도 심근경색 환자에게 산소를 투여한다.
④ 가능한 경우에는 12유도 심전도를 기록하고 전송한다.

22 재관류 요법이 필요한 뇌졸중 환자의 치료 과정에서 권장 시간을 순서대로 나열한 것은?

> 뇌졸중 환자가 응급실에 내원해서 (○)분 이내에 간단한 평가와 치료로 진찰, 혈압, 맥박수의 측정, 산소투여를 하면 (○)분 이내에 재관류 요법을 받을 수 있도록 한다.

	○	○		○	○
①	10	60	②	10	45
③	20	45	④	20	60

20.

○ 흉통을 호소하는 급성 관상동맥증후군 환자를 발견하면 즉시 환자가 휴식을 취할 수 있도록 한다. 휴식을 취하고 있는 상태에서 흉통이 지속하면 즉시 응급조치를 취한다. 환자를 앉히거나 눕힌다. ○ 흉통이 5분 이상 지속하면 응급의료체계(119구급대)에 연락한다. 응급의료체계에 연락한 후에 환자에게 돌아와 환자가 편안한 상태로 휴식을 가질 수 있도록 하고 회복 자세를 취해준다. ○ 의식이 명료하다면 소지한 니트로글리세린을 복용하도록 한다. ○ 환자가 의식이 없어지면 즉시 기본소생술을 시작한다.

21.

③ 환자에게 청색증이 있거나 호흡곤란이 있으면, 산소포화도를 측정하면서 산소를 투여하여 동맥혈 산소포화도가 90% 이상이 유지되도록 산소 투여량을 조절한다. 심부전 또는 저산소증이 동반되지 않은 모든 심근경색 환자에게 산소를 투여하는 것은 해가 될 수 있다. 따라서 모든 급성 관상동맥증후군 환자에게 산소를 투여하는 것은 금기이다.

22.

① 응급실에서 진단 및 치료 과정은 뇌졸중에 의하여 발생하는 임상 증상에 대한 응급 치료로 기도 유지, 인공호흡 등을 시작한다. 이후에 뇌졸중을 확인하여 재관류 요법을 신속히 시작할 수 있도록 한다.

Answer 20.① 21.③ 22.①

23 급성 심근경색의 치료 과정에서 응급의료체계의 역할이 아닌 것은?

① 급성 심근경색에 의한 급사 방지
② 급성 심근경색 증상 및 심폐소생술의 교육
③ 급성 심근경색의 조기 진단
④ 현장 및 이송 중 치료

23.

② 급성 심근경색 증상, 심폐소생술 교육과 흉통 발생 증기 응급의료체계에 연락하는 것은 급성 심근경색의 치료 과정에서 지역사회의 역할이다. 급성 심근경색 치료에서 응급의료체계의 역할은 현장 응급치료와 신속한 이송으로 심실세동에 의한 초기 사망을 줄이고 신속한 재관류 요법으로 급성 심근경색에 의한 사망률과 이환율을 낮추는 데 있다.

24 관상동맥질환에 의한 흉통이 의심되는 환자에게 급사 또는 급성 심근경색이 발생할 수 있는 고위험 인자로 옳지 않은 것은?

① 휴식을 취하면 경감되는 흉통이 있는 경우
② 각차단의 발생
③ 트로포닌 또는 CK－MB의 상승
④ 제3심음 또는 수포음이 청진 되는 경우

24.

① 급성 관상동맥증후군의 임상 증상 중 가장 전형적인 것은 흉통(chest pain)이다. 협심증에 의한 흉통은 통상 15분 내외이며, 15분 이상 지속하거나 휴식을 취해도 경감되지 않는 지속적인(20분 이상) 흉통이 있는 경우 급성 심근경색을 의심한다.
② 심전도 : 각차단이 발생한다.
③ 심장 표지자 : 트로포닌 또는 CK－MB가 상승한다.
④ 진찰 소견 : 저혈압, 서맥 또는 빈맥이 발생하거나 제3심음 또는 수포음이 청진 되는 경우이다.

25 불안정형 협심증 또는 ST분절 비상승 심근경색환자에게 흉통 발생으로부터 14일 이내의 심근경색 또는 급사의 발생 가능성을 예측할 수 있는 지수는?

① LAPSS
② NIHSS
③ TIMI score
④ TIMI risk score

25.

③ TIMI score : 관상동맥질환에 의한 흉통에 의심되는 환자에서 흉통의 특징, 진찰 소견, 심전도, 심장 표지자의 상승 여부에 따라 급사 또는 급성 심근경색의 발생 가능성을 예측할 수 있다. 불안정형 협심증 또는 ST분절 비상승 심근경색환자에서 TIMI score이 높거나 고위험인자가 있으면 조기에 관상동맥중재술을 하는 것이 권장된다.
① LAPSS(Los Angeles Pre hospital Stroke Screen) : 급성 신경학적 임상 증상이 발생한 의식이 있는 환자에서 뇌졸중의 발생 여부를 알아보는 검사이다.
② NIHSS(Natonal Institute of Health Stroke Scale) : 뇌졸중의 중증도를 몇 가지의 복합적인 요소를 평가함으로써 판단하는 검사이다.
④ TIMI risk score : ST분절 상승 심근경색이 발생한 환자에서 위험요인을 판정하는 요소를 점수화하여 사망 가능성을 예측하는 방법이다.

Answer　23.② 24.① 25.③

26 심근경색 환자에게 나이트로글리세린을 24 ~ 48시간 이상 투여하는 것이 권장되지 않는 이유는?

① 반응 급강현상(tachyphylaxis)
② 출혈
③ 골다공증
④ 피부 괴사

26.

① 나이트로글리세린은 반응 급강 현상이 빠르게 나타난다. 24 ~ 28시간 이상 투여하는 것은 권장되지 않는다. 반응 급강현상이 발생하면 최소 6시간 이상 약물을 중단하여야 약물투여 효과가 다시 나타난다.
②③④ 헤파린 투여의 부작용에 대한 설명이다.

27 나이트로글리세린 반복투여 중인 급성 심근경색 환자에게 모르핀 약물을 투여할 수 있는 경우는?

① 저혈압이 발생할 때
② 서맥이 발생할 때
③ 흉통이 경감되지 않을 때
④ 혈전용해제 투여 후

27.

③ 급성 심근경색은 나이트로글리세린 투여에도 통증이 지속될 수 있다. 반복투여에도 흉통이 경감되지 않으면 모르핀을 투여한다. 모르핀은 진통작용으로 흉통을 경감시켜 환자를 안정시켜 체내의 카테콜아민 분비를 줄인다. 환자가 흉통을 호소할 때마다 2 ~ 5 mg을 1 ~ 5분에 걸쳐 투여하며, 5 ~ 15분 간격으로 반복 투여한다.
①② 모르핀은 미주신경 작용을 항진시키고 교감신경 작용을 차단한다. 투여 후 서맥을 동반한 저혈압이 발생할 수 있다.
④ 모르핀은 P2Y12억제제의 항혈소판 효과를 감소시키고 급성 관상동맥증후군 환자의 병원 내 사망률을 높인다.

28 우심실 경색에 관한 설명으로 옳지 않은 것은?

① 급성 하벽 심근경색과 연관되어 발생한다.
② 저혈압 환자에게 산화질소를 흡입시킨다.
③ 난원공 개존증 환자는 저산소증이 발생할 수 있다.
④ 좌심실 경색과 비슷한 임상 양상을 나타낸다.

28.

④ 좌심실에 심근경색이 발생한 경우와 다른 양상이 나타난다. 우심실 경색이 발생하면 우심실의 수축기압이 떨어지고 이완기압이 올라가며 우심실의 심박출량이 급격히 감소한다.
① 급성 하벽 심근경색 환자의 약 30 ~ 50%에서 발생한다.
② 저혈압이 있는 환자에게 산화질소를 흡입시키면 체혈관 저항 감소 없이 폐혈관 저항을 감소시킨다. 좌심실 충만을 원활히 하여 심박출량을 증가시킬 수 있다.
③ 우심실 이완기압의 상승으로 우심방압과 중심정맥압이 상승한다. 우심방압의 상승과 우심실 탄력성의 감소로 난원공 개존증이 있는 환자는 우심방에서 좌심방으로 단락으로 저산소증이 발생할 수 있다.

29 다음 설명하는 Killip 분류(Killip classification)에 따른 환자의 혈역학적 상태와 적절한 치료방침은?

- 중증 좌심실부전과 폐부종 환자
- 혈압 110/80mmHg 측정
- 제3심음

---

① Class Ⅰ - 도파민이나 도부타민을 투여한다.
② Class Ⅱ - 대동맥 내 풍선 펌프를 적용한다.
③ Class Ⅲ - 수액을 투여한다.
④ Class Ⅳ - 이뇨제나 혈관확장제를 투여한다.

30 익수로 심정지가 발생한 환자에게 시행해야 하는 응급처치는?

① 환자가 일부러 물을 토하도록 하지 않는다.
② 경동맥이 촉지 되지 않는 경우 인공호흡을 우선적으로 시행한다.
③ 체온이 낮은 경우 재가온 치료 후 심폐소생술을 한다.
④ 전문기도삽입술 후 백밸브마스크로 호흡보조를 한다.

29.

③ 해당 환자는 심박출량이 감소하여 있고 폐 모세혈관 쐐기압이 낮은 환자로서 순환혈액량이 부족한 상태이다. 폐 모세혈관 쐐기압을 올려주어야 하므로 수액을 투여한다.
① 정상 심박출량과 정상 폐 모세혈관 쐐기압을 가졌으며 폐부종이나 좌심실부전이 없는 환자로 특별한 치료가 필요하지 않다.
② 폐 모세혈관 쐐기압은 상승하여 있으나 정상 심박출량을 유지하고 있는 환자로서 폐부종이 발생한 환자이다. 이뇨제 투여나 혈관확장제를 투여하는 것이 도움이 된다.
④ 폐 모세혈관 쐐기압이 상승하고 심박출량이 감소하여 심각한 좌심실부전과 폐부종이 발생한 환자이다. 심근수축력을 향상시키는 도파민, 도부타민 등의 약물을 투여한다. 약물에 반응하지 않을 때는 대동맥 내 풍선 펌프 등 적극적인 치료를 시행한다.

30.

① 물을 일부러 토하도록 하지 않고 물을 토했을 때 기도로 흡인되는 것을 예방하기 위해 고개를 옆으로 돌려준다.
② 환자를 구조한 후 경동맥이 촉지 되지 않으면 가슴압박을 실시한다.
③ 저체온에서 심정지인 환자라도 저온이 아닌 경우의 심정지 처치방법에 따라 처치한다. 재가온 치료는 심폐소생술을 하는 사람 외에 추가 인력이 있는 경우에 한하여 시행한다.
④ 전문기도삽입술을 시행하였다면 시행 전에 적용한 백밸브마스크를 제거한 후에 전문기도 삽입장비로 분당 10회 속도로 호흡보조를 한다.

Answer 29.③ 30.①

31 다음이 설명하는 뇌졸중 스크리닝을 위한 병원 전 단계 검사 방법에 대한 옳은 설명은?

> 혈전용해제 치료가 가능한 환자를 찾아내기 위하여 의사가 하는 NIH(Natonal Institutes of Health) stroke scale 중 3가지 요소를 단순화한 검사이다.

① 11점 미만이면 심각한 신경학적 장애로 판단한다.
② 각 요소의 판정은 정상, 위험, 비정상으로 구분한다.
③ 안면 마비, 사지 마비, 언어 장애 증상으로 뇌졸중 발생을 확인한다.
④ LAPSS검사 방법에 대한 것이다.

31.

③ CPSS는 안면 마비, 사지 마비 및 언어 장애의 발생 여부로서 뇌졸중의 발생을 확인한다. 세 요소 중 한 가지라도 비정상이면 뇌졸중이 발생하였을 가능성은 70% 이상인 것으로 알려져 있다.
①② 판정은 정상, 비정상으로 구분하고 신체검사 항목은 안면 마비, 사지 마비, 언어 장애 3가지로 구성된다.
④ LAPSS(Los Angeles Pre - hospital Stroke Screen)는 급성 신경학적 임상증상이 발생한 의식이 있는 환자 중에서 뇌졸중의 발생 여부를 확인하는 검사이다.

32 뇌졸중이 의심되는 환자의 병원 전 응급치료로 옳지 않은 것은?

① 조기에 발견하여 재관류 치료가 가능한 응급의료기관으로 환자를 이송한다.
② 이송 중에 혈당 검사를 시행한다.
③ 초기 응급치료에는 기도 유지와 산소투여를 반드시 포함한다.
④ 저산소혈증이 없어도 예방적으로 저유량의 산소를 투여한다.

32.

④ 저산소혈증이 없는 환자에게는 산소를 투여하지 않는다.
① 뇌졸중이 의심되는 환자에게 가장 중요한 것은 뇌졸중의 발생을 조기에 발견하여 재관류 치료가 가능한 응급의료기관으로 환자를 이송하는 것이다.
② 의식 소실의 원인인 저혈당을 배제하기 위하여 이송 중에 혈당검사를 시행한다.
③ 뇌졸중 환자는 의식장애로 인하여 기도가 폐쇄되거나 호흡 장애가 발생하는 경우가 많다. 초기 응급치료에서는 기도 유지와 산소투여, 인공호흡을 포함한 호흡보조가 반드시 포함한다.

Answer 31.③ 32.④

33 혈당 측정 결과 60mg/dl이 측정된 환자에게 즉시 수행해야 할 처치는?

① 산소를 투여한다.
② 인슐린을 투여한다.
③ 포도당이 함유된 수액을 투여한다.
④ 아세트아미노펜을 투여한다.

34 급성 뇌졸중의 응급치료 과정 순서로 옳은 것은?

> ㉠ 자료수집 및 진단(data)
> ㉡ 구급차 출동(dispatch)
> ㉢ 접수 및 등록(door)
> ㉣ 환자 발견(detection)
> ㉤ 뇌졸중 센터로의 이송(disposition)
> ㉥ 환자 이송(delivery)
> ㉦ 혈전용해제 투여(drug)
> ㉧ 치료 결정(decision)

① ㉣ - ㉡ - ㉥ - ㉢ - ㉠ - ㉧ - ㉦ - ㉤
② ㉣ - ㉡ - ㉥ - ㉤ - ㉢ - ㉠ - ㉧ - ㉦
③ ㉣ - ㉦ - ㉡ - ㉥ - ㉢ - ㉠ - ㉧ - ㉤
④ ㉣ - ㉦ - ㉡ - ㉥ - ㉠ - ㉧ - ㉢ - ㉤

35 뇌졸중의 조절할 수 있는 위험인자가 아닌 것은?

① 신체활동의 부족
② 이상 지혈증
③ 가족력
④ 무증상 경동맥 협착

33.

③ 저혈당은 뇌졸중과 유사한 증상을 유발할 수 있다. 저혈당(60mg/dl) 발견 즉시 포도당을 투여하여 저혈당을 개선한 후 환자를 재평가한다.
① 동맥혈 산소포화도가 94% 미만이거나 동맥혈 산소포화도를 알 수 없는 환자인 경우에는 산소를 투여한다.
② 고혈당 환자 처치에 대한 설명이다. 185mg/dl 이상의 고혈당이 있는 뇌졸중 환자는 인슐린을 투여하여 혈당을 조절한다. 혈당 범위는 140 ~ 180mg/dl를 유지한다.
④ 고체온 환자 처치에 대한 설명이다. 38℃ 이상의 고열이 발생하면 아세트아미노펜을 투여하여 적극적으로 체온을 낮춰야 한다.

34.

급성 뇌졸중의 응급치료 과정은 크게 병원 전, 병원 내 단계로 나누어진다.

35.

조절할 수 있는 위험인자로 고혈압, 흡연, 감염 질환 및 염증성 질환, 고호모시스틴혈증, 이상 지혈증(저밀도지방단백질), 일과성 허혈발작, 신체활동의 부족, 무증상 경동맥 협착, 비만 등이 있다. 가족력, 유전은 뇌졸중의 조절할 수 없는 위험인자이다.

Answer 33.③ 34.① 35.③

36 뇌졸중 응급처치에 대한 설명으로 옳은 것은?

① 정신을 잃은 경우 얼굴을 가볍게 때리거나 몸을 흔들어 깨운다.
② 쓰러진 환자에게 물이나 약을 먹인다.
③ 바늘로 손끝을 딴다.
④ 구토를 동반하는 경우 환자를 편안히 눕힌 후 고개를 옆으로 돌려준다.

37 일과성 허혈 발작(TIA)에 대한 설명으로 옳지 않은 것은?

① 뇌졸중의 임상 증상이 발생한 후 24시간 이내에 사라진다.
② 주요 임상 증상은 편측마비, 안면장애, 언어장애 등이다.
③ 헤파린이나 아스피린 투여를 금기한다.
④ 뇌경색이 발생할 가능성이 크다.

38 의식이 없는 뇌졸중 환자의 활력징후를 측정한 결과 수축기 혈압이 95mmHg로 측정되었을 때, 환자에게 취해주어야 할 체위는?

① 상체를 15 ~ 30°올린다.
② 상체를 앞으로 숙이인다.
③ 고 파울러씨 자세를 취하도록 한다.
④ 변형 트렌델렌버그 자세를 취하도록 한다.

36.

④ 구토물이 기도로 들어가는 것을 방지하기 위함이다.
① 뇌졸중으로 쓰러졌을 경우 단순히 기절한 것으로 오인하여 얼굴을 때리거나 몸을 흔드는 경우가 많다. 하지만 이런 행동은 뇌혈관 출혈을 더욱 심하게 할 수 있고, 환자의 혈압을 높여 10분 내 사망에 이르게 할 수도 있다. 뇌졸중의 골든타임은 세 시간이다. 뇌졸중은 발병 즉시 병원에 가서 치료한다. 뇌졸중의 후유증을 줄이려면 세 시간 이내에 치료를 받아야 한다.
② 뇌가 멈춰 기침과 같은 반사 행동을 할 수 없는 뇌혈관 출혈 환자에게 물이나 약을 먹이는 것은 매우 위험한 행위이며 5분 이내에 사망할 수 있다.
③ 손끝을 따면서 발생하는 통증이 환자의 뇌에 부담을 줄 수 있어 환자의 상태가 급격히 나빠질 수 있다.

37.

③ 일과성 허혈 발작이 발생하였던 환자에게 아스피린을 일일 160 ~ 320 mg 투여하면 재발률이 감소된다. 뇌경색 환자는 t-PA로 혈전용해치료를 한 후 24시간 이내에는 헤파린이나 아스피린을 투여하지 않는다.
① 일과성 허혈 발작은 뇌졸중의 임상 증상이 발생한 후 24시간 이내에 임상 증상이 없어지는 경우를 말한다. 보통 일과성 허혈 발작은 15분 이내에 임상 증상이 사라진다.
② 뇌졸중의 주요 임상 증상은 의식의 변화, 한쪽의 마비 또는 감각 이상, 언어 장애, 현기증, 시야 장애 또는 시력 상실, 실신, 보행 장애 등이다.
④ 일과성 허혈 발작이 발생하였던 환자는 뇌경색이 발생할 가능성이 크다.

38.

① 의식이 없는 뇌졸중 환자의 수축기 혈압이 90mmHg 이상인 경우에는 흡인 및 뇌압 상승 방지를 위해 환자의 상체를 15 ~ 30° 정도 상승시킨 체위를 취해준다. 단, 수축기 혈압이 90mmHg미만이면 변형 트렌델렌버그 자세를 취해준다.

Answer　36.④　37.③　38.①

39 50대 뇌졸중 환자 응급처치로 옳은 것은?

① 의식이 있는 경우 최소 2개 이상의 정맥로를 미리 확보한다.
② 구역반사가 소실된 환자의 경우 입인두기도기를 통해 기도를 확보한다.
③ 혈당이 70 이상이면 정맥로를 확보한 후에 50% 포도당액을 투여한다.
④ 말초 산소포화도가 95% 이상이면 우선적으로 비재호흡마스크로 산소를 투여한다.

39.

② 의식이 없는 환자에게 구역반사를 확인하여 반응이 없는 경우 입인두기도기를 사용하여 기도를 확보한다.
① 환자가 의식이 있다면 저혈당으로 인한 포도당 주입이 요구되는 경우를 제외하고 정맥로 확보 시도를 하지 않는다.
③ 환자 의식 유무와 관계없이 즉시 환자의 혈당을 측정하여 70 미만이면 정맥로 확보 후 50% 포도당액을 주입한다.
④ 환자의식이 A 또는 V이고 말초 산소포화도가 94% 이하인 경우 비강캐뉼러로 1 ~ 5L/min 또는 안면마스크로 6 ~ 10L/min 산소를 투여한다. 이후에도 교정되지 않으면 비재호흡마스크로 10 ~ 15ℓ/min 산소를 투여한다. 의식이 없는 환자의 말초 산소포화도가 94% 이하라면 백밸브마스크 또는 비재호흡마스크로 11 ~ 15L/min 산소 투여를 하거나 필요시 양압 환기를 실시한다.

40 임신과 무관하게 임산부에게 심정지가 발생하는 원인은?

① 폐색전
② 양수 색전증
③ 울혈성 심근병증
④ 급성 심근경색

40.

④ 외상, 선천성 심장질환의 악화, 급성 심근경색은 임신과 무관하다.
①②③ 임신과 관련된 원인에는 폐색전, 출산과 연관된 출혈, 양수 색전증, 임신중독증, 출산 중 사용되는 약물에 의한 부정맥, 울혈성 심근병증이 있다.

41 체온 환자의 기본소생술 시 주의할 점으로 옳지 않은 것은?

① 환자를 이송할 때 환자를 수평자세로 유지하고 환자의 머리가 심장의 위치보다 높아야 한다.
② 약간의 자극에 의해서도 심실세동이 발생할 수 있으므로 환자의 체위를 바꿀 때 주의한다.
③ 지속적인 체온손실을 막기 위해 담요 등으로 환자를 싸주고 따뜻한 산소를 흡입시킨다.
④ 자발순환이 있으면 심박수가 매우 느리더라도 가슴압박을 하지 않는다.

41.

① 환자를 이송할 때 환자를 수평자세로 유지하고 환자의 머리가 심장의 위치보다 높아지지 않도록 한다.
④ 맥박이 있는 환자에서는 가슴압박에 의해 심실세동이 유발될 수 있으므로 자발순환이 있으면 심박수가 매우 느리더라도 가슴압박을 하지 않는다.

42 익수환자에서 경추 보호대를 사용해야 하는 경우가 아닌 것은?

① 임산부인 경우
② 술에 취한 환자인 경우
③ 외상이 관찰되는 경우
④ 높은 곳에서 물로 떨어진 경우

43 익수로 인해 심정지가 발생한 환자에게 해야 하는 응급처치로 옳지 않은 것은?

① 익수 환자에게 흔하게 발생하는 것은 심정지로부터 회복된 후 저산소증이다.
② 편평한 곳으로 옮긴 후 가슴압박을 시작한다.
③ 물로부터 구조된 환자의 폐 속에는 물이 거의 없다.
④ 호흡이 있는 경우에는 산소를 투여하지 않고 이송한다.

44 보기 중 외상환자에서 즉각적인 기관내삽관이 필요한 경우를 모두 고른 것은?

> ㉠ 무호흡 또는 호흡정지
> ㉡ 임산부
> ㉢ 중증의 머리손상(GCS 8점 미만)
> ㉣ 기도를 보호할 수 없는 경우
> ㉤ 흉곽의 관통 손상 같은 중증의 흉곽 손상이 있는 경우
> ㉥ 술에 취한 환자의 경우
> ㉦ 산소공급에도 불구하고 호흡부전이 계속 되는 경우

① ㉡㉢㉣
② ㉢㉤㉥㉦
③ ㉠㉢㉣㉤㉦
④ ㉠㉡㉢㉣㉤㉥㉦

42.

모든 익수환자를 구조하면서 경추 보호대를 사용할 필요는 없다. 일반적으로 익수환자에서 경추손상이 항상 동반되지 않으므로 익수환자에게 경추 보호대를 하는 것은 권장되지 않는다. 다이빙을 한 경우, 높은 곳에서 물 썰매를 타다가 익수된 경우, 외상이 있는 경우, 술에 취한 경우는 경추 보호대를 사용한다.

43.

④ 호흡이 있는 환자에게도 반드시 산소를 투여한다.
① 가장 흔히 발생하는 문제는 저산소증이다. 따라서 모든 환자에게 고농도의 산소를 투여한다.
② 수평상태로 유지할 수 없는 상황이면 뇌로의 혈류를 유지할 수 없으므로 편평한 곳에서 가슴압박을 시작한다.
③ 익수환자의 폐로 흡인된 물은 폐모세혈관을 통해 쉽게 흡수될 만큼 소량이다. 따라서 익수환자의 폐 속으로 흡입된 물을 배출시키려 시도하지 않는다. 배출시도는 기본소생술을 지연시키고 경추 손상을 악화시킬 수 있다.

44.

무호흡 또는 호흡정지, 산소공급에도 불구하고 호흡부전이 계속되는 경우, 중증의 머리손상(GCS 8점 미만), 구토 반사의 소실 또는 의식장애로 인해 기도를 보호할 수 없는 경우, 동요 가슴이나 중증 흉곽 손상(폐좌상이나 흉곽의 관통손상 등)이 있는 경우, 안면의 분쇄손상, 경부 손상으로 기도폐쇄의 가능성이 있는 손상이 있는 경우 즉각적인 기관내삽관이 필요하다.

Answer　42.① 43.④ 44.③

02 전문소아소생술

기출PLUS

TIP

시기별 코산소주입관 농도
㉠ 연령별 농도
• 신생아 : 0.5 ~ 1L/min
• 영아 : 1 ~ 2L/min
• 학령전기 소아 : 4L/min
• 학령기 소아 : 6L/min
㉡ 산소의 농도 : 체구, 호흡수, 호흡 노력에 따라 조절한다.

TIP

태변이 착색된 양수에서 분만한 신생아
㉠ 활발한 신생아 : 신생아가 심장박동수가 분당 100회 이상이고 호흡 노력이 강하며 근육 긴장도가 좋은 활발한 상태를 보이면 머리가 분만된 직후 어깨가 분만되기 전 입인두 부위의 일률적인 태변 흡입 행위는 권장하지 않는다. 초기 처치 후 산모와 머물러도 좋으나 필요 시 흡입용 망울 주사기 또는 흡입 카테터를 이용하여 입과 코의 태변을 부드럽게 제거한다.
㉡ 활발하지 않은 신생아 : 심장박동수 분당 100회 미만이고 근육 긴장도가 저하되었으며 호흡노력 감소한 활발하지 않은 상태의 신생아의 경우, 일률적인 후두경 삽입 및 기도 내 태변 흡입 없이 즉시 소생술을 시행한다.

section 1 신생아 · 영아 · 소아 심정지

(1) 신생아 심정지

① 정의 … 출산~생후 4주까지의 신생아의 심정지로 인한 사망의 19%는 질식성 호흡부전에 해당한다.

② 증상
㉠ 빠른 호흡이 나타나다가 호흡이 멈추는 일차적 무호흡이 나타난다. 아기의 발을 두드리면서 자극을 주면서 호흡을 회복시킨다.
㉡ 일차적 무호흡 이후에 원활하게 산소 공급이 공급되지 않으면 이차적 무호흡이 나타난다. 이차적 무호흡 이후에는 호흡이 회복되지 않아 호흡보조가 필요하다.

③ 환자평가
㉠ 소생술이 필요하지 않은 상태 : 만삭 출생아인 경우, 잘 울거나 숨을 잘 쉬는 경우, 근육 긴장도가 좋은 경우이다.
㉡ 두 손가락으로 상완동맥의 맥박을 5~10초 동안 측정한다.
㉢ 자동제세동기의 리듬을 확인한다.

④ 응급처치
㉠ 산소투여와 적절한 양압환기에도 심박동수가 분당 60회 미만이면 가슴압박을 시행한다.
㉡ 태변을 흡입하면 태변흡인 증후군이 나타날 수 있으므로 어깨가 나오기 전에 구인두를 흡인한다.
㉢ 가슴압박과 환기는 3:1 비율로 한다. 1분 동안 90번의 가슴압박, 30번의 환기 총 120번의 활동을 시행한다.
㉣ 상태가 안정적이라면 모포를 덮어 체온을 유지한다.

(2) 영아 · 소아 심정지

① 정의 … 1세 미만의 영아나 만 1세 이상~만 8세 미만의 소아에게서 발생한 심정지이다. 호흡부전이나 쇼크에 의한 질식성 심정지 비율이 높다.

② 환자평가
㉠ 어깨를 가볍게 흔들거나 부르면서 의식을 확인한다.
㉡ 호흡여부와 비정상적인 패턴의 호흡양상을 확인한다.
㉢ 5~10초 동안 상완동맥(영아), 대퇴동맥 · 목동맥(소아)에서 맥박 여부를 확인한다.
㉣ 연령에 따라 자동(소아)과 수동(영아)으로 구분하여 심장충격기 리듬을 확인한다.

③ 응급처치
- ㉠ 가슴압박 후에 심폐소생술을 2분 간 진행해도 자발순환이 되지 않으면 병원으로 신속히 이송한다. 이송할 때에도 가슴압박은 계속 시행한다.
- ㉡ 전문기도유지술을 시도한다.
- ㉢ 백밸브마스크로 양압환기를 통해 호흡을 유지한다.
- ㉣ 이송병원이 선정되면 소아 심폐소생술 준비를 위해 사전 연락을 취한다.

section 2 신생아 · 영아 · 소아 심폐소생술

(1) 소아 · 영아의 기본소생술

구분	소아	영아
맥박확인	목동맥, 대퇴동맥	상완동맥
가슴압박 위치	흉골의 아래쪽 반 부분	젖꼭지 연결선과 흉골이 만나는 지점의 아래
인공호흡	의료종사자에 의한 인공호흡인 경우 • 호흡보조 : 12~20회/분 • 전문기도기 삽관된 경우 : 10회/분	
압박 방법	두 손으로 압박	2개의 손가락이나 엄지손가락으로 압박
압박 깊이	가슴전후 두께의 1/3(4~5cm)	가슴 전후 두께의 1/3(4cm)
압박 호흡비율	• 일반인인 경우에는 30:2 • 의료종사자가 2인 이상인 경우에는 15:2	
자동제세동	소아 충격량 감쇠기를 사용한다.	수동제세동기 사용을 권장한다.

(2) 주의사항

① 심전도 리듬 … 2분간 가슴압박을 시행하고 심전도 리듬을 분석하기 위해 역할을 교대한다.

② 제세동 … 처음에는 2J/kg, 두 번째에는 4J/kg을 하고 이후에는 4J/kg 이상으로 한다. 최대 10J/kg까지 가능하다.

③ 에피네프린 … 10,000:1로 희석한 에피네프린 용액을 0.1ml/kg을 정맥으로 투여한다.

④ 가슴압박 … 분당 120회가 넘지않도록 최소 분당 100회 실시한다.

⑤ 순환 … 정맥이나 골강내 주사를 우선적으로 시행한다.

⑥ 몸무게 … (1~10세 연령)−{(나이+4)×2}를 이용한다.

⑦ 심정지 원인조사
- ㉠ 6H : 저혈량증, 저산소증, 산증, 저 · 고칼륨혈증, 저체온, 저혈당 등
- ㉡ 5T : 폐혈전증, 심근경색, 긴장성 기흉, 심장눌림증, 약물중독 등

분만실에서 신생아 체온유지 방법
- ㉠ 임신 나이 32주 이상으로 출생한 신생아는 분만 즉시 포로 닦은 후 미리 가온된 포로 얼굴을 제외한 머리와 몸통을 감싸준다.
- ㉡ 심폐소생술이 필요한 경우는 온열기 아래에서 소생술을 시행한다.
- ㉢ 심폐소생술이 필요하지 않은 경우는 산모와 피부−피부접촉을 하도록 한다.

양압환기
- ㉠ 정의 : 기도 내에 압력을 대기압보다 높게 설정하여 환기를 발생시키는 방법을 의미한다.
- ㉡ 도구 : 유량 팽창 백, 자가 팽창 백, t형 소생기 중에서 익숙함과 선호도에 따라 선택할 수 있다.

01 신생아 소생술 가슴 압박에 대한 설명으로 옳지 않은 것은?

① 양압환기 요법을 적용했음에도 심장박동수가 분당 60회 미만이면 가슴 압박을 시작한다.

② 가슴 압박은 양 엄지 방법, 두 손가락 방법으로 두 가지가 있다.

③ 압박의 깊이는 흉곽의 앞뒤 간격의 1/3로 한다.

④ 가슴 압박과 환기 요법을 함께 시행할 때 두 가지를 동시에 적용한다.

02 자발 호흡이 있는 신생아에게 코산소주입관을 사용하여 산소를 투여할 때 알맞은 농도는?

① 0.5 ~ 1L/min

② 1 ~ 2 L/min

③ 4L/min

④ 6L/min

01.

④ 가슴 압박과 환기 요법을 동시에 적용하지 않는다. 가슴 압박의 이완 시기에 환기 요법이 충분하게 이루어져야 한다. 신생아의 경우 대부분 가스교환의 문제로 심폐부전이 유발된다. 신생아 소생술에서 가슴 압박 대 환기 요법의 비율은 항상 3:1로 시행하지만, 심부전의 경우에는 15:2의 비율로 시행할 수 있다.

02.

① 가습화된 산소를 투여하면 점막의 건조와 폐 분비물이 진해지는 것을 막을 수 있다. 산소는 마스크 또는 코산소주입관을 사용하여 투여한다.

Answer　01.④　02.①

03 신생아 소생술의 초기 단계에 포함되지 않는 처치는?

① 체온 유지
② 약물요법과 수액 투여
③ 기도 확보를 위한 자세 취하기
④ 몸을 가볍게 흔들어 호흡 자극

03.

② 갓 태어난 신생아의 소생술에서 약물은 잘 사용하지 않는다. 폐의 불충분한 팽창이나 극심한 저산소증에서 유발되는 신생아의 서맥은 적절한 환기를 도와주면 대부분 교정된다. 100% 산소로 적절한 환기 요법과 가슴압박을 60초 이상 시행했음에도 불구하고 심장박동수가 분당 60회 미만이라면 에피네프린이나 혈장 확장을 위한 수액 요법을 고려한다.
① 출생 직후에 체온을 유지하는 것은 신생아 안정화의 초기 단계이다. 비-가사 신생아의 입원 당시의 체온은 모든 주수에서 사망 예측에 중요한 인자이다.
③ 머리는 신전, 목은 굴곡된 채 환자의 입, 인두, 기관을 일직선상으로 놓는 기도 확보를 위한 자세이다.
④ 초기 단계에서 자발적인 호흡노력이 없는 경우에는 추가적인 자극을 주는 것이 필요하다. 자극을 주는 방법은 데워진 포로 신생아의 등, 몸통, 사지를 짧고 부드럽게 문지르는 방법과 발바닥을 2~3회 정도 가볍게 치는 것이다. 신생아를 흔들거나 과도하게 자극하는 것은 호흡에 도움이 되지 않는다.

04 신생아에게 산소포화도 측정기 사용이 권장되는 경우가 아닌 것은?

① 소생술이 예측될 때
② 양압환기가 필요할 때
③ 생후 5 ~ 10분간 중심성 청색증이 지속할 때
④ 산소포화도 95% 이상일 때

04.

①②③ 산소포화도 측정기 사용이 권장되는 경우이다.

05 태변이 착색된 양수에서 분만하고 활발하지 않은 상태의 신생아에게 시행해야 하는 응급처치는?

① 가온된 포로 머리를 감싸준다.
② 양압환기를 적용하여 호흡 회복을 돕는다.
③ 기도 내 태변 흡입을 시행한다.
④ 즉시 후두경을 삽입한다.

05.

② 즉각적인 후두경 삽입 및 기도 내 태변 흡입의 효과는 명확하지 않다. 즉시 양압환기를 적용해 호흡이 빨리 회복될 수 있도록 돕는다.
① 분만 즉시 미리 가온된 포로 얼굴을 제외한 머리와 몸통을 감싸주는 것은 분만실에서 신생아의 체온을 유지하는 방법이다.
③ 양압환기 도중 태변으로 인한 기도폐쇄가 의심될 때는 기관내삽관을 통한 기도 내 태변 흡입이 필요할 수 있다.

Answer 03.③ 04.④ 05.②

06 출생 직후 소생술이 필요하지 않은 신생아를 구별하기 위한 3가지 평가항목에 대한 설명으로 ㉠에 들어갈 말로 옳은 것은?

> • 미숙아인가?
> • 잘 울지 못하거나 숨을 잘 못 쉬는가?
> • (㉠   )

① 심박수가 100회/분 미만인가?
② 얼굴, 사지에 청색증이 보이는가?
③ 근육 긴장도가 떨어지는가?
④ 흉곽 움직임이 관찰되는가?

07 신생아의 제대 관리에 대한 설명으로 옳지 않은 것은?

① 전치태반의 경우 반드시 조기 제대결찰을 고려한다.
② 소생술이 필요하지 않은 미숙아에게 제대결찰의 지연은 비효과적이다.
③ 임신 나이 28주 미만의 초미숙아는 제대용출을 하지 않는다.
④ 30초 이내의 조기 제대결찰은 정상적인 이행을 방해한다.

08 신생아 심장박동수의 평가에 대한 설명으로 옳은 것은?

① 청진을 통한 심장박동수의 평가는 신뢰성이 높아 초기 평가에 선호된다.
② 심장박동수의 상승은 소생술의 과정에서 가장 예민한 반응 지표이다.
③ 심전도 모니터링이 신생아의 산소화를 평가하는 산소포화도 측정기를 대체할 수 있다.
④ 소생술이 필요한 미숙아의 경우 2-유도(2-lead) 심전도를 사용하는 것이 유용하다.

06.

③ 소생술 필요 여부를 구별하기 위한 3가지 질문으로 미숙아인지, 잘 울지 못하거나 숨을 잘 못 쉬는지, 근육 긴장도가 떨어지는지가 있다. 만삭 아이고 근육 긴장도가 양호하며 잘 우는 신생아는 엄마에게로 옮겨 피부접촉을 유지한 채 초기 단계를 진행하되 호흡, 활동성, 피부색 등을 지속적으로 관찰한다. 위의 3가지 질문 중 하나라도 "예"에 해당하면 소생술 단계를 시행하기 위해 복사 온열기로 옮긴다.

07.

② 소생술이 필요하지 않은 미숙아에게 제대결찰의 지연은 혈압 보조와 수혈의 필요성을 낮추고 생존율을 향상시킨다.
① 산모에게 출혈, 혈역학적 불안정, 태반 조기박리, 전치태반과 같이 태반수혈이 일어날 가능성이 있다면 조기 제대결찰을 고려한다.
③ 임신 나이 28주 미만의 미숙아에게 제대용출은 뇌실 내 출혈의 빈도를 높일 수 있다.
④ 30초 이내의 조기 제대결찰은 태아 혈액이 신생아의 순환 혈액을 채우지 않고 태반에 남아 정상적인 이행을 방해한다.

08.

② 출생 직후의 신생아 심장박동수 평가는 출생 후 자발 호흡의 효율성과 소생술 필요성 여부의 판단에 중요하다. 가장 예민한 반응 지표로 빠르고 정확하게 심장박동수를 평가한다.
① 초기 평가에서 선호되는 방법이나 부정확하고 신뢰성이 떨어진다.
③ 심전도는 가장 빠르고 정확하게 심장박동수를 측정하여 가슴압박을 시행하는 경우 권장한다. 하지만 심전도 모니터링이 산소포화도 측정기를 대체할 수 없다.
④ 소생술이 필요한 미숙아와 만삭아의 경우 빠르고 정확한 심장박동수를 확인하기 위하여 3-유도(3-lead) 심전도를 사용하는 것이 유용하다.

Answer   06.③   07.②   08.②

09 다음에서 설명하는 신생아 소생술의 양압환기 도구는?

> • 압축가스가 연결되지 않은 곳에서 양압환기를 전달하기에 유용한 도구이다.
> • 다른 도구들에 비해 지속성 기도 양압을 줄 수 없다.
> • 양압환기 시 호기말 양압을 유지할 수 있다.

① 자가 팽창 백
② T형 소생기
③ 후두 마스크 기도기
④ 유량 팽창 백

10 신생아 소생술 후 관리에 대한 내용으로 옳은 것은?

① 소생술을 진행하고 난 이후에 24시간 내에 혈당을 감시한다.
② 신생아 고혈당은 뇌 손상 및 불량한 신경학적 예후의 위험성을 높인다.
③ 임신나이에 근거하여 초미숙아의 사망이나 이환을 예측할 수 없다.
④ 선천적 기형으로 인해 생존 가능성이 희박하더라도 소생술을 보류할 수는 없다.

09.

② T형 소생기 : 목표 흡기 압력을 좀 더 긴 흡기시간 동안 지속적으로 줄 수 있어 효율적일 것으로 생각되나, 예후 향상에 있어서 T형 소생기가 도움이 된다는 근거는 부족하다.

③ 후두 마스크 기도기 : 만삭아와 임신 나이 34주 이상의 미숙아에 대한 효율적인 환기를 도울 수 있으나 임신 나이 34주 미만 혹은 출생 체중 2kg 미만의 미숙아에 대한 자료는 부족하다. 만삭아와 임신 나이 34주 이상의 미숙아에게 시행한 기관내삽관이 실패하거나 가능하지 않을 때 후두 마스크 기도기의 사용이 권장된다.

④ 유량 팽창 백 : 효과적으로 적응하려면 훈련이 필요하다.

10.

② 신생아에게 고혈당과 저혈당은 모두 뇌 손상 및 불량한 신경학적 예후의 위험성을 높인다. 혈당 조절을 위한 프로토콜을 적용하여 혈당을 조절하고 혈당이 큰 폭으로 변하는 것을 방지한다.

① 소생술 이후에 가능한 빠르게 혈당을 감시한다. 적절한 치료를 통해 저혈당과 고혈당을 조절한다.

③ 초미숙아가 출생 후에 생존 예후가 어떠할 것인지 또는 장애가 얼마나 남을 것인지에 대해 출생 전에 판단할 때에는 임신 나이에 근거한다. 예후를 예측하는 노력의 목적으로 성별, 산전 스테로이드 사용 여부, 다태아 여부 등의 변수를 이용한 여러 예측체계가 사망이나 이환을 예측하는 데에 사용될 수 있다.

④ 임신 나이, 출생체중의 기준으로 볼 때 극도로 미숙하거나 선천적 기형으로 인해 생존의 가능성이 희박한 경우는 소생술을 보류할 수 있다. 그러나 임신 나이 25주 미만에서 가족들과 상담을 하거나 생존 예후에 대해 조언을 할 때는 임신 나이 추정의 정확성 여부, 융모양막염의 여부, 분만 지역의 의료서비스 수준 등을 고려하여 사례별로 적용하는 것이 합당하다.

Answer 09.① 10.②

11 다음 ㉠~㉢에 들어갈 말로 옳은 것은?

> 생후 1~8세는 소아로 구분한다. 소아의 심정지는 (㉠)에
> 의한 심정지보다 (㉡)에 의한 질식성 심정지 또는 (㉢)에
> 의한 심폐정지가 대부분이다.

	㉠	㉡	㉢
①	심실세동	호흡정지	쇼크
②	심실세동	호흡부전	내상
③	쇼크	호흡부전	심실세동
④	쇼크	호흡정지	심실세동

12 다음 ㉠~㉢에 들어갈 말로 옳은 것은?

> • 심폐소생술 시 가슴압박 위치는 영아와 소아에서 다르다.
> • 소아는 한손을 이용해 최소 (㉠)cm가 눌리도록 압박한
>   다.
> • 영아는 엄지와 중지 두 손가락으로 가슴두께의 (㉡) 깊
>   이로 최소 (㉢)cm 압박한다.

	㉠	㉡	㉢
①	1	1/2	3
②	3	1/4	1
③	5	1/3	4
④	5	1/4	3

11.

① 소아의 심정지는 심실세동에 의한 심정지보다 호흡정지로 인한 질식성 심정지 또는 쇼크로 인한 심폐정지가 대부분이다.

12.

③ 소아는 한 손 혹은 두 손의 손꿈치를 이용하여 흉부 전후 직경의 최소 5cm 눌리도록 하며 적어도 분당 100회 이상 압박한다. 영아는 두 손가락으로 흉부 전후 직경의 최소 1/3 깊이(4cm)로 눌리도록 하며 적어도 분당 100회 압박한다.

13 소아 심폐소생술에 대한 설명으로 옳지 않은 것은?

① 소아도 성인과 동일하게 자동제세동기를 적용한다.
② 소아의 가슴압박 위치는 젖꼭지 연결선 바로 아래 흉골이다.
③ 구조자가 혼자인 경우 2분간 5주기로 심폐소생술을 시행한다.
④ 심폐소생술 전에 먼저 의식과 호흡을 확인한다.

14 심폐소생술 시 성인과 소아의 다른 점은?

① 가슴압박 위치
② 가슴압박 속도
③ 2인구조자의 가슴압박과 인공호흡 비율
④ 압박 주기

15 소아 목격자 심폐소생술 순서는?

```
㉠ 심폐소생술
㉡ 제세동기 적용
㉢ 의식 및 호흡 확인
㉣ 맥박 확인
㉤ 도움요청
```

① ㉢ - ㉤ - ㉣ - ㉠ - ㉡
② ㉣ - ㉢ - ㉤ - ㉠ - ㉡
③ ㉢ - ㉣ - ㉤ - ㉠ - ㉡
④ ㉣ - ㉢ - ㉤ - ㉡ - ㉠

13.

② 영아의 가슴압박 위치는 젖꼭지 연결선 바로 아래 흉골 지점이며, 소아는 가슴 압박 위치는 흉골 하부 1/2 지점이다.

14.

① 가슴압박 위치는 흉골 하부 1/2지점으로 동일하다.
② 가슴압박 속도는 최소 100회/분당으로 동일하다.
④ 압박과 이완이 50대 50으로 압박주기는 동일하다.

15.

소아 목격자 심폐소생술 순서는 ㉢의식과 호흡 확인 ㉤도움요청 ㉣맥박 확인 ㉠심폐소생술 ㉡제세동기 적용이다.

16 소아 비목격자 심폐소생술 과정은?

> ㉠ 2분간(5주기) 심폐소생술
> ㉡ 의식 및 호흡 확인
> ㉢ 제세동기 적용
> ㉣ 도움요청
> ㉤ 맥박확인

① ㉡ – ㉣ – ㉤ – ㉠ – ㉢
② ㉤ – ㉡ – ㉣ – ㉠ – ㉢
③ ㉤ – ㉡ – ㉠ – ㉣ – ㉢
④ ㉡ – ㉤ – ㉠ – ㉣ – ㉢

17 소아소생술에 대한 설명으로 옳지 않은 것은?

① 소아는 입-코 인공호흡을 한다.
② 8세 미만 소아 및 영아는 소아용 충격량 감쇠기가 있는 자동제세동기를 사용한다.
③ 소아의 가슴압박 시 칼돌기와 갈비뼈를 압박하지 않도록 주의해야 한다.
④ 맥박 확인 시 10초 이내에 맥박을 촉지하지 못하면 바로 가슴압박을 시작한다.

16.

소아 비목격자 심폐소생술 과정은 ㉡ 의식 및 호흡 확인 ㉤ 맥박 확인 ㉠ 2분간(5주기) 심폐소생술 ㉣ 도움요청 ㉢ 제세동기 적용 순서이다.

17.

① 소아에서는 입-입 인공호흡을 수행한다. 영아에게 인공호흡을 수행할 때는 입-입 인공호흡 또는 입-코 인공호흡을 수행한다.

18 **맥박이 없고 무호흡이 관찰된 소아 심폐소생술 시 옳은 것은?**

① 분당 최소 120회 이상의 가슴압박을 시행한다.

② 기관 내 튜브 삽관 전까지는 분당 10회의 환기를 시행한다.

③ 영아는 심장충격기를 통한 리듬 확인을 하지 않는다.

④ 전문 기도유지가 어렵다면 백밸브마스크 양압 환기로 호흡을
유지한다.

18.

④ 소아 전문기도에 대한 교육을 받은 구급대원이
없거나, 소아 전문기도 확보에 자신이 없는 경
우 백밸브마스크 양압 환기를 통해 호흡을 유
지한다.

① 영아 또는 소아 심폐소생술 시 가슴 압박은 분
당 최소 100회 이상으로 하되 분당 120회는 넘
지 않도록 한다.

② 전문기도 확보를 위해 기관 내 튜브 삽관을 한
경우 삽관 후 분당 10회 환기한다. 과환기는 흉
강내압을 상승시킨다. 심박출량 감소 및 과환기
로 인해 저하된 이산화탄소 분압은 뇌혈류를
직접 감소시키므로 절대 하지 않는다.

③ 영아의 경우 수동 심장충격기, 소아의 경우 자
동 심장충격기를 통해 심장 리듬을 확인한다.

03 전문외상처치술

section 1 손상기전과 외상진료체계

(1) 외상

① **정의** ··· 외력이나 폭력 등으로 인해서 발생한 신체손상이나 창상으로 몸의 겉에 생긴 상처를 의미한다.

② **구분** ··· 무딘 손상, 관통상이 있다.

③ **질환으로서의 외상의 공중보건 관리모델**
  ㉠ 감시 : 질환의 유무, 속성 등을 알기 위해서 자료를 수집하는 과정이다.
  ㉡ 위험분석 : 질환을 관찰하고 질환과 관련한 다양한 요소를 결정하는 단계이다. 외상위험분석에서 사고 피해자, 사고원인, 사고환경 등의 요소를 '해던 매트릭스'를 통해 분석한다.
  ㉢ 의료중재 개발 : 외상의 발생과 중증도를 낮추기 위해서 의료중재 프로그램을 개발 및 수정하는 단계이다.
  ㉣ 실행 : 개발한 의료중재 프로그램을 적용하는 단계이다.
  ㉤ 평가 : 의료중재 프로그램의 효과를 조사하는 것이다.

(2) 중증외상

① **정의** ··· 운수사고, 추락, 둔상, 열상, 자상, 관통상 등과 같은 외상적 요인에 의해 신체에 발생한 손상 중에서, 의식상태나 혈압·호흡 등이 비정상적일 정도로 심각하게 다친 경우이다.

② **손상기전**
  ㉠ 운수사고 : 사람이나 화물을 운반하기 위하여 사용되는 기계장치와 관련된 사고이다.
  ㉡ 추락 및 미끄러짐 : 땅이나 바닥 혹은 더 낮은 장소에 부딪혀 멈추게 되면서 발생하는 사고이다.
  ㉢ 부딪힘 : 움직이거나 정지된 상태의 사람, 동물, 물체 등 넓적한 개체와 접촉, 신체 눌림(꼬집힘, 끼임, 깔림 등), 압궤(찧음, 압착), 사람과의 접촉(폭행, 맞음, 차임, 비틀림)으로 인하여 발생하는 사고이다.
  ㉣ 관통 : 긁힘, 찢어짐, 찔림, 베임, 총상, 물림, 곤충에 쏘임 등을 포함한 찔리거나 뚫리면서 발생하는 사고이다.
  ㉤ 기계 : 기계와 관련된 외력으로 인한 손상이다. 폭발에 의한 타격, 기계적인 힘에 접촉으로 인해 발생하는 사고이다.

③ 외상지수 비정상 … 다음 중 한 가지 이상에 해당하는 경우

    ㉠ 의식상태가 정상이 아니고 음성자극이나 통증자극을 줬을 때만 반응하거나 전혀 반응이 없는 상태

    ㉡ 수축기 혈압 90mmHg 미만

    ㉢ 분당 호흡수 10회 미만 또는 29회 초과

④ **중증외상환자 기준**(생리학적 소견 > 신체검사 소견 > 손상기전 > 그 외)

    ㉠ 생리학적 소견

- AVPU 척도 ≤ V
- 글라스고우 척도 ≤ 13
- 수축기 혈압이 90mmHg 미만인 경우
- 호흡수10회/분 미만이거나 29회/분을 초과하는 경우

    ㉡ 신체검사 소견

- 관통상, 자상(머리, 목, 가슴, 배, 상완부, 대퇴부)
- 동요가슴
- 두 개 이상의 근위부 긴뼈 골절(상완골, 대퇴골)
- 압궤(crushed), 벗겨진(degloved), 썰린(mangled) 사지
- 손목·발목 상부의 절단
- 외상성 마비
- 골반 뼈 골절, 열린 또는 함몰 두개골 골절

    ㉢ 손상기전

- 추락
  - 성인 : 6m 이상(건물 3층 높이 이상)
  - 소아 : 3m 이상(건물 2층 높이 이상)
- 고위험 교통사고
  - 30cm 이상 차체 내부 밀림, 45cm 이상 차체 눌림(찌그러짐), 자동차 이탈(튕겨져 나감)
  - 동승자의 사망
  - 차량이 전복하거나 폭발에 의한 직접적 영향
  - 자동차와 충돌한 보행자나 자전거 탑승자 : 충돌로 나가떨어짐, 치임, 시속 30km 이상의 속도로 충돌
  - 오토바이 시속 30km 이상의 속도로 충돌

    ㉣ 의학적 질병상태 및 특수상황(이송병원 선정은 직접 의료지도 요청)

- 나이 : 성인 55세 이상, 소아 15세 이하
- 두부 외상 환자에게서 항응고 또는 출혈성 질환
- 화상과 외상이 동반
- 임신 20주 이상

    ㉤ 구급대원의 판단

(3) 무딘손상

자동차, 오토바이, 자전거 등과 관련하여 발생하는 차량 충돌사고로 발생한다. 이외로 낙상, 폭발, 압좌 등으로 발생할 수 있다.

(4) 차량 충돌

① **차량 전방 충돌** … 가장 흔한 충돌유형에 해당한다.
  ㉠ 제어된 이동 경로 : 안전벨트 착용으로 복부장기 손상, 요추 손상, 고관절 탈구, 갈비뼈 골절 등이 나타날 수 있다.
  ㉡ 상향 이동 경로 : 안전장치 미착용으로 차량이 급감속하면서 전방 상향으로 이동하는 것이다. 양측성 골절, 연조직 손상, 안면부위 골절, 두개내 손상 등을 발생시킨다.
  ㉢ 하향 이동 경로 : 안전장치 미착용으로 차량이 급정지하고 상체가 밀리면서 무릎이 최초로 충격을 받는다. 이후에 상체가 급작스럽게 움직이면서 운전대에 부딪히는 것이다. 동요가슴, 심장손상, 대동맥 파열 등이 나타날 수 있다.
  ㉣ 튕김 : 안전장치 미착용으로 차량 밖으로 탑승자가 튕겨져 나가는 것이다. 차량 내부 앞에 있는 유리창과 부딪히거나, 외부 물체와 충돌할 수 있다.

② **차량 측면 충돌** … 탑승자 옆을 충돌하여 발생하는 것이다. 상지와 하지에 손상이 크다. 빗장뼈, 위팔뼈, 골반, 넙다리뼈에 충격이 가해진다.

③ **차량 회전 충돌** … 대각선 방향으로 충돌이 나타난다. 충돌유형이 혼재되어 발생한다. 차량의 손상에 따라 외상 수준을 확인할 수 있다.

④ **차량 후방 충돌** … 차량을 앞으로 밀어내는 충돌의 힘으로 경추손상이 발생확률이 높다.

⑤ **전복 충돌** … 회전하면서 전복하는 동안 탑승자는 모든 충격을 받게 된다. 손상 유형은 차량의 부서진 부위를 통해 예상할 수 있다. 탑승자가 차량에서 이탈될 확률이 높다.

(5) 오토바이 충돌

① **전방 충돌** … 오토바이 앞부분이 충돌한 물체 아래로 깔리면서 운전자는 전방 상향으로 튕겨져 나가면서 복부 및 골반에 손상이 발생한다.

② **각진 충돌** … 각진 방향으로 충돌하면서 발생한다. 충돌물체와 오토바이 사이에 운전자의 하지가 끼면서 발, 다리 골절이 발생할 수 있다.

③ **미끄러짐 충돌** … 바닥에 오토바이를 눕히면서 발생한다. 중상이 발생할 확률은 낮다.

④ **튕김** … 물머리 손상, 척추손상, 내부장기 손상, 사지 골절 등이 나타날 수 있다.

(6) 추락

유아, 아동, 노년층에게서 많이 발생한다. 접촉 부위에 따라 중증도가 정해진다.

① 발이 먼저 착지한 경우 … 발뒤꿈치뼈, 넙다리뼈, 요추를 타고 통증이 올라간다.

② 앞으로 넘어지는 경우 … 충돌을 막기 위해 무의식적으로 손으로 충돌부위를 막으면서 손목, 어깨 부위가 골절을 입을 수 있다.

③ 뒤로 넘어지는 경우 … 골반, 흉부, 두부 손상이 나타난다.

④ 환자 키의 3배 이상 높이에서 추락하는 경우 … 내부손상, 큰출혈이 발생할 수 있다.

(7) 관통상

물체가 몸 안으로 들어가면서 발생하는 손상을 의미한다.

① 직접손상 … 물체가 신체 조직에 충돌하여 좌성과 열상을 유발하는 것이다.

② 저속손상 … 칼, 검, 송곳 등의 물체가 유발시키는 손상이다.

③ 관통상 처치
  ㉠ 얼굴 : 기관를 유지하기 위해서 기관내삽관이 중요하다. 가슴을 압박할 때 기포가 발생하는지, 삽관튜브 통과 여부가 가능한지 확인한다.
  ㉡ 가슴 부위 : 상처부위에 거품이 낀 혈액이 있다면 긴장성 공기가슴증을 의심한다. 창상 부위의 주변을 폐쇄드레싱으로 부착한다. 창상 부위를 완전히 덮는 경우 공기흐름이 차단되면서 중증도가 증가할 수 있다.
  ㉢ 박힌 물체 : 억지로 물체를 빼거나 움직이는 것은 출혈을 증가시킬 수 있어서 위험하다. 물체를 유지하고 병원으로 이송한다. 물체는 붕대를 통해 고정한다. 하지만 뺨, 목, 기도 등을 막아 기도를 막고 있는 물체는 제거한다. 큰 물체로 이송이 어려운 경우에는 물체의 일부분을 절단하고 이송한다.

(8) 폭발 손상기전

① 종류 … 압력파, 열폭풍, 파편, 피해자 이탈 충돌, 협소 공간의 폭발, 건물 붕괴, 화상이 있다.

② 1차 유형 … 폭발열, 충격파가 있다.
  ㉠ 공기가 차 있는 귀, 폐, 위장 등에 손상을 유발한다.
  ㉡ 고막손상은 폭발손상의 민감한 지표이다.
  ㉢ 안구파열, 폭발성 폐손상, 소화기간파열, 복강내출혈, 뇌진탕 등이 있다.

문 폭발의 대표적인 손상기전이 아닌 것은?

① 화상
② 추락
③ 열폭풍
④ 파편

〈정답 ②

외상센터(응급의료기관에서 지정)
㉠ 권역외상센터(중앙응급의료센터, 권역응급의료센터, 전문응급의료센터, 지역응급의료센터 중 지정)
㉡ 지역외상센터(응급의료기관 중 지정)

TIP

의료지도를 통한 이송병원 선정 대상
㉠ 항응고 질환 또는 출혈성 질환 보유자
㉡ 화상과 외상이 동반된 경우
㉢ 투석이 요구되는 말기 콩팥 질환 보유자
㉣ 시간 지연에 민감한 사지 손상
㉤ 임신 20주 이상 산모
㉥ 구급대원의 판단

③ **2차 유형** … 파편에 의한 손상이다.
  ㉠ 대표적으로 안구손상이 있다.
  ㉡ 여러 다발성 관통상, 출혈이 있다.

④ **3차 유형** … 밀려나가 다른 물체 충돌, 주변 구조물 붕괴, 몸무게 가벼운 어린이, 골절, 압괴손상, 관통상, 열상, 충격 뇌진탕 등이 있다.

⑤ **4차 유형** … 화상, 위험 물질 노출, 질환 악화, 신경 손상으로 인한 정신과 손상 등의 기타손상이다.

(9) 응급의료기관

① **운영** … 24시간 응급환자를 진료할 수 있도록 시설, 인력, 장비 등을 유지하고 운영한다. 인력 및 장비에는 보안의 인력·장비가 포함되어야 한다.

② **중앙응급의료센터** … 대형재해가 발생하면 응급의료지원을 할 수 있는 시설·장비·인력을 갖춘 병원이다. 이외에 응급의료종사자 교육·훈련, 응급의료기관 평가 등의 업무를 한다.

③ **권역응급의료센터** … 중증응급환자를 중심으로 진료하는 병원으로 재난 대비 및 대응을 위한 거점병원이다.

④ **응급의료지원센터** … 응급의료를 효율적으로 제공할 수 있도록 응급의료자원의 분포와 주민의 생활권을 고려하여 지역별로 설치한 곳이다.

⑤ **전문응급의료센터** … 소아, 화상, 독극물 중독 등의 환자에 대한 응급의료를 위해 권역응급의료센터, 지역응급의료센터 중에서 지정할 수 있다.

⑥ **지역응급의료센터** … 지역별로 응급환자를 진료하기 위해 지정된 곳이다.

(10) 응급구조사의 역할

외상평가, 현장조사, 일차평가, 이차평가, 재평가, 골든타임 파악, 이송병원 선정, 손상방지, 자료 등록, 질 개선의 역할을 한다.

section 2 연조직 손상

(1) 위험인자

아동, 고령자, 약물중독, 기계를 다루는 노동자 등이 손상을 입을 위험이 크다.

(2) 폐쇄성 상처

타박상, 혈종, 압좌손상이 있다.

① **타박상** … 외부의 충격, 구타, 넘어짐 등으로 연부조직과 근육에 손상을 입는 것이다. 혈액이 염증부위로 몰리면서 홍반이 띄고 혈액이 유출된다. 손상 후에 2~3일이 지나면 반상출혈이 나타난다.

② **혈종** … 내부에서 발생한 출혈로 혈액이 조직을 분리시켜 형성된 주머니를 의미한다. 머리 손상에서 흔하게 나타난다.

③ **압좌 손상** … 중량의 물체의 압력에 의해서 조직, 혈관, 신경 등이 압박되면서 남는 손상이다. 압력이 오랜 시간 유지되면 다량의 독소가 몸에 축적된다. 압력이 풀리고 나면 독소가 혈관을 통해 전신으로 순환되어 대사성 산증을 유발한다.

(3) 개방성 상처

① **찰과상** … 피부막을 훼손하는 강도가 낮은 손상 유형을 의미한다.

② **열상** … 진피 깊숙하게 파여 피부가 찢어지면서 생기는 상처이다. 충돌한 조직 부위에 손상을 일으킨다.

③ **절상** … 칼, 유리조각 등과 같은 날카로운 도구로 상처가 베이면서 발생하는 손상이다.

④ **천자상** … 손상의 범위가 신체 내부까지 미치는 것으로 손상 부위가 드러나지는 않는다. 하지만 피부 깊숙이 발생한다면 근육, 신경, 장기까지 감염될 위험성이 높다.

⑤ **박힌 물체** … 물체가 신체에 박힌 손상이다. 뽑아낼 때 발생하는 손상 정도에 따라 영향이 있다.

⑥ **결출 상처** … 피부가 찢기거나 잘리기는 했으나 신체에서 떨어져 나가지 않은 상처를 의미한다.
   ㉠ 털장갑 손상 : 손상기전으로 피부 아래에 근육, 조직, 혈관, 골격 등이 드러나게 되는 상처이다.
   ㉡ 반지 손상 : 끼고 있던 반지가 다른 물체에 끼면서 손가락 피부가 벗겨지는 상처를 의미한다.

⑦ **절단** … 손가락, 발가락, 사지부분이 잘려서 생기는 손상을 의미한다. 분명하게 손상된 경우에는 출혈이 제한적이다.

폐쇄성 연조직 손상 응급조치(RICES)
㉠ 휴식(Rest) : 충격 보호
㉡ 얼음(Ice) : 혈관수축으로 내부출혈 억제, 붓기 감소, 통증 및 염증 완화
㉢ 압박(Compression) : 붓기 감소, 출혈 방지, 충격 보호
㉣ 거상(Elevation) : 출혈 예방, 붓기 감소, 통증 완화
㉤ 부목(Splint) : 지혈, 통증감소, 추가 손상 방지(근육, 신경, 혈관 손상 등)

문 폐쇄성 연부조직 손상에 해당하지 않는 것은?

① 타박상
② 찰과상
③ 혈종
④ 폐쇄성 압좌성

《 정답 ②

개방성 연조직 손상
㉠ 응급처치
 • 보호장구를 착용한다.
 • 가위로 의복을 제거하고 몸에 걸친 액세서리를 빼준다.
 • 출혈 부위 압박 지혈한다. 가능한 지혈대는 사용하지 않는다.
 • 소독 거즈로 덮어 오염을 방지한다.
 • 부목으로 움직이지 않도록 고정한다.
㉡ 주의 사항
 • 아직 벗겨지지 않은 조직 : 원래 위치로 놓고 지혈 압박 드레싱을 한다.
 • 지속 출혈 시 : 거즈를 덧대고 그 위에 붕대를 감아 준다.

소독 및 붕대(압박 드레싱)
ㄱ 목적 : 지혈(직접 압박), 청결유지(오염 방지), 고정(부목 고려), 통증 및 부종 조절이다.
ㄴ 소독 및 붕대 방법
• 출혈이 있는 경우 멸균 거즈로 압박후 금기가 없다면 상처부위를 위로 올린다.
• 소독된 거즈로 상처를 덮은 후에 붕대를 감는다.
• 붕대는 원위부에서 근위부로 감아 올라간다.
• 각 붕대의 겹치는 부분은 붕대 폭의 50% 정도가 적당하다.
• 붕대는 혈액 순환이 장애가 생기지 않도록 고정한다.
• 손가락, 발가락은 보이도록 붕대를 감은 후에 말초의 맥박, 운동, 감각, 순환 상태를 사정해야 한다.

연조직 손상 시 관통되거나 삽입된 이물질
ㄱ 응급처치
• 제거하지 않는다.
• 옆 부위를 압박하여 지혈한다.
• 긴 물체의 경우 조심하며 절단한다.
ㄴ 이물질을 제거해야 하는 상황
• 이송할 수 없는 경우
• 응급처치에 방해되는 경우
• 기도 폐쇄를 유발하는 경우
• 빰을 관통하여 추가 손상과 기도 유지가 우려되는 경우

(4) 출혈

① **구분** … 동맥성, 정맥성, 모세혈관성으로 나뉜다.
  ㄱ 정맥성 : 암적색 혈액
  ㄴ 모세혈관성 : 적색 혈액
  ㄷ 동맥성 : 선홍색 혈액

② **특징** … 반듯하게 잘린 열상, 절단 손상은 다량의 출혈이 나타나지 않는다. 혈관이 불규칙하게 잘리고 개방된 경우에는 출혈량이 증가한다.

③ **지혈 단계** … 지혈 → 염증 → 상피화 → 신생혈관 증식 → 콜라겐 합성

(5) 감염

① **원인** … 포도알균, 사슬알균 세균이 대부분이다.

② **증상** … 감염 후 2~3일이 지난 후에 발생한다. 통증, 압통, 홍반 등을 동반한다. 걸쭉한 고름이 흐르고 색상은 흐린 노랑이나 녹색을 띤다.

③ **합병증** … 세균으로 신체 조직이 분해되는 괴저와 파상풍이 있다.

(6) 출혈 응급처치

① 지혈을 한다. 지혈법 중 가장 효과가 좋은 것은 압박 방법이다.

② 일정한 강도로 혈액이 흘러나온다면 출혈지점에 드레싱을 대고 손가락으로 압박한다. 빠르게 출혈을 막을 수 없을 것 같은 경우에는 지혈대를 사용하여 지혈을 한다.

③ 지혈대를 한번 착용한 경우에 환자가 이송될 때까지 풀지 않고 재출혈 징후를 확인하면서 이송한다.

④ 청결을 유지한다. 일반적으로 손상 부위를 세척하지 않지만 감염 상태가 심각하고 이송시간이 긴 경우에는 생리식염수 세척을 고려한다.

⑤ 붕대를 감아 손상부위를 고정한다. 고정되면서 지혈 기전이 작동되고 환자의 불편감이 낮아진다. 말초 순환 장애를 감시하며 붕대 적용부위를 주기적으로 확인한다.

⑥ 얼음 팩으로 손상부위에 냉찜질을 한다. 손상부위에 바로 찜질팩이 닿는 경우 피부가 얼 수 있으므로 직접적으로 닿지 않게 한다.

(7) 특수 손상 응급처치

① 절단

㉠ 손상부위에 두꺼운 드레싱으로 지혈을 한다. 출혈이 지속된다면 지혈대 착용을 한다.

㉡ 절단된 신체부위는 함께 이송한다. 절단 부위는 생리식염수로 적힌 거즈로 감싸 비닐봉지에 넣고 봉지를 찬물에 넣어 이동한다.

② 박힌 물체

㉠ 박혀 있는 물체는 고정해서 이송한다. 움직임이 있다면 내출혈이 지속적으로 발생할 수 있으므로 환자를 이송할 때에는 최대한 움직임이 없도록 한다.

㉡ 긴 물체나 이송이 어려운 물체의 경우는 물체를 절단하여 이송한다. 이송 시에 박힌 물체를 제거하지 않는 것이 원칙이나 뺨이나 목 부위에 있어 기도유지나 심폐소생술 시행이 어려운 경우에는 제거가 가능하다.

③ 압좌증후군

㉠ 구조물에 묻혀 있는 경우 접근이 힘들 수 있다. 우선 현장 안전을 확보하고 환자를 평가한다.

㉡ 기도유지를 위해 머리, 목, 가슴 주변에 잔해를 제거하고 지혈을 한다.

㉢ 오랜 시간 갇혀 있는 경우 구획증후군을 유발할 수 있다.

㉣ 혈액과 소변의 알칼리화를 하여 산증을 교정하여 신부전을 방지한다.

㉤ 구조물로 인해 가해지던 압력이 해제되면서 부정맥이 발생할 수 있으므로 심전도 검사를 주의깊게 한다.

㉥ 구출 이후에 쇼크 치료를 즉각적으로 제공한다.

④ 구획증후군

㉠ 심각한 통증이 두드러지게 나타난다.

㉡ 증상은 손상 이후 6시간 또는 하루가 지나야 발생할 수 있다.

㉢ 원인 손상부위를 처치가 첫 번째 단계로 진행된다.

section 3 화상

(1) 피부의 기능

① 외부세계에 대한 기계적 방어

② 온도, 압력, 통증을 느끼는 감각기관

③ 체온 조절

④ 미생물이나 세균의 침투 방어

기출PLUS

분리되거나 절단된 조직

㉠ 습식 냉각
- 멸균생리식염수로 세척한다.
- 멸균생리식염수로 적신 멸균거즈의 물기를 제거한 후 절단된 조직을 감싼다.
- 밀폐용기(플라스틱이나 비닐 주머니)에 보관한다.
- 밀폐용기를 차가운 물(얼음물)로 감싸거나 냉장용기에 넣는다.

㉡ 치아
- 치아의 뿌리를 만지거나 씻어내지 않는다.
- 우유 또는 생리식염수에 넣어 보관한다.

㉢ 기타 사항
- 얼음에 조직이 닿는다면 괴사하므로 주의한다.
- 사용하지 못할 조직(손톱 등)이라도 일단 가져온다. 회복 시 보존적 용도로 사용될 수 있다.

TIP

화상의 깊이

㉠ 1도 화상: 피부 표피층에만 국한. 홍반과 국소적 통증은 있으나 수포는 없다.

㉡ 2도 화상: 표피와 진피 일부에 수포가 생긴다.

㉢ 3도 화상: 진피의 전체(피하지방), 진피(털주머니, 땀샘, 피지선, 신경말단, 모세혈관)의 손상으로 감각 상실, 피부색 변화(갈색이나 흰색)가 나타난다.

㉣ 4도 화상: 피부 밑에 있는 지방층, 인대, 근막, 골조직까지 침범된 경우이다.

문 3도 화상의 특징으로 옳은 것은?

① 통증이 있다.
② 수포를 형성한다.
③ 감각이 마비된다.
④ 피부가 붉게 변한다.

‹정답 ③

(2) 화상의 깊이

구분	1도 화상	2도 화상	3도 화상
원인	햇빛, 경미한 화염 등	뜨거운 액체, 화염 등	화학, 전기, 뜨거운 금속 등
손상의 정도	표피	표피 전층과 진피 일부	진피 전층과 피하조직의 대부분
피부 색상	붉은 색	얼룩덜룩한 붉은 색	갈색 또는 흰색
증상	수포는 나타나지 않지만 통증은 있다.	통증과 수포가 발생한다.	통증과 수포가 발생하지 않고 건조하다.
치유기간	1주	표재성 2~3주 심부성 3~8주	피부이식이 필요하다.

(3) 종류

① **열화상** … 뜨거운 물체나 액체에 접촉 또는 노출된 경우에 발생하게 되는 화상이다.

② **전기 화상** … 전기 설비, 낙뢰, 고압전선 등에 의해 발생하게 되는 화상이다.

③ **화학 화상** … 강산성, 강알칼리성, 유기체 혼합물 등에 접촉하거나 흡입한 경우 발생하게 되는 화상이다.

④ **방사선 화상** … 방사능 물질이나 자외선에 과다하게 노출되는 경우 발생하게 되는 화상이다. 방사선의 종류로는 알파선, 베타선, 감마선, 중성자선 등이 있다.

⑤ **흡입 화상** … 뜨거운 공기를 흡입하면서 발생하게 되는 화상이다. 빈번하게 발생하는 흡입화산은 일산화탄소가 있다.

(4) 체표면적

① 9의 법칙

㉠ 성인: 머리와 목 9%, 상배부(윗쪽 몸통 뒷면) 9%, 전흉부(윗쪽 몸통 앞면) 9%, 각각의 상지 9%, 하복부(아래쪽 몸통 앞면) 9%, 하배부(아래쪽 몸통 뒷면) 9%, 외부 성기 1%, 각 하지의 뒷 표면 9%, 각 하지의 앞 표면 9%이다.

㉡ 영아: 머리와 목 9%, 팔 9%, 후배후(몸통 뒷면) 위·아래 각 9%, 성기 1%, 각 하지 13.5%이다.

② 손바닥의 법칙 … 화상 부위를 손바닥 면적과 비교하여 범위를 가늠하는 것이다.

(5) 합병증

① **저체온증** ··· 화상 과정 중에 혈장과 수분들이 방출되어 증발하면서 열에너지의 손실이 증가하면서 발생한다.

② **저혈량증** ··· 수분흡수 능력이 떨어지면서 수분 손실로 유발된다.

③ **건조가피** ··· 진피 세포가 파괴되면서 피부가 가죽처럼 되는 현상이다.

④ **감염** ··· 세균이 침입하면서 발생한다.

⑤ **장기 기능부전** ··· 손상조직이나 죽은 세포에서 발생한 물질이 혈류를 타면서 기능부전을 유발한다.

(6) 전문화상센터에서 치료가 유익한 화상

① 화상의 깊이, 범위(면적), 부위, 환자의 나이, 건강상태(질병) 등으로 판단한다.

② 영아, 노인, 기왕력 환자

③ 체표면적 10% 이상의 3도 화상 환자

④ 10 ~ 50세까지 체표면적 25% 이상(기타 나이는 20% 이상)의 2도 화상 환자

⑤ 거동이 어려워지는 손, 발 등의 주요 관절 부위 및 골절 등의 동반된 중증 외상

⑥ 감염 위험성이 높은 생식기 및 회음부 화상

⑦ 저작기능 곤란 및 흡입 화상 가능이 되는 얼굴 화상

⑧ 흡입 화상, 전기 화상, 화학 화상

(7) 평가

① **현장평가**

    ㉠ 사고발생 당시의 상황과 현장의 안전을 확인하다. 환자가 걸치고 있는 가죽, 금속 등은 열 손상을 유발할 수 있으므로 제거한다.

    ㉡ 위험물질이 있는 경우 안전지역을 확보한다. 구급차는 바람을 등지고 사고 지점보다 높은 지역에서 접근 하면서 위험지역으로 설정하여 인근 주민의 접근을 차단하고 오염 확산을 방지한다.

    ㉢ 위험물질에 접촉한 환자를 평가하기 전에 전제되어야 하는 것은 위험물질이 규명되었는가, 환자의 제염이 시행되었는가, 개인보호장구를 착용이 되었는가이다.

② **일차평가**

    ㉠ 의식수준, 외상, 머리 · 척추 손상 여부를 확인한다.

    ㉡ 화상환자에게 기도상태 확인은 중요하다. 기도 유지를 확인하고, 기도에 열손상이나 흡입손상 징후를 확인한다.

ⓒ 얼굴·두피·목 주변의 화상, 불에 탄 코털과 눈썹, 입 주변이 그을음을 확인하여 흡입손상을 확인한다.

ⓔ 협착음, 쉰 목소리, 기침이 나타나는 경우 점막에 자극이 있다는 것으로 기도부종이 발생할 수 있다.

ⓜ 100%에 가까운 고농도 산소를 제공한다.

③ 이차평가 … 9의 법칙이나 손바닥 법칙에 따라 화상의 깊이를 확인한다. 이후 화상의 깊이, 화상부위, 위험인자, 손상부위 등을 평가하여 중증도를 분류한다.

(8) 응급처치

① 고농도 산소 투여

ㄱ 구조된 환자는 비재호흡마스크를 통해 100% 산소를 투여한다.

ㄴ 산소투어에도 의식이 악화되거나, 호흡곤란, 기도부종 등이 증상이 나타나면 기관내삽관술을 진행한다.

② 경증화상

ㄱ 국소적인 화상인 경우에 냉각법을 사용하여 처치를 하여 화상의 진행을 방지하고 통증을 경감시킬 수 있다. 체표면적이 넓은 화상의 경우는 저체온증이 발생할 수 있다.

ㄴ 부종이 발생하므로 의복, 금속 등의 몸을 조이게 하는 것은 제거한다.

③ 중등·중증 화상

ㄱ 현장 처치시간은 최대 10분미만으로 최소화 한다. 처치로 이송을 지연하지 않고 신속하게 이송한다.

ㄴ 화상이 주요 원인이 아닌 합병증으로 쇼크가 발생할 수 있다.

ㄷ 전층 화상의 경우에는 건조한 무균 드레싱으로 상처를 덮어두면 통증경감, 오염방지, 충격보호 등의 역할을 한다.

ㄹ 체온유지을 위해 주변 환경을 따뜻하게 유지한다.

ㅁ 화상부위가 맞닿는 손가락이나 발가락의 부위 사이에 붕대를 덧대어 상처가 들러붙지 않도록 한다.

ㅂ 화상 후 시간이 지체되면 수분 손실의 위험이 높으므로 직접의료지도에 따라서 생리식염수나 젖산링거액을 투여한다.

④ 흡입 손상

ㄱ 기도 확보를 위해 면밀히 기도를 확인한다.

ㄴ 일산화탄소 연기 흡입 손상의 경우는 산소포화도가 95% 이상이 되더라도 고농도 산소를 투여한다.

⑤ 전기 손상

ㄱ 전기가 들어오는 부위와 나가는 부위에서 심한 조직 손상이 발생한다.

ⓛ 고전압인 경우에는 근수축이 유발되어 심부조직이 파괴되거나 골절, 척추손상 등이 발생할 수 있다.

ⓒ 심장 부위를 전기의 흐름이 지나가는 경우 부정맥 발생확률이 높다.

ⓔ 전기가 차단 된 이후에도 화상이 지속적으로 발생할 수 있으므로 착용하고 있는 금속, 의복 등과 압박을 가하는 것은 제거한다.

⑥ 낙뢰 손상

ⓐ 손상환자에게 접촉되어도 전기에 감전되지 않는다.

ⓛ 의복은 불이 붙어서 탈 것 같은 경우에 제거한다.

ⓒ 낙뢰로 호흡 정지가 유발하므로 기도, 호흡, 순환을 처치한다.

⑦ 화학 화상

ⓐ 위험물질 판정에 필요한 정보 : 위험물질 수송자의 인적사항 및 차량번호, 위험물질 제조회사 및 판별숫자, 위험물질의 양, 발생상황, 현장상황, 기후조건, 선적자 · 수취인을 확인한다.

ⓛ 화학물의 성상을 확인하고 현장안전을 확인하고 개인보호장구를 착용하고 처치와 평가를 한다.

• 오염이 의심되는 의복은 제거하고 제거한 의복에 다른 사람이 접촉하지 않도록 격리한다.

• 화상부위는 순한 비누와 스펀지를 사용하여 조심스럽게 닦고 흐르는 물로 세척하여 손상이 더 이상 진행되지 않도록 한다. 응급실 도착할 때까지 세척은 진행하지만 해독제, 중화제 사용은 하지 않는다.

• 눈에 충혈 · 변색, 눈꺼풀 경련 등의 여부를 확인한다. 손상된 경우 눈에 다량의 물 또는 생리식염수로 세척을 한다.

• 세척은 염기화상은 15분가량, 산 화상은 5분 동안 한다. 물질이 파악되지 않는 경우 20분가량 진행한다.

⑧ 방사선 화상

ⓐ 평가와 치료를 진행하기 전에 소독을 먼저 진행하여 오염을 제거한다.

ⓛ 오염부위를 물로 세척한다. 식기 세제, 세척제를 사용하면 효과적이다.

ⓒ 이송 전에 오염제거를 먼저 시행한다.

section 4 출혈

(1) 구분

① 출혈 … 혈관이 손상되면서 혈관에서 혈액이 손실되는 것이다. 모세혈관, 정맥, 동맥 출혈로 구분된다.

② 모세혈관 출혈 … 가장 크기가 작은 혈관으로 상처부위에서 스며 나오는 혈액이다. 찰과상에서 대개 유발되고 자발적으로 응고가 진행된다. 밝은 분홍빛이다.

기출PLUS

지혈 응급 처치

㉠ 지혈 순서 : 직접 압박 → 거상 → 압박붕대 → 압박점 → 지혈대

㉡ 지혈 방법
- 직접 압박법 : 가장 먼저 해야 하는 지혈방법, 손가락 또는 손으로 출혈부위를 직접 압박한다.
- 거상 : 금기사항이 없다면 손상된 부위를 위로 올린다.
- 소독 거즈 후 압박 붕대를 사용한다.
- 압박점 사용 : 출혈부위에 가까이 위치한 근위부의 동맥부위를 압박한다.

㉢ 재출혈 시
- 그대로 두고 소독거즈로 덮고 직접 압박한다.
- 압박 붕대로 한차례 더 감아준다.
- 붕대는 의사에게 도착 전까지 제거하지 않는다.

지혈대

㉠ 방법
- 폭 5cm 이상, 상처의 근위부 10cm 정도 윗부분에 적용한다.
- 맥박이 잡히지 않고 출혈이 멈출 때까지 압력을 가한다.
- 풀리지 않도록 고정을 한 후에 적용한 일시와 시간을 표기한다.

㉡ 주의사항
- 허혈 위험성으로 마지막에 고려한다.
- 관절이나 상처 부위에는 금기이다.
- 넓은 면적의 지혈대를 사용한다. 없을 경우 혈압계 대용이 가능하다. 혈압계 사용 시 초기 압력을 같이 표시한다.
- 조인 지혈대는 풀지 않고 재출혈이 생긴다면 더 강하게 압력을 주어 지혈한다.

㉢ 합병증 : 신경 및 혈관 손상, 조직 괴사, 대사성 산증, 재출혈 등이 있다.

③ 정맥 출혈 … 빠르게 출혈이 진행되지만 금방 지혈이 된다. 암적색을 띈다.

④ 동맥 출혈 … 급속하게 출혈이 진행되고 솟구쳐서 나오게 된다. 혈액량이 많고 혈액 손실이 크다.

(2) 종류

① 외부출혈
㉠ 붕대로 상처 부위를 지혈하여 혈류의 흐름을 느리게 하고 응고 기전을 돕는다.
㉡ 동맥부위인 경우 출혈부위를 정확하게 파악하여 직접 압박을 가한다.
㉢ 출혈이 지속되는 경우에 지혈대를 사용한다. 지혈대 사용으로 관류가 상실되어 나타나는 독성 물질의 축적을 주의한다.

② 내부출혈
㉠ 관통상, 타박상과 관련이 있는 것으로 혈종이 형성될 수 있다.
㉡ 내부출혈이 심각한 경우에는 다량의 혈액 손실과 쇼크 징후가 나타날 수 있다.
㉢ 저체온증, 산혈증, 혈액희석 등에 의해서 혈액응고장애가 발생할 수 있다.

(3) 단계

① 1단계 출혈 … 전체 혈액량의 15% 가량이 손실된 것이다. 불안감, 차갑고 창백한 피부, 카테콜아민 방출 징후 등이 나타난다.

② 2단계 출혈 … 전체 혈액량의 15~30% 가량이 손실된 것이다. 갈증, 불안, 빈맥, 호흡수 증가, 차갑고 축축한 피부 등이 나타난다.

③ 3단계 출혈 … 전체 혈액량의 30~40% 가량이 손실된 것이다. 쇼크 징후가 발생한다. 호흡곤란, 빈맥, 심한 갈증 및 불안감 등이 나타난다.

④ 4단계 출혈 … 전체 혈액의 40% 이상이 손실된 것이다. 약한 맥, 무기력증, 무의식 등이 나타난다.

(4) 처치

① 기도와 호흡의 우선적으로 처치하여 환기 보조를 제공한다.

② 중증 출혈 부위를 압박하여 지혈을 한다. 부목을 통해 손상 부위 안정성을 유지한다.

③ 뇌손상, 눈, 목 등의 외상에는 두개골이나 뇌에 직접적으로 압력이 가지 않도록 손가락을 이용하여 조심스럽게 압박한다.

④ 안구의 경우 안구를 직접적으로 압박하지 않고 손상되지 않은 안구 주변의 뼈를 압박한다.

⑤ 손상 부위를 거상하고 동맥점을 압박한다.

⑥ 출혈지점을 파악하기 어렵고 출혈이 지속되는 경우에 지혈대를 사용한다.

⑦ 심각한 개방성 상처에는 대형 드레싱으로 손상 부위를 덮고 붕대로 고정한다.

section 5 쇼크

(1) 단계

① 1단계(보상성 쇼크) … 쇼크 초기 단계이다. 맥박수 증가, 맥압 감소, 차갑고 축축한 피부, 불안, 초조, 갈증, 허약 등이 나타난다. 막바지에 이르게 되면 산소부족과 빈호흡이 나타난다.

② 2단계(비보상성 쇼크) … 신체 보상기전에서 전부하를 유지가 불가능하면 발생한다. 맥박이 없고 혈압이 급감하고 무의식 상태가 된다.

③ 3단계(비가역적 쇼크) … 신체 세포가 심하게 손상되어 발생하는 것으로 죽음에 이르게 된다.

(2) 유형

① 저혈량성 쇼크 … 구토, 설사, 출혈 등으로 발생한 체액 손실로 혈액량이 줄어들어 발생한다. 체액이 소실되면서 저혈량증을 유발한다.

② 심장성 쇼크 … 심장 기능약화 및 심부전에 의해서 발생한다. 심근에 혈액공급이 되지 않아 저산소증, 허혈, 괴사 등으로 악화된다.

③ 신경성 쇼크 … 중추신경계의 손상으로 혈관이 확장되면서 발생한다. 피부는 핑크빛이 돌지만 신경손상이 발생한 부위의 피부는 창백하고 차가우며 축축한 피부이다.

④ 아나필락시스 쇼크 … 알레르기 요소가 유입되어 발생한다.

⑤ 패혈성 쇼크 … 광범위한 감염으로 체액이 혈관 외부로 이동하면서 발생한다.

(3) 증상

① 혈압 저하

② 맥박 증가(예외 : 신경성은 정상이거나 감소)

③ 차가운 피부(예외 : 신경성은 따뜻함, 패혈성은 초기에는 따뜻하지만 이후에 진행 시 차가움)

④ 목정맥 수축(예외 : 심장성은 팽대)

⑤ 기타 … 신경성은 신경마비가 나타난다.

(4) 평가

① 반복적인 구토 및 설사, 토혈, 객혈, 수분섭취 여부를 확인한다.

② 심장 질환, 폐렴, 욕창, 알레르기성 물질 노출 여부 등을 확인한다.

③ 전반적으로 피부 상태를 확인한다. 피부가 청색 또는 회색이며 창백하다거나, 차갑고 축축한 경우에는 말초혈관 수축으로 쇼크 초기 징후에 해당한다.

기출PLUS

쇼크의 5P 징후
① 창백(Pallor)
② 탈진(Prostration)
③ 식은땀(Perspiration)
④ 맥박 없음(Pulselessness)
⑤ 호흡 부전(Pulmonary insuffciency)

문 쇼크 징후의 대표적인 5P가 아닌 것은?

① 탈진
② 감각이상
③ 무맥박
④ 호흡부전

〈정답 ②〉

문 신경성 쇼크에 대한 초기 증상으로 볼 수 없는 것은?

① 혈압 저하
② 신경 마비
③ 차가운 피부
④ 목정맥 수축

〈정답 ③〉

④ 머리 주변을 평가할 때 머리 내부 출혈의 경우 쇼크징후가 나타나지 않을 수 있다.

⑤ 목정맥이 평평한 경우에는 저혈량증을 의심한다.

⑥ 가슴과 복부를 검사하여 긴장성 공기가슴증, 심장눌림증의 가능성을 확인한다.

⑦ 골절유무를 위해 사지를 평가하고 중증 손상이 예상되는 부분을 확인한다.

(5) 처치

① 기도확보를 하여 맥박산소측정기 수치가 96% 이상을 유지한다.

② 호흡곤란이 지속되는 경우에는 호기말양압과 지속기도양압을 한다.

③ 무의식 환자에게 목동맥이 촉진되지 않는다면 심폐소생술을 실시한다.

④ 지혈을 진행하고, 담요를 덮어 주거나 주변 환경을 따뜻하게 하여 체온을 조절한다.

⑤ 활력징후가 정상범위로 회복될 때까지 생리식염수나 젖산링거액을 투여하여 회복여부를 확인한다.

section **6** 근골격계 손상

(1) 근육 손상

① 타박상 … 손상 부위 아래의 근육이 눌려지면서 근육세포 손상이 발생할 수 있다.

② 관통상 … 물체가 피부와 피하조직을 관통하면서 근육과 힘줄에 손상이 발생할 수 있다.

③ 구획증후군 … 팔이나 다리 안에 근육끼리 무리를 지어 구획 안에 존재한다. 구획 안의 압력에 이상이 생기면서 근육, 신경, 혈관이 손상을 받아 생긴다.

④ 근육피로 … 근육의 활동이 한계에 도달하면서 근육이 약화된 상태이다.

⑤ 근육경련 … 지속적으로 근육조직이 연축되면서 발생한다.

⑥ 근육연축 … 근육이 간대성·긴장성 경련을 하는 것이다.

⑦ 근육긴장 … 근육섬유가 늘어나고 파열한 경우 발생하는 것이다.

(2) 관절 손상

① 염좌 … 관절을 지지하는 인대나 근육이 늘어나거나 일부분이 파열되면서 발생하는 손상이다. 급성 통증, 염증, 부종이 나타난다.

② 아탈구(불완전탈구) … 관절낭 내부에 있는 뼈끝의 일부가 제 위치에서 이탈하면서 발생한 손상이다. 스트레스를 받은 관절이 분리되어 인대가 늘어나면서 발생한다.

③ 탈구 … 관절에서 뼈끝이 완전히 이탈되는 손상이다.

TIP

대표적인 탈구의 종류 및 처치

㉠ 종류 : 주관절 탈구(팔꿈치 관절), 견관절 탈구(어깨 관절), 슬관절 탈구(무릎 관절), 고관절 탈구(엉덩이 관절)

㉡ 증상 : 관절 변형, 부종, 통증(특히 촉진 시 심한 압통), 운동 제한 및 소실

㉢ 처치
• 정복하려하지 않고 움직이지 않도록 고정만 한다.
• 상지의 경우 편한 자세로 고정한다.
• 하지의 경우 베개나 담요로 지지하며 그대로 부목을 고정한다.
• 피부 상태와 혈액 순환, 감각 상태를 확인한다.

㉣ 예외 : 무릎관절과 주관절은 신경과 동맥의 손상 동반 가능성이 크기 때문에 증상이 있다면 우선 견인을 시도한다.

(3) 골절

① 개방성 골절 … 골절된 뼈끝이 피부 바깥으로 뚫고 나온 골절이다.

② 폐쇄성 골절 … 뼈가 피부 바깥으로 나오지 않고 내부에서 뼈가 골절된 것이다.

③ 분쇄 골절 … 뼈가 여러 조각으로 쪼개지면서 발생하는 골절이다.

④ 가로 골절 … 수직으로 가해진 힘으로 뼈가 가로로 골절되는 것이다.

⑤ 빗금 골절 … 사선 방향으로 골절이 생긴 것이다.

⑥ 생나무 골절 … 소아 환자에게 빈번하게 발생한다. 뼈의 한 부분만 구부러진 잔가지와 같은 모양으로 손상되는 것이다.

(4) 평가

① 머리, 목, 가슴, 배, 골반까지 신체를 검진한다.

② 골반골절의 경우 다량의 출혈을 발생하므로 안정을 취하게 한다. 골반, 양측 넙다리뼈에서 골절이 있다면 고정대나 척추고정판의 사용을 고려한다.

③ 사지 손상평가를 위해 6P(통증, 창백, 마비, 감각이상, 압력, 맥박)를 평가한다.

(5) 처치

① 추가적인 손상을 막기 위해서 환자의 자세를 편안하게 하고 부목을 적용한다. 또한 손상부위를 고정하여 움직임으로 발생할 수 있는 추가 손상을 방지한다.

② 개방성 상처가 있다면 상처부위를 멸균 드레싱으로 덮고 부목으로 고정을 한다.

③ 부목을 적용하기 전에 신체기능과 감각상태를 확인한다.

④ 손상 부위에 얼음팩으로 국소적으로 냉각처치를 한다. 직접적으로 손상 부위에 닿지 않게 한다.

⑤ RICE 치료 … 휴식(Rice), 냉찜질(Icing), 압박·고정(Compression), 거상(Elevation)

⑥ 근골격계 손상 응급처치(부목)

　㉠ 지속적 통증 호소 시 골절에 준하여 처치하며 부목을 사용한다.

　㉡ 손상 부위의 의복을 모두 가위로 잘라 제거하여 피부상태를 확인한다.

　㉢ 변형된 손상은 무리하게 정복을 시도하지 않는다.

　㉣ 관절의 위·아래를 포함하여 고정한다.

　㉤ 신체 돌출 부위나 부목 자체의 딱딱한 곳은 피부보호를 위해 솜이나 패드를 댄 후에 고정한다.

　㉥ 손상 및 고정 부위의 순환·운동·감각을 확인 후 지속 평가한다.

넙다리뼈 골절(대퇴 골절)

㉠ 위험성

· 다량의 출혈 가능성이 있다.

· 방광, 생식기관, 소화기계 일부 손상 가능성을 염두에 둔다.

㉡ 특징: 발이 바깥으로 돌아간다.

㉢ 응급처치

· 발견 그대로 고정 후 이송한다.

· 단순 몸통 골절이라면 견인부목으로 지속적 견인을 취함으로 출혈 감소가 가능하다.

· 척추고정판을 사용하여 이송한다.

골반 골절

㉠ 위험성 : 2L 이상의 다량의 내출혈과 방광·생식기관·소화기계 일부 손상 가능성을 염두에 둔다.

㉡ 응급처치 : 고정하기 위해서 지지대나 고정대를 적용하고, 저혈량성 쇼크를 유의한다.

문 사지손상평가를 위한 6P에 해당하지 않는 것은?

① 통증(pain)

② 창백(palor)

③ 무맥박(pulselessness)

④ 압력(pressure)

〈정답 ③

기출PLUS

TIP

부목 종류 및 적용

㉠ 종류
- 고정부목 : 골절환자의 신체 고정을 목적으로 적용하는 부목이다.
- 견인부목 : 골절부위 끝 부분을 부드럽게 당기어 골절 주위 부위 조직의 손상을 예방할 목적으로 적용하는 부목이다.

㉡ 적용 원칙
- 부목을 적용하기 전에 손상된 사지 말단부의 맥박, 움직임, 감각상태를 먼저 사정한다.
- 손상된 부위의 위와 아래쪽의 관절을 고정시킨다.

TIP

기흉(공기가슴증)

㉠ 정의 : 폐에 구멍이 생겨 공기가 새어 나가면서 늑막강 안에 공기가 차는 것이다.

㉡ 증상 : 흉통과 호흡곤란이 가장 흔하게 나타난다. 흉통은 갑자기 시작되고 24시간이 지나면 점차 사라진다.

㉢ 주의사항
- 높은 고도에서는 폐의 공기주머니가 쉽게 손상될 수 있으므로 항공 이송은 의사와 협의하고 진행한다.
- 복압과 흉부압을 높이는 활동은 주의한다.

⑦ 골절 부위별 응급처치

㉠ 쇄골 골절 : 삼각건을 몸체에 묶어 고정한다.

㉡ 척추 골절
- 대부분 폐쇄성 골절의 형태이다.
- 앙와위를 취하게 하여 기도유지 및 경추를 고정하고, 척추고정판을 이용하여 척추를 고정한다.
- 체위 변경 시 log roll법을 이용한다.
- 환자의 머리를 들거나 앉히지 않는다.

㉢ 두개골 골절
- 귀나 코 등에서의 출혈과 뇌압 상승 위험이 있다.
- 경추 손상이 없다면 머리와 어깨를 상승시킨 후 붕대를 감아 이송한다.
- 두개내압 상승을 예방하기 위해서 귀나 코에서 흘러나오는 혈액이나 뇌척수액을 막지 않는다.

㉣ 골반 골절
- 주요 장기손상 동반 위험이 높다.
- 골절부위 사정과 추가적으로 장기 손상 여부에 대한 사정이 필요하다.
- 전신 부목을 적용하여 몸의 선열을 바르게 유지한다.
- 환자를 앙와위로 눕힌 상태에서 고정하여 이송한다.

section 7 흉부 · 복부 손상

(1) 흉부손상

① 개방성 공기가슴증

㉠ 정의 : 폐에 탄환 등과 같은 관통상으로 발생한 구멍으로 공기가 새어나가면서 늑막강 안으로 공기가 차면서 발생하는 질환이다.

㉡ 증상 : 손상부위에 거품이 섞인 혈액이 있고 호흡곤란, 저혈량증이 나타난다.

㉢ 처치
- 기도 확보, 산소 투여를 한다. 관통상의 경우 이물질 제거는 금지된다.
- 창상부위 폐쇄(멸균 폐쇄 드레싱) : 거즈의 4면 중 3면만 밀폐하여 긴장성 기흉 진행을 방지한다.
- 호흡음 감소, 목정맥 팽대 등이 나타날 경우 폐쇄 드레싱 제거 후 다시 덮고 주의 관찰한다. 지속 시 긴장성을 의심한다.

② 긴장성 공기가슴증
   ㉠ 정의 : 흉부 외상이나 선천적으로 결함이 있는 환자가 의료시술 중에 폐에 구멍이 생기는 것이다.
   ㉡ 증상 : 심각한 호흡곤란이 발생하고 환기와 관류가 불균형해진다. 저산소증, 청색증, 발한, 저혈압, 저혈량증이 나타난다.
   ㉢ 처치 : 고압산소 공급에도 저산소혈증이 나타난다면 백밸브마스크로 산소를 보충하며 삽관을 한다.

③ 혈액가슴
   ㉠ 정의 : 내출혈로 가슴막강 안에 혈액이 고이면서 발생하는 것이다. 갈비뼈 골절, 관통상 등의 손상기전으로 유발된다.
   ㉡ 증상 : 청색증, 평평한 목정맥, 호흡곤란이 나타난다. 혈액이 고인 부위를 타진하면 둔탁한 소리가 들린다.

④ 폐좌상
   ㉠ 정의 : 폐 실질에 직접적으로 타박이 가해지면서 폐포에 부종과 출혈이 발생하는 질환을 의미한다.
   ㉡ 증상 : 호흡곤란, 빈호흡, 빈맥 등이 나타나고 늑골 골절이 동반되는 경우가 잦다.

⑤ 동요가슴
   ㉠ 정의 : 3개 이상으로 인접하게 있는 갈비뼈의 2부위가 골절되면 흉벽운동이 정상적으로 수행되지 않아 발생하는 것이다.
   ㉡ 증상 : 촉진 시에 비빔소리가 들린다, 흉벽의 모순운동이 나타난다.
   ㉢ 처치 : 척추 손상이 없다면 손상된 부위 쪽으로 환자를 눕히고, 손상이 있는 경우에는 앙와위를 유지하면서 동요가슴의 분절을 붕대나 패드로 압박·고정한다. 산소공급을 충분히 하고 활력징후를 확인한다.

⑥ 심장눌림증(심낭 압전)
   ㉠ 정의 : 심장을 둘러 싼 막에 혈액이 고이면서 심장을 누르게 되면서 심박출량이 감소하면서 쇼크가 생기는 것이다.
   ㉡ 기전 : 관통상 또는 자상→심장이나 대혈관의 파열→심장막 혈액 유입→심낭 내의 혈액이 심장 압박→심박출량 감소→혈압 저하→경정맥 팽대
   ㉢ 증상
   • 가슴이 답답함이 나타난다.
   • 가슴에서부터 목, 어깨, 복부, 허리로 통증이 퍼져나간다.
   • 기침에 통증이 악화된다.
   • 누워있을 경우 통증이 심하지만 앉거나 몸을 앞으로 숙이고 있을 때는 통증이 완화된다.

TIP

흉부 손상 응급처치
㉠ 응급처치
• 산소 공급, 호흡 유지, 기도 유지, 기관내삽관을 고려한다.
• 외부 출혈을 지혈하고 개방 관통상을 폐쇄한다.
㉡ 주의점
• 양압 환기 시 : 기관지 손상, 공기가슴증, 긴장성 공기가슴증, 심장 정맥 환류 악화가 나타난다.
• 수액 투여 시 : 지혈 지연, 출혈 증가, 부종 증가, 수포음 및 호흡곤란 악화가 나타날 수 있어 주의 관찰이 필요하다.

문 지게차 후진 중 조정핸들이 가슴에 부딪치면서 흉통과 호흡곤란을 호소하는 신고가 접수되었다. 흡기 시 흉벽의 함몰, 호기 시 흉벽의 팽만이 관찰될 때 예상되는 손상은?

① 복장뼈 골절
② 동요 가슴
③ 종격동 공기종
④ 피하 공기증

〈정답 ②〉

② 특징
  • beck의 3 징후 : 혈압 저하, 목정맥 팽대, 청진상 심장음의 감소이다.
  • 쿠스말 호흡 : 숨을 쉴 때 압력이 증가한 결과 경정맥이 확대된다.
  • 모순맥박(기이맥) : 흡기 시 수축기 혈압이 10mmHg 이상 감소한다.
  • 교대맥
    – 얇고 빠른 맥박, 긴장성 기흉과 감별에 주의한다.
    – 혈액량 감소 쇼크가 동반된 경우에는 목정맥 팽대가 없을 수 있다.
  ⑩ 처치
  • 산소를 투여한다.
  • 수액을 주의하여 투여한다.
  • 신속하게 전문의료센터로 이송한다.

⑦ 외상성 대동맥 파열
  ㉠ 정의 : 교통사고나 추락사고에서 자주 발생하는 섯으로 동맥관 인대 부위의 파열이 잦다.
  ㉡ 증상 : 등까지 방사하는 통증이 나타나고 맥박이 약하게 촉지된다. 고혈압, 저혈량증, 저혈압, 수축기 잡음이 나타난다.

⑧ 늑골(갈비뼈) 골절
  ㉠ 특징
  • 가장 빈번하게 발생하는 흉부 손상이다.
  • 통증 감소 위한 외부고정 시행은 호흡억제로 금지한다.
  ㉡ 기전 : 통증(압통, 특히 심호흡, 기침, 운동 시 악화)→얇고 잦은 호흡, 감소된 흉벽 움직임→저산소증, 저환기, 근육경련→무기폐, 폐렴 위험성
  ㉢ 처치 : 통증 조절, 호흡 조절, 동반 손상을 확인한다.
  ㉣ 부위
  • 상부 : 중증 손상(기관, 기관지, 주요 혈관 등)을 항상 고려한다.
  • 하부 : 복부 손상(간, 비장 등)을 항상 고려한다.

(2) 복부손상

① 복강 내 장기
  ㉠ 위치
  • 우상복부 : 간, 담낭, 대장일부, 십이지장, 콩팥
  • 좌상복부 : 위. 비장, 대장일부, 췌장, 콩팥
  • 우하복부 : 상행결장, 충수
  • 좌하복부 : 하행결장, s자 결장
  ㉡ 속빈장기 : 위, 소장(작은 창자), 대장(큰 창자), 직장(곧 창자), 방광, 담낭, 자궁
  ㉢ 고형장기(실질장기)
  • 구성 : 간, 비장, 췌장, 신장
  • 손상기전 : 혈관 풍부→손상 시 대량 출혈→혈압저하→출혈성 쇼크

② 복부 둔상

　㉠ 교통사고, 추락, 타격 등으로 복부에 압력이 가해지면서 장기 손상으로 발생하는 손상이다. 내장이 적출되거나 장간막, 대혈관 등의 손상이 나타난다.

　㉡ 적출된 내장을 다시 밀어 넣는 경우 세균이 침투할 수 있다.

③ 복부 관통상 : 상복부에 발생하는 경우가 많다. 내장이 적출될 수 있으며 간, 소장, 횡격막, 대장 등이 손상될 수 있다.

④ 장기손상

　㉠ 속빈 장기(위, 창자, 방광, 담낭 등) : 혈변, 토혈, 혈뇨가 발생할 수 있다.

　㉡ 비장 : 다량의 혈액이 손실되어 쇼크가 발생한다. 케르니그 징후가 나타난다.

　㉢ 이자 : 상복부 통증을 호소한다. 이자 효소가 주변 조직에 유출되면서 중증 내부 손상이 유발될 수 있다.

　㉣ 신장 : 등이나 옆구리의 통증, 혈뇨를 유발한다.

　㉤ 간 : 우측 아래 흉부와 오른쪽 윗 어깨에 압통이 발생한다. 중증 내출혈이 발생한다.

⑤ 복막염 : 복막에 감염이 발생하면서 유발된다. 약하게 압통이 발생하다가 점차 압통 부위가 넓어진다. 이후 반동압통이 나타나게 되고 전방 복근이 수축되는 근성방위가 발생한다.

⑥ 복강 출혈

　㉠ 복막 뒤(후복막) 장기

　　• 구성 : 부신, 신장, 췌장, 십이지장

　　• 복막자극 증상의 정도(반발통 등) : 복막내 출혈 > 후복막 출혈

　㉡ 특징

　　• 그레이-터너 징후 : 후복강 내 출혈로 측부가 변색된다.

　　• 쿨렌 징후 : 배꼽 주위가 변색된다. 적색은 염증이고 푸른색은 복강내출혈이다.

　　• 복강 내 혈액 2,000cc 이상의 혈복강이 있는 경우 양쪽 어깨나 목에 통증이 있다.

　　• 흉부 관통상은 복강 내 및 후복강 내 출혈 가능성을 염두에 둔다.

⑦ 복부 손상의 응급처치

　㉠ 가능하면 무릎을 구부린다.

　㉡ 구토 시 좌측으로 눕힌다.

　㉢ 기도 확보 및 유지, 산소공급을 한다.

　㉣ 출혈을 조절한다.

　㉤ 수액을 투여한다.

　㉥ 금식 교육을 한다.

　㉦ 저체온증에 유의한다.

⑧ 복부 외상환자 응급처치

　㉠ 외부출혈에는 압박지혈을 하면서 이송을 진행한다.

　㉡ 물체가 박혀있는 경우 현장에서 제거하지 않고 물체가 움직이지 않도록 고정시켜놓고 이송을 한다.

🔖 **기출PLUS**

📝 **복부 손상 환자 응급처치로 옳지 않은 것은?**

① 금식을 교육하고 수액을 공급한다.

② 반발통 호소 시 더 이상의 촉진은 시행하지 않는다.

③ 구토 증세 가능성으로 대비를 한다.

④ 저혈량성 쇼크 예방을 위해 다리를 높게 올린다.

❮정답 ④❯

ⓒ 장기가 외부로 적출이 된 경우는 생리식염수를 적신 거즈로 장기를 덮어두고 압력을 가하지 않는다. 장기를 다시 밀어 넣지 않는다.

ⓔ 골반 뼈의 골절이 의심되는 경우 고정장치를 사용하여 고정한다.

(3) 대동맥 박리

① **정의**… 심장에서 몸 전체로 혈액을 공급하는 대동맥에 미세한 파열이 발생한 것이다. 대동면의 높은 압력으로 대동맥의 중막이 장축방향으로 찢어지면서 피가 흐르던 혈관이 박리로 인해서 새로운 공간으로 분리되는 것이다.

② **대동맥의 분류**

ⓐ 상행 대동맥: 심장에서 나와서 뇌에서 양팔로 혈관이 나눠지기 이전까지의 대동맥이다.

ⓑ 대동맥궁: 뇌와 양팔로 나눠지는 혈관이 나오는 부분이다.

ⓒ 하행 대동맥: 대동맥궁에서부터 그 이하 부위이다.

③ **통증**

ⓐ 통증이 가슴 앞쪽에서 느껴진다면 찢어지는 부위는 상행 대동맥이다.

ⓑ 통증이 등 쪽 견갑골 사이에서 느껴진다면 찢어진 부위는 하행 대동맥이다.

④ **증상**

ⓐ 찢어지거나 도끼로 내려찍는 것과 같은 통증이 있다.

ⓑ 급성 동맥부전에 의한 말초 맥박의 감소 및 감각이상이 있다.

⑤ **치료**… 신속한 진단과 치료가 필요한 초응급질환이다. 항고혈압제를 정맥주사하여 혈압과 맥박을 낮춰준다.

뇌손상 변화

ⓐ 뇌압 상승

• 쿠싱 3징후(Cushing's triad): 혈압 상승, 맥박수 감소, 불규칙적인 호흡

• 증상: 두통, 구토, 안구 마비, 의식 변화, 의식소실, 유두부종 등

ⓑ 동공 변화

• 양측 1mm 차이 날 경우

• 동공 반사가 느리거나 없을 경우

• 측면으로 머리를 돌릴 때 움직임에 따라 안구가 같이 움직이는 뇌안신경반사(눈머리반사) 안구운동이 없는 경우

ⓒ 신경계 이상: 기억상실, 감각 이상 및 마비, 편측마비 등

section 8 뇌·척추·두경부 손상

(1) 뇌 손상

① **뇌타박상**… 뇌에 타박상에 의해서 발생한다. 의식장애, 신경학적 장애가 유발되며 손상부위의 기능부전이 동반된다.

② **뇌출혈**

ⓐ 경질막바깥출혈, 경질막밑출혈, 뇌내출혈이 있다.

ⓑ 두통, 현기증, 마비 등의 증상에 이어 발작, 구토가 나타난다.

ⓒ 위치

• 경막외(경질막 바깥, Epidural): 두개골 하부와 경막 상부에 위치

• 경막하(경질막 밑, Subdural): 경막 하부와 뇌의 외부에 위치

- 지주막하(Subarachnoid) : 연막과 지주막 사이에 위치
- 뇌실질 내(Intracranial) : 뇌실질 내에 위치

③ **뇌진탕** … 머리에 받은 충격으로 발생하는 일시적인 질환이다. 두통, 어지럼증, 이명, 시야장애, 감각저하, 불면증, 우울 등의 증상이 나타난다.

④ **뇌탈출** … 부종에 의해서 뇌가 밀려져 나온 것이다. 혈액 공급이 어려워지고 구토, 의식변화, 동공확대 등이 나타난다. 호흡 이상, 동공반사 이상, 제뇌경직 등의 뇌탈출 징후가 나타나는 경우에는 두부거상체위로 30° 이상 머리를 높이고 100% 산소를 투여한다.

(2) 척추 손상

① **유형** … 척수 진탕, 척수 타박상, 압박 손상, 척수 열상, 척수 출혈, 척수 절단이 있다.

② **손상기전** … 고위험손상의 여부를 확인한다. 고속 충돌사고, 중량의 물체가 환자 위를 지나가는 사고, 1m이상의 높이에서 낙상, 다이빙 또는 자전거·오토바이에 의한 사고 등에 의한 손상이다.

③ **손상 위치에 따른 증상**

손상 위치	증상
1~5번 목뼈	• 호흡 담당 근육, 팔·발 근육이 마비된다. • 치명적인 손상을 유발한다.
5~6번 목뼈	• 발이 마비된다. • 팔을 굽히는 기능이 저하된다.
6~7번 목뼈	• 발, 손목 관절, 손이 마비된다. • 어깨 움직임과 아래 팔 관절을 굽히는 것은 일정량 보존된다.
8번 목뼈~1번 가슴뼈	• 발과 상체가 마비된다. • 눈꺼풀이 처지면서 이마에 발한 기능이 손실된다. • 팔의 기능은 정상적으로 수행이 가능하다. • 손의 마비가 나타난다.
2~4번 가슴뼈	• 발과 상체의 마비가 나타난다. • 젖꼭지 이하 부분의 감각이 상실된다.
5~8번 가슴뼈	• 말과 아래 다리가 마비된다. • 가슴 이하의 감각이 상실된다.
9~11번 가슴뼈	• 발이 마비된다. • 배꼽 이하에 감각이 상실된다.
12번 가슴뼈~1번 허리뼈	• 샅고랑 이하가 마비되고 감각이 상실된다.
2~5번 허리뼈	• 하지근력이 저하된다.
1~2번 엉치뼈	• 감각이 둔화된다.
3~5번 엉치뼈	• 방광과 창자 조절 기능이 상실한다. • 회음부의 감각이 둔화된다.

기출PLUS

❓ 뇌기능의 일시적 장애 및 손상을 의미하는 것은?

① 뇌진탕
② 뇌타박상
③ 머리내출혈
④ 미만성 축삭 손상

❮정답 ①

TIP

머리 손상

㉠ 두피열상 : 혈관이 많고 수축 능력이 약하다.

㉡ 두개골 골절(Skull fracture)

• 종류

–개방성 : 골절과 두피열상이 동반되어 두개강과 외부가 통하는 경우

–폐쇄성 : 두개강과 외부가 통하지 않는 경우

–선상 : 가장 흔한 두개골 골절로, 두개골 골절이 있으나 변형이 없이 선만 확인되는 경우

–함몰 : 골절부위가 전위되어 두개강 내로 함몰된 경우

–두개 기저골 : 두개강의 하부를 구성하는 기서골이 골절된 경우

• 특징

–두개부 이상소견 : 변형(함몰골절), 골절선(열상부위) 등

–양쪽눈확뼈막얼룩출혈(Raccoon eye's sign) : 눈 주위의 반상출혈

–귓바퀴뒤얼룩출혈(Battle's sign) : 유양돌기 부위의 반상출혈

–귀나 코에서의 혈액이나 액체의 유출 : 경막과 두개골을 통하여 외부로 누출되어 뇌척수액이 코나 귀로 흘러나온다.

㉢ 안면부 손상

• 구강 내 이물질로 인해서 발생할 수 있는 기도 폐쇄를 유의한다.

• 뺨과 목에 있는 이물질은 호흡 방해가 되니 제거하지만 무리하게 시도는 하지 않는다.

TIP

두개골절 징후

㉠ 배틀 징후(Battle's sign) : 유양돌기 주위의 반상출혈이다.

㉡ 라쿤 징후(Raccoon's Sign) : 안와 주위의 반상출혈이다.

㉢ 할로 징후(Halo sign) : 귀 또는 코에서 흐르는 액체를 거즈 등에 떨어뜨린 후 액체의 양상을 통해 확인하는 방법이다. 누출된 액체가 뇌척수액인 경우 혈액은 안쪽으로 모이고 노란 액체가 그 주위를 둘러싸는 모양을 보인다.

(3) 척수 쇼크

① 일시적으로 손상 부위 하단이 충격을 받는 것이다.

② 초기에는 손상부위 이하의 이완성 마비, 저혈압, 서맥이 나타난다. 이후에는 반사의 과흥분성, 경련성마비 이후의 이완성마비, 호흡곤란이 나타난다. 이외로는 심한 고혈압, 피부 충혈, 두통, 발한, 비울혈 등의 자율신경반사부전이 발생한다.

③ 신경성 쇼크 … 뇌의 능력이 저하하면서 발생한다. 심박수 감소, 혈압저하 등이 나타난다.

(4) 두경부 손상

① 머리뼈 손상

㉠ 탈구가 없는 선상 골절, 함몰 골절, 개방성 골절, 물체가 관통되는 골절이 있다.

㉡ 너구리 눈, 귀 뒷부분에서 나타나는 반상출혈이 나타나는 두개골 골절 징후가 나타나는 경우에는 코나 귀에서 흐르는 혈액이나 뇌척수액을 막지 말고 닦는다.

② 얼굴 손상

㉠ 얼굴 연조직 손상 : 대량 출혈이 발생하기 쉬워서 저혈량증이 유발된다.

㉡ 얼굴 탈골 및 골절 : 아래턱뼈, 위턱뼈, 코·눈확 골절 및 탈구가 자주 발생한다.

㉢ 코 손상 : 외양은 변화가 크지만 치명적이지는 않다. 기도 조절이 중요하다.

㉣ 귀 손상 : 급속한 압력차이, 폭발음 등으로 고막을 자극하여 파열되거나 귓속뼈가 골절된다.

㉤ 안구 손상 : 외력에 의해 눈꺼풀, 안구, 안와골의 손상이다. 응급처치 중에 안구를 압박으로 인하여 안압이 상승되지 않도록 주의한다.

㉥ 목 손상 : 목 혈관 또는 기도 외상, 피하기종 등이 나타날 수 있다. 목동맥과 관련하여 발생한 깊은 열상은 중증 출혈로 나타날 수 있다.

③ 치아 손상

㉠ 외력으로 치아와 연조직이 손상하는 것이다. 치아 손상은 파절, 진탕, 탈구, 적출이 있다. 연조직은 좌상, 반상출혈, 열상 등의 손상이 있다.

㉡ 적출된 치아를 처리하기 위해 치아 뿌리를 만지거나 닦지 않고, 이송 중에는 치아를 우유 또는 생리식염수에 넣어서 이송한다. 출혈이 심한 연조직은 압박 드레싱을 한다.

(5) 처치

① 머리 손상 응급처치

㉠ 사정

• 기도 확보, 경추 고정, 의식상태

• 다른 손상 및 사고기전

ⓛ 자세: 뇌압상승 방지를 위한 30˚ 두부를 거상한다.

ⓒ 산소 및 수액 공급

- 뇌탈출 징후 시 100% 산소 및 제한적 과환기를 시행한다.
- 저장성 용액은 뇌부종을 야기하므로 금지한다. 오

ⓔ 지속적 의식 및 신체 상태의 변화 감시

- 고혈압: 뇌관류압 유지현상으로 지속적으로 감시한다.
- 고체온: 체온이 상승하면 뇌의 대사가 증가한다.
- 혈당 측정
- 경련, 쇼크

ⓜ 이동: 신속하게 이동하고 사이렌 사용을 자제한다.

ⓗ 소독 및 지혈

- 귀나 코의 출혈은 그대로 흐르게 한다.
- 뺨, 목 등의 이물질은 호흡 방해가 되기 때문에 제거를 해야 하지만 무리한 시도는 하지 않는다.

② 경부 외상 시 응급처치

ⓖ 특징

- 동맥 손상은 뇌경색, 정맥 손상은 공기색전 유발 위험이 있다.
- 기도 손상은 호흡곤란 위험이 있다.

ⓛ 응급처치

- 심각한 두부손상으로 의식이 없는 환자는 경추손상을 의심한다.
- 기도 유지는 변형된 하악견인법을 사용한다. 이때 목을 뒤로 젖혀서는 안 된다.
- 심한 출혈은 고정보다 지혈을 우선한다.
- 경부고정장비와 두부고정장비로 고정한다.
- 이송 시 척추판에 고정시켜야 한다.
- 구토가 발생할 경우 흡인되지 않도록 주의한다.

③ 척추 손상 시 응급처치

ⓖ 척추를 조심스럽게 배열하고 고정한다.

ⓛ 경부를 평가하고 경추 고정 기구를 적용한다.

ⓒ 몸통부위를 확인하고 움직임을 방지하기 위해 고정 기구를 적용한다.

ⓔ 머리, 목, 등 부위에 패드를 적용하여 척추를 일직선으로 유지한다.

ⓜ 환자 머리, 팔, 다리가 움직이지 않도록 고정한다.

ⓗ 장시간으로 척추 고정을 시행하는 경우 압박으로 괴사나 궤양의 발생위험이 있다.

ⓢ 적용된 척추 고정 기구는 현장에서는 제거하지 않는다.

ⓞ 환자 의식이 명료하거나, 알코올 섭취를 하지 않았거나, 글라스고우 혼수척도가 15이거나, 골절과 관련한 손상, 호흡장애가 없거나, 척추 손상 증상이 없는 경우에는 척추 고정은 중단이 가능하다.

TIP

열 손실 기전

㉠ 복사 : 열에너지가 전자기파로 이동하는 열 손실이다.
㉡ 전도 : 차가운 물질의 접촉에 의한 직접적 열 손실이다.
㉢ 대류 : 공기 이동에 따른 열 손실이다.
㉣ 증발 : 기화, 땀, 호흡에 따른 열 손실이다.

TIP

열 손상 유형

㉠ 더운 환경에서 체온 유지 기전 : 혈관 확장, 땀 분비, 심박출량 증가, 호흡수 증가 등이 있다.
㉡ 열경련(heat cramps) : 가장 경미한 유형이다. 탈수, 전해질 불균형, 과호흡 등으로 인하여 통증이 동반된 근육 경련 증상이 발생한다.
㉢ 일사병(열탈진, heat exhaustion) : 가장 흔한 유형이다. 심한 수분, 전해질 소실로 나타난다. 저혈량 쇼크와 비슷한 증상이 발생한다.
㉣ 열사병(heat stroke) : 가장 중증 유형이다. 체온조절 기능상실로 고열, 경련, 빈맥(이후 서맥), 빈호흡(이후 서호흡), 저혈압, 뜨겁고 건조한 피부, 의식변화 등이 나타난다.
㉤ 열실신(heat syncope) : 더위로 인한 일시적인 기립성 의식 소실이다.
㉥ 열부종(heat edema) : 더위로 인한 부종이다.

section **9** 환경응급

(1) 고체온증

① 정의 … 체온이 비정상적으로 높아지는 것이다.
② 증상 … 발한, 피부온도 증가, 혈관 확장, 의식변화가 나타난다.
③ 특징 … 소아 또는 노인, 당뇨환자의 경우 취약성이 높다. 이뇨제, 베타차단제, 항정신제, 항히스타민제 투여환자는 체온 조절에 영향을 준다.
④ 처치 … 충분한 수분을 섭취한다.

(2) 열경련

① 정의 … 고온의 날씨에 과도한 활동으로 나타나는 근육에 통증을 동반한 경련이 발생하는 것이다.
② 증상 … 팔, 다리, 배 등의 큰 근육에 통증이 동반된 경련이 나타난다. 의식은 명료하지만 쇠약감, 축축하고 따뜻한 피부 등이 나타난다.
③ 처치
  ㉠ 환자를 신체활동을 중단하게 하고 시원한 곳에서 안정을 시킨다.
  ㉡ 전해질 스포츠 음료나 물을 섭취하게 하고 경련 부위를 부드럽게 마사지를 한다.

(3) 열피로

① 정의 … 열에 대한 노출로 발생하는 급성 반응으로 경미한 온열 질환에 해당한다.
② 증상 … 심한 발한(37.8℃ 이상), 축축하고 서늘한 피부, 실신, 오심, 복통 등이 나타난다.
③ 처치
  ㉠ 빠르게 처치하지 않으면 열사병으로 발생할 수 있으므로 서늘한 곳으로 환자를 대피한다.
  ㉡ 물 또는 전해질 스포츠 음료를 섭취하게 한다.
  ㉢ 환자를 바르게 누운 자세를 취하게 하고 옷을 벗겨 선풍기로 열을 식혀준다. 이 때 떨림이 나타나지 않을 정도로 시행한다.

(4) 열사병

① 정의 … 시상하부에서 체온조절 기능이 상실하면서 열 발산이 원활하지 않아 고체온의 상태가 발생하는 증상이다.
② 증상 … 급성으로 나타난다. 40℃ 이상의 체온, 혼동, 무의식, 지남력 장애, 어지러움, 건조하고 축축하면서 뜨거운 피부, 발작, 두통, 감각 이상 등이 나타난다.

③ 처치

　ⓐ 서늘한 곳으로 환자를 이송하고 신속하게 냉찜질을 하여 체온을 39℃ 이하로 떨어뜨린다.

　ⓑ 저산소증이 나타나는 경우에는 백밸브마스크로 산소를 투여한다.

　ⓒ 물 또는 전해질 스포츠 음료를 투여한다.

　ⓓ 의식이 없는 경우에는 정맥로를 확보하여 생리식염수를 투여한다.

　ⓔ 심부정맥 위험성이 높다. ST분절 하강, 비특이적 T파 변화 등의 심전도를 감시한다.

　ⓕ 지속적으로 체온을 측정하여 환자의 상태를 확인한다.

(5) 일사병

① **발생원인** … 강한 햇볕에 장시간 노출되어 혈류 저하 및 체액과 전해질이 땀으로 다량 배출되어 발생한다.

② 열사병과 달리 피부가 차갑고 끈끈하며 축축히 젖어있는 것이 특징이다.

③ **응급처치**

　ⓐ 의식이 있는 경우 전해질 및 수분 보충을 위해 이온음료 등을 섭취하도록 한다.

　ⓑ 시원한 장소로 옮겨 휴식을 취한다.

　ⓒ 차가운 수건으로 얼굴을 닦고 손, 발 등의 체온을 낮춘다.

(6) 열실신

① **발생원인** … 열로 인한 체온 증가 시 열 발산을 위해 체표면 혈액량을 증가시켜 뇌로 가는 혈액량이 줄어든다. 이로 인해 일시적인 의식소실이 발생할 수 있다.

② **응급처치**

　ⓐ 휴식 및 수분섭취를 통해 회복이 가능하다.

　ⓑ 휴식 시 다리를 머리보다 높게 올린다.

(7) 저체온증

① **정의** … 심부체온이 35℃ 이하로 낮아진 경우를 의미한다.

② **중증도에 따른 증상**

구분	심부체온 온도	증상
경증	34℃ 이상	빈맥, 떨림, 혈관수축, 빈호흡, 피로, 판단력 장애, 창백하고 축축한 피부 등이 나타난다.
중등도	30~34℃	부정맥, 저혈압, 호흡저하, 의식변화 등이 나타난다.
중증	30℃ 이하	떨림이 사라짐, 혼수, 무호흡, 부정맥, 심정지 등이 나타난다.

한랭질환

ⓐ 종류 : 저체온증, 동창, 참호족, 동상이 있다. 비동결 손상으로는 동창, 참호족이 있다.

ⓑ 국소 한랭질환

• 동창 : 반복적인 차고 습한 환경 노출 시 발생한다. 증상으로는 국소적 가려움, 홍반, 부종 등이 있다.

• 침수족 : 지속적으로 찬물에 노출되면 발생한다. 증상으로는 혈액순환 장애가 생기면서 부종, 감각이상 등이 나타난다.

• 동상 : 심한 추위에 노출되면 발생한다. 조직이 얼어서 혈액 공급이 원활하게 되지 않으면서 심한 경우 괴사된다.

ⓒ 응급처치

• 추가 손상을 방지하고 조직의 결빙을 예방하기 위한 목적이다.

• 따뜻한 곳으로 이동한다.

• 젖은 의복 및 액세서리 등은 제거한다.

• 손상 부위를 보호하기 위해서 체중 부하를 금지하고 부목으로 고정한다.

• 조직 손상 악화 가능을 방지하기 위해서 마사지 및 직접적인 열적용을 금지한다.

③ 처치

    ㉠ 환자의 젖은 옷은 벗기고 담요 등을 적용하여 열손실을 방지한다.

    ㉡ 환자를 수평으로 눕히고 과도한 움직임은 부정맥을 발생시킬 수 있으므로 조심스럽게 이송한다.

    ㉢ 심부체온과 심장리듬을 지속적으로 측정한다.

(8) 동상

① 정의 … 신체 조직이 얼면서 세포가 파괴되는 것이다. 외피가 얼어붙는 표면동상, 진피와 피하 조직층까지 얼어붙는 심부동상이 있다.

② 증상 … 저체온증이 동반된다.

③ 처치

    ㉠ 안정적인 환경이 아니라면 동상부위를 녹이지 않는다. 침수법이 가능한 공간이라면 39~40℃ 가량으로 데워진 물에 동상부위를 담가서 동상부위를 녹인다.

    ㉡ 조직이 손상될 위험이 높으므로 동상 부위를 문지르거나 마사지를 하지 않는다.

    ㉢ 수포를 터트리지 않는다.

(9) 익사

① 정의 … 액체에 빠져서 호흡곤란을 겪는 것이다.

② 증상 … 다량의 물이 흡입되며 폐부종, 저산소증이 나타나다가 악화되면 무호흡, 심정지까지 나타날 수 있다.

③ 처치

    ㉠ 환자를 물에서 구출하여 안전한 곳으로 이송한다.

    ㉡ 이물질로 기도폐쇄가 생긴 것이 아니라면 폐에서 물을 제거하는 시도를 하지 않는다.

    ㉢ 다이빙으로 인한 척추 손상을 고려한다. 척추 손상이 예상되면 척추 고정 기구를 하며, 손상이 없다면 고정을 하지 않는다.

    ㉣ 물 밖에서 구조되면 젖은 의류를 벗기고 담요 등을 덮어 체온손실에서 보호한다.

(10) 익수

① 정의 … 물에 빠진 후 일시적이라도 생존한 경우를 의미한다.

② 증상 … 물 흡인으로 인해 폐 증상이 나타나고, 뇌 저산소증으로 인한 신경계 증상이 나타난다.

📘 민물에서 발생하는 익사사고에서 생존율에 크게 영향을 주는 것으로 적절하지 않은 것은?

① 과거 질환을 앓은 적이 있었는지?

② 구조가 되기 전에 얼마나 오랜 시간 물속에서 있었는지?

③ 수온이 어떤지?

④ 척추 손상이 있는지?

    ❮정답 ①

③ 처치

    ⊙ 안전한 구조방법을 확인한 후 처치를 시행한다.

    ⓒ 얼굴이 수면에 나오자마자 가능하면 바로 기도확보 및 인공호흡을 실시한다.

    ⓒ 익수 심정지는 저산소증에 의해 발생하기에 인공호흡이 우선적이다.

    ② 척추손상을 의심

      • 고정대를 사용하여 이동한다.

      • 고정대가 없다면 이동 후에 측위로 눕혀서 이물질을 배출한다.

    ⑩ 심폐소생술 시행하고 즉시 병원으로 이송한다.

    ⓗ 젖은 옷은 제거하고 산소를 제공하고 필요하다면 흡인을 한다.

    ⓧ 주의사항

      • 폐에 물을 제거하기 위한 시도는 하지 않는다.

      • 증상이 경미해도 지연흡입성 폐렴 가능성이 있기 때문에 반드시 의료기관으로 이송한다.

      • 차가운 물에서 생존이 더 높다. 적극적으로 처치를 하기 위해서 심폐소생술을 지속한다.

(11) 감압병

① 정의 … 환경 기압의 저하에 따라 생기는 신체 증상을 총칭하는 것으로 정상 환경에서 고지나 고공의 저압 환경으로의 이동, 또는 물 속 등의 고압 환경에서 정상 환경으로의 이동시에 일어난다.

② 증상 … 뇌 속에 기포가 생길 때 시력 장애, 현기증, 마비, 의식 불명, 경련, 관절·근육 부위의 통증, 질식, 호흡 곤란, 혈액 순환 불량 등이 나타난다. 감압병 증세는 85%가 잠수 후 1시간 이내에 나타나며 3시간 내에는 95%가 나타난다. 흔하지는 않지만 12~24시간 후에야 나타나는 수도 있다.

③ 처치

    ⊙ 안전한 곳으로 이동한다.

    ⓒ 기도를 확보하고 심폐소생술을 시행한다.

    ⓒ 지속적으로 산소를 투여한다.

    ② 뇌부종 예방을 위해 수평자세 유지한다. 이전에는 뇌색전을 예방하기 위해 머리를 낮게 유지했으나 현재는 권장하지 않는다.

    ⑩ 즉시 가압치료가 가능한 병원으로 이송한다.

    ⓗ 호흡음이 감소하는 경우 기흉의 가능성이 있으므로 항공 후송은 금기이다.

    ⓧ 지속적으로 산소를 투여하고 수분을 공급한다.

기출PLUS

잠수 상승 시 사고
⊙ 폐의 압력 손상
• 수면으로 빠른 상승 → 급격한 압력의 감소 → 폐 부피의 과도한 팽창 → 폐조직의 파열 → 폐포 공기 누출
• 기흉, 기종격동, 피하기종, 폐출혈, 공기색전증 → 흉통 → 호흡곤란 → 심장발작 → 사망
ⓒ 감압병
• 수면으로 빠른 상승 → 급격한 압력 감소 → 혈액 내 녹아있던 질소가 기포를 생성 → 혈관 폐쇄 및 신경 압박
• 제1형(근골격계, 관절 통증 등), 제2형(신경, 심폐, 전정기관 장애 등)

감압병의 응급 처치 중 옳지 않은 것은?

① 지속적으로 산소를 투여한다.

② 호흡음을 청진하여 기흉의 유무를 판단한다.

③ 안전한 곳으로 이동시킨 후에 심폐소생술을 시행한다.

④ 증상이 경미하다면 경과를 관찰한다.

❮정답 ④

(12) 이송 중에 냉온 처치

① 구급차 내부에 에어컨을 작동하여 실내 온도를 낮추고, 환자의 전신에 물을 뿌리거나 부채질을 하여 열을 식히면서 체온을 낮춘다.

② 혹서기에 얼음주머니를 겨드랑이, 사타구니에 적용한다.

③ 냉찜질을 적용하는 중에 환자가 오한을 느끼거나 떨림이 있다면 즉시 중단한다.

section **10** 다발성 손상 및 중증 외상소생술

문 외상진료체계에서 중증외상환자에 해당되지 않는 것은?

① 3층에서 낙상
② 골반뼈 골절
③ 다발성 늑골 골절
④ 수축기 혈압 85mmHg

〈정답 ③

(1) 중증외상의 기준

구분		특징
AVPU 의식수준		V 이하
수축기 혈압		90 미만
신체 증상		관통상, 자상, 동요가슴, 두 개 이상의 근위부 긴뼈 골절, 절단, 골반 골절, 두개골 골절, 마비
손상 기전	추락	성인은 6m 이상, 소아는 3m 이상
	교통사고	차체 눌림, 자동차에서 이탈, 동승자 사망, 차량 전복

(2) 중증 환자 처치

① 처치 시간은 최대 10분미만으로 진행하고 신속하게 이송한다.

② 환자의 자세변환은 통나무 굴리기 법으로 시행한다.

01 내부출혈과 관련이 있는 손상기전이 아닌 것은?

① 총상
② 차에 치인 보행자
③ 오토바이 운전자의 교통사고
④ 골절

02 손상과 손상기전이 맞지 않은 것은?

① 동물의 교상 – 관통상
② 기계 폭발에 의한 타격 – 기계
③ 휘둘린 칼에 의해 절단된 손가락 – 관통상
④ 둔기에 의한 신체 관통 – 둔상

03 차량 충돌 기전 중 전면 손상에 대한 경로가 아닌 것은?

① 제어된 이동 경로
② 상향 이동 경로
③ 각진 충돌 경로
④ 튕겨져 나감

04 우리나라에서 전문응급의료센터로 지정된 치료 분야는?

① 신경
② 독극물
③ 재접합
④ 심혈관

01.

④ 골절은 손상을 의미한다. 손상기전은 손상과 관련된 힘이 몸에 가해지는 에너지로 생기는 것을 의미한다.
※ 내부출혈 손상기전 … 낙상, 오토바이 운전자 사고, 차에 치인 보행자, 차량 충돌 사고, 총상, 천자상 등이 있다.

02.

④ 둔기에 의한 신체 관통은 관통상이다.

03.

③ 각진 충돌은 오토바이가 각진 방향으로 장애물과 충돌했을 때의 기전이다.

04.

② 현재 우리나라의 전문응급의료센터 분야는 화상, 독극물, 소아이다.

Answer　01.④　02.④　03.③　04.②

05 척추 손상기전에 대한 설명으로 적절하지 않은 것은?

① 다이빙이나 정면충돌로 척추 앞쪽이 굽은 굴곡이 나타난다.
② 낙상으로 척추가 꼬이는 회전이 나타난다.
③ 측면충돌로 척추 측면이 굽은 신전이 나타난다.
④ 척수와 척추 뼈가 분리되는 힘에 의해 분리가 나타난다.

05.

③ 측면충돌에서 척추의 측면이 굽은 것은 측면 굽힘이다.

06 외상진료체계에서 중증외상환자에 해당되는 것은?

① 손가락 3개의 절단
② 대퇴골 골절
③ 30km/h로 달리던 오토바이 탑승자
④ 하지 감각 저하

06.

③ 30km/h 이상 속도의 오토바이 사고 및 차량은 중증 외상에 속한다.
① 손목 기준으로 근위부 절단이 중증 외상이다.
② 두 군데 이상의 긴 뼈 골절이 중중 외상이다.
④ 마비 혹은 감각 이상은 외상성인지, 질병(디스크 등)에 의한 것인지 구분이 필요하다.

07 다음 응급의료와 관련된 기관 중 의료법상 다른 유형의 기관은?

① 중앙응급의료센터
② 권역응급의료센터
③ 전문응급의료센터
④ 응급의료지원센터

07.

④ 우리나라의 응급의료기관은 중앙응급의료센터, 권역응급의료센터, 전문응급의료센터, 지역응급의료센터, 지역응급의료기관이다. 응급의료기관 중 외상센터를 지정한다.

08 중증외상환자의 이송병원 선정 시 다음 중 직접 의료지도를 요청을 하여 지도에 따라야 하는 환자의 의학적 상태 또는 특수상황에 해당하지 않는 것은?

① 임신 15주차 산모
② 항응고 질환 보유자
③ 화상과 외상이 동반된 환자
④ 투석이 요구되는 말기 신장 질환자

08.

① 중증외상으로 인한 이송병원 선정 시 직접 의료지도를 요청하는 산모의 임신 주차 기준은 20주 이상이다.

Answer   05.③ 06.③ 07.④ 08.①

09 피부의 기능으로 옳지 않은 것은?

① 배설
② 충격완화
③ 호흡
④ 비타민C 합성

10 개방성 가슴손상의 경우 해야 하는 응급처치 과정이 아닌 것은?

① 상처부위가 덮이지 않도록 드레싱을 하여 공기 유입을 원활히 한다.
② 공기 축적으로 인한 압력으로 호흡 중 피가 분출할 수 있으므로 개인 보호장비를 착용한다.
③ 척추손상 환자가 아닌 경우에 환자가 편안해 하는 자세를 취하게 한다.
④ 고농도의 산소를 공급한다.

11 폐쇄성 연조직 손상 시 응급처치 중에서 추가 손상 방지를 위한 처치법은?

① 부목(Splint)
② 얼음(Ice)
③ 압박(Compression)
④ 거상(Elevation)

12 환자의 징후에 따라 손상 가능성이 있는 장기 및 응급처치에 대한 설명으로 옳지 않은 것은?

① 부종이 있다면 골절의 가능성이 있다.

② 갈비뼈에 타박상이 있고 기침을 할 때 피가 섞인 거품이 보인다면 허파 손상 가능성이 있다.

③ 복장뼈 손상 시 뇌 손상 가능성이 크기 때문에 입, 코, 귀에서 혈액이 나오는지 확인한다.

④ 배에 타박상이 있는 경우 구토물에서 커피색 혈액이 나오는지 확인하여 배 내부 장기 손상 가능성을 확인한다.

13 개방성 연조직 손상 응급조치로 옳은 것은?

① 재출혈 시 거즈를 덧대어 붕대를 더 감아준다.

② 출혈 부위는 지혈대를 사용하여 지혈한다.

③ 골절이 의심되는 경우에만 부목을 적용한다.

④ 관통된 물체는 절대로 제거해서는 안 된다.

14 연부조직의 응급처치 방법으로 옳은 것은?

① 파상풍 예방을 위하여 박혀있는 이물질은 즉시 제거하고 소독한다.

② 상처를 심장 밑으로 향하게 하여 출혈을 방지한다.

③ 차가운 용기에 분리된 조직을 보관하되 얼지 않도록 유지한다.

④ 절단부위는 알코올에 넣어둔 상태로 이동한다.

15 신체를 관통하여 물체가 삽입된 환자의 응급처치 방법으로 옳지 않은 것은?

① 기도 유지가 어렵더라도 관통한 물체는 유지한 채로 이송한다.

② 관통되거나 삽입된 부위의 옆을 압박하며 지혈한다.

③ 2m 이상의 긴 물체가 관통한 경우 절단한 후에 이송한다.

④ 깊게 관통된 이물질은 제거하지 않는다.

12.

③ 머리 또는 목의 타박상이 있는 경우에 목뼈나 뇌에 손상 가능성이 크다. 이때 입, 코, 귀에서 혈액이 나오는지 확인한다.

13.

① 생리식염수를 적신 거즈를 덧대어 오염을 방지하고 습도를 유지한다.

14.

③ 절단된 부위는 얼음으로 차갑게 보관하여 이동한다. 다만, 절단부위가 얼지 않도록 유지한다.
① 박힌 물건을 억지로 제거하지 않는다.
② 상처 부위는 심장보다 높이 들어서 지혈한다.
④ 알코올에 담가 보관 시 조직이 불어나거나 손상되어 재접합이 어려울 수 있다. 절단 부위가 오염되었다면 생리식염수로 세척하고 생리식염수가 적셔진 거즈나 수건에 감싸서 이동한다.

15.

① 기도 유지가 어렵다면 예외적으로 제거를 진행하여 기도 폐쇄를 막는다.

16 압박 드레싱의 처치방법으로 옳은 것은?

① 지혈은 붕대, 지혈대 순으로 사용한다.

② 감염예방을 위해 멸균거즈로 상처를 덮고 붕대를 감는다.

③ 붕대 감는 방향은 상처부위에서 원위부로 감아올리는 것이다.

④ 붕대는 출혈이 멈추는 지점까지 압박하며 감는다.

17 분리되거나 절단된 조직의 처치에 대한 내용으로 옳지 않은 것은?

① 추가 손상 방지를 위해 모든 조직은 세척하지 않고 이동한다.

② 적신 멸균거즈의 물기를 최대한 제거 후 조직을 감싸준다.

③ 밀폐용기에 보관 후 최대한 차가운 물에 직접 닿지 않게 하여 감싼다.

④ 오염과 손상이 심한 조직이라도 잘 보관하여 병원에 가져간다.

18 성인의 화상 '9의 법칙'에 대한 설명으로 옳지 않은 것은?

① 양측 상지와 편측 하지의 면적은 같다.

② 머리와 편측 상지의 면적은 같다.

③ 편측 상지와 편측 하지 앞면의 면적은 같다.

④ 머리와 몸통 뒷면의 면적은 같다.

16.

② 추가 오염 방지를 위해 거즈를 덮어 준다.

① 붕대는 고정하기 위한 것이다. 지혈은 직접 압박이 일차적이다.

③ 붕대는 원위부에서 근위부로 감아올린다.

④ 지혈대의 사용 방법이다.

17.

① 생리식염수나 물로 가볍게 세척한다. 치아의 경우 뿌리에 있는 세포들의 역할이 중요하기에 특히 주의한다.

18.

④ 머리(9%), 몸통 뒷면(18%)이다.

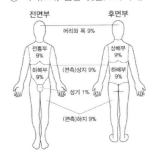

19 화상의 응급처치로 잘못된 것은?

① 추가 화상을 막기 위해 신체에 남아 있는 화염을 진화한다.
② 중증 손상 시 사고현장에서 즉시 응급 처치를 시행한다.
③ 불에 탄 의복이 있다면 가위로 제거한다.
④ 화상 부위를 물로 세척하고 소독거즈로 덮는다.

20 화상의 응급처치법으로 옳은 것은?

① 일산화탄소 중독이 의심된다면 100% 산소를 투여한다.
② 구축 예빙을 위해 화상 부위에 부목을 내준다.
③ 피부에 박혀 눌러 붙은 불질은 핀셋으로 제거한다.
④ 화상 부위에 보호막 형성을 위해 바세린 연고를 발라준다.

21 화학 화상의 응급처치법이 아닌 것은?

① 고체 화학물질은 제거하지 않고 가볍게 물로 닦아낸다.
② 중화열로 인하여 중화제는 사용하지 않는다.
③ 눈에 들어간 경우 세척할 때 반대 쪽 눈에 들어가지 않도록 주의한다.
④ 알칼리성 화학액체인 경우 60분 이상 물로 세척한다.

22 30세 성인 남성에게 발생한 화상에서 중증이 아닌 경우는?

① 전기 화상
② 체표면적 20% 이상의 2도 화상
③ 골절 등의 외상이 동반된 화상
④ 생식기 및 회음부 화상

19.

② 안전지대로 대피하는 것이 우선순위다. 화재 현장에서 벗어나는 것이 추가 손상을 막고, 구조자의 안전이 환자의 안전보다 우선된다.
④ 감염예방을 위해 필요하다.

20.

② 골절이 의심되지 않는다면, 부목을 대지 않는다.
③ 피부에 녹아 달라붙은 물질일 수 있으므로 제거하지 않는다.
④ 바세린은 감염 위험성 및 열기 보손으로 상태를 더 악화시킬 수 있다.

21.

① 고체 화학물질은 물로 세척 전에 솔로 털어낸 후에 물 세척을 시행한다.

22.

② 체표면적 20% 이상의 2도 화상이 중증 화상이 되려면 나이 10세 미만, 50세 초과이어야 한다.

23 전문화상센터로 이송해야 하는 화상 환자로 옳지 않은 것은?

① 복부에 3도 화상을 입은 40대 남성
② 실험실에서 화학 물질이 눈에 튄 경우
③ 얼굴에 2도 화상을 입은 20대 남성
④ 폐쇄된 공간에서 화재를 당한 경우

24 전기화상에 대한 설명으로 옳지 않은 것은?

① 근수축으로 골절 및 탈골 등의 발생
② 신경 손상이나 의식 상실 등의 발생
③ 중증도 판별을 빠르게 하여 해당 병원으로 이송
④ 전기 충격으로 심정지 및 부정맥 발생

25 열사병 환자에게 관찰되는 임상적 증상이 아닌 것은?

① 오심
② 의식저하
③ 혼수상태
④ 차갑고 축축한 피부

26 화재현장에서 구조된 화상환자의 응급처치에 대한 내용으로 옳은 것은?

① 화상 부위에 붙은 옷은 제거한 후 냉찜질을 적용한다.
② 연기흡입손상 환자는 고농도 산소를 투여한다.
③ 단독 중증 화상환자는 가장 가까운 의원 등으로 이송함이 원칙이다.
④ 산소투여 후 수축기 혈압이 90mmHg 미만이면 기관내삽관을 시행한다.

23.

① 몸통 앞면은 흉부(9%) 복부(9%)이다. 복부에 3도 화상은 9%가 된다. 전문화상센터로 이송해야 하는 환자는 10% 이상이 되어야 한다.
② 화학 화상으로 중증이다.
③ 얼굴 화상으로 중증이다.
④ 구조된 환자의 얼굴이나 기도 등에 화상이 있는 경우에는 흡입 화상의 가능성을 염두에 두고 이송한다.

24.

③ 전기화상은 내부 손상이 더 클 수 있기 때문에 중증도로 판별할 수가 없다. 전기화상은 중증으로 전문화상센터로 이송해야 한다.

25.

④ 열사병은 피부가 뜨겁고 땀이 나지 않고 건조한 것이 특징이다.
①②③ 열사병 초기에는 빠르고 강한 맥박을 보이고 점차 약해진다. 두통, 오심, 의식저하와 함께 심한 경우 혼수상태에 빠질 위험이 있다.

26.

② 화재로 발생한 연기를 흡입하여 손상을 입은 환자는 산소포화도 측정 결과가 95% 이상이라도 비재호흡마스크를 사용해서 100% 산소를 투여한다.
① 화상 부위에 옷 등이 붙어있는 경우 제거하지 않고 화상 부위가 적을 경우 깨끗한 물로 냉각시켜 화상부위의 통증을 감소시킨다. 냉찜질로 괴사 및 저체온 발생 위험에 주의한다.
③ 화상과 동반된 손상이 없는 단독 중증 화상 환자이더라도 화상전문병원 또는 가까운 지역응급의료센터 이상의 의료기관으로 이송한다.
④ 환자에게 산소를 투여한 후에도 환자의 의식상태 악화, 호흡수 분당 29회 초과와 같은 심각한 호흡곤란, SpO_2 90% 미만, 호흡 시 천명음 증가, 빠른 속도의 기도 부종 악화 시 기관내삽관을 시행한다.

Answer 23.① 24.③ 25.④ 26.②

27 교통사고 환자의 다리에서 나오는 검붉은 출혈의 특징은?

① 큰 혈관에서 출혈이 일어나면 공기가 유입되어 색전증을 유발한다.

② 가장 심한 출혈 형태로 즉시 지혈하지 않으면 생명이 위험하다.

③ 찰과상 등으로 가장 흔히 볼 수 있는 출혈 형태이다.

④ 폐쇄성 뼈골절로부터의 출혈로 산화된 삼출성 혈액이다.

27.
① 심장과 가까운 큰 정맥의 출혈인 경우, 공기 유입 시 공기 색전증의 위험성이 높다.
② 동맥 출혈의 특징이다.
③ 모세혈관 출혈의 특징이다.
④ 폐쇄성 뼈 골절은 내출혈, 산화된 혈액은 동맥 출혈, 삼출성은 모세혈관 출혈의 특징이다.

28 지혈대를 사용 시 설명으로 옳지 않은 것은?

① 괴사 위험성이 있으므로 가장 마지막에 사용한다.

② 심한 통증 호소 시, 지혈대 압력을 살짝 풀어준다.

③ 출혈이 멈추는 압력 이상에 도달할 때까지 조여야 한다.

④ 고정 후 적용한 일시 및 시간을 표기해야 한다.

28.
② 한 번 착용한 지혈대는 일반적으로 풀어서는 안 된다. 마지막으로 쓰는 지혈 목적으로 통증보다 효과에 집중한다.

29 이송 도중 감은 붕대가 전부 젖을 정도의 재출혈이 발생한 경우 해야 하는 응급처치 방법은?

① 계속 되는 심한 출혈이므로 지혈대를 사용한다.

② 출혈 부위를 심장보다 높게 올려주고 얼음팩을 대어 준다.

③ 붕대를 풀고 새로운 거즈를 대준 후 더 단단히 감아준다.

④ 추가 거즈를 덧대고 붕대를 한 차례 더 감아준다.

29.
③ 한 번 시행된 소독과 붕대는 의사에게 도착 전까지 제거하면 안 된다.

30 출혈 시 신체 보상 기전 반응으로 옳지 않은 것은?

① 정맥압 상승　　　② 심근 수축력 증가

③ 혈관 수축　　　　④ 말초저항 감소

30.
④ 말초저항 증가로 혈압이 상승한다.

Answer　27.① 28.② 29.④ 30.④

31 58세 남성의 발열 및 의식 저하 신고가 접수되었다. 가족들은 지방간 소견 외에는 건강했고, 이틀 전 회를 먹고 어제 밤부터 설사를 시작했다고 한다. 양쪽 다리에는 출혈성 수포가 관찰되었을 때, 예상되는 쇼크는 무엇인가?

① 저혈량성 쇼크
② 심장성 쇼크
③ 신경성 쇼크
④ 패혈성 쇼크

31.

④ 비브리오 균에 의한 패혈성 쇼크로 예상할 수 있다. 최근 기후변화로 여름철이 아니더라도 발생하는 하는 등 환자 발생의 증가로 위험성이 커지고 있는 추세이다.

32 저혈량 쇼크 시 나타나는 증상으로 적절하지 않은 것은?

① 눈의 결막에 청색증
② 빠른 호흡
③ 갈증
④ 강한 맥박

32.

④ 맥박은 빠르고 약하게 나타난다.

33 탈구에 대한 증상이 아닌 것은?

① 부종
② 통증
③ 반상출혈
④ 피로

33.

④ 피로는 근육 손상의 한 종류로 탈구에 대한 증상이 아니다.

34 뼈, 힘줄, 근육, 인대가 손상이 의심되는 환자에게서 팔다리의 말단부위가 창백하거나 맥박이 없는 원인으로 가장 의심되는 것은?

① 의식저하
② 동맥 손상
③ 빈맥
④ 손상 부위가 찢어짐

34.

② 동맥의 손상으로 나타날 수 있는 증상이다.

Answer 31.④ 32.④ 33.④ 34.②

35 쇼크 시 응급처치 중 하지 거상에 유의해야 하는 유형은?

① 저혈량성 쇼크   ② 심장성 쇼크

③ 신경성 쇼크   ④ 패혈성 쇼크

35.

② 심부전 환자는 하지 거상 시 정맥 환류량의 증가로 호흡 곤란 위험성이 더 커진다.

36 대출혈이 있는 환자의 기도를 유지한 후 가장 먼저 시행해야 하는 처치는?

① 상처 가까운 곳에 지혈대를 맨다.
② 출혈이 발생한 상처를 직접 압박한다.
③ 쇼크 예방을 위해 온찜질을 적용한다.
④ 출혈 부위의 가까운 동맥부위를 지압한다.

36.

② 대출혈로 상처 부위를 통한 감염위험이 있더라도 출혈 부위를 직접 압박하여 출혈을 막아 환자의 생명을 구하는 것이 우선이다. 직접 압박 시 출혈부위를 심장보다 높여 출혈 속도를 늦춘다.
① 직접 압박이나 지압법을 사용해도 출혈이 멎지 않는 경우 최후에 사용한다.
③ 상처에 직접적으로 보온효과가 있는 온찜질은 피한다.
④ 출혈 부위와 가까이에 있는 동맥 부위를 손가락으로 눌러 지혈한다.

37 상지에 해당하는 근골격계는?

① 좌골
② 경골
③ 요골
④ 비골

37.

③ 상지에는 쇄골, 견갑골, 견봉, 상완골, 척골, 요골, 중수골, 지골이 있다.
①②④ 하지이다. 골반골, 좌골, 치골, 대퇴골, 슬개골, 경골, 비골, 중족골, 족지골이 있다.

38 근골격계 손상의 부목 적용 장점이 아닌 것은?

① 지혈 작용
② 움직임 최소화
③ 추가 열상 방지
④ 혈관축소

38.

④ 냉찜질을 하면 혈관이 축소화면서 국소적 염증과 부종 등을 감소시킨다. 부목의 장점은 아니다.
① 혈관의 추가 손상을 방지하여 지혈 작용을 한다.
② 불필요한 움직임을 줄여주어 통증을 낮춰준다.
③ 부러진 뼈의 끝에서 발생할 수 있는 추가적인 열상을 막아준다. 또한 손상된 곳이 안정되면서 가해지는 긴장을 완화시킨다.

Answer   35.② 36.② 37.③ 38.④

39 근골격계 손상의 부목 적용에 대한 설명으로 옳지 않은 것은?

① 통증을 지속 호소 시 골절에 준하여 부목을 사용한다.

② 피부 보호를 위해 솜 패드 등을 대어주고 적용한다.

③ 출혈이 있는 변형된 손상은 정복한다.

④ 부목 전·후의 순환·운동·감각을 지속적으로 평가한다.

40 근골격계 손상 중 탈구에 대한 설명으로 옳지 않은 것은?

① 모든 관절은 움직이지 않도록 고정을 우선시한다.

② 어깨 탈구는 편한 자세로 고정한다.

③ 고관절은 베개로 지지하며 부목으로 고정한다.

④ 발목 골절이 있다면 반대 쪽 발과 허리 손상도 고려한다.

41 골반 골절에 대한 설명으로 옳지 않은 것은?

① 수직력과 앞뒤 압박력에 의해 생길 수 있다.

② 다량의 외출혈이 유발될 수 있다.

③ 골반 고정장치를 적용하여 고정시켜준다.

④ 골반 옆부분 혹은 앞부분의 압통을 호소한다.

42 고관절 손상 시 설명으로 옳지 않은 것은?

① 최대한 움직임을 제한한다.

② 손상을 그대로 고정한다.

③ 후방탈구 시 발이 바깥으로 돌아간다.

④ 심한 출혈로 저혈량 쇼크에 주의한다.

39.

③ 무리하게 정복을 시도하려고 하지 않는다.

40.

① 무릎 관절의 경우 동맥 동반 손상 가능성이 높다. 신경혈관 손상 증상이 있다면 견인부터 시도한다.

41.

② 골반강과 후복강내의 내출혈이 유발될 수 있다.

42.

③ 후방탈구 시 발이 안으로 돌아간다.

Answer　39.③　40.①　41.②　42.③

43 다음과 같은 증상이 있는 82세의 여성에게 특이사항이 발견되지 않은 경우 해야 하는 처치는?

> • 낙상으로 오른쪽 다리 통증
> • 심한 통증으로 떨어진 낙상 이후의 상태 그대로로 발견
> • 오른쪽 발이 안으로 돌아간 상태
> • 무릎을 구부릴 수 없고 통증으로 움직일 수 없다고 호소

① 척추고정판에 고정하고 신속히 이송한다.
② 특이사항이 없으므로 견인부목을 시도한다.
③ 악화가능성이 낮으므로 추가 문진 후에 귀가시킨다.
④ 손상부위인 오른쪽 다리를 움직이는 활동을 격려한다.

44 응급구조사가 골절 환자에게 시행해야 하는 응급처치는?

① 환부는 심장보다 낮게 위치하도록 한다.
② 골절된 부위를 강제로 펴거나 과한 움직임을 시도하지 않는다.
③ 환부 부종이 심한 경우 국소적 온찜질을 한다.
④ 골절로 인해 돌출된 골절편은 집어넣어 고정한다.

45 골절환자에게 부목을 적용할 경우 기대되는 효과로 옳지 않은 것은?

① 조직 및 혈관 손상 감소
② 개방성 골절에서 폐쇄성 골절로의 악화 예방
③ 단순골절에서 복합골절로의 악화 예방
④ 골절된 뼈에 의한 근육과 신경 손상 최소화

---

43. · · ·

① 고관절 후방탈구에서 좌골신경 손상 가능성이 높다. 척추고정판에 고정하고 즉시 이송을 한다.
② 탈구가 의심되는 상황으로 골절 정복법은 시도하지 않는다.
③ 탈구된 대퇴골 머리가 좌골 신경 손상을 일으켜 무릎관절 굴곡이 안 되는 상황으로 의심된다. 고령 및 신경 손상 위험성으로 악화 가능성이 높다.
④ 최대한 손상부위 움직임을 제한한다.

44.

②④ 골절부위를 원상태로 돌리기 위해 골절 부위를 똑바로 피거나 돌출된 골절편을 집어넣는 시도 등을 할 경우 주위 근육, 신경, 혈관 등을 자극하여 2차적 손상 위험이 있으므로 교정하려는 시도는 하지 않아야 한다.
① 환부는 심장보다 높게 위치시켜서 붓지 않도록 않다.
③ 골절 부위에 발열, 부종 등이 심한 경우 국소적 냉찜질을 하여 혈관을 수축시켜 골절 부위 주위에서 발생할 수 있는 출혈을 감소시킬 수 있다.

45.

② 골절부위에 부목을 사용 시 폐쇄성 골절에서 개방성 골절로 악화되는 것을 예방할 수 있다.

46 개방성 공기가슴증의 응급처치로 옳지 않은 것은?

① 관통상이 있는 경우 이물질을 제거하지 않는다.

② 천공 부위에서 출혈이 관찰되는 경우 완전히 밀폐시킨다.

③ 호흡음의 감소, 목정맥 팽대 등이 나타나는 경우 폐쇄 드레싱 제거 후 다시 덮고 관찰한다.

④ 산소를 투여하며 긴장성 기흉으로 악화 주의를 요하며 병원으로 이송한다.

46.

② 천공 부위는 거즈로 멸균드레싱을 하되, 3/4면만 폐쇄를 시행해야 한다.

47 교통사고 후 운전자가 가슴통증과 호흡곤란 증세를 호소한다. 입술에 청색증이 보이며 긴장성 기흉이 의심될 때, 다음 중 설명으로 옳지 않은 것은?

① 손상된 부위에서 과다 공명음이 들린다.

② 목정맥 팽대가 관찰된다.

③ 빈맥과 저혈압이 나타난다.

④ 손상된 폐 부위의 반대쪽 흉부의 과팽창이 보인다.

47.

④ 공기가 손상된 흉강 내로 유입되지만 배출되지 못하여 압력이 높아지며, 손상된 흉부가 과팽창된다. 적절한 처치가 없다면 쇼크로 사망에 이를 수 있다.

48 운전자가 버스를 좌측 후면에서 들이받으면서 차체가 아래에 끼이는 교통사고가 발생했다. 안전벨트를 착용 중이었고 복부에 점상출혈 외에는 특이외상은 없는 상태에서 다음과 같은 증상이 있는 경우에 예상되는 것은?

> • 활력징후 : 혈압은 160/90mmHg, 맥박은 80회/분, 호흡은 20회/분
> • 문진 초기 시 증상 : 전반적인 복부 통증
> • 추가 문진 시 증상 : 갑자기 복부, 허리, 등 쪽으로 쪼개지는 극심한 통증을 호소하며 호흡곤란 증상과 함께 우측 다리가 차갑고 우측 대퇴동맥에서 맥이 느껴지지 않음

① 심장 눌림증   ② 장간막 손상

③ 심장 진탕   ④ 대동맥 박리

48.

④ 복부 대동맥 박리를 의심할 수 있다.

Answer   46.②   47.④   48.④

49 8살 남아가 자전거 타던 중 골목길의 차량과 부딪치면서 자전거 핸들 손잡이가 우측 상복부를 짓누른 사고가 접수되었다. 복부 통증을 호소했으며, 약간 팽만 소견과 우상복부의 반발 압통이 있을 때 손상이 의심되는 장기는?

① 간
② 비장
③ 십이지장
④ 콩팥

49.

③ 자전거 핸들 등의 의한 손상은 췌장 및 십이지장 손상의 주요 원인이다.

50 40세 남성의 심한 복통 신고가 접수되었다. 전일 가벼운 접촉교통사고 후 집에서 안정 중이라고 한다. 복부 옆구리에는 푸른색의 피부 변화가 발견되었을 때 손상을 의심할 수 있는 장기가 아닌 것은?

① 콩팥
② 췌장
③ 위
④ 부신

50.

그레이-터너 징후이다. 복막 뒤 공간에서 출혈하면 12 ~ 24시간 후에 옆구리에 반상출혈이 나타난다. 복강출혈로 부신, 신장, 췌장, 십이지장 장기에 손상을 의심할 수 있다.

51 33세 남성이 강도가 휘두른 칼에 찔려 쓰러져 있는 상태이고 그 옆에는 칼이 떨어져 있었다. 복부에는 장기가 적출된 상태일 때 응급처치로 옳은 것은?

① 감염 예방을 위해 상의를 벗긴다.
② 적출된 장기는 소독 후 집어넣는다.
③ 적출된 장기를 소독된 거즈에 생리식염수를 적셔 덮는다.
④ 붕대로 꼼꼼히 감아 출혈 예방을 한다.

51.

① 환자 안정을 위해 옷은 잘라서 제거해야 한다.
② 감염 위험성이 더 크므로 다시 집어넣으면 안 된다.
④ 출혈 예방보다 습도 유지를 위해 랩이나 비닐로 덮는다.

Answer 49.③ 50.③ 51.③

52 52세 남성이 머리를 부딪친 후 두통 및 구토, 의식 소실이 있고 동공 확대가 관찰될 때 추가로 확인할 수 있는 증상은?

① 혈압 상승
② 맥박 상승
③ 호흡수 상승
④ 안구 운동 증가

① 두부 외상으로 인하여 뇌압 상승 증상을 보인 상황이다. 대표적인 쿠싱 3징후인 혈압 상승, 맥박수 감소, 불규칙한 호흡와 함께 병변측 안구의 산동, 반사, 운동 소실이 있다.
② 맥박수는 감소한다.
③ 호흡수는 불규칙적이다.
④ 안구운동은 하지 않는다.

53 45세 여성이 자전거를 타다 넘어지는 신고가 접수되었다. 왼쪽 머리, 목, 팔에 작고 박리된 열상과 출혈 외에는 특이소견을 보이지 않은 경우 옳지 않은 것은?

① 팔과 다르게 머리의 열상은 작더라도 출혈이 많이 발생할 수 있다.
② 목 정맥에 관여하는 손상은 공기색전을 일으킬 수 있다.
③ 감염 예방을 위해 박리된 피부 조직은 제거한다.
④ 재출혈이 있을 시 상처부위 위에 거즈를 다시 덮고 압박을 한다.

53.

③ 박리된 조직은 원래 위치에 놓고 지혈을 시켜야 한다.

54 머리 손상 환자의 응급처치로 옳은 것은?

① 고체온을 유지하며 보온에 신경 쓴다.
② 착용한 헬멧은 즉시 제거하고 추가 손상을 사정한다.
③ 과환기는 뇌손상 유발 가능으로 제한적으로 사용한다.
④ 수액 투여 중 혈압이 급격히 상승되면 속도를 줄인다.

54.

③ 뇌압상승소견에서만 PCO_2 35mmHg 정도만 유지되도록 경한 과한기를 제한적으로 시행한다.
① 시상하부 손상 시 체온 변동에 취약하지만, 뇌손상 시 고체온은 대사 증가로 추가 손상 위험 있어 주의가 필요하다.
② 헬멧은 처치 방해 및 추가 확인이 필요한 경우에 제거를 시행한다.
④ 뇌압상승 시 고혈압은 정상적인 기전의 결과로 지켜보는 것이 원칙이다.

55 골프장에서 일행이 친 공에 눈을 맞은 환자가 사물이 찌그러져 보이는 증상과 검은 그림자가 시야를 절반 정도 가린다고 호소할 때 예상되는 응급 질환은 무엇인가?

① 전방출혈
② 결막하출혈
③ 안구함몰
④ 망막박리

56 심각한 안면부 손상으로 의식이 없는 환자에게 할 수 있는 기도 확보 방법은?

① 두부후굴법
② 하악거상법
③ 하악견인법
④ 하임리히법

57 척추 고정 적응증이 아닌 것은?

① 의식 소실
② 운동 및 감각 이상
③ 고속차량 충돌사고
④ 척추방선의 압통

55.

① 전방출혈 : 홍채와 동공 전방에 혈액 고여 있는 현상이 특징이다.
② 결막하출혈 : 결막 아래쪽으로 혈액 고여 있는 현상이 특징이다.
③ 안구함몰 : 눈이 함몰되어 보이는 형태이다.

56.

③ 두부손상(전두부, 안면부 등)이 있는 환자는 경추 손상을 의심한다. 경추손상환자의 경우 기도 확보 시 머리를 신전시키지 않는 하악견인법(턱 밀어올리기)을 사용한다.

57.

④ 척추 정중선의 압통 유무로 고정 여부를 결정한다.

58 사고 이후 환자에게 시행하는 척추 고정에 대한 설명으로 옳은 것은?

① 무의식 환자는 척추 고정을 해야 한다.
② 서거나 걸을 수 있는 환자에게 고정은 불필요하다.
③ 고정 시 저항이 느껴져도 중립자세로 고정한다.
④ 고위험 손상기전 사고나 압통이 없다면 고정은 불필요하다.

59 기저 두개골절의 징후로 볼 수 있는 것은?

① 심인반응
② 배틀 징후
③ 인형 눈 징후
④ 말로리 바이스 증후군

60 낙상사고로 누워있는 환자에게 바빈스키 반사를 시행한 결과 엄지발가락이 발등 쪽으로 굽어졌을 때 환자에게 시행할 응급처치는?

① 척추고정을 하여 구토 시 흡인 위험을 낮춘다.
② 동공반사 이상이 관찰되면 앙와위를 취하도록 한다.
③ 환자가 운동용 헬멧을 착용한 경우 헬멧 제거 후 고정한다.
④ 이상호흡이 관찰되면 백밸브마스크를 통해 과호흡을 적용한다.

58.

① 무의식 환자는 척추 손상 가능성이 있어 척추 고정이 필요하다.
② 서거나 걸을 수 있다 해도 척추손상이 있을 수 있다.
③ 고정 시 통증이 악화되거나 저항이 느껴지면 중립자세로의 고정을 멈춰야 한다.
④ 압통이 없더라도 척추손상이 있을 수 있으므로 고정이 필요하다.

59.

② 배틀 징후 : 두개골 골절 시 특징적으로 나타나는 징후 중 하나이다. 유양돌기 주위에 반상출혈이 관찰된다.
① 심인반응 : 사람의 일반 대처능력으로는 대처하기 어려운 경험으로 강한 공포, 절대적 무력감과 같은 감정반응이 초래되어 발생된 신체·정신적 장애이다.
③ 인형 눈 징후 : 혼수상태 환자의 뇌간 기능평가를 위한 검사이다. 환자의 머리를 한 쪽으로 기울였을 때의 안구 움직임을 평가한다.
④ 말로리 바이스 증후군 : 음주 빈도가 잦은 사람에게 흔히 발생하는 질환이다. 식도 쪽 점막의 상처로 출혈이 발생하는 것이다.

60.

④ 척추 손상이 의심되는 환자이다. 호흡이 비정상적인 경우 환자의 머리를 30° 이상 상승시켜 두부거상 체위를 취한다. 100% 산소 투여 및 백밸브마스크를 통해 과호흡을 적용한다.
① 환자의 경추, 머리 등을 고정하는 과정 중 또는 고정 후 구토가 발생할 경우 흡인 위험이 높아 주의해야 한다.
② 뇌 탈출 징후, 이상호흡, 동공반사 이상이 관찰되면 환자의 머리를 30° 이상 상승시켜 두부거상 체위를 취한다.
③ 운동용 헬멧을 착용한 채 발견된 경우 헬멧은 제거하지 않고 얼굴부위 마스크만 제거하여 기도를 확보한다.

Answer 58.① 59.② 60.④

61 42세 남성이 교통사고로 인한 좌측 흉부 및 복부 통증과 왼쪽 어깨로 뻗치는 방사통을 호소한다. 신체 관절 가동 능력 및 외관상 특이 사항은 없을 때 손상을 의심할 수 있는 장기는?

① 간
② 비장
③ 신장
④ 췌장

62 35세 여성이 스키를 타다가 사고가 났다. 잠시 의식을 잃고 금방 되찾았으나 통증과 마비 증세를 호소한다. 다음과 같은 증상이 있을 때 여성에게 해야 하는 처치 방법으로 적절하지 않은 것은?

> • 팔을 구부릴 수 있으나, 펼 때와 손목에 힘이 들어가지 않는다.
> • 안색은 창백하며, 오른쪽 다리의 바지는 출혈로 흥건히 젖은 상태이다.

① 기도 확보를 할 때 머리를 뒤로 젖히지 않는다.
② 고정장비는 경부와 두부에 사용한다.
③ 목을 우선적으로 고정한 뒤에 지혈을 시행한다.
④ 구토 발생 가능성을 염두에 두고 흡인을 주의한다.

61.

② 비장은 복부 둔상으로 가장 손상이 높은 장기이다. 좌상복부와 어깨에 통증이 특징이다.

62.

③ 바지가 흥건히 젖을 정도로 심한 출혈이 있으므로 골절부위를 고정하는 것보다 지혈을 하는 것이 시급하다.
① 경추 6번의 손상이 의심되므로 기도를 확보할 때에는 머리를 뒤로 젖히지 않는다.

63 체온의 손실 기전으로 옳지 않은 것은?

① 복사
② 냉각
③ 전도
④ 증발

64 열 손상에 대한 설명으로 잘못된 것은?

① 심한 신체 활동 후 나타나는 열경련은 근육경련이다.
② 열실신은 더위로 인한 일시적인 기립성 의식 소실이다.
③ 수분 및 전해질 손실에 의한 손상은 일사병이다.
④ 열사병은 축축하고 차가운 피부가 특징적이다.

65 온열질환 환자의 응급 처치로 옳은 것은?

① 열사병은 그늘에서 휴식을 취하며 호전여부를 살핀다.
② 일사병은 의식이 없다면 경구로 전해질 음료를 투여한다.
③ 일사병은 응급처치 후에도 의식이 없다면 즉시 병원으로 이송한다.
④ 열경련은 얼음팩이나 젖은 수건으로 냉요법을 시행한다.

66 국소 한랭 손상에 대한 응급처치로 옳지 않은 것은?

① 따뜻하고 안전한 곳으로 이동한다.
② 손상 부위를 따뜻한 손이나 물체로 마사지를 한다.
③ 젖은 의복을 벗기고 손상부위를 거즈로 드레싱 한다.
④ 물집이 있다면 터트리지 않는다.

63.
열 손실 기전으로 복사, 전도, 대류, 증발이 있다.

64.
④ 열사병의 경우 땀 분비 기전이 억제되면서 붉고 뜨겁고 건조한 피부로 변한다.

65.
③ 환자가 의식이 없다면 응급상황이므로 신속히 병원으로 이송한다.
① 열사병은 중증인 응급 상황이므로 신속한 응급 처치가 필요하다.
② 일사병 환자의 의식이 없는 경우 경구 투여는 하지 않고 정맥으로 수분 투여를 한다.
④ 열경련은 체온은 정상이다. 충분한 휴식과 수분 공급으로 대개 증상이 완화 된다.

66.
② 동상과 감별되지 않을 경우를 대비하여 마사지를 시행하지 않는다.

Answer 63.② 64.④ 65.③ 66.②

67 중증의 저체온증 환자에게 나타날 수 있는 징후가 아닌 것은?

① 부정맥

② 오한

③ 혼수

④ 호흡 저하

67.

④ 중증도일 때 나타난다.

68 수중 사고에 대한 설명으로 옳지 않은 것은?

① 익사 : 물에 의한 질식사를 의미한다.

② 익수 : 수중 사고 후 일시적이라도 생존한 경우이다.

③ 건성 익사 : 심정지로 물을 흡입하지 않는 사망이다.

④ 저산소증 : 담수가 폐에 유입되면 환기 장애로 발생한다.

68.

③ 후두 경련 현상으로 기도폐쇄로 일어나는 사망이다.

69 수중 사고 시 응급처치로 옳지 않은 것은?

① 사고원인을 모르는 경우 척추 손상을 염두에 둔다.

② 흡인된 물을 제거하기 위해 하임리히법을 시행한다.

③ 저체온증 예방을 위해서 젖은 옷 제거 및 보온을 시행한다.

④ 수면으로 얼굴이 나오면 기도를 확보하고 인공호흡을 실시한다.

69.

② 익수 환자의 폐로 흡입된 물의 양은 체내에 흡수될 수 있는 소량이다. 제거하기 위한 행위는 오히려 기도 폐쇄 및 다른 손상의 위험성을 줄 수 있다.

70 잠수 사고에서 상승 시 나타나는 사고와 거리가 먼 것은?

① 기흉

② 공기색전증

③ 피하기종

④ 고막 파열

70.

④ 보통 이비인후과 영역의 손상은 잠수 하강 시 사고 빈도가 높다.

Answer　67.④　68.③　69.②　70.④

71 얼음에서 구조된 환자에 구조과정에 대한 설명으로 적절하지 않은 것은?

① 더운 물에 빠진 환자보다 얼음에서 구조한 환자의 생존률이 낮다.
② 건식 잠수복을 착용하고 개인수상안전조끼를 그 위에 착용한다.
③ 얇은 얼음 위에서는 걷지 않고 기어서 이동한다.
④ 바닥이 평평한 배로 환자에게 접근한다.

72 열손상 환자의 피부가 뜨겁고 건조한 경우 해야 하는 응급처치로 적절하지 않은 것은?

① 이송 중에 환자를 지속적으로 평가하고 처치한다.
② 물이나 이온음료를 제공한다.
③ 시원하게 옷을 벗기고 몸에 조이는 것이 없도록 한다.
④ 부채질, 차가운 물로 몸을 축축하게 한다.

73 헬멧을 제거를 해야 하는 경우는?

① 호흡정지나 심장마비가 발생한 경우
② 헬멧 제거로 환자가 더 위험해지는 경우
③ 헬멧 착용 후 척추 고정판에 환자를 고정시켰을 때 머리의 움직임이 없는 경우
④ 헬멧이 기도 관찰에 방해가 되지 않는 경우

71.

① 차가운 물에서 구조한 환자가 상대적으로 생존률이 높은 편이다.

72.

② 구강으로 무엇도 섭취하면 안된다. 냉방기로 온도를 시원하게 하고 신속하게 이동한다.

73.

① 환자의 호흡, 기도 관찰에 방해되는 경우, 척추 고정 방해, 머리 움직임 유발, 호흡정지나 심장마비가 있는 경우에는 헬멧을 제거한다.

[74~75] 다음 지문에서 주어진 상황을 확인하고 물음에 답하시오.

> 62세 남성이 용접 작업 중 감전되었다는 신고가 접수되었다. 오른 팔부터 오른쪽 복부, 오른쪽 다리로 앞부분으로만 2도 화상으로 추정되는 손상을 입었다. 쓰러지면서 바닥에 놓아둔 철사에 의해 왼쪽 흉부 관통상도 입은 상황이었다. 관통 손상 부위로 거품 섞인 혈액과 호흡곤란이 관찰되었다. 의식은 있었으며, 혈압은 142/85mmHg, 맥박은 88회/분이었고, 심전도는 정상이었다.

74 지문에서 주어진 상황에 대한 응급처치로 옳은 것은?

① 목정맥 팽대, 저혈압 등이 나타나면 긴장성 기흉 및 심장 눌림증을 의심할 수 있다.

② 관통 손상 부위를 느슨하게 덮고 거즈로 고정한다.

③ 관통 손상 부위에서 호흡음 감소가 나타나면 즉시 흉부 감압술을 시행한다.

④ 화상 부위에 부목을 대어 추가 손상을 예방한다.

75 상기 환자의 몸무게가 70kg일 때 이송 시 병원전 투여해야 하는 시간당 락테이트 링거액 투여량은? (소수점 둘째 자리에서 반올림한다)

① 197mL

② 315mL

③ 394mL

④ 472.5mL

74.

① 왼쪽 흉부 관통상 및 개방성 공기가슴증으로 상태 악화 시 기장성 기흉 및 심장 눌림증 전부를 예상해봐야 한다.

② 개방성 공기가슴증의 드레싱은 3면 폐쇄로 시행한다.

③ 개방성 공기가슴증의 상태 악화 시 우선 손상 부위의 폐쇄 드레싱을 떼어낸다. 환자 상태를 다시 살핀 후 호전되면 다시 폐쇄드레싱을 하고 상태를 관찰한다.

④ 골절이 의심되지 않으면 화상부위 부목은 불필요하다.

75.

• 전기 손상 : 4mL

• 화상 면적 : 오른 팔 앞면 + 오른 복부 + 오른 다리 앞면

    = 4.5 + 4.5 + 9 = 18(%)

• 병원 전 이송 시 처음 8시간 동안 총량의 절반을 투여

∴4mL × 70(kg) × 18(%) ÷ 8(hrs) ÷ 2 = 315mL

[76~77] 다음 지문에서 주어진 상황을 확인하고 물음에 답하시오.

> 90세 여성의 침대 낙상 사고 신고가 접수되었다. 오른쪽 상완과 대퇴부는 심하게 붓고 멍이 들어 있었다. 추가 신체 검진에서 등 절반에 2도 화상을 발견하였다. 자기 전에 전기장판을 틀고 잤다고 했다. 혈압은 110/70mmHg, 맥박은 98분/회였다.

76 지문에서 주어진 상황에 대한 설명으로 옳지 않은 것은?

① 손상부위인 상의만 탈의한 뒤에 처치한다.
② 상완은 부목을 대고 등은 화상 처치를 시행한다.
③ 저혈량성 쇼크와 복부장기 손상 가능성을 의심한다.
④ 발견 자세 그대로 척추 고정판을 사용하여 고정 후 이송한다.

77 상기 환자의 몸무게가 56kg일 때 이송 시 병원전 투여해야 하는 시간당 락테이트 링거액 투여량은? (소수점 둘째 자리에서 반올림한다)

① 31.5mL
② 63mL
③ 126mL
④ 168mL

76.

① 골절이 된 다리도 의복 제거하여 추가손상 및 기능감각 등을 확인해야 한다.

77.

• 화상 : 2mL
• 화상 면적 : 등 절반
  = 18 ÷ 2 = 9(%)
• 병원 전 이송 시 처음 8시간 동안 총량의 절반을 투여
∴2mL × 56(kg) × 9(%) ÷ 8(hrs) ÷ 2 = 63mL

Answer 76.① 77.②

04 내과응급

TIP

호흡기계
㉠ 분류
• 상기도 : 코안(비강), 코곁굴(부비동), 인두, 후두
• 하기도 : 기관, 기관지, 허파(폐), 허파꽈리(폐포)
㉡ 구성
• 공기통로 : 코, 입, 인두, 후두, 기관, 기관지
• 보조적 기관 : 흉막, 횡격막, 늑간근, 흉벽, 근육
㉢ 호흡근
• 주호흡근 : 가로막(횡격막), 바깥갈비사이근(외늑간근), 복부근육 등 횡격막, 내늑간근, 외늑간근, 내복사근, 외복사근, 복직근
• 부호흡근 : 속갈비사이근(내늑간근) 흉쇄유돌근, 사각근, 승모근, 대흉근, 소흉근, 전거근 등

section 1 호흡기계

(1) 기능

① 환기 … 허파에서 공기가 이동하는 과정이다. 들숨과 날숨 단계를 통해서 이루어지게 된다. 동맥내 이산화탄소분압이 환기율의 주요한 결정요인이다.

② 확산 … 허파꽈리와 허파모세혈관에서 가스가 교환되는 과정이다.

③ 관류 … 충분한 혈액량, 이상이 없는 허파모세혈관, 효율적인 심박출량에 소화로 혈액에서 산소와 이산화탄소를 원활하게 확산시킨다.

(2) 평가

① 현장평가 … 환자가 발견된 현장의 상태와 환자가 호소하는 증상을 파악한다.

② 일차평가 … 호흡을 할 때의 환자자세, 청색증, 의식상태, 호흡곤란 여부, 기도폐쇄 여부 등을 평가한다.

③ 이차평가

㉠ 환자의 주호소 증상, 과거력, 복용약물, 알레르기 여부 등을 청취한다.

㉡ 신체검진은 시진, 촉진, 타진, 청진 순으로 진행한다.

㉢ 활력징후, 맥박산소, 최대유량, 호기말이산화탄소분압, 일산화탄소 등을 측정한다.

(3) 응급처치

① 최우선으로 기도관리를 한다. 목뼈가 손상된 외상환자는 목을 신전시키지 않고 기도개방을 유지한다.

② 질병 또는 손상이 있는 환자가 저산소증으로 진행될 우려가 있다면 산소를 투여한다.

③ 과도한 산소투여는 고산소혈증이 나타나고 활성산소를 생성한다. 고산소혈증 예방을 위해서 맥박산소측정기를 사용한다.

section 2 호흡기계 응급질환

(1) 호흡기계 응급

① 응급 신체 사정

　㉠ 피부 : 창백, 발한, 청색증, 부종이 있다.

　㉡ 호흡 : 비익 확장(코 벌렁임), 부호흡근 사용, 입술을 오므림이 있다.

　㉢ 기타 : 경정맥 확장, 빈맥, 곤봉 손가락 등이 있다.

② 비정상적 호흡음(숨소리)

　㉠ 협착음(그렁거림, stridor) : 상기도 협착으로 흡기 시 강하게 들리는 소리로 크룹에서 대표적이다.

　㉡ 천명음(쌕쌕거림, wheezing) : 하기도 협착으로 호기 시 강하게 들리는 소리로 천식, 부종, 만성폐쇄성폐질환 등이 있다.

　㉢ 건성수포음, 나음(rhonchi) : 기관지 분비물로 인하여 달각거리는 소리로 기관지염에서 나타난다.

　㉣ 악설음, 수포음(거품소리, crackles or rales) : 분비물 고인 허파꽈리(폐포) 열리면서 나는 소리이다.

　㉤ 흉막마찰음(가슴막 마찰음, pleural friction rub) : 염증 때문에 윤활능력을 상실한 흉막 표면의 마찰음으로 흉막염으로 인하여 들린다.

③ 호흡곤란 유발 응급질환 … 상하기도 감염, 급성 폐부종, 만성폐쇄성폐질환, 천식, 폐색전증, 폐렴, 과다호흡증후군 등이 있다.

④ 일반적 처치 원칙

　㉠ 기도를 확보하고 유지한다.

　㉡ 호흡에 어려움이 있는 모든 환자에게 산소를 적당한 농도로 투여한다.

　㉢ 심전도 감시, 정맥로 확보 등을 한다.

(2) 상기도폐쇄

① 정의 … 폐로 통하는 통로인 기도가 막히면서 환기가 충분하게 이뤄지지 않는 상태이다.

② 원인 … 이완된 혀, 이물질, 종양, 외상, 화상, 성대마비, 알레르기, 감염 등에 의해서 발생한다.

③ 증상

　㉠ 완전폐쇄 : 당황하며 질식 징후가 나타난다. 소리가 나지 않는 기침, 청색증, 호흡곤란이 나타난다.

　㉡ 부분폐쇄 : 숨이 가쁜 증상이 나타난다. 협착음이나 천명음이 청진된다.

비정상적인 숨소리에 대한 설명으로 옳지 않은 것은?

① 협착음 : 상기도 협착 시 소견으로 흡기 시 잘 들린다.

② 천명음 : 하기도 협착 시 소견으로 호기 시 잘 들린다.

③ 수포음 : 분비물이 축적되어 공기 흐름의 방해로 들리는 소리로 호기 시 잘 들린다.

④ 흉막마찰음 : 호흡하는 동안 흉막과 마찰로 비비는 것과 같은 소리로 흉막염에서 청진된다.

〈정답 ③

④ 환자평가

　　㉠ 이물질에 의한 기도폐쇄 과거력을 확인하고, 뇌졸중이나 약물에 의한 것은 아닌지를 고려한다.

　　㉡ 음식 섭취 중에 나타난 경우에는 말을 할 수 있는지 평가한다.

　　㉢ 화상환자는 후두부종을 의심한다.

　　㉣ 알레르기에 의한 것이라면 쉰 목소리, 협착음이 나타나고 완전기도막힘으로 진행될 수 있다.

④ 응급처치

　　㉠ 부분기도폐쇄인 경우 기침을 격려하면서 즉시 이송을 한다.

　　㉡ 의식이 있는 성인이 완전기도폐쇄가 되었다면 복부 밀어내기를 신속하게 시행한다.

　　㉢ 의식이 없는 경우에는 기도를 개방하고 심폐소생술을 시행한다. 후두경으로 기도검사를 하고 이물질은 마질 겸자로 제거한 뒤에 신속하게 이송한다.

　　㉣ 이물질 제거를 위해 손가락을 복 안으로 집어넣지 않는다.

　　㉤ 저산소증이 나타나면 백밸브마스크로 산소공급을 시행한다. 막힌 부위에 강한 공기를 넣어 환기를 할 수 있다.

　　㉥ 직접의료지도를 받아서 정맥로를 확보하고 에피네프린을 투여한다.

(3) 호흡곤란

① 정의 … 숨을 쉬는 것이 불편하다고 느끼는 것이다. 다양한 요인들이 상호작용하면서 발생하게 된다.

② 원인 … 불안, 천식, 심부전, 폐부종 등에 의한 급성호흡곤란이 있고 폐 관련 질환에 의한 만성호흡곤란이 주요하다. 질환으로는 주로 폐기종, 만성폐쇄성폐질환, 만성기관지염, 천식 등에 의한다.

③ 증상

　　㉠ 천식, 심부전, 만성폐쇄성폐질환에 의해 기좌호흡이 나타난다.

　　㉡ 폐질환, 폐 절제술 후 편평호흡이 나타난다.

　　㉢ 심장질환이나 한쪽 폐에 이상이 있을 때 측위호흡이 나타난다.

④ 환자평가

　　㉠ OPQRST평가로 질문하여 병력을 청취한다.

　　㉡ AVPU측정법으로 의식상태를 확인한다.

　　㉢ 활력징후 : 혈압, 맥박수, 호흡수, 산소포화도를 측정한다. 빈맥의 경우는 교감신경항진이나 저산소증의 징후이고 서맥은 심한 저산소증에서 심정지에 임박할 때 나타난다.

　　㉣ 신체검진 : 청색증을 확인하고 호흡양상을 평가한다. 경정맥 팽창을 확인하고 흉부 외상이나 만성질환의 징후를 확인한다.

⑤ 응급처치

　　㉠ 저산소증을 완화시키는 것이 주요한 목표이므로 기도확보를 한다.

　　㉡ 똑바로 앉거나 반쯤 앉은 자세를 취한다.

TIP

급성 호흡곤란증후군(ARDS, acute respiratory distress syndrome)

㉠ 정의 : 비심인성 폐부종, 폐포로 체액 축적되어 염증을 유발되는 저산소증 상태이다.

㉡ 원인 : 패혈증, 폐렴, 흡인, 허파손상, 화상, 혈전, 색전, 저산소증, 저체온증 등이다.

㉢ 특징 : 심한 호흡곤란, 부호흡근 사용, 양측 폐 하엽의 비정상적 거품소리(수포음), 보조적 산소치료에 반응하지 않는 저산소증, 핑크색 거품 가래, 마른 기침, 빈호흡 등이 있다.

㉣ 응급처치

• 똑바로 앉고 다리를 내린 자세로 안정을 취한다.

• 기도 확보와 산소 투여를 한다.

• 필요 시 분비물 흡입 및 수액을 공급한다.

ⓒ 3유도 심전도 검사를 시행한다.

ⓔ 산소포화도가 94% 이하이면 비강캐뉼러로 1~5L/min, 안면마스크로 6~10L/ml 산소를 투여한다.

ⓜ 산소투여에도 산소포화도가 완화되지 않으면 100% 산소를 투여한다. 저장낭을 갖춘 백밸브마스크로 15L/min 산소의 양압환기를 시행한다.

ⓗ 심혈관계, 호흡기계, 신경계에 과거력이 있다면 산소포화도가 95% 이상이 되지 않는 경우 비재호흡마스크로 11~15L/min 산소를 투여한다.

ⓢ 호흡기계 질환자는 환자가 휴대하고 있는 흡입용 기관지 확장제를 투여한다.

ⓞ 의식이 있고 혈압이 안정적인 급성호흡곤란 환자는 가스교환과 양압환기를 지속적으로 한다.

ⓩ 양압환기에도 의식과 반응이 없고 청색증이 심해지면 성문외기도유지기를 삽입하거나 기관내삽관을 실시한다.

(4) 만성폐쇄성폐질환

① 정의 … 유해입자나 가스노출로 기도나 폐포에 문제가 생겨 기도가 폐색되면서 폐기능이 서서히 저하되는 질환이다.

② 원인 … 폐기종, 만성기관지염의 질환이 원인이다. 주요한 원인으로는 흡연, 독성물질 등이 있다.

③ 증상 … 초기에는 증상이 발현되지 않는다. 만성적으로 호흡곤란, 기침, 가래 등이 나타난다.

④ 환자평가 … 위험인자 노출 여부, 과거력, 가족력, 증상발현 양상 등을 확인한다.

⑤ 응급처치
　ⓐ 호흡곤란이 심한 경우에는 단계적으로 저농도에서 고농도로 산소를 투여한다.
　ⓑ 만성폐쇄성폐질환자는 SpO_2 수치를 96% 이상으로 유지하기 위해 충분한 산소를 투여한다.

(5) 폐기종

① 정의 … 종말 세기관지 원위부인 폐포 벽이 파괴되면서 폐포 공간이 확장된 상태이다.

② 원인 … 흡연이 가장 큰 위험인자이다. 이외에 화학물질, 분진, 대기오염 등이 있다.

③ 증상 … 체중감소, 운동 시 호흡곤란 증상이 나타난다. 만성폐쇄성폐질환으로 악화되지 않은 경우에는 증상이 없는 경우가 많다.

만성폐쇄성폐질환(COPD, Chronic Obstructive Pulmonary Disease)
ⓐ 증상 : 호흡곤란, 짧은 빈호흡, 건성수포음, 곤봉손가락 등이 있다.
ⓑ 합병증 : 적혈구증가증, 폐고혈압증, 폐성심이 있다.
ⓒ 응급처치
 • 앉은 자세로 안정을 취한다.
 • 기도를 확보하고 필요하다면 수액을 공급한다.
 • 저농도의 산소로 1~2L/min을 공급한다. 고농도 산소를 투여하면 이산화탄소 혼수 유발로 인하여 호흡이 저하되거나 소실이 될 위험성이 있다.
 • 정상인의 경우 동맥혈 이산화탄소 농도에 따라 호흡 조절이 되지만, 만성폐쇄성폐질환은 저산소증이 평소에 기본적인 호흡을 유지한다.

④ 환자평가

⊙ 신체검진에서 가슴 앞뒤의 술통의 가슴모양을 관찰한다. 또한 적혈구증가증으로 피부가 분홍색이 되므로 피부색을 평가한다.

ⓛ 대부분의 환자가 마른체형이다.

ⓒ 무의식적으로 입술 오므리기 호흡을 하므로 호흡양상을 확인한다.

(6) 만성기관지염

① **정의** … 2년 연속, 일 년에 3개월 이상 가래가 동반된 기침이 지속되는 질환이다. 기관지에 점액분비세포가 증가하면서 발생한다.

② **원인** … 흡연, 대기오염 등의 기관지 손상으로 발생한다.

③ **증상** … 만성 기침, 가래, 운동할 때 호흡곤란이 주증상이다. 불면증, 시석능력 서하, 누통, 성격변화가 나타난다.

④ **환자평가**

⊙ 호흡기 감염이 자주 있었다면 나타날 수 있으므로 과거력을 확인한다.

ⓛ 과량의 객담이 있는지 여부를 확인한다.

ⓒ 대부분의 환자가 과체중인 경향이 있다.

ⓔ 피부에 청색증이 나타난다.

ⓜ 건성수포음을 확인한다.

⑤ **응급처치** … 호흡곤란. 폐기종과 처치가 동일하다.

(7) 천식

① **정의** … 기도의 만성염증장애로 호흡곤란, 기침, 거친 숨소리 등과 같은 증상이 반복적이고 발작적으로 나타나는 것이다.

② **원인** … 유전, 비만, 성별, 알레르기, 감염, 촉발인자 노출, 흡연, 대기오염, 음식 등을 통해서 나타난다.

③ **증상** … 가래, 천명음, 호흡곤란, 가슴 답답함, 기침 등이 있다. 갑작스럽게 나타나는 천식발작은 증상이 급속도로 진행된다.

④ **환자평가**

⊙ 호흡곤란, 천명, 가슴 답답함, 기침의 전형적인 증상이 두 가지 이상 발생하는지 확인한다.

ⓛ 촉발인자에 노출되었는지를 확인한다.

ⓒ 흉통, 객담이 동반되는 기침, 어지럼증 등의 증상이 동반된다면 다른 질병도 고려한다.

천식

⊙ 정의 : 꽃가루, 먼지, 곰팡이, 진드기 등에 의해서 기관지에 알레르기 질환이 나타나는 것이다.

ⓛ 증상

• 3대 증상 : 호흡곤란, 호기성 천명(쌕쌕거림), 기침

• 점액 분비량의 증가, 흉부 압박감, 기도경련 등이 있다.

ⓒ 천식 응급 흡입 약물

• 베타작용제(벤톨린) : 기관지 수축을 완화한다.

• 코르티코이드(베타메타손, 베클로메타손) : 염증을 감소시킨다.

• 항콜린성(아트로벤트) : 기관지 확장 효과가 있다.

• 항알러지제(크로몰린) : 히스타민 과다분비를 완화하고 기관지 수축을 예방한다.

ⓔ 응급처치

• 베타2 항진제(항콜린성) : 기관지 근육의 경련을 완화한다. 기관지에 직접 작용하여 확장시키는 효과가 있다. 적은 양으로 효과를 볼 수 있고 부작용이 적다.

• 부신피질스테로이드 : 항염증제이다.

• 산소공급을 하고 병원으로 이송한다.

• 기관지 확장제를 반복 투여 후에도 증상 완화 없이 천식발작 상태이면 즉시 기관내삽관을 시행한다.

⑤ 응급처치

　　㉠ 저산소증을 교정하기 위해서 산소를 투여한다.

　　㉡ 심전도 감시를 하고 악화 시에는 정맥로 확보를 한다.

　　㉢ 기관지 경련을 멈추게 하는 것에 집중한다. 경련회복에 사용되는 약제는 네블라이저로 투여가 가능한 이프라트로피움 브로마이드, 흡입용 베타작용제 알부테롤 등이 있다.

(8) 폐렴

① 정의 … 폐의 세기관지 이하 부위에 미생물 감염, 다양한 원인 물질로 인하여 염증이 발생한 것이다.

② 원인 … 미생물로 인한 감염이 가장 흔하다. 감염성 폐렴 이외에 화학물질, 이물질 흡인, 방사선 치료와 같은 비감염성 폐렴도 있다.

③ 증상 … 기침, 황색의 객담, 혈액이 섞인 객담, 호흡곤란 등이 나타난다. 발열, 허약감, 권태감도 동반된다. 증상이 악화된 경우 구역, 설사, 근육통 등 전신 질환이 발생할 수 있다.

④ 환자평가

　　㉠ 발열, 빈호흡, 빈맥, 기침 등이 주된 증상으로 나타나므로 신체 검진 시 확인한다.

　　㉡ 가슴 청진 시에 쌕쌕거리는 소리, 그르렁거리는 소리, 거품소리가 들린다.

⑤ 응급처치

　　㉠ 신체검진, X-ray 촬영, 세균배양검사를 통해 진단해야 하기 때문에 현장진단은 어려운 편이다.

　　㉡ 환자에게 편안한 자세를 취하게 하고 저산소증 교정을 위한 산소를 투여한다.

　　㉢ 중증으로 악화된 경우에 기관내삽관이 필요하다. 또한 직접의료지도를 받아 정맥로를 확보하고 수액을 투여한다.

　　㉣ 고열이 나타나면 아세트아미노펜이나 이부프로펜과 같은 해열제를 투여하고 차가운 물수건을 적용한다.

　　㉤ 65세 이상의 환자를 처치할 때에는 합병증 위험도가 높으므로 주의한다.

(9) 과호흡

① 정의 … 무의식적으로 호흡이 빨라지면서 이산화탄소가 과다배출되면서 발생하는 것이다.

② 원인 … 정신적 스트레스가 주된 원인이다. 불안, 흥분, 긴장으로 나타나며 이러한 증상이 더욱 증상을 악화시킨다. 이외에 폐질환, 심장 질환, 저산소증, 대사성 산증, 발열, 약물 등에 의해서 나타난다.

과호흡증후군

㉠ 정의 : 몸 안의 이산화탄소가 과도하게 배출되어 나타나는 호흡곤란 현상이다.

㉡ 원인

　• 폐의 이상 : 기흉, 천식, 폐색전증, 폐부종 등

　• 중추신경계의 이상 : 뇌손상, 발열 등

　• 심인성 : 공황장애, 불안 등

㉢ 증상 : 심한 호흡곤란(들숨은 짧게, 날숨은 오래), 어지러움, 손발 저림, 감각 이상, 심계항진 등이 있다.

㉣ 처치

　• 대부분 심인성으로 안정을 취하거나 심호흡을 하면 5분 내로 소실된다.

　• 페이퍼백 요법은 오히려 저산소증 등을 유발하여 위험할 수 있어 권장되지 않는다. 특히 심인성이 아닌 과호흡일 경우 큰 문제가 될 수 있다.

　• 심호흡이 힘들다면 폭이 넓은 빨대나 종이를 말아서 물고 복식호흡을 한다.

③ 증상 ··· 호흡이 힘들어진다. 어지러움, 시력장애, 의식저하가 나타난다. 팔다리 감각이상, 수족경련, 근력 저하 등이 동반되고 심해지면 부정맥이 발생하거나 흉통이 나타날 수 있다.

④ 환자평가

    ㉠ 기초문진과 병력청취를 한다. 불안, 스트레스 상황을 확인하고 다른 질환의 과거력을 확인한다.

    ㉡ 과호흡을 유발하는 중증질환을 고려한다.

⑤ 응급처치

    ㉠ 산소포화도 감시를 하며 산소가 연결되지 않은 비재호흡마스크를 씌운다.

    ㉡ 산소포화도가 90% 이하로 지속적으로 측정된다면 안면마스크로 6~10L/min 산소를 공급한다.

    ㉢ 편안히 환자가 숨을 쉬도록 안정시켜 준다.

    ㉣ 활력징후를 측정하고 심전도 측정으로 평가한다.

    ㉤ 비닐봉투 등을 이용한 재호흡요법은 혈중 산소분압 감소가 심해지므로 사용하지 않는다.

    ㉥ 심근경색, 폐색전증 등의 중증질환의 원인을 고려한다.

⑽ 산소 투여 응급처치

① 목적 ··· 저산소증을 정상 산소농도 유지하기 위함이다.

② 원칙

    ㉠ 기도 보호 및 개방 유지 후 산소 공급을 시행한다.

    ㉡ 호흡곤란(질병, 손상 포함)의 모든 환자에게 산소 공급을 시행한다.

    ㉢ 적절한 산소 공급을 시행한다.

    ㉣ 과다한 산소투여는 환자 상태 악화 가능성이 있다.

③ 고압 산소

    ㉠ 정의 : 100% 산소와 최소 1·4기압 이상의 압력이다.

    ㉡ 적응증 : 감압병, 공기색전증, 일산화탄소 중독, 심각한 빈혈, 열화상, 압궤손상, 구획증후군 등이 있다.

    ㉢ 금기증 : 치료하지 않은 기흉, 폐기종, 만성 폐쇄성 폐질환, 과호흡 등이 있다.

    ㉣ 합병증 : 만성 폐성심인 폐섬유종을 초래한다.

④ 계통별 저산소증의 증세

    ㉠ 중추신경계 : 뇌혈관 확장 → 뇌혈류량 증가 → 뇌부종 → 뇌압 상승 → 이상행동 및 신경증상 → 의식소실

    ㉡ 심혈관계 : 혈관확장 → 심박출량 증가(혈압 유지) → 지속되면 심박동, 심박출량, 혈압이 감소 → 빈맥 → 서맥 → 심정지

    ㉢ 호흡기계 : 폐혈관 수축 및 연수 호흡중추 자극 → 과대환기 및 빈호흡

    ㉣ 기타 : 산소포화도 감소, 청색증

⑾ 산소요법

① 비강 캐뉼러

  ㉠ 단순하고 쉽게 적용이 가능하며 가장 흔하게 사용한다.

  ㉡ 농도 : 22 ~ 44%

  ㉢ 속도 : 2 ~ 6L/분(이 이상의 속도는 코점막을 자극)

② 비강 카테터

  ㉠ 비인두로 삽입하여 산소를 전달한다.

  ㉡ 삽입이 불편하고 자극이 심하다.

③ 단순마스크

  ㉠ 짧은 기간에 많은 양의 산소공급이 필요할 때 사용한다.

  ㉡ 농도 : 40 ~ 60%

  ㉢ 속도 : 5 ~ 8L/분(이 이하의 속도에서는 호기 시 이산화탄소가 축적되고, 이 이
    상 속도에서는 용적이 초과한다.)

④ 부분재호흡마스크(마스크 + 저장백)

  ㉠ 일부 호기도 산소와 혼합된다.

  ㉡ 농도 : 60 ~ 90%

  ㉢ 속도 : 6 ~ 10L/분

⑤ 비재호흡마스크(마스크 + 저장백, 고무마개)

  ㉠ 호기가 산소와 혼합되지 않는다.

  ㉡ 농도 : 90 ~ 100%

  ㉢ 속도 : 5 ~ 15L/분

  ㉣ 고농도의 산소를 투여한다.

  ㉤ 미리 산소주머니 팽창을 하고나서 환자에게 적용한다.

⑥ 벤츄리 마스크 … 처방된 산소농도에 따라 가장 정확한 농도로 투여한다.

section 3 심혈관계

(1) 평가

① 현장평가 … 현장의 안정성이 확인되었다면 환자의 반응수준을 평가한다. 말이 가능
  한지, 반응을 하는지를 평가한 뒤에 기도, 호흡, 활력징후 등을 평가한다.

② 병력평가

  ㉠ 흔한 주증상은 흉통, 가슴 불편감, 호흡곤란, 기침, 실신, 심계항진이 있다.

  ㉡ 복용 중인 약물 평가와 과거력, 마지막으로 섭취한 음식물, 발병 이전에 하고
    있었던 것을 평가한다.

(2) 신체검진

① 시진 … 기도위치, 호흡패턴, 피부, 심장질환 미세징후, 부종 등을 확인한다.

② 청진 … 숨소리, 심장음, 목동맥 잡음을 확인한다.

③ 촉진 … 맥박, 가슴촉진을 통한 비빔소리, 명치부위에서 복부대동맥류 촉진을 한다.

(3) 응급처치

① 일차적인 기본술기인 기본심폐소생술을 시행한다.

② 심전도 감시, 미주신경흥분수기, 약물처치, 제세동, 동시성 심장율동전환, 경피적 인공심박조율, 진단전 12유도 심전도의 전문심폐소생술을 수행한다.

(4) 심전도 감시

① 기본전극을 통해서 표준유도(Ⅰ, Ⅱ, Ⅲ)와 팔다리증폭유도(aVR, aVL, aVF)를 감시가 가능하다.

② 감시장치 전원을 켜고 패드를 부착할 가슴벽을 닦아준다. 감시장치에 전극을 연결하고 양전극은 왼쪽 아래가슴, 음전극은 오른위 가슴에 부착하여 감시장치를 보며 기록을 확인한다.

③ 환자의 움직임, 오한, 근육경련, 느슨한 전극, 잘못된 부착 등으로 피부접촉 불량으로 기록이 잘못될 수 있다.

(5) 약물처치

① 항부정맥제
ⓐ 아트로핀 : 심방의 느린맥에 작용하는 부교감신경억제제이다.
ⓑ 리도카인 : 심실세동과 무맥성 심실빈맥에 작용한다. 약한 나트륨 통로차단제이다.
ⓒ 아데노신 : 굴심방결절과 방실결절에 작용한다. 천식환자에게는 금기이다.

② 혈압상승제
ⓐ 에피네프린 : 심장 소생에 제일 중요한 약물이다. 1:10,000으로 희석한 약물 1mg을 3~5분 동안 정맥으로 투여한다.
ⓑ 노르에피네프린 : 서맥치료에 주로 사용된다. 불안, 어지러움, 구토 등이 나타날 수 있다.
ⓒ 도파민 : 혈압상승제로 심박출량을 증가시킨다.

③ 심근허혈 사용약물
ⓐ 니트로글리세린 : 말초동맥과 정맥을 확장시킨다. 약병이 열리면 효능이 낮아지므로 투여 전에 제조일을 확인해야 한다.

방실차단(AV block)
㉠ 특징 : AV node에 이상이 생기면서 심방과 심실 간의 전기흐름이 차단된다.
㉡ 1도 : 심방에서 나오는 전기자극이 심실에 도달은 하지만 방실 결절에서 속도가 늦춰진다. 운동선수, 청소년 등에게 관찰된다.
㉢ 2도
• 1형 : PR간격이 점차 길어지는 주기 형태이다. 복용하는 약들 중 베타차단제와 같은 원인을 제거하면 중지된다.
• 2형 : 맥박이 느리고 전조증상이 없다. P파가 나타나고 QRS파는 보이지 않는다. 숨이 가쁘거나 어지럼증과 같은 증상이 있다.
㉣ 3도 : 완전 방실차단이다. 서맥을 동반하며 심방과 심실이 따로 움직이는 현상이 나타난다.

ⓛ 모르핀 : 심근경색 치료에 중요한 약물이다. 심근산소요구량을 낮춰준다. 구역, 구토, 호흡억제, 저혈압 등이 나타날 수 있으므로 용량은 정맥에서 3~5mg에서 천천히 늘리면서 투여한다.

ⓒ 아스피린 : 혈소판 응집을 억제하여 뇌졸중 치료에 효과적이다. 급성위염이 나타날 수 있으므로 주의한다.

(6) 니트로글리세린 금기

① 수축기 혈압이 90mmHg 이하인 경우

② 분당 맥박이 50회 미만인 서맥환자인 경우

③ 심부전이 없는 상태에서 분당 100회/분 이상의 빈맥환자인 경우

④ 24시간 이내에 비아그라, 레비트라 또는 48시간 이내에 시알리스 등의 발기부전제를 복용한 경우

⑤ 니트로글리세린을 1회 투여하고 수축기 혈압이 20mmHg 이상 감소한 경우의 추가 투여

⑥ NTG에 알레르기 반응이 있었던 환자

⑦ 녹내장, 두부외상, 뇌출혈, 중증 빈혈, 우심실경색 의심 환자

section 4 심혈관계 응급질환

(1) 협심증

① **정의** … 동맥경화, 혈전, 연축 등으로 관상동맥의 일부가 협착 및 폐색으로 심근에 혈액이 공급되지 않아 허혈이 나타나는 질환이다.

② **원인** … 고령, 흡연, 고혈압, 당뇨병, 가족력, 운동부족 등의 위험인자가 주요한 원인이다. 위험인자로 내피세포가 손상되어 죽상경화증이 진행되면서 혈전이 형성된다. 혈전이 혈관을 막으면서 혈관의 흐름이 원활하지 않아서 가슴통증이 유발한다.

③ **증상** … 가슴을 쥐어짜는 느낌의 통증을 주로 호소한다. 흉통과 호흡곤란이 동반되며 좌측 어깨나 좌측 팔로 통증이 방사된다. 가슴통증은 3~5분 정도 지속되다가 휴식을 취하거나 니트로글리세린을 투여하면 완화한다.

④ 협심증 종류

ㄱ) 안정형 협심증

• 스트레스 상황이 있을 때 증상이 발생한다.

• 안정을 취하면 증상이 완화된다.

- 가장 일반적인 협심증이다.

ⓛ 불안정 협심증
- 대부분 안정형 협심증이 악화되면서 안정을 취하고 있을 때에도 증상이 나타나는 경우이다.
- 심근경색으로 악화될 가능성이 높은 응급 질환이다.
- 즉각적인 치료가 필요하다.

ⓒ 변이성(이형성) 협심증
- 늦은 밤이나 이른 아침 등의 휴식 중에 나타나는 흉통이다.
- 좁아진 혈관으로 인해 생긴 협심증과 달리 간헐적 관상동맥 경련에 의해 발생한다.
- 흡연 및 과음 등과 관련이 있다.
- 비교적으로 젊은 나이에 발생하는 편이다.

⑤ 환자평가
- ⓐ 말초맥박이 약화 또는 소실되는 것은 쇼크가 임박한 것이다. 청색증, 피부색 변화, 체온변화 또한 쇼크를 의미하므로 신속하게 치료가 필요하다.
- ⓑ 당뇨환자는 흉통질환이 나타나지 않을 수 있다.
- ⓒ 흉통에 대한 병력을 청취한다. 흉통의 발생 시간, 지속 시간, 위치, 방사여부, 유발인자, 완화인자, 니트로글리세린을 복용할 때 변화, 강도 등을 확인한다.
- ⓓ 발기부전제 복용이나 아스피린 알레르기 유무를 확인한다.
- ⓔ 과거력, 가족력, 음주, 흡연 등의 위험인자를 확인한다.
- ⓕ 활력징후와 산소포화도를 실시한다.
- ⓖ 수포음, 경정맥 팽대의 유무를 확인한다.

⑥ 응급처치
- ⓐ 3유도 심전도 검사를 시행한다.
- ⓑ 비강캐뉼러로 1~5L/min의 산소를 투여한다. 산소포화도는 94% 이상으로 유지한다.
- ⓒ 니트로글리세린 1알을 설하투여한다. 3~5분 간격으로 총 3회까지 투여가 가능하다.
- ⓓ 심인성 흉통으로 의심되는 경우에는 정맥로를 확보하여 생리식염수를 500mL 주입한다.
- ⓔ 심장성 폐부종이 의심되는 경우 지속적 양압환기를 사용한다. 하지만 의식저하, 자발호흡 없는 경우, 안면부에 심한 외상, 혈역학적으로 불안정한 경우, 기흉이 있는 경우에는 금기이다.

(2) 심근경색증

① 정의 … 관상동맥이 혈전이나 연축 등으로 폐색되면서 심근 조직이나 세포가 괴사하는 질환이다.

② **원인** … 고령, 흡연, 고혈압, 당뇨병, 가족력, 비만 등의 위험인자로 발생한다. 위험인자로 내피세포가 손상되어 죽상경화증이 진행되면서 혈전형성이 유리해진다. 혈전이 혈관을 막으면서 심근의 일부가 괴사된다.

③ **증상** … 가슴의 정중앙이나 좌측이 쥐어짜는 것과 같은 느낌과 명치나 턱 끝에 통증을 호소한다. 소화가 잘 되지 않고 속이 쓰리는 것을 호소하는 경우도 있다. 흉통이 30분 이상 지속되며 니트로글리세린을 투여해도 증상이 호전되지 않는다.

④ **환자평가**
  ㉠ 주된 증상인 흉통을 OPQRST 방법으로 병력을 청취한다.
  ㉡ 환자의 개도를 개방하고 허파음을 청진한다.
  ㉢ 피부를 검진한다. 차갑고 창백하며, 발한이 나타나기도 한다.
  ㉣ 심전도를 감시한다. 부정맥 가능성을 확인하고 ST분절과 Q파를 확인한다.

⑤ **응급처치**
  ㉠ 편안한 상태로 휴식을 취하는 자세를 취한다.
  ㉡ 적절한 산소를 투입하되 다량의 산소를 피한다.
  ㉢ 정맥로를 확보하고 직접의료지도에 따라서 약물을 투여한다. 의심환자에게 적응증이 되는 약물은 아스피린, 니트로글리세린, 황산모르핀, 펜타닐 등이 있다.
  ㉣ 심전도를 지속적으로 확인하며 악화 시에 제세동이나 동시성 심장율동전환이 필요할 수 있다.

(3) 심부전

① **정의** … 심장의 구조·기능적인 이상으로 심장의 기능이 상실하여 신체 조직에 혈액이 공급되지 못하는 질환이다. 좌심부전, 우심부전으로 분류된다.

② **원인** … 관상동맥 질환이나 심근경색 등의 질환이 가장 주요한 이유이다. 이외에는 수액 과다투여, 염분이나 알코올 등의 과다섭취, 패혈증, 고혈압, 폐색전증, 약물남용 등이 있다.

③ **증상**
  ㉠ 왼심부전 : 청색증, 빈맥, 호흡곤란, 거품소리, 기침, 혈액이 섞인 객담, 심장의 말발굽 리듬 등이 있다.
  ㉡ 오른심부전 : 빈맥, 목정맥 울혈, 전신 부종(발목이나 종아리에 심하다.) 간과 비장에 울혈, 복수 등이 있다.

④ **환자평가**
  ㉠ 신체에 피부색 변화, 부종의 유무를 확인한다.
  ㉡ 병력청취를 OPQRST 방법을 사용하여 한다.
  ㉢ 환자의 복용약물을 확인한다. 푸로세마이드 등과 같은 이뇨제 또는 항고혈압 약물을 처방받았는지 확인한다. 처방받은 약물을 거르지 않고 먹었는지 확인한다.
  ㉣ 의식수준을 확인한다. 호흡기능상실 징후가 나타나면 백밸브마스크로 100% 산소로 호흡을 보조한다.
  ㉤ 호흡곤란, 객담이 동반된 기침이 나타나는 것을 확인한다.

⑤ 응급처치

　㉠ 환자가 스스로 움직이거나 걸어다니지 않도록 한다. 반드시 눕히지 않고 앉은 자세에서 다리를 늘어뜨려 놓는다.

　㉡ 저산소증 치료를 위해 적정량의 산소를 투여한다.

　㉢ 심전도, 맥박산소포화도, 호기말이산화탄소분압, 활력징후 등을 측정한다.

　㉣ 니트로글리세린을 투여하고 지속성기도양압(CPAP) 치료를 제공한다.

　㉤ 지속성기도양압(CPAP) : 호기말양압(PEEP) $5cm/H_2O$를 제공한다. 치료에 따른 환자의 변화를 감시한다. 호전되지 않는다면 호기말양압을 $7.5\sim10cm/H_2O$를 제공한다.

　㉥ 직접의료지도에 따라서 약물을 투여한다. 캡토프릴, 에날라프릴 등이 있다.

⑥ 지속성기도양압(CPAP) 적응증

　㉠ 천식, 만성폐쇄성폐질환, 폐부종, 호흡곤란 등의 환자

　㉡ 의식이 있고 지시를 따를 수 있는 지

　㉢ 12세 이상이며 CPAP 마스크를 착용할 수 있는 자

　㉣ 호흡수가 분당 25회 이상이며 SpO_2가 94% 미만, 호흡 중에 보조호흡근을 사용하는 자

(4) 심장눌림증

① **정의** … 과량의 수액이 심장막 내에 압력을 증가시켜 심장이 압박되면서 심장이 원활하게 이완되지 않아 발생하는 질환이다.

② **원인** … 악성 종양, 심장막염, 요독증 등이 있다. 수술, 외상, 결핵 등으로 심장막 내에 출혈이 생겨서 나타난다.

③ **증상** … 주된 호소는 흉통과 호흡곤란이다. 만성인 경우에는 전신 무력감, 체중감소, 발한 등이 동반된다.

④ **환자평가**

　㉠ 기도, 호흡, 순환, 활력징후를 평가한다.

　㉡ 심장눌림증으로 의심되는 경우에는 유발원인을 OPQRST 방법을 사용하여 집중해서 찾는다.

⑤ **응급처치**

　㉠ 기도를 유지하고 고농도 산소를 투여한다.

　㉡ 기관내삽관으로 기도를 확보하고 직접의료지도를 통해 정맥로를 확보한다.

　㉢ 직접의료지도를 통해 도부타민, 도파민, 푸로세미드, 황산모르핀 등의 약물을 투여한다. 투여하기 전에 알레르기 증상을 확인한다.

심낭압전(심장 눌림증, Cardiac tamponade)

㉠ 정의 : 심장막에 체액이 차며 심장을 압박하여 생기는 응급 질환이다.

㉡ 원인
• 염증, 종양, 외상 등 다양하다.
• 관통상을 입은 모든 환자는 고려한다.

㉢ 기전 : 심낭 압력 증가→ 심장 압박 → 심박출량 감소

㉣ 증상
• 혈압 강하, 경정맥 팽대, 심음 감소, 빈맥, 의식소실, 호흡곤란 및 가슴 답답함(앉거나 숙일 때 완화)
• 기이맥(pulsus paradoxus) : 흡기 시, 호기 시에 비해 혈압이 10mmHg 이상 하강(흡기 시 맥박이 만져지지 않기도 함)

㉤ 처치 : 기도 유지, 산소 공급, 수액 공급, 순환 유지, 즉시 이송을 한다.

(5) 심정지

① **정의** … 심실이 수축되지 않으면서 자발순환 기능이 상실되면서 나타나는 질환이다.

② **원인** … 산-염기 장애, 전해질불균형, 부정맥, 익사, 약물중독, 감전, 고칼륨혈증, 저체온증, 폐색전증, 외상 등이 있다.

③ **증상** … 무의식, 무호흡, 무맥박으로 긴급한 상태이다. 임종호흡이 나타나기도 한다.

④ **환자평가**

ⓐ 의식, 호흡, 백박을 평가하여 심성지 여부를 확인하고 원인을 파악한다.

ⓑ 심폐소생술 여부에 관련한 정보를 수집한다.

⑤ **응급처치**

단계	심정지 이후 시간	처치	생존가능성
전기	0~4분	신속하게 제세동을 시행한다.	높음
순환	4~10분	• 최소 90초간 가슴압박과 제세동을 시행한다. • 에피네프린이나 바소프레신 투여를 고려한다.	낮음
대사	10분 이후	• 체온저하를 유도한다. • 대사에 중점을 두고 처치를 시행한다. • 재관류요법을 신속하게 시행하기 위해서 준비한다. • 내독소에 대한 항체치료를 시행한다.	없음

section 5 내분비계

(1) 기능

① 호르몬을 통해서 신체의 항상성 유지를 위한 작용을 한다. 순환, 소화, 흡수, 생식 등의 기능을 조절한다.

② 내분비샘으로 시상하부, 뇌하수체, 갑상샘, 부갑상샘, 가슴샘, 이자, 부신, 생식샘, 솔방울샘이 있다.

(2) 샘과 주요 호르몬

① **시상하부** … 성장호르몬분비호르몬, 성장호르몬억제호르몬, 부신겉질자극호르몬분비호르몬, 갑상샘자극호르몬분비호르몬, 생식샘자극호르몬분비호르몬, 젖분비자극호르몬분비호르몬, 젖분비자극호르몬억제호르몬

② **뇌하수체**

ⓐ **뇌하수체 뒤엽**: 항이뇨호르몬, 옥시토신

  ⓛ 뇌하수체 앞엽 : 성장호르몬, 부신겉질자극호르몬, 갑상샘자극호르몬, 난포자극호르몬, 황체형성호르몬, 프로락틴

③ **갑상샘** … 티록신, 삼요오드티로닌, 칼시토닌

④ **부갑상샘** … 부갑상샘호르몬

⑤ **가슴샘** … 티모신

⑥ **이자** … 글루카곤, 인슐린, 소마토스타틴

⑦ **부신**

  ㉠ 속질 : 에피네프린(또는 아드레날린), 노르에피네프린

  ⓛ 겉질 : 글루코코르티코이드, 코티솔, 미네랄코르티코이드, 알도스테론, 안드로겐호르몬, 에스트로겐, 프로게스테론, 테스토스테론

⑧ **생식샘**

  ㉠ 난소 : 에스트로겐, 프로게스테론

  ⓛ 고환 : 테스토스테론

⑨ **솔방울샘** … 멜라토닌

혈당 조절 관련 호르몬
㉠ 탄수화물과 지방의 동화작용 촉진 호르몬 : 인슐린
ⓛ 인슐린 길항 호르몬
 • 포도당신합성 증가 : 글루카곤, 코르티솔, 성장호르몬,
 • 인슐린 분비 억제 : 카테콜아민(에피네프린, 노르에피네프린, 도파민)
ⓒ 저혈당 시 체내 기전 : 인슐린 분비 감소 → 글루카곤 분비 → 카테콜아민 분비 → 당질코르티코이드와 성장호르몬 분비

section 6 내분비계 응급질환

(1) 당뇨병

① **정의** … 인슐린의 분비가 정상적으로 이루어지지 않는 대사질환으로 고혈당이 특징인 이자장애이다.

② **원인**

  ㉠ 제1형 당뇨병 : 이자에서 인슐린을 적게 생산하거나 전혀 생산하지 않는 것이다. 주로 소아당뇨로 부른다.

  ⓛ 제2형 당뇨병 : 유전, 비만, 체중증가, 식생활, 스트레스 등의 다양한 원인으로 인슐린이 적당량 분비되지 않고 적은 양이 생산된다.

③ **환자평가**

  ㉠ 병력을 청취한다. 기저질환, 투약력, 의식저하 전에 환자의 상태, 동반 증상 등을 확인한다.

  ⓛ 활력징후, 산소포화도, 체온, 혈당을 측정한다.

④ **제1형 당뇨병의 고혈당 응급**

  ㉠ 정의 : 당뇨병 케톤산증(당뇨병 혼수, DKA, Diabetic Ketoacidosis)이다.

ⓛ 병태생리

- 인슐린 결핍→지방을 에너지로 사용→케톤 대사→대사성 산증
- 전해질 이상→삼투성 이뇨→탈수(아동 경우 10% 탈수 간주)

ⓒ 증상

- 초기에 소변량이 증가한다.
- 권태감, 갈증, 빈맥, 허약감을 호소한다.
- 점차적으로 깊고 빠른 호흡 양상인 쿠스마울 호흡에서 과일이나 케톤 냄새가 난다.
- 고칼륨혈증으로 부정맥 발생 가능성이 있다.
- 혼수상태가 될 수 있다.
- 산증으로 오는 구토, 구역, 복통으로 급성 췌장염의 감별이 필요하다.

⑤ 제2형 당뇨병의 고혈당 응급

ⓐ 정의 : 고삼투성 고혈당 상태이다.

ⓛ 기전 : 고혈당→삼투성 이뇨→탈수

ⓒ 증상

- 초기에는 소변 증가, 갈증이 나타난다.
- 탈수로 인한 빈맥, 기립성 저혈압, 혼수를 유발한다.
- 당뇨병 케톤산증과 차이점
  - 산증이 없다.
  - 오심 · 구토 · 복통 및 쿠스마울 호흡이 없다.

ⓒ 응급처치

- 혈당검사, 기도확보, 탈수를 교정한다.
- 필요 시 산소를 투여한다.
- 즉시 병원으로 이송한다.
- 고삼투성 고혈당 상태일 경우에는 인슐린 투여는 금지된다.
- 뇌부종, 신경학적 기능손상 유발 가능성이 있으므로 급속한 탈수 교정은 금지된다.
- 저혈당, 저칼륨혈증 유발이 가능하므로 급속한 고혈당의 교정은 금지된다.

(2) 당뇨병 케톤산증

① 증상 … 다뇨, 다갈, 다식, 피부와 점막이 따뜻하고 건조, 구역 · 구토, 복통, 빈맥, 쿠스마울 호흡, 호흡에서 달콤한 냄새, 의식혼수

② 응급처치

ⓐ 기도, 호흡, 순환을 일차평가를 한다.

ⓛ 병력청취를 하고 신체검진을 한다. 주변사람들에게 환자의 병력에 대한 정보를 확인한다.

ⓒ 혈당검사를 시행한다. 일반적으로 혈당이 500mg/dl이 초과한다.

ⓔ 기도, 호흡, 순환을 평가한다.

ⓜ 탈수 교정을 위해 수액을 생리식염수를 1~2L를 투여한다.

ⓗ 직접의료지도에 따라 레귤러 인슐린을 투여한다.

📌 저혈당시 나타날 수 있는 증상
으로 옳은 것은?

① 기립성 저혈압
② 건조한 피부
③ 발열
④ 빈맥

❮정답 ④

(3) 고삼투성 고혈당 증상

다뇨, 다갈, 다식, 피부와 점막이 따뜻하고 건조, 기립성 저혈압, 빈맥, 의식혼수 등이다.

(4) 저혈당증

① 증상 … 빈맥, 차갑고 습한 피부, 허약, 두통, 불안, 초조를 느낀다.

② 응급처치

　㉠ 혈당검사를 시행하여 혈당이 60mg/dl 미만인 경우 정맥로를 확보하여 생리식염
　　 수를 투여한다.

　㉡ 환자가 의식이 있거나 구역반사가 있다면 포도당을 섭취한다. 10세 미만은 25g(50mL), 10
　　 세 이상은 50g(100mL)를 마시게 한다.

　㉢ 무의식상태인 경우 직접의료지도를 얻어 정맥로를 확보하여 포도당을 투여한다.
　　 10세 미만은 10% 포도당 2mL/kg, 10세 이상은 50% 포도당 50mL를 주입한다.

　㉣ 병원에 도착하기 전까지 30~60분 간격으로 말초혈관 포도당 농도를 반복적으로
　　 측정한다.

　㉤ 구토증상이 나타나는 경우 흡인기로 흡인을 한다.

　㉥ 포도당 투여에도 의식회복이 되지 않는다면 뇌졸중, 두부외상, 경련, 심정지, 대
　　 사성 의식장애 등을 의심한다.

(5) 갑상선의 응급질환

① 갑상선중독 발작

　㉠ 갑상선 항진

　㉡ 증상 : 고열(38.5℃ 이상), 흥분, 불안, 섬망, 혼수, 빈맥, 진전, 저혈압, 구토,
　　 설사, 부정맥 등이 있다.

　㉢ 유발 인자 : 감염, 수술, 외상, 스트레스 등이 있다.

② 갑상선중독 주기성 마비

　㉠ 갑상선 항진

　㉡ 특징 : 저칼륨혈증에 의해 평활근, 심근, 안면근 등을 제외한 골격근에 마비가 올
　　 가능성이 있다.

　㉢ 원인 : 육체적 과로, 과식, 과음 후 밤에 자다가 혹은 이른 새벽에 갑자기 발병하
　　 는 경향이 있다.

　㉣ 처치 : 안정, 산소 투여, 수액 공급, 병원 이송을 한다.

③ 점액수종 혼수(Myxedema coma)

　㉠ 갑상선 저하

　㉡ 증상 : 저체온, 호흡감소, 의식 혼미, 혼수, 서맥 등이 있다.

　㉢ 원인 : 방치된 중증 갑상샘기능저하증, 감염, 신경안정제 복용 등이 있다.

　㉣ 처치 : 보온(지나치게 따뜻하게 하는 것은 저혈압 유발), 기도 확보(필요시 기관 삽
　　 관), 산소 투여, 심전도 감시, 혈당 검사, 수액 제한적 공급, 병원 이송을 한다.

(6) 그레이브스병

① 정의 … 갑상선에서 호르몬이 과다하게 분비되면서 갑상샘 중독증에 이르는 상태이다.

② 원인 … 자가면역이 원인이 된다.

③ 증상 … 초조, 불안, 불면, 식욕증가에도 체중이 감소, 허약, 호흡곤란, 빈맥, 심방세동, 근력 약화, 안구건조, 복시 등이 나타난다.

④ 환자평가 … 병력을 청취하고 호소하는 증상을 면밀히 확인한다. 과거력과 복용약물을 확인한다.

(7) 쿠싱증후군

① 정의 … 코르티솔이 부신장애로 고농도로 생산되면서 발생하는 부신항진증이다.

② 원인 … 당류코르티코이드, 프레드니손 등과 같은 약물, 종양 등에 의해서 발생한다.

③ 증상 … 특징적으로 체중증가가 나타난다. 달덩이 얼굴 외관과 중심성 비만이 나타난다. 피부가 얇아지고 색소침착이 나타나며 쉽게 멍이 생긴다. 상처 회복이 더디다.

④ 환자평가 … 스테로이드 복용력을 확인한다.

⑤ 응급처치 … 심혈관 질환으로 악화될 가능성이 높으므로 주의한다. 피부가 약해져 있으므로 정맥로 확보를 할 때 유의한다.

(8) 애디슨병

① 정의 … 부신기능상실증으로 코르티솔과 알도스테론의 생산에 이상이 생겨서 발생하는 질환이다.

② 원인 … 흔히 자가면역반응으로 나타난다. 이외에 결핵, 진균감염, 종양 등의 질환으로 발생하기도 한다.

③ 증상 … 허약, 피로, 식욕저하, 체중감소가 나타난다. 피부가 과다하게 색소침착이 나타난다.

④ 환자평가 … 병력청취와 함께 피부상태를 확인한다.

⑤ 응급처치 … 심전도, 산소포화도, 혈당 유지에 중점을 둔다.

TIP

부신 기능이상

㉠ 부신 위기
- 정의 : 부신 겉질 호르몬의 분비가 급성으로 부족해진 상태를 의미한다.
- 원인
 -수술, 패혈증, 스트레스, 장기간 스테로이드 투여 등의 원인으로 나타난다.
 -부신부전, 에디슨 병과 같은 부신 질환에 의해서 발생할 수 있다.
- 증상
 -구역, 구토, 체중 감소, 무기력, 피곤감, 복통, 오심, 구토, 발열, 탈수, 저혈압 등 같은 비특이적 증상이 나타난다.
 -저나트륨혈증, 고칼륨혈증, 저혈당, 부정맥, 저혈압, 쇼크가 있다.
㉡ 갈색세포종
- 정의 : 부신 수질의 종양이다.
- 원인 : 10 ~ 30%는 가족 유전으로 발생한다.
- 증상
 -카테콜아민의 과다한 분비로 인해서 발작성 고혈압, 두통, 혈당 상승, 심계 항진, 뇌졸중, 발한 등이 발생한다.
 -어지럼증, 시력장애, 구토, 체중 감소, 이명, 사지가 차가워지는 증상 등이 나타난다.
 -경우에 따라 증상이 나타나지 않을 수도 있다.
- 치료 : 종양을 완전히 제거할 수 있는 부신절제술이 필요하다.
㉢ 부신 기능이상 시 해야 하는 처치 : 안정, 산소 공급, 심전도 감시, 수액 공급, 병원 이송이다.

section 7 신경계

(1) 인지변화

① **정의** ⋯ 외부자극에 대한 반응과 인지상태가 변화하는 것이다.

② **혼수상태**
  ㉠ 종양, 좌상 등의 구조적 병변이 강력한 자극으로 인해 뇌에 이상이 생기는 것이다. 뇌종양, 퇴행성 질환, 두개내출혈, 외상 등이 있다.
  ㉡ 대사물질 부족이나 독성물질에 의해서 나타난다. 무산소증, 당뇨병 케톤산증, 고탄산혈증, 저혈당증 등이 있다.

(2) 의식장애 유발원인

① **약물** ⋯ 억제제, 환각제, 마약제가 있다.

② **심혈관성** ⋯ 아나필락시스, 심정지, 뇌졸중, 부정맥, 쇼크 등이 있다.

③ **호흡성** ⋯ 만성폐쇄성폐질환, 저산소증, 독성가스 흡입 등이 있다.

④ **감염성** ⋯ 에이즈, 뇌염, 뇌막염 등이 있다.

(3) 평가

① **현장평가 및 일차평가**
  ㉠ 전반적인 모습, 언어, 피부를 평가한다.
  ㉡ AVPU를 사용하여 의식상태를 평가한다. AVPU는 기분, 사고, 지각, 판단, 기억력, 주의력을 평가한다.

② **이차평가**
  ㉠ 외상이 있는 경우에는 사고 발생시간, 사고 손상기전, 의식상실 여부, 요실금 · 변실금 여부, 주호소 증상, 합병증 등을 평가한다.
  ㉡ 외상이 없는 경우에는 주호소 증상, 발생 질병, 기저질환, 과거력, 약물복용, 이전 의료정보, 유발 원인요인 등을 확인한다.

③ **GCS(글라스고우, Glasgow Coma Scale) 점수 체계**
  ㉠ 운동반응(Motor response)
    • 6점 : 명령에 따름
    • 5점 : 통증부위 국소적 반응
    • 4점 : 통증 도피성 반응
    • 3점 : 부적절한 굴곡
    • 2점 : 부적절한 신전
    • 1점 : 아무 반응 없음

TIP

AVPU 의식수준 평가
㉠ 정의 : 응급상황에서 의식을 평가하기 위해 진행하는 방법이다. 신속한 의식사정을 위해 사용한다.
㉡ AVPU에 따른 GCS 평가점수
  • A : GCS 15점(경증 두부 손상)
  • V : GCS 13점(중등도 두부 손상)
  • P : GCS 8점(중등도 두부 손상)
  • U : GCS 6점(중증 두부 손상)

ⓛ 언어반응(Verbal response)

- 5점 : 적절하고 지남력 있음
- 4점 : 지남력이 없고 혼돈된 말
- 3점 : 부적절한 단어
- 2점 : 이해할 수 없는 소리
- 1점 : 아무 반응 없음

ⓒ 개안반응(Eye opening)

- 3점 : 말이나 소리에 눈 뜨기
- 2점 : 통증에 눈 뜨기
- 1점 : 눈을 뜨지 않음

ⓔ 점수 분류(최고 15점, 최저 3점)

- 13 ~ 15점 : 경증, 손상이 적음
- 9 ~ 12점 : 중등도, 어느 정도 회복 가능성
- 3 ~ 8점 : 중증, 혼수상태

④ 의식 단계(level of consciousness)

ⓐ AVPU 척도 평가

- A(Alert) : 명료한 상태로 환자가 목소리에 반응하고 지남력도 완전한 상태이다.
- V(Verbal Stimuli) : 환자가 언어에 반응은 하지만 지남력이 완전하지 않은 상태이다.
- P(Respons to pain, pressure) : 목소리에 반응을 잘 보이진 않지만 자극에 대한 통증 반응이 있는 상태이다.
- U(Unresponsive to stimuli) : 무의식으로 어떠한 자극에도 반응을 하지 않는 상태이다.

ⓛ 의식 5단계

- 명료(Alert) : 정상적이고 자극에 대해 적절하게 반응한다.
- 기면(Drowsy) : 졸음을 참기 어려워하고 자극이 없다면 자는 상태가 된다. 자극을 주면서 질문을 하면 느리고 불완전한 대답을 한다.
- 혼미(Stupor) : 약간의 의식은 있으나 의사소통 되지 않는 상태이다. 통증 자극 시 회피 행동 및 간단한 한마디에서 두마디 정도의 단어로 표현한다.
- 반혼수(Semi coma) : 몇 가지의 기본적인 반사 움직임은 보일 수 있지만 깨어나지 않는 상태이다.
- 혼수(Coma) : 반사적인 움직임을 포함하여 모든 반응이 없는 상태이다.

ⓒ GCS(Glasgow Coma Scale) : 의식수준을 평가하는 데 빈번하게 사용되는 척도로 눈뜨는 반응, 언어반응, 운동반사반응에 따라서 단계를 나누어서 평가하는 것을 의미한다.

ⓔ 의식과 관련된 용어

- 지남력 : 장소, 사람, 시간 등을 바르게 인식할 수 있는 능력을 의미한다.
- 착란 및 혼돈 : 의식이 있으나 지남력 장애가 있는 경우를 의미한다. 일반적으로 치매환자의 의식 수준이다.
- 섬망 : 의식과 지남력 기복이 주요 특징이다. 심하게 흥분하거나 안정하지 못하는 상태이다. 알코올 금단 현상이 해당한다.

⑤ 신경계가 손상되면 나타나는 비정상적인 호흡양상

    ㉠ 체인-스토크스 호흡(cheyne stokes respiration) : 무호흡(또는 저호흡)과 과호흡이 번갈아 나타나는 양상이다. 양측성 대뇌병변 및 대사성 뇌병증에서 관찰된다.

    ㉡ 쿠스마울 호흡(Kussmaul respiration) : 깊고 짧은 호흡이다.

    ㉢ 중추신경성 과다호흡(central neurogenic hyperpnea) : 빠르고 깊은 호흡이다.

    ㉣ 실조성 호흡(Biot's 호흡) : 예측할 수 없는 불규칙한 호흡이다. 연수에 병변이 있을 때 나타난다.

    ㉤ 지속흡입 호흡(Apneustic respiration) : 긴 흡기 후에 나타나는 호기 정지이다. 교뇌에 병변이 있을 때 나타난다.

section 8 신경계 응급질환

(1) 뇌졸중

① **정의** … 뇌혈류가 차단되면서 뇌조직이 손상 또는 죽게 되는 질환이다. 85%는 뇌혈관이 막히면서 발생하는 뇌경색이고, 15%는 뇌혈관이 터지면서 발생하는 뇌출혈으로 나눠진다.

    ㉠ 허혈성 뇌졸중 : 뇌전혈증, 뇌색전증, 열공성 뇌졸중, 일과성 뇌허혈발작 등이 있다.

    ㉡ 출혈성 뇌졸중 : 뇌실질내출혈, 지주막하출혈, 경막하출혈 등이 있다.

② **원인**

    ㉠ 뇌경색 : 뇌혈관 죽상경화증, 뇌혈관 병변, 심장성 색전증 등으로 발생한다.

    ㉡ 뇌출혈 : 뇌내출혈이나 거미막밑출혈로 발생한다. 격렬한 운동, 흥분 등에 의해서 발생하기도 한다.

    ㉢ 위험인자 : 고혈압, 당뇨병, 심장질환, 뇌혈관 질환 과거력, 고지혈증, 흡연, 운동부족, 피임약, 편두통, 고요산혈증, 빈혈, 심내감염 등이 있다.

③ **증상**

    ㉠ 손상된 뇌의 부위에 따라서 신경학적인 증상이 나타난다. 편측마비, 언어장애, 시야장애, 어지럼증, 두통 등이 주요하게 나타난다. 악화시에는 혼수, 호흡정지, 심정지가 나타난다.

    ㉡ 일과성 허혈발작은 국소 허혈에 의해 나타난다. 가역적·일시적·반복적인 양상으로 나타나면 뇌경색으로 발전한다.

④ **환자평가**

    ㉠ 환자에 대한 병력을 청취한다. 증상 발생시간을 확인 할 때에는 증상이 없었던 마지막 정상시간(LNT)와 최초로 이상소견을 발견한 시간(FAT)를 확인하여 기록한다.

    ⓛ 처음으로 나타난 증상과 변동된 증상을 작성한다.

    ⓒ 증상에 대한 기왕력을 확인하고 뇌질환이나 심장질환, 당뇨병, 고지혈증 등에 대한 과거력을 확인한다.

    ⓔ 의식이 있다면 혈압, 호흡수, 산소포화도, 혈당, 의식수준을 확인하고 선별검사를 진행한다.

    ⓜ 의식이 없다면 활력징후, 산소포화도, 체온, 혈당, 의식수준, 동공반응, 운동반응을 확인한다.

⑤ 선별검사

    ㉠ 무의식환자 동공반응 : 중앙에 위치하고 고정되어 있다면 중뇌 이상에서 병변이 있는 것이다. 한쪽 동공이 산대되고 고정된 경우에는 눈돌림신경에 이상이 있는 것이다. 양측 동공이 수축되어있지만 대광반사는 나타나는 경우 간뇌나 교뇌에 병변이 있는 것이다.

    ㉡ 무의식환자 통증 자극으로 운동반응 : 안면부 일측에 통증을 줄 때 비대칭적으로 얼굴을 찡그리거나 하지가 외회전이 되는 경우 동측 운동력이 약화된 것이다. 심부건반사와 바빈스키반사 등을 통해 조사한다.

    ㉢ 의식이 있는 경우 선별검사에서 양성인 경우 : 얼굴을 찡그릴 때 양쪽 표정이 다른 경우, 손바닥을 하늘로 향하게 하여 어깨 높이까지 들 때 팔의 높이가 다른 경우, 질문에 대한 답이 적절하지 않거나 어눌한 경우이다.

⑥ 응급처치

    ㉠ 머리, 가슴, 배 등의 옷을 느슨하게 하여 호흡을 편하게 한다.

    ㉡ 심전도를 지속적으로 감시한다.

    ㉢ 무의식 환자가 수축기혈압이 90mmHg 이상인 경우 흡인과 뇌압상승을 방지하기 위해 상체를 15~30° 가량을 올려준다. 수축기혈압이 90mmHg 이하인 경우에는 변형 트렌델렌버그 자세를 취한다.

    ㉣ 무의식 환자가 구역반사가 나타나지 않는 경우 입인두기도기를 통해 기도를 확보한다.

    ㉤ 무의식 환자가 말초 산소포화도가 94% 이하인 경우에는 백밸브마스크나 비재호흡마스크로 11~15L/min 산소를 투여한다. 필요하다면 양압환기를 시행한다. 의식이 A, V인 경우 비강캐뉼라로 1~5L/min 산소를 투여한다.

    ㉥ 혈당이 70미만이면 정맥을 확보하여 50% 포도당액 50mL(10세 미만인 경우에는 10% 포도당액 2mL/kg)을 투여한다.

    ㉦ 의식이 없다면 경구로 공급하지 않고 신속하게 이송한다.

    ㉧ 최초 이상소견 발견시간이 6시간 이내라면 즉시 치료를 받을 수 있는 기관으로 이송한다. 의식이 있다면혈압조절을 위한 특별한 처치는 하지 않는다.

    ㉨ 의식이 있다면 저혈당이 발견되지 않는 이상 정맥로 확보를 시도하지 않는다.

    ㉩ 의식이 있는 환자가 기도유지가 어렵다면 좌측 측와위를 취하게 한다.

TIP

발작 응급처치
㉠ 전신발작
• 긴장간대발작 : 전조 → 의식상실 → 긴장기 → 과긴장기 → 간대성기 → 간질 후 → 발작 후
• 소발작 : 10 ~ 30초 정도의 짧은 전신 발작
㉡ 부분발작 : 단순부분발작, 복합부분발작
㉢ 응급처치
• 기도를 유지하고 외상을 방지하는 것이 목적이다.
• 안전하고 조용한 환경에서 처치한다. 바닥에 눕히고 머리 아래에 쿠션 등을 놓는다.
• 억제대 사용은 금지된다.
• 인공호흡이나 설압자는 금지된다.
• 조이는 옷은 풀어준다.
• 산소 공급, 혈당 측정, 수액 투여를 진행한다.
• 근육 경련이 지나면 환자를 왼쪽 옆으로 누운 자세를 취하게 한다.
• 필요시 흡인을 하고 심전도 측정 후 환자를 이송한다.
• 저혈당 시 의사지시에 따라 25g 50% 포도당 및 5 ~ 10mg의 디아제팜을 주사 투여한다.

(2) 경련 및 뇌전증

① **정의** … 뇌의 뉴런 그룹이 전기를 광범위하게 방출하면서 나타나는 비정상적인 발작이다. 뇌전증은 만성적인 기저의 병변으로 반복적으로 경련이 나타나는 상태이다.

② **원인**
㉠ 영아기(1~6개월) : 분만 전후의 손상, 뇌발달 이상, 선천성 기형, 영아 연축, 감염 등이 있다.
㉡ 초기 아동기(6개월~3세) : 분만 전후의 손상, 뇌발달 이상, 저산소증, 영아 연축, 급성 열성경련, 감염, 외상 등이 있다.
㉢ 아동기(3세~10세) : 분만 전후의 손상, 특발성, 주산기 저산소증, 감염, 뇌혈전, 뇌종양 등이 있다.
㉣ 사춘기(10~18세) : 특발성, 뇌종양, 뇌발달 이상, 원발성 뇌전증, 외상, 약물 등이 있다.
㉤ 성인기 : 외상, 감염, 뇌종양, 뇌졸중, 알코올, 약물금단 등이 있다.
㉥ 노년기 : 혈관질환, 종양, 퇴행성, 외상 등이 있다.

③ **증상**
㉠ 초기 : 호흡곤란, 청색증, 심박수·혈압 증가, 동공 산대 등이 나타난다.
㉡ 후기 : 무반응, 근육이완, 요실금, 두통, 피로, 근육통 등이 나타난다.
㉢ 전신발작의 과정 : 전조(환후, 환시, 환청 등) → 의식상실 → 근육강직이나 과신전 → 리듬감 있는 근육경련 → 간질 후 혼수상태 → 발작 후 착란상태 → 소발작 → 가성간질

④ **환자평가**
㉠ 환자의 병력을 청취한다.
㉡ 뇌전증 병력이 있다면 복용약물에 대해 확인한다.
㉢ 뇌전증 병력이 없다면 병력청취를 할 때 발작병력, 두부외상 유무, 알코올 섭취 유무, 복용약물이나 남용한 약물의 유무, 머리나 혀 손상의 증거, 혈당수치, 저산소증, 부정맥 등을 확인한다.

⑤ **응급처치**
㉠ 기도관리와 외상방지에 주의를 한다.
㉡ 경련이 지속된다면 경련자세를 억지로 바꾸려 하지 않고 유지한다.
㉢ 말초 산소포화도가 94% 이하인 경우 안면마스크로 6~10L/min 산소를 투여한다.
㉣ 혈당이 70 미만이면 정맥을 확보하여 50% 포도당액 50mL(10세 미만인 경우에는 10% 포도당액 2mL/kg)을 투여한다.
㉤ 경련이 종료된 환자는 편평한 곳에 반듯이 눕혀 안정을 취하게 한다.
㉥ 경련이 진행 중에는 경구투여는 하지 않고 주변에 위험물질을 제거하고 환경을 안정적으로 유지한다.
㉦ 경직상태에서 혀를 깨물지 않도록 보호대를 적용하기 어렵기 때문에 경련이 종료되면 기도를 유지한다.
㉧ 체온을 유지하고 심장리듬, 맥박산소측정기, 호기말이산화탄소분압을 측정한다.

(3) 실신

① 정의 … 뇌혈류가 부적절하게 공급되면서 일시적으로 의식을 상실하는 것이다. 지속 시간이 짧고 자발적으로 회복이 된다.

② 환자평가 … 심혈관 질환, 저혈량증, 저혈당증, 불안장애, 일시적인 뇌혈류장애, 대사성, 특발성 등의 범주로 의식상실의 원인을 확인한다.

③ 응급처치
　㉠ 안전한 환경을 조성하고 기도를 유지한다.
　㉡ 저산소증 교정을 위해 산소를 투여하고 활력징후, 심전도 등의 순환상태를 확인한다.
　㉢ 정신상태를 확인한다.

(4) 퇴행성 신경질환

① 알츠하이머병 … 노인 치매로 대뇌겉질의 신경세포가 소실되거나 죽으면서 나타나는 질환이다.

② 헌팅톤병 … 염색체의 유전적 결함으로 발생한다. 반사회적 행동, 안절부절 못함, 환청, 불안전한 보행, 치매 등이 나타난다.

③ 다발성 경화증 … 중추신경계의 예측이 불가능한 질환으로 팔다리 허약감, 감각소실, 지각이상, 시야장애 등이 나타난다.

④ 파킨슨병 … 운동계 장애 질환이다. 진전마비가 나타나는 만성에 진행성 질환이다. 떨림, 강진, 운동완만, 불안정한 자세가 주요하게 나타난다.

⑤ 환자평가 … 병력청취가 중요하다.

⑥ 응급처치
　㉠ 주로 호소하는 증상에 대한 응급처치를 시행한다.
　㉡ 활력징후, 심전도를 감시한다.
　㉢ 혈당수치를 측정하고 저혈당으로 인한 의식변화가 나타나는지 확인한다.
　㉣ 직접의료지도를 통해 정맥로를 확보하여 생리식염수를 투여한다.

(5) 어지럼증

① 중추성 어지럼증
　㉠ 대뇌, 소뇌, 뇌간 등의 이상으로 나타난다.
　㉡ 증상은 멀미와 비슷하다. 두통을 동반한다.
　㉢ 평형감각장애, 청력소실, 시야 이상, 편측 마비 등 이상 증세를 고려한다.

② 말초성 어지럼증 … 이석증, 전정신경염, 미로염, 메니에르병 등이 있다.

③ 분류
　㉠ 현훈 : 빙빙 도는 것처럼 스스로 혹은 주변이 회전하는 것 같은 증상이 있다.

ⓒ 기절 : 미주신경실신, 기립성 저혈압, 심장장애, 심인성, 저혈당 능의 이상, 단기 의식소실 있지만 대부분 저절로 회복된다.

ⓒ 보행장애 : 중심을 못 잡는다.

④ 특징 … 진행 · 유발 · 악화 요인, 귀 증상, 신경계 증상으로 파악할 수 있다.

⑤ 처치

ㄱ 안정을 취하고 편안한 환경 조성한다.

ⓒ 기도 유지, 머리 상승, 산소 공급, 혈당 측정, 수액 투여한다.

ⓒ 병원으로 이송한다.

(6) 뇌신경장애(벨마비)

① 정의 … 제7뇌신경의 기능장애로 발생한다. 돌연 발증하는 편측성 마비이다. 말초성 특발성 안면마비 중에서 가장 흔하다.

② 원인 … 특발성 안면신경 마비이지만, 제1형 단순 포진 바이러스 감염이나 대상포진 도 원인으로 여겨진다.

③ 증상

ㄱ 귀 뒤쪽의 마비로 시작되면서 진행되고 이후에 안면근육이 약화된다.

ⓒ 한쪽의 안면근이 완전 또는 부분적으로 마비되면서 얼굴이 일그러지는 느낌이 생긴다.

ⓒ 마비가 온 편측 얼굴은 주름잡기, 눈 깜빡임, 인상을 쓰는 것이 어려워진다.

ⓒ 미각이 소실되어 혀 앞부분으로 맛이 느껴지지 않는다. 청각과민증이 나타날 수 있다.

(7) 베르니케-코시코프 증후군(Wernicke-korsakoff syndrome)

① 정의 … 비타민B1이 결핍되면서 나타나는 증상이다. 치매, 안구운동 이상, 보행장애 를 일으키는 뇌 질환이다. 진행속도가 급격하다.

② 원인

ㄱ 과다한 알코올 섭취가 체내에서 티아민 분해 촉진 및 흡수를 방해하면서 발생한다.

ⓒ 영양실조, 기아 등으로 비타민B1이 결핍되면서 발생한다.

③ 베르니케 증후군

ㄱ 특징 : 급성 가역성 뇌병변이다.

ⓒ 증상 : 정상적이지 않은 보행, 안구 진탕, 정신 혼란증상이 있다.

④ 코시코프 증후군

ㄱ 특징 : 비가역적 기억력 장애이다.

ⓒ 증상 : 기억상실, 지남력 장애, 말초신경 장애, 의식 장애 등이 있다.

⑤ 치료 … 고용량 비타민B1제(티아민)를 투여한다.

🔒 비타민B1의 부족으로 비가역적 기억력 장애를 나타내는 질환은?

① 서번트 증후군
② 코시코프 증후군
③ 대사 증후군
④ 황혼 증후군

〈정답 ②

section 9 소화기계

(1) 소화기계

① 구분
  ㉠ 위장관
    • 상부 : 입, 식도, 위, 십이지장
    • 하부 : 공장, 회장, 대장, 직장, 항문
    • 소장 : 십이지장, 공장, 회장
  ㉡ 간, 담낭(쓸개), 췌장(이자)

② 위치(4분획)
  ㉠ 우상 상한 : 간, 담도계, 대장의 일부
  ㉡ 좌상 상한 : 위장, 비장, 대장의 일부
  ㉢ 우하 상한 : 상행결장, 막장
  ㉣ 좌하 상한 : 하행결장, S자결장

③ 구조(복부장기)
  ㉠ 실질장기(고형장기) : 간, 췌장, 비장, 신장, 부신, 난소, 정소, 갑상선
  ㉡ 속빈장기(중공장기) : 위, 장, 담낭, 방광, 자궁

(2) 위장관 질환의 위험요소

알코올 섭취, 흡연, 스트레스, 독성물질, 원활하지 않은 배변습관이 있다.

(3) 평가

① 현장평가 … 내과인지 외상인지 환자를 확인하고 평가한다. 외상의 경우에는 의식수준 평가와 기도유지를 시행한다. 신체검진과 호흡 평가를 확인하며 신속하게 이송을 한다.

② 이차평가
  ㉠ 병력청취 : SAMPLE 방법으로 발병시점, 유발요인, 통증, 부위, 중증도, 시간, 증상 등을 확인한다. 특히 마지막에 섭취한 음식을 주요하게 확인하고 과거력을 기록한다.
  ㉡ 신체검진 : 환자가 편안해 하는 자세를 확인하여 질환의 정도를 확인할 수 있다.

(4) 복통

① 내장성 복통
  ㉠ 허혈, 염증 팽창의 기전에 의해 교감신경계가 반응하면서 오심, 구토, 빈맥 등이 나타난다.
  ㉡ 전반적인 통증이 있다. 지속적으로 나타나며 둔한 편이다.

ⓒ 속빈 장기의 이상이 있나면 급성 담낭염, 초기 충수염 등을 의심할 수 있다.

② 신체성 복통.

    ㉠ 위치한 복막 신경 자극으로 부위가 국한되어 나타나는 특징이 있다.

    ㉡ 예리한 통증이 있으며 반발 압통을 유발한다.

    ㉢ 실질 장기의 이상, 천공에 의한 복막염 등이 있다.

③ 연관통 : 실제 느껴지는 곳 이외의 통증이 있는 것이다.

④ 부위별 복통

    ㉠ 심와부 : 식도, 위, 십이지장

    ㉡ 우상복부 : 간담도(간염, 간농양, 담낭염, 담도염, 담석 등), 십이지장, 우측 대장 (게실염, 대장염 등)

    ㉢ 좌상복부 : 위(위염, 위궤양, 식도염 등), 비장, 신장, 췌장, 대동맥박리, 좌측 대장(장간막허혈 등)

    ㉣ 하복부 : 대장(충수염, 대장염, 게실염, 크론병, 궤상성 내장염, 과민싱 대징 증후 군), 골반 내 장기

    ㉤ 배꼽주위 : 소장이나 대장의 염증

    ㉥ 전반적 : 복막염, 장간막, 장폐쇄, 급성췌장염

(5) 소화기계 응급질환

① 분류

    ㉠ 출혈 : 상하부 위장관 출혈, 식도정맥류 혹은 복부 대동맥류 파열로 인한 출혈이 있다.

    ㉡ 염증 : 충수돌기염, 담낭염, 췌장염, 게실염, 궤양성 대장염, 크론병, 간염 등이 있다.

    ㉢ 천공 : 궤양 천공, 대장 게실 천공, 소장 천공 등이 있다.

    ㉣ 폐쇄 : 장염전, 감돈 탈장, 장폐쇄, 장중첩증 등이 있다.

    ㉤ 허혈 : 장간막 색전증, 허혈성 대장염 등이 있다.

② 수술 필요한 질환 : 급성 충수염, 급성 담낭염, 위장관천공, 급성 색전증, 장 경색, 장 괴사, 복막염 등이 있다.

(6) 소화기계 일반적인 응급처치

① 상태 파악

    ㉠ 아프지 않은 부위부터 먼저 촉진을 하고 나서 가장 아픈 부위를 촉진한다.

    ㉡ 첫 촉진을 하고난 이후에 진행되는 추가 촉진은 자제한다.

    ㉢ 통증을 호소하는 경우에는 촉진을 즉각 중지한다.

    ㉣ 마지막으로 음식을 섭취한 시간을 포함하여 문진한다.

② 안정을 취하게 하고 필요하다면 산소를 공급한다.

③ 기도를 유지하고 구토 가능성에 대비한다.

④ 수액을 투여한다.

⑤ 4 ~ 6시간 이상의 복통은 수술 가능성이 높으므로 금식을 한다.

⑥ 빠른 이송을 한다.

⑦ 진통제 및 진경제를 사용하지 않는다.

section 10 소화기계 응급질환

(1) 토혈 및 혈변

① **토혈** … 토사물에 혈액이 섞여 있는 것이다. 거품이 없고 검붉은 색의 피가 있으며 음식물이 보이기도 한다. 하부기도 출혈로 발생하는 객혈과 구분이 필요하다. 위장 관 염증·궤양, 간질환으로 인한 식도정맥류 파열, 식도점막 파열 등 상부 위장관 구조물의 출혈이 흔하다.

② **혈변** … 선홍색 혈액이 대변에 있는 것이다. 흑색변과 구분을 한다. 가벼운 치질, 게 실증, 대장용종, 대장암 등 하부 위장관 출혈에서 흔하다.

③ 증상
　㉠ 토혈 환자 : 무력증, 창백한 안색, 어지럼증, 호흡곤란, 빈혈 증상 등이 나타난다.
　㉡ 혈변 환자 : 복통, 오심, 구토 등이 동반된다.

④ 환자평가
　㉠ 토혈 및 혈변의 양이나 과거력에 대한 병력을 청취한다.
　㉡ 의식수준, 기도유지, 호흡, 활력징후 등을 확인한다.
　㉢ 쇼크징후를 확인한다.
　㉣ 복부팽만, 피부의 거미혈관종 등은 황달이나 복수를 의심한다.

⑤ 응급처치
　㉠ 산소포화도가 94% 이하인 경우는 비강캐뉼러 또는 안면마스크로 산소를 투여한다.
　㉡ 토혈가능성이 있다면 기도유지에 주의하고 고개를 옆으로 젖혀서 투사물이 흡인 되지 않도록 한다.
　㉢ 쇼크징후나 혈압이 90mmHg 이하인 경우에는 하지를 거상하고 정맥로를 확보 하여 생리식염수나 젖산링거액 300mL(소아 5mL/kg)를 투여한다. 의식이 회복 되지 않는 경우에는 1L(소아 10mL/kg)까지 수액을 투여한다.
　㉣ 이송시간이 20분 이상 소요되는 경우 정맥로 확보를 한다.
　㉤ 현장이나 이송 중에 습득한 토사물이나 혈변은 버리지 않고 이송병원에 전달한다.

소화기계 패쇄성 응급질환
㉠ 원인
- 기계적 : 유착된 장, 그론병, 종양, 탈장, 장중첩증, 담석, 종양, 대장 염전, 협착 등이 있다.
- 마비성 : 수술, 외상, 염증, 허혈, 전해질 및 대사 이상, 마약성 진통제 등이 있다.
㉡ 증상 : 복부팽만, 통증(소장 폐쇄)대장 폐쇄, 오심, (담즙이 섞인)구토, 빈맥, 저혈압이 있다.
㉢ 종류 : 감돈탈장, 장중첩증, 장염전, 장유착 등이 있다.

장 질환
㉠ 염증성
- 종류 : 궤양성 대장염(직장, S결장에 호발), 크론병(특발성 염증성 장질환) 등이 있다.
- 증상 : 복통, 혈변, 설사, 체중감소, 식욕부진, 발열
㉡ 출혈성
- 치질 : 하부위장관 출혈과 감별이 필요하다. 치핵은 점막으로 구성되어있어 약한 손상에도 심각한 출혈이 가능하므로 주의하여 관찰한다.
- 게실 출혈 : 급성 하부위장관 출혈의 중요한 원인이다. 우측 게실에 호발된다. 좌측보다 넓은 입구이고 얇은 대장벽이다.

(2) 위장관 출혈

① 트라이츠(treitz) 인대 … 십이지장과 공장 사이의 인대. 상하부 위장관 구분의 기준

② 출혈 원인
  ㉠ 상부 : 소화성 궤양, 정맥류, 말로리 바이스 증후군, 악성종양, 혈관이형성증, 내시경 합병증 등이다.
  ㉡ 하부 : 게실, 혈관확장증, 종양, 염증, 치질 등이다

③ 특징 … 토혈, 흑색변, 혈변, 빈혈이 나타난다.

④ 증상 … 빈맥, 발한, 쇼크 증상, 기립성 저혈압, 의식변화 등이 있다.

⑤ 처치
  ㉠ 실제 혈액 포함여부 확인 위해 구토물과 같이 이송한다.
  ㉡ 복부 대동맥류 출혈일 경우 복부 박농성 송괴, 복부 쌩반삼이 있나. 과거에 복부 대동맥류 진단력이 있는지를 확인한다.

(3) 식도정맥류

① 정의 … 식도정맥에 피가 고이면서 생긴 울혈이 터져 출혈을 일으키는 것이다.

② 원인 … 문맥압 증가가 주요한 원인이다. 유발원인으로는 알코올이나 독성물질 섭취가 있다.

③ 증상 … 초기에는 무통성 출혈, 선홍색 토혈, 연하곤란, 속 쓰림이 나타난다. 악화되어 출혈량이 증가하면 강하고 반복적인 토혈이 나타나게 되고 간 기능 상실이나 간경화가 나타날 수 있다.

④ 응급처치
  ㉠ 출혈을 막을 수 없기 때문에 기도유지, 수액공급, 신속한 이송이 중요하다.
  ㉡ 토사물은 자주 제거하여 기도유지를 한다.
  ㉢ 저산소증이 나타나면 고농도 산소를 비재호흡마스크로 공급한다.

(4) 게실염

① 정의 … 대장 벽에 생긴 주머니 안으로 오염물질이 들어가 합병증을 일으키는 질환이다.

② 원인 … 노화, 섬유질 섭취 부족, 변비 등이 주요한 원인이다.

③ 증상 … 미열을 동반한 통증, 구역·구토, 촉진 시 압통 등이 있다. 악화되어 심한 출혈이 나타나는 경우 차고 축축한 피부, 빈맥, 식은땀이 나타난다.

④ 응급처치 … 대증요법이 주된 처치이다. 환자의 기도와 산소포화도를 감시한다.

(5) 장폐색

① **정의** … 장관이 부분 또는 전체가 막히면서 장의 내용물이 통과하지 못하는 것이다. 작은창자에 흔히 발생한다.

② **원인** … 탈장, 장중첩증, 창자꼬임, 창자유착 등이 가장 흔하다. 이외에 이물질, 종양, 수술, 경색 등이 있다.

③ **증상**
ㄱ 토사물에서 담즙이 섞여 있다. 심하게 막힌 경우 토사물이 대변과 비슷하다.
ㄴ 쇼크 증상이 나타나면 복부팽만, 복막염 등으로 악화될 수 있다.

④ **환자평가** … 초기에는 창자에서 고음의 폐색음이 들리지만 대부분 소리가 들리지 않는 편이다. 촉진으로 인해 장이 파열될 수 있으니 주의한다.

⑤ **응급처치** … 신체 · 정신적으로 안정을 유지한다. 기도와 산소포화도를 감시하며 저산소증이 나타나면 산소를 공급한다. 쇼크방지를 위해 편안한 자세를 취하게 한다.

(6) 충수염

① **정의** … 맹장 끝에 있는 충수돌기에 염증이 발생한 것이다.

② **증상** … 복통이 제일 흔하다. 이외에 식욕부진, 오심, 구토 등이 나타난다. 통증은 배꼽 주위에서 시작되어 맥버니점에서 통증이 국한된다. 막창자꼬리가 파열되면 복막염으로 악화되어 통증이 광범위하게 퍼진다.

③ **환자평가** … 배꼽 주위나 오른쪽 하복부를 촉진할 때 강직이 나타난다.

④ **충수돌기염 징후**
ㄱ 아론 징후(Aaron's sign) : 우측하복부에 위치한 맥버니 점을 누를 때 상복부에 통증이 발생한다.
ㄴ 로브싱 징후(Rovsing's sign) : 좌측하복부를 누를 때 우측하복부 맥버니 점 부위에 통증이 발생한다.
ㄷ 반동성 압통(McBurney point) : 우측하복부에 위치한 맥버니 점을 깊이 누른 후 손을 뗄 때 통증이 발생한다.

⑤ **응급처치**
ㄱ 막창자꼬리의 파열 위험이 있으므로 반복적으로 촉진을 진행하지 않는다.
ㄴ 환자가 편안한 자세를 유지하도록 한다.

(7) 담낭염

① **정의** … 담낭이 폐쇄되어 생긴 세균감염으로 생긴 염증으로 발생한다.

② **원인** … 대부분이 담석에 의해서 발생한다. 담석이 담낭관 입구를 막으면서 생긴 염증으로 담즙이 막히면서 염증이 발생한다.

③ **증상** … 오른쪽 상복부에서 급성통증을 일으킨다. 이후에 통증이 오른쪽 어깨로 방사하고 담석이 담낭관을 막고 있다면 통증이 심해진다. 식후에 통증이 심하게 나타난다.

④ **환자평가** … 머피징후가 나타나는지를 확인한다.

⑤ **응급처치** … 기도, 호흡, 순환에 대한 응급처치를 시행한다.

(8) 췌장염

① **정의** … 췌장에 발생한 염증으로 발생한다.

② **원인** … 알코올로 인한 담석이 주된 원인이다. 또한 만성 췌장염의 경우 장기간 음주로 혈관이 손상되면서 발생하게 된다.

③ **증상** … 급성인 경우에는 심한 복통이 나타난다. 왼쪽 상복부 통증으로 국한되어 나타나다가 명치나 등으로 통증이 방사된다. 구역과 구토가 심해지면서 토혈까지 나타날 수 있다.

④ **응급처치** … 대증요법이 주된 치료이다. 기도, 호흡, 순환을 관리하면서 악화 시에는 수액투여를 시행한다.

(9) 급성 간담도 염증

① 급성 담낭염(쓸개염)
  ㉠ 원인 : 대부분은 담석에 의해서 발생한다. 이외에는 외상, 당뇨병 등으로 나타난다.
  ㉡ 기전 : 담석으로 담낭관 입구 막힘 → 담낭벽 염증 → 담즙 정체 → 세균(대장균, 포도상구균, 연쇄구균 등) 감염 → 염증 발생
  ㉢ 증상
    • 담도산통의 증상이 시간이 지나면서 심해진다.
    • 우상복부 압통, 우측 어깨 방사통이 나타난다.
    • 소화불량과 황달이 나타난다.
    • 구역, 구토, 식후통증, 고열, 오한 증상이 동반된다.
    • 우측 갈비뼈 아래 경계부위를 누른 상태에서 흡기를 하면 통증으로 호흡을 멈추는 머피징후가 특징적으로 나타난다.

② 급성 췌장염
  ㉠ 원인 : 대사성(알코올 중독), 기계성(담석), 혈관성(혈관 손상), 감염성, 종양 등에 의해서 발생하는 질환이다.
  ㉡ 증상
    • 배와 등에 통증이 심하다. 누워있을 때 통증이 심하지만 구부리거나 앉으면 완화된다. 복통은 24시간 이상 지속된다.
    • 왼쪽 배나 오른쪽 어깨로 방사통이 나타난다.
    • 미열, 구역, 구토, 황달 등이 동반된다.
    • 기름진 음식이 소화되지 않아서 회색 변을 본다.

③ 급성 간부전

   ⊙ 원인 : 만성 B형 간염이 가장 흔하다. 그 이외에는 간염, 약물 등이 있다.

   ⓛ 증상

     • 간성뇌증과 혈액응고장애가 특징적인 증상이다.

     • 피로와 전신 근육통이 나타난다.

     • 피부와 눈의 흰자위에 나타나는 황달과 복수로 인한 복부팽만이 있다.

     • 복부 팽만, 식도정맥류·위정맥류의 출혈, 간성혼수 등이 있다.

   ⓒ 4대 사망 원인 : 뇌부종, 감염, 복합장기부전, 출혈

⑽ 허혈 질환

① 장간막 동맥 혈전증

   ⊙ 정의 : 장간막 동맥에 혈전이 생기면서 혈액이 차단되는 상태이다.

   ⓛ 원인 : 동맥경화증, 저혈량증,

     • 오랜 기간 동안에 체중감소와 식후 복부 불편감이 느낀다.

     • 갑작스러운 복부통증이 나타난다. 산통과 같은 복통이 발생한다.

     • 소량의 피가 있는 변을 보기도 한다.

     • 구토, 설사가 나타나고 심하면 쇼크상태가 된다.

② 장간막 정맥 혈전증

   ⊙ 정의 : 장간막 정맥이 막히면서 장의 혈액 순환이 원활하지 못하게 되어 발생하는 질환이다.

   ⓛ 원인 : 혈액응고에 이상이 있는 유전질환, 종양, 염증, 개복수술, 간경화, 문맥고혈압 등이 있다.

   ⓒ 증상

     • 혈전증이 진행한 정도에 따라 증상이 다르다.

     • 점막 허혈 정도인 경우에는 복부통증, 설사 등으로 나타난다.

     • 장간막 허혈인 경우에는 위장관 출혈, 장천공, 복막염 증상이 나타난다.

     • 급성인 경우는 갑작스러운 복부 통증이 몇 주간 지속되며 오심, 구토, 식욕부진, 설사 등의 증상과 동반된다.

     • 만성인 경우는 식도 정맥류 출혈을 유발하는 문맥·비장정맥에 혈전증이 생길 수 있다.

③ 허혈성대장염

   ⊙ 정의 : 대장으로 가는 혈류가 감소하면서 대장조직에 염증과 괴사가 나타나는 질환이다.

   ⓛ 원인 : 고령자, 고혈압, 당뇨병, 심장병, 복부수술 경험자, 혈관염, 경구피임약 투여자 등이 있다.

   ⓒ 증상

     • 경미한 좌하복부 통증이 갑자기 시작된다. 1～2시간 이후에 통증은 나아지고 둔한 통증만 남는다.

     • 소량의 혈변이 나오게 된다.

   ⓔ 특징 : 좌측 결장에 빈발한다.

요로 결석(신장, 요관 결석 포함)
㉠ 결석의 비율 : 칼슘 결석 > 요산 결석 > 녹각석 > 시스틴 결석
㉡ 증상 : 심한 통증(옆구리, 서혜부), 소변 증세(야뇨, 빈뇨, 배뇨통, 혈뇨), 구역, 구토 등이 있다.
㉢ 처치 : 안정, 통증 조절, 필요시 수액 및 약물 치료, 병원 이송이 있다.

section 11 비뇨기계 및 생식기계 응급질환

(1) 콩팥결석

① **정의** … 소변 안에 물질이 결석으로 침착되어 콩팥 안에 생기면서 발생하게 되는 질환이다.

② **증상**

㉠ 옆구리에서 불분명한 불편감을 호소하다가 30~60분 이내에 강렬한 통증이 나타난다. 통증의 이동은 결석이 이동하는 것을 의미한다.

㉡ 야뇨증, 낮에 자주 보는 빈뇨, 급뇨, 혈뇨, 배뇨시 통증이 있다.

③ **환자평가**

㉠ 병력을 청취한다. 신상결석의 위험인사를 파악한다. 나이, 성별, 음수량, 가족력, 과거력, 통증 호소부위, 증상 등을 조사한다.

㉡ 통증이 커지면서 혈압과 맥박이 급격하게 상승하여 최고치에 달한다.

㉢ 복부검사에서 복부의 윤곽과 대칭성을 확인한다. 청진과 타진을 통해 위장관 질환과 감별한다.

④ **응급처치**

㉠ 기도, 호흡, 순환을 평가하고 환자를 최대한 편안한 자세를 취하게 한다.

㉡ 환자가 식사를 한 경우에는 구토에 대비한다.

(2) 요로감염

① **정의** … 요도, 방광, 요관, 콩팥을 포함하는 요로계에 감염이 발생한 질환이다. 감염된 부위에 따라 질병의 이름이 달라진다. 요도염, 방광염, 콩팥염, 신우신염 등으로 부위에 따라 부른다.

② **원인**

㉠ 방광염 : 여성이나 소아가 남성보다 발병률이 높다. 요도가 짧아 대장균과 같은 장내 상주균이 쉽게 번식한다. 요정체를 앓고 있는 경우 더욱 쉽게 발생한다. 방광도뇨관을 사용하는 환자의 경우 카테터를 통해 병원성 세균이 유입되어 발생하기도 한다.

㉡ 전립샘염 : 염증성 질환, 세균감염으로 발생한다.

㉢ 신우신염 : 콩팥단위의 실질에서 감염성 염증이 생기는 것으로 임신한 경우에 발병률이 높다.

㉣ 지역사회 획득감염으로는 대장균. 방광도뇨, 콩팥결석, 기형 등의 요인이 크다.

㉤ 도뇨관 사용으로 병원내 감염이 빈번하다. 프로메테우스균, 녹농균 등이 흔한 원인이다.

③ 증상 ··· 배뇨 시 통증, 잦은 배뇨의 충동. 배뇨 시작과 유지의 어려움이 주된 증상이므로 관련하여 병력청취를 한다.

④ 환자평가

    ㉠ 병력청취를 한다. 통증의 과정, 부위 등을 심도깊게 확인한다.

    ㉡ 하부요로감염의 경우 피부가 창백하고 차가우며 축축하지만 열성 상부요로감염은 따뜻하고 건조하다.

    ㉢ 하부요로감염의 경우에는 치골부위를 누르면 통증이 나타난다.

    ㉣ 신우염의 경우 로이드징후가 나타난다.

⑤ 응급처치 ··· 통증이 심한 환자의 경우 자세를 편안하게 취하게 하며 구토를 한다면 흡인을 한다.

(3) 남성 생식기 응급 질환

① 고환 염전 : 12 ~ 18세의 사춘기 호발(급속한 고환 성장)하며 갑작스런 음낭의 부종과 통증이다.

② 음경 발기지속증 : 자극을 주지 않음에도 완전 혹은 불완전한 발기가 4시간 이상 지속되는 경우이다.

③ 음경 골절 : 음경 발기조직을 둘러싸고 있는 백막의 파열로 요도 손상 가능성이 높은 경우이다.

④ 감돈 포경 : 단단한 포피가 귀두 뒤로 당겨지고 원상복귀 되지 않아 생기는 순환 장애이다.

(4) 신부전

① 급성 신부전

    ㉠ 정의 : 신장 기능이 갑자기 떨어진 상태이다. 신장기능이 감소하면서 노폐물 배출이 되지 않고 수분-전해질의 균형이 깨지게 된다.

    ㉡ 원인

      • 신전성(전신성) : 신장으로 가는 혈액공급량이 감소하여 발생한다. 출혈, 화상, 탈수, 저혈압, 설사 등으로 인한 혈액량 감소, 패혈증, 간부전 등에 의한 혈장 용적 감소, 심부전, 패혈증, 혈전증, 색전증, 협착증 등에 의한 것이다.

      • 신성 : 사구체·세뇨관·신혈관 질환, 간질 등에 의해서 발생한다.

      • 신후성(후신성) : 소변을 배출하는 요관, 방광, 요도 등의 폐쇄로 인해서 발생한다.

    ㉢ 증상

      • 신경계 증상 : 의식혼탁, 경련

      • 심혈관계 증상 : 고혈압, 부정맥, 허혈성 심장질환

      • 호흡기계 증상 : 폐부종, 폐출혈

      • 소화기계 증상 : 식욕부진, 구토, 장 마비

      • 비뇨기계 증상 : 소변량 감소(하루 400mL 미만)

      • 내분비계 증상 : 저나트륨혈증, 고칼륨혈증, 저칼슘혈증, 대사성 산혈증 등

기출PLUS

🔖 남성 생식기 응급 질환으로 옳은 것은?

① 고환 염전
② 음낭 수종
③ 음경 포진
④ 전립선 비대증

❮ 정답 ④

ⓔ 치료 : 수분제한, 전해질 균형, 산-염기 균형 등을 사용하여 증상을 완화하고 응급상황에는 혈액투석을 시행한다.

② **만성 신부전**

　ⓐ 정의 : 정상으로 회복될 수 없을 정도로 신기능이 감소하여 신장기능을 상실한 상태이다.

　ⓑ 원인

　　• 5세 미만의 경우는 선천성 신장 기형이 주된 요인이다.

　　• 5세 이상의 경우는 후천성 사구체 질환, 유전성 신 질환이 주된 요인이다.

　　• 성인의 경우는 당뇨병, 고혈압, 사구체 신염 등이 주된 요인이다.

　ⓒ 증상

　　• 신경계 증상 : 감각 · 운동장애, 피로, 졸음, 의식저하 등

　　• 심혈관계 증상 : 고혈압, 동맥경화증, 부정맥 등

　　• 호흡기계 증상 : 폐부종, 흉수

　　• 소화기계 증상 : 식욕저하, 구토, 복수

　　• 내분비계 증상 : 부갑상선기능항진증, 고환 · 난소 기능저하

　　• 면역계 증상 : 면역기능 저하

(5) 투석

① **혈액 투석**

　ⓐ 정의 : 인공 신장기(투석기)와 투석막을 통해 혈액에 있는 노폐물 · 수분 제거, 전해질 균형을 위한 것이다.

　ⓑ 대상자 : 말기 신부전 환자와 일부 급성 신부전 환자에게 적용한다.

　ⓒ 준비사항

　　• 혈관수술을 통해 동정맥루를 만든다.

　　• 혈관이 발달하지 않았다면 인조혈관을 삽입한다.

　　• 촉진 시 떨림(thrill), 청진상 잡음(bruit)을 느껴야 정상이다.

　　• 일시적으로 투석이 필요하거나 혈관 이식이 어려운 환자에게 혈액 투석용 반영구도관을 사용할 수 있다.

　ⓓ 주의사항 : 투석을 마친 후에 동정맥루(또는 인조혈관, 반영구도관)를 검사한다.

　ⓔ 합병증

　　• 원인 : 천자부위 출혈, 국소적 감염, 내부 단락의 협착과 폐쇄로 인해서 나타날 수 있다.

　　• 증상 : 주로 혈전, 감염, 협착, 폐색, 동맥자루(동맥류) 형성 등이 있다.

② **복막 투석**

　ⓐ 정의 : 몸 안에 노폐물과 수분을 제거하기 위한 것으로 환자의 복강으로 카테터를 삽입하여 투석액을 주입한다.

　ⓑ 대상자 : 급성 · 만성 신부전 환자와 울혈성 심부전 환자에게 적용한다.

ⓒ 준비사항
- 복강에 투석 도관을 삽입한다.
- 청결한 장소에서 손 세척과 마스크를 착용하고 진행한다.
ⓔ 주의사항 : 복막 투석액의 온도는 체온과 비슷하게 데워서 사용한다. 카테터를 통해 세균이 침투할 수 있으므로 청결에 신경쓴다.
ⓜ 합병증
- 원인 : 감염(카테터 내부 · 복부 통로 · 복막), 출혈(복벽이나 장간막의 혈관 손상), 복부장기 천공 등이다.
- 증상 : 열, 복통, 구역, 구토, 설사, 압통, 저혈압, 배액한 투석액의 혼탁, 카테터 삽입부위 출혈, 복막염 등이 있다.

section 12 조혈계 응급질환

(1) 혈액 장애

① 면역 혈소판감소증(Immune thrombocytopenia)
  ㉠ 정의 : 말초혈액에서 혈소판 수치가 정상수치보다 감소한 경우에 해당한다. 피부와 점막에서 비정상적인 출혈이 가장 흔하게 관찰된다. 소아와 젊은 여성에게 빈번하게 나타난다.
  ㉡ 임상증상
  - 점상출혈(petechia) : 2mm 이하로 모세혈관의 적혈구 누출로 진피에 모인 출혈이다.
  - 자반(purpura) : 3mm 이상으로 피부, 점막 출혈로 신체가 압박되기 쉬운 곳에 빈번하게 발생한다.
  - 홍반(erythema) : 혈관확장에 의해 생겨 누르면 없어지지만, 자반은 눌러도 없어지지 않는다.
  - 자반증 : 혈소판 수치 저하로 인해 피부에 홍반이 생기는 자가면역질환이다.
  - 반상출혈(ecchymosis) : 아주 넓은 부위에 걸친 출혈로 보통 반점 모양이다. 작은 동맥과 정맥의 혈액 누출로 인해 피하 조직에 발생한다. 깊게 모이면 혈종(hematoma)이 된다.
  - 혈종(hematoma) : 피부 아래 연조직에 혈액이 축적된 덩어리이다.

② 국소 순환장애
  ㉠ 충혈(Hyperemia) : 모세혈관 혈류 증가(발적)한다.
  ㉡ 울혈(Congestion) : 정맥의 혈액 증가한다.
  ㉢ 허혈(Ischemia) : 조직 동맥 혈액 공급 감소나 중단으로 세포 손상되어 빈혈 상태가 된다.
  ㉣ 경색(Infarction) : 국소적으로 허혈성 괴사한다.

기출PLUS

🔊 TIP
항혈전제
㉠ 항혈소판제 : 아스피린, 클로피도그렐, 티클로피딘, 프라수그렐, 티카그렐러, 실로스타졸 등이 있다.
㉡ 항응고제 : 와파린, NOAC 등이 있다.

(2) 백혈병

① 정의 ··· 조혈세포에 암이 생긴 것으로 골수에서 백혈구 전구물질이 비정상적으로 증식하여 백혈구, 적혈구, 혈소판의 생성을 억제시키는 질환이다.

② 증상 ··· 중증의 빈혈과 혈소판감소증을 앓는다. 이차감염으로 발열, 허약감, 체중감소, 식욕부진, 복통, 피로 등이 나타난다.

③ 응급처치 ··· 지지요법이 주된 처치이다. 저산소증이 나타난다면 산소를 투여하고 젖산링거액이나 생리식염수를 정맥로로 투여한다.

(3) 혈우병

① 정의 ··· X염색체의 결함으로 혈액응고인자에 결함이 있는 혈액장애이다. A형 혈우병은 제8인자가 결핍된 것이고 유전적 지혈장애이다. B형 혈우병은 제9인자가 결핍되어 발병한 것이다.

② 증상 ··· 멍이 잘 생기고 통증, 근육 당김, 심부근육 출혈, 관절출혈 등이 나타난다.

③ 응급처치 ··· 출혈과 재출혈의 위험이 있으므로 외상을 예방하고 주의한다. 관절손상이 의심되는 경우에는 부목으로 교정하여 통증을 조절한다.

(4) 파종성 혈관내응고(DIC)

① 정의 ··· 소모성 응고장애로 감염, 악성종양, 외상, 출혈, 염증 등에 응고인자가 지혈작용을 정상적으로 하지 못하여 지혈이 되지 않는 출혈이 발생하는 증후군이다.

② 원인 ··· 감염(그람음성균 패혈증, 세균, 진균, 바이러스, 말라리아 등), 산과 합병증(양수색전증, 자궁내 사망 태아 잔류, 태반조기박리, 임신중독증, 자간증, 패혈유산 등), 악성종양(췌장암, 샘암, 급성전골수구백혈병), 간부전, 급성 췌장염, 유독동물 외상, 수혈 부작용, 호흡곤란증후군, 외상, 쇼크, 뇌손상, 화상, 지방색전증, 저산소증, 혈관질환 등이 있다.

③ 증상 ··· 손가락이나 사지에 괴사가 나타날 수 있다. 피브리노겐의 수치 감소, 응고인자의 소비, 혈소판감소증이 있다.

④ 응급처치 ··· 직접의료지도에 따라 신선냉동혈장과 혈소판을 정맥로를 확보하여 수액 투여한다.

(5) 혈소판 감소성 혈전증(TTS, Thrombosis with Thrombocytopenia syndrome)

① 정의 ··· 혈소판이 감소를 동반하면서 발생하는 뇌정맥동혈전증 또는 내장정맥혈전증 등과 같은 희귀 혈전증이다.

② 백신의 영향

    ㉠ 백신과 연관되어 발생하는 자가면역질환으로 추정된다.

    ㉡ 아스트라제네카 및 얀센(존슨앤존슨) 제조사의 아데노 바이러스 벡터 코로나19 백신은 혈소판 감소 혈전증 유발한다.

    ㉢ mRNA 백신(화이자 · 모더나)은 혈소판감소성 혈전증 발생과 관련 없는 것으로 잠정 결론이 났다.

③ 증상

    ㉠ 아데노 벡터 코로나19 예방접종 후 4 ~ 28일 사이에 증상이 발생한다.

    ㉡ 지속적이고 심한 두통, 국소 신경학적 증상, 발작, 흐릿한 시야, 복시, 호흡곤란 또는 흉통, 등의 통증, 복통, 사지 부종 · 발적, 창백 등이 있다.

    ㉢ 작은 멍이나 자반, 소혈종(blood blister) 또는 비정상적인 출혈(unusual bleeding)도 동반한다.

(6) 빈혈

① 정의 … 적혈구가 충분하지 않아, 신체 대사에 필요한 산소 공급 감소로 인하여 나타나는 다양한 증상이다.

② 증상 … 피로감, 어지럼증, 빈맥, 저혈압 등이 있다.

③ 종류

    ㉠ 부적절한 생산 : 무형성, 철결핍성, 악성, 낫적혈구성

    ㉡ 부적절한 파괴 : 용혈성

    ㉢ 소실 및 희석 : 만성질환, 출혈, 과도한 수액 등

(7) 다발골수종으로 인한 척수압박 증후군(spinal cord compression syndrome)

① 정의 … 암이 척수를 눌러 마비 등의 증상을 유발한다.

② 증상 … 심한 요통, 보행 장애, 감각 이상, 배변 및 배뇨 이상(초기에는 어렵다가 나중에는 실금), 근력 약화, 마비 등이 있다.

③ 특징

    ㉠ 누웠을 경우 악화되는 통증이 있다. 반면, 허리 디스크의 경우 누웠을 때 통증이 완화된다.

    ㉡ 골수를 침범하여 과도한 골의 재흡수를 하면서 과칼슘혈증, 골통증, 압박골절을 발생시킨다.

    ㉢ 광범위한 압박골절은 통증, 활동제한, 호흡부전, 신경합병증을 야기한다.

    ㉣ 즉시 치료하지 않으면 신경학적 장애(사지마비나 괄약근 기능소실)가 회복되지 않는다.

section 13 아나필락시스

(1) 정의

항원-항체면역 반응으로 급성 호흡곤란, 혈압감소, 의식소실 등의 쇼크증상이 전신반응으로 나타나는 것을 의미한다.

(2) 원인

음식, 약물, 곤충, 운동, 투석 등 다양한 원인으로 발생한다. 약물은 페니실린, 세팔로스포린, 설파제 등의 주사약물이 가장 흔하다.

(3) 증상

계통	증상
피부	홍조, 두드러기, 부종, 청색증, 소양감, 식은땀
호흡기계	호흡곤란, 저산소증, 코막힘, 콧물, 재채기, 기침, 천명음, 협착음, 후두부종, 후두 및 기관지 연축
심혈관계	혈관 확장, 심박수 증가, 혈압 저하, 빈맥
위장관계	오심, 구역, 구토, 복통, 설사
신경계	어지러움, 두통, 경련

(4) 환자평가

① 알레르기 원인 약물이나 유발물질의 노출을 확인하고 과거력을 확인한다.

② 침을 삼키거나 호흡을 하는 것에 어려움이 없는지 확인한다.

③ 활력징후, 심전도, 산소포화도를 감시하며 빈맥, 저혈압, 쇼크 증상을 확인한다.

④ 두드러기, 부종의 위치를 확인하고 청진을 통해 협착음과 천명음의 유무를 파악한다.

(5) 응급처치

① 환자 주변에 알레르기 유발물질에서 안전한 곳으로 이송한다.

② 저장백이 있는 안면마스크로 100% 산소를 공급한다.

③ 산소포화도를 유지할 수 없다면 기관삽관과 후두마스크 등으로 전문기도유지술을 시행한다.

④ 혈압이 90mmHg 이하일 경우 하지거상 후에 정맥로를 확보하여 생리식염수나 젖산링거액을 300mL(소아 5mL)를 투여한다. 활력징후가 정상수치로 돌아오는지 확인하면서 쇼크증상이 지속되는 경우 투여량을 1L(소아 10mL/kg)로 늘려서 투여한다.

(6) 약물투여

① 응급 치료약물은 산소, 에피네프린, 항히스타민제, 코르티코스테로이드, 혈압상승제가 있다.

② 산소 : 고농도 산소를 투여하고 산소포화도를 적절하게 유지한다.

③ 에피네프린 : 교감신경 작용제로 심박수를 높이고 말초혈관을 수축시킨다. 1:10,000 에피네프린을 정맥주사한다. 정맥로에 투여하는 경우 3~5분 이후에 효과가 사라지므로 반복투여가 필요할 수 있다.

④ 항히스타민제 : 이차 약제로 에피네프린 투여를 한 다음에 투여한다.

⑤ 코르티코스테로이드 : 응급상황에 염증반응을 억제한다.

⑥ 혈압상승제 : 혈압유지를 위해 사용된다.

⑦ 알부테롤 : 베타작용제이다. 기관지 연축과 후두부종 완화를 위해 사용된다.

(7) 과민반응 유형

① Type I (제1형) 과민반응
   ㉠ 즉시형 과민반응
   ㉡ 외부 알레르기 항원이 체내 유입되어 IgE 항체와 결합 시 히스타민의 과립물질이 분비되어 발생한다.
   ㉢ 국소 즉시과민반응과 전신 아나필락시스 반응으로 구분된다.
   • 알레르기성 비염 : 진단검사 시 호산구와 IgE 증가가 특징이다. 재채기, 콧물, 코막힘 등의 증상을 보인다. 증상 완화를 위해 항히스타민제를 복용하고 필요시 탈감작요법을 시행한다.
   • 아나필락시스 : 광범위한 혈관 확장이다. 저혈압으로 인한 쇼크, 기관지 수축으로 인한 호흡곤란 등이 발생할 수 있어 응급으로 기도확보 및 에피네프린 피하주사 등을 시행한다.

② Type II (제2형) 과민반응
   ㉠ 세포독성반응
   ㉡ 세포표면에 있는 항원과 lgG, lgM 항체 결합으로 항원-항체 복합체가 형성되면 보체계가 활성화되어 발생한다.
   ㉢ 신생아 용혈성 질환, 수혈반응 등이 있다.

③ Type III (제3형) 과민반응
   ㉠ 면역복합체 과민반응
   ㉡ 세포 밖에서 생산된 항원-항체복합체가 대식세포에 의해 처리되지 못하고 혈관으로 이동하던 중 체내 장기 또는 혈관벽에 붙어 보체를 활성화하여 발생한다.
   ㉢ 혈청병, 사구체 신염, 류마티스 관절염 등이 있다.

④ TypeⅣ(제4형) 과민반응

 ㉠ 지연형 과민반응

 ㉡ 항체가 관여하는 면역반응이 아닌 T림프구에 의한 반응이다. 기억 T세포가 동일 항원에 반복적으로 노출되면 사이토카인을 분비함으로써 조직파괴 등이 발생한다.

 ㉢ 결핵, 접촉성 피부염 등이 있다.

⑤ TypeⅤ(제5형) 과민반응

 ㉠ 자극형 과민반응

 ㉡ 항체가 세포 표면의 구성요소와 결합하는 대신에 세포표면의 수용체와 결합하면서 발생한다.

 ㉢ 제2형 당뇨병, 중증근무력증 등이 있다.

section 14 응급감염질환

(1) 전염성 질환의 전파양식

① 접촉 전파

 ㉠ 가장 중요하고 빈도가 잦은 전파 수단이다.

 ㉡ 직접 전파 : 환자와 직접 접촉 시 전파되는 경우이다.

 ㉢ 간접 전파 : 환자에 의해 오염된 물체를 매개로 전파되는 경우이다.

② 공기 전파 … 공기 중에 떠돌아다니는 병원체가 피부나 호흡기관의 점막에 직접 부착되어 발병하는 경우이다.

③ 매개 전파 … 주로 오염된 음식, 물, 투약, 혈액, 기구 등을 통하여 미생물이 전파되는 경우이다.

④ 중개 전파 … 모기, 파리, 쥐 등 생물체에 의해 미생물이 전파되는 경우이다.

(2) 의료종사자의 전염병 예방

① 예방접종 … B형 간염, 인플루엔자, MMR(홍역, 유행성이하선염, 풍진), 수두, Tdap(파상풍, 디프테리아, 백일해), 수막알균

② 예방약제가 있는 경우

 ㉠ 백일해, 수막알균, HIV, 결핵

 ㉡ 면역글로불린 : 홍역, A형간염, B형간염, 파상풍, 광견병, 수두, RSV 감염

③ 예방약제가 없는 경우 … 유행성이하선염, 풍진, C형간염

문 전염성 질환의 전파경로가 아닌 것은?

① 악수
② 음식
③ 공기
④ 염증

< 정답 ④

(3) 「산업안전보건기준에 관한 규칙」에 따른 감염병

① **혈액매개 감염병** ··· 인간면역결핍증, B형간염 및 C형간염, 매독 등 혈액 및 체액을 매개로 타인에게 전염되어 질병을 유발하는 감염병이다(2005년 이후 수혈로 HIBV, B형 간염, C형 간염 등 바이러스 감염 혈액 전파사례 없음).

② **공기매개 감염병** ··· 결핵·수두·홍역 등 공기 또는 비말핵 등을 매개로 호흡기를 통하여 전염되는 감염병이다.

③ **곤충 및 동물매개 감염병** ··· 쯔쯔가무시증, 렙토스피라증, 신증후군출혈열 등 동물의 배설물 등에 의하여 전염되는 감염병과 탄저병, 브루셀라증 등 가축이나 야생동물로부터 사람에게 감염되는 인수공통(人獸共通) 감염병이다.

④ **곤충 및 동물매개 감염병 고위험작업**
  ㉠ 습지에서의 실외 작업
  ㉡ 야생 설치류와의 직접 접촉 및 배설물을 통한 간접 접촉이 많은 작업
  ㉢ 가축 사육이나 도살 등의 작업

⑤ **혈액노출** ··· 눈, 구강, 점막, 손상된 피부 또는 주사침 등에 의한 침습적 손상을 통하여 혈액 또는 병원체가 들어 있는 것으로 의심이 되는 혈액 등에 노출되는 것이다.

⑥ **개인보호구의 지급**(제600조) ··· 사업주는 근로자가 혈액노출이 우려되는 작업을 하는 경우에 보호구를 지급하고 착용시킨다. 근로자는 지급된 보호구를 지시에 따라 착용한다.
  ㉠ 혈액이 분출되거나 분무될 가능성이 있는 작업 : 보안경과 보호마스크
  ㉡ 혈액 또는 혈액오염물을 취급하는 작업 : 보호장갑
  ㉢ 다량의 혈액이 의복을 적시고 피부에 노출될 우려가 있는 작업 : 보호앞치마

⑦ **공기매개 감염병 노출 후 관리**(제602조)
  ㉠ 공기매개 감염병의 증상 발생 즉시 감염 확인을 위한 검사를 받는다.
  ㉡ 감염이 확인되면 적절한 치료를 받도록 조치한다.
  ㉢ 풍진, 수두 등에 감염된 근로자가 임신부인 경우에는 태아에 대하여 기형 여부를 검사한다.
  ㉣ 감염된 근로자가 동료 근로자 등에게 전염되지 않도록 적절한 기간 동안 접촉을 제한한다.

(4) 감염병의 강제처분에 해당하는 감염병 환자〈「감염병의 예방 및 관리에 관한 법률」 제42조〉

① **제1급 감염병** : 에볼라바이러스병, 마버그열, 라싸열, 크리미안콩고출혈열, 남아메리카출혈열, 리프트밸리열, 두창, 페스트, 탄저, 보툴리눔독소증, 야토병, 신종감염병증후군, 중증급성호흡기증후군(SARS), 중동호흡기증후군(MERS), 동물인플루엔자인체감염증, 신종인플루엔자, 디프테리아

② 제2급 감염병 : 결핵, 홍역, 콜레라, 장티푸스, 파라티푸스, 세균성이질, 장출혈성대 장균감염증, A형간염, 수막구균 감염증, 폴리오, 성홍열 또는 질병관리청장이 정하 는 감염병(코로나바이러스감염증-19, 원숭이두창)

③ 제3급 감염병 : 질병관리청장이 정하는 감염병

④ 세계보건기구 감시대상 감염병 : 두창, 폴리오, 신종인플루엔자, 중증급성호흡기증후 군(SARS), 콜레라, 폐렴형 페스트, 황열, 바이러스성 출혈열, 웨스트나일열

(5) 법정감염병(「감염병의 예방 및 관리에 관한 법률」 제2조)

① 제1급 감염병

ㄱ 생물테러감염병 또는 치명률이 높거나 집단 발생의 우려가 커서 발생 또는 유행 즉시 신고하고 음압격리와 같은 높은 수준의 격리가 필요한 감염병이다.

ㄴ 갑작스러운 국내 유입 또는 유행이 예견되어 긴급한 예방·관리가 필요하여 질 병관리청장이 보건복지부장관과 협의하여 지정하는 감염병도 포함한다.

ㄷ 해당 감염병 : 에볼라바이러스병, 마버그열, 라싸열, 크리미안콩고출혈열, 남아프 리카출혈열, 리프트밸리열, 두창, 페스트, 탄저, 보툴리눔독소증, 야토병, 신종 감염병증후군, 중증급성호흡기증후군(SARS), 중동호흡기증후군(MERS), 동물인플 루엔자 인체감염증, 신종인플루엔자, 디프테리아

② 제2급 감염병

ㄱ 전파가능성을 고려하여 발생 또는 유행 시 24시간 이내에 신고하고 격리가 필요 한 감염병이다.

ㄴ 갑작스러운 국내 유입 또는 유행이 예견되어 긴급한 예방·관리가 필요하여 질 병관리청장이 보건복지부장관과 협의하여 지정하는 감염병도 포함한다.

ㄷ 해당 감염병 : 결핵, 수두, 홍역, 콜레라, 장티푸스, 파라티푸스, 세균성이질, 장 출혈성대장균감염증, A형간염, 백일해, 유행성이하선염, 풍진, 폴리오, 수막구균 감염증, b형헤모필루스인플루엔자, 폐렴구균 감염증, 한센병, 성홍열, 반코마이 신내성황색포도알균(VRSA) 감염증, 카바페넴내성장내세균속균종(CRE) 감염증, E형간염

③ 제3급 감염병

ㄱ 발생을 계속 감시할 필요가 있어 발생 또는 유행 시 24시간 이내에 신고하는 감 염병이다.

ㄴ 갑작스러운 국내 유입 또는 유행이 예견되어 긴급한 예방·관리가 필요하여 질 병관리청장이 보건복지부장관과 협의하여 지정하는 감염병도 포함한다.

ㄷ 해당 감염병 : 파상풍, B형간염, 일본뇌염, C형간염, 말라리아, 레지오넬라증, 비 브리오패혈증, 발진티푸스, 발진열, 쯔쯔가무시증, 렙토스피라증, 브루셀라증, 공수병, 신증후군출혈열, 후천성면역결핍증(AIDS), 크로이츠펠트-야콥병(CJD) 및 변종크로이츠펠트-야콥병(vCJD), 황열, 뎅기열, 큐열, 웨스트나일열, 라임 병, 진드기매개뇌염, 유비저, 치쿤구니야열, 중증열성혈소판감소증후군(SFTS), 지카바이러스 감염증

④ 제4급 감염병

　㉠ 제1급 감염병 ~ 제3급 감염병 외에 유행 여부를 조사하기 위하여 표본감시 활동이 필요한 감염병이다.

　㉡ 해당 감염병 : 인플루엔자, 매독, 회충증, 편충증, 요충증, 간흡충증, 폐흡충증, 장흡충증, 수족구병, 임질, 클라미디아감염증, 연성하감, 성기단순포진, 첨규콘딜롬, 반코마이신내성장알균(VRE) 감염증, 메티실린내성황색포도알균(MRSA) 감염증, 다제내성녹농균(MRPA) 감염증, 다제내성아시네토박터바우마니균(MRAB) 감염증, 장관감염증, 급성호흡기감염증, 해외유입기생충감염증, 엔테로바이러스 감염증, 사람유두종바이러스 감염증

(6) 패혈증

① **정의** … 감염으로 발열, 빈맥, 호흡수 증가, 백혈구 증가 등 전신으로 염증반응이 발생하는 상태이다.

② **원인** … 미생물에 의한 감염이 주된 원인이다. 이외에 폐렴, 신우신염, 뇌막염, 봉와직염, 복막염, 담낭염 등이 원인이 되기도 한다.

③ **증상**

　㉠ 심작박동수가 분당 90회 이상, 비정상적인 체온(38℃ 이상이거나 36℃ 이하), 빈맥 등이 있다.

　㉡ 중증으로 악화되는 경우 얼룩덜룩한 피부, 모세혈관이 3초이상 지연되고 소변량이 줄어든다. 지남력이 떨어지고 적혈구 수가 100,000cells/mL 이하로 내려간다.

　㉢ 패혈쇼크로 악화되면 혈압 평균이 60mmHg 이하로 내려가고 평균동맥압이 60mmHg 이상을 유지한다.

④ **환자평가** … 갑작스러운 발병인지, 근육통 · 관절통 · 두통 · 안구통이 있는지, 구역 · 구토 · 설사가 있는지, 뇌수막염 증상이 있는지 등으로 세균감염 특징을 확인하고 체온을 측정한다.

⑤ **응급처치**

　㉠ 수축기혈압을 90mmHg로 유지한다.

　㉡ 저산소증일 경우에는 기도를 유지하고 비강캐뉼러로 1~5L/min 또는 안면마스크로 6~10L/min 산소를 투여한다. 삽관은 하지 않는다.

　㉢ 산소 투여에도 산소포화도가 95% 이상 되지 않는 경우에 비재호흡마스크로 11~15L/min을 투여한다.

　㉣ 이송시에 감염병이나 공기매개 감염병 등의 위험이 있으므로 개인보호장구를 착용한다.

　㉤ 수막구균패혈증이나 헤모필루스 뇌수막염이 의심되는 경우에 이송을 한 구급요원인 항생제 요법을 시행한다.

(7) 간염

① **정의** … 간세포나 간 조직에 염증이 발생한 것이다.

② **원인** … 바이러스, 알코올, 약물, 외상, 자가면역 등이 주된 요인이다.

③ **증상** … 오른쪽 상복부에서 통증이 제산제 등을 섭취해도 완화되지 않는다. 쓸개즙 생산이 줄어 대변이 점토색으로 나오고 빌리루빈의 정체로 황달이 나타난다. 이외에 구역, 구토, 피로, 인두염 등이 나타난다.

    ⊙ A형간염 : 대변과 구강에서 전파된다. 특징적인 증상이 없어서 간기능검사를 통해서만 확인이 가능하다.

    ⊙ B형간염 : 비경구적인 성적접촉이나 혈액 또는 체액을 통해 전파된다. 관절통과 발진이 빈번하게 나타나는 증상이다.

    ⊙ C형간염 : 비경구적인 성적접촉이나 혈액 또는 체액을 통해 전파된다. 알코올 섭취량이 많거나 50세 이상의 연령에서 **발병률**이 높다.

    ⊙ D형간염 : B형간염의 표면 항원에 의존하여 단백질 외형을 생성한다. B형간염 환자가 중복감염이 되어 사망률이 높다.

    ⊙ E형감염 : 대변과 구강을 통해 전파된다. 오염식수와 관련하여 발병률이 높다.

④ **응급처치** … 기도, 호흡, 순환을 관리한다.

(8) 결핵

① **정의** … 폐결핵 환자에게서 나온 결핵균에 의해서 감염되는 질환이다. 비말전파가 가장 흔하지만 피부상처나 오염된 우유 섭취 등에 의해서도 발병한다.

② **증상** … 특징적인 증상은 없다. 호흡기 증상인 기침이 심하며 객담과 혈담, 객혈이 동반되기도 한다. 전신증상으로 체중감소, 발열, 쇠약감, 식욕부진 등이 나타난다.

③ **응급처치 시 주의사항**

    ⊙ 결핵균과 접촉하여 전염될 위험성이 높으므로 환자에게 마스크를 쓰도록 한다.

    ⊙ 결핵균 보균자와 접촉할 때에는 N95 마스크나 고효율 호흡보호장구를 착용한다.

(9) 수두

① **정의** … 수두대상포진바이러스로 발병하는 것으로 소아의 경우는 합병증 유발 가능성이 적지만 성인의 경우는 위험하다.

② **증상** … 기침, 가래, 권태감, 경미한 발열이 초기에 나타난다. 발진이 나타나면서 수포가 생긴다. 궤양을 형성한 이후에는 전염성이 없다.

③ 응급처치 시 주의사항
  ㉠ 환자에게 마스크를 적용한다.
  ㉡ 노출이 된 경우에는 예방접종이 권고된다.

⑩ 뇌수막염

① 정의 … 뇌막과 뇌척수액에 바이러스와 세균의 감염으로 염증이 발생하여 나타나는 질환이다.

② 증상 … 일반적으로 2~4일 잠복기가 있다. 노출 후에 1~2일이나 빠르면 몇 시간 이후에 두통, 발열, 오한, 관절통, 무기력, 혼수, 발작 등의 증상이 나타난다. 일부 환자는 패혈쇼크가 동반된다.

③ 환자평가 … 루진스키 징후와 커니그 징후를 통해 확인할 수 있다.

⑪ 광견병

① 정의 … 광견병 바이러스를 보유한 동물이나 사람에게 물려서 생기는 질병이다.

② 증상 … 불쾌감, 두통, 열, 오한, 인후통, 근육통 등 비특이적인 전구증상이 나타난다. 이후에는 불안, 혼돈, 공격적 성향, 정신이상, 발작 등이 나타난다. 빠른 치료를 받지 않은 경우에는 2~6일 이내에 사망할 수 있다.

③ 응급처치 … 물린 부위의 상처유형을 확인한다. 생리식염수로 상처부위를 헹군 후에 붕대를 감지 않고 이송하는 동안 배액이 자연스럽게 되도록 한다.

⑫ 후천성 면역결핍증후군(AIDS)

① 전파경로 … 혈액, 혈액제제, 체액(정액, 질 분비물, 모유)과 접촉할 때 전파된다.

② 노출 후 대처
  ㉠ 상처는 물과 비누로, 점막은 흐르는 물로 씻는다.
  ㉡ 혈액검사를 시행한다.
  ㉢ 항레트로바이러스제 치료를 시작한다.
  ㉣ 치료는 노출 후 1 ~ 2시간 이내에 한다. 늦어도 72시간 이내 복용 시작을 권고한다.

⑬ 파상풍

① 정의 … 상처에서 파상풍균이 만들어 내는 신경독소로 통증과 근육수축이 나타나는 감염성 질환이다.

② 원인 … 흙, 먼지, 분변 등에 서식하는 파상풍균, 동물에게 물려서 감염되는 아포형 성균이다.

문 후천성 면역결핍증후군의 전파 경로로 옳지 않은 것은?

① 혈액
② 혈소판 수혈
③ 모유
④ 객담

《정답 ④

③ **증상** … 근육경련, 저작근 통증, 근육경직, 근육수축, 근육통, 활모양으로 근육강직 등이 있다.

④ **예방접종**

ⓐ DTaP(Diphtheria, Tetanus, acellular Pertussis) : 소아용 백신이다. 파상풍, 디프테리아, 백일해 등의 치료 목적이다.

ⓑ Tdap(1/5D) : 성인용 백신이다. 디프테리아 용량이 1/5, 11∼64세는 추가로 1번 더 접종한다.

ⓒ Td(1/5D)는 매 10년마다 접종이 권장된다.

ⓓ 1956년 이전 출생자는 예방접종이 되어있지 않다.

⑤ **예방조치**

ⓐ 상처부위를 소독하고 괴사조직을 제거하여 감염을 예방한다.

ⓑ 백신접종을 하지 않았거나 3회 미만인 경우이거나 깨끗하지 않은 상처에는 파상풍 면역글로불린(TIG)을 접종한다.

ⓒ 파상풍 예방용 백신인 파상풍 톡소이드를 투여하여 독소를 약화시킨다.

⑥ **다양한 잠복기** … 일반적으로 3∼31일 혹은 수개월

(14) COVID−19

① **전파경로** … 비말접촉

② **밀접접촉** … 주로 2m 이내

③ **전파**

ⓐ 공기전파 : 에어로졸 생성시술(기관삽관, 심폐소생술, 기관지내시경술, 기도분비물 흡인, 기관관리, 사체부검, 비침습적 양압환기, 분무요법, 가래배출 유도처치와 같은 상황이나 행위)이나, 장기간 밀폐된 제한적 환경에서 전파하는 것이다.

ⓑ 표면접촉 : 감염된 사람과의 직접 접촉, 오염된 물품이나 표면을 만진 후에 전파되는 것이다.

🔖 환자가 코로나19 의심 증세를 호소하여 이송할 경우 착용해야 하는 보호구가 아닌 것은?

① 일회용 장갑
② 일회용 가운
③ 수술용 마스크
④ 안면 보호구

❮정답 ③

④ **보호구**

ⓐ 이송

• 기본적으로 접촉주의와 비말주의가 필요하지만 에어로졸이 발생하는 상황은 공기주의이다.

• 일회용 방수성 긴팔가운, KF94 동급 이상의 호흡기보호구, 일회용 장갑, 고글(또는 안면보호구) 착용을 한다.

ⓑ 환자

• 수술용 마스크(환자가 호흡곤란이 없고 보건용 마스크 착용이 가능한 경우에는 N95 이상 착용가능), 가운, 장갑 착용을 한다.

• 호흡기 증상(기침, 가래 등)이 심한 경우 고글 혹은 안면보호구도 착용한다.

⑤ 개인보호구 권장범위

구분	상황 및 행위	개인보호구					
		호흡기 보호		전신 보호		눈 보호	
		수술용 마스크	KF94 이상의 호흡기 보호구	전동식 호흡기 보호구	일회용 장갑	일회용 방수성 긴팔 가운	고글, 안면 보호구
검역	검역조사		●		●		
	역학조사		●		●	●	●
선별 진료소	접수 및 안내		●		●	●	
	진료 및 간호		●		●	●	●
이송	구급차 운전자		●		●		
	환자 이송자		●		●	●	●
	환자 동승자	●					
진료	병실출입		●		●	●	●
	에어로졸 생성		●(선택사용 가능)		●	●	●
	영상의학검사		●		●	●	●
	검체 채취		●		●	●	●

section 15 중독

(1) 독성물질의 체내 유입경로

① 복용

ㄱ 부식성 물질의 경우 경구섭취로 구강, 식도 등에 화상을 입는다.

ㄴ 섭취한 독성물질이 주로 소장에서 흡수된다.

ㄷ 아스피린 같은 경우 과량으로 섭취하면 장시간 위에 뭉쳐지기 때문에 서서히 흡수된다.

ㄹ 종류 : 처방약, 불법 약물, 음식물, 버섯, 식물 등이 있다.

② 흡입

ㄱ 호흡기계를 통해 빠르게 흡수된다.

ㄴ 종류 : 독성 연기, 일산화탄소, 암모니아, 염소, 시안화물, 프레온, 산화질소 등이 있다.

③ 흡수

ㄱ 피부나 점막에 노출되어 흡수된다.

ㄴ 종류 : 옻나무 등의 독성 식물, 살충제 등이 있다.

④ 주입

ㄱ 신체 조직이나 혈액으로 흡수된다.

ㄴ 종류 : 곤충(벌), 뱀 등이 있다.

(2) 중독물질 오염제거 원칙

① 중독물질이 체내에 유입되는 것을 줄이기 위해 흡입환경에서 환자를 구출한다. 벌침을 제거하거나 중독물질이 묻은 의복을 제거하여 피부를 씻겨낸다.

② 흡수를 줄인다. 위세척, 활성탄 투여를 통해 진행한다. 중독물질을 섭취 후 1시간 이내에 시행해야 효과가 있다.

③ 독소 배설을 증가시킨다. 설사제를 투여하거나 전장관세척을 통해 배설을 증가시킨다.

(3) 약물 중독

① 남용(abuse) … 치료 목적과 무관한 약물사용으로 신체·심리·직업·사회적 문제가 있음에도 중단하지 않는 것이다.

② 의존(dependence)
  ㉠ 생리적(physical) : 물질사용이 있어야 정상적으로 생리기능이 유지되는 것이다. 중단 시 신체적 금단증상을 보인다.
  ㉡ 심리적(psychic) : 물질사용이 있어야 편안함을 느끼는 것이다. 지속적인 사용에 대한 강한 갈망과 욕구를 보인다.

③ 중독(addiction)
  ㉠ 과도하게 체내에 있어 여러 부작용을 나타내는 상태이다.
  ㉡ 물질사용 조절 능력을 상실하고 내성 및 금단 증상이 생기면서 강박적으로 남용하는 상태이다.

④ 내성 … 이전과 같은 효과를 위해 더 많은 양의 약물이 필요로 하는 상태이다.

⑤ 금단 … 사용을 중단하거나 양을 줄였을 때 신체적·정신적으로 나타나는 증상 및 상태이다.

⑥ 민감화(sensitization) = 역내성(reverse tolerance) … 약물 반복 투여 중 약효가 크게 나타나는 상태이다.

(4) 중독 증후군

① 마약성 진통제(모르핀, 헤로인 등) … 의식저하, 동공수축, 호흡저하가 나타난다. 저체온, 서맥, 호흡부전, 급성 폐손상도 동반된다.

② 교감신경흥분제(코카인, 암페타민 등) … 흥분, 동공확대, 발한, 빈맥, 고혈압, 고체온 등이 나타난다. 이외에 경련, 횡문근융해증, 급성 심근경색, 경련, 심장마비 등도 나타난다.

③ 콜린성 약물(유기인제, 카바메이트계 살충제) … 무스카린성 증상, 니코틴성 증상이 나타난다.

④ 아세트아미노펜 … 초기에는 무증상이지만 구역, 구토가 나타난다. 독성용량이 기준치를 넘은 경우 간 손상이 나타날 수 있다.

⑤ **삼환계 항우울제** ⋯ 경련, 부정맥제, 저혈압, 의식변화가 유발한다.

⑥ **심장약물**(항고혈압제, 항부정맥제 등) ⋯ 저혈압, 서맥, 부정맥, 의식변화가 나타난다.

⑦ **수면제 또는 진정제** ⋯ 의식저하, 어눌한 발음, 운동실조가 흔하다.

⑧ **저혈당 약제**(설포닐유레아, 인슐린 등) ⋯ 의식변화, 발한, 빈맥, 고혈압이 흔하다. 마비, 어눌한 발음, 경련이 나타난다.

⑨ **제초제** ⋯ 국소자극이 중증으로 발생한다. 빠르게 흡수되어 2시간이 지나면 혈중 최고 농도이다. 표피 궤양, 객혈, 코피, 기침, 호흡곤란, 부식성 손상, 다발성 장기손상, 심부전 등 광범위한 손상을 유발한다.

⑩ **일산화탄소**
  ⊙ 정의 : 제철, 도시가스 등을 제조하는 과정에서 발생하고 자동차 배기가스, 번개탄, 연탄가스, 연탄 등이 있다.
  ⓛ 특징
  • 무색, 무취, 무자극
  • 맹독성
  • 공기보다 가벼운 기체
  • 불완전연소로 발생
  • 산소보다 높은 헤모글로빈과의 친화력
  ⓒ 중독기전 : 흡입 → 폐 → 혈액에서 헤모글로빈 결합 → 일산화탄소-헤모글로빈 형성 → 저산소증
  ⓔ 증상
  • 경증 : 두통, 구토, 구역 등
  • 중증 : 혼동, 근육 쇠약, 경련, 혼수상태 등
  • 중상 : 시력감소, 호흡곤란, 흉통, 홍조 등
  ⓜ 치료
  • 환자를 발견한 장소에서 환기를 하고 안전한 공간으로 이동한다.
  • 의식이 없다면 기도확보를 하고, 무호흡인 경우에 심폐소생술을 한다.
  • 이송 중에는 고농도 산소를 투여한다.

⑪ **부식제** : 상기도 손상, 비심인성 폐부종, 점막손상 등 광범위한 손상을 유발한다.

⑫ **시안화물**
  ⊙ 정의 : 시안화염 제조, 전기 도금, 광물 제련, 고무 합성, 소독제 · 의약품 제조 등에서 발생한다. 세포 질식제로 휘발성, 인화성, 폭발성이 강하다.
  ⓛ 특징
  • 아몬드 같이 독특하고 쓸쓸한 향이 나는 담청색의 액체
  • 맹독성 기체
  ⓒ 중독기전 : 미토콘드리아의 억제로 세포 에너지 생성 막음
  ⓔ 증상
  • 신경기계 : 후각과 미각의 변화, 과한 침 분비, 불안, 두통, 어지러움 등
  • 호흡기계 : 호흡곤란, 흉통

TIP

구토

㉠ 특징 : 환자가 의식이 있으며 금기가 아닌 경우에 시행한다. 구토를 통해 물질을 희석 및 배출을 돕는다. 하지만, 물질에 따라 내장기관 손상을 유발할 수 있으니 주의한다.

㉡ 구토 유도 방법 : 구토유발제인 아페칵시럽을 복용하여 구역질 반사를 자극한다.

㉢ 주의 사항
- 독성 물질의 흡수는 소장이다. 독성 물질을 먹은 지 30분 이내라면 구토유발제(ipeca)를 먹여 토하게 하는 것이 좋다.
- 목구멍에 손가락이나 수저를 넣어 유발시키는 방법은 효과적이지 않다.
- 계란, 물, 우유 등으로 중화시키지 않는다.
- 의식이 없으면 입으로 아무것도 주지 않는다.
- 의식이 있는 환자의 회복 자세는 환자가 좌측 옆구리로 엎드려 누워 있는 상태를 취하게 한다.

㉣ 구토 금기증
- 경련, 의식혼미, 혼수상태, 6개월 미만의 영아, 임산부 등의 노약자
- 심장 발작 가능성 또는 심질환 병력이 있는 자
- 위험 물질 섭취자 : 강산, 강알칼리, 부식제, 등유, 가솔린, 라이터 기름, 가구광택제, 요오드, 질산은 등이다.

㉤ 특징 : 현재에는 구토 유발을 권고하지 않는다.

- 감각기계 : 구상이나 인후에 삭열감, 눈물 · 땀의 과도한 분비, 자극
- 조혈기계 : 혈색소와 림프구의 증가
- 심혈관계 : 심계항진, 혈압 상승
- 위장관계 : 구토, 구역, 식욕부진, 복통

㉤ 치료
- 피부에 붙은 오염물질을 제거한다.
- 아질산염 아밀, 아질산나트륨, 티오황산 나트륨 등의 해독제가 있다.
- 고압산소를 투여한다.
- 이송 중에 구조자는 인공호흡을 하면 시안화물에 노출될 위험이 있으니 주의한다.

⑬ **리튬** … 갈증, 구강건조, 떨림, 혼돈, 구역, 구토, 서맥 등이 나타난다.

⑭ **납 중독**

㉠ 정의 : 체내에 있는 납의 혈중 농도가 0.4ppm 이상인 경우를 의미한다.

㉡ 증상
- 초기에 증상이 잘 나타나지 않고 오랜 시간 축적되면서 증상이 나타나는 경우가 많다.
- 신경계 : 성인(두통, 기억장애 등), 소아(뇌증, 정신지체), 신경절연, 정신착란, 경련, 발작 등이 나타난다.
- 혈액계 : 빈혈, 호염기성 반점이 나타난다.
- 소화기계 : 복통 증상이 나타난다.
- 비뇨기계 : 만성 세뇨관 간질성 질환이 나타난다.

㉢ 처치 : 액체가 눈에 들어간 경우는 물로 씻어내고, 피부에 묻은 경우 세제나 물로 닦아준다. 접촉된 옷은 벗는다.

(5) 해독제

중독물질	해독제
아세트아미노펜	N-아세틸시스테인
베타차단제, 칼슘차단제	글루카곤, 염화칼슘
메탄올, 글리콜 등	에탄올
비소	수은, 비소, 금 등
아트로핀	피조스티그민
벤조디아제핀, 바비튜레이트	플루마제닐
삼환계 항우울제	중탄산나트륨
설포닐유레아, 인슐린	포도당
일산화탄소	산소
철	디페록사민
디곡신	디곡신 면역 팹
질산염	메틸렌블루
마약(헤로인, 옥시코돈, 모르핀 등)	날록손
카바메이트계, 유기인제	아트로핀, 프라리독심
시안화물	시안화물 키트(아질산아밀 앰플, 아질산나트륨, 티오황산나트륨 용액)

(6) 응급처치

① 응급구조사의 안전을 확보하며 환자를 독성 환경에서 구출한다.

② 신속하게 중독물질을 확인한다.

③ 독소가 퍼지는 것을 막기 위한 필요수단을 파악하기 위해 환자의 상태와 섭취한 독성물질을 확인한다.

④ 기도, 호흡, 순환을 유지하고 안정화 하는 것이 가장 우선이다. 환자에게서 오염원을 제거한다.

⑤ 제초제(파라쿼트) 중독의 경우는 호흡부전이 없다면 산소투여를 하지 않는다.

⑥ 일산화탄소 중독 환자는 산소포화도와 상관없이 비재호흡마스크로 15L/min 산소를 투여한다.

⑦ 쇼크징후가 보이면 5~10분마다 300mL(소아 5mL/kg)의 생리식염수나 젖산링거액을 투여한다. 쇼크가 지속되면 1L(소아 10mL/kg)을 투여한다.

⑧ 억지로 구토를 유발하지 않는다. 구토를 할 경우에는 흡인되지 않도록 고개를 돌리고 흡인기로 흡입한다.

section 16 곤충이나 동물에 의한 독소주입

(1) 절지동물

① 종류
  ㉠ 곤충류로 장수말벌, 말벌, 호박벌, 불개미가 있다.
  ㉡ 거미류로 거미, 전갈, 진드기 등이 있다.
  ㉢ 갑각류에는 새우, 가재, 게 등이 있다.

② 증상
  ㉠ 국소증상 : 쏘인 부위의 통증, 발적, 종창, 두드러기, 가려움, 발진이 나타난다.
  ㉡ 독성반응 : 빈맥, 저혈압, 기관지 경련, 부종, 설사, 어지러움, 실신 등이 흔하게 나타난다.
  ㉢ 아나필락시스 증상은 6시간 이내에 발생한다. 초기에는 홍조, 두드러기, 마른기침이 나타나다가 점차 심해지면서 호흡곤란, 청색증, 복통, 오심, 쇼크까지 나타나게 된다.

③ 응급처치
  ㉠ 안전한 곳으로 이송한다.
  ㉡ 피부에 남아있는 벌침 제거

- 신용카드와 같이 딱딱하고 평평한 것을 이용한다. 신용카드로 피부를 긁어내듯 침을 밀어내면서 제거한다.
- 집게, 핀셋 또는 손가락을 이용하여 침의 끝부분을 집어서 제거할 경우 독주머니를 짜는 행위이다. 벌침 안에 남아 있는 독이 더 몸 안으로 들어갈 위험이 있다.

ⓒ 부드럽게 손상부위 세척하고 부종 전에는 액세서리를 제거한다.

ⓔ 손상부위는 심장보다 낮게 유지한다.

ⓜ 곤충에 물렸을 경우 얼음팩을 적용하여 통증 및 독소 흡수 속도를 완화한다.

ⓗ 전신 알레르기 반응이나 아나필락시스 징후가 나타나는지 관찰한다.

ⓢ 금식을 지도한다.

(2) 뱀 교상

① 종류 … 국내에서는 주로 살모사, 까치살모사, 쇠살모사가 흔하다.

② 증상

주입량	증상
소량	• 부종과 통증이 있다. • 전신증상이 나타나지 않는다.
중간량	• 점진적으로 부종이 나타난다. • 감각이상, 구역, 구토, 저혈압, 빈맥 등의 경미한 전신증상이 나타난다.
다량	• 심한 통증과 함께 몸이 급속히 붓는다. • 의식변화, 파종성혈관내응고증, 구역, 구토, 불안정한 활력징후 등의 전신증상이 나타난다. • 물린 부위에서 혈액이 스며나온다.

③ 응급처치

ⓐ 환자와 뱀을 신속하게 격리하고 뱀독이 퍼지는 것을 막기 위해 물린 곳을 고정하고 음식섭취를 하지 않는다.

ⓑ 입으로 빨거나 절개하여 짜는 행위는 하지 않는다.

ⓒ 부목을 이용해서 움직임을 최소화 한다.

ⓓ 물린 부위의 윗부분을 탄력붕대로 감는다. 이때 동맥차단이 되지 않고, 말단부위의 맥박이나 모세혈관의 재충혈을 확인한다. 이후에 심장보다 상처부위를 낮게 위치시키고 산소를 공급하며 이송한다.

ⓜ 환자의 움직임을 최소화한다.

ⓗ 얼음팩을 적용하지 않는다.

🔵 등산 중 뱀에 물린 사람에 대한 응급처치로 옳은 것은?

① 얼음주머니를 대어준다.
② 관절운동을 시행한다.
③ 부목으로 고정시킨다.
④ 물린 부위 아래쪽을 천으로 묶는다.

❰정답 ③

(3) 해파리

① **종류**… 국내에서 흔하게 발견되는 해파리는 노무라입깃해파리, 보름달물해파리가 있다.

② **응급처치**

　㉠ 어떤 해파리가 쏘았는지 명확하게 알 수 없으므로 바닷물로 세척하고 촉수를 제거한다.

　㉡ 수돗물로 세척을 하는 경우 독소가 분비될 수 있으므로 금지된다.

　㉢ 맨손으로 촉수를 제거하지 않는다. 장갑을 착용하고 신용카드 등을 이용하여 촉수의 자포를 긁어낸다.

(4) 동물에게 긁히거나 물림

① **증상**… 통증, 부종, 출혈 등이 나타난다. 전신감염이 유발된 경우 오한, 발열이 나타난다. 파상풍이나 광견병이 발생할 수 있음을 고려한다.

② **응급처치**

　㉠ 멸균증류수나 식염수로 상처를 세척한다. 출혈이 있다면 10분정도 깨끗한 거즈로 압박을 한다.

　㉡ 수축기혈압이 90mmHg 미만인 경우에 하지거상을 하고 생리식염수나 젖산링거액을 투여하면서 활력징후를 확인한다.

section 17 눈, 귀, 코, 목 응급질환

(1) 감각기계의 대표적인 응급질환

① **눈**… 결막염, 각막염, 각막궤양, 눈 주위 연조직염, 시신경염, 다래끼, 앞방출혈, 녹내장, 백내장, 망막중심 정맥, 동맥 폐쇄, 망막 박리, 이물질 접촉 등이다.

② **귀**… 이물질 접촉, 귀지, 외이도염, 중이염, 내이염, 고막천공, 메니에르 등이다.

③ **코**… 과도한 코피, 중독물질 흡입, 비염, 부비동염 등이다.

④ **목**… 인두염, 편도선염, 칸디다증, 치통, 이물질 흡입, 후두염. 기관염, 턱관절 증후군 등이다.

📢 TIP

동물에게 물린 교상 응급처치

㉠ 상처 부위에 침의 존재와 물린 유형을 관찰한다.

㉡ 안정을 취하고 소독을 하고 상처부위를 고정한다.

㉢ 파상풍 예방접종이 필요하다.

㉣ 수액 공급이 도움이 된다.

㉤ 광견병 여부를 알 수 없을 때

　• 안전이 확보되지 않은 상태에서 잡으려 시도하지 않는다.

　• 개를 생포를 한 경우에는 7 ~ 10일간 격리 관찰을 한다.

　• 개를 사살을 한 경우에는 개의 뇌를 손상시키지 않고 보존한다.

(2) 눈

① **이물질** … 이물질의 종류에 따라 처치를 한다. 깨끗한 식염수나 멸균증류수로 눈을 닦아주며 손으로 눈을 비비지 않는다. 오염된 물이 반대쪽 눈에 들어가지 않도록 한다.

② **망막박리**

  ㉠ 정의 : 망막과 악구 내벽 사이에 생긴 틈으로 시세포가 망막색소상피와 분리가 되는 질환이다.

  ㉡ 종류

  • 열공망막박리 : 파열된 망막 틈으로 유리체가 들어가면서 발생하는 것이다. 망막이 찢어져서 구멍이 발생한다. 급작스럽게 발생하므로 빠른 수술이 필요하다.

  • 견인망막박리 : 유리체망막 섬유증식막이 망막을 견인하면서 나타난다.

  • 삼출망막박리 : 망막, 맥락막, 망막색소상피 질환으로 삼출물이 고여서 발생한다.

  ㉢ 열공 망막박리 증상 : 날파리증, 광시증, 비문증이 나타난다. 검은 구름이나 커튼이 쳐진 것처럼 시야가 가려지면서 보이는 시야장애가 능반되어 나타난다.

  ㉣ 응급처치

  • 이송 중에는 증상의 악화를 예방하기 위해서 머리의 움직임을 제한한다.

  • 기침, 구토 등은 상태를 악화시키므로 제한한다.

③ **망막중심정맥폐쇄** … 망막정맥이 막혀서 생기는 것이다. 한쪽 시야가 흐려지거나 시력상실이 나타난다.

④ **화상**

  ㉠ 화학 물질

  • 산성 물질은 20~30분 이상, 알칼리성 물질은 60분 이상 물로 세척하고 거즈로 덮은 후에 이송한다.

  • 세척 시 각막반사로 눈을 감게 되므로 손가락으로 잡아준다.

  • 손상 받은 쪽을 아래 방향으로 두고 세척을 해야 반대쪽 눈을 보호할 수 있다.

  ㉡ 열 · 방사선 : 생리식염수로 적신 거즈를 덮고 이송한다.

  ㉢ 양쪽 눈을 가리는 이유는 안구 운동을 최소화시키기 위함이다.

⑤ **중심 망막 동맥 폐쇄**(CRAO, central retinal artery occlusion)

  ㉠ 증상 : 통증 없이 갑작스러운 급격한 시력상실을 유발(눈 앞에서 손을 흔드는 것을 느끼는 정도만 보이는 정도)한다.

  ㉡ 처치 : 안정 취해주고 산소를 공급하며 신속하게 병원으로 이송한다.

⑥ **급성 녹내장**

  ㉠ 증상 : 안통, 두통, 시력저하, 충혈, 오심 등이 있다.

  ㉡ 처치 : 안정을 취하게 하면서 병원으로 이송한다.

⑦ **눈의 이물질 응급처치**

  ㉠ 눈을 비비지 않도록 한다.

  ㉡ 흐르는 물이나 생리식염수로 지속적인 세척을 시행한다.

ⓒ 상안검·하안검의 이물질 경우, 시선을 반대로 향하게 한다. 손가락으로 안검 내측을 뒤집어 생리식염수를 적신 면봉으로 이물질을 제거한다.

ⓔ 이물질이 빠지지 않을 경우 무리하게 제거하려 하지 않는다. 관통한 경우도 그대로 고정한다. 양쪽 눈을 가린 후 병원 이송한다.

(3) 귀

① 벌레 … 귀에 들어가서 외상이나 감염을 발생할 수 있다. 고막 손상이 없는 경우에만 귀에 물이나 오일을 넣어 익사를 시킨다.

② 고막천공 … 고막이 천공이나 파열되어 발생하는 것이다. 청력감소, 통증, 소음들림 등이 발생한다.

③ 메니에르 … 속귀 내의 미로가 부으면서 발생한다. 급성으로 나타나며 어지러움, 현기증, 구역, 한쪽 귀의 청각소실 등이 나타난다.

(4) 코

① 비출혈

  ㉠ 원인
  • 골절 : 두개골 골절, 안면 골절 등
  • 감염 : 코 안의 감염, 부비강염의 염증 등
  • 질환 : 고혈압, 혈우병의 혈액질병 등

  ㉡ 분류
  • 전방 비출혈 : 코 앞쪽의 얇은 점막 손상으로 인한 모세혈관의 출혈이다.
  • 후방 비출혈 : 코 뒤쪽의 출혈로 지혈이 어렵다.

  ㉢ 처치
  • 앉은 자세로 안정시킨다.
  • 고개를 앞으로 숙인다.
  • 미간 사이 콧등 아래 물렁뼈를 손가락으로 지혈한다.
  • 필요시 얼음팩 적용시킨다.
  • 피를 삼키지 않고 입으로 넘어온 피는 뱉어낸다.
  • 지혈동안 말하기, 삼키기, 기침 등의 행위는 삼간다.

② 이물질

  ㉠ 코 안에 이물질이 들어가는 것으로 호흡할 때 휘파람 소리가 들린다.

  ㉡ 처치방법
  • 반대편 콧구멍을 막고 코를 풀어보도록 지도한다.
  • 코를 세게 풀 줄 모르는 어린 아이라면 오히려 더 들이쉴 수 있으므로 주의한다.
  • 핀셋, 면봉 등을 사용하여 이물질을 직접 제거하는 시도를 하지 않고 바로 병원으로 이송한다.

• 코로 숨 쉬지 않고 입으로 숨을 쉬도록 지도한다.

③ 부비동염

ⓐ 정의 : 부비동에 세균과 바이러스가 침투하여 염증이 발생하면서 콧물이 원활하게 배출되지 않고 고여 있는 상태로 축농증으로 부른다.

ⓑ 증상

• 급성 부비동염 : 피로, 미열, 두통, 코 막힘, 콧물, 안면 통증이 있다.

• 만성 부비동염 : 끈적하고 누런 콧물, 코 뒤로 넘어가는 콧물, 후각 감퇴, 두통 등이 있다.

ⓒ 치료

• 경구용 항생제를 사용하면서 비강 점막 부종을 낮춰주는 혈관수축제를 사용한다.

• 스테로이드제제를 통해 염증을 억제하고 부종을 낮춘다.

• 보조적인 치료로 생리식염수를 사용하여 비강을 세척한다.

• 만성 부비동염의 경우는 수술적 치료를 고려한다.

(5) 목

① 편도선염 … 편도선에 생긴 감염성 질환이다. 목 앞부분이 비대해 지고 촉진 시 압통이 있다.

② 이물질에 의한 상기도 막힘

ⓐ 의식이 있는 성인의 응급처치

• 부분 기도 막힘 : 강하게 기침을 유도한다.

• 완전 기도 막힘 : 복부 밀치기(하임리히법)를 시행한다. 임산부나 비만 환자는 가슴 밀어내기를 한다.

ⓑ 의식이 없는 성인의 응급처치

• 기도확보 : 두부후굴(머리 젖히기), 하악거상(턱 들어올리기), 하악견인(턱 밀어올리기)이 있다.

• 심폐소생술 : 수지 교차법으로 진행한다.

ⓒ 처치

• 환자가 가장 편안해 하는 자세(일반적으로 앉아서 앞으로 기울인 자세)와 기도를 유지하며 이송한다.

• 기도가 막힌 상태에서 물을 먹여 이물질을 내려가도록 할 수 없으므로 구강 섭취는 금기이다.

③ 후두염 … 후두에 염증이 생기는 것이다. 바이러스, 배농이 흔한 원인이다. 열, 쉰 목소리가 주요 증상이다.

section 18 비외상성 근골격계 질환

(1) 퇴행성

① 골관절염
  - ㉠ 정의 : 관절의 연골이 소실되면서 발병하는 것이다. 나이, 성별, 유전, 비만 등이 주요한 원인이다.
  - ㉡ 증상 : 전신증상 없이 국소통증을 호소한다. 오전에 발생하는 통증, 비빔소리, 관절가동범위 제한, 종창 등이 있다.

② 골다공증
  - ㉠ 정의 : 뼈에 양과 질적인 변화로 골밀도가 낮아지면서 뼈의 강도가 약해지고 골절이 쉽게 나타나게 되는 상태를 의미한다.
  - ㉡ 증상 : 대부분은 증상이 없다. 질환이 많이 진행되면 외상없이도 골절이 되거나 압통, 허리통증, 목통증이 나타난다.

③ 퇴행성 추간판 질환
  - ㉠ 정의 : 퇴행성 디스크이다. 척추뼈 사이에 존재하는 추간판(디스크)의 수핵이 탈출하면서 발생한다.
  - ㉡ 증상 : 개개인에 따라 증상이 다르지만 허리와 목 통증이 주요하다.

(2) 염증성

① 류마티스 관절염
  - ㉠ 정의 : 손과 손목, 발과 발목 등 관절과 주변조직에 염증이 나타나는 만성질환이다.
  - ㉡ 증상 : 초기에는 피로, 미열, 권태, 허약이 있다가 점차 악화되면서 관절의 통증과 종창이 나타난다. 주요하게 손에 많이 발생한다.

② 강직척추염
  - ㉠ 정의 : 척추뼈와 엉치엉덩관절에 발생한 염증에 점차적으로 척추마디가 굳어지는 만성 질환이다. 척추가 유연하게 움직이지 못하고 골절에 취약하므로 기도확보나 부목고정 등을 고려하여 이송하지 않는 경우에 척수손상이 쉽게 발생할 수 있다.
  - ㉡ 증상 : 개개인마다 증상은 차이가 있지만 하부요통이 주된 원인이다. 악화되면서 동통과 강직감이 오전에 심해진다.

③ 전신홍반루푸스
  - ㉠ 정의 : 만성 염증성 자가면역질환이다. 피부, 관절, 혈액, 신장 등 다양한 기관에 전신에 나타나는 질환이다.

ⓛ 증상 : 나비형 홍반, 구강궤양, 경련, 탈모, 정신장애, 가슴막염, 광과민증, 심장막염, 사이질폐렴, 원판상 피부발진, 손바닥 홍반, 루푸스콩팥염, 궤양, 그물울혈반, 동창성 홍반 등 다양한 증상이 전신에 나타난다.

④ 통풍

　　㉠ 정의 : 혈액에 요산의 농도가 높아져 요산염 결정이 연골, 힘줄 등에 축적되면서 발생하는 염증성 관절염이다.

　　㉡ 증상 : 통증, 부기, 홍반 등이 나타난다.

　　㉢ 처치

　　　• 움직임을 멈추고 안정을 취한다.

　　　• 통증발작을 완화하는 콜히친이나 비스테로이드 소염제를 복용한다.

　　　• 신속하게 병원으로 이송한다.

　　　• 붓기를 완화하기 위한 찜질은 자제한다.

　　　• 퓨린이 많이 포함된 음식 섭취를 자제한다.

(3) 감염성

① 봉와직염

　　㉠ 정의 : 진피와 피하 조직에 세균이 감염되어 화농성 염증이 생기는 것이다.

　　㉡ 증상 : 감염부위에 홍반, 열감, 부종, 통증이 특징적으로 나타난다.

　　㉢ 특징 : 당뇨 병력이 있다면 합병증 위험도가 증가한다.

② 건막염

　　㉠ 정의 : 힘줄을 감싸는 활액막이 염증이 생기면서 발생하여 손상부위에 충혈과 부종이 발생하여 염증세포가 침윤되는 것이다.

　　㉡ 증상 : 염증부위에 통증과 종창이 있다. 휴식을 취하면서도 통증이 나타난다.

③ 골수염

　　㉠ 정의 : 감염에 의해서 뼈에 염증이 발생한 것이다. 세균성 감염이 흔한 원인이다. 당뇨, 혈액투석, 마약중독자, 외상환자 등이 발병위험이 높다.

　　㉡ 증상 : 질환에 따라 증상이 다양하다. 통증, 부종, 열감, 식욕감퇴, 권태감 등이 있다.

④ 괴사근막염(Necrotizing fascitis)

　　㉠ 정의: 연조직 감염성 응급질환으로 사지에 가장 많이 발생한다.

　　㉡ 증상 : 발열, 출혈성 물집, 부종, 병변 부위 무감각증, 통증, 빈맥, 저혈압, 딱딱한 같은 자색의 피부 등이다.

(4) 횡문근융해증

① 기전… 과도 근육 손상(괴사) → 미오글로빈 과다 유출 → 신장 손상

② 종류
  ○ 외상성 : 타박, 압박, 부동 등이 있다.
  ○ 비외상성 : 약물, 화상, 운동, 감염, 대사성 장애 등이 있다.

③ 대표적인 증상… 근육통, 근위약감, 콜라색 소변, 경직, 구토, 부종, 급성 신부전 등이 있다.

④ 응급 합병증
  ○ 응급 근막절개술이 필요한 구획증후군이 나타난다.
  ○ 5P 징후 : 통증(pain), 창백(palor), 이상감각(paresthesia), 마비(paralysis), 무맥(pulseless)

문 46세 남성이 새벽에 갑작스러운 통증을 호소하였다. 저녁에 회식 이후에 잠을 자는 도중에 갑자기 발목 뜨거워지고 붓더니 통증이 너무 심해 걸을 수 없는 증상을 호소하는 경우 해야 하는 응급처치로 옳지 않은 것은?

① 통증발생 부위를 심장보다 높게 유지한다.
② 항염제인 콜히친을 복용하여 급성 통증을 완화한다.
③ 움직임을 멈추고 안정을 취한다.
④ 온찜질로 붓기를 가라앉힌다.

〈정답 ④

01 호흡기계 구성 중 기능이 다른 장기는?

① 인두
② 후두
③ 기관
④ 횡격막

01.

④ 횡격막은 호흡기계 부속구조이다.

02 정상호흡과 비정상 호흡의 특징에 대한 설명으로 틀린 것은?

① 피부가 창백하거나 청색이 나타나면 비정상호흡 양상이다.
② 호흡보조근을 사용하지 않는 것은 정상호흡이다.
③ 가슴팽창 양쪽이 다른 것은 정상 호흡이다.
④ 허파음이 약하거나 들리지 않는 것은 비정상호흡 양상이다.

02.

③ 가슴팽창의 양쪽이 같아야 정상호흡 양상이다.

03 자연 기흉에 대한 설명으로 옳지 않은 것은?

① 키가 크고 마른 10 ~ 30대 남성에게 호발한다.
② 원인으로는 유전, 흡연 등이 있다.
③ 청진 시 기흉이 발생한 쪽의 호흡음 감소가 특징이다.
④ 타진 시 기흉이 발생한 쪽의 탁음이 특징이다.

03.

④ 타진 시 과공명음이 특징이다.

Answer 01.④ 02.③ 03.④

04 호기 산소를 다시 흡입하지 않고 가장 높은 농도의 산소를 공급하는 장치는?

① 비강 캐뉼러
② 단순안면마스크
③ 벤츄리 마스크
④ 비재호흡마스크

04.

④ 산소가 호기와 혼합되지 않고 고농도의 산소를 공급할 수 있다.

05 급성 호흡곤란증후군(ARDS)에 대한 설명으로 옳은 것은?

① 산소 공급은 저농도로 시작한다.
② 심인성과 비심인성으로 분류된다.
③ 양측 폐 하엽의 수포음이 특징이다.
④ 순환 보조를 위해 앉은 자세로 다리를 올려준다.

05.

③ 양측의 폐의 염증에 의해 수포음이 청진된다.
① 일반적인 산소공급으로 호전되지 않는 저산소증이 특징이다. 산소 공급 시에는 저일회호흡량 환기 및 높은 날숨 끝양압(호기말양압)이 권고된다.
② 급성 호흡곤란증후군은 비심인성 폐부종이다. 심인성 폐부종과 감별이 필요하다.
④ 정맥 순환량 감소를 위해 다리를 내려줘야 한다.

06 '입술을 오므린 호흡'을 가쁘게 하며 술통형 가슴을 가진 환자에 대해 옳지 않은 것은?

① 청색증을 보이며 과체중인 사람들에게 발생한다.
② 가습된 산소를 저농도로 공급하고 필요 시 기도 흡인을 시행한다.
③ 청진 시 건성수포음이 특징적이며 빈맥과 빈호흡이 관찰된다.
④ 앉은 자세로 안정을 취하고 기관지 수축을 예방한다.

06.

① 만성기관지염
②③④ 폐기종

Answer   04.④   05.③   06.①

07 천식 과거력을 가진 환자가 호흡곤란 증세를 호소한다. 이틀 전부터 감기 기운이 있었으며 호기 시 쌕쌕거리는 소리가 들릴 때 가장 먼저 투여해야 하는 것은?

① 고농도의 산소
② 속효성 베타2항진제
③ 항히스타민제
④ 마그네슘 황산염

07.

② 우선적으로 사용되는 흡입제이다. 증상을 최대한 신속하게 회복시키고 재발방지를 한다. 대표적인 증상완화제로 베타2항진제, 잔틴계 약물, 부교감신경차단제가 있다.

08 과호흡증후군에 대해 옳은 내용은?

① 대부분 심인성이 원인이므로 안정을 시켜야 한다.
② 운동을 하고나서 악화되는 흉통이 특징이다.
③ 종이봉투를 사용하여 페이퍼백 요법으로 안정시킨다.
④ 뇌혈관의 확장으로 뇌신경이 압박을 받아 어지럼증이 생긴다.

08.

① 대부분 심인성이기 때문에 정신적 안정 및 신호흡 시 5분 내로 소실된다.
② 운동과 무관하다.
③ 페이퍼백 요법은 저산소증 유발 위험성으로 권장하지 않는다. 비닐봉투는 금기이다.
④ 낮은 이산화탄소 농도는 혈관을 수축시켜 뇌의 혈류량이 감소한다.

09 만성폐쇄성폐질환 환자가 호흡곤란을 호소할 때 적용할 산소 공급기구로 가장 적절한 것은?

① 산소 후드
② 단순 마스크
③ 벤츄리 마스크
④ 비재호흡 마스크

09.

③ 환자 호흡 양상과 관계없이 처방된 산소농도에 맞춰 정확한 산소투여가 가능하기 때문에 만성폐쇄성폐질환 환자의 응급처치 시 사용된다.
① 환자의 상반신을 텐트로 덮어 산소 농도, 습도 등을 조절하며 장시간 산소를 공급한다. 주로 소아에게 사용한다.
② 6 ~ 10L/min 산소 유속으로 짧은 시간 내 많은 양의 산소 공급이 필요한 환자에게 사용한다.
④ 6 ~ 15L/min 산소 유속으로 자발 호흡이 가능한 대상자에게 가장 높은 농도의 산소를 공급할 때 사용한다.

Answer 07.② 08.① 09.③

10 급성 심근경색증의 설명으로 옳지 않은 것은?

① 흉골부위의 쥐어짜거나 조이는 듯한 통증을 호소한다.
② 관상 동맥의 혈액 공급 차단으로 나타난다.
③ NTG(니트로글리세린) 복용 후에 호전 양상을 보인다.
④ 목과 왼쪽 어깨에 방사통이 있을 수 있다.

10.

③ 심근경색증은 이미 심근의 괴사가 일어났기 때문에, 휴식을 취하거나 NTG 복용 후에도 호전되지 않는다.

11 갑작스런 흉통을 호소하는 59세 남성의 다음과 같은 심전도 검사 결과로 예상되는 질환은?

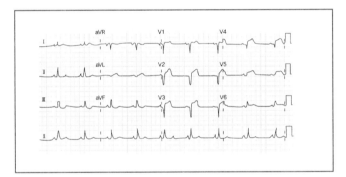

① 가쪽 심근경색   ② 앞가쪽 심근경색
③ 앞쪽 심근경색   ④ 아래쪽 심근경색

11.

• 앞쪽 심근경색의 ST분절 상승 : V2, V3, V4
• 해당 EKG에서 관찰할 수 있는 ST분절 상승 : V1, V2, V3, V4, V5, V6
• 앞가쪽 심근경색(전벽 심근 경색) : lead I, aVL, V5~6의 ST분절 상승

12 62세의 남성의 갑작스런 흉통 호소 신고가 접수되었다. 다음의 심전도 결과로 예상되는 질환은?

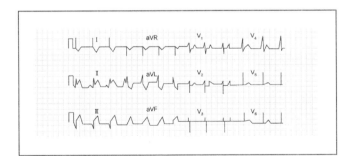

① 가쪽 심근경색   ② 앞가쪽 심근경색
③ 위가쪽 심근경색   ④ 아래쪽 심근경색

12.

• 아래쪽 심근경색의 ST분절 상승 : lead II, III, aVF
• 해당 EKG의 ST분절 상승 : lead II, III, aVF

Answer   10.③   11.③   12.④

13 80세의 남성의 갑작스런 흉통 호소 신고가 접수되었다. 다음의 심전도 결과로 예상되는 질환은?

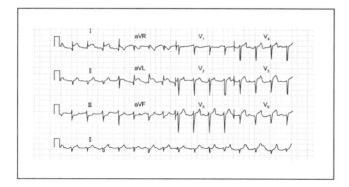

① 가쪽 심근경색
② 앞쪽 심근경색
③ 위가쪽 심근경색
④ 아래쪽 심근경색

14 67세의 여성의 갑작스런 흉통 호소 신고가 접수되었다. 다음의 심전도 결과로 예상되는 질환은?

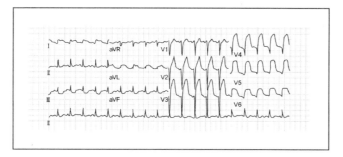

① 가쪽 심근경색
② 앞가쪽 심근경색
③ 위가쪽 심근경색
④ 아래쪽 심근경색

13.

• 위가쪽 심근경색 ST분절 상승 : lead Ⅰ, aVL
• 해당 EKG에서 관찰할 수 있는 ST분절 상승 : lead Ⅰ, aVL

14.

• 앞가쪽 심근경색 ST분절 상승 : lead Ⅰ, aVL, V5, V6
• 해당 EKG에서 관찰할 수 있는 ST분절 상승 : lead Ⅰ, aVL, V2, V3, V4, V5, V6

Answer 13.③ 14.②

15 58세 남성의 갑작스런 흉통 호소 신고가 접수되었다. 다음의 심전도 결과로 예상되는 질환은?

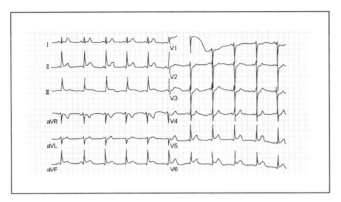

① 가쪽 심근경색
② 앞가쪽 심근경색
③ 아래가쪽 심근경색
④ 아래쪽 심근경색

16 42세 남성이 자다가 갑작스러운 흉통을 호소하며 신고하였다. 과거력은 없으며, 전일 회식을 하고 자는 중이었다고 했다. 설하에 니트로글리세린을 복용하고 나서 호전되었다. 입원 당시에 검사한 EKG 리듬은 다음과 같을 때 해당하는 질환은?

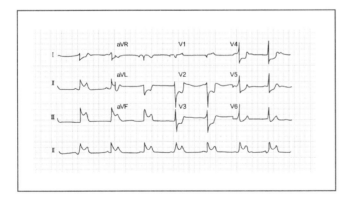

① 안정형 협심증
② 불안정 협심증
③ 변이성 협심증
④ Q파 심근경색증

15.

• 아래가쪽 심근경색 ST분절 상승 : lead Ⅱ, Ⅲ, aVF, V6
• 해당 EKG에서 관찰할 수 있는 ST분절 상승 : lead Ⅱ, Ⅲ, aVF, V5, V6

16.

③ 과음과 관련이 있으며 간헐적 관상동맥 경련에 의한 것이다.

17 65세 남성의 호흡곤란 및 심계항진으로 신고가 접수되었다. 혈압은 110/70mmHg이며 약물 처방이 났을 때, 투여할 수 있는 약물은?

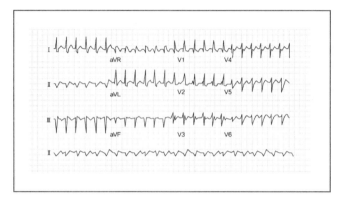

① 아트로핀
② 도파민
③ 아데노신
④ 아미오다론

18 70세 여성이 실신할 것처럼 현기증이 난다며 신고하였다. 기본 활력징후 측정 후 심전도 결과를 통해 알 수 없는 것은?

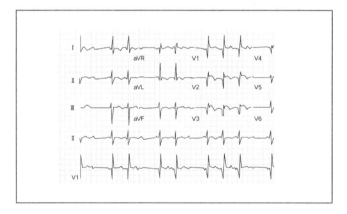

① 동성리듬(sinus rhythm)
② 심방세동(atrial fibrillation)
③ 2도 2형 방실차단(second-degree AV block, Mobitz II)
④ 완전 우각차단(complete right bundle branch block)

17.

③ 발작성 심실상성 빈맥으로 아데노신 약물을 투여한다.

18.

② 심방세동 : 심방에서 심실로 전도 속도가 빨라지면서 심장박동수도 높아진다. 표준 12유도 심전도를 통해 진단이 가능하다.
④ 완전 우각차단 : 심장의 우각이 완전히 차단된 경우이다. QRS파가 넓고 ST분절 하강, T파 전위, V5와 V6의 상반 변화가 나타난다.

Answer 17.③ 18.③

19 70세 남성이 쓰러질 것 같은 어지러움으로 신고를 하였다. 이때 치료방법이 아닌 것은?

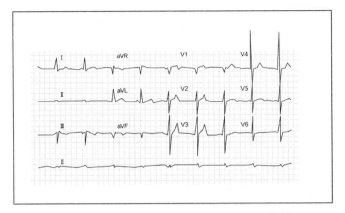

① 아트로핀
② 도파민
③ 도부타민
④ 경피삼박조율술

20 60대의 유방암으로 항암치료 중인 여성이 호흡곤란을 호소한다. 들숨 시 혈압은 72/50mmHg, 날숨 시 혈압은 90/60mmHg이었다. 맥박은 120회/분이고 경정맥의 팽대가 관찰될 때 예상되는 상태는?

① 비후성 심근증
② 급성 심근경색
③ 급성 대동맥박리
④ 심장 눌림증

21 내분비계 응급 질환이 아닌 것은?

① 당뇨병성 케톤산증
② 갑상선 중독증
③ 말단 비대증
④ 부신 위기

22 인슐린과 길항작용을 하는 호르몬이 아닌 것은?

① 글루카곤

② 카테콜아민

③ 당질코르티코이드

④ 바소프레신

22.

④ 항이뇨호르몬(ADH)으로도 부른다. 체수분량과 혈압에 관여한다.

① 포도당의 신합성을 증가시킨다.

② 글리코겐을 분해하고 인슐린 분비를 억제시킨다.

③ 포도당의 신합성을 증가시키고 당 흡수를 억제한다.

23 1형 당뇨병을 앓고 있는 20대 여성이 쓰러졌다는 신고가 접수되었다. 최근 다이어트로 인슐린 투여량을 줄이고 있었다고 할 때 이에 대한 설명으로 옳지 않은 것은?

① 삼투성 이뇨로 탈수 증세가 동반된다.

② 인슐린 결핍으로 나타나는 저혈당 상태이다.

③ 호흡에서 과일향(아세톤향)이 특징적인 양상이다.

④ 저칼륨혈증으로 부정맥 발생 가능에 유의해야한다.

23.

② 인슐린 결핍으로 나타나는 고혈당 응급 상태이다.

24 당뇨병 케톤산증에 대한 내용으로 옳은 것은?

① 급성과 만성으로 분류된다.

② 쿠스마울 호흡으로 호흡성 산증이 나타난다.

③ 대사성 산증은 세포내의 칼륨을 세포 바깥으로 유출시켜 고칼륨혈증이 나타난다.

④ 고삼투성 고혈당 상태보다 심각한 고혈당이다.

24.

③ 전신적인 칼륨 결핍 상태이나, 대사성 산증으로 일시적으로 혈청 칼륨 수치는 고칼륨이다. 인슐린 치료 시작 시 저칼륨혈증이 나타나기 시작한다.

① 당뇨병성 케톤산증은 급성 합병증이다.

② 대사성 산증으로 보상하기 위해 쿠스마울 호흡이 나타난다.

④ 고삼투성 고혈당이 탈수 및 상태가 더 장기간 지속 후 발병되므로 예후가 나쁘다. 더 심각한 고혈당 질환이다.

Answer   22.④ 23.② 24.③

25 54세 여성이 혼수상태에 빠졌다. 탈수 상태이며 혈당 측정 결과는 750mg/dL이었다. 가족들은 과거 당뇨를 진단받은 적이 없고, 최근 건강 상태에 문제점이 없었지만, 며칠 전부터 음수량과 소변 횟수가 증가한 것 같다고 말하였다. 이에 대한 내용으로 옳은 것은?

① 고혈당 응급처치로 즉시 인슐린을 투여한다.
② 고혈당에 의한 혈관 수축으로 고혈압, 빈맥을 보인다.
③ 고혈당으로 인한 삼투성 이뇨작용으로 탈수 상태이다.
④ 대사성 산증으로 쿠스마울 호흡이 나타날 수 있다.

25.
③ 가족 문진에서 당뇨병 케톤산증에서 특징적인 구역, 구토, 복통을 보지 않았기에 고삼투성 고혈당 상태(HHS)로 판단할 수 있다.
① 간이혈당측정기로 측정이 불가능한 수치는 500 ~ 600mg/dL이다. 의사의 지시 없이 인슐린을 투여하지 않는 것이 바람직하다.
② 탈수로 인하여 빈맥, 저혈압 등이 관찰될 수 있다.
④ DKA와 HHS의 큰 차이점은 케토시스의 유무이다. HHS에서는 산증이 관찰되지 않는다.

26 저혈당 쇼크에 대한 설명으로 옳지 않은 것은?

① 당뇨성 케톤산증보다 매우 빠르게 진행된다.
② 인슐린의 과다 투여로도 나타난다.
③ 음식물의 섭취량이 줄거나 음주 후 발생할 수 있다.
④ 의식을 잃은 상태이면, 처치준비 동안 입 안에 사탕을 넣어준다.

26.
④ 무의식일 경우 구강투여는 금기사항이다.

27 82세 여성이 산에서 심한 현기증을 호소하며 신고하였다. 며칠 전 당뇨로 경구약 처방받아 복용 중이며 혈당 측정 결과는 56mg/dL이었다. 당 섭취를 권유할 때 옳지 않은 것은?

① 사탕 3 ~ 5개
② 초콜릿 2조각
③ 각설탕 4 ~ 5개
④ 비스킷 5조각

27.
② 단순 당 식품이 없다면, 지방이 함유된 초콜릿이나 아이스크림이라도 섭취한다. 특히 혈당이 50mg/dL 이하의 상황일 때는 초콜릿 3 ~ 4조각을 섭취한다.
③ 〉 ① 〉 ④ 〉 ② 순서로 우선섭취를 한다. ③ 각설탕 4~5개는 단순 당이고 용량도 적정하다. ① 사탕 3~5개는 단순 당이지만 용량이 조금 모자랄 수 있다. ④ 비스킷 5조각은 용량은 적정하지만 단순 당이 아니다. ② 초콜릿 2조각은 단순 당이 아니며 용량도 부족하다.

Answer   25.③ 26.④ 27.②

28 69세 여성이 의식이 혼미한 상태로 신고가 접수되었다. 가족들은 5년 전 우측 갑상선 절제술을 하였으나, 처방 받은 약은 없었다고 한다. 3개월 전부터 불면증 약을 복용중이며, 어제 외출에서 귀가 중 비를 잠깐 맞았지만 괜찮았다고 했다. 체온은 35.3 ℃로 사지가 매우 차가울 때 옳지 않은 내용은?

① 기도 유지와 산소 공급이 중요하다.
② 따뜻한 팩으로 보온을 유지하며 체온을 상승시킨다.
③ 심부건반사와 함께 DTRs의 저하가 특징이다.
④ 얇은 머리카락, 비대한 혀, 밀가루 반죽 같이 부은 피부 등이 관찰된다.

28.
② 갑상샘기능저하증으로 점액수종 혼수상황이다. 고막체온이 낮은 것으로 능동적 재가온법을 시행하면 혈관 이완에 따른 심혈관계 위험성이 크다. 외부에서 가열하지 않고 담요로 덮는다.
① 폐포의 호흡 감소로 인한 이산화탄소 축적 때문에 오는 혼수상태이므로 산소 공급이 중요한 치료이다.
③ 심부건반사와 DTRs 측정은 깊은힘줄 반사이다. DTRs는 갑상선 항진증일 경우에 항진된다. 저하증일 경우 저하되는 양상을 보인다.
④ 압박해도 바로 돌아오는 부종, 추위에 민감, 거칠고 두꺼운 피부, 비대해지는 혀와 심장, 얇은 머리카락 및 탈모 등이 있다.

29 72세 여성이 의식저하에 빠졌다는 신고가 접수되었다. 가족들은 과거력으로 류마티스 관절염이 있었으며 소염진통제와 스테로이드제만 복용 중이었으나 5일 전부터 식욕부진, 구토, 설사 등으로 복용하지 않았다고 한다. 혈당은 72mg/dL로 측정되었을 때 이에 대한 설명으로 옳지 않은 것은?

① 고혈압성 발작이 동반되어 있고, 수술적 처치가 필요하다.
② 고칼륨혈증에 의한 부정맥에 유의한다.
③ 피로감과 체중감소 등의 증상이 비특이적이다.
④ 부신저하로 인한 부신 위기로 여길 수 있다.

29.
① 부신기능이 항진되어 갈색세포종일 때 나타나는 증상이다.
② 알도스테론의 부족으로 칼륨 증가하고 나트륨, 염소, 중탄산염은 감소한다.
③ 일차성 부신기능부전(에디슨병)은 태양에 의한 과다색소침착이 특징이지만, 이차성 부신 기능부전은 비특이적인 증상이 대부분이다.
④ 장기간 스테로이드 복용으로, 체내 코르티솔 생성 능력이 저하된 상태이다. 이럴 때 갑자기 약물을 중단하면 안 된다. 보통 스테로이드제는 점진적 감량(tapering)을 통해 중단한다.

30 부신 위기 시 나타나는 대표적 증상이 아닌 것은?

① 혼수
② 청색증
③ 복부경련
④ 심한 고혈압

30.
체내 부신피질호르몬의 저하→알도스테론 분비가 감소→탈수와 저혈량을 유발→심한 저혈압이 발생

Answer 28.② 29.① 30.④

31 36세 여성이 수면제를 과다 복용 후 실려왔다. 눈을 감은 상태로 말을 걸었을 때 대답이 없고, 손을 주물렀을 때 회피하는 반응과 신음소리를 내었다. AVPU 척도를 사용한 의식 상태 평가로 옳은 것은?

① A
② V
③ P
④ U

32 의식단계 평가 척도 중 AVPU에서 V에 해당하는 것은?

① 의식이 있고 질문에 맞는 대답을 한다.
② GCS 척도에 따라 중등도 두부 손상이 예상된다.
③ 통증에 자극을 보이지 않고 질문에 대답하지 않는다.
④ 소리치면 반응을 하지만 신음소리만 낸다.

33 연수의 손상 시 특징적으로 나타나는 불규칙한 호흡 양상은?

① 체인-스토크스 호흡
② 쿠스마울 호흡
③ 실조성 호흡
④ 지속흡입 호흡

31.

③ 통증에 반응을 하는 P로 혼미 상태로 평가된다.

32.

② V는 언어 지시에 반응하며, GCS 척도 9 ~ 13 점과 동일하게 본다.
① 의식이 깨어있고 지남력이 있는 상태로 A이다.
③ 무반응이고 무의식 상태로 U이다.
④ 통증에 대한 자극만 보이는 것으로 P이다.

33.

① 대뇌병변이나 대상성 뇌병증에서 나타난다.
④ 교뇌에 병변이 생기면서 나타난다.

34 뇌신경 임상검사 방법을 올바르게 연결한 것은?

① 삼차신경 – 냄새를 맡아보도록 한다.
② 부신경 – 시력검사를 진행한다.
③ 안면신경 – 깨무는 능력을 확인한다.
④ 동안신경 – 대광반사에 양측의 눈이 반응여부를 확인한다.

34.

① 삼차신경 임상검사방법으로는 눈을 감고 진행하는 촉각검사, 각만반사반응. 저작능력을 확인한다.
② 부신경은 머리를 좌우로 움직이면서 어깨의 움직임을 확인한다.
③ 안면신경은 얼굴의 대칭성. 얼굴 표정에서 찡그리거나 주름을 짓는 등의 수축능력을 확인하며 혀의 미각을 확인한다.

35 뇌졸중(CVA) 환자 응급처치로 옳지 않은 것은?

① 산소포화도가 94% 미만인 경우 비강캐뉼라로 산소를 4~6L 공급한다.
② 호흡곤란이 지속되는 경우 BVM으로 고농도산소를 공급한다.
③ 의식저하 상태인 경우 환자의 마비된 부분을 위로 올려 고정한 뒤에 이송한다.
④ 호흡이 정지된 경우 BVM으로 인공호흡을 제공한다.

35.

③ 마비된 신체부위가 아래로 향하게 하고 측와위를 취하여 이송한다.

36 경련환자 응급처치로 옳지 않은 것은?

① 경련환자의 예측되지 않는 움직임을 구속하여 신체손상을 방지한다.
② 기도개방을 확인하고 고농도의 산소를 공급한다.
③ 목뼈 손상이 없는 경우에는 측와위를 취한다.
④ 청색증이 나타나는 경우에는 고농도 산소로 인공호흡을 제공한다.

36.

① 경련환자의 경구로 음식물이나 약물을 투여하지 않고 신체적으로 구속을 하지 않아야 한다.

Answer   34.④ 35.③ 36.①

37 열성경련이 나타난 환자의 응급처치 중 옳지 않은 것은?

① 즉시 인공호흡을 시행한다.
② 안경을 쓰고 있다면 즉시 제거한다.
③ 손을 주무르거나 잡는 자극을 주지 않는다.
④ 30분 이상 지속되는 경우 응급실로 즉시 이송한다.

38 뇌전증 환자가 발작하는 도중에 해야 하는 응급처치로 옳은 것은?

① 사지 뒤틀림 예방을 위해 억제대를 착용시킨다.
② 우선적으로 안전하고 조용한 환경을 만든다.
③ 혀가 기도를 막지 않도록 입을 열어 설압자를 밀어 넣는다.
④ 손과 발을 주물러서 통증을 예방한다.

39 쓰러질 것 같은 어지럼증을 호소하는 70세 남성에게 시행할 응급처치로 옳지 않은 것은?

① 안정 및 편안한 환경을 조성한다.
② 혈당 측정 후 필요 시 수액을 투여한다.
③ 다리를 위로 올려서 순환을 증진시킨다.
④ 이명이나 다른 신경학적 증상은 없는지 문진한다.

37.

① 경련이 있을 때에는 호흡이 정지되고 입술이 파랗게 변해도 인공호흡을 하지 않는다. 경련이 멈춘 후에 호흡을 하지 않을 때에 인공호흡을 시도한다.
② 환자를 보호하기 위해 안경을 벗기고 조이는 넥타이나 혁대 등을 느슨하게 한다.
③ 자극을 주지 않고 양상을 주의 깊게 관찰한다.
④ 간질중첩증이 발생할 수 있으므로 응급실로 즉시 이송한다.

38.

② 발작 시 응급처치는 안전한 환경(외상 방지), 기도 확보 유지이다.
① 억제대의 착용은 신체 손상 위험으로 하지 않는다.
③ 이가 부러지거나 이물질이 기도폐쇄를 일으키는 등의 문제가 더 크다. 발작 중에는 절대로 입 안에 아무 것도 넣지 않는다. 혀를 깨물어 출혈이 있어도 입을 강제로 벌리지 않는다.
④ 무의식 상태로 통증을 느끼지 못한다. 발작이 멎을 때까지 기다린다.

39.

③ 일반적으로 머리를 올려줘야 하지만 갑작스러운 머리의 움직임을 피한다.

---

40 46세 여성의 마비 증상 신고가 접수되었다. 며칠 전부터 왼쪽 귀 뒤가 따끔거리더니, 갑자기 오늘 아침부터 왼쪽 눈이 감기지 않고 지금은 왼쪽 입술도 움직이지 않는다. 환자는 뇌졸중은 아닌지, 병원 가다가 쓰러질까봐 신고를 했다고 매우 불안해했다. 예상되는 질환으로 옳은 것은?

① 파킨슨병
② 헌팅톤 무도병
③ 벨마비
④ 길랭−바레 증후군

41 허혈성 뇌졸중 환자에게 혈전용해제를 투여하려고 할 때 혈전용해제 투여가 금기되는 경우는?

① INR 1.2
② 혈당 55mg/dL
③ 혈소판 150,000mm^3
④ 뇌출혈 기왕력이 있는 경우

42 B형 간염에 대한 설명이 아닌 것은?

① 혈액과 체액을 통해 감염된다.
② 잠복기는 2주이다.
③ 노출 전에 접종할 수 있는 예방주사가 있다.
④ 주사 바늘이나 피부 상처를 통해 전염될 수 있다.

40.

③ 한 쪽의 눈과 입이 동시에 마비가 되었고, 사지에 문제가 없다면 벨마비이다.

① 파킨슨병 : 도파민 신경세포가 소실되면서 나타나는 진행성 신경계 만성 퇴행성 질환이다. 서동증, 안정 시 떨림, 근육 강직과 같은 운동장애가 주요한 증상이다.

② 헌팅톤 무도병 : 근육간의 조정능력이 상실되어 인지능력이 떨어지고 정신상에 문제가 발생하는 진행성 신경계 퇴행성 질환이다. 점진적으로 손·발·얼굴·몸통에 위치한 불수의근이 변화, 인지·기억능력 감퇴가 주요한 증상으로 나타난다.

③ 길랭−바레증후군 : 말초신경계가 손상되어 신경에 발생한 염증으로 근육이 약해지는 것이다. 얼굴근육이 쇠약해지면서 마비가 나타나고 운동신경에 염증이 생긴다.

41.

④ 뇌출혈을 앓은 과거력이 있다면 정맥내 혈전용해술이 금기이다.

42.

② B형 간염의 잠복기는 6주 ~ 6개월이다.

43 하부 위장 기관이 아닌 것은?

① 직장　　　　　② 항문
③ 대장　　　　　④ 십이지장

44 복통 환자 응급처치로 옳은 것은?

① 산소를 투여한다.
② 촉진 후 청진을 시행한다.
③ 증상을 완화하는 약물을 투여한다.
④ 갈증 호소 시 이온음료를 제공한다.

45 소화기계 질환 중 응급질환이 아닌 것은?

① 장중첩증
② 급성 췌장염
③ 식도이완불능증
④ 장간막 허혈

46 우상복부에 국한되어 압통이 나타나는 질환은?

① 급성 담낭염
② 급성 충수염
③ 궤양성 대장염
④ 급성 위궤양

43.

④ 십이지장은 상부 위장관이다.

44.

① 환자 상태에 따라 산소 투여가 필요하다.
② 일반적인 신체검진의 순서는 '시진 → 촉진 → 타진 → 청진'이나, 복부는 촉진부터 할 경우 연동운동으로 청진에 방해가 되기 때문에 '시진 → 청진 → 타진 → 촉진'이다.
③ 진단에 지장을 줄 수 있기 때문에 약물투여는 지양한다.
④ 수술 혹은 치료적 금식이 필요할 수 있으니 구강섭취를 금해야 한다.

45.

③ 하부식도근육의 이상으로 연하곤란 발생하는 것이다. 역류성 식도염과 구분이 어려운 증상을 가진 비응급질환이다.

46.

① 급성 담낭염은 우상복부, 식후에 등이나 우측 어깨에 방사하며 나타나는 통증이 특징이다.

47 음주 후 토사물에서 피가 섞여 나올 때 의심되는 질환은?

① 역류성 식도염

② 바렛 식도

③ 말로리-바이스 증후군

④ 식도 게실

48 충수염에 대한 일반적인 설명이 아닌 것은?

① 초기에는 체한 느낌과 모호한 상복부 통증으로 시작한다.

② 발열과 구토 증상이 동반된다.

③ 좌하복부 국소 압통으로 범위가 좁아진다.

④ 입맛이 떨어져 식욕부진을 보인다.

49 담낭염의 증상으로 옳지 않은 것은?

① 발열

② 백혈구 증가

③ 머피징후

④ 변비

47.

③ 말로리-바이스 증후군 : 위산이 역류되어 위 - 식도의 점막을 파열시켜 혈관 손상, 출혈을 일으키는 질환이다. 주된 원인은 음주 후 오심에 의한 반복성 구토이다. 대부분은 자연적으로 치유되지만, 계속 반복되면 출혈이 멈추지 않게 된다. 큰 손상으로 대량의 출혈일 경우 깊은 상처이므로 식도천공이 발생했다면 응급치료가 필요하다. 식도천공은 뵈르하베 증후군으로 종격동염 발생, 패혈증 진행 가능성이 있다.

① 역류성 식도염 : 음식물이 위산과 역류되어 식도 점막 손상으로 염증을 일으키는 질환이다.

② 바렛 식도 : 식도가 위산에 만성적으로 노출되면서 조직이 변형되어 발암의 가능성이 높은 질환이다.

④ 식도 게실 : 식도의 약한 부문이 옆으로 빌려나면서 주머니 모양으로 늘어나게 된 질환이다.

48.

③ 충수는 우하복부에 위치한다. 통증은 우하복부에 나타난다.

49.

①② 백혈구가 증가하고 발열이 나타난다.

③ 어깨통증, 산통의 통증과 머피징후가 있다.

50 대장에 발생하는 질환이 아닌 것은?

① 궤양성 대장염　　　② 크론병
③ 게실염　　　　　　④ 치질

51 소화기계 폐쇄성 응급 질환으로 옳은 것은?

① 크론병　　　　　　② 식도 정맥류
③ 장중첩증　　　　　④ 주기성 구토 증후군

52 장간막 동맥 혈전증에 대한 설명으로 옳은 것은?

① 소아에게 빈번하게 발병한다.
② 항응고제 치료를 신속하게 해야 한다.
③ 혈관이 폐쇄되어 괴사에 빠진 상태이다.
④ 골수 증식성 질환을 앓는 경우 빈번하게 발생한다.

53 급성 충수돌기염 여부를 판단하기 위해 시행하는 검사는?

① 아론 징후
② 호만 징후
③ 트루소 징후
④ 브루진스키 징후

50.
④ 치질은 항문 및 직장의 정맥류로 대장에 속하지 않는다.

51.
③ 장중첩증 : 장이 장에 말려 들어가는 폐쇄성 응급 질환이다. 복통, 우상복부 소시지 종괴, 혈성 점액변이 특징이다.

52.
① 50세 이상 연령에서 빈번하게 발병한다.
③ 장간막 혈관폐색증 경우이다. 혈전증은 혈류가 차단이 된 상태이다.
④ 장간막 정맥 혈전증의 경우에 해당한다.

53.
① 아론 징후 : 배꼽과 전하장골극을 연결한 선의 1/3 지점인 맥버니점을 압박 시 상복부에 통증이 발생하면 '충수돌기염 징후'로 판단한다.
② 호만 징후 : 누워서 하체를 올린 후 발끝을 발등 쪽으로 구부렸을 때 장딴지 부근에 통증이 느껴지는 경우 '심부정맥혈전증 양성'으로 판단한다.
③ 트루소 징후 : 상완에 커프 등을 감고 압력을 가할 때 감각 이상과 함께 손목 및 손가락이 수축하며 경련이 발생하는 경우 '저칼슘혈증'이다.
④ 브루진스키 징후 : 앙와위로 누운 상태에서 머리를 복부 쪽으로 숙였을 때 둔부 관절과 무릎 관절이 자동으로 구부러지는 경우 '뇌수막염'으로 판단한다.

Answer　50.④　51.③　52.②　53.①

54 다음 설명하는 증상으로 알 수 있는 질환으로 가장 적절한 것은?

> 무거운 물건을 들기 위해서 갑자기 힘을 주었더니 갑자기 복통이 발생하였다. 배와 서혜부에서 덩어리가 만져진다.

① 췌장염
② 탈장
③ 요로결석
④ 충수돌기염

55 속이 빈 소화기관에 해당하지 않는 것은?

① 식도
② 위
③ 막창자
④ 큰창자

56 신장의 기능으로 적절하지 않은 것은?

① 네프론의 희석·농축기전에서 수분을 조절한다.
② 독성물질을 배출한다.
③ 레닌-안지오텐신-알도스테론 체계를 통해 혈압을 조절한다.
④ 백혈구를 생산한다.

57 비뇨기계 질환의 일반적인 질환 기전이 아닌 것은?

① 염증   ② 퇴행
③ 감염   ④ 폐쇄

54.

② 탈장은 복벽 밖으로 내장이 튀어나간 것으로 무거운 물건을 들거나, 힘을 주었을 때 나타난다. 갑작스럽게 복통이 발생하고 배와 서혜부에서 덩어리가 촉진될 수 있다.

55.

③ 막창자는 속이 빈 림프관에 해당한다.

56.

④ 신장에서는 적혈구 조혈인자를 생산한다. 백혈구가 아닌 적혈구를 생산한다.

57.

② 일반적으로 비외상성 비뇨기계 장애의 4가지 기전은 염증(면역), 감염, 폐쇄, 출혈이다.

58 양성 전립샘 비대증에 대한 내용으로 옳지 않은 것은?

① 항콜린성 약물의 투약을 피한다.

② 배뇨 흐름 감소로 소변 산성화를 초래한다.

③ 체내 성호르몬 비율 변화로 인해 발생한다.

④ 요 정체 시 간헐적 도뇨를 통해 폐색 증상을 완화한다.

59 요로 결석에 대한 설명으로 옳은 것은?

① 담석과 생성되는 기전과 구조가 비슷하다.

② 요산에 의해 빈번하게 발생한다.

③ 칼슘결석은 만성요로감염이나 방광삽입도뇨법과 관련이 있다.

④ 옆구리 부분의 심한 간헐적 통증과 혈뇨, 구역 등의 증상을 나타낸다.

58.

② 전립선 비대로 배뇨 흐름이 감소되어 잔뇨가 발생하면서 소변의 알칼리화 및 결석 발생 위험이 높아진다.

① 항콜린성 약물은 방광의 배뇨근 수축을 감소시켜 급성 요 저류를 유발하므로 전립샘 비대증의 증상을 악화시키므로 투약을 피한다.

③ 체내 테스토스테론과 에스트로겐의 비율에 변화가 발생하여 전립샘 내측에 있는 요도 주위선에 진행성 종창이 발생하는 것을 말한다.

④ 불편감, 잔뇨감, 요 폐색으로 인한 요 정체 등의 경우 간헐적 도뇨 또는 유치카테터를 삽입하여 증상을 완화시킨다.

59.

④ 무증상일 때도 있지만, 보통 통증이 심한 편이다. 신장에 결석이 생겨 발생하는 예리한 통증을 신산통(renal colic)이라 한다. 심한 통증 시 같은 혈관과 신경을 위장관과 신장이 공유하기에 소화기계 장애도 동반된다. 결석이 요로 점막에 상처를 내면 혈뇨도 발생한다.

① 담석은 담즙의 성분(콜레스테롤, 빌리루빈)이 대표적이다. 요로결석은 미네랄이 주 성분이다. 담석은 요로 결석보다 분쇄도 어려워 체외충격파 쇄석술도 거의 사용하지 않는다. 우리나라의 경우 빌리루빈 담석이 많다. 약으로 녹이기 어렵고 수분 섭취를 통한 자연배설 또한 어렵다.

② 요로 결석은 칼슘 결석이 제일 빈번하다.

③ 요로감염이나 도뇨법은 인산마그네슘암모늄(스트루바이트) 결석과 관련이 있다.

60 신부전 환자 이송 시 심전도를 감시해야 하는 이유는?

① 저나트륨혈증

② 고나트륨혈증

③ 고칼륨혈증

④ 저칼륨혈증

60.

③ 고칼륨혈증은 심실성 부정맥(심실 세동 등) 및 심정지 발생 위험성이 높다.

61 52세의 남성이 만취상태로 전기장판 위에서 자다가 다음날 의식 소실된 상태로 발견되었다. 발에 화상과 다리 부종이 심할 때, 이 환자에 대한 내용으로 옳지 않은 것은?

① 저혈량증으로 나타난 신전성 급성 신부전이다.

② 다리를 위로 올려서 순환이 원활하게 되도록 한다.

③ 수분을 경구로 섭취하여 의식회복을 돕는다.

④ 탈수, 화상, 횡문근융해증 등이 동시다발적으로 나타났다.

61.

③ 신전성 급성 신부전이다. 치료에서 증상완화를 위해서 수분 제한이 필요하다.

62 복막 투석하는 환자에 대한 설명으로 옳지 않은 것은?

① 합병증으로 감염, 출혈, 천공 등이 있다.

② 배액된 투석액의 혼탁되어 있으면 복막염을 의심한다.

③ 정상적인 카테터는 떨림, 잡음이 느껴진다.

④ 투석이 잘 되지 않았으면 고칼슘혈증 및 요독증 증세가 나타난다.

62.

③ 혈액 투석환자의 경우이다.

63 조혈기관이 아닌 것은?

① 림프

② 골수

③ 간

④ 신장

63.

④ 신장은 조혈호르몬을 생산하는 곳이다.

Answer 60.③ 61.③ 62.③ 63.④

64 감염 발생 시 1차 방어선 역할을 하는 백혈구 종류는?

① 호중구
② 호산구
③ 호염구
④ 림프구

65 2차 지혈 기전에 관여하지 않는 것은?

① 혈소판
② 응고인자
③ 응고억제인자
④ 혈관

66 특이 질병 없이 출혈장애를 가진 환자가 복용할 수 없는 약은?

① 와파린
② 티클로피딘
③ 아스피린
④ 비타민 K

67 혈소판 감소증의 임상 증상이 아닌 것은?

① 점상출혈
② 자반
③ 반상출혈
④ 미란

64.

① 호중구 : 선천 면역 포식 세포로서, 면역 작용에서 가장 먼저 감염을 방어한다. 절대호중구수(ANC)가 500/㎕ 이하인 경우 극심한 면역력 저하로 역격리가 필요하다.

65.

④ 혈관은 1차 지혈 기전에 관여 한다.

66.

④ 비타민 K는 응고 강화 역할을 한다.

67.

④ 미란(erosions)은 피부의 표피가 떨어져 나간 병변이다. 치유 후에는 흉터가 없다.

68 50세 여성이 두통과 호흡곤란을 호소하고 있다. 팔과 다리 곳곳에 멍이 들고 부어있으나 특별히 어디 넘어지거나 부딪친 적은 없다고 한다. 특이 병력은 따로 없으며, 2주 전 아스트라제네카 백신을 맞았다고 한다. 예상되는 질환은?

① 혈전 혈소판감소 자색반병
② 용혈-요독 증후군
③ 혈소판 감소성 혈전증
④ 폰빌레브란트병

69 적혈구의 부적절한 생산으로 인한 빈혈이 아닌 것은?

① 무형성 빈혈　　　② 철결핍성 빈혈
③ 용혈성 빈혈　　　④ 악성 빈혈

70 다발 골수종에 의한 척수압박증후군에 대한 설명이 아닌 것은?

① 병적 압박 골절 가능성이 높고 심한 통증을 야기한다.
② 척수를 눌러 마비 등의 신경학적인 합병증을 야기한다.
③ 누워서 안정을 취했을 때 통증이 호전되고 활동제한 상태를 야기한다.
④ 균형감 상실과 운동실조로 나타난 보행장애는 주요 예후인자이다.

71 급성 백혈병에 대한 설명으로 옳지 않은 것은?

① 적혈구 감소증으로 빈혈을 앓게 된다.
② 혈소판 감소증으로 지혈이 어렵다.
③ 림프구 감소증으로 감염이 쉽게 발생한다.
④ 간과 비장의 비대로 복부팽만감과 복통이 일어난다.

68.

③ 아스트라제네카 및 얀센 백신을 맞은 후 4 ~ 28일 사이 혈전증 증상(호흡곤란, 부종, 흉통, 복통 등), 신경학적 증상(두통, 시야장애 등), 원인모를 멍 등의 증상이 나타나면 혈소판 감소성 혈전증을 고려한다.

① 혈전 혈소판감소 자색반병: 혈소판 응집물질이 혈관내 혈전을 형성하며 발생한다.
② 용혈-요독 증후군: 독소를 생산하는 박테리아 (대장균 O157:H7 등)로 오염된 식품 섭취로 인해 발생하는 장 감염 후 발생한다.
④ 폰빌레브란트병: 폰빌레브란트　인자(혈소판이 혈관에 부착되도록 돕는 단백질)의 유전성 결핍 또는 이상으로 발생한다.

69.

③ 적혈구의 과도한 파괴로 발생하는 빈혈이다.

70.

③ 누웠을 때 악화되는 통증으로 허리디스크와 구별된다.

71.

③ 주로 호중구 감소로 인하여 감염이 발생한다.
①② 백혈병이 골수에서 급격히 시작되면서 정상 세포를 만들던 공간이 부족해진다. 따라서 적혈구 감소증, 혈소판 감소증, 호중구 감소증으로 빈혈, 출혈, 감염이 잘 일어나게 된다.
④ 간, 비장, 림프절의 침범으로 비대해진다.

Answer 68.③ 69.③ 70.③ 71.③

72 벌에 쏘인 증상 중 가장 응급 증상은 무엇인가?

① 전신 두드러기
② 심한 가려움증
③ 얼굴 부종
④ 호흡곤란

73 아나필락시스의 응급 처치로 옳은 것은?

① 자세를 신속히 변경하여 호흡을 돕는다.
② 혈압 저하가 있다면 에피네프린을 섞은 수액을 급속하게 주입한다.
③ 서맥과 피부반응이 없으면 호전여부를 지켜본다.
④ 임산부의 경우 좌측으로 반만 누운 자세를 취한다.

74 아나필락시스 응급처치의 에피네프린 사용 방법으로 옳지 않은 것은?

① 성인의 1회 최대 용량은 0.5mg이다.
② 소아의 1회 최대 용량은 0.3mg이다.
③ 3 ~ 5 분 간격으로 3회까지 같은 양을 반복 주사할 수 있다.
④ 허벅지 외측부위에 근육 혹은 피하 주사로 투여한다.

72.

④ 아나필락시스의 가장 흔하고도 위험한 것은 두 경부의 부종으로 기도 폐쇄가 일어나는 것이다.

73.

④ 임신부가 똑바로 누워 있는 다면 자궁으로 가는 혈액량 감소되어 태아가 위험하다.
① 빠른 자세 변경은 쇼크 위험성이 있다.
② 쇼크로 발생한 저혈압이 아니라면 급속하게 주입하지 않는다.
③ 단순히 몇 가지 증상만으로 판단하고 지켜보는 것은 안 된다.

74.

③ 심폐소생술에서 에피네프린은 3 ~ 5 분 간격으로 정맥주사한다. 아나필락시스 응급처치에서는 5 ~ 15분 간격으로 근육주사한다. 피하주사도 가능하지만 근육주사가 더 빠르고 오래 지속된다.

75 항원이 체내 유입되어 IgE 항체와 결합하여 발생되며 이때 방출되는 히스타민 과립에 대한 과민반응으로 아나필락시스에 이를 수도 있는 과민반응 유형은?

① 세포독성반응

② 자극형 과민반응

③ 지연형 과민반응

④ 즉시형 과민반응

76 노출이 되고나면 이후에 예방약제가 없는 질환은?

① B형 간염

② C형 간염

③ 결핵

④ 수두

77 교통사고 현장에서 구조 활동을 하다 유리조각에 베여 환자의 혈액이 스며들었다. 노출될 수 있는 질환이 아닌 것은?

① B형 간염

② 인간면역결핍증

③ 홍역

④ 매독

75.

④ 과민반응의 가장 흔한 유형이다. 외부 항원이 체내 유입되어 IgE 항체 결합 시 다량의 히스타민이 방출된다. 히스타민 과립 방출에 의한 과민반응으로 아나필락시스가 유발될 수 있다.

① 항원과 IgG, IgM 항체가 결합하여 항원-항체복합체가 형성되면 보체계가 활성화되어 표적세포의 손상을 유발한다.

② 항수용체 과민반응이다. 항체가 세포 표면에 구성요소와 결합하는 대신에 세포표면의 수용체와 결합하면서 발생하는 과민반응이다.

③ 항체가 관여하지 않는 T림프구 반응이다. 동일 항원에 반복적으로 노출된 T림프구가 사이토카인을 방출하면서 발생한다.

76.

② C형 간염 : 아직 백신과 치료제가 개발되지 않았다. 잠복기가 길어 추적 관찰 필요하다.

77.

③ 홍역은 비말 또는 공기감염을 통해 전파된다.

78 감염병 중에 법적으로 강제진료·치료·입원시킬 수 있는 질병이 아닌 것은?

① 코로나바이러스감염증-19
② 후천성면역결핍증(AIDS)
③ 디프테리아
④ 원숭이두창

79 법정감염병에 대한 설명으로 옳은 것은?

① 홍역이 발생한 학교의 장은 신고의무자에 해당하지 않는다.
② 치과의사가 파상풍 환자를 진단한 경우 즉시 신고한다.
③ 제4급 감염병의 전수감시활동의 신고주기는 7일 이내이다.
④ 유행성이하선염에 감염된 것으로 확인된 환자는 격리한다.

80 뱀에 의한 교상에 대한 설명으로 올바른 것은?

① 즉시 피부를 절개하여 독이 퍼진 혈액을 밖으로 제거한다.
② 얼음팩을 적용하여 독이 퍼지는 속도를 늦춘다.
③ 죽은 뱀이 있다면 병원 이송 시 같이 가져간다.
④ 지혈대를 사용하여 혈류를 차단한다.

78.

② 제3급 감염병이다.

79.

④ 유행성이하선염 : 제2급 감염병에 해당하며, 24시간 이내에 신고하고 격리한다.
① 홍역: 학교의 장은 해당 법령에 따라 신고대상 감염병이 발생한 경우 해당 주소지 관할 보건소장에게 신고한다.
② 파상풍: 제3급 감염병에 해당한다. 치과의사는 전수감시 감염병 신고의무자로서 24시간 이내 신고한다.
③ 제4급 감염병: 유행여부 조사를 위한 표본 감시 활동이 필요한 감염병이다. 7일 이내 신고한다.

80.

③ 살아있는 뱀을 잡기 위해서 시도하는 것은 안되지만, 죽은 뱀은 항독소의 자료가 될 수 있으니 가져오는 편이 좋다. 절단된 뱀의 머리도 20분 이상 반사 반응이 지속될 수 있으니 주의한다.
① 피부절개는 다른 부위 손상 및 감염의 위험성을 높인다.
② 얼음팩 등은 조직 괴사 위험성을 높인다. 또한 독소 비활성화도 되지 않는다.
④ 압박대, 지혈대의 사용은 2차 손상 발생 위험으로 권장하지 않는다.

81 곤충에게 쏘인 후 전신 두드러기와 소양감을 호소하는 경우 해야 하는 응급처치로 옳지 않은 것은?

① 안전한 곳으로 이송 후 안정시킨다.
② 손상부위를 심장보다 낮게 유지한다.
③ 손상부위를 물로 세척한다.
④ 심한 가려움 호소 시 항히스타민제를 복용시킨다.

82 벌에게 쏘인 후 어지러움과 식은땀을 호소할 때 해야 하는 처치는?

① 벌침이 보이면 핀셋으로 잡고 들어 올려 제거한다.
② 금식 지도 후 즉시 병원으로 이송한다.
③ 조직 괴사를 예방하기 위해서 온찜질을 적용한다.
④ 손상부위 세척 후 부목으로 고정시킨다.

83 개에게 물렸을 시 응급처치로 옳지 않은 것은?

① 물린 횟수, 물린 깊이, 침 존재, 상처 부위 유형을 파악한다.
② 깊이 물리지 않은 경우 파상풍 주사는 접종하지 않는다.
③ 상처 부위 고정하고 병원으로 이송한다.
④ 광견병 여부를 파악하기 위해 생포한 개를 7 ~ 10일간 격리 관찰을 한다.

81.

④ 전신성 과민반응으로 복통 및 쇼크의 위험이 있으므로 금식을 하면서 병원으로 이송을 한다.

82.

① 침의 끝부분을 집어서 제거하는 것은 위험하다.
③ 냉찜질이 통증과 부종을 감소시키고 독이 확산하는 속도를 늦춘다.

83.

② 파상풍균은 동물의 위장관에도 서식한다. 얕게 물리더라도 접종을 한다.

Answer 81.④ 82.② 83.②

84 독극물의 체내 유입 경로로 옳은 것은?

① 결합
② 분포
③ 흡수
④ 반응

84.

③ 약물(독극물)은 체내로 유입(섭취, 호흡, 노출, 주입)되어, 몸 안에 흡수가 일어난다. 주로 소장에서 흡수되는데 이는 소장의 표면적이 넓기 때문이다. 흡수된 약물은 체내로 분포되어 결합 및 반응을 일으킨다. 최종적으로 간이나 신장을 통해 배설된다.

85 중독 물질 제거 시 흡수 과정을 줄이기 위해 가장 효과적이고 널리 사용하는 방법은?

① 위 세척
② 활성탄
③ 구토유발제
④ 설사유발제

85.

② 경구 중독에서 가장 효과적인 위장관 오염제거 방법은 활성탄의 사용이다.

86 활성탄으로 제거할 수 있는 물질은?

① 에탄올
② 청산가리
③ 휘발유
④ 아스피린

86.

강한 산성물질, 강한 알칼리성 물질, 중금속, 알코올, 휘발유 등은 흡착되지 않는다.

87 납 중독에 대한 설명으로 옳지 않은 것은?

① 축적되면 얼굴색이 납빛을 띤다.
② 납 분진이 눈에 들어간 경우 물로 씻어낸다.
③ 납 중독은 급성으로 증상이 나타나므로 신속히 병원으로 이송한다.
④ 체내에 납의 정상 농도는 10mcg/dl 이하이다.

87.

③ 납은 노출되는 즉시 증상이 나타나지 않는다. 체내의 납 농도를 측정하여 진단을 한다. 초기에는 증상이 잘 나타나지 않는다.

Answer 84.③ 85.② 86.④ 87.③

88 흡입 독성 물질인 일산화탄소에 대한 내용으로 옳은 것은?

① 미토콘드리아의 세포에너지 생성을 막으면서 독성이 생긴다.
② 공기보다 무겁기 때문에 노출 후 사망률이 높다.
③ 불완전 연소로 발생하므로 고압산소치료를 시행한다.
④ 특징적인 냄새로 현장에서 즉시 알아차릴 수 있다.

89 독성 응급 환자 응급처치 시 가장 먼저 해야 할 일은?

① 의식, 호흡, 순환 상태를 파악하고 기도를 유지한다.
② 잠재적인 위험성에 대해 주의하며 안전한 환경을 조성한다.
③ 원인이 된 물질의 제거가 최우선이다.
④ 물질의 종류 및 경로 등 파악을 우선시해야 한다.

90 약물의 사용량을 줄이거나 중단하였을 때 신체적 · 정신적인 증상을 나타내는 것은?

① 남용
② 의존
③ 금단
④ 내상

91 알코올 금단증상과 관련되어 올바른 설명은?

① 알코올 중단 후 2 ~ 10일 사이에 급격히 발생한다.
② 콜린성 작용의 과다복용과 비슷한 양상을 보인다.
③ 알코올 중단 후 24 ~ 36시간이 최고조에 이른다.
④ 금단 현상으로 서맥, 동공 축소, 분비물 증가 등이 있다.

88.
①④ 시안화수소 설명이다.
② 일산화탄소는 공기보다 가벼운 맹독성인 기체이다.

89.
② 현장 평가를 가장 먼저 시행한다. 독성 응급상황에서 보호복 및 장비 등을 재확인한다.

90.
③ 약물 사용량을 줄이고 나면 나타나는 증상을 의미한다.

91.
③ 알코올 금단 증상은 24 ~ 36시간 사이에 최고조에 이르렀다가, 48시간이 지나면 약해진다.
① 마지막 음주 6 ~24시간 후 나타나기 시작한다.
② 약물 자체도, 작용도, 증상에 따라 다르다.
④ 콜린성 증후군에 대한 것이다.

Answer 88.③ 89.② 90.③ 91.③

92 숙박업소 손님이 의식 불명이라는 신고가 접수되었다. 침대에 누워 있었고, 바닥에는 1cc 주사기 여러 개가 떨어져 있었다. 호흡은 안정적이며 동공은 축소되어 있을 때 예상되는 약물은?

① 벤조디아제핀　　　　② 코데인
③ 크랙　　　　　　　　④ 암페타민

93 땀버섯 종이나 깔때기 버섯 종에 주로 함유된 약물은 섭취 30분 이내에 동공 수축, 발한, 구토, 어지러움 등의 증상을 유발한다. 이 약물로 옳은 것은?

① 무스카린
② 니코틴
③ 선택적 세로토닌 재흡수 억제제
④ 베타차단제

94 불법 약물중독 환자 처치로 옳지 않은 것은?

① 기도 유지 및 호흡 보조를 시행한다.
② 경찰서에 신고 후 현장출동을 요청한다.
③ 경찰에게 상태보고를 한 후에 병원으로 이송한다.
④ 노출된 약물의 종류, 양, 시간, 경로 등에 대한 사정이 필요하다.

95 구토 금기증에 해당하지 않는 자는?

① 부식제를 섭취한자
② 임산부
③ 의식이 명료한 자
④ 경련환자

92.

① 아편유사제의 과다 투여로 인한 증상을 보이고 있다.
②③ 정신자극제
④ 진정제

93.

① 무스카린 중독으로 증상이다. 아트로핀을 투여하면 24시간 이내에 증상이 회복된다.

94.

③ 상태 악화로 즉시 병원이송이 필요한 경우 경찰을 기다리느라 시간을 지체하지 않는다.

95.

③ 독성물질 섭취 후 30분 이내이고 의식이 명료하다면 구토유발로 독성물질 배출하는 것은 가능하지만 현재는 구토는 권고되지 않고 있다.

96 중독 시 응급처치 상황으로 옳은 것은?

① 유기인제 농약 중독 시 아트로핀을 투여한다.
② 쥐약 중독 시 구토하게 한 후 위세척을 실시한다.
③ 바비튜레이트 중독 시 중추신경 억제제를 투여한다.
④ 강한 산성 물질에 중독 시 비타민 K를 복용하게 한다.

97 갑자기 눈 앞에 검은 점이 보이며 사물이 찌그러져 보이는 증상과 눈을 움직일 때 빛이 번쩍이는 증상을 호소하는 경우 가장 의심할 수 있는 질환은?

① 비문증
② 망막박리
③ 녹내장
④ 황반변성

98 눈에 이물질이 들어갔을 경우 응급처치로 옳지 않은 것은?

① 눈은 절대로 비비지 않는다.
② 흐르는 물이나 생리식염수로 세척을 한다.
③ 상하안검 이물질은 생리식염수로 적신 면봉으로 제거한다.
④ 이물질이 빠지지 않는다면 무리하게 제거하지 않고 손상 측을 가린 후 이송한다.

96.

① 유기인제 또는 카바이트계 농약 중독인 경우 신속히 아트로핀을 투여한다.
② 쥐약에 중독된 경우 점막 손상 위험이 있으므로 환자가 의식이 있더라도 구토는 유도하지 않고 활성탄을 투여한다.
③ 바비튜레이트 중독 시 구토유발 및 위세척을 통해 체내 물질 흡수를 최대한 방지한다.
④ 비타민 K는 혈액 응고에 도움을 주는 것으로 쥐약 중독 시 필요한 경우 비타민 K를 근육주사 한다.

97.

① 비문증 : 안구의 유리체 속 떠디니는 부유물이 눈앞에 잔상처럼 보이게 되는 현상을 말한다.
③ 녹내장 : 시각 정보를 뇌로 전달하는 시신경에 이상이 생긴 질환으로 시야결손, 시력저하 및 실명까지 유발할 수 있다.
④ 황반변성 : 망막 중심에 위치한 황반에 이상이 생겨 급격한 시력저하를 유발하는 망막질환이다.

98.

④ 눈이 다쳐 이송할 경우에는 안구 운동을 최소화시키기 위해 양측을 전부 가려야 한다.

Answer   96.① 97.② 98.④

99 렌즈를 착용한 경우 응급처치로 옳지 않은 것은?

① 렌즈는 제거는 시간 지연과 손상 악화 가능으로 제거하지 않은 상태로 병원 이송이 원칙이다.

② 렌즈를 착용한 상태로 즉시 눈 세척을 시행한다.

③ 렌즈 제거 시 하드렌즈의 경우 전용제거기를 이용하거나 밑에서 위로 올리는 방법으로 분리시킨다.

④ 렌즈 제거 시 소프트렌즈 경우 생리색염수를 떨어뜨린 후 손가락으로 안검을 벌려 집어 올려서 제거한다.

99.

② 눈 세척 시 렌즈는 이물질 배출을 방해하므로 제거하는 것이 좋다. 제거하지 않고 병원으로 이송이 원칙이이나, 화학물질 손상, 장기간 착용 시(병원 이송이 길어질 때 등) 조기에 제거한다.

③ 하드렌즈의 경우 전용 흡입제거기를 이용한다. 없을 경우 두 손을 이용하여 안검을 상하로 벌린 후 눈 중앙을 향하여 부드럽게 안검을 밀어 제거한다.

④ 소프트렌즈의 경우 생리식염수를 떨어뜨린 후, 손가락으로 안검을 벌려 렌즈를 집어 올린다.

100 이물질에 의해서 상기도가 막힌 20대 성인 대상자에게 해야 하는 응급처치가 아닌 것은?

① 의식이 없는 환자의 경우 기도확보가 최우선이다.

② 목소리가 나오지 않는 경우에 강한 기침을 유도한다.

③ 이물질 제거 후에도 저산소증이 의심되면 산소를 공급한다.

④ 의식이 있는 환자에게 청색증의 증상이 나타나면 하임리히법을 시행한다.

100.

② 대답을 할 수 없는 상태이므로 하임리히법을 실시한다.

05 특수응급

기출PLUS

section 1 소아응급

(1) 호흡곤란

① 특징 ··· 바이러스에 의한 호흡기 감염이 주된 원인이다. 연령과 계절에 따라 원인을 파악하는 것이 중요하다.

② 감별진단

 ㉠ 천명음 : 세기관지염, 천식, 마이코플라즈마 폐렴 등

 ㉡ 나음 : 폐렴 등

 ㉢ 호흡운동 감소 : 두부외상, 경련, 중독 등

 ㉣ 컹컹거리는 기침과 흡기시 천명 : 크룹, 기도이물 등

 ㉤ 목소리 변화, 침흘림, 흡기시 천명 : 후두개염, 후인두노양 등

③ 비정상적 호흡운동

 ㉠ 갈비뼈 사이, 횡격막 아래의 복부, 흡기 시 흉골 위쪽 피부 부위들이 움푹 들어간다.

 ㉡ 코 날개가 벌름 거린다.

 ㉢ 가슴과 배의 움직임이 엇갈려서 시소처럼 움직인다.

 ㉣ 호흡에 따라서 머리가 들썩 거린다.

(2) 경련

① 열성경련 ··· 5분 이내에 증상이 멈추며 6개월~만 6세에서 흔하게 나타난다. 39℃ 이상으로 열이 발생하는 초기시점에 경련이 발생한다. 의식소실이 되면서 긴장성 간대성 발작이 나타난다. 경련이 끝나면 혼란스러워 하거나 피로해 한다.

② 비열성경련 ··· 뇌전증 환자가 약물복용을 꾸준히 하지 않아서 나타나는 것이다.

③ 응급처치

 ㉠ 조이는 옷, 벨트 등을 느슨하게 풀어준다.

 ㉡ 움직일 때 부딪히거나 낙상을 주의한다.

 ㉢ 경련이 나타나고 있을 때 신체를 고정하지 않는다.

(3) 발열

① 특징 … 직장체온이 38℃ 이상이 되는 것으로 대부분 바이러스에 의한 것이다.

② 계절별 유행병

   ㉠ 늦가을~봄 : 로타 바이러스 장염

   ㉡ 가을~초봄 : 호흡기 바이러스 감염에 의한 폐렴, 세기관지염

   ㉢ 늦봄~초가을 : 장바이러스에 의한 구내염, 수족구염, 뇌수막염

(4) 두부외상

① 특징 … 외력에 의해 머리 또는 뇌에 손상을 입는 것이다. 영유아의 경우는 추락이나 아동학대 등이 주된 원인이고 연령대가 높은 소아의 경우는 교통사고로 인한 손상이 흔하다.

② 증상 … 손상 범위에 따라 증상이 다양하다. 어지럼증, 구역감, 의식저하, 경련 등이 동반되기도 한다.

section 2 산부인과 응급

(1) 응급분만

① 정의 … 산부인과적 준비 없이 병원 밖에서 출산을 하게 되는 경우이다.

② 정상분만 과정 … 진입 → 하강 → 굴곡 → 내회전 → 신전 → 원상회전 → 외회전 → 만출

③ 분만 평균시간

구분	1기	2기	~3기
초산부	8시간	50분	5분
경산부	5시간	20분	5분

④ 진 진통과 가성진동

구분	진 진통	가성 진통
리듬	규칙적	불규칙적
간격	점차 짧아진다.	변화가 없다.
강도	점차 증가한다.	변화가 없다.
위치	등, 복부	아랫배

TIP

태반조기박리

㉠ 정의 : 정의정상 착상된 태아의 일부 또는 전체가 태아 만출 이전에 자궁에서 분리되는 것을 말한다.

㉡ 원인 : 고혈압, 짧은 제대길이, 외상 자궁내막과 태반에 영양과 혈액을 공급하는 자궁나선동맥의 변형 등으로 발생한다.

㉢ 증상 : 날카로운 통증 후 점점 둔해지는 복통 및 자궁압통, 자궁이 나무판자처럼 딱딱하게 굳는 자궁태반졸증이 관찰된다.

㉣ 합병증 : 저혈량 또는 출혈성 쇼크, 파종성 혈액 응고장애 등의 발생 위험이 높다.

㉤ 처치 : 산모와 태아의 상태에 따라 필요시 응급 제왕절개를 실시한다.

⑤ 환자평가

    ㉠ 자궁 수축, 양막 파열, 질출혈, 태아 움직임, 출산여부, 제왕절개 유무, 임신중 독증 여부, 최근 측정한 태아 몸무게 및 체위, 과거력, 약물복용 등을 확인한다.

    ㉡ 레오파드 방법에 따라 태위와 활력징후를 확인한다.

⑥ 이송지침

    ㉠ 출산이 필요한 상황은 이송 중에 아기의 머리가 보이기 시작한 경우이다.

    ㉡ 탯줄이 아이 머리를 조이고 있는 경우, 발·손·얼굴이 보이는 난산의 경우는 직접의료지도의 지시를 따르면서 병원으로 이송한다.

    ㉢ 37주 미만의 미숙아인 경우 호흡 유무를 확인하고 백밸브마스크로 산소를 투여 하며 이송한다.

    ㉣ 태어난 아기가 심정지 상태인 경우 신생아 심폐소생술을 실시한다.

    ㉤ 산모의 저혈량 쇼크가 오는 경우 정맥로를 확보하여 생리식염수나 젖산링거액을 투여한다.

    ㉥ 아프가 점수를 결정될 때까지 소생술을 중단하지 않는다.

    ㉦ 태반은 환자와 함께 병원으로 이송한다. 신생아가 태반보다 높은 위치에 있지 않게 한다.

    ㉧ 신생아의 코와 입 흡인을 시도할 때 깊이 넣을 경우 구토, 무호흡을 유발할 수 있다.

    ㉨ 체온유지를 위해 보온에 주의한다.

    ㉩ 분만 후에 500~1,000cc를 초과하는 자궁 출혈이 있더라도 질 쪽으로 거즈를 삽입하지 않는다.

(2) 질출혈

① **원인** … 자궁기능장애, 임신, 폐경, 암, 난소낭종, 자궁경관염, 자궁내막염, 혈우병, 외상, 약물 등이 있다.

② **환자평가** … 시작시점, 출혈량, 임신여부, 동반증세, 과거력, 약물 병력을 확인한다. 생체 징후와 분비물을 확인한다.

③ **응급처치**

    ㉠ 출혈량이 500mL 이상이거나 혈압이 90mmHg 미만인 경우 정맥로를 확보하여 생리식염수나 젖산링거액을 투여한다.

    ㉡ 임신과 관련된 경우에는 측와위를 취하게 하고 엉덩이 아래에 소독포를 깔아준다.

    ㉢ 임신과 관련이 없는 경우에는 출혈량을 감시하면서 의료기관으로 이송한다.

    ㉣ 출혈량을 파악할 수 있도록 거즈의 수를 확인하면서 이송병원에 인계한다.

    ㉤ 지혈을 하기 위해 질 안으로 거즈를 삽입하지 않는다.

(3) 자간증

① 정의…임신 20주 이후의 임산부가 고혈압과 부종 등의 증상을 보이며 단백뇨가 배출되는 것이다. 초기 증상 이후에 악화되는 경우 두통, 상복부 통증, 시력장애 경련 등이 나타난다.

② 위험인자…만성 고혈압, 비만, 당뇨, 콩팥 질환, 과거력, 다태임신 등이 있다.

③ 증상…두통, 혼수, 입주위에서부터 시작되는 경련, 시각변화, 상복부 통증, 구역, 호흡곤란, 골반통, 질출혈, 발열, 단백뇨, 핍뇨, 뇌출혈 등이 있다.

④ 환자평가
  ㉠ 분만예정일, 몸무게 변화, 출산 여부, 과거력, 약물복용에 대한 병력을 청취한다.
  ㉡ 시야 장애 여부를 확인하고 태아의 움직임을 확인한다.
  ㉢ 임신성 고혈압이 나타나는 경우 중증의 자간전증이다.

⑤ 응급처치
  ㉠ 경련이 지속되는 경우 편평한 곳에서 안정을 취하게 하고 산소를 투여한다.
  ㉡ 경련이 종료된 경우 20주 넘은 임산부는 좌측 측와위를 취하게 하여 혈액순환이 원활하게 되도록 한다.
  ㉢ 경련이 다시 반복될 것을 대비하여 정맥로를 확보한다.
  ㉣ 분만 이후에도 자간증에 의한 경련이 다시 반복될 수 있다.

section 3 | 정신질환과 행동응급

(1) 정신과적 위기분류척도(TRS, Crisis Triage Rating Scale)

점수	평가 A : 위험성
1	• 자살 및 자해 사고를 표현하거나 관련 환청이 있음 • 현 병력기간 중 자살시도가 있음 • 예측 불가능하게 폭력적 또는 충동적임
2	• 1과 동일하나 자살사고 또는 관련 행동으로 스스로 고통스러워 함 • 과거 폭력적, 충동적 행동이 있었으나 현재는 징후 없음
3	• 자해 및 타해 사고를 양가적으로 표현하거나 효과적이지 않은 몸짓만을 취함
4	• 자해 및 타고 사고 또는 행동이 부분적으로 있거나 기왕력이 있음 • 행동조절에 해한 욕구가 분명하거나 행동 조절이 가능함
5	자해 및 타고 사고나 행동 과거력 및 위험이 없음

점수	평가 B : 지지체계
1	• 가족, 친구 또는 다른 형태의 지지체계가 전혀 없음 • 관련 기관에서 필요한 지지를 즉각적으로 제공할 수 없음
2	• 약간의 동원 가능한 지지체계는 있지만 그 효과가 제한되어 있음
3	• 이용 가능한 잠재적 지지체계는 있으나 제대로 된 기능은 어려움이 있음
4	• 관심 있는 가족, 친구, 다른 형태의 지지체계가 있으나 필요한 지지를 제공하는 능력 및 의지는 다소 불명확함
5	• 관심 있는 가족, 친구, 다른 형태의 지지체계가 필요한 지지를 제공하는 능력 및 의지가 있음

점수	평가 C : 협조능력
1	• 협조가 불가능하거나 완강하게 거부적임
2	• 약간의 관심을 보이거나 도움을 주려는 노력을 이해 함
3	• 개입에 대해 수동적으로 받아들임
4	• 도움을 원하지만 양가적이거나 동기가 강하지 않음
5	• 적극적으로 치료를 원하고 협조하려고 함

(2) 환자평가

① **일차평가** … 자세, 의식상태, 정동을 평가한다.

② **이차평가**

　㉠ 환자에게 개방형 질문을 하고 답변을 성실하게 청취한다.

　㉡ 대화를 할 때 서두르거나 몰아세우지 않고 시간을 투자하여 진지하게 대화를 한다.

　㉢ 자신감을 가지고 전문적인 태도로 확신을 가지고 의사소통을 한다.

　㉣ 위협적이지 않도록 천천히 접근한다.

　㉤ 환자의 묵묵부답에 대한 침묵에도 환자에게 답변을 강요하지 않는다.

　㉥ 안전한 거리를 유지하며 편안한 모습으로 환자와 의사소통을 한다.

　㉦ 판단, 동정, 분노 등의 태도로 환자를 대하지 않는다.

③ **정신상태 검진** … 환자의 외모, 의복상태, 행동관찰, 지남력, 기억, 감각, 지각과정, 기분, 정동, 지능, 사고 과정, 병식, 판단력, 정신운동성을 확인한다.

(3) 인지장애

① **정의** … 기질적인 원인으로 인지력에 결함이 있는 것이다.

② **섬망** … 과다행동, 환각, 초조함, 떨림, 의식혼탁 등의 행동이 갑작스럽고 가역적으로 발생하는 것이다.

③ **치매** … 알츠하이머병, 혈관질환, 파킨슨병, 만성질환 등에 의해 발생한다. 기억력, 의지력, 지능 등의 정신적인 능력이 현저하게 감소한 것이다.

(4) 조현병

① 증상

    ㉠ 대표적으로 망상, 환각이 있다. 이외의 특징적인 증상으로는 와해된 언어, 긴장증, 정서적 둔마, 무논리증 등이 나타난다.

    ㉡ 증상으로 인해서 사회적, 직업적, 중요 영역 등에서의 기능수준이 현저히 저하된다.

    ㉢ 장애 징후가 6개월 이상 지속된다.

② DSM-5의 구분 … 편집형, 해체형, 긴장성, 미분화형의 형태로 구분된다.

③ 접근법 … 지지적이며 중립적으로 접근한다. 환자가 느끼는 환각을 인정하고 공격적으로 느끼지 않게 접근한다.

(5) 불안장애

① 정의 … 걱정과 공포 등이 지배적인 감정으로 나타나는 장애이다. 불안장애에 해당하는 것은 공황발작, 공포증, 외상후스트레스증후군이 있다.

② 처치 … 지지요법으로 처치와 함께 내과적으로 불편감을 관리한다.

③ 공황발작

    ㉠ 정의 : 갑자기 극도의 두려움과 불안을 느끼는 것이다.

    ㉡ 증상 : 죽음에 대한 공포, 심한 불안, 초조함과 같은 증상과 함께 호흡곤란, 흉통, 발한, 두근거림, 질식, 구역 등의 다양한 신체 증상이 나타난다. 증상은 갑자기 발생하며 10분 이내에 최고조에 달하지만 일반적으로 30분 이내에 소실된다.

④ 공포증 … 사람들에게 존재하는 두려움이나 불안이 정상수준보다 과도하게 높아서 특정 물건, 환경, 상황에 대해서 피하려고 하는 불안장애의 일종이다.

⑤ 외상후스트레스장애 … 극도의 공포를 겪었던 과거의 상황에 대한 스트레스로 유사한 상황이 나타나는 겨우 피하려고 하는 욕망이다.

(6) 기분장애

① 우울증 … 의욕저하와 심한 우울감을 느끼는 것으로 정신 · 신체적으로 증상이 나타나서 일상생활의 기능에 저하를 가져오는 것이다.

② 양극성 장애 … 조증과 우울증의 증상이 동반되거나 번갈아서 나타나면서 발현되는 질환이다. 일주일 이상 지속적으로 지속된 고양감, 확대감, 과민한 기분이 뚜렷하게 나타나는 기간을 통해 진단기준으로 삼는다.

(7) 신체형 장애

별다른 이유가 없이 신체적으로 증상이 나타나는 장애를 의미한다. 생리적인 이유 없이 신체적으로 불편함을 느끼거나, 의학적 질환 없이 신체기능을 상실하거나, 건강염려증, 신체이형장애, 신체질환 없는 극심한 통증장애가 있다.

(8) 인위장애

목적 없이 장애나 질병을 의도적으로 흉내를 내는 정신장애로 환자의 역할을 가장하는 것이다. 행동에 대한 보상이 없음에도 의도적으로 신체적 · 심리적으로 증상을 표현한다.

(9) 해리장애

① 정의 … 의식, 기억, 정체감, 지각 등의 기능이 통합되지 못하고 붕괴되면서 나타나는 질환이다. 충격적인 스트레스 사건이나 고통스러운 경험으로 인해서 나타난다. 심인성 기억상실, 해리성 둔주, 다중인격장애, 이인증이 해당된다.

② 심인성 기억상실 … 중요한 과거의 기억이나 개인정보를 기억하지 못하는 것이다. 언어능력, 학습능력, 회상능력에는 손상이 없는 경우가 많다.

③ 해리성 둔주 … 과거를 기억하지 못하고 새로운 정체성을 가지고 생활하는 것이다. 환자의 방어기전이다.

④ 다중인격장애 … 해리성 정체감 장애라고도 부른다. 한 사람 안에 여러 사람의 정체성을 가지고 있는 것이다.

⑤ 이인증 … 자신에 대한 낯선 느낌이나, 외부가 달라졌다고 느끼는 비현실감을 느끼는 것으로 청소년기에 현저하게 나타난다.

(10) 섭식장애

① 신경성 식욕부진 … 식욕을 상실한 것으로, 과도하게 단식을 하면서 나타나는 장애이다. 비만에 대한 공포가 있어 저체중임에도 끊임없이 살을 빼야한다고 호소하는 것이다.

② 신경성 폭식증 … 음식을 과하게 섭취하고 스스로 구토나 설사 또는 과도한 다이어트를 되풀이하는 행동이다. 빈혈, 탈수, 저혈당증 등의 증상이 동반된다.

(11) 인격장애

① **정의** ··· 인격이 지나치게 편향되면서 사회 안에서 적절한 기능을 하지 못해 환경에 적응하지 못하는 것이다.

② 인격장애군

구분	종류	특징
A군	편집성	타인의 행동에 계획적인 요구나 위협이 있다는 것으로 인식하여 지속적으로 타인을 신뢰하지 못하는 성향이다.
	조현성	사회적인 유대관계에서부터 고립되어 혼자서 하는 행위를 즐기며, 제한된 범위에서 감정을 표현하는 것이다.
	조현형	친밀하고 긴밀한 상호관계를 불편해하고, 그러한 상호관계를 맺는 능력이 감퇴한 것이다. 기괴한 언행, 독특한 것에 대한 관심, 환각 등이 주되게 나타난다.
B군	반사회성	타인의 권리를 무시하거나 침해하는 성향이다.
	경계성	대인관계, 자아상, 정동이 불안정하고 충동성이 나타나는 성향이다.
	히스테리성	과도하게 감정표현을 하고 관심을 끌기 위해 행동하는 것이다.
	자기애성	과대망상, 숭배요구, 공감능력 부족이 나타나는 성향이다.
C군	회피성	사회적으로 금지되는 것, 불완전한 느낌, 부적절감, 부정적인 평가에 과도하게 예민한 성향이다.
	의존성	돌봄을 받고 싶은 욕구가 지나치게 강하고 이에 대한 요구를 위해 복종적이고 매달리는 성향이다.
	강박성	질서, 정돈, 통제, 완벽에 대해서 지나치게 집착하는 성향이다.

(12) 충동조절장애

① **정의** ··· 충동으로 긴장감이 증가하여 이를 해소하기 위한 행동이 해가 되는 정신질환을 의미한다.

② **증상** ··· 질환에 따라 다양한 증상이 나타난다. 병적인 도벽 · 방화 · 도박, 발모광, 자해, 간헐폭발장애 등이 있다.

(13) 자살

① **위험요인** ··· 자살시도 경험, 우울증, 나이, 약물남용, 알코올, 이혼자, 소중하게 여긴 소유물을 버리는 것, 고독감, 상실성 외상, 신체적 스트레스, 불치병 등이 있다.

② **환자평가** ··· 환자가 스스로 죽기를 원했는지를 확인하는 것이 중요하다. 이 정보를 확인하고 병력청취, 신체검진을 진행한다.

③ 응급처치

　㉠ 자살 시도방법에 대한 확인을 하고 이송병원의 의료진에게 전달한다.

　㉡ 중독을 통한 자살의 경우 복용 약물의 종류, 양, 시간을 현장에서 확인한다. 복용물질을 알 수 없는 경우에는 자살할 때 환자가 사용한 물건을 의료진에게 전달한다.

　㉢ 타살, 폭력의 가능성을 확인하고 필요하다면 경찰에게 이와 관련한 정보를 알린다.

⑷ 행동응급

① 정의 … 환자가 위험하고 위협적인 행동을 하여 환자 자신과 주변 사람에게 공포감을 주는 행동을 하는 환자를 의미한다. 식사, 수면 등의 일상생활 기능을 방해하는 활동을 하는 경우, 환자나 타인에게 위협을 주는 경우, 사회적인 규범에 벗어나는 경우의 행동을 하는 것이다.

② 원칙

　㉠ 즉각적인 위험이 있는 환자에 한해서 제한적으로 결박을 한다. 신체결박의 주 목적은 안전을 위한 것을 가족과 환자에게 주지시킨다.

　㉡ 공격적인 환자를 대응하기 위해 경찰에 협조를 구한다. 구급대원이 먼저 도착한 경우 경찰이 도착하기 전까지 물리적 결박을 적용하지 않는다.

③ 환자평가 … 공격적인 행동에 대한 원인을 확인하기 위해서 병력을 청취한다.

④ 응급처치

　㉠ 현장의 안정성을 확보하고 조용한 환경을 제공한다.

　㉡ 자살가능성이 있거나 불안정한 환자는 혼자 방치하지 않는다.

　㉢ 환자와 불필요한 논쟁을 하지 않고 단순하면서 직접적으로 반응한다.

　㉣ 환자 치료가 가능한 병원으로 이송한다.

⑤ 신체구속

　㉠ 구두 억제 : 정확하고 차분한 말투로 접근한다. 거짓말이나 위협은 환자를 자극할 수 있으므로 주의한다. 눈 맞춤, 갑작스러운 움직임 등은 피한다. 출입구 가까이에 구급대원이 위치하며 환자는 출입구와 먼 쪽에 위치하게 한다.

　㉡ 물리적 억제 : 환자에게 허용하는 움직임의 범위에 따라 다른 억제 방법을 사용한다. 억제대 적용 후에 환자가 구토를 하거나 호흡곤란 증상을 보이는 경우 억제대를 제거한다.

　㉢ 화학적 억제 : 우리나라에서는 허용하지 않고 있다.

⑥ 신체구속 주의사항

　㉠ 경찰이 도착한 후에 물리적 억제를 한다. 현장에 경찰이 없다면 시행하지 않는다. 현장에 있는 경찰관의 소속, 성명, 신고 시각 등을 기록한다.

　㉡ 보호자에게 신체구속에 대한 서면동의를 받는다.

ⓒ 얼굴이나 목 부위는 결박하지 않는다.

ⓔ 억제대 적용이 안전을 보장할 수 있는 방법임을 설명하고 가능하면 구속복을 착용하도록 한다.

ⓜ 억제대를 적용한 후에 엎드린 자세를 유지하면 기도폐쇄, 심정지 등이 발생할 수 있다.

ⓑ 적용 후에 기도, 호흡 순환 상태를 지속적으로 감시한다.

ⓢ 결박부위에 순환, 움직임, 감각 등을 확인한다.

section 4 노인 응급질환

(1) 낙상

① **특징** … 가장 흔한 외상에 해당한다.

② **골절 부위** … 주된 골절은 몸쪽 넙적다리 또는 엉덩이에 해당한다. 이외에 관련 부위는 골반, 몸, 갈비뼈, 목뼈 등이 있다.

③ **환자평가** … 둔부, 골반, 가슴, 아래·위 팔을 촉진하고 검진한다. 뇌나 복부에 손상이 있을 수 있음을 염두에 두고 낙상 원인에 대해서 평가한다.

(2) 자동차 사고

① **특징** … 말초 시야의 감퇴로 충돌사고가 진행될 확률이 높다. 광범위하게 손상이 될수 있으며 젊은 환자보다 사망률이 높다.

② **응급처치** … 목뼈가 가장 흔한 손상이므로 목뼈 고정장치를 초기에 적용한다. 모든 노인환자는 쇼크 상태로 가정하고 처치한다.

(3) 머리손상

① **특징** … 낙상, 교통사고, 폭행으로 발생한다. 손상 후에 의식변화가 있다면 중증의 가능성이 있다.

② **주의사항** … 혈전용해제 약물 복용하는 환자는 출혈의 위험성이 크다. 목뼈 골절 위험이 높으므로 척추 고정을 한다.

(4) 학대

① 특징 … 가족, 간병인, 주변인에 의해서 발생할 수 있다. 학대자에 의존하여 신고를 하지 않으려 하더라도 이송병원에 그 사실을 알린다.

② 종류 … 신체학대, 성학대, 정서 · 심리적 학대, 유기, 착취, 무시 등이 있다.

③ 주의사항

　㉠ 학대가 의심되더라도 학대자를 공개적으로 비난하거나 싸우지 않는다.

　㉡ 의학적 검사가 필요하지 않더라도 병원으로 이송하고 이송병원에 주변 정황을 알린다.

(5) 급성 혼돈

① 특징 … 뇌졸중, 심장마비, 감염, 혈당, 쇼크 등의 다양한 질환에 의해 나타날 수 있다.

② 환자평가 … 평상시와 의식상태와 차이점을 확인한다.

(6) 흉통 및 빈호흡

심장에 이상이 생기면 나타날 수 있는 징후이다. 고농도 산소를 공급하며 주의 깊게 평가한다.

(7) 복통

다양한 질병의 원인으로 나타나므로 주의깊게 관찰한다. 충수돌기염, 동맥파열 등의 사망률이 높으므로 주의한다.

01 소아의 신체적 특성에 따라 처치 시에 받는 영향으로 적절하지 않은 것은?

① 빠른 호흡 – 얼굴 마스크 밀착이 어렵다.
② 젖니 – 기도가 폐쇄될 가능성이 있다.
③ 부드러운 뇌조직 – 뇌손상이 심각하게 발생할 수 있다.
④ 발달이 덜 된 목 – 머리손상 위험이 크다.

02 소아의 연령별 특성 및 처치방법으로 가장 적절한 것은?

① 2세 이하의 아이는 처치 시에는 부모와 격리하여 진행한다.
② 2~4세의 환아는 처치 시에는 반드시 옷을 제거한다.
③ 4~7세의 경우 성인과 같은 대우를 해줄 것을 원한다.
④ 7~13세 환아의 자존심을 존중하면서 전문적인 행동으로 처치를 한다.

03 성인과 구별되는 소아외상에서의 특징으로 옳지 않은 것은?

① 성인에 비해 완전골절이 일어나기 쉽다.
② 골절 시 성인에 비해 유합 속도가 빠르다.
③ 낙상 또는 사고 발생 시 두부손상 빈도가 높다.
④ 골절 없이도 내부 장기에 손상을 입을 수 있다.

01.

① 빠른 호흡으로 호흡곤란이 쉽게 발생한다.

02.

① 4세 이하 소아는 부모와의 격리불안이 있으므로 처치 시에는 부모와 동반한다.
② 2~4세 환아는 옷을 벗기는 행위를 싫어하기 때문에 옷은 꼭 필요한 경우에만 제거한다.
③ 4~7세의 경우 부모와의 격리를 싫어하며 낯선 사람과 접촉을 꺼려하므로 처치 시에는 부모와 동반한다.

03.

① 소아의 뼈 조직은 성인보다 더 유연하고 구멍이 더 많은 연골로 구성되어 있어 구부러지거나 휘기 쉽다. 따라서 골절 시 완전 골절이 되지 않고 소성변형 또는 생목졸절, 팽륜골절 등의 불완전 골절 형태로 잘 발생한다.
② 성인보다 영양소 전달이 더 원활하기 때문에 골절 치유 및 유합 속도가 빠르다.
③ 소아의 머리는 상대적으로 몸체보다 크기가 크므로 낙상사고로 인한 두부손상 빈도가 높다.
④ 소아의 골격은 성인에 비해 석회화가 진행되지 않아 골절이 없어도 내부 장기에 손상을 입을 수 있다. 영유아의 간, 비장, 늑골궁의 경우 상대적으로 장기의 크기가 커서 2차 외상 발생 가능성이 높다.

Answer 01.① 02.④ 03.①

04 분만의 단계별 설명으로 옳지 않은 것은?

① 분만 1기에는 자궁벽이 충혈되고 경부는 짧고 얇아진다.
② 분만 2기에는 자궁수축의 빈도가 증가하고 통증이 심해진다.
③ 태변의 색상이 녹색, 노란색, 갈색인 경우는 태아가 정상임을
　나타내는 징후이다.
④ 태어나 나온 후 태반, 제대, 양막 등이 나올 때까지는 분만 3
　기에 해당한다.

04.

③ 태아가 스트레스를 받아 태변이 오염된 것이다.

05 태반조기박리에 대한 내용으로 옳지 않은 것은?

① 자궁 긴장도가 증가한다.
② 저혈량성 쇼크가 발생할 수 있다.
③ 무통성 선홍색 질 출혈이 관찰된다.
④ 잦은 자궁수축으로 자궁이 딱딱해진다.

05.

③ 태반조기박리는 처음에 날카로운 통증 후 점점
둔해지는 지속적인 복통과 자궁압통을 특징으로
한다.

06 조기 산후 출혈 산모에 대한 일반적인 처치로 옳지 않은 것은?

① 수액요법을 실시한다.
② 자궁수축제를 투여한다.
③ 자궁을 따뜻하게 유지한다.
④ 자궁저부 마사지를 시행한다.

06.

③ 자궁을 따뜻하게 할 경우 자궁수축이 잘 되지
　않고 지혈이 잘 되지 않을 수 있다.
① 저혈량성 쇼크를 예방하기 위해 하지를 높이고
　수축기 혈압이 90mmHg 이상 유지되도록 수액
　을 투여한다.
② 자궁수축과 혈관수축을 위해 옥시토신, 프로스타
　글란딘, 엘고트 알칼로이드 등의 자궁수축제를
　투여한다.
④ 자궁이완으로 인한 조기 산후출혈의 경우 자궁
　저부를 손으로 마사지하여 자궁근섬유가 수축할
　수 있도록 한다.

07 질환별로 나타나는 행동 변화가 옳지 않은 것은?

① 산소결핍 – 안절부절 및 혼돈
② 저혈당 – 빈맥
③ 저체온증 – 빠른 호흡
④ 뇌졸중 – 동공 확대

07.

③ 저체온증은 호흡이 느려지고 느린 맥이 나타난
다. 또한 몸이 떨리고, 무감각, 의식장애 등이 있다.

08 위기분류척도로 정신과적 응급위기상황을 분류한 것으로 옳은 것은?

① 분류표 총점에 따른 대응은 반드시 일치해야 한다.
② 위험성, 지지체계, 협조능력으로 구분하여 평가한다.
③ 낮은 위기에 해당하는 경우 2주 이내의 개입이 요구된다.
④ 총점이 중간위기 이상에 해당하는 경우 응급 입원이 가능하다.

09 행동 이상 환자에게 가장 먼저 시행해야 하는 것은?

① 환자 안정화
② 현장 안전 확보
③ 환자의 신체 구속
④ 환자의 임상적 평가

10 노화에 따른 신체적 변화로 옳지 않은 것은?

① 혈류량 감소
② 피부두께 증가
③ 최대호흡량 감소
④ 피하지방층 감소

08.

② 위험성, 지지체계, 협조능력으로 나누어 정신질환자의 상태를 빠르고 효율적으로 평가한다. 또한 위기분류척도 점수가 둘 중 하나를 결정하기 어려운 경우 고위기 단계로 판단한다.
① 분류표 총점과 대응은 반드시 일치해야 하는 것은 아니다.
③ 낮은 위기인 경우 48시간 이내 정신건강증진센터의 전화 및 내소 상담, 가정방문 등을 통한 위기 개입이 필요하다.
④ 극도의 위기로 확인된 경우 즉시 입원이 권고되며, 고위험인 경우 필요시 응급입원 등의 조치가 필요하다.

09.

② 행동 이상 환자 신고를 받고 출동한 구급대원은 가장 먼저 현장 안전을 확보한 후 환자에게 응급처치를 시행한다.

10.

② 표피의 두께가 저하되고 피부와 골격 사이의 조직이 감소되어 피부두께가 얇아진다.
① 혈관 벽의 노화로 인해 혈류량이 감소된다.
③ 폐의 탄력성이 감소되고 호흡기 근육도와 내성이 저하되어 폐활량과 최대호흡량 감소를 보인다.
④ 피하지방층이 감소하여 피부의 주름이 증가되고 피부건조를 유발한다.

상식 용어사전 시리즈

합격GO!

1 금융상식 2주 만에 완성하기

금융은행권, 단기간 공략으로 끝장낸다! 필기 걱정은 이제 NO! <금융상식 2주 만에 완성하기> 한 권으로 시간은 아끼고 학습효율은 높이자!

2 중요한 용어만 한눈에 보는 시사용어사전 1130

매일 접하는 각종 기사와 정보 속에서 현대인이 놓치기 쉬운, 그러나 꼭 알아야 할 최신 시사상식을 쏙쏙 뽑아 이해하기 쉽도록 정리했다!

3 중요한 용어만 한눈에 보는 경제용어사전 961

주요 경제용어는 거의 다 실었다! 경제가 쉬워지는 책, 경제용어사전!

4 중요한 용어만 한눈에 보는 부동산용어사전 1273

부동산에 대한 이해를 높이고 부동산의 개발과 활용, 투자 및 부동산 용어 학습에도 적극적으로 이용할 수 있는 부동산용어사전!

자격증

기출문제
총집합!

자격증 별로 정리된
기출문제로 깔끔하게 합격하자!

기출문제로 자격증 시험 준비하자!

건강운동관리사, 스포츠지도사, 손해사정사, 손해평가사,
농산물품질관리사, 수산물품질관리사, 관광통역안내사, 국내여행안내사, 보세사, 사회조사분석사